Патрональна демократія в Україні та російське вторгнення

Російсько-українська війна

Том перший

під редакцією
Балінта Мадловіча
Балінта Мадяра

Переклад хронології, передмови та окремих статей (Мадяр і Мадловіч, Фединець) Олександра Тирона.

У інших випадках переклад авторський.

Academic Studies Press
Boston
2024

Балінт Мадяр, Балінт Мадловіч

Патрональна демократія в Україні та російське вторгнення. Російсько-українська війна. Том перший / частковий пер. з англ. Олександр Тирон. — Бостон: Academic Studies Pres, 2024. — кількість сторінок с. 487

Український переклад у вільному доступі став можливий завдяки фінансовій підтримці **Open Society Foundation** (Нью Йорк) і **CEU Democracy Institute** (Будапешт).

Перекладено за виданням: Bálint Magyar, Bálint Madlovics, ed. **Ukraine's Patronal Democracy and the Russian Invasion The Russia-Ukraine War, Volume One** *(Budapest: CEU Press, 2023; ISBN 978 963 386 663 4)*

Відповідальний редактор **Олександр Тирон**. Редактор **Євген Радько**. Коректорка **Оксана Расулова**. Верстальниця **Лідія Кравченко**. Дизайнерка обкладинки **Вікторія Орешко**. Відповідальна за випуск **Марія Шувалова**.

Усі права застережено. All rights reserved.
© 2024 by Bálint Magyar, Bálint Madlovics
© Тирон, пер. з англ., 2024
© Academic Studies Press, ліцензія вільного доступу Creative Commons AttributionNonCommercial licence, 2024

ISBN 9798887195407 (paperback)   ISBN 9798887194301 (pdf)
ISBN 9798887194318 (epub)

Електронна версія цієї публікації поширюється на умовах ліцензії CC-BY-NC. Ознайомитися з ліцензією: https://creativecommons.org/licenses/by-nc/4.0/.
Крім випадків, передбачених ліцензією, книга або її частини не можуть бути відтворені будь-яким електронним або неелектронними засобами без дозволу видавця.

Видано Academic Studies Press
1577 Beacon Street, Brookline, MA 02446, USA
press@academicstudiespress.com
www.academicstudiespress.com

Зміст

Хронологія основних подій історії України (1991–2023) 5

Ґенрі Е. Ґейл: Передмова 13

I. **Патрональна демократія в Україні: а́ктори, процеси та соціальне коріння** 17

   Балінт Мадловіч, Балінт Мадяр: Режимні цикли України та російське вторгнення 18

   Володимир Дубровський: Патроналізм і соціальний порядок обмеженого доступу: випадок України 67

   Оксана Гус: Тяглість і зміна суспільного договору в Україні: приклад антикорупційної політики 105

   Олександр Фісун, Уляна Мовчан: Режимні цикли та неопатримоніалізм в Україні 130

   Михайло Мінаков: Війна, деолігархізація та можливість розвитку України поза патрональною політикою 150

II. **Олігархічні структури та війна: шанс для антипатрональної трансформації?** 173

   Ігор Бураковський, Станіслав Юхименко: Українські олігархи: війна як виклик 174

   Дмитро Тужанський: Енергетичний суверенітет України під час війни: Росія втратила вплив, а олігархи — ні 196

   Володимир Дубровський: Основні рушійні сили депатроналізації в Україні: роль українського бізнесу 220

   Глобальна ініціатива протидії транснаціональній організованій злочинності (GI-TOC): Кримінальна екосистема України та війна: українська організована злочинність 2022 року 265

III. **Українське суспільство: антипатрональні зміни в ідентичності й активізм** *291*

Євген Головаха, Катерина Іващенко-Стадник, Оксана Міхеєва, Вікторія Середа: Від патрональності до громадянської належності: динаміка змін національно-громадянської ідентичності в Україні *292*

Чілла Фединець: Український цивільний волонтерський рух в умовах російсько-української війни *326*

Денис Брильов, Тетяна Каленіченко: Релігійний ландшафт України: між репресіями та плюралізмом *346*

Олександра Койдель, Київська Школа Економіки: Трансформація патрональної демократії «знизу-вгору»: дві логіки врядування на місцевому рівні в Україні *365*

Примітки *383*

Хронологія основних подій історії України (1991–2023)

---

22 січня 1991 р. — Акція Народного Руху України «Живий ланцюг» на честь 71-ї річниці злуки Української Народної Республіки та Західноукраїнської Народної Республіки в єдину соборну Українську Народну Республіку.

16 липня 1990 р. — Прийняття Верховною Радою УРСР «Декларації про державний суверенітет України».

5 липня 1991 р. — Прийняття Закону про заснування в Україні посади Президента.

24 серпня 1991 р. — Прийняття Верховною Радою УРСР «Акту проголошення незалежності України» та створення самостійної української держави — України.

24 жовтня 1991 р. — Верховна Рада України ухвалила Заяву про без'ядерний статус України.

1 грудня 1991 р. — Всеукраїнський референдум щодо незалежності України, на якому волевиявленням народу було підтверджено «Акт проголошення незалежності України». На виборах першого президента України головою держави обрали Леоніда Кравчука.

2 грудня 1991 р. — Україну визнала перша держава — Польща.

8 грудня 1991 р. — В Білорусі, у селі Віскулі, біля Біловезької пущі, лідери трьох радянських республік — Росії, України та Білорусі — підписали угоду, згідно з якою Договір 1922 р. про створення СРСР було денонсовано і Радянський Союз припинив існування як суб'єкт міжнародного права.

30 січня 1992 р.	У Гельсінкі Україна стала членом Організації з безпеки і співробітництва в Європі (ОБСЄ).
14 липня 1992 р.	Україна заявила про своє бажання приєднатися до Ради Європи.
16 вересня 1992 р.	Верховній Раді України було надано статус «спеціально запрошеного гостя» в Парламентській асамблеї Ради Європи.
18 листопада 1993 р.	Верховна Рада України ратифікувала Конвенцію про обмеження ядерної зброї Старт-1 та Лісабонський протокол.
10 липня 1994 р.	На посаду Президента України обраний Леонід Кучма.
16 листопада 1994 р.	Україна приєдналася до Договору про нерозповсюдження ядерної зброї від 1 липня 1968 року.
14 січня 1994 р.	Підписали Тристоронню заяву президентів України, США та Росії щодо української ядерної зброї.
5 грудня 1994 р.	У Будапешті вищі керівники України, США, Великої Британії і Росії підписали Меморандум про гарантії безпеки. В обмін на відмову від ядерної зброї Україні було надано гарантії дотримання положень Заключного акта НБСЄ, Статуту ООН і Договору про нерозповсюдження ядерної зброї.
31 жовтня 1995 р.	Верховна Рада України ухвалила Закон України про приєднання до Статуту Ради Європи.
9 листопада 1995 р.	Відбулась урочиста церемонія вступу України до Ради Європи, в якій взяла участь делегація України на чолі з Прем'єр-міністром України.
28 червня 1996 р.	Верховна Рада України прийняла і ввела в дію Конституцію України. Конституція УРСР 1978 р. з усіма змінами та доповненнями втратила чинність.

9 липня 1997 р.	Під час Мадридського саміту підписана Хартія про особливе партнерство між Україною та Організацією Північно-Атлантичного договору — один з основоположних документів у відносинах України з НАТО. Утворено Комісію Україна — НАТО відповідно до Хартії.
14 листопада 1999 р.	Леонід Кучма вдруге обраний на посаду Президента України.
22 листопада 2004 р.	Початок помаранчевої революції — акцій протесту українських громадян, викликанний масовими фальсифікаціями президентських виборів 2004 року на користь провладного кандидата Віктора Януковича.
8 грудня 2004 р.	Закон України «Про внесення змін до Конституції України» закріплював перехід від президентсько-парламентської до парламентсько-президентської республіки.
26 грудня 2004 р.	Внаслідок перевиборів новим президентом було обрано Віктора Ющенка.
5 березня 2007 р.	Україна та ЄС розпочали переговорний процес щодо укладення нової угоди між Україною та ЄС.
2-4 квітня 2008 р.	На Бухарестському саміті НАТО розглядалися перспективи його розширення. Рішення приєднання України до «Плану дій щодо набуття членства» було відкладено.
9 вересня 2008 р.	На Паризькому саміті Україна та ЄС досягли політичної домовленості про укладення майбутньої угоди в форматі Угоди про асоціацію, яка будуватиметься на принципах політичної асоціації та економічної інтеграції.
7 лютого 2010 р.	Віктор Янукович обраний четвертим Президентом України.

21 квітня 2010 р.	Підписана Угода між Україною і Російською Федерацією з питань перебування Чорноморського флоту РФ на території України.
30 вересня 2010 р.	Закон України «Про внесення змін до Конституції України» від 8 грудня 2004 р. визнаний неконституційним Рішенням Конституційного Суду України у зв'язку з порушенням процедури його розгляду та прийняття.
21 листопада 2013 р.	Прем'єр-міністр М. Азаров несподівано оголошує про рішення уряду призупинити підготовку до підписання Угоди про асоціацію з ЄС на саміті Східного Партнерства у Вільнюсі.
24 листопада 2013 р.	В Києві відбулася хода «За Європейську Україну!» і велике віче на Майдані Незалежності.
30 листопада 2013 р.	Бійці спецпідрозділу «Беркут» жорстоко і криваво розігнали протестувальників Євромайдану, переважно студентів.
8 грудня 2013 р.	У Києві пройшов «Марш мільйонів».
16 січня 2014 р.	Прийняття так званих «диктаторських законів», що обмежували конституційні права і свободи громадян.
19 січня 2014 р.	Мирний протест проти чинної влади перейшов у відкрите збройне протистояння.
23 січня 2014 р.	Після інформації про перших полеглих Героїв радикальний протест шириться регіонами України, майданівці стихійно блокують, штурмують і займають адміністративні споруди.
20 лютого 2014 р.	Бійці спецроти «Беркут» відкривають вогонь по протестувальниках у Києві.

21 лютого 2014 р.	Лідери опозиції за посередництва представників урядів Польщі, Німеччини та Франції підписують із В. Януковичем угоду щодо врегулювання кризи в Україні. Ввечері президент В. Янукович тікає з Києва. Верховна Рада України відновила дії положень Конституції 2004 року, таким чином знову обмеживши повноваження президента України.
22 лютого 2014 р.	Верховна Рада обрала народного депутата Олександра Турчинова Головою Верховної Ради України. Наступного дня на нього було покладено виконання обов'язків Президента України.
23 лютого 2014 р.	Російське збройне вторгнення в Крим, початок відкритої фази російської агресії проти України.
18 березня 2014 р.	За поданням президента РФ російські законодавчі органи затверджують окупацію Криму Росією.
21 березня 2014 р.	Підписання політичної частини Угоди про асоціацію між Україною та ЄС у Брюсселі. Утворена Спеціальна моніторингова місія ОБСЄ в Україні.
31 березня 2014 р.	Держдума РФ із подачі Президента РФ розірвала Харківські угоди 2010 р.
12 квітня 2014 р.	Почалися бойові дії на Донбасі. Російські диверсанти озброїли місцевих колаборантів і прийняли до своїх лав.
14 квітня 2014 р.	Виконувач обов'язків президента України Олександр Турчинов підписав Указ про початок антитерористичної операції зі звільнення захоплених підконтрольними Росії бойовиками територій Донецької та Луганської областей України.
25 травня 2014 р.	На позачергових виборах Петро Порошенко обраний п'ятим Президентом України.
27 червня 2014 р.	Підписання повного тексту Угоди про асоціацію між Україною та ЄС.

5 вересня 2014 р.	Підписання Мінських домовленостей (Мінськ-1) про тимчасове перемир'я у Війні на сході України. Мінські угоди — не міжнародний договір, а політичні домовленості, щоб зупинити вторгнення і стримати агресора.
16 вересня 2014 р.	Верховна Рада України та Європейський Парламент синхронно ратифікували Угоду про асоціацію між Україною та ЄС.
19 вересня 2014 р.	Меморандуму про виконання положень протоколу за результатами консультацій тристоронньої контактної групи щодо спільних кроків, спрямованих на імплементацію Мінського протоколу.
11-12 лютого 2015 р.	Підписаний комплекс заходів щодо виконання Мінських угод (Мінськ-2). Узгодження відбулось на саміті в Мінську за участі лідерів Німеччини, Франції, України, Росії та самопроголошених «народних республік» у форматі «нормандської четвірки». Текст угод деталізував положення «першого Мінська». І перші, і другі угоди були підписані на тлі болючих поразок української армії на Донбасі, і з часом виявилися пасткою для України, а не механізмом стримування Росії.
1 вересня 2017 р.	Угода про асоціацію між Україною та ЄС набула повної юридичної чинності після її ратифікації парламентами всіх держав-членів ЄС.
30 квітня 2018 р.	Президент України Петро Порошенко оголосив про зміну формату АТО, початок операції Об'єднаних сил.
26 листопада 2018 р.	Верховна Рада прийняла Рішення щодо запровадження в 10 областях України воєнного стану після агресії прикордонних кораблів РФ у Керченській протоці.
26 грудня 2018 р.	Воєнний стан в Україні був офіційно скасований.

21 квітня 2019 р.	Володимир Зеленський обраний шостим президентом України.
30 жовтня 2021 р.	Washington Post повідомила про активізацію нарощування російських збройних сил поблизу українських кордонів, у т. ч. у Білорусі.
30-31 жовтня 2021 р.	Зустріч лідерів G-20 в Римі, на якій президент США Джо Байден повідомив лідерів Великобританії, Франції та Німеччини щодо можливого нападу Росії на Україну.
3 грудня 2021 р.	Міністр оборони України Олексій Резніков повідомив у Верховній Раді, що за даними української розвідки існує вірогідність масштабної ескалації з боку Росії.
14 січня 2022 р.	Відбулась глобальна кібератака на державні сайти України.
24 січня 2022 р.	НАТО переводить війська в режим очікування.
24 лютого 2022 р.	Росія розпочала повномасштабне вторгнення в Україну. Президент України Володимир Зеленський оголосив воєнний стан.
17 березня 2023 р.	Міжнародний кримінальний суд у Гаазі видав ордер на арешт президента РФ Володимира Путіна, а також уповноваженої з прав дитини Марії Львової-Бєлової, висунуто звинувачення у воєнному злочині — незаконній депортації дітей з окупованих територій України в Росію під час повномасштабного вторгнення Росії в Україну.
23 червня 2022 р.	Лідери 27 країн-членів ЄС ухвалили рішення про надання Україні статусу кандидата на членство в ЄС.
11-12 липня 2023 р.	На Вільнюському саміті НАТО на заміну Комісії Україна — НАТО створено Раду Україна — НАТО.

Упорядкувала **Чілла Фединець**

Передмова

Генрі Е. Гейл

Двадцять четвертого лютого 2022 року Росія почала повномасштабне вторгнення в Україну і запустила криваву послідовність подій, що призведе до загибелі, каліцтва чи вимушеного переселення мільйонів українців. Успішний опір України став великою несподіванкою для багатьох спостерігачів, а деякі західні експерти та політики прогнозували, що Київ, напевно, упаде протягом трьох днів. Разом з Ольгою Онух я зазначав, що ця несподіванка зумовлена різноманітними помилковими уявленнями про Україну та українську політику.[1] Питання щодо української ідентичності та національних настроїв почали привертати більше уваги з лютого 2022 року, одним із найважливіших було нерозуміння явищ, укорінених у тому, що в цьому виданні називають «*патрональною політикою*». Такі явища зазвичай інтерпретують як «корупцію», що є «відхиленням» від «демократії». Іноді їх сприймали у двох вимірах: по-перше, Україна — безнадійно корумпована країна, сповнена корисливих еліт, які можуть легко продати національний суверенітет; по-друге, її політична система так занепала, що вона, найпевніше, не зможе ефективно захистити себе, навіть якщо спробує. Очевидно, щось у цій інтерпретації було не так.

Власне, це не просто брак інформації про Україну (що можна було би виправити), а частина набагато ширшої проблеми для світової, особливо західної, науки та практичного досвіду — концептуальні рамки, через які ми зазвичай інтерпретуємо політику в Україні та багатьох інших країнах, не годяться. Як зазначено в першому розділі цієї книжки, традиційне мислення розглядає політичні режими в діапазоні від демократії до диктатури, водночас теорія найбільш розвинута щодо першого полюса, а країни, більш віддалені від нього, вивчають переважно через призму цього відхилення. Описуючи ці країни здебільшого з погляду того, чого їм бракує (як вони не «дотягують» до показників демократії), і — що, може, підступніше — за допомогою лексики, пристосованої для таких вправ, ми не змогли вповні оцінити тамтешні складні політико-економічно-соціальні системи. Деякі нові дослідження допомагають нам глибше зрозуміти диктатуру як політичну логіку,[2] однак країни, які на позір десь посередині, залишаються особливою загадкою. Це призвело до того, що нас регулярно дивують важливі події: від спалаху революції до раптового краху диктатури, а також — як у випадку України — масова мобілізація через військовий напад Кремля.

У цьому виданні стверджують, що концепція патрональної політики може суттєво допомогти усунути згадані проблеми та краще зрозуміти, як насправді працює політика в багатьох країнах світу, а отже, пояснити й передбачити тамтешній розвиток подій. Власне, термін *патрональна політика* охоплює системи, у яких люди переважно взаємодіють через мережі фактичного особистого знайомства, щоб досягти політичних та економічних цілей, зокрема завдяки індивідуалізованим винагородам і покаранням. Якщо узагальнити, країни мають високий рівень патроналізму, коли, як стверджують Балінт Мадлович і Балінт Мадяр, їхні політичні, економічні та громадські «сфери соціальної дії» не розділені в традиційному розумінні.³ Як наслідок, основні а́ктори в політиці — це переважно ієрархічно організовані неформальні мережі, а не узвичаєні формальні інституції, як-от «політичні партії», «парламент» чи навіть окремі політики. Здебільшого такі мережі легко інтегрують бізнес і політику, причому *олігархи* очолюють мережі з формальною основою в діловому світі, а *полігархи* — ті мережі, у яких людина, маючи насамперед політичну офіційну посаду або повноваження, стає лідером розгалуженої (і часто незаконної) економічної імперії. Організації зі звичними на позір назвами, як-от «партії», насправді не те, чим здаються — часто це інструменти для основних владних мереж країни, які прагнуть провести представників не лише в парламент, але й у партії різного, а то й протилежного, ідеологічного спрямування, у судові установи, «організації громадянського суспільства» і, звісно, в основні медіа, що їх вони традиційно прагнуть контролювати.

Водночас цих а́кторів не можна просто звести до цілком цинічних «клептократів». Вони мають такі ж цінності, як і всі інші, і система стабільна не так через залучених людей, які її підтримують, як через їх віру, ніби «так треба». Фактично багато з них, залучених до патрональних методів, насправді прагнуть служити інтересам інших, іноді навіть інтересам своєї громади чи країни — вони просто вірять, що це найбільш ефективний спосіб досягти чогось, може, найменш поганий з-поміж ще гірших альтернатив. Тож просто спостерігати за «корупцією» й думати, що люди готові продати щось надто цінне для них, як-от свою країну, — це колосальна помилка, хоча зі сторони може здаватися, що людей дуже легко підкупити (так може видаватися навіть іншим надзвичайно патрональним державам). Владімір Путін, схоже, потрапив у таку концептуальну пастку: він не усвідомлював, що є велика різниця між купівлею внутрішньополітичних «товарів і послуг», якими зазвичай торгують політики-патрони, і спробою купити їхню підтримку смертоносної зовнішньої політики домінантного сусіда. Майже всіх олігархів України з її громадянами (за кількома винятками, обговореними в цій книжці) об'єднує одне — бажання не бути під диктаторським правлінням Москви та не ризикувати, а отже, не бути позбавленими права голосу набагато могутнішими кремлівськими олігархами й полігархами.

Серед головних аргументів цього видання те, що Україна протягом більшої частини своєї пострадянської історії була фактично *патрональною демократією*. Тобто первинні політичні мережі країни зберігають незалежність одна від одної й від будь-якого патрона, наприклад президента країни, і традиційно змагаються за владу й багатство (постійна «конкурентна піраміда»).[4] Ідеться про демократію, бо, навіть якщо конкуренцію можна схарактеризувати як змагання між проборчими політичними машинами, вона реальна, а її результати наперед не визначені й зрештою виборці вирішують, хто переможе. Тому машини змагаються за громадську підтримку за допомогою медіа, грошей та інших засобів у їхньому розпорядженні. Результати голосування переважно не сфабриковані, адже сторони достатньо сильні, щоб не дати іншим успішно здійснити масові фальсифікації. Я вважаю, що закріпити таку систему в Україні та багатьох інших країнах допомогла конституція, яка сприяє розподілу державної влади між двома окремими виконавчими посадами, переважно президентом і прем'єр-міністром.[5] Отже, коли одна сторона досягала успіхів у встановленні контролю над іншими великими мережами в Україні, інша могла цьому перешкоджати — зазвичай лише завдяки вирішальній підтримці громадської думки й організованій мобілізації мас. Патрональна демократія, в основі якої лежить незаконна діяльність, далека від ідеалів ліберальної демократії, але це все-таки форма демократії.

Так трапилося, що українські науковці були серед перших у вивченні згаданих явищ, тоді як моє дослідження засвідчує, що ці тенденції дуже поширені в багатьох країнах. Деякі найважливіші роботи в аналізованій галузі належать Олександрові Фісуну, який працює у спорідненій теоретичній традиції неопатрональної демократії; саме його дослідження неопатрональної демократії в Україні лягли в основу багатьох подальших розвідок.[6] Великою заслугою пропонованої книжки стало те, що він і висхідна зірка цієї царини, Уляна Мовчан, написали розділ, який (додатково до посутньої аргументації) корисно прояснює взаємозв'язок між поняттями патроналізму як розроблено його тут, і неопатримоніалізму — концепції, що набула значного поширення у веберівській традиції. Власне, це видання надзвичайно цікаве, бо в ньому зібрано роботи багатьох провідних українських мислителів, як молодших, так і старших за академічним статусом, які працюють над спорідненими темами. Як наслідок маємо унікальну книжку, що проливає безпрецедентне світло на українську політику до і під час війни з Росією, пояснює соціальну стійкість, яку Україна демонструє сьогодні, і водночас показує, як це може допомогти країні подолати спадщину патронального устрою.

Справді, одна з тем, що проходить через усе видання, далекоглядна: що можуть сказати теоретичні підходи, викладені тут, про шанси України позбутися негативних елементів патроналізму й перейти до стабільного верховенства права та більш ліберальної демократії? У різних розділах цієї книжки висвітлені важливі «антипатроналізаційні» (мій вислів) ролі для самої патрональної демократії, надзвичайно успішна ініціатива України з децентралізації, почата 2014 року, українське громадянське суспільство і, звісно, поштовх до громадянської активності, наданий війною, а особливо повномасштабним вторгненням Росії в лютому 2022-го. Ці розділи належно витримані, але стосуються також різних викликів і потенційних пасток, які, ймовірно, доведеться долати навіть Україні-переможниці. Наприклад, у декількох розділах ідеться про потенціал антипатрональних реформ, що можуть зменшити рівень патроналізму (але зі зростанням диктатури), тоді як у більшості розділів обговорено умови, за яких майбутні реформи можуть бути успішні або провальні.

Аудиторія цієї книжки отримає не тільки глибоко збагачене розуміння України та її можливого майбутнього, а й по-новому зрозуміє, як функціонує патроналізм, актуальне явище для багатьох країн світу. Розділи цього видання демонструють силу альтернативного підходу, що відкидає рамки «прокрустового ложа», розроблені для розуміння певних західних країн, і натомість серйозно ставиться до того, як місцеві áктори в посткомуністичних країнах розуміють власну політику, надаючи відповідний лексикон для ширшого розуміння. Це, мабуть, стосується (дедалі більше) навіть таких контекстів, як угорський та американський, які не часто обговорювали в згаданих термінах. Отже, ця книжка має спонукати всіх нас по-новому замислитися щодо наших суспільств, а також щодо України.

I.

Патрональна демократія в Україні: áктори, процеси та соціальне коріння

Режимні цикли України та російське вторгнення

Балінт Мадловіч, Балінт Мадяр

1. Західні ілюзії та війна: потреба в більш автентичній аналітичній структурі

Після розпаду Радянської імперії **ілюзії західних спостерігачів** неодноразово розбивалися об реальність посткомуністичного регіону. Першою була ілюзія демократизації: після зміни політичних режимів у 1989–1991 роках очікували на лінійний прогрес до ліберальної демократії і вважали, будь-який режим можна побудувати на будь-яких руїнах комуністичних диктатур.[7] У Росії Владіміра Путіна проголосили консолідатором російської демократії, Білл Клінтон 2000 року назвав його лідером, «цілком здатним побудувати заможну, сильну Росію, зберігаючи водночас свободу, плюралізм і верховенство права».[8] Зовсім недавно в публічному дискурсі була поширена ілюзія, що війна неможлива: вторгнення в Україну, європейську країну, немислиме, ба більше, суперечить інтересам путінської Росії.[9]

Насправді посткомуністичні режими, які розглядали як «транзитні станції» між диктатурою та демократією, виявилися термінальними режимами. Путін не консолідував демократії, а ліквідував у Росії плюралізм, встановивши однопірамідальну ієрархію «патрон — клієнт», де сам був головним патроном, керував і політикою, і економікою, і суспільством. Зрештою, 24 лютого 2022 року Російська Федерація почала **повномасштабне вторгнення в Україну**, розв'язавши війну такої величини, яку Європа не бачила з часів Другої світової.

Постійна поява нових ілюзій щодо посткомуністичного регіону підкреслює, що йдеться **не про випадкові непорозуміння, а про те, що припущення основних спостерігачів хибні**. Бо ж і посткомуністичні інституції, й а́ктори, які ними керують, відрізняються від уявлень західних спостерігачів, що спираються на демократичний досвід, і діють в інших вимірах раціональності та підрахунку витрат і вигод. Історичні, цивілізаційні та культурні чинники формують траєкторії розвитку цих країн, а взаємодія стійких структур і спроб реформ породжує різні моделі залежності від шляху розвитку та створення шляху розвитку. Спроба зрозуміти ці процеси на основі західних припущень призвела до фундаментального нерозуміння минулого й сьогодення посткомуністичних країн — і це ставить під сумнів можливість зрозуміти їхнє майбутнє.

Ця книжка, перший із двох томів досліджень,[10] присвячена майбутньому України — країни, на яку зараз напали. Хоча нині, коли ми подаємо рукопис, у розпалі війна, тривають руйнування і героїчна оборона українського народу, лідерам країни й тим науковцям та політикам, які стежать за подіями з-за кордону, варто замислитися, що буде далі. **Які шанси на розвиток за західним типом має Україна?** Чи може в ній закріпитися будь-яка форма ліберальної демократії й ринкової економіки? **Як Україна розвивалася в минулому і які існують та формуються структурні умови, що визначатимуть зусилля з відбудови?** На що варто зважати і скерувати увагу тим, хто ухвалює рішення? І загалом: які потрібні концепції й мова, щоб інтерпретувати а́кторів, інституції та динаміку в Україні?

До повномасштабної війни на останнє запитання ми спробували відповісти у двох книжках: «Анатомія посткомуністичних режимів» (2020) і «Посткомуністичні режими: короткий довідник» (2022).[11] Подана там концептуальна основа стала викликом панівній порівняльній парадигмі, що намагалася застосувати політологічні, соціологічні та економічні концепції, розроблені для аналізу держав західного типу, до посткомуністичних країн. «Прокрустове ложе теорії демократії»[12] означало, що місцеві політичні системи описували поняттями «неліберальна демократія» і «дефектна демократія»,[13] тоді як економічні системи намагалися вписати в парадигму «різновидів капіталізму».[14] З кількісного боку бази даних, створені для звітів про конкурентоспроможність (Всесвітній економічний форум), корупцію (*Transparency International*) та демократичне функціонування (*Freedom House, Polity*), оцінюють, чи створюють посткомуністичні країни сприятливе бізнес-середовище для підприємців, чи ефективно борються з корупцією і чи забезпечують основні права та свободи своїм громадянам. Ці дані доступні для науковців, які прагнуть виконати порівняльний аналіз великих груп країн,[15] але вони також неминуче обмежують дослідників набором економічних і політичних факторів, визначеним для збору даних. Структури чи інституції *sui generis*, які існують лише на місцевому рівні, але визначають функціонування посткомуністичних політико-економічних систем, одразу усувають. Їхні наслідки, як-от низька конкурентоспроможність і корупція, помітні, але постають лише як відхилення від ідеального стану речей, а не як системотворчі характеристики, що випливають із глибинних соціологічних структур.

У цьому розділі ми пояснюємо основні концепції, які допомагають зрозуміти посткомуністичні режими, подаючи їх у порівняльному аспекті, і пробуємо провести ключові типологічні розмежувальні лінії між локальними феноменами та їхніми західними аналогами. **Окреслюючи базові концепції**, ми також намагаємося розширити довоєнні рамки, **зважаючи на умови війни й можливості української влади після неї**. Наступні розділи побудовані систематично й утворюють аналітичну конструкцію: по-перше, ми відкидаємо три базові аксіоми, притаманні системам західного типу (ліберальним), але не посткомуністичним (патрональним), що призводить до фундаментальних типологічних відмінностей між а́кторами та інституціями; по-друге, використовуємо виявлені в такий спосіб елементи, щоб визначити український режим (патрональну демократію), представлений у порівняльному аспекті з двома «сусідніми» типами режимів — ліберальною демократією (на прикладі Естонії) та патрональною автократією (на прикладі Росії). Далі ми докладніше аналізуємо патрональну демократію, зокрема її циклічний характер — ключову особливість динаміки довоєнної системи в Україні.

Після Євромайдану (2013) та російської окупації Криму (2014) Україна відмовилася від звичної «двовекторної політики» (на Захід і Росію) на користь фундаментального зсуву на Захід. Крім геополітичного повороту, це також означало рішучу керовану народом[16] спробу вирватися з-під влади патроналізму та режимних циклів — і це намагання поглиблювалося разом із посиленням російської агресії. Подібно до того, як попередні зусилля Росії з примусової інтеграції або насильницького запобігання розвороту її колишніх колоній на Захід були значною мірою контрпродуктивні,[17] повномасштабне вторгнення 2022 року може стати останнім ривком для України зі Сходу на Захід. Поточні тенденції через півтора року після початку вторгнення вказують на антипатрональну трансформацію повоєнної України. Однак цей процес далеко не очевидний і не короткостроковий: він потребуватиме низки реформ на рівні еліти й суспільства, а внутрішні та міжнародні союзники української влади відіграватимуть важливу роль, стимулюючи її трансформацію в бік ліберальної демократії, — роль, яку вони зможуть виконати лише належно розуміючи посткомуністичні реалії, українські режимні цикли, а також ризики й можливості, які постануть перед країною після війни.

2. Засади аналізу патрональних режимів: відмова від трьох аксіом

У попередніх роботах ми запропонували **систематичне оновлення мови**, термінологічного апарату та граматики **аналізу посткомуністичних режимів** із переходом від західноцентричної перспективи до широкої контекстуальної концептуалізації.¹⁸ На практиці це починається з **руйнування трьох основних аксіом** панівної компаративістської парадигми:

1) поділ сфер соціальної дії (політичної, економічної та громадської) повний, а зв'язки між сферами формальні, регульовані та прозорі;
2) *де-юре* становище осіб та інституцій збігається з їхнім *де-факто* становищем;
3) держава — а́ктор, який прагне до загального блага, а помилки державної політики чи випадки корупції — це не системотвірні елементи, а прості відхилення.

Ці аксіоми приховані: вони становлять імпліцитні припущення в аналізі регіону, як і неправомірні припущення, на яких ґрунтувалися вищезгадані ілюзії. Оновити мову потрібно, бо категорії мейнстримної теорії демократії вже містять ці аксіоми. Оскільки їх рідко ставлять під сумнів або навіть усвідомлюють, то застосовність таких категорій до посткомуністичних режимів залишається обмеженою. Коли західні спостерігачі говорять про «уряди», «партії», «політиків», «стримування й противаги» або «підприємців», то використовують поняття, розроблені для аналізу ліберальних демократій, де діють ці три аксіоми. Коли Путіна називають політиком, його одразу ставлять в один ряд із Джо Байденом та Еммануелем Макроном. *Де-юре*, або за посадою, визначеною конституцією їхньої країни (наприклад, президент), це може бути легітимно, але *де-факто* йдеться про абсолютно різні типи а́кторів, які обіймають різні посади у своїх режимах і мають різні повноваження щодо різного кола а́кторів та інституцій.

2.1. *Замість поділу сфер соціальної дії — неформальний патроналізм*

Нерозбірливе використання мови ліберальних демократій породжує імпліцитні аксіоми, від яких потрібно відмовитися, щоб створити нову мову. Ми можемо почати з першої аксіоми, що стосується поділу сфер соціальної дії. Німецький соціолог Клаус Оффе виокремлює **три сфери: політичну, еконо-**

мічну та громадську, кожна з яких визначена автономною логікою функціонування з особливим набором цілей. Він пише:

> політична дія вбудована в державну структуру й має характеристики, як-от отримання та використання легітимної влади [та] влади, обмеженої правилами, щоб віддавати накази та видобувати ресурси. Її внутрішній стандарт добра — *законність*. Ринкові дії визнають за переслідування корисливих інтересів на основі контракту [...]. Її мірило добра — успіх або *прибутковість*. Зрештою, громадська дія визначена почуттям взаємних зобов'язань між людьми, які поділяють значущі маркери ідентичності та культурної належності [...] Мірило доброчинності громадської дії — це *спільні цінності та спільні уявлення про чесноти*[19] (курсив в оригіналі).

Поділ сфер означає, що неформальне розуміння áкторами своїх ролей, дій і мотивів обмежене певними сферами. Наприклад, у ліберальній демократії є відмінність між зобов'язаннями політика перед державою та перед сім'єю.[20] Такий поділ підкріплений на рівні інституцій із різними механізмами контролю: конкретні правила та низка гарантій, що унеможливлюють конфлікт інтересів, регулюють спосіб взаємодії та розбіжності між цими сферами. Аналогічно, якщо поділ сфер повний, економічна логіка відокремлена від політичної, і це стосується специфічної логіки підприємців, що можуть співпрацювати з політиками через регульовані та нормативні канали. Інакше кажучи, розмежування сфер не означає, що політики ізольовані від підприємців — навпаки, лобіювання (або рентоорієнтованість) добре відоме в ліберальних демократіях.[21] Однак у таких відносинах політик шукає політичної вигоди (внески на виборчу кампанію, щоб отримати більше голосів тощо), а підприємець — економічної (наприклад, сприятливе регулювання). Так вони хочуть зміцнити позиції на вершині ієрархії власної сфери соціальної дії.[22] Політик не стає підприємцем, а підприємець не стає політиком.[23]

Коли мейнстримна теорія демократії звужує фокус до політичних інститутів (багатопартійні системи, вибори, система стримувань і противаг тощо), вона неявно припускає, що центр режиму, як і в західних суспільствах, — політична сфера з її власною, автономною логікою. Однак поділ сфер соціальної дії **гарантований лише тоді, коли áктори різних сфер взаємно поважають автономію одне одного.** Якщо відносини між áкторами залишаються добровільними, то жоден із них не змушений служити волі іншого, а отже, вони можуть слідувати власним раціональним міркуванням. У формалізованих відносинах лобіювання, політик і підприємець укладають «ділову угоду» на добровільних засадах як автономні сторони.

Вони об'єднуються та формують горизонтальні відносини для взаємної вигоди (вільний вхід), з яких кожна сторона може вільно вийти, якщо побачить більш вигідну пропозицію (вільний вихід). Крім того, формальний характер відносин у демократичному режимі також передбачає поділ сфер, а механізми інституційного контролю коригують відхилення політичних, економічних і громадських акторів так, щоб вони не досягли критичної маси, тобто не становили загрози для системи.

Ситуація змінюється, коли **формальні відносини замінюють на неформальні**, а люди, які керують інституціями, керуються певними неписаними нормами та інтересами, а не очікуваннями формального, конституційного порядку; **горизонтальні відносини замінюють на вертикальні, патрон-клієнтські**, тому одна сторона (клієнт) втрачає, частково або повністю, автономію перед іншою (патроном). Це типова ситуація для посткомуністичних **патрональних режимів**, які можна відрізнити від непатрональних режимів західного типу за чотирма аналітичними параметрами (Таблиця 1).

Таблиця 1. Протиставлення відносин у непатрональному та патрональному режимах

	Непатрональні	**Патрональні**
Інституції	формальні	неформальні
Регулювання	нормативне	дискреційне
Повноваження	колективні	особистісні
Управління	бюрократичні/інституційні ланцюжки	клієнтелістські/особистісні ланцюжки

Стверджуючи, що люди, які керують офіційними установами, діють за «певними» неписаними нормами, ми мали на увазі, що в посткомуністичному контексті вони діють за нормами та інтересами **неформальної патрональної мережі**. Такі мережі існують не через бюрократичну, юридично визначену залежність, а завдяки владі *де-факто*, яку патрон має і може використовувати для визискування клієнта. Це можливо завдяки другій рисі з Таблиці 1 — **дискреційному характеру регулювання**. Тоді як непатрональні відносини передбачають нормативні правила та безособове надання вигод або покарань певним групам, патрони в неформальних патрональних мережах **вибирають між акторами на особистісній та дискреційній основі**. Заохочення, як і покарання, здійснюють з ексклюзивного, особистого дозволу патрона, і вони спрямовані безпосередньо на клієнта — людину чи організацію.

Патрональні системи зосереджують право ухвалювати рішення в руках одного а́ктора — патрона, а отже, **повноваження, надані в цих системах, особистісні**. Це контрастує з ліберальними демократіями західного типу, для яких типові колективні повноваження та ухвалення рішень органами, а не людьми, щоб зберегти безособовість та уникнути свавільного ухвалення рішень. Зрештою, у ліберальних демократіях приватні чи громадські організації розвиваються через бюрократичні, інституційні ланцюжки з кількома рівнями формально визначених суб'єктів і відповідними процедурами. У патрональних режимах організації з неформальними патрональними відносинами залежать від **клієнтелістських, особистісних ланцюжків**. На відміну від формальних мереж горизонтальних відносин лобістського типу, неформальна патрональна мережа є **пірамідальною централізованою ієрархією** з кількома рівнями патронів і клієнтів із чітко, хоч і неформально, визначеними компетенціями та прерогативами.[24]

Неформальний патроналізм суперечить принципу поділу сфер соціальної дії, адже завдяки йому а́ктори, формально належні до однієї сфери, наприклад політичної, можуть діяти поза межами формальної компетенції та здійснювати владу в іншій сфері, де їхні клієнти, наприклад економічній. **Така ситуація переважає в більшості посткомуністичних країн**, особливо в пострадянських країнах, що перебувають поза межами гравітаційного тяжіння ЄС і Заходу загалом. Хоча комуністична система влади розпалася 1991 року, за зміною режиму в європейських пострадянських республіках не виник послідовний розвиток ліберально-демократичних інститутів, а радше сформувалася президентська система, що давала лише обмежені можливості для розвитку демократичних інститутів.[25] Навіть розвиток такого президентства в деяких випадках передував — або супроводжувався під час різних криз — послабленням державності та появою своєрідної олігархічної анархії після масової приватизації.[26] Замість того, щоб імпортувати західні непатрональні цінності разом із західними інституціями, місцеві сили, зумовлені цивілізаційною прив'язаністю та комуністичним минулим,[27] насправді окупували й заселили новостворені політичні інституції. Як наслідок, виникла **системна дуальність**: на рівні безособових інститутів сформувалися президентські республіки з поділом влади та конкурентними багатопартійними виборами (**демократична трансформація**), а на рівні особистих мереж переважав неформальний патроналізм як головний чинник динаміки політичного режиму (**антипатрональної трансформації немає**).

Посткомуністичні неформальні патрональні мережі в літературі часто називають «кланами»,[28] хоча їх також можна назвати **прийомними полі-**

тичними сім'ями. Клани домодерного суспільства, як і династичні роди у феодальні часи, були організовані на основі кревної спорідненості, але розширювалися і приймали аутсайдерів на особистісній, родинній основі. У прийомних політичних сім'ях родинні зв'язки доповнюють квазіродинними, адже сама мережа (або ядро її засновників) постійно поповнюється сім'ями, не пов'язаними з іншими членами кревними зв'язками. Прийомна політична сім'я — явище значною мірою неформальне, що означає не тільки те, що її ефективна ієрархія поза або над формальними інститутами держави, але й те, що вона не має юридичної форми. Це конгломерат політичних а́кторів (лідерів партій, парламентарів, урядовців, суддів, генеральних прокурорів, керівників податкової служби тощо), економічних а́кторів (олігархів із найбільшими підприємствами, банками, медіа, приватними та корпоративними доброчинними організаціями тощо) та громадських а́кторів (церковних лідерів та інших), пов'язаних між собою неформальною ієрархією, що ґрунтується на беззастережній особистісній відданості очільнику мережі — **головному патрону**.

Системна дуальність патрональних режимів із багатопартійними системами означає: **те, що зовні подібне до партійної конкуренції, насправді є конкуренцією неформальних патрональних мереж**; замість політичних організацій, які беруть участь у політичних діях заради політичних цілей, тобто здобуття та утримання влади, конкурують прийомні політичні сім'ї, які керуються подвійними мотивами сконцентрувати владу та накопичити багатства коштом держави та суспільства. Мережі використовують партії, особливо головних а́кторів на арені, як "привідний пас": їхня функція — спрямовувати неформальний порядок денний політико-економічних мотивів у сферу формальних, легітимних інститутів політичного врядування.

2.2. Замість збігу де-юре й де-факто владних позицій — олігархи та полігархи

Під збігом *де-юре* і *де-факто* можна розуміти **збіг правового статусу й соціологічної реальності**. У ліберальній демократії розмежування сфер соціальної дії означає також розмежування ролі політика та підприємця, виражене у відповідних термінах. Слова «президент» і «прем'єр-міністр» як позначення політичних а́кторів містять неявну презумпцію того, що їх можна описати за допомогою їхніх юридичних титулів або що їхні повноваження і функції в режимі закріплені за їхніми формальними посадами *де-юре* в конституції. Аналогічно такі поняття, як «підприємець» або «капіталіст», означають, що вони за власним бажанням можуть *де-факто* використовувати свій капітал або здійснювати свої права власності *де-юре*, визначені та обмежені правовими інститутами.

У патрональних режимах **правовий статус і соціологічна реальність відокремлені** неформальним патроналізмом. Як наслідок, ключовими а́кторами економічної та політичної сфери стають **олігарх** і **полігарх** відповідно. Ми можемо визначити їх як дзеркальні відображення: олігарх — це а́ктор із формальною економічною владою й неформальною політичною владою, тоді як полігарх — а́ктор із формальною політичною владою, яку доповнює неформальна економічна.

Коли політичні а́ктори стають патронами у неформальних патрональних мережах, вони керуються вже не окремою політичною логікою, а політико-економічним обґрунтуванням концентрації влади та накопичення особистого багатства. Перефразовуючи Макса Вебера, вони розглядають владу як економічні можливості, привласнені у приватних інтересах.[29] Хоча їхнє особисте багатство забезпечене політичною позицією та рішеннями, незаконні фінансові переваги **полігархів** значно перевищують межі привілейованих пільг, які можуть бути пов'язані з їхнім офіційним становищем і доходами від класичної корупції. У ліберальній демократії політика можна підкупити та втягнути у різні корупційні дії. Переважно це ініціюють приваті а́ктори, як-от (великі) підприємці за принципом «знизу-догори», коли підприємець отримує сприятливе ставлення від держави, а хабар дають політику. Підприємець не стає політиком, а політик не стає підприємцем — вони просто стають корумпованими.

У неформальній патрональній мережі не хабар пов'язує корумпованих суб'єктів між собою. По-перше, полігарх **не отримує хабар за корупційні дії, а вимагає гроші за «кришування» від клієнтів**. Ті й собі можуть не отримувати жодної додаткової плати за виконання рішень патрона, а просто уникають дискреційних покарань. По-друге, могутній полігарх може займатися хижацтвом, тобто відбирати компанії в нелояльних або сторонніх суб'єктів і віддавати їх лояльним клієнтам.[30] Вигода полігарха в такому разі — це сама компанія, яка стає його власністю *де-факто* у сфері ринкових дій через клієнтів, якими він розпоряджається. Полігарх отримує гроші не як хабар, а як дивіденд, легалізовану ренту, отриману за допомогою незаконних засобів.

Де-юре полігарх постає як політик високого рангу, обмежений політичною сферою; *де-факто* він проникає в економічну сферу, а також оформляє оренду землі, нерухомість, псевдогромадські організації або фонди, фінансовані коштом держави, і **мережу компаній через економічних підставних осіб**, які легально представляють незаконно набуте майно та владу.

А терміном **олігарх** позначають великих підприємців, які практикують лобіювання в ліберальних демократіях, і проводячи паралелі між олігархами, що з'явилися в умовах олігархічної анархії 1990-х років, і «баронами-розбійниками» Сполучених Штатів XIX сторіччя.³¹ Однак ідеальні типи олігархів і великих підприємців можна виокремити за **трьома аналітичними вимірами**:

- **характер політичних зв'язків**, де великий підприємець має формальні відносини, які переважно впливають на його економічну діяльність (лобіювання), і є добровільною угодою, обидві сторони якої зберігають автономію, тоді як олігарх має неформальні відносини, що переважно впливають на його економічну діяльність (це вбудовано у панівну еліту), і має відносини «патрон-клієнт» із патрональною мережею;
- **характер політичних взаємних послуг**, де великий підприємець користується нормативним регулюванням і невиключними послугами, тобто застосовуваними до всіх у галузі, тоді як олігарх користується дискреційним регулюванням і виключними послугами, спрямованими на певних осіб або компанії;
- **природа успіху**, де великий підприємець стає «великим» завдяки технічним/організаційним інноваціям, і збереження статусу залежить від дальшого ринкового успіху, тобто підприємець може залишатися прибутковим без політичних взаємних послуг. Натомість олігарх стає олігархом незалежно від ринкових інновацій, адже отримує монопольні гранти за державної або патрональної підтримки, і збереження його статусу залежить від дальшого патронального успіху, коли вдається зберігати дискреційні привілеї.

Відносини олігархів і полігархів між собою та з а́кторами навколо переважно визначені владою й тим, наскільки один із них може порушити автономію іншого, або ж протистояти спробам домінування. Відповідно, основний тип дій олігарха — **захопити державу**, коли корупція вертикально сягає найвищих рівнів публічної сфери й назавжди підпорядковує олігархам політичних акторів, а через них і державну владу. Натомість основний тип дій полігарха — використовуючи владу держави захопити олігарха, порушивши його відносну автономію, й інтегрувати його у власну систему підпорядкування. Перше являє собою корупцію «знизу-догори», що проникає з економічної сфери в політичну, тоді як друге належить до категорії корупції «згори-донизу», коли економічна сфера підпорядкована політичній.

Питання, яке має режимно-диференціювальне значення: **хто «бос», тобто хто від кого залежить** — хто віддає накази, а хто їх виконує? Чи захоплюють олігархи певні сегменти держави, чи провідний олігарх патрональної мережі при владі, чи має головний патрон владу дисциплінувати та приручати олігархів? Звісно, деяких олігархів не потрібно приручати, адже вони є частиною прийомної політичної сім'ї (олігархи з найближчого оточення); деякі приручені за замовчуванням, бо створені мережею й повністю залежні від неї (олігархи, залежні від патрона). Окремої уваги потребує ситуація з **автономними олігархами**, які не пов'язують себе постійними зобов'язаннями з жодною політичною силою. Вони часто вже від початку мали значні статки та здобули ще більший капітал, обіймаючи посади, пов'язані з політикою. На відміну від кримінальних авторитетів, вони прагнуть за допомогою корупції забезпечити собі незаконну підтримку легальної економічної діяльності.[32] Згодом вони можуть заснувати власні мережі і перейти до олігархів із найближчого оточення, але зазвичай захоплюють державу, «скуповуючи» політичних áкторів елітного рівня (політиків, що приймають рішення, партії) та неелітного рівня (бюрократів), щоб накопичити та захистити свій капітал.[33] При цьому вони підтримують однаково добрі стосунки з основними прийомними політичними сім'ями: замість патронального підпорядкування головному патрону намагаються зберегти цілісність і формують горизонтальні відносини за типом «клієнт — клієнт» з конкурентними мережами.[34] Це дає змогу «тримати рівну дистанцію», а точніше — **зберігати можливість вільного виходу**. Захоплені політичні áктори перебувають у патрональному підпорядкуванні без можливості вільного виходу, натомість автономні олігархи не підпорядковані й можуть змінювати команди, коли вибори чи інші політичні події зміщують баланс сил між прийомними політичними сім'ями.

Свобода маневру автономних олігархів різко обмежується, якщо політичному блоку вдається монополізувати всю політичну владу. В **українському режимі**, для якого характерна **багатопірамідальна патрональна мережа**, жодна патрональна мережа чи олігарх не має повного контролю над державою. Як наслідок, олігархи мають більше можливостей і засобів, щоб контролювати політичних áкторів. На противагу цьому, **російський режим має однопірамідальну патрональну мережу**. У такій системі немає відкритого питання, хто лідер: очевидно, що «бос» це верховний патрон, Путін. Замість підзвітності еліти з боку (підкорених) олігархів, їхня влада та становище залежать від наближеності до головного патрона та його забаганок.[35] Це ситуація олігархічного захоплення, де патрональні відносини також змінюють соціологічний характер політичних та економічних а́кторів: *де-юре* право власності на майно олігархів *де-факто* здійснює, принаймні частково, верховний патрон, який входить в економічну сферу й стає *де-факто* власником майна, навіть якщо юридично не має жодних прав власності. З другого боку, **багатопірамідальна система має численні конкурентні мережі й автономних олігархів**, які внаслідок **часткового захоплення держави** стають **де-факто** особами, що приймають політичні рішення через мережу клієнтів, навіть якщо юридично не обіймають жодну державну посаду.

2.3. Замість держави, яка дбає про загальне благо, корупція як державна функція

Третя та остання аксіома полягає в тому, що держава — а́ктор, який прагне до спільного блага. У теорії демократії неявно передбачено, що «праві» чи «ліві» а́ктори керуються ідеологією й мають на меті реалізувати суспільне бачення за допомогою інструментів державної влади. Водночас **корупцію розглядають як девіацію**: як «зловживання довіреною владою з метою особистої вигоди»[36] вона означає обхід встановлених державою правових норм; передбачено, що уряди повинні боротися з нею, щоб ефективно й раціонально керувати державою.[37] Таке розуміння корупції імпліцитно передбачає верховенство формального над неформальним, тобто що державні службовці діють і думають насамперед відповідно до правового становища, а незаконні зловживання владою можуть трапитися лише меншою мірою. Державу розглядають за її формальною ідентичністю: як інститут переважно суспільного блага з деякими підлеглими, які відхиляються від цієї мети та зловживають становищем, вимагаючи або беручи хабарі та незаконно призначаючи «своїх». Отже, приватний вплив на зміст законів і правил (у нашому розумінні — захоплення держави) і вплив на їх виконання (у нашому розумінні — корупція на вільному ринку) — це дві форми зловживань.[38]

Щоб зрозуміти посткомуністичні режими, потрібно відмовитися від аксіоми «держава бореться з корупцією» і розглянути **випадки, коли суспільний інтерес не випадково, а постійно підпорядкований приватним цілям і фундаментально та систематично визначає політичні рішення**. Цей підхід і корупція лише як девіація — дві крайні точки шкали взаємовідносин панівної еліти та корупції. Цю шкалу можна використати для розробки типології держав, які різною мірою і в різних формах керуються приватними, а не суспільними інтересами (Таблиця 2).

Таблиця 2. Типологія держав за рівнем зв'язку між панівною елітою та корупцією

	Рівні тлумачення категорії	Наміри регулятора	Наміри домінантної інституції (форми)	Дискреційне поводження внаслідок корупції відповідає наміру…
Держава	Монополія на оподаткування (податок, рента тощо) для утримання державних функцій	нормативні	нормативні (офіційні державні закони)	ні регулятора, ні домінантної інституції (неструктурне відхилення)
Корумпована держава	1-а ознака + зловживання довірою владою задля особистого зиску (випадкові, непатрональні стосунки)	нормативні	нормативні (офіційні державні закони)	ні регулятора, ні домінантної інституції (неструктурне відхилення)
Захоплена держава	1-а + 2-а ознака + патрональні відносини з постійним характером	дискреційні	нормативні (офіційні державні закони)	регулятора, але не домінантної інституції (структурне відхилення)
Кримінальна держава	1-а + 2-а + 3-я ознака + підпорядковані та монополізовані політичним підприємством (управління здійснюють як злочинна організація)	дискреційні	дискреційні (неформальні рішення патрона)	як регулятора, так і домінантної інституції (норма/ конституційний елемент)

У **корумпованій державі** є конфлікт інтересів між панівною елітою та державним апаратом, який намагається нав'язати їй власні інтереси. Корупція ендемічна, а не системна: вимагати й отримувати хабарі — неформальна норма бюрократії, але не існує дії центральної влади, яка б їх організовувала та регулювала.

Це призводить до великої кількості випадкових транзакцій між різними людьми. У **захопленій державі** співпраця а́кторів стає більш комплексною та більш постійною, адже корумповані актори з економічної сфери — це олігархи, які встановлюють неформальні патрональні відносини в певних сегментах державного апарату. Подібність корумпованої та захопленої держави полягає в їхній **висхідній природі**: попит на корупцію надходить із економічної сфери, а корупційні послуги надають державні суб'єкти. З іншого боку, у корумпованій державі випадкова корупція часта, але все ж на низькому рівні. Вона не відповідає намірам ні регулятора (того, хто ухвалює корупційні закони), ні домінантної інституції (яка в такому разі виконує функції формальної, правової інституції, що забезпечує фактичні рамки політичної дії). Отже, корупція — це **неструктурне відхилення**, на відміну від захопленої держави, де вона стає **структурним відхиленням**. Держава загалом не керується приватним інтересом, але внаслідок захоплення держави регулятор прагне сприяти корупції.

Держава, вразлива до висхідних форм корупції, обов'язково **слабка**. Державний апарат отримує накази від панівної еліти, але не виконує їх, хоч і має. Навпаки, представники бюрократії або ставлять виконання законів у залежність від сплати хабарів, або починають використовувати державну владу, щоб привласнити приватні активи (далі детальніше). В умовах слабкої держави, як в Україні та Росії 1990-х років, для членів державної адміністрації типово ставати незалежними від центральної влади й зловживати державними посадами для приватної вигоди. Вони роблять це неорганізовано, в умовах суворої конкуренції — або для себе, або для олігархів, що їх наймають.[39] Це типове явище для розвиткових держав у періоди олігархічної анархії,[40] коли правителі не можуть контролювати ні ринок легітимного насильства за межами держави, ні власну корумповану бюрократію всередині.

Сильна держава виникає в посткомуністичному регіоні тоді, коли державна влада не поділена між різними конкурентними патрональними мережами («згори-вниз») та автономними олігархами («знизу-догори»). Коли владу здійснює однопірамідальна патрональна мережа, яка має подвійну мету — сконцентрувати владу й накопичити багатство, **корупція стає невіддільним складником режиму**, а державне управління здійснюють як у злочинній організації. Замість того щоб бути девіацією, корупція відповідає намірам як регулятора, так і домінантної інституції (якою в такому разі стає неформальна патрональна мережа) і перетворюється на **централізовану й монополізовану державну функцію**. Корупція, яку досі карають у такому режимі, — це так звана несанкціонована незаконність, коли корупційну дію вчиняє той, хто не належить до патрональної мережі або належить до неї, але «краде надто багато для свого рангу», тобто виходить за межі дозволеної йому корупції.[41]

Щоб узагальнити цей розділ, відкинувши три основні аксіоми — про сфери, владні позиції та державу, — розгляньмо базову структуру посткомуністичних патрональних режимів (Рисунок 1). Після зміни режиму вкорінені соціальні норми браку поділу сфер витісняли культурно безрідні рамки ліберальної демократії, тому формальні інститути систематично обходили, а іноді й трансформували відповідно до неформального соціального контексту. Панування неформальних інститутів виявляло себе на рівні пересічних громадян у повсюдній корупції,⁴² неформальних відносинах і недовірі до формальних інститутів (які часто навіть не могли розвинутися до такого рівня, щоб люди почали їм довіряти),⁴³ а на рівні еліт — у неформальних мережах і вторинності формальні адміністративних (державних чи партійних) посади щодо неформальних у визначенні реальної влади.⁴⁴

Рисунок 1. Схематичне зображення базової структури патрональних режимів.

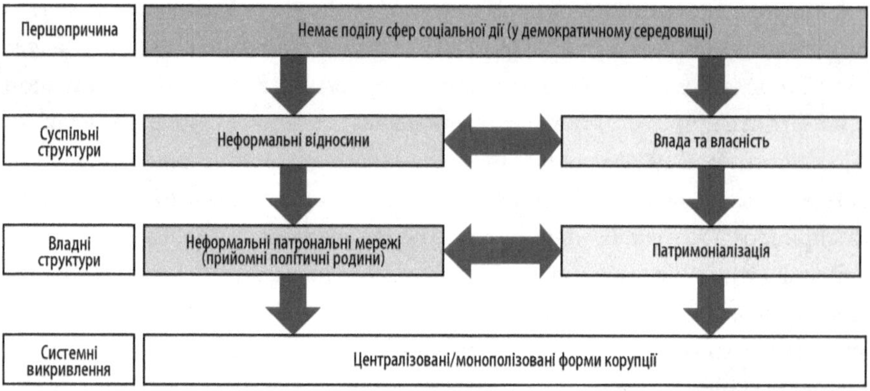

Першопричина	Немає поділу сфер соціальної дії (у демократичному середовищі)	
Суспільні структури	Неформальні відносини ⟷	Влада та власність
Владні структури	Неформальні патрональні мережі (прийомні політичні родини) ⟷	Патримоніалізація
Системні викривлення	Централізовані/монополізовані форми корупції	

Темно-сірим кольором позначено першопричину, помірно сірим — наслідки для особистих відносин, світло-сірим — інституційні наслідки, а найсвітлішим — системні викривлення, що випливають із цих двох ліній наслідків.

Водночас патроналізм, здійснюваний через формально нав'язані відносини, феодальне та бюрократичне підпорядкування, може виходити далеко за межі будь-якої окремої формальної інституції в демократичному середовищі після зміни режиму. Неформальні мережі не просто поглинули формальні інститути та використовують їх як фасади, але й організовуються в пірамідальні ієрархічні ланцюги підпорядкування, тобто **неформальні патрональні мережі (прийомні політичні сім'ї)**.

Як пояснює Гейл, патроналізм утілює «персоналізований обмін конкретними винагородами та покараннями через ланцюжки фактичного знайомства», на відміну від «абстрактних, безособових принципів, зокрема ідеологічних переконань або категоризації на кшталт економічного класу».⁴⁵ Прийомні політичні сім'ї зазвичай перетинають класові межі, а їхні норми, як зазначає Коллінз, «вимагають глибокої лояльності [і] можуть вступати в конфлікт з ідентичністю сучасної бюрократичної держави. Клани звертаються до держави як до джерела протекції та ресурсів [...]. Члени клану, які мають доступ до державних інституцій, протегують родичів, роздаючи робочі місця на основі кланових зв'язків, а не заслуг. Кланові еліти розкрадають державні активи та спрямовують їх у свою мережу [...] Політика кланів замкнута, виключна й непрозора».[46]

Прийомні політичні сім'ї безпосередньо об'єднують владу над обставинами політичної та економічної діяльності і так створюють умови, у яких політична та економічна влада значною мірою залежать одна від одної. Не існує економічної влади без політичної (або принаймні частки в політичному полі),[47] а політична влада не може існувати без економічної.[48] Російські аналітики використовують вислів «влада і власність» (*власть и собственность*) для опису цього переплетеного стану речей як незалежної категорії.[49]

Неформальне захоплення формальних інститутів політичними сім'ями та олігархами означає, що вони дедалі частіше розглядають державні інститути як приватну власність, що Вебер та його послідовники називали **патримоніалізмом**.[50] Коли олігархи захоплюють державу, патримоніалізація часткова, тож держава не перебуває під контролем одного олігарха; натомість якщо олігарх має монополію на політичну владу й контролює всю державу, патримоніалізація стає повною й виникають **централізовані та монополізовані форми корупції**. Неформальні патрональні мережі домінують у політичному ландшафті, тож патрональні режими можуть спостерігати антикорупційні кампанії однієї неформальної мережі проти іншої (як це було типово для України до війни),[51] але жодної кампанії, спрямованої проти корупції як відхилення від норм системи немає.

3. Патрональна демократія: проміжний тип між ліберальною демократією та патрональною автократією

Після розпаду Радянської імперії всі незалежні країни починали з тієї самої «вихідної точки» — комуністичної диктатури. До зміни режиму існували різні моделі комунізму, включно з суворішою автаркічною класичною моделлю з низьким рівнем професіоналізму бюрократії та відсутністю доступу до Заходу (СРСР, Албанія, Болгарія, Румунія та інші) і більш гнучкі та відкриті моделі, що дотримувалися певного формально-раціонального функціонування (Угорщина, Польща, Югославія та інші).[52] Проте кожна модель мала дві режимотвірні риси: однопартійну систему та монополію державної власності в економіці. У нашій термінології це означає, що **комуністична диктатура була однопірамідальним бюрократичним патрональним режимом**. На відміну від неформальних патрональних мереж, які не мають юридичної організації й базуються на особистих, клієнтелістських зв'язках та особистій лояльності до (верховного) патрона, комуністична однопірамідальна панівна еліта, номенклатура, була формалізованим утворенням, ґрунтованим на бюрократичних зв'язках та інституційній лояльності до партії.[53] А проте, її досі можна описати як різновид (бюрократичного) патроналізму, адже йдеться про підпорядкування у вертикальних відносинах і відповідний розподіл ресурсів.[54]

Відштовхуючись від цієї позиції, посткомуністичні країни пішли різними траєкторіями розвитку режимів (Рисунок 2). Аналітично характеристики початкової системи могли змінюватися двома способами: однопірамідальна система могла трансформуватися в багатопірамідальну або однопірамідальна система могла бути перебудована з часом; натомість бюрократичний патроналізм міг бути замінений непатрональною або неформальною патрональною системами. Логічно, отже, що такі чотири варіанти режимів — це можливі напрямки руху **від однопірамідальної бюрократичної патрональної системи:**

A) **багатопірамідальна** непатрональна система (**ліберальна демократія**);

B) **однопірамідальна** непатрональна система (**консервативна автократія**);

C) **багатопірамідальна** неформальна патрональна система (**патрональна демократія**);

D) **однопірамідальна** неформальна патрональна система (**патрональна автократія**).

Рисунок 2. *Ідеальні типові траєкторії розвитку посткомуністичних режимів. A, B, C і D відповідають переліку можливих напрямків розвитку режимів.*

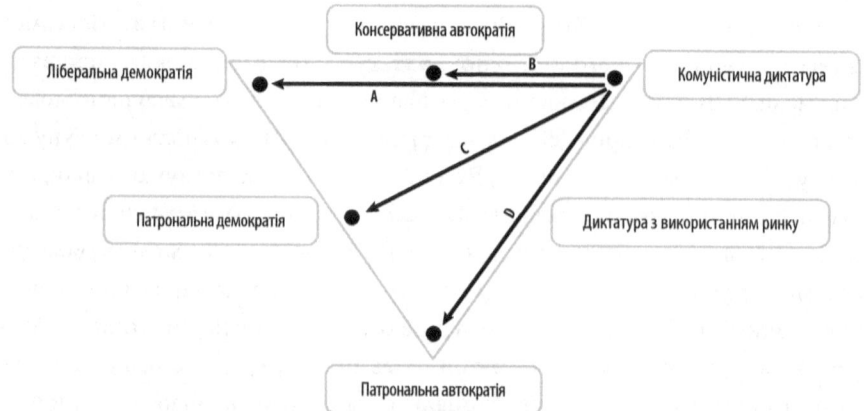

Загалом у посткомуністичному контексті ми говоримо про дві багатопірамідальні системи з плюралізмом владних мереж (демократії) та дві однопірамідальні системи з однією домінантною мережею, яка підкорила, усунула або маргіналізувала конкурентів (автократії).[55] Однак цей вимір аналізу (наявність чи брак плюралізму) досі не відображає *sui generis* особливості посткомуністичних режимів — наявності чи браку неформального патроналізму. Якщо додати цей вимір до нашого аналізу, то чотири типи режимів, про які йдеться, здаються **двома непатрональними (ліберальною демократією та консервативною автократією) і двома патрональними режимами (патрональною демократією та патрональною автократією)**.[56]

У регіоні не сформувалася консервативна автократія, хоча є два помітні випадки, що наближаються до цього типу режиму. Це Польща після 2015 року (де Ярослав Качинський здійснив спробу встановити автократію від ліберальної демократії, але не створив жодної неформальної мережі чи не виплекав олігархів, які залежать від патронів)[57] та Грузія після 2003 року (де зусилля Міхеїла Саакашвілі з ліквідації неформального патроналізму супроводжувалися автократичними тенденціями та нехтуванням верховенства права).[58] З іншого боку, є **чимало прикладів трьох інших типів режимів** серед посткомуністичних країн. Наприклад, Естонія стала ліберальною демократією, здобувши незалежність 1991 року; Росія пройшла через період олігархічної анархії в 1990-х роках, після чого правління Путіна консолідувало патрональну автократію; а Україна до війни демонструвала чіткі тенденції до патрональної демократії. Далі ми використовуємо ці три країни, щоб проілюструвати функціонування трьох типів режимів, а також підкреслити відмінності між ними з погляду їхніх акторів та інститутів.

3.1. Ліберальна демократія: кейс Естонії

Конституціоналізм забезпечує основу для інститутів ліберальної демократії. Він починається з поняття людської гідності й виводить універсальний захист прав людини і рівне право людей на участь в управлінні своїм життям. З першого випливає, що **обсяг політичної влади повинен бути обмежений**; держава за визначенням — монополіст на легітимне застосування насильства,[59] але цю владу не мають використовувати, щоб порушувати права людини. Навпаки, *raison d'être* конституційної держави в ліберальній демократії полягає в тому, щоб запобігати порушенням прав, і хоч вона може бути демократично уповноважена виконувати інші функції (публічної політики), навіть народу (переважно більшості) заборонено ініціювати централізоване порушення основних прав і свобод інших (переважно меншості).[60] З іншого боку, з рівного права на участь в управлінні своїм життям випливає, що **народ повинен ефективно впливати на законотворчість**. Незалежно від того, чи цей вплив прямий (наприклад, референдуми), чи непрямий (як-от вибори представників у законодавчі органи), фундаментальне право кожного громадянина і кожної громадянки — можливість контролювати закони, які регулюють його чи її життя в державі.

З соціологічного погляду, такий стан речей гарантовано **непатрональним характером панівної еліти**. Це означає, що **численні фракції та автономні елітні групи** існують завдяки поділу гілок влади всередині держави і плюралізму політичних та економічних ресурсів поза її межами, а також між центральними та місцевими органами влади. Інакше кажучи, є **відкритий доступ** до політичних та економічних ресурсів, використовуючи вираз Норта та його колег з «Насильства і соціальних порядків» *(Violence and Social Orders)*. Вони пишуть, що в режимах на кшталт ліберальної демократії:

політичні партії змагаються за контроль над владою на конкурентних виборах. Успіх партійної конкуренції в контролі над владою залежить від відкритого доступу, який сприяє розвитку конкурентної економіки та громадянського суспільства, забезпечуючи широкий спектр організацій, які представляють різноманітні інтереси й мобілізують розкидані електорати, якщо чинна влада [...] намагається зміцнити позиції, створюючи ренту, обмежуючи доступ або вдаючись до примусу.[61]

Елітну структуру ідеальної типової ліберальної демократії подано на Рисунку 3. Провідна політична еліта в цьому режимі поважає автономію інших еліт, навіть у громадській сфері, тоді як поділ соціальних дій і поділ влади в політичній сфері призводить до того, що в суспільстві немає жодної домінантної еліти. Політична еліта встановлює правові межі й, відповідно, визначає діапазон можливостей для дій інших еліт, але не втручається у виконавчі рішення будь-яких членів або їх груп. Політична опозиція легальна й може безперешкодно діяти в **процесі громадського обговорення**: народ може оцінювати діяльність чинної влади та різні альтернативи (фаза обговорення, з відкритою сферою комунікації); мати альтернативи влади, що виявляють себе в демонстраціях і політичних партіях (фаза об'єднання, з вільним здійсненням права на об'єднання без втручання держави); вибирати альтернативу в перегонах, де вирішальним фактором стає те, кому вони віддають перевагу, а не те, хто може незаконно отримати доступ до фондів кампанії або маніпулювати виборчою системою (фаза вибору, з чесними виборами); мати втілену в законах політику, за яку вони голосували (фаза законотворчості, із законодавчою владою, яка ухвалює рішення); і мати можливість виконувати закони, які створили їхні представники, щоб справді регулювати їхнє життя так, як вони обрали (фаза впровадження, з рівністю перед законом).⁶²

Рисунок 3. Автономні еліти в ідеальній типовій ліберальній демократії

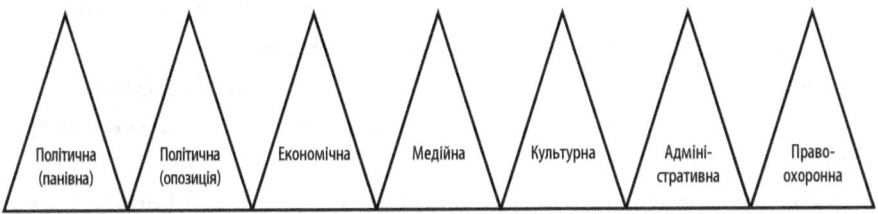

Естонія, мабуть, найближча країна до ідеального типу ліберальної демократії в посткомуністичному регіоні. Унаслідок розпаду Радянського Союзу естонці 1992 року відновили незалежність та ухвалили нову конституцію, а виборче право було поширене на людей, зареєстрованих як громадяни на референдумі.⁶³ У перші роки це також означало виключення з виборчого права значної частини російської меншини.⁶⁴ Однак, починаючи з 1996 року, країна отримала найвищий рейтинг політичної свободи у звітах *Freedom House*⁶⁵ і досягла таких самих успіхів за Індексом ліберальної демократії проєкту *V-Dem*.⁶⁶ За словами Гейла, Естонія — одна з найменш патріархальних країн посткомуністичного регіону, і навіть патріархальні тенденції в ній були обмежені парламентською конституцією, а не президентською.⁶⁷

Перехідний період в Естонії був описаний як елітарний і навіть «опікунський», що характеризується «домінуванням політичних еліт в ухваленні рішень і спрямуванні суспільства в напрямку, який еліти вважають потрібним для розвитку суспільства та добробуту народу».⁶⁸ Однак це не призвело ні до створення домінантної партійної системи,⁶⁹ ні до системної корупції та засилля олігархів і політикуму, які прагнуть монополізувати владу й накопичити особисте багатство.⁷⁰ Згідно з нещодавнім звітом *Freedom House*, естонські медіа захищені законом і значною мірою вільні від відкритого політичного впливу, тоді як медіавласність переважно приватна й підпорядкована бізнес-інтересам, а не політичним (FH зауважує про «посилення комерціалізації та незадекларовану рекламу» як проблеми).⁷¹ В економіці домінують саме підприємці, а не олігархи на конкурентних ринках, а уряди, що змінювали один одного, дотримувалися консервативно-ліберальної економічної програми з моменту зміни режиму.⁷²

Звісно, розподіл сфер та автономія еліт не означає, що між ними немає зв'язку. Лобізм — нормальне явище для ліберальних демократій, і його реформування вже давно стало темою естонської політики.[73] В Естонії також траплялися корупційні скандали; найсерйозніший з них — справа колишнього міністра навколишнього середовища Віллу Рейльяна, якого естонські суди визнали винним у вимаганні хабара в розмірі приблизно 100 000 євро і наданні переваги давньому прихильнику своєї партії у справі про обмін земельними ділянками.[74] Масштаби таких випадків, звісно, бліднуть порівняно з потоком корупційних грошей та активів у посткомуністичних патрональних режимах.[75]

Естонська політика не захопила економіку, тож у країні немає неформальних патрональних мереж або олігархів (автономних чи інших). Опозиційні партії також сильні, правоохоронна система нормативна, а завдяки пропорційній виборчій системі естонські уряди переважно були коаліційні й часто змінювалися.[76] Якщо додати до цих особливостей внутрішню динаміку, зумовлену переважно етнічними конфліктами,[77] а також появу політики ідентичності та правого популізму,[78] можна сказати, що Естонія загалом не відрізняється від західних ліберальних демократій, яким притаманні подібні тенденції.[79]

3.2. *Патрональна автократія: кейс Росії*

У посткомуністичних країнах суб-еліти почали набувати відносної автономії на початку зміни режиму. Однак незабаром окремі автономні еліти об'єдналися в конкурентні політико-економічні патрональні мережі попри умови, типові для ліберальних демократій. У тих посткомуністичних режимах, де ротація конкурентних політичних сил зберігалася протягом тривалого часу, автономні економічні, культурні, медійні та інші еліти мали більше шансів закріпитися або принаймні долучитися до конкурентних патрональних мереж, які не могли забезпечити собі владу одноосібно, знаходячи засоби до існування під їхнім крилом. **У режимах, де створили однопірамідальну патрональну мережу**, навпаки, паралельно з усуненням балансу та автономії політичних інститутів, ліквідували автономію економічних організацій та соціальних інститутів.

Патрональна автократія — полярна протилежність ліберальної демократії: замість багатопірамідальної непатрональної системи — однопірамідальна неформальна патрональна система. На відміну від фіксованої та формалізованої системи посад комуністичної номенклатури, прийомна політична сім'я утворена з сукупності формальних і неформальних посад, упорядкованих у патрональну мережу. Звісно, їй належать ключові позиції політичної влади, тобто верховний патрон (переважно глава виконавчої влади) силою підпорядковує собі законодавчу та виконавчу гілки влади, а також поєднує формальні позиції політичної еліти з позиціями в економічній та іншими юридично невизначеними, неформальними позиціями через апропріацію держави на користь приватних інтересів.

Щоб розширити свою неформальну мережу за межі формального середовища держави та партії, верховному патрону, однак, потрібна монополія на політичну владу й дієва держава. Останнє стало особливо важливим у таких країнах, як **Росія**, де держава стала слабкою й навіть, у деяких аспектах, зазнала краху в 1990-х роках після розпаду Радянського Союзу. У період **олігархічної анархії** російська держава втратила монополію на легітимне застосування насильства, оскільки з'явилися конкуренти, значною мірою з організованого злочинного світу, яких економічні актори розглядали як легітимних постачальників інформації, безпеки, примусу та розв'язання суперечок.[80] За сучасними даними, навіть 1998 року в Росії 25000 банків і сімдесят дві тисячі комерційних організацій мали служби безпеки.[81] Водночас як держава, так і новостворена приватна економіка була оточена й захоплена дезорганізованою, багатопірамідальною структурою регіональних і загальнонаціональних олігархічних мереж.[82]

Перший переломний момент патрональної політики в посткомуністичній Росії стався 1996 року. Як пояснює Гейл, саме тоді президент Борис Єльцин

> розгорнув арсенал батогів і відкрив ріг достатку з пряників, щоб мобілізувати регіональні політичні машини та великі фінансово-промислові групи в загальнонаціональну піраміду патрональних мереж, здатну перемогти головного політичного опонента в президентських перегонах того року. [...] Перегони 1996 року довели всім, що президентська піраміда Єльцина була сильніша.[83]

Те, що Єльцин став верховним патроном країни, було чітким кроком від олігархічної анархії до патрональної автократії. Однак йому досі бракувало монополії на політичну владу та сильної держави. Відповідно, за часів Єльцина сталося більше захоплення держави, ніж захоплення олігархів. Тобто він правив у тіні олігархів — власників чималих медіаімперій Владіміра

Гусінського та Боріса Бєрєзовськоого та найбагатшої людини країни Міхаіла Ходорковського, який контролював більшу частину російських природних ресурсів як генеральний директор нафтової компанії ЮКОС.[84]

Путін, якого Єльцин назвав наступником 1999 року, реформував державу так, що вона відновила силу,[85] і закріпив владу у сфері політичної дії завдяки переконливій перемозі партії «Єдіная Росія» на виборах 2003 року.[86] Завдяки цій перемозі Путін зміг здійснити те, що журналіст Бен Джуда описує як «великий поворот». Як він пише, це «завершило епоху, коли Путін правив як спадкоємець Єльцина. То була мить, коли Росія рішуче сповзла до авторитарного режиму».[87] За деякими повідомленнями, Путін зібрав 21 олігарха на зустріч, повідомивши, що вони будуть лояльні до нього й самостійно не втручатимуться в політику.[88] Він також продемонстрував, що означатиме непокора: Гусінський і Бєрєзовський мусили піти у вигнання та віддали медіаімперії патрональній мережі Путіна, тоді як Ходорковський опинився у в'язниці, а його компанії захопили.[89] Доля Ходорковського справила значний охолоджувальний ефект на решту олігархів, які, за повідомленнями, були змушені віддати значну частину власності *де-факто* Путіну.[90]

З соціологічного погляду, зустріч із олігархами 2003 року означала **зміну ролей «патрон-клієнт»**. Якщо раніше патронами були олігархи, а політичні áктори — їхніми клієнтами, то Путін перевернув все догори дриги, замінивши захоплення держави на захоплення олігархів. Як наслідок, елітна структура, що функціонує донині, попри численні кризи,[91] являє собою **єдину піраміду з патрональними елітами**, які не всі *де-юре* інкорпоровані, але *де-факто* підпорядковані. Точніше кажучи, можна виділити три типи позицій еліти в патрональній автократії (Рисунок 4):

- **захоплена**, тобто патрони однопірамідальної мережі — це основні діячі, які приймають рішення, а захоплена еліта не має автономії у здійсненні повноважень *де-юре* (у Росії це стосується державної адміністративної та правоохоронної еліти,[92] а також верхівки економічної еліти, олігархів, чия власність *де-факто* має умовний характер);[93]
- **злиті**, тобто (1) провідна політична еліта становить також частину провідної економічної еліти, а головний патрон і його безпосередні та регіональні субпатрони — як політичні, так і економічні áктори (тобто поліархи, як-от місцеві губернатори в російських суб'єктах федерації),[94] і (2) панівна й опозиційна політичні еліти злиті, реальна опозиція маргіналізована або ліквідована, а дозволена опозиція перетворена на «приручені» або фейкові («штучні») партії, що слугують інтересам режиму;[95]

- **обмежена автономія**, тобто деякі сегменти певних еліт на нижчих рівнях (звісно, неспроможні формувати режим) можуть залишатися за межами вертикалі влади в однопірамідальній системі або тому, що сховаються й вирвуться з мережі (за оцінками деяких експертів, так звана тіньова економіка становить щонайменше половину валового національного продукту Росії),[96] або тому, що запропонують такі низькі вигоди або становитимуть такий малий політичний ризик, що прийомна політична сім'я вважає їх незначущими (наприклад, критичні діячі культури або медіа, які перебувають у «гетто», обмежені щодо впливу й замкнені у вузьких колах, де вже затяті опоненти російського режиму просто розмовляють між собою).[97]

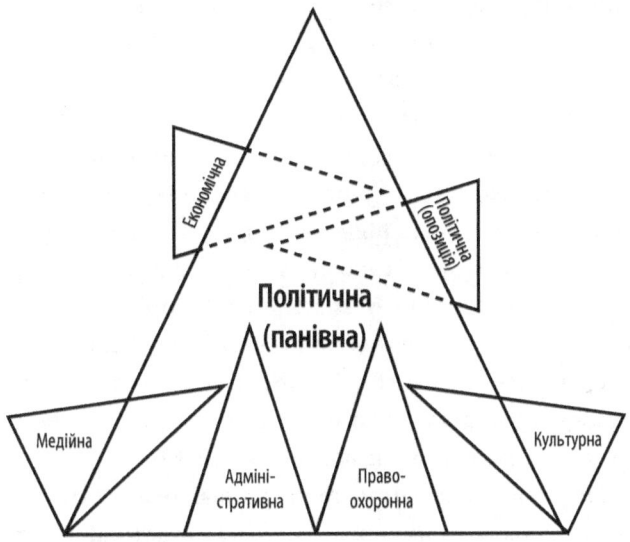

Рисунок 4. Патроналізовані еліти в ідеальній типовій патрональній автократії

3.3. Патрональна демократія: кейс України

Патрональна демократія — це **проміжна система** між ліберальною демократією та патрональною автократією. З одного боку, це багатопірамідальна система, як і ліберальна демократія, адже є кілька потужних владних мереж, що конкурують за владу, і немає жодної домінантної мережі, яка могла б порушити баланс сил між а́кторами. З іншого боку, переважає неформальний патроналізм, а партійна конкуренція — це фактично удавана видимість конкуренції прийомних політичних сімей. На периферії можуть існувати демократичні партії, але основне поле конкуренції заповнюють **партії патрона**, де головним патроном кожної мережі переважно є або лідер партії, або її провідний кандидат. Тоді як у ліберальних демократіях лідери партій часто йдуть у відставку після поразки на виборах, в умовах патрональної демократії з патрональними партіями це трапляється рідко. Адже саме голова партії, головний патрон, фактично визначає партію, а не навпаки.

У ліберальних демократіях автократичні тенденції або поява патронального претендента становить аномалію (як Дональд Трамп у США).[98] У патрональних демократіях це норма. Кожна мережа має на меті зруйнувати демократичну систему і встановити однопірамідальну патрональну мережу. Ключем до виживання патрональних демократій стає **динамічна рівновага конкурентних патрональних мереж.** Це можна розуміти як патрональну версію максими батька-засновника США Джеймса Медісона: «Амбіції належить створювати для того, щоб протидіяти амбіціям».[99] Інакше кажучи, патрональні мережі завжди намагаються зруйнувати систему («динаміка»), але конкурентні мережі надто сильні й жодна з них не має достатньо політичних та економічних ресурсів, щоб досягти домінантного, монопольного становища («рівновага»). Ця рівновага також залежить від формального інституційного середовища. У суто президентській системі президентство централізує виконавчу владу в руках одного а́ктора, тож у режимі немає так само сильних позицій з погляду політичної влади. Натомість у системах із розділеною виконавчою владою її мають обрані на різних виборах і президент, і прем'єр-міністр, які вони можуть співіснувати: обидві виконавчі посади можуть обіймати патрони з різних мереж.[100]

За ідеальних умов кожну **частково патроналізовану еліту** патрональної демократії можна поділити на три частини: одна частина патроналізується патрональною мережею при владі; друга — патрональною мережею (мережами) в опозиції; третя — автономна частина, члени якої перебувають на рівній відстані від мереж, тримаючись якомога далі від патронального домінування будь-якої сторони (Рисунок 5). Інакше кажучи, плюралізм влади (точніше, відсутність монополії на владу в руках однієї піраміди) дає змогу системі зберігати деякі демократичні риси:

- **досі є поділ гілок влади**, адже панівна патрональна мережа не має монополії на політичну владу, щоб ліквідувати її, тобто здійснити автократичний прорив;

- **досі триває громадське обговорення**, адже конкурентні патрональні мережі використовують партії та більш-менш збалансовані медіа в кампаніях і конкурентних виборах, намагаючись переконати людей голосувати за них;
- **громадянське суспільство досі має певну автономію**, тобто автономія чотирьох громадянських груп із ресурсами (підприємці, медіа, неурядові організації та громадяни, які становлять соціологічну основу ефективної опозиції) не ліквідована й не нейтралізована, тож ці громадянські групи можуть впливати на динаміку режиму.

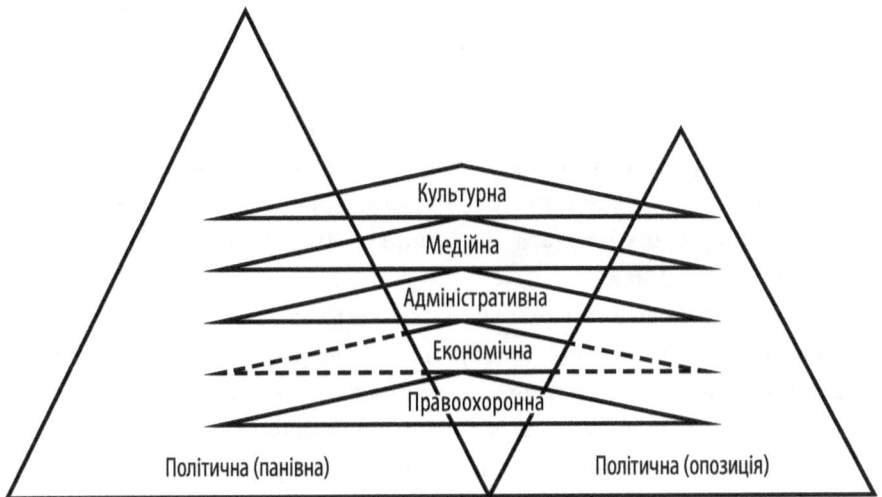

Рисунок 5. Частково патроналізовані еліти в ідеально типовій патрональній демократії

Патрональні демократії досить поширені в посткомуністичному регіоні, включно з Болгарією, Румунією, Північною Македонією та Молдовою. Ці країни серед тих, що несуть на собі найбільш патрональний спадок комуністичного правління,[101] але інституційні фактори (поділ виконавчої влади та/або пропорційні виборчі системи), соціально-політичні розколи (етнічні, розколи ідентичності тощо) і загальна розпорошеність політичних та економічних ресурсів серед неформальних патрональних мереж запобігли руйнуванню плюралізму багатопартійних формованих систем будь-якою однією домінантною мережею.[102] Саме в цій групі ми знаходимо центральну країну нашого збірника — **Україну**, яка після розпаду Радянського Союзу стала одним із найяскравіших прикладів патрональної демократії.

Ще до зміни режиму в Україні були помітні елементи патрональної політики всередині державної партії. За словами Мінакова, три регіональні групи — з Харкова, Донецька та Дніпра — становили три найбільші партійні одиниці та промислові кластери, забезпечуючи фракційну конкуренцію й почергово обіймаючи посади Першого секретаря ЦК Компартії України та Голови Ради Міністрів.[103] Коли країна здобула незалежність 1991 року, з цього коріння виросла багатопірамідальна система конкурентних патрональних мереж. Мінаков перераховує посади, контрольовані українськими неформальними патрональними мережами, зокрема Дніпропетровською (*згідно з колишньою назвою міста Дніпра — прим. пер.*) та Донецькою регіональними групами, кожна з яких охоплює великі портфелі груп еліти, як показано на Рисунку 5:

- У Дніпропетровській групі неформальна патрональна мережа **групи «Приват»** контролює окремих народних депутатів, парламентські партії та фракції (з 1998 року), заступників голови Національного банку, керівників і членів правління державних газових і нафтових компаній; тоді як **клан Кучми — Пінчука** з 2005 року малопомітний, хоч і контролює окремих народних депутатів, заступників міністрів та заступників генеральних прокурорів.
- До Донецької регіональної групи належать **«старі» клани**, які контролювали **Партію регіонів**, віцепрем'єр-міністрів, голів ОДА, народних депутатів, окремих міністрів та заступників міністрів, Податкову адміністрацію тощо; **«нові» клани**, які контролювали голів Донецької облдержадміністрації та мерів Донецька (1996–2014 роки), посади в Партії регіонів, Опозиційному блоці, окремих депутатів, парламентські фракції (з 1998 року), генеральних прокурорів, окремих міністрів та інших; а також деякі менші та нові клани, які контролювали судову владу / окремі суди, Центральну виборчу комісію, окремих міністрів та державні компанії.[104]

В умовах гострої патрональної конкуренції **українські олігархи** до війни мали значно більшу автономію, ніж російські, а підконтрольний олігархам парламент гарантував, що політику полігархів можна було тримати під контролем.[105] Згідно з опитуванням українського суспільства 2015 року, олігархів вважали за найвпливовіших áкторів в Україні: 44,6% респондентів вибрали їх, тоді як державних службовців — лише 21,8%.[106]

В Україні було кілька спроб зруйнувати цю конкуренцію та створити однопірамідальну мережу. По-перше, **Леонід Кучма** під час першого президентського терміну зумів фактично примусити парламент змінити конституцію на повністю президентську та уклав пакт із новими олігархами, що дало йому змогу сконцентрувати економічну владу і контролювати медіа.[107] Хоча ця спроба встановлення автократії виявилася успішною й забезпечила переобрання президента 1999 року, зміну моделі Кучми на патрональну автократію скасувала Помаранчева революція 2004 року, яка повернула країну в демократичне річище.[108] Після революції ухвалили нову конституцію з розподілом влади, що забезпечило інституційну основу для повернення конкурентного характеру режиму.[109] Однак у 2005–2010 роках за президентства Віктора Ющенка Україна досі лишалася патрональною з сильною президентською владою. Як зазначають Дубровський та його колеги, Ющенко

> зберігав контроль над СБУ (наділеною повноваженнями розслідувати економічні злочини та корупцію) та правоохоронними органами, зокрема Генеральною прокуратурою (ГПУ), уповноваженою проводити всі розслідування щодо посадових осіб [...]. Крім того, президент мав величезний контроль над суддями. Маючи ці інструменти в руках, він міг потенційно шантажувати будь-якого представника еліти, тому повний (неформальний) контроль був лише питанням його бажання, навичок та безкарності.[110]

Віктор Янукович заступив Ющенка та змінив Конституцію, повернувши її до початкового, ще сильнішого президентського устрою, і вчинив рішучу спробу створити однопірамідальну патрональну мережу.[111] Однак громадянське суспільство в Україні виявилося сильнішим: наявність глибоко вкорінених патрональних мереж, з одного боку, і важливі соціально-економічні зміни, що породили так званий «креативний середній клас», з іншого,[112] призвели до опору, який вилився в **Євромайдан 2014 року**. Ця Революція Гідності привела не лише до усунення Януковича від влади, але й до виборів, ймовірно, найбільш справедливих в історії країни.[113] Хоча антипатрональні елементи (як обговорювали кілька авторів у цьому збірнику) посилилися після Революції Гідності, президентство Петра Порошенка все-таки ознаменувало повернення балансу влади патрональних мереж, а не появу ліберально-демократичного порядку.[114] (Антипатрональну спробу нинішнього президента Володимира Зеленського розглянуто в наступному розділі.)

Довоєнна траєкторія української влади чітко демонструє тип динамічної рівноваги, характерний для патрональних демократій. На Рисунку 6 траєкторія змодельована як трикутник із шістьма режимами. Кожна точка репрезентує українську владу в один період часу, її положення визначене одинадцятьма вимірами, як-от плюралізм владних мереж, формальність інститутів, патроналізм та обмежений характер правління.¹¹⁵

Рисунок 6. Змодельована траєкторія розвитку української влади до повномасштабної війни (1964–2022 роки)

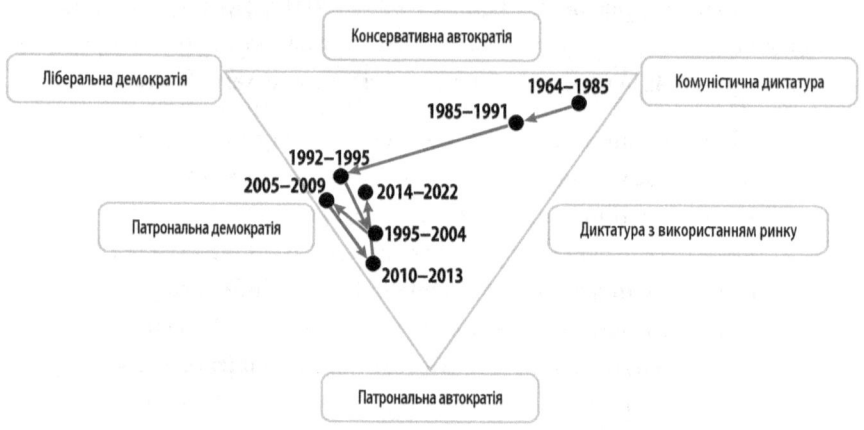

Кейс України також **висвітлює відмінності між патрональною демократією, ліберальною демократією (як в Естонії) та патрональною автократією (як у Росії)**. Ці відмінності узагальнені в Таблиці 3, яка містить основні характеристики всіх трьох систем у порівняльному аспекті. По-перше, загальна відмінність в елітній структурі цих режимів полягає **в плюралізмі та патроналізмі.** У ліберальній демократії партійна система сформована з непатрональних утворень, що перебувають у горизонтальних і формальних лобістських відносинах з економічною сферою; у патрональній демократії конкурують кілька патрональних партій з неформальними мережами відносно однакового розміру; зрештою, у патрональній автократії партійна система характеризується домінантною патрональною партією, а опозиційні або є фейковими, або обмежені конкурентним оточенням.

Таблиця 3. Порівняльна характеристика ліберальної демократії ідеального типу, патрональної демократії та патрональної автократії

	Ліберальна демократія	Патрональна демократія	Патрональна автократія
Панівна еліта	мультипірамідальна непатрональна система	мультипірамідальна неформальна патрональна система	однопірамідальна неформальна патрональна система
	політики автономні депутати	політики/поліархи частково патроналізовані депутати	поліархи патроналізовані депутати
	автономні великі підприємці	автономні олігархи	залежні олігархи
	автономні еліти демократична політична еліта	частково патроналізовані еліти конкурентні патрональні політичні еліти	патроналізовані еліти монополістична патрональна політична еліта
Відносини держава — бізнес	лобізм	захоплення держави	захоплення олігархів
	корупція як неструктурна девіація	корупція як структурна девіація	корупція як системотворчий елемент
	капіталізм вільного ринку	патрональний капіталізм	мафіозний капіталізм
Соціальна динаміка	вільне громадянське суспільство	вільне громадянське суспільство	підкорене громадянське суспільство
	оскарження легітимності — аномалія	оскарження легітимності — норма	оскарження легітимності досягнуто
	стабільна рівновага конкурентних політичних партій (демократична консолідація)	динамічна рівновага конкурентних патрональних мереж (режимні цикли)	стабільна рівновага однопірамідальної патрональної мережі (автократична консолідація)

Рівень автономії політичних áкторів найвищий у ліберальній демократії, де депутати не прості виконавці волі (формальних) партійних лідерів або будь-яких (неформальних) патронів, як-от олігархи, а можуть формувати політичні рішення або принаймні впливати на них. У патрональних демократіях депутати частково контрольовані прийомними політичними сім'ями («згори-донизу») та незалежними олігархами («знизу-догори»), але немає тотального контролю однієї партії над законодавчою та виконавчою владою. Навпаки, є радше «вільний ринок» корупції: як стверджують у звіті, місця в парламенті в довоєнній Україні можна було купити приблизно за 3 мільйони доларів США, які ділили між партійним фінансуванням і партійними лідерами.[116] Така «анархічна» корупція неможлива в патрональній автократії, коли члени парламенту — це переважно політичні підставні особи верховного патрона та його близького кола, які приймають рішення (двір патрона), а від законодавчого органу вимагають лише «вести бухгалтерію» рішень, прийнятих в інших місцях, у сфері неформальних інститутів. Важливий і розмір більшості парламентської фракції прийомної політичної сім'ї. Основна відмінність між патрональними демократіями та автократіями випливає з цього факту: панівна прийомна політична сім'я в патрональній демократії не має переважної більшості або влади змінювати конституційні правила в односторонньому порядку.

Зрештою, взаємодія внутрішніх компонентів кожного режиму призводить до **самопідтримуваної рівноваги: сутність кожної системи захищена ефективними захисними механізмами.** У ліберальній демократії сутність режиму полягає в універсальному захисті прав людини та рівному праві людей на участь в управлінні своїм життям. Це втілено в обмеженій політичній владі та громадському обговоренні. У патрональній демократії сутність режиму — в конкуренції патрональних мереж: множинності неформальних пірамід влади, що перебувають у динамічній рівновазі, причому кожна мережа завжди намагається стати домінантною, але не може. І зрештою, захисні механізми в патрональній автократії не підтримують плюралізм, а перешкоджають йому, захищаючи необмежену, монопольну владу головного патрона. Цього переважно досягають нейтралізуючи ті вищезгадані автономії громадянського суспільства, які досі є в демократичному середовищі та ключові в забезпеченні динамічного характеру зміни влади у патрональних демократіях.

4. Режимні цикли: кольорові революції та український маятник

4.1. Роль кольорових революцій у патрональних демократіях

Патрональна демократія як ідеальний тип **характеризується внутрішньою дисгармонією** між інституційною системою та характером основних політичних а́кторів. Ліберальна демократія гармонійна, адже її непатрональні інститути відповідають непатрональним політичним а́кторам. Дисгармонія виникає, коли з'являється автократичний претендент. Патрональна автократія також гармонійна, але у протилежному сенсі: патрональним інститутам відповідають патрональні політичні áктори, які успішно побудували як частину єдиної піраміди автократичне правління у своєму режимі. У патрональній демократії **патрональні політичні áктори діють у непатрональній інституційній системі.** Немає поділу сфер соціальної дії, причому не в монополістичний спосіб, а як конкурентних неформальних патрональних мереж, тоді як інституційна система формально демократична й номінально передбачає демократичність політичних áкторів. Дисгармонію можна виразити так: обмеження на владу лідерів і публічне обговорення вже усунуті *в межах* конкурентних патрональних партій, але на національному рівні обидва ці механізми досі є. Це означає постійне тяжіння до усунення захисних механізмів на національному рівні, щоб мати можливість піднести інтереси еліти мережі на рівень національної політики. Справді, мета неформальних патрональних мереж — це гармонія, не в напрямку ліберальної демократії, а в напрямку патрональної автократії.

В Україні спроби автократії зривали **кольоровими революціями**, що відрізнялися від класичних революцій XVIII–XIX століть у західних країнах. Вони були спрямованих проти феодальних систем, де монархи покладалися на нумінозну легітимність («від Бога»), а революції мали на меті змінити цю модель легітимації на громадянську («від народу»).[117] «Законні революції»,[118] що змінили режими в Центральній Європі 1989 року, мирно домоглися заміни раціонально-матеріальної легітимності держави-партії на раціонально-легітимну легітимність демократичної системи.

Натомість кольорові революції не ставлять за мету перехід від однієї послідовної моделі легітимності до іншої, а намагаються захистити початкову, послідовну модель легітимності демократії, поваливши корумпованого автократа. **2004 року під час Помаранчевої революції** в Україні понад 1,5 мільйона людей вийшли на Майдан Незалежності в центрі Києва, протестуючи проти близької, але явно сфальсифікованої перемоги Януковича — кандидата в президенти від Кучми. Мирна революція увінчалася успіхом, коли Верховний Суд постановив провести нові вибори, на яких переміг Ющенко, інавгурований на початку 2005 року.[119] **Євромайдан 2014 року** був іншою революцією, адже виник не внаслідок фальсифікації виборів, а через ще одну спробу зміцнити владу верховного патрона. За чотири роки після того, як Янукович став президентом (2010-го) і наблизив Україну до патрональної автократії, протести, що ставили під сумнів легітимність влади, були спровоковані його відмовою підписати Угоду про асоціацію з ЄС. Це означало відкриту відмову від сфери впливу ЄС на користь сфери впливу Росії, тобто відмову від вимог демократизації для більшого простору для маневру, щоб зміцнити патрональну автократію. На межі 2013–2014 років на Майдані Незалежності спалахнули великі та, зрештою, жорстокі демонстрації; міліція вбила понад сто людей і понад тисяча отримали поранення. Смертоносне політичне насильство призвело до дезертирства ключових прихильників Януковича, які втекли в Росію. Ключові політичні фігури революції обійняли провідні державні посади: Віталій Кличко став мером Києва, а Петра Порошенка обрали президентом.[120]

Кольорові революції породили чималий оптимізм у західних колах. Розміщуючи події на осі «демократія-диктатура», народний протест, що змінив репресивну систему, означав крок до демократичного полюса, тобто до ліберальної демократії західного типу. Однак кольорові революції рідко давали очікувані результати; радше вони означали повернення до буденних справ патрональної демократії.[121] Власне, **кольорові революції — це захисний механізм:** неінституціоналізована «остання лінія оборони», здатна зламати спроби встановити автократію та повернути режим до динамічної рівноваги конкурентних патрональних мереж. Хоча Революція Гідності супроводжувалася сильнішими антипатрональними елементами, ніж Помаранчева революція, включно зі спробами реформ та антикорупційними зусиллями громадянського суспільства (обидва фактори докладно обговорювані в інших розділах цього збірника),[122] можна сказати: для режиму революції **не мали антипатрональних перетворень.** Хоча революційні рухи відбуваються під гаслами демократії, прозорості та боротьби з корупцією, за демократичними прагненнями мас можна знайти невдоволення патрональних мереж, яких теж хотіли придушити. Це правда, що без народного невдоволення, яке випливає з розірваного громадського обговорення, патрональні мережі менш здатні протистояти авторитарним тенденціям. Однак правильно й протилежне: без ресурсів конкурентних патрональних мереж народне невдоволення має мало шансів зупинити панівного автократа від порушення «чесної», демократичної (патрональної) конкуренції.

4.2. Циклічний характер патрональної демократії

Маятниковий рух України між патрональною демократією та автократією підводить нас до концепції **режимних циклів** — терміна, що його запровадив Гейл.[123] Ці цикли переважно передбачають почергові зміни на рівні знеособлених інститутів (антидемократичну трансформацію змінює демократична), тоді як рівень особистісних мереж принципово не змінюється, тобто не відбувається антипатрональної трансформації. Через згадані структурні чинники **спроби автократії численні, але жодна з них не може досягти автократичного прориву;** водночас **спроби скасувати патрональну монополізацію не усувають ні патрональні мережі,** ні стійкі структури без поділу сфер соціальної дії, що їх і породило.¹²⁴

Циклічний характер патрональних демократій виявлений зазвичай у зміні структури еліт (Рисунок 7). Мультипірамідальна та однопірамідальна моделі, розглянуті в попередньому розділі — це кінцеві точки шкали плюралізму еліт у патрональних режимах. У патрональних демократіях **жодна з моделей не може консолідуватися**: мультипірамідальній притаманна динамічна рівновага, тоді як однопірамідальна ніколи не буває повністю встановлена. Інакше кажучи, обом структурам кидають виклик: демократичній — автократичний претендент (патрональна мережа при владі, що призводить до антидемократичних перетворень і зазвичай до розширення президентської влади за допомогою парламенту), а автократичній — демократичний претендент (народ і неформальні мережі й олігархи, які програють від автократичних змін, що призводять до перетворень демократії і зазвичай до розширення парламентської влади завдяки президенту).

Рисунок 7. Цикли елітних структур у патрональній демократії

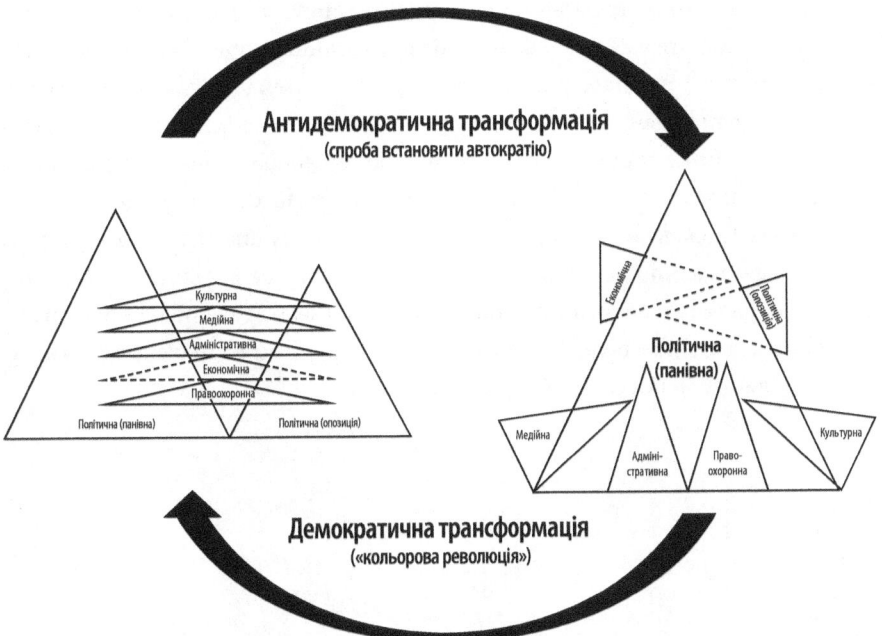

Припливи та відпливи автократичних змін і демократичної реакції можна відстежити за допомогою політичних інституційних індикаторів, які демонструють симптоми на рівні безособових інститутів, як-от ерозія верховенства права, незалежність гілок влади й автономія медіа.[125] У вимірі особистісних мереж до наслідків режимних циклів, який можна виявити, належить **хижацька траєкторія** режиму в економічному просторі. У ліберальній демократії права власності не становлять привілеї: їх підтримують безособово, тож áктори не мають брати участь у політиці, щоб забезпечити собі порятунок від експропріації.[126] У посткомуністичних патрональних режимах явище незаконного та примусового захоплення виробничих активів (як-от приватні компанії та підприємства) для приватної вигоди, таке поширене, що має назву *рейдерство*, що походить від англійського *raiding*.[127] За оцінками, у 2005–2011 роках успішних рейдерських атак зазнали понад 10 000 фірм у Росії та 1 300 фірм в Україні.[128]

Під час режимних циклів соціологічний характер **рейдерства змінюється паралельно зі зміною концентрації влади в руках панівної мережі**. Якщо говорити про типологію рейдерства (Рисунок 8), то «чорне рейдерство» нетипове для патрональних демократій. Воно передбачає пряму погрозу або застосування фізичного насильства, ініційоване членами мафії і більш характерне для перехідного періоду олігархічної анархії. Типовими формами під час режимних циклів стають **сіре рейдерство**, коли рейдерські захоплення здійснюють уже не кримінальні угруповання, а представники нижчих, місцевих рівнів органів державної влади, та **біле рейдерство**, коли замість зловживання правовим середовищем його адаптують і цілеспрямовано використовують проти окремих людей і компаній. Основна відмінність між цими двома типами полягає в необхідному **діапазоні свавілля**: обсязі підконтрольних хижаку (хижакам) державних установ і, як наслідок, здатності змусити áкторів з формально незалежних та автономних гілок влади (прокуратура, поліція, парламент, антимонопольний комітет, податкова тощо) працювати в унісон як гвинтики в хижацькій машині дискреційного цілеспрямованого переслідування та поглинання приватних компаній.[129]

Таблиця 4. Цикли хижацтва в патрональній демократії

Сила держави	«Легітимність рейдерства»	Ініціатор або замовник рейдерського захоплення			
		Політична верхівка (верховний патрон)	Орган державної влади низького або середнього рівня	Конкуренти-підприємці або олігархи	Мафія (злочинні угруповання)
Сильна держава ↕ Слабка держава	Біле рейдерство	Антидемократична трансформація (спроба встановити автократію) Неконсолідована однопірамідальна система ⇄ Неконсолідована мультипірамідальна система Демократична трансформація («кольорова революція»)			
	Сіре рейдерство				
	Чорне рейдерство				
Інституційне середовище й особливості рейдерства		Кримінальна держава	Корумпована/захоплена держава		Неспроможна держава
		Однопірамідальне	Мультипірамідальне		
		Монополізоване	Олігархічне		Конкурентне
		Захоплення олігархів	Захоплення держави		немає даних

Що більше влади в руках полігарха, то ширший діапазон його свавілля і, відповідно, більше інструментів державної влади він може мобілізувати — а отже, переходити від нижчих до вищих «еволюційних форм» рейдерства. **У фазі мультипірамідального режимного циклу переважають неорганізовані державні загрози правам власності**: велика кількість випадкових, нескоординованих хижацьких дій незалежних а́кторів, переважно олігархів і неформальних мереж, які використовують різні корумповані / захоплені сегменти держави.[130] В однопірамідальній фазі домінантною формою рейдерства стає централізоване корпоративне рейдерство, що його ініціює очільник виконавчої влади, верховний патрон, який може поєднувати білі та сірі методи рейдерства проти власників здобичі.

В Україні ці фази були найбільш чіткими до, під час і після правління Януковича. Як висловився один податковець, міністерства за часів Януковича стали «зброєю адміністрації президента проти будь-якого бізнесу»,[131] адже регулярно захоплювали та переводили компанії в орбіту власності прийомної політичної сім'ї Януковича (яку українці також називають «Сім'єю»; до неї належали люди, пов'язані родинними стосунками, як син Януковича Олександр, та квазіродинними стосунками — прийомні та наближені поплічники). Через демократичну трансформацію, яку спричинила Революція Гідності, рівень концентрації влади знизився, а хижацтво в режимі також відступило до попереднього домінування сірого рейдерства на місцевому та нижчому рівнях.[132]

Циклічність політичного й економічного вимірів, відносин між залученими а́кторами та міцність автономних позицій можна узагальнити в **мінливих моделях політичного капіталізму**. Політичний капіталізм (веберівський термін, який також активно використовував Рендалл Г. Голкомб)[133] — це загальний термін для капіталістичних економічних систем, які характеризує корупція державних діячів та основних економічних а́кторів у змові до такого рівня, що вони здатні впливати на функціонування національної економіки (Таблиця 5). Тип політичного капіталізму, помітний у патрональних режимах, варто відрізняти від «кумівського капіталізму» — крилатого вислова для корумпованих систем, подібних до посткомуністичних.[134] Термін «кум» або «кореш» може виражати неформальний та особистий характер відносин, але в контексті корупційних транзакцій він також передбачає, що сторони або партнери мають однаковий ранг (навіть якщо вони виконують різні ролі), і передбачає добровільні угоди, що їх може припинити або продовжити будь-яка сторона за власним бажанням. А́ктори зберігають автономію і співпрацюють для захоплення ринків: вони закривають відкриті ринки, створюючи штучні монополії для отримання ренти, тобто прибутку, що виникає внаслідок браку конкуренції.[135]

Таблиця 5. Цикли політичного капіталізму та відносини політичних і економічних акторів у патрональній демократії

Тип політичного капіталізму	Актори-ініціатори	Типи захоплення (захоплень)	Тип держави	Ринок корупції
Кумівський капіталізм	Куми	Захоплення ринку	Рентоорієнтована держава	Вільна конкуренція (вільний вхід/вихід)
Патрональний капіталізм	Олігархи + полігархи (мультипірамідальна мережа)	Захоплення ринку + держави	Клептократична держава	
Мафіозний капіталізм	Верховний патрон (однопірамідальна мережа)	Захоплення ринку + держави + олігархів	Хижацька держава	Монополія (прийняття/ вигнання)

(Демократична трансформація ↔ Антидемократична трансформація між патрональним і мафіозним капіталізмом)

З одного боку, різниця між кумівством і патроналізмом полягає у вертикальному характері відносин. Немає вільного входу до патрональної мережі, лише прийняття, надання доступу або примусова здача; і немає вільного виходу, лише виключення. З іншого боку, патроналізм має різновиди, що ґрунтуються на вимірі плюралізму. **Основне питання режимних циклів таке: чи може мафіозна культура піднятися до рангу центральної політики** та зламати автономні позиції в державі (гілки влади), економіці (олігархи) та суспільстві (громадянське суспільство); чи захоплення ринків — як описано вище — супроводжуватиметься лише частковим захопленням держави олігархами та численними патрональними пірамідами, які можуть незаконно використовувати поточні доходи держави (клептократична держава), але не здатні здійснювати централізоване корпоративне рейдерство (немає хижацької держави). У першому випадку ми говоримо про **мафіозний капіталізм**, спроби якого можна було спостерігати за часів Кучми та Януковича; у другому — про **патрональний капіталізм**, більш конкурентний ландшафт, що відновлюється в режимних циклах через демократичні перетворення. Однак навіть в антидемократичній, мафіозній фазі циклу єдина піраміда не може повністю консолідуватися: захоплення олігархів, елементу повноцінного мафіозного капіталізму в патрональних автократіях (як-от Росія та Угорщина),[136] ніколи не досягають, а сила автономії підкорених економічних і соціальних груп відбиває спроби домінування — лише для того, щоб почати цикл заново.

5. Війна та її наслідки: можливість вирватися з режимного циклу

5.1. Системні наслідки війни в Росії та Україні

24 лютого 2022 року **патрональна автократія почала повномасштабну атаку на патрональну демократію**. На фронті це вже свідчить про відмінності в соціальних моделях російських та українських збройних сил, що відбивають характеристики відповідних режимів; про це йтиметься в одному з розділів наступного збірника.[137] Однак війна також призвела до системних наслідків неформального патроналізму в обох режимах. Через рік після її початку ми бачимо, що повномасштабна **війна вивільнила сили, які виштовхнули обидва режими з їхньої попередньої рівноваги**.

Путін здійснив автократичний прорив **у Росії** вже 2003 року й поклав край анархічному плюралізму 1990-х. У наступні роки режим почав тривалу автократичну консолідацію, тобто ліквідацію автономних позицій у суспільстві, щоб запобігти появі ефективної опозиції.[138] Російський режим, попри домінування неформальності, значною мірою спирається на розширення державної влади та відкриту державну власність, завдяки чому значну частину прийомної політичної сім'ї розмістили на державних посадах з винятково високою винагородою (у кілька разів вищою, ніж західні зарплати).[139] Це означало не тільки те, що в передвоєнне десятиліття була спроба ліквідувати «приватний бандитизм» на середньому і нижчому рівнях через витіснення об'єкта конкуренції серед неформальних а́кторів (суто на рівні нижче від головного патрона) з можливостей для корупції на кращі позиції в бюрократії,[140] але й те, що керівництво було впевнене у власній непідзвітності: воно не відчувало потреби зберігати статки та вплив на (приватних) посадах, які не перейдуть до інших людей у разі зміни уряду. Упевненість путінського режиму в собі також була підкріплена його здатністю застосовувати широкий спектр репресій, включно з відвертим насильством, через загрозу його консолідованій державі (як, наприклад, серія протестів 2012 року)[141] і доля основних лідерів опозиції, зокрема Боріса Нємцова й Алєксєя Навального).[142]

Імперський експансіоністський інстинкт Росії прокинувся на тлі відчутного ослаблення Заходу,[143] тож повномасштабне вторгнення в Україну наблизило Росію **від автократії до диктатури**. Війна вивела на перший план формальні організації та ланцюги підпорядкування (наприклад, армію, спецслужби та державну бюрократію), паралельно з посиленням політичних репресій,[144] девальвацією та зростанням вразливості олігархічних елементів. Лише через кілька годин після початку вторгнення Путін повторив зустріч з олігархами 2003 року, коли викликав 37 із них у Кремль.[145] Тільки цього разу йшлося не про зміну ролей «патрон-клієнт», а про погрози в умовах війни, щоб приборкати можливі критичні інстинкти. Як і 2003 року, слова Путіна супроводжувалися справами: розправа з критично налаштованими олігархами, як-от з Олєгом Тіньковим (змушений продати свій банк за 3% від його вартості),[146] та дисциплінарні заходи всередині патрональної мережі (наприклад, новий указ, що дозволяє конфісковувати заощадження чиновників, які перевищують їхні доходи за три роки)[147] свідчать про ліквідацію навіть обмеженої переговорної здатності неформальних носіїв влади.

Українська влада також вийшла зі стану рівноваги, хоч і в протилежному напрямку. Прагнення зламати логіку патрональної демократії було визначальною політичною силою ще з часів Революції Гідності, але 2019 року вийшло на рівень політичного лідерства з переконливою перемогою **Володимира Зеленського**. Новий президент прийшов до влади не лише як людина, яка не була верховним патроном і не мала власної патрональної мережі, але і як людина з виразно антипатрональним курсом. Це стосується таких заходів, як антиолігархічний закон 2021 року, створений ним реєстр олігархів та низка пов'язаних із цим реформ (заборона на фінансування політичних партій та купівлю об'єктів великої приватизації, е-декларування, підвищення податків тощо), які також призвели до епізодів конфліктів з олігархами.[148]

Вторгнення 2022 року, крім жахливих людських жертв і матеріальних збитків, докорінно потрясло українську політико-економічну систему. Зокрема, воно **підштовхнуло чотирьох ключових гравців влади в напрямку антипатрональної трансформації:**

- **олігархи**, які зазнали великих втрат у війні — не лише значної частини статків та активів, але й ринків збуту (як покажуть дальші дослідження в цьому збірнику);[149]

- **держава**, адже авторитет влади та її легітимність в очах суспільства за час війни значно зросли (порівняно з 2021 роком позитивний імідж держави зріс з 5% до 53%, сприйняття ефективності держави — з 45% до 93%, а довіра до президента — з 2,1% до 53,1%);[150] Зеленський намагається використати ситуацію у своїх антипатрональних цілях і навіть взяти на озброєння олігархів, які підтримували його на президентських перегонах, як-от Ігоря Коломойського та інших;[151] й українська держава, воюючи, не може дозволити собі корупцію, яка завдає великих збитків бюджету[152] і загалом підриває ефективність бюрократичної військової машини,[153] тоді як максимізація ресурсів, які можна залучити (в умовах нерівної боротьби з Росією), можлива саме через розкриття потенціалу волонтерства й автономності, а також через активність громадянського суспільства, яке «бере на себе відповідальність» за розв'язання проблеми, тобто це повна протилежність патроналізму;

- **українське суспільство**, яке дедалі більше позбувається пострадянської ідентичності на користь національно-громадянської (про що докладно йдеться в іншому розділі збірника),[154] і яке чітке в геополітичній орієнтації на систему західного альянсу (позитивне ставлення до вступу України в ЄС зросло з 48,5% 2021 року до 86% 2022-го, аналогічні показники щодо вступу до НАТО — 41,5% і 76% відповідно);[155]

- **західні зовнішні áктори**, адже Україна прагне долучитися до їхньої системи альянсів, які ґрунтуються на ліберально-демократичних режимах (критерії членства в них передбачають реформи у сфері верховенства права та боротьби з корупцією).[156]

Зв'язок між цими áкторами ще більше посилює шанси на антипатрональну трансформацію. Особливо важливе тут **питання довіри**. Згідно з опитуванням, проведеним у січні 2023 року, 96% українців довіряють або повністю довіряють Збройним силам України, 86% — президенту Зеленському, 70% — Раді національної безпеки й оборони.[157] Це потреба: патріотична війна може ґрунтуватися лише на довірі до громадянського суспільства та населення, а також до іноземних донорів — держава має підтримувати її. Усі ці áктори мусять упевнитися, що їхні зусилля не будуть зрештою служити корумпованим, олігархічним цілям. Без суспільної довіри немає жертовності, добровільності та креативності. Без підтримки західної громадської думки тамтешні уряди не зможуть підтримати Україну, і довіра до них буде підірвана, якщо виявиться, що кошти розпорошені через корумповані канали. Це ще одна причина, чому українська влада не може дозволити собі корупцію; це також пояснює (поряд із початковими антипатрональними амбіціями Зеленського) антикорупційні кроки влади, як-от звільнення Кирила Тимошенка, заступника голови Офісу президента, після корупційного скандалу в січні 2023 року;[158] обшуки Державного бюро розслідувань і СБУ 10 лютого 2023 року в приміщеннях Державної митної служби в Києві, Львові, Тернополі, Чернівцях та Одесі, а також звільнення наступного дня Руслана Дзюби, заступника командувача Національної гвардії, відповідального за логістику.[159]

Зараз годі передбачити долю української влади, адже вона значною мірою залежить від результату війни. Однак **наявні тенденції вказують на безпрецедентну антипатрональну трансформацію**. Якщо припустити, що Україна зможе зберегти незалежність, **реконструкція почнеться на цих антипатрональних засадах**, а отже, стануться значні зміни режиму, які назавжди порушать динамічну рівновагу конкурентних патрональних мереж.

5.2. Можливості та ризики: загроза автократії та довгий шлях до антипатрональних норм у суспільстві

Можливість антипатрональної трансформації не варто плутати з прямим рухом до ліберальної демократії. Розвиток «вільного та справедливого» режиму політичної конкуренції західного типу з поділом сфер соціальної дії — це лише одна з можливостей, яка може виникнути після втрати олігархом влади. Інша можливість — розвиток у напрямку **консервативної автократії: непатрональний, але й недемократичний режим**. Інакше кажучи, хоч цикли зміни режимів показали, що демократична трансформація не обов'язково супроводжується антипатрональною трансформацією, справедливе й протилежне: антипатрональна трансформація може не супроводжуватися демократичною трансформацією або поверненням до плюралістичної конкуренції в післявоєнний період.

Ми можемо назвати це «**сценарієм Саакашвілі**», колишнього президента Грузії, який прийшов до влади внаслідок Революції троянд 2003 року. Як і Зеленський, Саакашвілі (як переможець революції) мав величезну народну легітимність, втілену в неймовірних 97% голосів на президентських виборах 2004 року за явки 88%.[160] Уряд Саакашвілі також мав чіткі антипатрональні амбіції (хоч і з ідеологічних, лібертаріанських міркувань),[161] і в наступні роки в Грузії можна було спостерігати справжнє зниження рівня патроналізму. Зменшуючи масштаби держави,¹⁶² програма Саакашвілі зменшила систему влади та власності, значно послабивши силовий компонент: захоплення держави послабили, лишивши неформальним мережам мало можливостей для захоплення. Крім того, влада *де-факто* проводила політику нульової толерантності до злочинності та корупції; це супроводжували суворі вироки та зростання кількості ув'язнених.¹⁶³ Охолоджувальний ефект таких змін сприяв зменшенню як великої, так і дрібної корупції, особливо у відносинах із державною бюрократією, системою освіти, системою охорони здоров'я, правоохоронними органами та судовою системою.¹⁶⁴

З іншого боку, боротьба з патроналізмом стала можливою завдяки ігноруванню критично важливих компонентів верховенства права, як-от поділ виконавчої та судової влади. На початковому етапі судова реформа Саакашвілі призвела до такої централізації, що президент особисто головував у раді суддів;¹⁶⁵ і те, що почалося як відповідь на місцеві реалії масової організованої злочинності, зрештою стало джерелом зловживання владою. Міжей пригадує:

> Плюралізм медіа постраждав після справи «Імеді» 2007 року, коли поліція застосувала силу проти демонстрантів, після чого уряд наказав закрити телевізійні станції «Імеді», а поліція пошкодила обладнання в їхній центральній студії. Ситуація з медіа зазнала нового удару після війни з Росією влітку 2008 року. Влада не терпіла інакомислення й ставала дедалі більш параноїдальною, повсюдно вбачаючи руку Росії [...].

На початку правління Саакашвілі бізнесменів, пов'язаних із попереднім режимом, часто саджали у в'язниці й випускали після того, як вони давали обіцянку заплатити. На той момент це було суто неформальним явищем і навіть могло бути виправдане нагальними фінансовими потребами нової, революційної держави. Однак таке свавілля ніколи не припинялося. Спочатку це було зрозуміле відхилення від верховенства права, яке вважали тимчасовим; згодом команда Саакашвілі вирішила, що може йти коротким шляхом до реформування держави».¹⁶⁶

Український кейс теж має ризик такого сценарію. Уже після перемоги Зеленського 2019 року висловлювали побоювання щодо ерозії верховенства права.¹⁶⁷ До 2022 року адміністрація Зеленського ухвалила сотні законів і прагнула посилити президентську владу завдяки парламентській. Виникла парадоксальна ситуація Реформи, наприклад посилення партійного контролю над депутатами або зменшення їхньої недоторканності, зрозумілі з погляду запобігання захопленню держави олігархами та запровадження реальної підзвітності. Однак вони також передбачали значну концентрацію влади, що на практиці означало посилення контролю Зеленського та його оточення над центральними посадами виконавчої, законодавчої влади та силовими структурами.[168]

Повномасштабна війна майже неминуче прискорила цей процес, адже **централізація влади йде пліч-о-пліч із переходом держави в режим війни**: в Україні призупинили вибори, заборонили акції протесту та запровадили воєнний стан. Останній дав змогу здійснити антипатрональні заходи, зокрема націоналізацію п'яти великих промислових компаній, що належали олігархам, у листопаді 2022 року.[169] Водночас **уряд отримав повноваження порушувати різні свободи громадянського суспільства**, посилаючись на війну й запобігання гібридному впливу Росії. У сфері медіа 29 грудня 2022 року ухвалили закон, згідно з яким Національна рада з питань телебачення і радіомовлення (її членів призначають парламент і президентом) може тимчасово забороняти роботу онлайн-медіа без судової ухвали, видавати обов'язкові до виконання розпорядження редакціям, регулювати роботу операторів кабельного та онлайн-телебачення, а також скасовувати реєстрацію друкованих медіа.[170] З аналогічних причин, пов'язаних із війною, Російська православна церква в Україні (Московський патріархат), яку багато хто вважає російським агентом, стала фактично переслідуваною:* її діяльність заборонили в деяких містах, кількох священиків позбавили громадянства, а в грудні 2022 року ухвалили указ президента про обмеження її релігійної діяльності.[171]

Крім таких випадків, варто зауважити деякі **паралелі між централізовано керованими антипатрональними практиками Зеленського та логікою авторитарного управління верховним патроном** патронального режиму. По-перше, головний патрон прагне створити однопірамідальну патрональну мережу. Зеленський вибудовує власну піраміду влади, яка не є неформальною патрональною мережею (оскільки не ґрунтується на накопиченні багатства та дискреційному розподілі винагород і покарань), але має сильні елемен-

---

* Більше про питання релігії в Україні чит. в українському перекладі вільного доступу дослідження Кетрін Ваннер (Academic Studes Press, 2024) «Повсякденна релігійність. Політика приналежності в Україні», де дослідниця аналізує етнографічний матеріал про неформальні релігійні практики та унаочнює, як релігія переросла у щось на кшталт проміжного поля битви для російської агресії в Україні. *Прим. ред.*

ти персоналізму й особистої лояльності до лідера.[172] По-друге, верховний патрон як частина захоплення олігархів надає автономним олігархам вибір: або вони можуть увійти в мережу єдиної піраміди (прийомний/підкорений олігарх), або стати її супротивниками (конкурент/ліквідований олігарх), або спробувати зберегти нейтралітет і не перешкоджати інтересам верховного патрона (олігарх-попутник). Перед українськими прийомними політичними сім'ями, які опинилися перед таким вибором за часів Зеленського, постало питання вибору між політичною лояльністю (наприклад, група «Приват»), ворожістю (наприклад, клани Порошенка, Ахметова та Медведчука) та нейтралітетом (наприклад, клани Бойка та Григоришина, а також рештки «Індустріального союзу Донбасу»).[173]

Зрештою, як це не парадоксально, схожість можна спостерігати і в антиолігархічному законі Зеленського. Верховний патрон, ліквідуючи поділ влади на національному рівні, дбає про розподіл владних ресурсів усередині прийомної політичної сім'ї. Це означає, що в руках клієнта (наприклад, підпорядкованого олігарха чи полігарха) не може бути такої комбінації «гілок влади», яка уможливила б формування альтернативного центру патронального впливу. До таких «гілок» належать виконавча влада, партійна влада (партійний бекграунд), а також економічна та медійна влада на національному рівні.[174] Коли український антиолігархічний закон визначає олігархів як таких, що мають три з чотирьох ознак (участь у політичному житті, значний вплив на медіа, власник монополії, власник активів, вартість яких перевищує мільйон прожиткових мінімумів в Україні), він фактично йде за тією самою логікою: намагається запобігти концентрації політичних та економічних ресурсів за межами держави, які могли б бути використані альтернативним центром влади для патронального впливу.

Звісно, можна стверджувати, що в умовах патрональної автократії ці характеристики захищають автократичну владу, тоді як у режимі демократичного лідера вони покликані запобігати та коригувати патрональне виродження демократії. Крім того, заходи, пов'язані з воєнним станом, запроваджені як тимчасові, тобто йдеться про тимчасове зупинення логіки демократичної конкуренції під час війни. Однак у Грузії за часів Саакашвілі можна було побачити, що тимчасові заходи справді можуть стати постійними; і в західних демократіях є багато історичних прикладів того, як заходи, запроваджені у відповідь на надзвичайні ситуації, не скасовували після того, як небезпека минула, і вони стали частиною «нової норми».[175] **Небезпека не випускати владу з рук**, навіть якщо це не пов'язане з корупційними чи корисливими мотивами, **підвищує ймовірність того, що замість ліберальної демокра-**

тії український режим урешті-решт рухатиметься в бік консервативної автократії (Рисунок 8).

Рисунок 8. Можливі траєкторії розвитку українського режиму після війни

Однак **три фактори свідчать проти цього сценарію.** По-перше, зі зміною виборчого кодексу, яка набула чинності в січні 2020 року, змішана мажоритарно-пропорційна виборча система України була замінена на пропорційну систему з відкритими списками.[176] Це суперечить типовій практиці посткомуністичних автократій, де зміни до виборчого законодавства (як у випадку Росії, Угорщини чи Молдови) завжди вносили в бік мажоритарної системи, тобто щоб полегшити чинному верховному патрону зберегти конституційну більшість. По-друге, авторитарне правління — це не те, чого вимагає суспільство. Навпаки, у січні 2023 року в середньому в країні 94% українців заявили, що для них важливо, щоб Україна стала повноцінно чинною демократією (проти 76% у грудні 2021 року), і вони мали на увазі три найважливіші речі: свободу слова, рівне правосуддя для всіх та вільні й чесні вибори.[177] По-третє, Україна терміново прагне вступити до ЄС і НАТО, що знову-таки заважає режиму вибрати авторитарний шлях розвитку.

Демократизаційний ефект західних альянсів добре задокументований в літературі, особливо в період перед членством, коли країни активно намагаються відповідати критеріям для вступу в Альянс.[178] Вимога таких критеріїв від України (замість прискореної процедури) повинна мати схожий ефект, допомагаючи уникнути автократичного сценарію. Водночас варто звернути увагу на проблему, яка стосується не рівня безособових інституцій (як ризик автократизації), а рівня персональних мереж. Тобто **антипатрональна**

трансформація — це не одномоментний чи короткостроковий процес: «деолігархізація» як процес на рівні еліт не означає кінець патрональних норм на рівні суспільства, які більш стійкі та змінюються лише внаслідок тривалих реформ. Експортоспроможність ліберальної демократії, уявлення про її «Рух на Схід» *(Drang nach Osten)* виявилися ілюзорними ще під час зміни режимів у посткомуністичному регіоні в 1989–1991 роках. Передбачали, що після краху комуністичної влади на її руїнах можна буде збудувати політичну інституційну систему ліберальної демократії, і, незалежно від домінантних ціннісних структур, такий почин буде лише питанням сприятливого історичного моменту та політичної волі. Однак «тектонічні плити» історично зумовлених ціннісних структур, що рухаються автономно, не підтримують будь-яку дивну політичну конструкцію, яку комусь заманеться створити.

У випадку з післявоєнним українським режимом також недоцільно вимагати якнайшвидшого запровадження західної (тобто європейської) інституційної та регуляторної системи. Режимами керують їхні а́ктори, а інститути можуть функціонувати лише такою мірою, як їх поважають а́ктори, що повинні ними керувати. Якщо неформальні норми акторів переважно відображають той самий поділ сфер соціальної дії, що й формальні інститути режиму, режим стійкий. Інакше а́ктори керуватимуть інститутами згідно з власними неформальними уявленнями, як це відбувалося в посткомуністичних патрональних режимах.

Патроналізм, вибіркове покарання та хабарі в обмін на імунітет від покарання — традиції, поширені в усіх посткомуністичних країнах. Такі норми особливо сильні в Україні, яка, на відміну від більшості інших раніше окупованих країн, провела під владою Російської імперії не десятиліття, а три століття. Попри демократичні традиції та слабші історичні корені патроналізму, ніж у самій Росії,[179] українське суспільство, чиновники та бюрократи плекають неформальні норми, які суперечать бюрократії західного типу з її практикою знеособленого виконання писаних законів. Інакше кажучи, широкі регуляторні повноваження, які вважають нормою в європейських державах загального добробуту, можуть створити багато можливостей для зловживань, якщо їх ухвалити без відповідного соціального контексту.[180] Подібно до того, як розуміння посткомуністичних режимів передбачає специфічну мову та відмову від аксіом описових категорій, розроблених для західних політико-економічних систем, реформування посткомуністичної країни, як-от Україна, також передбачає ретельний, обов'язково багатоетапний план, ґрунтований на автентичному розумінні місцевих умов.

6. Висновок: цивілізаційне зрушення та російсько-українська війна

Історія постмайданної України — це історія спроби **цивілізаційного зрушення**. Хоча наша концепція ґрунтується на сучасному, плюралістичному тлумаченні цивілізації,[181] корисною вихідною точкою для аналізу є Гантінгтон і три умови, які він встановлює для успішного перевизначення цивілізаційної ідентичності:

> По-перше, політична й економічна еліта країни має загалом підтримувати цей крок і бути сповнена ентузіазму. По-друге, суспільство має принаймні погодитися переосмислити ідентичність. По-третє, домінантні елементи цивілізації, що їх визнає здебільшого Захід, мають бути готові прийняти новонавернених.[182]

Серед «трьох історичних регіонів» колишньої радянської імперії Україна історично належала до регіону східного православ'я.[183] Протиставляючи патрональні режими непатрональним порядкам, ми протиставили домінантний політико-економічний устрій у країнах цієї цивілізації (і в ісламській Центральній Азії) ліберально-демократичному устрою, що переважає в західних країнах. Хоча між країнами обох груп є помітні відмінності, фундаментальною лінією розмежування між ними стає поділ сфер соціальної дії та дві інші аксіоми, які ми розглянули на початку цього розділу для посткомуністичного регіону. **Боротьба з патерналізмом разом із переорієнтацією України на Захід** — це, отже, не лише зближення із західною системою альянсів, але й **вияв вимоги належати до західної цивілізації**.

Три гантінгтонівські умови цивілізаційного зрушення в Україні фактично виконують. Після Революції Гідності та обрання Зеленського провідна частина політичної еліти зацікавлена в антипатрональній трансформації (навіть якщо частина представників судової еліти та деякі економічні áктори її не підтримують);[184] у суспільстві є чітка підтримка західної орієнтації, особливо з початком повномасштабного вторгнення; Україну охоче вітають західні країни, про що свідчить нещодавно отриманий статус кандидата на вступ до ЄС (разом із Молдовою), а також постійна словесна, матеріальна та збройна підтримка. Однак є четвертий фактор, який Гантінгтон не взяв до уваги: те, що ядро відповідної цивілізації може бути проти такого відокремлення й навіть застосувати військову силу, щоб спробувати зберегти єдність своєї цивілізації. **Для Росії напад на Україну — це питання не лише імперіалізму, але й збереження власної ваги як цивілізаційного ядра.**

Водночас Путін дуже ризикує, здійснивши повномасштабне вторгнення. Замість того щоб розширити імперську роль його країни, агресія може навіть похитнути її колишній непрямий імперський вплив на Заході. Її роль як цивілізаційного ядра може також знецінитися щодо інших цивілізацій: однополярний світовий порядок стає не триполярним, а біполярним — зі США та Китаєм, але без Росії.[185] З погляду стабільності внутрішніх режимів, накопичення й вибух громадянського невдоволення наразі блоковані репресіями та браком свобод громадянського суспільства. Однак у міру того, як виникають масові сумніви в легітимності та внутрішнє розчарування клієнтів щодо верховного патрона, вони можуть перетворити Путіна на «кульгаву качку»[186] й підірвати навіть консолідовану патрональну автократію.

Повномасштабне російське вторгнення ставить під загрозу незалежність України та її шанси на західний тип розвитку. Однак героїчна позиція українського народу разом з антипатрональними змінами та зміцненням громадянсько-національної ідентичності робить внутрішні підвалини для західного повороту сильнішими, ніж будь-коли. **Відбудова країни передбачає шанс вирватися з тридцятирічної пастки режимних циклів**, особливо якщо це зроблять завдяки закладанню міцних основ демократії, де є ліберальні компоненти верховенства права, громадянські права і сильний інституційний контроль над корупцією та неформальними практиками. Крім подолання нагальних проблем, потрібні реформи антипатрональної трансформації на рівні еліт і суспільства, щоб звільнити Україну від посткомуністичної спадщини та створити основу для більш стабільного демократичного розвитку як частини Заходу.

Патроналізм і соціальний порядок обмеженого доступу: випадок України[187]

Володимир Дубровський

1. Вступ

Патроналізм — це одна з форм соціального порядку обмеженого доступу (ПОД) або природної держави. Норт та інші визначають ПОД як соціальний порядок, який «розв'язує проблему насильства, надаючи політичним елітам привілейований контроль над частинами економіки так, що кожна з них отримує певну частку ренти». Це протиставляють порядку відкритого доступу (ПВД), який «контролює проблему насильства через відкритий доступ і конкуренцію».[188] З погляду класифікації режимів, що її запропонували Мадяр і Мадловіч,[189] ліберальна демократія відповідає ПВД, тоді як всі інші види режимів, патрональні чи ні, є різновидами ПОД. Наприклад, комуністична диктатура — це крайня форма того, що Норт та інші назвали «базовим» ПОД,[190] коли жодна організація не може існувати поза державою. За такої диктатури політичне й бізнес-підприємництво незаконні та підлягають кримінальному переслідуванню, а всі основні види доходів можна кваліфікувати як ренту, адже немає ринкової конкуренції, а доходи нормативно встановлює держава. За цією класифікацією решта типів посткомуністичних політичних режимів, що їх розглядають Мадяр і Мадловіч, потрапляють у категорію «зрілі ПОД», у яких різноманітні організації існують за межами держави, але їхні можливості для зростання вище певного рівня обмежені. Три з цих категорій режимів патрональні: патрональна автократія, патрональна демократія та олігархічна анархія.

У цьому розділі проаналізовано динаміку та джерела стабільності (або метастабільності) цих трьох типів режимів з погляду ПОД на прикладі України. Хоча більшу частину своєї сучасної історії Україна була патрональною демократією, вона починалася як олігархічна анархія, за якою одразу були спроби автократичного правління Павла Лазаренка, а потім Леоніда Кучми. Останньому вдалося досить успішно побудувати вертикаль влади, хоча концентрація влади через низку причин, про які йтиметься нижче, так і не сягнула типового для патрональної автократії рівня. Якби Україна справді була схожа на Росію та Білорусь, ця спроба могла би завершитися успіхом: або Кучма (чи навіть Лазаренко) став би ще одним Лукашенком, або, може, призначений наступник Кучми Віктор Янукович перетворився би на повноцінного кримінального правителя мафіозної держави. Однак нахабна авторитарна спроба Лазаренка спровокувала величезний опір; відтак обережніший Кучма не зміг консолідувати автократію, а спроба призначити Януковича наступником спричинила Помаранчеву революцію, повернувши демократію в Україну.

Якими були основні політико-економічні рушійні сили цих подій? Які економічні наслідки вони мали? Як сталося, що найбільш фундаментальні економічні реформи того часу, зокрема тріада «Вашингтонського консенсусу» лібералізація — приватизація — стабілізація сталися в умовах явно патерналістського, рентоорієнтованого та напівавторитарного режиму Кучми? Ці питання, а також деякі інші, пов'язані з розпадом СРСР і дальшими подіями в Україні, були предметом дослідження у межах глобального дослідницького проєкту «Розуміння реформ» від Глобальної дослідницької мережі (GDN) у 2003–2004 роках.[191] Цей розділ значною мірою ґрунтується на висновках, що їх у межах проєкту зробив автор разом із міждисциплінарною групою науковців. Ці висновки заслуговують бути в контексті сучасної політичної та інституційної економіки й бути осучасненими відповідно до дальшого розвитку подій, що ми й зробили в цьому розділі.

У широкому розумінні ПОД і ПВД — різні системи, тому перехід між ними має системний характер. За визначенням, система — це сукупність певних елементів, пов'язаних позитивними та негативними зворотними зв'язками, що утворюють самопідтримувані та саморухливі цикли («порочні» або «позитивні» відповідно), які роблять її сталою у тривалій перспективі та стійкою до потрясінь. Як пояснюють Норт та інші, ПОД і ПВД базуються на протилежних принципах: штучні обмеження конкуренції проти переважно відкритої конкуренції; міжособистісні відносини проти безособових тощо. Це означає, що перехід від одного до іншого не може бути плавним і повністю еволюційним. Якоїсь миті основні системні зворотні зв'язки повинні змінити знак, перетворивши порочні цикли на позитивні, і це стає точкою сингулярності: цієї миті кількість революційно переходить у якість. Справді, жодна країна (за винятком, може, Швейцарії) не здійснила цього переходу без принаймні однієї революції або періоду окупації.¹⁹² Отже, вивчення системних зворотних зв'язків і створюваних ними циклів ключове для розуміння внутрішньої стабільності обох типів суспільного устрою, а також рушійних сил переходу між ними.

2. Пошук ренти та парадигма нульової суми: модель «арбітр-клієнти»

2.1. Різниця між прибутком і рентою

У політичній економії ренту, що знищує цінність (точніше, ренту, що не додає цінності), можна визначити як дохід від діяльності (пошуку ренти), не пов'язаної зі створенням цінності.¹⁹³ Найбільш очевидний приклад — грабунок, але сюди можна зарахувати будь-який дохід, отриманий через явне чи неявне застосування примусу (зокрема, усі види державних трансфертів і привілеїв), а також будь-який інший вид недобровільного привласнення (монопольна рента, крадіжки, шахрайство, грошова емісія тощо). Не всі види ренти обов'язково незаконні: наприклад, соціальну допомогу вважають виправданою в усіх сучасних суспільствах. Проте коли людина чи фірма прагне отримати такий дохід і вкладає ресурси в пошуки ренти, нової цінності не виникає. Суспільне багатство не збільшується, а в багатьох випадках (наприклад, у випадках грабунку чи монополії) навіть зменшується. Інакше кажучи, це гра з нульовою або від'ємною сумою.

На відміну від цього, прибуток (точніше, економічний прибуток) генерується через діяльність, пов'язану з додаванням цінності, що базується на добровільних транзакціях, тобто на конкурентному ринку. Ринковий обмін — це гра з позитивною сумою, він створює цінність. Отже, така діяльність теж становить гру з позитивною сумою, хоч окремі її види, як-от фінансові спекуляції, можуть бути слабко пов'язані зі створенням будь-якої матеріальної цінності. У деяких випадках відмінність між діяльністю, спрямованою на отримання прибутку, і діяльністю, спрямованою на отримання ренти, може бути розмита, особливо коли йдеться про інформаційну асиметрію (яка може бути природна або штучна) або про спекуляції з нерухомістю, цінними паперами та іншими активами. Така діяльність може створювати вартість, якщо її використовують, управляючи ризиками, але вона може перетворитися на пошук ренти й створювати ринкові бульбашки, якщо підживлюється надмірною кредитною емісією.

Важливим наслідком цього розрізнення є те, що, за самим визначенням, прагнення до прибутку збільшує суспільне багатство, тоді як прагнення до ренти — ні, або навіть зменшує його. Отже, економічна система, яка заохочує пошук прибутку, краща за ту, яка заохочує пошук ренти. Ба більше, таке суспільство зацікавлене в тому, щоб заохочувати перше й карати друге. Однак для цього воно має вміти розрізняти їх. Це не завжди легко з об'єктивних причин, але це може стати абсолютно неможливим, коли люди сповідують парадигму нульової суми[194] — передсуд, який заперечує саме існування безпрограшних ігор із позитивною сумою.

Парадигма нульової суми, також відома в антропології як «сприйняття блага за обмежене»,[195] притаманне архаїчній свідомості мисливців-збирачів і, меншою мірою, аграрних суспільств. Справді, тоді це було виправдано, адже мисливці-збирачі переважно не створювали цінності, а збирали наявні блага або полювали на них; і навіть в аграрних суспільствах, ґрунтованих на натуральному господарстві, створення цінності пов'язували лише з «простою працею». І хоча на сьогодні це переконання втратило обґрунтування й перетворилося на передсуд, воно досі поширене.

Стійкість передсуду про гру з нульовою сумою зрозуміла, адже людство існувало як мисливці-збирачі протягом мільйонів років, а потім як переважно аграрне суспільство ще десятки тисяч років, натомість ринкова економіка почала домінувати лише кілька сотень років тому.[196] Однак справжня причина цієї стійкості в тому, що, коли люди масово ставляться до ринкових транзакцій як до ігор із нульовою сумою, будь-який вид бізнесу (разом із багатством, генерованим підприємництвом) залишається однаково нелегітимним: «багатство — це крадіжка» незалежно від його джерела.

У суспільстві, де домінує парадигма нульової суми, (а) не може бути універсально захищених прав власності, адже таке суспільство не потребує цього (навпаки, воно потребує перерозподілу будь-якого багатства вище від середнього, не пов'язаного з простою працею — отже, рейдерство[197] набуває поширення, оскільки його жертви не можуть апелювати до суспільної підтримки); і (б) вибір між рентоорієнтованою діяльністю та діяльністю, спрямованою на отримання прибутку, ґрунтується на суто економічних засадах, без жодних моральних і правових стимулів для діяльності, спрямованої на створення цінності, тож, як наслідок, рентоорієнтована діяльність часто здається привабливішою. Зрештою, рентоорієнтована діяльність (отже, гра з нульовою сумою) справді домінує, тож виникає порочний трикутник «парадигма нульової суми — слабкі права власності — рентоорієнтованість», а передсуд підтримує себе.

2.2. Трагедія громад: поява авторитарного арбітра

На відміну від гри з позитивною сумою, гра з нульовою сумою ніколи не може бути кооперативна. Зокрема, її учасники не можуть співпрацювати у виробленні загальновизнаних правил. Отже, вони з високою ймовірністю надмірно привласнюватимуть ренту («трагедія спільного ресурсу» або «трагедія громад») та / або розпорошуватимуть її через міжусобиці, що, зрештою, призведе до кризи. В обох випадках суспільне багатство ще дужче зменшується, іноді різко. Монопольна рента становить помітний виняток із цього правила: коли її «надмірно привласнюють», суспільне багатство зростає. Однак люди, які сповідують парадигму нульової суми, не здатні відрізнити ці випадки, адже для них «що більше підприємців, то більше конкуренції, то більше багатства для всіх» звучить контрінтуїтивно. Їхній раціональний страх перед трагедією спільного ресурсу, спричиненою необмеженою конкуренцією за життєво важливі природні ресурси, перетворюється на страх перед конкуренцією як такою, а це прямо веде до підтримки ПОД, що базується на штучних обмеженнях конкуренції.

Трагедії спільного ресурсу можна запобігти трьома способами:

- *Приватизація,* або первинне виникнення права приватної власності — найкраще рішення у більшості випадків, як зазначає Демсец.[198] Приватна власність інтерналізує зовнішні ефекти від нескоординованого пошуку ренти і створює зацікавленість принаймні у збереженні джерела ренти або навіть у дальшому інвестуванні в його розвиток. Ефективність розподілу ренти в такому разі залежить переважно від процесу приватизації. Якщо процес конкурентний, то покупець сплачує повну ринкову ціну, яка відповідає чистій теперішній вартості майбутніх рентних платежів, і це оптимальний варіант; в іншому випадку покупець отримує одноразову ренту (це не оптимально), але в будь-якому разі джерело ренти захищене. Однак не всі види джерел ренти можна приватизувати, наприклад, державний бюджет. Ба більше, приватна власність потребує захисту, який потрібно забезпечити, інакше ліквідація активів і споживання доходів стає найкращою стратегією; парадигма нульової суми, однак, делегітимізує права власності. Крім того, якщо переважає парадигма нульової суми, можуть існувати сильні корисливі інтереси, що виступають проти приватизації, за дальшої підтримки з боку суспільства.
- Як зауважує Остром, для спільних ресурсів, як-от підземні води або риба в морі, найкраще рішення — *спільне управління.*[199] Це теж розв'язує проблему оптимального розподілу ренти. Співпраця стає можливою тією

мірою, якою конкуренція за ренту з нульовою сумою в довгостроковій перспективі призводить до трагедії спільного ресурсу, тобто до результату з від'ємною сумою. Ключова тут саме довгостроковість. Тому, як випливає з опису Остром, цей підхід громіздкий і трудомісткий. Він також потребує надзвичайно стабільного пулу гравців із невизначеним часовим горизонтом.

- Коли жоден із двох згаданих підходів не працює, меншим злом стає *авторитарний арбітр*, який нав'яже волю гравцям, розподіляє квоти на присвоєння ренти та змушує гравців дотримуватися цих квот. Такий арбітр може отримати всю ренту, продавши квоти на аукціоні, але зазвичай не заходить так далеко й лишає частину ренти гравцям в обмін на їхню лояльність, роблячи їх своїми клієнтами. Це особливо важливо, якщо поблизу є конкурентний арбітр. Домовленості між арбітром і клієнтами можуть ефективно запобігти трагедії спільного ресурсу, а також іншим проблемам на зразок дилеми в'язнів. Однак, крім неоптимального розподілу ренти, ці типи домовленостей мають низку інших недоліків, докладніше описаних нижче. А втім, різні їх форми можна простежити впродовж усієї історії людства, як і ПОД.

Авторитарний арбітр діє майже як власник джерела ренти, хоча є вагомі причини, чому її не можна перетворити на повноцінну приватну власність — наприклад, через брак ексклюзивного доступу. Арбітр також діє в інтересах гравців, що можуть хибно тлумачити як «захоплення» арбітра ними, хоча насправді ситуація протилежна: вони можуть мотивувати арбітра лише «пряником», тоді як у нього «батіг». Крім того, клієнтів багато, а арбітр — один, що дає йому ринкову владу над гравцями, хоча лише настільки, наскільки дозволяє відсутність арбітрів-конкурентів. Природно, що арбітр зацікавлений у придушенні конкурентних альтернатив розв'язання проблеми спільного блага, тому намагається розмити права власності гравців (особливо права на грошові потоки), а також перешкоджає їх співпраці між собою, а отже, придушуватиме їхній соціальний капітал.

У термінах Норта та інших цей арбітр — «фахівець із насильства».[200] Він може чи прийти ззовні як завойовник (британці в Індії), чи його можуть колективно запросити всі або найважливіші гравці (Мухаммед у Медині або Едуард Шеварнадзе в Грузії 1995 року), чи його вводить у гру один із гравців, який прагне тотального домінування (Кучма і Лазаренко, детальніше про це далі). В останньому випадку цей гравець помилково сподівається, що контролюватиме фахівця з насильства за допомогою грошей. Це справді може працювати в довгостроковій перспективі і в симетричній ситуації, коли і шукач ренти, і фахівець із насильства мають рівну ринкову владу. Однак щойно фахівець із насильства бачить можливість стати арбітром між кількома рентоодержувачами, він використовує цю нагоду як більш вигідну для себе: у такій позиції він отримує ринкову владу й може отримати всю ренту, і це краща позиція, ніж переговори тет-а-тет із одним рентоодержувачем. А його початковий союзник не може цьому перешкодити, бо в короткостроковій перспективі насильство переважає. Природно, що арбітр прагне зберегти ринкову владу, тобто обмежити будь-яку політичну конкуренцію — саме тому природні держави були й лишаються переважно автократичними, за деякими помітними винятками, про які поговоримо згодом. Отже, обмеження доступу до прибуткових економічних можливостей породжує обмеження доступу до політичних можливостей і навпаки, що протилежно до логіки ПВД.

2.3. Зліт і падіння авторитарних арбітрів

Одного разу з'явившись, арбітр не обмежує владу лише рентоорієнтованим сектором, де його правління є меншим злом, що призводить до більшого суспільного багатства порівняно з необмеженою конкуренцією. Однак він не дбає про суспільне багатство та розширює владу і над конкурентним сектором, перетворюючи його на сукупність монополій або картелів і підтримуючи монопольну ренту — тепер уже на шкоду суспільному багатству. Люди могли б завадити арбітру робити це, якби розуміли різницю між такими випадками, але заважає описана вище парадигма нульової суми. Отже, обмеження конкуренції (і, навпаки, доступу до економічних можливостей) поширюється майже на всю економіку.[201]

Однак ця експансія має певні межі, адже раціональний авторитарний арбітр постає перед проблемою оптимізації. Контроль і координація рентоорієнтованого сектора, що перебуває під його владою, коштує дорого, і не всі види потенційних джерел ренти виправдовують витрати на їх контроль і координацію. Тому, подібно до теорії фірми Рональда Коуза,[202] авторитарний арбітр розширює владу над найбільш легко контрольованими секторами економіки, рента від яких достатня, щоб виправдати витрати — аж до межі, за якою вигоди від контролю над додатковими секторами зрівнюються з витратам на них. Це лишає певну частину економіки конкурентною.

Таку ситуацію можна інтерпретувати як суміш ПОД і ПВД, де два відповідні сектори співіснують у балансі, який визначають, з одного боку вартість контролю та координації, а з іншого — потенційна рента. Витрати залежать від соціальних факторів, як-от дисципліна, владна дистанція тощо. За інших рівних умов у більш патрональних і колективістських країнах із традиційно сильнішою дисципліною та більшою дистанцією влади частка ПОД має бути більша, ніж у більш індивідуалістичних. Вигоди від ренти пов'язані з розвиненістю економіки, наявністю природних джерел ренти та їх множинністю, а також, імовірно, з деякими іншими чинниками. Зокрема, наявність величезних природних ресурсів може змістити цей баланс у бік ПОД — це явище називають «прокляттям природних ресурсів».[203]

З часом витрати на контроль і координацію мають тенденцію зростати, а рента — зменшуватися, хоча ці процеси не монотонні. Раціональний арбітр має належно коригувати сферу своєї діяльності, що означає поступове відкриття доступу відповідно до поступового поширення елементів ПВД, які перебувають під контролем ПОД.[204] Однак певної миті кількість переходить у якість: арбітр усвідомлює, що дальше коригування ставить під загрозу його владу, адже сектор ПВД, який узагалі не потребує арбітра, почне домінувати. З цієї миті він починає опиратися змінам, але зупинити їх не може. Як наслідок, щораз більша частина економіки опиняється в «сірій зоні», непідконтрольній арбітру, але ще не регульованій належно ринковими інститутами — це можна назвати «прогалиною контролю».[205]

Природна держава може продовжити існування, перетворившись на тоталітарну, у якій арбітр максимізує не ренту, а владу. Він намагається поширити контроль якомога далі й зупиняється лише там, де йому бракує згенерованих рентою ресурсів, щоб компенсувати витрати на додаткові придбання. Такий режим може тривалий час витримувати тиск прогресу та пристосовуватися до доволі складних технологій. Навіть за тоталітарного режиму залишковий конкурентний сектор часто існує, хоча легальний сектор у кращому разі маргінальний. Втім, він не обов'язково має бути легальним: коли режиму бракує ресурсів, але він відмовляється коригувати сферу контролю, виникає прогалина контролю, як це сталося з комуністичними режимами, особливо в 1980-х роках. Цю прогалину дедалі частіше заповнюють неформальні інституції та організації, як-от блат[206] і мафія, які дають функціонувати тіньовому сектору, але рідко здатні запобігти послідовним кризам надмірного привласнення ренти. Вони перехідні за природою, але досі стійкі завдяки внутрішній узгодженості та вкоріненість у суспільстві.

Кожна наступна криза змушує арбітра (авторитарного чи тоталітарного) підкоритися неминучому, а отже, обмежити пошук ренти та розширити сектор ПВД. Єдина альтернатива — зупинити технічний і суспільний прогрес. Цей підхід також використовували історично, але він завжди закінчувався військовою поразкою, особливо виразно — у випадку з Японією та Китаєм у XIX столітті. Отже, у будь-якому разі, рано чи пізно, режим слабшає, а частка ПВД і тіньового сектору зростає — і стається революція (або серія революцій), яка «заковує Левіафана»,²⁰⁷ усуваючи арбітра, замінюючи його інституційною структурою, більш сприятливою для дальшого еволюційного розвитку в бік ПВД. Ця структура може набути форми політичної конкуренції або принаймні обмежувати владу арбітра, чим робить його підзвітним широкому загалу або суб'єктам середньої ланки.

У складних суспільних організаціях, як-от протодержави та природні держави, така модель працює на кожному рівні ієрархії, де арбітри нижчого рівня — це клієнти арбітрів вищого рівня, а також гравці відповідного рівня, які шукають ренту. Зокрема, у патрональній системі олігархи є на різних рівнях — місцевому, регіональному та національному, і на кожному рівні ними керують арбітри, що утворюють патрональну «вертикаль влади».

2.4. Парадигма нульової суми, пошук ренти та авторитаризм: трикутник ПОД

Однак чому люди терплять ці очевидно непродуктивні екстрактивні інституції²⁰⁸ навіть в умовах демократії? Крім проблеми колективних дій,²⁰⁹ люди також мають хибні стимули, спричинені парадигмою нульової суми. Коли бунтують або голосують, вони прагнуть перерозподілити багатство, що робить їх просто додатковими гравцями, які шукають ренту, наділеними певною політичною силою *де-факто* або *де-юре*²¹⁰ і це повністю вписує їх у логіку ПОД. Отже, навіть якщо вони подолають проблему колективних дій або встановлять демократію, у кращому разі отримають певні бонуси, як зазначають Аджемоглу та Робінсон,²¹¹ і весь конфлікт зведеться до перерозподілу ренти в межах ПОД. Як наслідок, може зменшитися нерівність у доходах, але переважно через подальше зниження продуктивності.

Ба більше, поки переважає парадигма нульової суми й люди прагнуть перерозподілу, а не можливостей, ця боротьба нескінченна просто тому, що природний розподіл доходів — це розподіл Парето (точніше — логнормальний. Тобто меншість володіє непропорційно великою часткою активів та отримує відповідну частку доходу. Звісно, ця заможна меншість (не лише шукачі ренти, але й підприємці на конкурентному ринку та середній клас) боїться такої експропріації й може підтримати авторитаризм як другий найкращий варіант. Водночас арбітр стає своєрідним покровителем найнижчих класів, адже стримує пошук ренти гравцями середнього рівня, щоб запобігти надмірному привласненню («добрий цар, погані бояри»). Тоді виникає другий порочний трикутник «пошук ренти — авторитаризм — слабкі права власності», який доповнює перший трикутник «парадигма нульової суми — пошук ренти — слабкі права власності» (Рисунок 1). Рентоорієнтованість породжує авторитаризм, а в умовах переважання парадигми нульової суми його підтримують власники активів. За іронією долі, люди з нижчих класів також можуть підтримувати це як єдину альтернативу жадібним гравцям середнього рівня, які в протилежному випадку мають широкі можливості зловживати монопольною та монопсонічною владою для експлуатації, монопольного ціноутворення та порушення прав власності. Отже, парадигма нульової суми — це ключова помилка, яка разом із поняттям вродженої нерівності є фундаментальним елементом ПОД.

Рисунок 1. Взаємозв'язки між основними компонентами ПОД

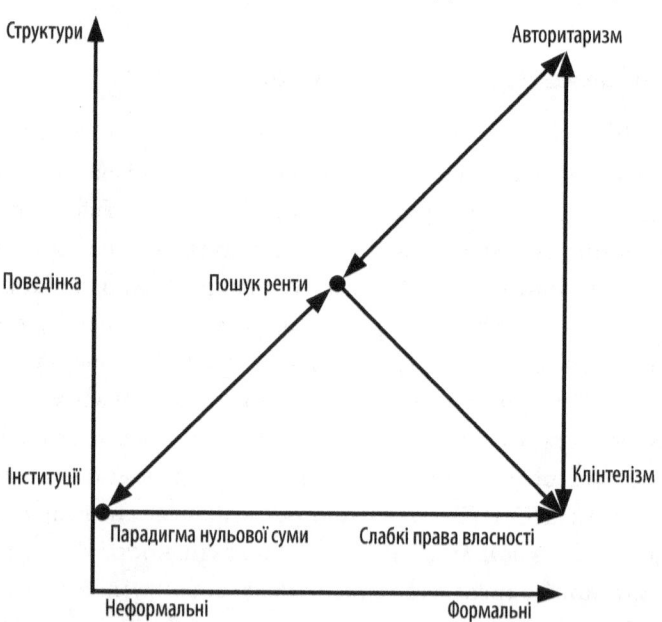

Це також може принаймні частково пояснити неоднозначність емпіричних оцінок економічного ефекту соціального капіталу, які не обов'язково виявляються позитивними, як можна було б очікувати.[212] Якщо люди долають проблему колективних дій, щоб отримати більше можливостей, запобігти трагедії спільного ресурсу, не залучаючи арбітра, розв'язувати суперечки, контролювати владу та грати в інші win-win ігри з позитивною сумою, то суспільне багатство й темпи його створення зростатимуть. Натомість коли люди використовують той самий соціальний капітал у «розподільчих коаліціях» Манкура Олсона,[213] беручи участь в рентоорієнтованих іграх із нульовою або від'ємною сумою, як-от вибивання грошових трансфертів, лобіювання привілеїв, картелізація (включно з профспілками) тощо, багатство зрештою перерозподіляють, але темпи його зростання в кращому разі зменшуються, що зазвичай призводить до безповоротних втрат у суспільному добробуті.

У суспільстві, де переважає парадигма нульової суми, ПВД навряд може бути стійким, навіть якщо виникне. Норт та інші пояснюють логіку ПВД як «подвійний баланс: відкритий доступ до організацій в економіці підтримують відкритий доступ у політиці, а відкритий доступ у політиці підтримує відкритий доступ в економіці».[214] Водночас «відкритий доступ в економічній системі не дає політичній системі маніпулювати економічними інтересами й гарантує, що, коли політична група зловживає контролем над силовиками, вона втрачає владу».[215] Однак у демократичній державі політична сила, яка захищає конкуренцію та вільне підприємництво, щоб залишатися при владі, повинна мати підтримку принаймні відносної більшості виборців. Для цього потрібно, щоб виборці усвідомлювали зацікавленість у відкритому доступі до економічних можливостей, навіть якщо самі не користуються ними безпосередньо (лише невеликий відсоток населення може стати успішним підприємцем), але це роблять інші. Інакше виборці віддадуть перевагу демагогічним перерозподільчим партіям, які обмежують конкуренцію або займаються іншими видами політик (монетарна емісія, субсидування, податкові пільги тощо) на користь олігархів, голосно заявляючи про те, що невелика частина ренти олігархів ділиться з бідними верствами населення. Така політика фактично відновлює ПОД в економічній сфері та підриває економіку, що зрештою призводить до повернення авторитаризму в політичній сфері.

Навіть якщо люди, які становлять загрозу стабільності режиму, не прагнуть до нових можливостей, раціональний арбітр може вирішити надати їм деякі обмежені можливості, бо підприємництво для виживання може бути менш витратним для арбітра й домінантної коаліції загалом, ніж перерозподіл за допомогою трансфертів або привілеїв. Тоталітарний арбітр може так само не мати ресурсів, щоб утихомирити такі групи. Такі рішення оптимальні або неминучі в короткостроковій перспективі, але в довгостроковій підривають основи ПОД, бо навіть мікропідприємництво для виживання все-таки є острівцем ПВД, що функціонує як його ядро, центр кристалізації і приклад, що виразно спростовує парадигму нульової суми.

3. Патрональна демократія як режим із багатьма арбітрами

3.1. Модель та її еволюція

Описана вище модель «арбітр-клієнти» — найпоширеніший спосіб розв'язати проблему спільного користування протягом більшої частини людської історії, адже подані міркування доволі універсальні для всіх видів ПОД, що ґрунтуються на пошуку ренти. Вона може набувати різних форм залежно від культурних та інституційних традицій, географічних та історичних особливостей. Ступінь її централізації може широко варіюватися від майже повної відсутності в умовах олігархічної анархії до повного підпорядкування клієнтів в умовах ідеально-типової диктатури або патрональної автократії. У випадку України нас найбільше цікавить патронально-демократична форма, яка має певні особливості, найсуттєвішою з яких є те, що це модель із багатьма арбітрами.

За логікою моделі «арбітр-клієнти», арбітр має ревно придушувати будь-яких можливих конкурентів, як він це робить щодо альтернативних способів розв'язання трагедії спільного ресурсу. Якщо виникає конкурентний центр або сила, арбітр негайно втрачає монополію на примус, а разом із нею й можливість отримувати ренту від гравців. Домінантна коаліція ПОД — це своєрідний картель таких арбітрів або потенційних арбітрів, який зазвичай організований ієрархічно, щоб головний з них (король, султан, імператор або інший авторитарний правитель) не мав справу з інституційною конкуренцією. Суспільна свідомість також наділяє державною владою одну людину. Звісно, час від часу з'являються претенденти, але вони або борються за найвищу посаду, або відокремлюються з власними доменами, де стають беззаперечними головними арбітрами. Прикладів більш-менш стабільних тріумвіратів чи «дуумвіратів» в історії вкрай мало. Те, що стається, коли в ПОД з'являється другий центр влади, описано в історичному романі Олександра Дюма «Три мушкетери»: такий режим стає неефективним і нестабільним, хоч диверсифікація влади може частково зменшити ризик ситуації, коли на посаду головного арбітра приходить недієздатна людина, як часто трапляється в спадкових монархіях.

Однак що робити, коли суспільна свідомість не підтримує автократії та/або є важливі треті сторони (наприклад, іноземні держави або міжнародні фінансові інститути), які також вимагають поваги до формальних демократичних інститутів? У таких ситуаціях клієнти-шукачі ренти радо вітатимуть певну політичну конкуренцію, адже вона дає змогу їм торгувати лояльністю між двома або більше конкурентними головними арбітрами і, як наслідок, зберігати більшу частину ренти, не потрапляючи в повну залежність. Хоча вони досі побоюються демократії економічних демагогів (ґрунтованої на парадигмі нульової суми), які можуть експропріювати та перерозподілити їхні активи, принаймні деякі з них можуть спертися на частину нижчого і середнього класу, схильну виступати проти авторитаризму, й у такий спосіб отримати важелі для зміни режиму, тобто для революції.

Однак залучення широких верств населення робить клієнтів-шукачів ренти політично підзвітними, а це може докорінно — і часто назавжди — змінити систему влади, адже, відчувши смак влади та свободи, люди переважно не хочуть їх втрачати, особливо якщо їхня неприязнь до авторитаризму була першопричиною революції. Навіть якщо згодом демократія відступить, новий авторитарний режим найпевніше буде змушений негайно подбати про свою популярність, що значною мірою обмежить його політичний вибір, включно з прийнятним рівнем жадібності та експлуатації, а отже, «олігархічний клас» бенефіціарів ПОД разом з арбітрами, зрештою, програє. З цієї причини в таких режимах апеляція до народу у внутрішньоелітних чварах — це табу. Однак якась частина еліти може все-таки в крайньому разі порушити його, особливо якщо вона пригноблена або побоюється цього, адже для такої групи розрахунок майбутніх витрат і вигод від залучення населення стає позитивним.

Шанси на це мають бути більшими, якщо джерела ренти множинні й загалом обмежені, з одного боку, і якщо культура не сприяє побудові вертикалі з однією пірамідою, як, наприклад, прийомна політична сім'я, з іншого. Обидва фактори збільшують витрати на контроль і координацію, а дефіцит ренти також зменшує вигоди, тим самим обмежуючи природну сферу впливу чинного головного арбітра та залишаючи більше місця для конкурентного сектору, природного союзника для гравців-бунтарів. І навпаки, велика кількість природних ресурсів, які легко видобувають, підтримує авторитаризм,[216] особливо якщо такі ресурси відкрили до того, як ліберальна демократія утвердилася й пустила глибоке коріння.

Встановлення демократії як такої, однак, не перетворює ПОД на ПВД, адже не впливає на порочний трикутник «парадигма нульової суми — слабкі права власності — пошук ренти». Трикутник «пошук ренти — авторитаризм — слабкі права власності» на Рисунку 1 розбивається на кілька подібних через запровадження політичної конкуренції, але за інших рівних умов це впливає лише на розподіл влади та ренти між арбітром і гравцями середньої ланки. Наприклад, середньовічні італійські міста-держави й навіть величезна Річ Посполита XV—XVIII століть були конкурентними, хоч і аристократичними республіками, лишаючись водночас ПОД, оскільки політична конкуренція була обмежена спадковими елітами, а формальні патрон-клієнтські відносини домінували. Ба більше, економічно демагогічна «перерозподільча» демократія іноді може бути навіть більш шкідливою для прав власності та сприятливою для пошуку ренти, ніж авторитаризм. Це часто призводить до економічних криз із подальшими відкатами демократії. У патрональних режимах метастабільною проміжною рівновагою патрональної демократії є модель багатьох арбітрів: вибори регулярно проводять, вони змагальні та переважно чесні, але головні конкуренти — не демократичні чи меритократичні політичні партії, що ґрунтуються на ідеології, а радше політичні клани.

Однак це є якісною зміною в характері режиму, яка — за певних обставин, що заслуговують на дальше вивчення — може відкрити шлях для еволюційного процесу, що врешті-решт призведе до створення ПВД.

- Перший безпосередній наслідок — *посилення гравців середньої ланки*, тобто олігархів за неформального патроналізму або баронів за формальної феодальної системи. Хоч це може призвести до того, що вони стануть більш гнітючими для підданих і збільшить ризики «надмірного привласнення» та повернення трагедії громад, виникає конкуренція в політичній та економічній сферах. Зокрема, у патрональній політиці, як її описує Гейл, випадок двох окремих центрів влади дає змогу розвиватися плюралістичному «багатопірамідному» політикуму, адже áктори нижчого рівня можуть суттєво збільшити переговорну силу через альянси з деякими головними пірамідами. Використовуючи конкуренцію між ними, ці áктори навіть можуть зберегти незалежність.[217] Схожий механізм працює і в економіці: коли олігархи та неолігархічні підприємці зазнають утисків від одного з центрів влади, вони можуть звернутися до конкурентного центру. З погляду Норта та інших, це відповідає зрілому ПОД, яке може перетворитися на ПВД, хоча й не обов'язково.

- Наступний наслідок — *постійний розрив міжособистісних зв'язків усередині домінантної коаліції*, про який докладніше йдеться в іншому розділі цієї книжки.[218] Розрив соціальних мереж через регулярні персональні зміни, притаманні демократії, збільшує транзакційні витрати та змушує áкторів усіх видів шукати альтернативні способи забезпечити передбачуваність і зменшити ризики, а отже, збільшує попит на формальні інститути на противагу патронажу та іншим формам взаємовідносин між елітами. Однак немає телеології в процесі трансформації базового ПОД у ПВД через зрілий ПОД.²¹⁹ Країна може лишатися зрілим ПОД протягом тривалого часу, може скотитися до базового або навіть крихкого ПОД (на межі громадянської війни), або еволюціонувати далі до ПВД, залежно від ще не визначених обставин. Німеччина 1930-х років і Російська Федерація останніх двох десятиліть — це, мабуть, найбільш трагічні приклади реверсу, який призвів до жахливих воєн, але схожі менш драматичні епізоди також сталися в Угорщині після перемоги Віктора Орбана та в деяких інших країнах.

- Водночас, якщо не повернеться базовий ПОД у формі авторитарного режиму, *прогресивні зміни в суспільній свідомості* мають повільно, але неухильно розмивати основи ПОД. Щораз більший конкурентний сектор надає щораз більше прикладів ігор із позитивною сумою, які спростовують парадигму нульової суми, тож спрямований зліва вниз порочний трикутник на рис. 1 зрештою починає працювати в протилежний бік. Окреслені Вельцелем²²⁰ емансипативні цінності, як-от свобода вибору та рівність можливостей, ще більше сприяють тому, щоб демократія працювала, тоді як приклади успішних ліберальних демократій у сусідніх країнах або в усьому світі роблять авторитаризм і патроналізм щораз менш привабливими для місцевого населення. Проблема розмежування сфер діяльності заслуговує на дальші дослідження, але навіть тут можливий повільний, однак упевнений прогрес завдяки позитивним рольовим моделям, які надають розвинені країни.

Ці фонові процеси відбуваються повільно, нерівномірно й не обов'язково монотонно, тож їх складніше відстежувати за допомогою кількісних емпіричних методів. Однак, порівнюючи домінантні ідеї в суспільствах протягом століть, можемо побачити очевидний прогрес у цих напрямках. В економіці, наприклад, триста років тому мейнстримом був меркантилізм, що ґрунтувався на парадигмі нульової суми. Тепер такі погляди маргінальні. Те саме можна спостерігати у сфері прав і свобод людини, у ставленні до освіти, інновацій, конкуренції та підприємництва, принципів і цілей виховання тощо. Змішування сфер соціальної дії, яке вважали нормальним ще кілька століть тому, сьогодні дедалі частіше сприймають як корупцію. Отже, хоч історія розвивається повільно, спричинені нею зміни тектонічні й різко виявляють себе в певні критичні моменти.

3.2. Політична економія неформального патроналізму в Україні

На відміну від середньовічної Європи, східних імперій чи комунізму, лише в небагатьох сучасних країнах інститути ПОД існують на формальному рівні. Зокрема, в Україні необізнаний спостерігач, який вивчає лише формальні інститути, може повірити, що він має справу з ПВД — ліберальною демократією з конкурентною ринковою економікою, верховенством права та закріпленими правами власності. Поставши перед реальними фактами, цей самий спостерігач переважно помилково приписує «відхилення» корупції й доходить такого ж помилкового висновку, що їх можна подолати за допомогою кримінального переслідування корумпованих чиновників. Однак такі швидкі рішення не працюють, адже реальність набагато складніша.

На цій різниці між формальними інституціями та реальною дійсністю наголошував Норт, коли отримав Нобелівську премію 1993 року за демонстрацію того, що, зокрема, «економіка, яка приймає формальні правила іншої економіки, матиме зовсім інші характеристики продуктивності, ніж перша економіка, через відмінні неформальні норми та правозастосування».[221] Ба більше, як він (зі співавторами) написав 2009 року:

> Природні держави можуть здаватися корумпованими згідно з нормами та цінностями порядків відкритого доступу, але ця корупція становить обов'язкову частину функціонування соціального порядку. Нерозуміння того, як набагато більш помітні та прямі зв'язки між політичними, економічними, релігійними та військовими привілеями становлять обов'язкову частину суспільного устрою, — головна перешкода для кращої політики розвитку та кращої історії суспільних наук.[222]

Тип інститутів ПОД, які домінують над формальними інститутами в Україні, називають «патрональним»; їхня найбільш суттєва риса — те, що вони діють на неформальному рівні. Як справедливо зазначають Мадяр і Мадловіч,[223] за умов патроналізму авторитарні правителі різних рівнів діють на власний розсуд, за допомогою клієнтелістських ланцюгів підпорядкування та неформальних норм — на противагу формальним законам і відповідальній за їх виконання раціональній бюрократії. Дискреція лежить в основі патроналізму, так само як пошук ренти лежить в основі ПОД. Дискреція також органічно пов'язана з пошуком ренти просто тому, що її використовують у корупційних цілях (що само собою є різновидом пошуку ренти), а олігархи різного масштабу використовують її, щоб отримати привілеї. Отже, виникає ще один порочний трикутник — «пошук ренти — авторитаризм — дискреція».

У правовій традиції Російської імперії, яку успадкувала Україна, формальні інститути в багатьох випадках навмисно створені так, щоб сприяти дискреції: норми або дискреційні самі собою, або розпливчасті, внутрішньо чи взаємно неузгоджені, або просто невиконувані — надто громіздкі, обтяжливі або суперечать поширеній практиці. Вислів «суворість російського закону пом'якшується лише необов'язковістю його виконання» став майже притчею во язицех, тому складно відстежити його першоджерело. Кирил Рогов[224] назвав це явище «режимом м'яких правових обмежень»,[225] бо воно багато в чому схоже на «м'які бюджетні обмеження», що їх описав Янош Корнаї[226] стосовно тогочасних «соціалістичних підприємств».

Вадим Волков[227] простежує цю традицію до петровської спроби авторитарної модернізації, коли на патріархальне Велике князівство Московське наклали формальні правила, що не мали місцевого коріння. Ці правила суперечили давно усталеним практикам і робили порушниками закону майже всіх. Закон може бути належно забезпечений лише тоді, коли його порушує незначна меншість — 5–7% населення, інакше ситуація стає неконтрольованою, а точніше, потрапляє у сферу особистого розсуду службовців, уповноважених впроваджувати такий закон або забезпечувати його дотримання. Отже, ці службовці зберігають нечітко обмежену особисту дискреційну владу, якою вони де-факто наділені в патрональній державі. Прикметно, що і в російській, і в українській мовах таких посадових осіб (*public servants* – буквально «слуги народу») називають *начальниками*.

З другого боку, інша промовиста російська приказка говорить, що «закони пишуть для дурнів», адже в реальному житті важливий не закон, а ситуативний розсуд начальника, який лише частково залежить від духу закону, але здебільшого залежить від інших обставин, як-от особисті інтереси начальника, його стосунки з відповідними зацікавленими сторонами, вказівки вищих начальників тощо. Найчастіше начальники намагаються формально залишатися в межах закону, використовуючи нечіткі закони та положення або вибірково застосовуючи нездійсненні норми. Вони вчиняють це, адже відкрито порушувати закон ризиковано й дорого хоча б тому, що це робить їх більш вразливими до вибіркового правозастосування й шантажу з боку інших. Однак коли справа доходить до якихось особливо важливих речей, закон просто ігнорують. Є промовиста історія про радянського лідера Нікіту Хрущова, який розлютився через кількох спійманих у Москві нелегальних підприємців, бо вони заробили кілька мільйонів карбованців (приватне підприємництво в СРСР було незаконне). Він вимагав для них найвищої міри покарання, але на той час смертну кару в СРСР скасували — за власною ініціативою Хрущова. Хрущов, однак, закричав: «Хто тут головний? Ми чи закон?» — і наказав заднім числом відновити смертну кару за такі злочини, щоб підприємців можна було стратити.

Начальники використовують неформальну владу двома основними способами. По-перше, зловживають нею для особистого збагачення за допомогою корупції (покладаючись головно на економічне здирництво та рейдерство — обидва ці способи спрямовані на права власності) та з політичною метою як частину патрональної вертикалі (за наказом покровителів). По-друге, вони вкладають гроші і впливають на джерело цієї влади — нездійсненне законодавство. Це роблять через лояльних або підкуплених депутатів чи високопосадовців (щодо законодавства), лобіювання, медіаструктури, псевдо-НУО, а іноді навіть через іноземні сторони, як-от МВФ чи іноземні радники. Останніх переконують за допомогою неправдивих, але правдоподібних аргументів, які експлуатують формальні позиції начальників і незнання сторонніми реальної ситуації в країні і сучасної наукової літератури, яка належно її описує. Жертви здирництва та рейдерства, зі свого боку, все-таки віддають перевагу дискреції як єдиному прихистку від можливого належного виконання невиконуваних законів, наслідки яких можуть призвести до більш серйозних втрат. Водночас їхній тиск у сфері удосконалення законодавства залишається пригніченим, адже в більшості практичних випадків скромний хабар може розв'язати проблему і в такому разі колективні дії та інвестиції в лобіювання не потрібні.

Тому, як і у випадку з парадигмою нульової суми на рівні неформальних інституцій, формальні інституції також підпадають під дію самопідтримуваного порочного трикутника «(невиконуване) законодавство — дискреція — корупція». І найвищі патрони різних пірамід, і їхні арбітри потребують свободи дій, щоб виконувати ролі в межах патрональної системи. Ба більше, дискреція також становить основний інструмент зловживання правами власності, особливо в разі рейдерства, тоді як пошук ренти породжує домовленості між арбітром і клієнтом, ґрунтовані на дискреції арбітра, сприяючи в такий спосіб формуванню внутрішнього трикутника «дискреція — слабкі права власності — пошук ренти». Ромб «авторитаризм — пошук ренти — слабкі права власності — дискреція» відображає політико-економічну сутність патроналізму. З неформального боку його підтримує парадигма нульової суми (додатково до змови у сферах соціальної дії в суспільному вимірі), а з формального боку — невиконуване законодавство.

Разом ці явища, які взаємно підтримують одне одного, утворюють конструкцію «карткового будиночка», зображену на Рисунку 2. Він доповнює Рисунок 1 для конкретного випадку патронального ПОД, наділеного традицією м'яких правових обмежень як основного джерела й інструмента дискреції.

Рисунок 2. Взаємозв'язки в патрональній формі ПОД, що ґрунтуються на традиції Російської імперії здійснювати неформальну владу через вибіркове застосування нездійсненного законодавства (зокрема, в Україні)

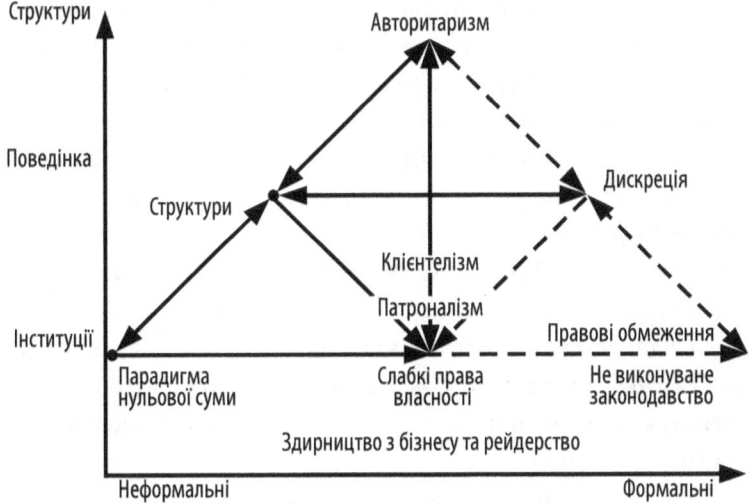

3.3. Україна як ПОД

Ще кілька особливостей характеризують специфічну українську модель ПОД. Передусім це неформальна, переважно репутаційна мережа блату,[228] яка пронизує всю еліту, якщо не все суспільство. На горизонтальному рівні вона забезпечує певний мінімальний рівень довіри, необхідний для зниження транзакційних витрат неформальних (і часто незаконних) угод, як-от корупція. Як кажуть люди, залучені до хабаромісткого бізнесу, «право дати хабар треба заслужити». Це ще більше обмежує доступ до економічних і політичних можливостей для різних аутсайдерів і підвищує бар'єри для входу, адже людина ззовні цих мереж повинна інвестувати не тільки у свій бізнес або політичний проєкт, а й у набуття необхідних «зв'язків». І ці інвестиції не можна звести до більш-менш прозорих і передбачуваних хабарів, вони передбачають глибоке особисте залучення — дрібні послуги, спільні розваги, певний «ініціаційний період» і поступове збільшення масштабів транзакцій.

Гравці, які шукають ренту — «клієнти» в моделі «арбітр-клієнти» — це переважно олігархи з власними кланами, що ґрунтуються на родинних зв'язках і репутації. Зв'язки всередині них не обов'язково відповідають тій самій моделі «арбітр-клієнти»; радше це «прийомні [політичні чи економічні] сім'ї», члени яких не конкурують одне з одним — так само, як і у звичайних бізнес-компаніях. Насправді деякі з них можуть складатися з бізнес-фірм або холдингів, які мало чим відрізняються від сімейних або інших непублічних компаній у країнах із ринковою економікою. Простий факт полягає в тому, що в умовах слабкого верховенства права бізнес-фірма не має іншого вибору, крім як покладатися на неформальні механізми примусу, щоб запобігти розкраданню активів і підтримувати дисципліну. Якщо цей бізнес фактично олігархічний, то принаймні якась його частина — переважно найбільш важливіша — має бути організована за патрональною схемою, щоб забезпечити інтерфейс із патрональною системою державної влади, тоді як решта може мати іншу природу.

Арбітр може бути ефективним лише тоді, коли перебуває над цими олігархічними мережами. Навіть якщо арбітр походить із однієї з них, йому доведеться відокремитися разом із власною підмережею й не брати безпосередньої участі в пошуку ренти, інакше його роль буде знецінена, що може призвести до кризи надпривласнення, як це сталося з Януковичем (про це нижче). Однак, щоб досягти повного контролю над важелями влади, арбітр повинен мати прийомну політичну сім'ю, бажано достатньо сильну, щоб зайняти ключові позиції в ієрархії. Отже, арбітр повинен одночасно бути головним патроном власного політичного клану. Зокрема, головний арбітр (президент) повинен контролювати центральну виконавчу владу (особливо правоохоронні органи та спецслужби), а також принаймні більшу частину регіональної вертикалі арбітрів аж до районного рівня. Неспроможність заповнити ці посади особисто відданими підлеглими може призвести до послаблення контролю та координації, що може спричинити трагедію спільного ресурсу. Водночас це може створити умови для певної ринкової й політичної конкуренції внаслідок того, що слабкий арбітр не контролюватиме значну частину конкурентного сектора. Це також може підвищити попит на непатрональні інституції як другий найкращий варіант для олігархів і перший найкращий варіант для неолігархічного бізнесу, як я пояснюю в іншому розділі.[229]

По-друге, те, чи вдасться головному арбітру стати ще й головним патроном більш розгалуженої мережі єдиної піраміди, що охоплює мережі підкорених олігархів, залежить від багатьох тонких культурних та історичних особливостей, які специфічні для кожної країни й заслуговують на ретельніше вивчення. На відміну від повсякденного функціонування відносин «арбітр-клієнт», тут важливу роль відіграють симпатії виборців, адже в межах патрональної політики легітимність арбітра зрештою повинна спиратися на народну підтримку. Звісно, виборами можна маніпулювати за допомогою технічних засобів, а громадськістю — за допомогою пропаганди. Однак і те, і те має витрати та обмеження. Зокрема, пропаганда «сильної руки» ніколи не була така успішна в Україні, як у Росії, Білорусі та більшості інших пострадянських країн, — може, через історичні традиції, а головно через те, що, на відміну від більшості країн регіону, Україна ніколи не мала успішного авторитарного правителя, тому в народній пам'яті немає позитивного прикладу автократії.

Ще одна причина слабкості державного управління в деяких країнах криється в давніх, фундаментальних елементах їхньої побудови. Браян Леві поділяє всі «розвиткові країни» на два кластери: ті, у яких система стримувань і противаг домінує над централізованою бюрократією, і ті, у яких централізована бюрократія домінує над системою стримувань і противаг.[230] Він стверджує, що розвинені країни з найкращим управлінням мають і те, і те, невдалі держави не мають ні того, ні іншого, а для країн, що перебувають на середньому рівні якості управління, баланс між цими двома традиціями має найбільше значення.

Хоча дослідження Леві не охоплювало Україну, ця країна чітко потрапляє в категорію «стримувань і противаг». Непрямим доказом цього є те, що Молдова, яка у вибірці й чиї формальні та неформальні інститути досить схожі на українські, належить до цього кластеру. Водночас російська та радянська традиція походить від крайньої централізації Золотої Орди й повністю заперечує будь-які стримування та противаги. Отже, формальні державні інститути та традиції державотворення в Україні були успадковані з невластивого джерела й суперечать фундаментальним основам країни. Щоб стати ефективною, структура державного управління має бути перебудована на нових засадах стримувань і противаг, але успадкована традиція натомість передбачає посилення «вертикалі влади».

4. Еволюція України через три моделі ПОД (1991–2022 роки)

4.1. Від олігархічної анархії до моделі одноосібного арбітра Кучми

Відправною точкою для України була радянська модель базового ПОД, у якій комуністична партія відігравала роль політичного клану арбітрів. Він був розгромлений (переважно нею самою) 1991 року з причин, які широко обговорюють у літературі,[231] після чого настав короткий період необмеженого пошуку ренти, який Мадяр і Мадлович називають «олігархічною анархією». Точніше кажучи, головними дійовими особами в цей період були «червоні директори», чиї ролі в патрональних мережах відповідали ролям олігархів у пізніший період, хоча їхнє походження було інше.

Як і інші пострадянські держави, Україна не успадкувала незалежних та ефективних структур прийняття рішень, а також сильного громадянського суспільства, здатного замінити їх на альтернативні кадри та організації. Ця інституційно слабка держава була повністю захоплена корисливими інтересами червоних директорів, тим більше, що політики щиро вірили, ніби «те, що добре для вітчизняних промислових гігантів, добре і для України». Однак значні структурні зміни, спричинені розпадом СРСР, закінченням холодної війни та загальною неефективністю радянської промисловості, призвели до того, що звільнення мільйонів людей, які раніше працювали на цих промислових гігантах. Уряд не міг і не хотів забезпечити їм гідну заробітну плату або допомогу з безробіття; натомість, дещо повагавшись, він дозволив їм заробляти гроші в приватному секторі, чому сприяли великі можливості в ринковій економіці, яка розвивалася. Водночас правоохоронні органи та міліція, які досі мислили по-радянськи, відмовлялися захищати права підприємців, тому рекет процвітав. Цей злочинний світ, втім, фактично був частиною тієї самої *номенклатури* патрональних мереж, а отже, ідеально вписувався в наявну систему ПОД.

Погана координація між цими а́кторами, які прагнули отримати ренту, призвела до масштабної кризи, яку супроводжувала гіперінфляція. Це призвело до дострокових виборів 1994 року, які привели до влади Леоніда Кучму, підтриманого Павлом Лазаренком, найсильнішим тогочасним українським олігархом.[232] Це вперше на пострадянському просторі опозиція перемогла на виборах (на той час відносно вільних і чесних) і мирно прийшла до влади.

За рік до цього політична криза в Росії призвела до спроби державного перевороту, яку довелося долати за допомогою грубої сили.

Описана вище модель «арбітр-клієнт» була найбільш застосовною в Україні під час наступних двох президентських термінів Кучми, коли країна на деякий час наблизилася до патрональної автократії. Однією з причин була відносна успішність цієї епохи порівняно з олігархічною анархією 1992–1994 років. Як сильний арбітр Кучма, за загальним визнанням, поставив під контроль пошук ренти і, зокрема, обмежив майже необмежений потік кредитів на користь «червоних директорів» і новонароджених олігархів, який був головною причиною гіперінфляції. Хоча громадська підтримка Кучми була низька, страх перед необмеженим пошуком ренти та його наслідками мотивував еліти й середній клас, який тоді зароджувався, терпіти його режим як менше зло. У будь-якому разі, життєздатна політична альтернатива не викристалізувалася до короткого, але дуже успішного перебування Ющенка на посаді прем'єр-міністра у 1999–2001 роках (про це поговоримо далі). До 2002 року головною опозиційною силою залишалися комуністи (як Комуністична партія, так і її наступниця Соціалістична партія). Іншою важливою політичною фігурою була Юлія Тимошенко, колись близька соратниця Лазаренка, яку тоді сприймали як його політичну спадкоємицю. Кілька інших фракцій також існували просто як політичні крила деяких олігархічних груп.

Кучма досить успішно створив спеціальні інституції, щоб контролювати та координувати клієнтів. Він зміцнив Міністерство внутрішніх справ і СБУ та створив у цих державних органах спеціальні таємні оперативні групи для неформального позаправового переслідування політичних ворогів (а також, як стверджували, для інших «делікатних» завдань). Крім того, за широкої підтримки іноземних донорів Кучма докорінно реформував Державну податкову адміністрацію й перетворив її на ефективний інструмент дискреційного контролю над українським бізнесом, підпорядкувавши його собі. Це вдалося внаслідок двох речей. По-перше, призначення головою податкової адміністрації Миколи Азарова, суворого й абсолютно лояльного менеджера, хоч і геть необізнаного в податкових питаннях. А по-друге, податкову адміністрацію наділили всіма можливими повноваженнями — від розробки податкового законодавства і права законодавчої ініціативи до озброєної податкової міліції. Іноземні донори також допомогли у розробленні дуже дискреційного, але «європейського» податкового законодавства, яке відразу почали широко використовувати для зловживань. Зокрема, премії інспекторам встановили на рівні 30% від зібраних штрафів і пені, причому планові показники стосувалися не лише збирання податків (що саме собою є поганою практикою), але й надходжень від штрафів. Як наслідок, Кучма узаконив піраміду арбітрів на посадах голів державних адміністрацій обласного, міського та районного рівнів.

Однак навіть цей напівавторитарний і дуже патрональний режим виявився відносно успішним у проведенні ринкових реформ. Ці реформи були необхідні, щоб подолати послідовні кризи надмірного привласнення, спричинені розривом контролю. Він виник після краху Комуністичної партії, яка виконувала роль «колективного тоталітарного арбітра» в радянській системі. Як арбітр Кучма мав привести розмір підконтрольного йому сектору у відповідність до реального балансу витрат і вигод, як описано вище. У його інтересах також було забезпечити неконтрольований ним залишок економіки принаймні деякими ринковими інституціями, щоб він міг успішно функціонувати й створювати вартість, яку можна було б привласнювати й перерозподіляти шукачам ренти.[233] Ця логіка привела Кучму до створення спрощеного режиму оподаткування для мікробізнесу, який фактично ліквідував широкі дискреційні можливості податкових органів щодо цієї категорії платників податків. Це врешті-решт вивільнило кілька мільйонів дрібних підприємців з-під патроналізму й перетворило їх на справжній середній клас, який згодом відіграв вирішальну роль у перетворенні передвиборчого проєкту 2004 року на справжню (хоч і не дуже успішну) Помаранчеву революцію, а також у створенні успішного Податкового Майдану 2010 року та значному внеску в Революцію Гідності 2013–2014 років.

4.2. Прем'єрство Ющенка й Помаранчева революція: уникнення російського шляху

Крім появи справжнього середнього класу, ще одним кроком на шляху до появи альтернативного арбітра стало призначення Віктора Ющенка прем'єр-міністром 1999 року. Кучма переміг на президентських виборах (хоч і в сумнівний спосіб — через активне використання «адміністративного ресурсу» та ймовірне вбивство найперспективнішого прозахідного супротивника В'ячеслава Чорновола) і був змушений долати наслідки фіскальної та валютної кризи 1998 року. Потрібно було запровадити значні обмеження на пошук ренти, головно в енергетичному секторі та фіскальній сфері, а отже, провести економічні реформи. Введений в оману кліше «непопулярних реформ», Кучма намагався вбити двох зайців, призначивши вже досить популярного (а отже, потенційного політичного конкурента) голову Національного банку Ющенка прем'єр-міністром, а відвертого політичного ворога Юлію Тимошенко — віцепрем'єркою, відповідальною за енергетичний сектор.

Всупереч очікуванням Кучми і на відміну від його реформ, спрямованих на обмеження пошуку ренти 1995–1996 років, ці реформи виявилися дуже популярними, адже мали негайні позитивні наслідки для добробуту: ліквідували заборгованість із заробітної плати та пенсій, стабілізували постачання електроенергії, дали початок економічному зростанню. Низка амбітних олігархів другого рівня, які почувалися обмеженими в можливостях, почали підтримувати Ющенка й Тимошенко як нових і дуже перспективних лідерів. Під час парламентських виборів 2002 року їхні партії кинули серйозний виклик режиму, випередивши комуністів та соціалістів, і якби вибори були пропорційні, ці політики могли б отримати відносну більшість. Однак на той час виборча система була напівпропорційна й напівмажоритарна, і разом із депутатами-одномандатниками, які здебільшого представляли партію влади, Кучмі вдалося випередити опозицію в остаточному розподілі мандатів. Альянс Ющенка й Тимошенко врешті-решт переміг через два роки, але знадобилося багатомільйонне народне повстання, відоме як Помаранчева революція, щоб обстояти правдиві результати виборів. Однак 2002 року в Україні вже існувала сильна некомуністична політична опозиція, а отже, з'явилася можлива альтернатива арбітру.

У цей самий час Росія пішла в протилежному напрямку: обраний Владімір Путін почав консолідувати патрональну автократію. Джерела цієї драматичної різниці можна попередньо підсумувати так:[234]

1) *Політична культура*. За великим рахунком, українці мають глибоку традицію плюралізму й не мають традиції одноосібного правління.[235] Протилежні традиції Російської імперії, а згодом СРСР, вони вважали досить чужими. Хоча люди найчастіше сприймають державну владу як таку, що належить президенту, а не парламенту чи кабінету міністрів, до повномасштабного російського вторгнення 2022 року жоден український президент ніколи не мав переважну популярність. Починаючи з другого року перебування на посаді, популярність українських президентів ніколи не перевищувала 25%, а їхній рейтинг був глибоко в мінусі. Кучма, Ющенко та Порошенко провели більшу частину термінів із рейтингами, значно нижчими за 10%, і це попри неймовірні економічні буми під час другого терміну Кучми й перших кількох років Ющенка. Лише Януковичу пощастило трохи більше завдяки «ядерному» електорату на Донбасі — хоча

натомість його так не любили на решті території країни, що він став першим президентом, якого скинули внаслідок народного повстання. Прикметно, що українці так і не набули власної традиції абсолютної влади, хоч жили в умовах російської та радянської окупації. І навпаки, у їхній історичній пам'яті немає позитивних прикладів успішного авторитаризму минулого.

2) *Відносно слабка держава.* На тлі сильних неформальних вертикальних структур державні інститути в Україні лишаються досить слабкими й нездатними до суворого контролю — ситуацію, яку Люкан Вей описує як «плюралізм за замовчуванням».[236] Наприклад, навіть «єдина піраміда» Леоніда Кучми, яка проіснувала понад вісім років, не змогла (або, як зазначимо нижче, може, навіть не намагалася) досягти того рівня контролю, який за кілька років встановив обраний майже одночасно з Кучмою Лукашенко. Всі спроби відновити контроль над цінами в Україні в 1992–1994 роках зазнали невдачі, що ще раз довело слабкість державних інституцій. Згідно з опитуванням українського суспільства 2015 року, олігархів вважали найвпливовішими а́кторами в Україні: 44,6% респондентів обрали їх порівняно з 21,8%, які обрали державних службовців.[237]

3) *Джерела ренти множинні та співмірні за розміром.* Хоч висококонцентровані галузі, успадковані країною від радянських часів, схильні до монополізації, а отже, і до олігархічного правління, вони все-таки множинні за своєю природою. На відміну від Росії, де вуглеводні домінують в економіці над усіма іншими джерелами ренти, в Україні ренти, порівнянні за величиною, можна знайти в багатьох різних секторах. Це, серед інших, виробництво та розподіл електроенергії, видобуток і торгівля природним газом, видобуток і перероблення руд чорних металів, сільське господарство (яке само собою різноманітне) тощо. Крім того, звісно, є джерела ренти у фіскальній (наприклад, державні субсидії) та фінансовій сферах, а також природні монополії, державні підприємства та закупівлі, не кажучи вже про широкомасштабне організоване ухилення від сплати податків. Усе це породило численні патрональні піраміди, і нікому ще не вдалося зробити жодну з них більш домінантною, ніж інші разом узяті. Натомість ці піраміди виникали, зникали й коливалися за ступенем впливу.

4) *Розкол ідентичності між Сходом і Заходом* — це ще один компонент плюралізму. Протягом більшої частини часу з моменту здобуття Україною незалежності розкол між Сходом і Заходом залишався досить сильним,

щоб не дозволити жодному лідеру отримати достатню популярність в обох частинах країни. Однак зростання відносно єдиної української громадянської ідентичності врешті-решт розмило цей поділ, що допомогло Володимиру Зеленському та його партії здобути перемогу майже в усій Україні.

5) *Геополітичні чинники.* Російський політичний клас від самого початку ставив під сумнів незалежність і суверенітет України. Захід був єдиною противагою цьому постійному тиску, унаслідок чого кожен український президент, включно навіть із відверто проросійським Януковичем, був змушений грати складну «двовекторну» гру між глобальним і локальним полюсами влади. Авторитарні режими, як-от режим Лукашенка чи центральноазійські, не можуть розраховувати на сильну й послідовну підтримку з боку демократичного Заходу. Вони приречені потрапити в російську орбіту, якщо тільки не мають сильних нечутливих до демократії союзників на етнічній основі, не володіють величезними покладами вуглеводнів (як Азербайджан) або не можуть бодай частково покладатися на Китай (як центральноазійські автократії). Навіть відносно скромні (порівняно з іншими пострадянськими авторитарними режимами) спроби Кучми переслідувати політичну опозицію та незалежних журналістів серйозно зіпсували його відносини із Заходом і зробили набагато більш вразливим до російського тиску. Він чітко усвідомлював, що придушення опозиції за прикладом Лукашенка зробить його повністю залежним від Росії, що, безумовно, не в його інтересах. Крім того, він усвідомлював, що принаймні значна й дуже активна частина українського населення ніколи не погодиться з цим.

Цей перелік може бути неповним, і для повного розуміння причин, чому політична конкуренція виникає й зберігається в одних країнах, а в інших — ні, потрібні ретельніші дослідження.[238]

4.3. Від децентралізованого до централізованого рейдерства: невдала спроба Януковича бути арбітром над олігархами

Помаранчева революція, здавалося, встановила політичну конкуренцію раз і назавжди, частково завдяки конституційним змінам, які зробили прем'єр-міністра конкурентним центром влади з президентом. Як можна було передбачити, Помаранчева епоха характеризувалася посиленням політичної та економічної конкуренції: частка фірм, що працюють на монополізованих ринках, знизилася з 10,5% 2004 року до 6,7% 2007 року, тоді як за попередні три роки, з 2001 по 2004 рік, вона зменшилася лише на 1,3 відсоткового пункту.[239]

Парадоксально зросло й рейдерство, хоча, на відміну від патрональних автократій, воно було децентралізоване. Причиною було те, що Кучма дбав про права власності, набуті внаслідок приватизації, адже саме він здійснив цю важливу реформу, і в багатьох випадках права власності були розподілені на його розсуд. Однак деякі олігархи, особливо донецький клан на чолі з Януковичем та Ахметовим, активно займалися рейдерством, надто після призначення Януковича прем'єр-міністром 2002 року. Проте коли Юлія Тимошенко прийшла до влади як перша представниця помаранчевих на посаді прем'єр-міністра, вона одразу висунула демагогічне гасло «реприватизації» як способу «відновити справедливість». Вона апелювала, однак, не лише до власне почуття справедливості, але й головно до парадигми нульової суми, обіцяючи виділити додаткові доходи бідним верствам населення.

Як наслідок, був лише один реальний випадок перегляду приватизації часів Кучми — металургійний комбінат «Криворіжсталь». У 2003 році його приватизував консорціум на чолі з металургійним магнатом Рінатом Ахметовим і зятем Кучми Віктором Пінчуком за суму, еквівалентну приблизно 800 мільйонам доларів США, а через три роки перепродали компанії «Арселор Міттал» на відкритому аукціоні за приблизно 6 мільярдів доларів США. Однак сам заклик до такого перегляду, який колись вважали табу за часів Кучми, відкрив скриньку Пандори, надихнувши олігархів і шукачів ренти різного масштабу (включно з силовиками) на масштабне рейдерство по всій країні. Як сказав Олександр Пасхавер, колишній радник Кучми з питань економічних реформ (насамперед, приватизації), а згодом радник Ющенка, «кожен районний начальник матиме власну "Криворіжсталь"».[240]

Масштаби рейдерства під час Помаранчевої ери варто порівняти з автократичною спробою Януковича, яка сталася після неї.[241] Його спроба встановити патрональну автократію зумовила масштабну кампанію централізованого рейдерства, яка не має аналогів у жодному іншому періоді української історії. Його режим також свідомо обмежував конкуренцію в ключових секторах через так звану «нарізку» галузей між олігархами. Водночас Янукович не зміг стати неупередженим арбітром для олігархів через надзвичайну жадібність і тісні зв'язки з Ахметовим. Натомість він надавав перевагу донецьким друзям з клану над усіма іншими олігархами, а також сам активно шукав ренту — номінально через сина Олександра, підставного Сергія Курченка та кількох інших людей, відомих під назвою «Сім'я».

Прикметно, що, на відміну від інших олігархів, Янукович навіть не намагався побудувати реальний бізнес. Його основними джерелами ренти були централізація «індустрії» ухилення від сплати податків, коли певна частка «комісійних» за ухилення йшла безпосередньо в його кишеню; контрабанда; відкати від державних закупівель; і нахабне, але «розумне» рейдерство. Зазвичай його син, друзі або інші члени донецького клану робили власникам успішного бізнесу «безвідмовну пропозицію» про купівлю невеликої, але вагомої частки за символічну ціну. Потім вони призначали свого «смотрящего» — людину, якій доручали контролювати всі фінансові операції й гарантувати, що покровителі отримують частку від усіх зареєстрованих і не зареєстрованих грошових потоків.

Водночас постраждалі фірми отримували пакет привілеїв, включно з державними закупівлями та закупівлями державних підприємств, низьковідсотковими кредитами від державних банків, неформальними звільненнями від митного та податкового контролю, очищенням ринків від конкурентів тощо, так що, як наслідок, первісні власники не втрачали надто багато й навіть могли стати заможнішими. У такий спосіб «Сім'я» уникала руйнування успішних бізнес-фірм (успішні власники залишалися при справі й зберігали стимули розвивати бізнес), мінімізувала опір і примножувала статки, не обтяжуючи себе реальною участю в бізнесі та пов'язаними з цим ризиками. Так само вчиняли й інші члени донецького клану. Масштаби такого рейдерства були настільки великими, що банки майже призупинили кредитувати неінсайдерський бізнес, адже небезпідставно побоювалися, що успішний позичальник може потрапити під рейдерське захоплення прийомної політичної сім'ї і ніколи не поверне кредит, маючи імунітет від судової та правоохоронної системи. І навпаки, інсайдерське кредитування стало єдиним способом отримати доступ до фінансування для непривілейованих підприємців.

Бути одночасно арбітром та одним із головних гравців у моделі «арбітр-клієнт» — складне завдання, принаймні тому, що арбітр повинен стримувати себе від надмірного привласнення. Ба більше, навіть якщо він безпосередньо не зазіхає на шматок пирога іншого гравця, будь-які обмеження, накладені на іншого гравця, можуть сприйняти як несправедливі, а отже, це спровокує підозри, що це все для особистої вигоди арбітра. Як наслідок, такий полігарх-арбітр ризикує не тільки не запобігти надмірному привласненню, але й створити напруження у відносинах із клієнтами.

Кучмі вистачило мудрості утриматися від надмірних привілеїв для зятя Пінчука, а Януковичу — ні. Як наслідок, економічне зростання в Україні зупинилося вже 2012 року. У 2011 році воно його штучно стимулювали значні зовнішні запозичення на масштабні інфраструктурні проєкти, пов'язані з Чемпіонатом Європи з футболу 2012 року, які також стали потужним каналом для отримання ренти. Наприкінці 2013 року насувалася фіскальна криза, і Янукович відчайдушно шукав додаткові 15–20 мільярдів доларів США як кредити, що допомогли б його режиму протриматися принаймні до виборів 2015 року. Він сподівався отримати їх від ЄС, але умови надання — демократизація та економічні реформи — виявилися для Януковича неприйнятними. Тоді він зробив геополітичний розворот і звернувся до Росії, що спровокувало протест Євромайдану. Дальший ланцюг подій Революції Гідності призвів до усунення Януковича та відновлення політичної конкуренції. Спроба відновити базову ПОД зазнала невдачі.

4.4. Від слабкого до обмеженого «арбітра»: президентство Порошенка та Зеленського в умовах патрональної демократії

Хоча Петра Порошенка обрали президентом у першому турі позачергових виборів після Революції Гідності, йому довелося конкурувати з прем'єр-міністром Арсенієм Яценюком. Головно тому, що під час парламентських виборів українські виборці в останню хвилину прийняли несподіване рішення підтримати «Народний фронт» Яценюка замість «Блоку Петра Порошенка» — ймовірно, щоб уникнути надмірної концентрації влади. Порошенко сам олігарх, а отже, йому теж були притаманні вищезгадані конфлікти інтересів. Однак він був далеко не такий нерозумний і нахабно жадібний, як його попередник, не кажучи вже про те, що Порошенко постав перед кардинально іншими обставинами. На момент його інавгурації барикади Майдану в центрі Києва досі були на місці, і якби Порошенко спробував узурпувати владу, він негайно пішов би за своїм попередником. Порошенка обрали з потужним мандатом на реалізацію прагнень Революції Гідності — швидко витіснити росіян та їхніх маріонеток з Донбасу й побудувати нову, модернізовану Україну, як і передбачало його гасло «Жити по-новому». Він пообіцяв відмовитися від своїх бізнес-інтересів відповідно до конституційного положення про уникнення конфлікту інтересів.

Формально Порошенко передав свій бізнес у «сліпий траст», яким керувала авторитетна західна компанія. Однак це не мало великого значення, адже його бізнес висококонцентрований і всі знали його бенефіціара. Новообраний президент також призначив економічними підставними особами кількох близьких друзів, головним з яких був Ігор Кононенко. За два роки Порошенко майстерно перетворив скандал навколо своїх (точніше, Кононенка) неформальних зазіхань на отримання ренти на відставку Яценюка, і зміг замінити його на посаді прем'єр-міністра своїм давнім союзником Володимиром Гройсманом. Однак другий, хоч і неформальний, центр влади лишився в руках міністра внутрішніх справ (і також олігарха другого ешелону) Арсена Авакова, призначеного «Народним фронтом», що залишався другою за чисельністю парламентською фракцією. Ба більше, Гройсман теж вийшов із тіні Порошенка і врешті-решт започаткував власний *де-факто* політичний проєкт, конкуруючи з колишнім патроном. Порошенко мало що міг із цим удіяти, адже згідно з конституційною нормою про розподіл повноважень не міг відправити прем'єр-міністра у відставку; і навіть якби вотум недовіри якось організували, за відсутності чіткої парламентської більшості й напередодні нових виборів шанси на призначення нового кабінету були б мізерні. Тож Гройсман і його уряд залишилися на посаді до нових виборів.

Отже, політична конкуренція була відновлена, і це, ймовірно, стало одним із головних чинників, які не дали ані Порошенку, ані Яценюку далі надмірно шукати ренту. Не менш важливо, що на той час з'явилися нові потужні гравці — громадянське суспільство та західні держави, які не лише обмежили можливості отримання ренти для арбітра та його клієнтів, але й активно просували реформи, спрямовані проти патерналізму та пошуку ренти, як описано в іншому розділі цієї книжки.[242] Наслідком стало досягнення значного прогресу, особливо до 2017 року.

Однак це не означає, що Порошенко не намагався усунути політичну конкуренцію. Він толерував проросійських конкурентів і навіть неофіційно співпрацював з ними (цей факт розслідують), адже вони не могли прийти до влади, але були для нього ідеальними спаринг-партнерами. Водночас Порошенко переслідував будь-яких потенційних конкурентів на проєвропейському боці політичного спектра за допомогою наклепницьких кампаній, а іноді навіть кримінальних переслідувань. Це не зробило президента менш непопулярним, але він сподівався, що 2019 року виборцям доведеться обирати між ним і проросійським кандидатом, що забезпечить йому переобрання як «меншому злу». Як наслідок, 2018 року сукупний рейтинг усіх відомих політиків становив лише 48%,[243] тоді як решту становив «політичний вакуум», відкритий для будь-якого не відверто проросійського новачка.

Цей вакуум легко заповнив Володимир Зеленський, якому вдалося вперше в історії України отримати однопартійну парламентську більшість. Це фактично нейтралізувало всі конституційні стримування і противаги та створило передумови для безпрецедентної концентрації влади. Однак, як я докладніше опишу в іншому розділі, Зеленський прийшов до влади без власної прийомної політичної сім'ї, і весь період до повноцінного вступу на посаду провів у постійній боротьбі за те, щоб стати арбітром між олігархами.

Однак, на відміну від початку 1990-х років, слабкість арбітра цього разу не призвела до олігархічної анархії або дальшої кризи надмірного привласнення. Лобізм із боку олігархів справді процвітає, і низка важливих кампаній із пошуку ренти призвела до рішень, які дають користь окремим лобістам коштом суспільства загалом, зменшуючи суспільне багатство в процесі. Серед них — «інвестиційні няні» з податковими пільгами для великих промислових інвестиційних проєктів, податкові пільги для індустріальних парків, обов'язкове використання касових апаратів мікробізнесом, державна підтримка окремих привілейованих галузей, протекціонізм у сфері державних закупівель. Однак найбільш зухвалі вимоги лобістів, як-от посилення грошової та кредитної емісії на користь «вітчизняного виробника», серйозно не розглядали.

Серед можливих причин цього можна назвати:

- відносну силу формальних інституцій порівняно з початком 1990-х років (зокрема, Національний банк України зараз доволі незалежний і після реформи 2015 року укомплектований добре освіченими та ринково мислячими економістами);
- суворий контроль з боку іноземних суб'єктів (міжнародних фінансових інституцій, ЄС, двосторонніх кредиторів і донорів, а також юридично обов'язкові міжнародні зобов'язання, як-от зобов'язання в межах Угоди про асоціацію з ЄС, СОТ тощо);
- контроль з боку громадянського суспільства (хоч і недосконалий, адже багато активістів наділені хибними переконаннями та упередженнями, які роблять їх сприйнятливими до аргументів лобістів);
- може, більш відповідальну поведінку з боку олігархів, які засвоїли уроки попередніх криз надмірного привласнення.

Залишається незрозумілим, який мав намір Зеленський: чи просто приборкати олігархів і стати їхнім арбітром, як це робили його попередники, чи усунути їхній політичний вплив в обмін на високу ренту й стати автократом, як зробив Путін, чи повністю припинити їхні неформальні привілеї й зробити їх нормальними, ринковими великими підприємцями в ліберально-демократичній країні. У будь-якому разі, повномасштабна війна зумовила абсолютно нову реальність: олігархи ослабли, президентська влада посилилася, як ніколи раніше, а залежність від Заходу стала величезною.[244]

4.5. Можливість переходу від ПОД до ПВД

Після війни Україна матиме чудовий шанс вийти на прискорений шлях переходу до ПВД. Ключова умова на цьому шляху, яка лишається головним слабким місцем, — це верховенство права, яке докладно розглянули в іншому розділі цієї книжки.[245] На щастя, на сьогодні воно стало основним предметом уваги міжнародних партнерів України.

Втім, Норт та інші визнають, що виконання порогових умов — необхідна, але недостатня умова для успішного переходу до ПВД.[246] Описані вище теоретичні рамки дають змогу припустити, що на політико-економічному рівні також потрібне прагнення до можливостей (на противагу перерозподілу) з боку принаймні активної меншості населення, підтримане інтересами еліт у відкритті доступу до вигідних політичних та економічних можливостей. Норт та інші зазначають, що одним із мотивів еліти, який відігравав важливу роль у країнах-«першопрохідцях», була капіталізація активів і залучення капіталу в корпорації.[247] Крім того, модель «арбітр-клієнт» передбачає принаймні ще два випадки, коли еліта, шукаючи ренту, стає економічно зацікавленою у відкритті доступу для інших: коли рента, отримана з певного сектора, не виправдовує витрат на його контроль і координацію (для авторитарного режиму), або коли (тоталітарному) режиму бракує ресурсів для контролю та координації; і якщо відкриття доступу для певної групи людей, які мають певну *де-факто* політичну владу, виявляється дешевшим, ніж поділ із нею ренти.

Судячи з наявних даних, в Україні мотив капіталізації не був дуже виражений, адже передбачав прозорість у бізнесі. Прозорість суперечила б олігархічній природі деяких підприємств, зробила б їх більш вразливими до рейдерства та здирництва з боку податківців і звузила би можливості для ухилення від сплати податків, особливо тих, які пов'язані з використанням податкових гаваней та вітчизняної «індустрії» ухилення від сплати податків. Навпаки, власники намагаються обмежити участь сторонніх у компаніях, максимально концентруючи акції, аж до ухвалення спеціального закону, який пролобіював Ахметов і який передбачає обов'язковий продаж міноритарних пакетів акцій головному акціонеру.

Замість капіталізації, саме два інші економічні мотиви, згадані вище, відіграли важливу роль і призвели до значного прогресу та, ймовірно, відіграватимуть таку роль і в майбутньому. Західний вплив, починаючи принаймні з середини 1990-х років, також відігравав важливу, хоч і не завжди позитивну роль. Тим часом прагнення середнього класу та неолігархічного бізнесу до нових можливостей уже є важливим чинником. Ці два фактори відіграватимуть щораз помітнішу роль у майбутньому.[248]

На політичному (операційному) рівні перехід до ПВД передбачає низку заходів, які мають доповнити ті інституційні реформи, що вже були докладно обговорені, як-от впровадження верховенства права, підвищення прозорості та демонополізація. Ці заходи полягають у

1) подоланні парадигми нульової суми;
2) максимальному усуненні дискреційних можливостей (через зближення права та практики, усунення неузгодженостей і суперечностей у законодавстві, звуження нормативної дискреції тощо);
3) глибшому розмежуванні сфер соціальної дії (політичної, договірної та комунальної);
4) протидії міфам і хибним уявленням про політичну й економічну конкуренцію, свободу та нерівність.

Варто зазначити, що три з цих чотирьох заходів стосуються змін у суспільній свідомості, що зазвичай не вважають за легітимний предмет для програм допомоги з розвитку. Втручання в культуру країни — неприємне завдання, яке складно виправдати. Тут, однак, усі перелічені пункти, крім, мабуть, розмежування сфер соціальної дії, стосуються радше просвітництва, аніж якоїсь «соціальної інженерії». І деякі шкідливі звички чи традиції також варто подолати, якщо вони погіршують життя людей, перешкоджаючи економічному розвитку, впливаючи на мораль, створюючи нерівність у правах і можливостях тощо. У будь-якому разі, антикорупційний запал, який демонструють українці, свідчить про їхнє прагнення до розмежування сфер суспільної дії, і вже одне це заслуговує на підтримку з боку партнерів.

Однак таке завзяття вщухає, коли справа доходить до реальних проблем, пов'язаних із малоефективними соціальними ліфтами, екстрактивними інституціями, невиконуваним законодавством і низькою оплатою праці постачальників гарантованих державою послуг, наприклад охорони здоров'я та освіти. Мало хто з українців почувається досить упевнено, щоб протистояти цим проблемам, не вдаючись до дуже поширених дрібних хабарів або кумівства. Однак це саме ті речі, які можна і треба подолати завдяки правильній політиці. Вона має бути пріоритетною, навіть якщо суперечить деяким іншим цілям, наприклад не менш важливій гармонізації законодавства з ЄС. Безумовно, більшість цього законодавства повністю відповідає антипатрональним реформам і має бути впроваджена якнайшвидше. Однак кожне окреме положення має бути перевірене щодо можливості дискреційного використання і, ширше, щодо зловживань або неправильного застосування в патрональному середовищі. Залежно від результатів такої перевірки, впровадження певних норм варто відкласти. Важливо, щоб цей аналіз виконували незалежні експерти, не пов'язані ні з українською владою, ні з ЄС.

Реалізація цих чотирьох пунктів має підірвати основи української версії ПОД, включно з її неформальними патрональними компонентами та м'якими правовими обмеженнями. Цей процес зазвичай повільніший, ніж інституційні зміни, але дає плоди в довгостроковій перспективі. Його безпосередні результати складніше виміряти, і знадобиться кілька років, якщо не десятиліть, щоб його наслідки втілилися у помітне поліпшення свободи та добробуту. Однак без таких змін прогрес у формальних інституціях буде нестійкий і, в багатьох випадках, оманливий.

5. Обговорення, застереження та висновки

Теоретична схема, викладена вище, лишається гіпотетичною, але її можна емпірично перевірити принаймні на рівні загальних засад ПОД. Ця схема передбачає статистично значущі кореляції вздовж двох трикутників «поширеність парадигми нульової суми — ступінь рентоорієнтованості — слабкість (сила) прав власності» та «ступінь рентоорієнтованості — слабкість прав власності — авторитаризм (або патроналізм)». Перевіряти причинно-наслідкові зв'язки в цих випадках немає сенсу, адже явища, про які йдеться — «порочні трикутники». Успіх застосування регресійного аналізу також сумнівний через високий ступінь ендогенності всіх звичайних контрольних змінних, як-от ВВП на душу населення, географія тощо.

Основна проблема, однак, полягає в доступності даних. Як відомо автору, поширеність парадигми нульової суми не вимірюють на глобальному рівні. Рожіцька-Тран та інші[249] зробили перспективну спробу виміряти поширеність парадигми нульової суми, але їхня вибірка студентів, очевидно, не репрезентативна; отже, ці результати, хоч і цікаві, не можна використати для будь-яких певних висновків.

Наразі немає загальновизнаного показника для вимірювання рівня *ренто-орієнтованості*, тож його потрібно розробити. Це складне завдання через велику різноманітність форм ренти та її пошуку, а також важливі чинники, типові для конкретної країни, які проблематизують це розроблення. На відміну від цього, *силу прав власності* можна оцінити відповідним індексом IPRI.[250] Однак він охоплює лише титульні права власності, тоді як у багатьох випадках відповідні порушення стосуються прав на грошові потоки; ба більше, «розумний» різновид рейдерства, описаний вище, навіть не будуть вважати за порушення, адже принаймні формально він здається звичайною інвестиційною угодою. Водночас суб'єктивні оцінки порівняння країн ненадійні, особливо з огляду на те, що в умовах авторитарних режимів вони можуть вводити в оману.

Нарешті, *авторитаризм* можна формально виміряти за допомогою набору даних Polity V,[251] але незрозуміло, якою мірою це визначення охоплює неформальний авторитаризм або патроналізм. Патрональну демократію вважають конкурентною за формальними ознаками; однак предметом конкуренції в ній є позиція арбітра над патрональними кланами, і доступ до цієї конкуренції лишається переважно обмеженим вибором між головними покровителями таких кланів, що не відображене в показниках Polity V.

Якщо описана вище теорія виявиться правильною (або якщо припустити, що вона вже така), може виникнути новий і перспективний спосіб сприяти переходу від ПОД до ПВД, що матиме важливі наслідки для допомоги з метою розвитку:

- На першому етапі перехідного періоду донорам і кредиторам варто *уникати допомоги в посиленні контролю та координації*, принаймні вище за певний рівень, на якому сфера діяльності арбітра поширюється на конкурентний (або потенційно конкурентний) сектор економіки. Звісно, неспроможним державам потрібно допомагати програмами розбудови інституційної спроможності, але ще важливіше стежити за тим, щоб неминучі кризи надмірного привласнення, з якими мають справи такі держави, розв'язували на користь розбудови ринкових інституцій, а не поліпшували контроль і координацію. Потреби бідних також мають задовольняти переважно через економічні можливості, а не через роздавання трансфертів та іншої ренти. Усе це змістило би баланс на користь зародків ПВД.

- *Зусилля з розбудови спроможності треба зосередити на громадянському суспільстві, тоді як обумовленість допомоги треба спрямувати на питання верховенства права й обмеження рентоорієнтованості.* Ці дві речі вже втілюють у життя, але поки що усунення можливостей для дискреції лишається поза порядком денним, попри відому формулу Роберта Клітгаарда «корупція = монополія + дискреція – підзвітність», яку він вивів ще 1988 року.[252]

- Усе це треба доповнити *посиленою довгостроковою просвітницькою кампанією* із залученням сучасних технологій, щоб спростувати глибоко вкорінені упередження, насамперед парадигму нульової суми. У патрональних країнах також треба розв'язувати проблему нечіткого розмежування сфер соціальної дії. Антикорупційний запал і ширше невдоволення явищами, пов'язаними з ПОД, варто спрямувати проти основ такого суспільного устрою, а не проти його поверхових виявів, як-от нерівність доходів і розкішний спосіб життя еліт.

Ця теоретична основа також пропонує нову лінійку системних індикаторів, які варто розробити, щоб вимірювати прогрес переходу від ПОД до ПВД на основі оцінок фундаментальних балансів, показаних на Рисунку 2: парадигма нульової суми vs. парадигма взаємного виграшу; пошук ренти vs. пошук прибутку; особиста влада vs. верховенство права. Сила прав власності, а також рівень корупції теж є важливими показниками, хоча їх навряд можна представити так само, як баланси. Нарешті, щоб вимірювати рух від специфічного, неформального патронального типу ПОД (тобто антипатрональної трансформації), варто розробити системні індикатори за чотирма вимірами патроналізму, що їх пропонують Мадяр і Мадловіч.[253]

Наразі є кілька системних соціологічних показників/балансів, які мають усі шанси бути пов'язаними з переходом від ЗАТ до ПВД, а саме:

- поширеність «емансипативних цінностей», що їх запропонував Вельцель;[254]

- незахищеність проти почуття впевненості / тривалого часового горизонту (або цінності виживання проти самовираження), що їх запропонували Інглхарт і Вельцель;[255]
- ідентифікація з лідером проти уявної спільноти — тенденція до персоніфікації проти визнання безособових принципів, явищ та інституцій, потрібних для постійних організацій (одна з трьох умов початку «власне переходу» за Нортом та іншими).

За більшістю з цих показників (тією мірою, якою їх можна оцінити) Україна, схоже, наближається до порогу переходу.[256] Депатроналізація означатиме домінування безособових відносин в елітах, досягнення тих порогових умов, які відкривають шлях до дальшого «власне переходу».[257] Однак може статися так, що цей другий етап переходу не займе стільки часу, адже значні острівці майбутнього ПВД вже існують — у громадянському суспільстві та неолігархічному бізнесі. Крім того, є надія, що, маючи на руках сучасні знання, Захід, українське громадянське суспільство і, може, навіть деякі добромисні політичні лідери зможуть прискорити цей розвиток подій, звернувшись до чотирьох напрямів політики, окреслених вище. Поки що ми знаємо надто мало про цей перехід, щоб гарантувати, що він відбудеться саме так чи відбудеться взагалі.

Тяглість і зміна суспільного договору в Україні: приклад антикорупційної політики

Оксана Гус

1. Антикорупція в Україні: очікування та реальність

Образ широкомасштабної корупції роками був міцно пов'язаний з українською політикою.[258] Дві революції в країні — Помаранчева революція проти фальсифікації виборів і Революція Гідності проти авторитарних тенденцій за президентства Януковича — розчарували спостерігачів, які очікували негайних змін щодо доброчесності в державному секторі та неупередженого розподілу державних ресурсів. Справді, так званий підхід «великого вибуху» до подолання ендемічної корупції в Україні був поширеним очікуванням, яке ґрунтувалося на двох основних припущеннях. З одного боку, пояснюючи корупцію через призму принципала-агента, ми передбачаємо, що політична воля та спроможність подолати масштабну корупцію можуть з'явитися з радикальною зміною політичного керівництва. Успішні антикорупційні реформи у Сингапурі та Грузії були прикладом такої логіки. Однак нова політична верхівка в Україні після обох революцій розчарувала спостерігачів, не показавши рішучих антикорупційних дій. З іншого боку, інституційний підхід до пояснення корупції передбачає, що зміна конституційного ладу може поліпшити ситуацію. Однак цей підхід також не зміг змінити корупційної логіки української політики. Третій підхід до концептуалізації корупції — основний для цієї статті — функція у (політичній) системі.

Я пропоную підхід історичного інституціоналізму[259] як альтернативне пояснення поступових структурних змін, спрямованих на ефективну антикорупційну політику в Україні. Згідно з цією логікою, інститути — результат владних відносин між різними групами áкторів, які встановлюють із плином часу. Логіка «великого вибуху» змін у цій парадигмі малоймовірна, адже часто повільні та поступові зміни неформальних правил є наслідком «нових раундів переговорів» і змін у розподілі влади й ресурсів.[260] У випадку з корупцією в Україні мій головний аргумент полягає в тому, що антикорупційна політика та інституції не спричиняють змін, а радше стають наслідком поступового змінювання суспільного договору. Ці зміни стосуються не формальних демократичних інститутів чи прямих антикорупційних заходів, а «глибокої демократизації», яку Майкл Джонстон визначає як «процес, завдяки якому громадяни отримують можливість захищати себе та свої інтереси політичними засобами».[261] Після Революції Гідності нові áктори поза патрональною політикою збільшили вплив на ухвалення політичних рішень, тоді як до цього політична система формувалася переважно під впливом олігархічних інтересів. У такому процесі представники громадянського суспільства, громадяни та міжнародні партнери змогли впливати й на антикорупційну політику та інституції ще на етапі їхнього формування. Як наслідок, 2020 року ми стали свідками перших позитивних індикаторів у антикорупційній сфері. Повномасштабне російське вторгнення посилило динаміку перерозподілу впливів, адже зменшило позиції патрональних áкторів — олігархів — і збільшило роль непатрональних. Звісно, це не означає, що корупції більше немає, але свідчить про якісно нову логіку, за якою функціонує система.

Основне припущення цієї роботи полягає в тому, що антикорупційна політика може слугувати різним інтересам залежно від кола суб'єктів, які її формують. Крім того, термін *корупція* як порожня позначка в дискурсивному аналізі[262] залишає багато простору, щоб інтерпретувати те, проти яких її форм мають бути спрямовані антикорупційні дії. Спираючись на визначення різних форм корупції Мадяра та Мадловіча[263] (Таблиця 1), я стверджую, що антикорупційна політика, яка сприяє патрональним áкторам, бореться насамперед із дрібною корупцією (корупцією на вільному ринку, кумівством і змовою), щоб контролювати бюрократію та вибірково карати за нелояльність. Антикорупційна політика, яка слугує інтересам непатрональних суб'єктів, буде спрямована на боротьбу з великою корупцією (захопленням держави та кримінальними державними схемами корупції). Однак потрібно мати політичну волю та спроможність (достатній вплив, матеріальні й організаційні ресурси), щоб реалізувати цю політику, не зважаючи на опір патрональних áкторів, які можуть програти від таких змін.

Таблиця 1. Основні характеристики шести корупційних патернів.

	Природа корупції	Входження корумпованих партій	Розподіл корупційних трансакцій	Напрямок корупційної дії	Економічна природа корупції	Регулярність і масштаби корупційних дій	Середовище корумпованого обміну
Корупція на вільному ринку	Дрібна корупція	Добровільно	Нецентралізований	Горизонтальний	Конкуренція	Випадкові та часткові	Гроші на відкат
Кумівство	Дрібна корупція	Добровільно	Нецентралізований	Горизонтальний	Конкуренція	Періодичні постійні та часткові	Гроші на відкат
Змова державних організацій	Велика політична корупція	Добровільно	Нецентралізований	Вертикальний (зверху вниз)	Олігополістична / локально монопольна	Випадкові та часткові	Гроші на відкат
Висхідний стан захоплення держави	Велика політична корупція	Примусово	Помірно централізований	Вертикальний (знизу вгору)	Олігополістична / локально монопольна	Періодичні постійні та часткові	Гроші на відкат
Захоплення держави зверху вниз	Велика політична корупція	Примусово	Частково централізований	Вертикальний (зверху вниз)	Олігополістична / локально монопольна	Постійні та часткові (васальні ланцюги)	Гроші на захист
Злочинна модель держави	Велика політична корупція	Примусово	Централізований	Вертикальний (зверху вниз)	Монополістична	Постійні та загальні (васальні ланцюги)	Гроші на захист

Джерело: Magyar and Madlovics (2020, 387)

У першій частині цього розділу я описую, як логіка корупції функціонує ніби система в патрональній політиці, і висвітлюю функції, які виконує антикорупційна політика в цьому контексті. У другій частині емпірично аналізую інструменталізовану антикорупційну політику та її функції як в умовах конкурентних патрональних пірамід, так і в умовах однієї патрональної піраміди. У третій частині аналізую антикорупційну політику, ініційовану громадянським суспільством. Також подаю нових непатрональних а́кторів і механізми впливу, отримані після Революції Гідності, а потім обговорюю прогрес, досягнутий у боротьбі з корупцією внаслідок зміни суспільного договору. У фінальній емпіричній частині я аналізую інституціоналізовані антикорупційні дії та їхні результати під час війни, а також підбиваю підсумки розділу в порівняльному контексті та окреслюю перспективи на майбутнє.

2. Корупція та антикорупційна політика в контексті патрональної політики

В умовах пострадянської трансформації проблема корупції в Україні стала чимось більшим, ніж поодинокими випадками порушення закону, яке вчиняють держслужбовці. Корупція виявила себе як неформальний інститут,[264] глибоко вкорінений у суспільстві. Як на низькому побутовому рівні, так і на високому рівні ухвалення політичних рішень стало нормою перетинати межу між публічним і приватним інтересом на користь останнього. За таких умов політику в Україні найкраще концептуалізувати як *систему корупції*.[265] Це специфічний тип структури управління, до якого належать політичний режим і його формальні та неформальні інститути, а також структури та процеси, що впливають на поведінку учасників. Цей тип характеризується високим ступенем неформальності та патрон-клієнтськими відносинами.[266]

Рисунок 1. Домайданна система корупції в Україні[267]

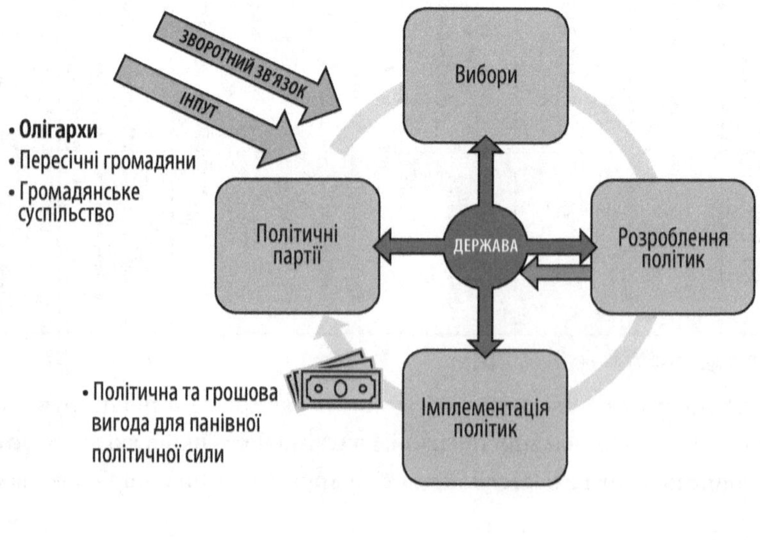

По-перше, домайданна система корупції в Україні виявляла себе через чотири взаємопов'язані характеристики. Першою була тісна взаємозалежність між політикою і так званими **олігархами**.²⁶⁸ Політики й олігархи переплелися в неформальні патрональні мережі, які діють за правилами фаворитизму.²⁶⁹ У середині 1990-х років ідеологічні політичні партії в Україні припинили існування на користь політтехнологічних проєктів.²⁷⁰ Інакше кажучи, **політичні партії** стали інструментами доступу окремих олігархів до політики.²⁷¹ Вони ставали «бізнес-платформами для певних груп чи осіб, а не каналами для вираження інтересів громадян».²⁷² Отже, олігархи перетворилися на провідну групу стейкхолдерів, які формували попит на вході політичної системи, тоді як вимоги громадян і громадянського суспільства залишалися недостатньо представленими.

По-друге, у патрональних демократіях, як це було в Україні на **виборах** між 1996 і 2014 роками, «партійна конкуренція була подобою конкуренції патрональних мереж».²⁷³ На практиці це означає, що, хоча виборці впливають на персоналії, які приходять у політику, такі персоналії не можуть уникнути впливу тієї чи іншої патрональної піраміди, адже їхнє політичне фінансування та присутність у ЗМІ значною мірою залежать від олігархів. Отже, навіть демократично обрані політики зрештою віддають перевагу індивідуальним інтересам олігархів в обмін на політичну підтримку та доступ до медіаресурсів і нехтують потребами широкої громадськості. Це типовий вияв **клієнтелізму в ухваленні рішень.**²⁷⁴

По-третє, додатково до клієнтелізму в процесі ухвалення рішень, призначення в законодавчій, виконавчій і судовій гілках влади відбуваються за логікою **патронату**, а не меритократії. Це означає, що призначення на всі владні посади відбивають лояльність до певної патрональної піраміди, а не професійну кваліфікацію. Корупція — важливий інструмент забезпечення цієї лояльності: її можуть використовувати і як винагороду, надаючи можливості для дальшої корупції, і як інструмент покарання та вибіркового переслідування, якщо лояльність до патрона порушена. Така логіка підриває систему стримувань і противаг. **Систему безкарності** створюють тому, що політичні а́ктори потрапляють у замкнене коло: вони або дотримуються правил корупційної системи, або їх вилучають із неї.²⁷⁵

По-четверте, формальні інститути, як-от конституція і законодавство, не слугують встановленню верховенства права. Їхня кінцева функція — «сигналізувати, хто головний патрон і забезпечує інші елітні верхівки».²⁷⁶ Інакше кажучи, **формальне законодавство віддзеркалює те, хто має владу.** Отже, з одного боку, покровителі конкурують за вплив на прийняття формальних правил, які слугують їхнім конкретним інтересам, включно з «**легалізацією**» **корупції**. З іншого боку, **антикорупційне законодавство стає інструментом** примусу до лояльності патрону через легітимізоване стеження та вибіркове покарання в разі нелояльності. Такий механізм прийняття рішень запобігає наданню політичних та економічних ресурсів потенційним «аутсайдерам» системи. Він також стимулює патронів прагнути монополізувати політичну владу,[277] а отже, сприяє авторитарним тенденціям.

Системний підхід до корупції має три **наслідки для розуміння антикорупційної політики**. По-перше, корупція та антикорупційна політика в патрональних режимах — це дві сторони однієї медалі. Відповідно до логіки системи корупції, державну антикорупційну політику використовують, щоб **досягти одностороннього політичного домінування**. Вона надає інструменти для легітимного стеження й вибіркового переслідування опозиції та нелояльних клієнтів. По-друге, з огляду на ці потужні властивості, антикорупційна політика стає конкурентним простором, у якому прагнуть домінувати різні політичні сили. Крім політичної влади, ті, хто формує антикорупційну політику, мають дискурсивну гегемонію у визначенні того, хто корумпований, а хто — ні, і це поширений **популістський інструмент маніпулювання громадськістю внаслідок створення соціальних ідентичностей «корумпованих інших» і «некорумпованого себе»**.[278] По-третє, не можна очікувати значущих антикорупційних зусиль зсередини самої системи корупції. Антикорупційні заходи, спрямовані на політиків високого рівня, означають саморуйнування системи. Тому такі заходи заблокує сильний опір політичної еліти. Якщо зовнішній тиск через обумовленість буде відповідно сильний, то антикорупційне законодавство ухвалять, але воно буде або беззубе, або не працюватиме. Отже, **антикорупційна політика в патрональних режимах становить наслідок корупційної системи домінантної коаліції, яку використовують в умовах нерівних правил гри**.

3. Інструменталізована антикорупційна політика та дії до революції на Майдані

До Євромайдану корупційна система в Україні чергувалася між двома різними структурними моделями, тобто між централізованою та децентралізованою моделями патрональних пірамід, кожна з яких по-різному впливала на антикорупційну політику. У централізованій структурі, поряд з авторитарними тенденціями за часів президентства Леоніда Кучми (1994–2005 роки) та Віктора Януковича (2010–2014 роки), антикорупційну політику розробляли та впроваджували, щоб легітимізувати стеження та вибіркове придушення опозиції. В умовах децентралізованої демократії — патрональної демократії за президентства Віктора Ющенка (2005–2010 роки) — реалізувати антикорупційну політику було неможливо через активний опір у парламенті й уряді.

3.1. Антикорупція в умовах єдиної піраміди: президентства Кучми та Януковича

Для середини 1990-х років в Україні були характерні високий рівень інституційної незахищеності, політична конкуренція між законодавчою та виконавчою гілками влади, а також боротьба за економічні ресурси в умовах погано регульованої ринкової економіки. **Антикорупційна політика відбивала формальну та неформальну боротьбу за вплив**, адже стала предметом суперечок між українським парламентом і президентом, особливо під час переговорів про новий конституційний лад в Україні в 1994–1996 роках. Коли президент консолідував владу, антикорупційна політика й інституції стали належними інструментами для її утримання.

Парламент України ухвалив перше антикорупційне законодавство 1995 року.[279] З одного боку, це був важливий та інноваційний крок, адже подібні закони не були ратифіковані в інших колишніх республіках СРСР, а міжнародні антикорупційні режими ще не були створені. З іншого боку, Закон 1995 року був неефективний, бо стосувався корупції серед державних службовців середньої та низької ланки, лишаючи осторонь політиків високого рівня та суддів. Президент оскаржив цей закон і підписав «Національну програму боротьби з корупцією» 1997 року.[280] Програма критикувала парламент за погану законодавчу практику, а правоохоронні органи й органи виконавчої влади — за погану імплементацію. Таке обрамлення було придатне для представлення президента як центрального органу влади, здатного протидіяти корупції, адже інші органи були репрезентовані або як корумповані, або безсилі.

З інституційного погляду, парламентський Комітет з питань боротьби з організованою злочинністю і корупцією спочатку мав широкі повноваження в ранній антикорупційній інфраструктурі. Однак з 1995 року президент Кучма отримав повний контроль над антикорупційною політикою та інституціями, надавши повноваження Координаційному комітету з питань боротьби з корупцією та організованою злочинністю, який діяв під його орудою. Координаційний комітет став центром антикорупційної діяльності, контролюючи правоохоронні органи, інші органи державної виконавчої влади, підприємства тощо.[281] Ще однією спробою президента контролювати боротьбу з корупцією та організованою злочинністю стало Національне бюро розслідувань (НБР), яке створили 1997 року, щоб проводити досудове слідство в «особливо складних кримінальних справах».[282] Обидві установи були повністю підпорядковані президенту, який призначав і звільняв їхніх директорів, визначав їхню структуру і склад. Це були люди, близькі та лояльні до президента.[283] І НБР, і Координаційний комітет були визнані Конституційним Судом такими, що порушують Конституцію України, 1998 і 2004 року відповідно — в обох випадках за поданнями членів парламентського Комітету з питань боротьби з організованою злочинністю і корупцією.[284]

На момент ухвалення першого рішення Конституційного Суду президент уже консолідував владу — як формально, так і неформально. Станом на 1998 рік більшість політичних партій у парламенті захопили олігархи, і між ними та президентом були встановлені патрон-клієнтські відносини, за яких олігархи підтримували президента голосами в парламенті в обмін на доступ до матеріальних ресурсів і захист з боку правоохоронних органів.[285] Формально правоохоронні органи прямо чи опосередковано підпорядковувалися президенту, тому він мав право призначати їхніх керівників. Неформально призначення відбувалися за логікою патронату: на стратегічні посади в державному апараті призначали лише перевірених людей з оточення верховного патрона. Структури так званого «трикутника контролю», до якого належали Служба безпеки України, Міністерство внутрішніх справ і Податкова адміністрація, були повністю лояльні до президента.[286] Ці інституції, разом із правилами прозорості, використовували, щоб збирати інформацію про участь клієнтів у корупції (тобто *компромат*) і вчиняти вибіркове покарання в разі їхньої нелояльності. У деяких випадках органи влади підтримували клієнтів, надаючи їм інформацію про корупційні схеми.[287] В інших випадках інформацію збирали навмисно, і через правову недосконалість податкової системи було легко знайти компромат на будь-кого. Нарешті, правоохоронні органи вибірково переслідували за політичну нелояльність.

Антикорупційна політика президента була спрямована на посилення контролю виконавчої влади над бюрократами, відбиваючи логіку принципала-агента в антикорупції. Основний акцент зробили на репресивних заходах, а не на запобіганню корупції. Хоча протидія цим викликам за допомогою прозорості, підзвітності та правозастосування природна для консолідації демократії з верховенством права, незалежною судовою системою та контролем над громадянським суспільством, **у патрональних режимах антикорупційні** механізми, що ґрунтуються на логіці принципала-агента, посилюють контроль виконавчої влади за *допомогою* вибіркового покарання й легітимізують верховенство закону замість *верховенства* права. Така антикорупційна система не передбачає контролю над корумпованим принципалом. Прозорість і підзвітність застосовували, щоб запровадити механізми нагляду та виконавчого контролю. Отже, ці заходи підтримували авторитарні тенденції в патрональному середовищі, адже директор, верховний патрон, легітимізував корумповане використання державних ресурсів, намагаючись посилити своє політичне домінування.

Найкраще ілюструють вибіркове переслідування корупційних злочинів справа Лазаренка[288] й ув'язнення Тимошенко 2001 року.[289] Спершу вони були частиною пропрезидентського дніпропетровського клану, але наважилися виступити проти президента. Важливо, що це підривало не лише формальні правила, але й неформальні, а також роль головного покровителя. Останнє стало причиною покарання, тоді як перше було лише приводом. Компромат також широко використовували на виборах. Наприклад, положення про прозорість політичного фінансування податківці використовували, щоб контролювати та штрафувати компанії, які фінансували президентську опозицію.[290] Зважаючи на законодавчі прогалини в податковій системі, їхнє навмисне використання було вибірковим переслідуванням.

Така ж структура антикорупційних інституцій і такі ж механізми вибіркового переслідування за корупцію були очевидні й за президентства Януковича, який не лише побудував патрональну піраміду, але й намагався монополізувати політичні й економічні ресурси в дуже вузькому колі «Сім'ї». У 2010 році, на другий день перебування на посаді, президент Янукович створив Національний антикорупційний комітет (НАК).[291] Він був структурно підпорядкований президенту, тобто мав підтримувати його у виконанні повноважень у сфері боротьби з корупцією. Антикорупційне законодавство, а саме Закон «Про засади запобігання і протидії корупції» від 2011 року, було неефективне через розпливчасте визначення корупції, нечіткі адміністративні процедури координації антикорупційних завдань та обов'язків між установами, а також деякі порушення Конституції України.[292]

Повне формальне та неформальне підпорядкування правоохоронних органів Януковичу дало змогу застосувати вибірковий примус. Служба безпеки України проводила розслідування проти громадських активістів та опозиціонерів.[293] Уже в перший рік президентства Янукович ув'язнив п'ятьох членів колишнього уряду, включно з міністром внутрішніх справ Юрієм Луценком. Колишній міністр економіки втік у Чехію, шукаючи політичного притулку. Проти лідерки опозиції Юлії Тимошенко порушили кримінальну справу за звинуваченням у зловживанні службовим становищем.[294] Водночас союзники уряду залишилися недоторканними, що підкріплює аргумент про те, що «боротьбу з корупцією» за часів Януковича використовували вибірково й політично вмотивовано.[295]

3.2. Антикорупція в умовах конкурентних пірамід: президентство Ющенка

Під час Помаранчевої революції та конституційних змін від президентсько-парламентської до парламентсько-президентської республіки єдина піраміда Кучми розпалася на децентралізовану систему корупції з кількома патрональними пірамідами. У контексті боротьби з корупцією наявність кількох пірамід означає, що жоден лідер не достатньо сильний, щоб протидіяти корупції.

У риториці та законодавчих ініціативах Ющенка корупція була концептуалізована як проблема високого політичного рівня. У 2006 році парламент розробив проєкт нового закону «Про засади запобігання та протидії корупції»,[296] а президент Ющенко ініціював Національну антикорупційну стратегію «На шляху до доброчесності».[297] Обидва документи були революційні та перспективні: корупція не обмежувалася державними службовцями низького чи середнього рівня, а навпаки — визнали, що політики високого рівня так само причетні до неї, а отже, немає чесного принципала, який контролював би корумпованих агентів. Антикорупційні дії ґрунтувалися на трьох китах: розширення можливостей громадянського суспільства контролювати політиків; політична прозорість і доступ до інформації; уможливлення покарання політиків високого рівня, а також скасування політичної недоторканності, включене до порядку денного.

Однак ні Закон, ні стратегію не реалізували до 2009 року. Політичний конфлікт між президентом і Кабінетом Міністрів через їхню належність до різних патрональних пірамід призвів до того, що уряд ігнорував обов'язки щодо планів дій із реалізації антикорупційної стратегії. Водночас парламент постійно відкладав ухвалення відповідного законодавства, яке потенційно збільшило б вразливість корумпованих депутатів.

2009 став роком найактивнішого впровадження нової антикорупційної політики. Новостворений урядовий офіс Уповноваженого з питань антикорупційної політики, який мав координувати антикорупційну політику, та суспільний тиск, спричиненим майбутніми президентськими виборами

2010 року, заохочували різні політичні сили демонструвати прихильність антикорупційній політиці. Однак зміна влади й різка авторитарна динаміка за часів новообраного президента Януковича звела нанівець усі попередні зусилля. Новий закон «Про засади запобігання та протидії корупції» набув чинності 21 грудня 2010 року й діяв лише п'ять днів, адже новий президент змінив інституційні засади боротьби з корупцією.

Основний висновок полягає в тому, що **коли система корупції залишається сталою**, попри демократичні тенденції, **ефективна антикорупційна політика, яка розглядає корупцію як систему і як проблему політиків високого рівня, не може бути впроваджена через** слабкість політичного керівництва, зацікавленого як у відповідній антикорупційній політиці, так і в механізмах самозахисту системи корупції.

4. Антикорупційна боротьба, керована суспільством, після Революції Гідності

Євромайдан, або Революція Гідності 2013–2014 років, спричинив значні структурні зміни у владних відносинах в Україні, які дали відчутні результати лише 2020 року — за п'ять років після початку активних постреволюційних реформ. Крім пріоритетної антикорупційної реформи, іншими успішними реформами, що сприяли подальшим структурним змінам, були децентралізація та цифрова трансформація держави. У цій частині я аналізую áкторів і механізми, які сприяли змінам, а також результати антикорупційної політики як їхній індикатор.

4.1. Непатрональні áктори та механізми впливу

До Революції Гідності захоплення олігархами політичних партій, а отже, і процесу ухвалення рішень, *де-фáкто* закривало політичну систему для вимог громадян. Формально громадяни голосували за політиків та обирали їх, але патрональна система означала, що політики діяли в інтересах олігархів, які фінансували політичні партії та виборчі кампанії й систематично підкуповували тих, хто ухвалював рішення.[298] Хоч патрональні áктори не зникли й не зменшили впливу[299] (зрештою, олігарх Петро Порошенко став президентом 2014 року), альтернативні áктори отримали та використовували можливості впливати на політику й обстоювати власні вимоги. Реформи, які уможливили ці зміни, відбувалися за так званою «сендвіч-стратегією»:[300] громадянське суспільство в Україні формулювало вимоги та здійснювало моніторинг реформ, а разом із міжнародними акторами, які використовували механізм обумовленості, чинило двосторонній тиск на державні органи, які не бажали змін.

Міжнародні організації та **західні партнери впливали** на антикорупційні реформи в Україні трьома способами. По-перше, з огляду на прозахідний зовнішньополітичний курс України з 2005 року, ЄС і Рада Європи посилили нормативний вплив в Україні.[301] Приблизно в той же час боротьба з корупцією стала провідною темою на порядку денному міжнародних організацій. У 2005 році Україна ратифікувала Цивільноправову конвенцію Ради Європи про боротьбу з корупцією (CLCC), 2006-го стала членом Групи держав проти корупції (GRECO) та долучилася до її механізму взаємного моніторингу, а 2009-го ратифікувала Конвенцію Організації Об'єднаних Націй проти корупції (UNCAC). По-друге, чи не найпотужнішим механізмом стала обумовленість кредитів МВФ як важливе джерело фінансової стабілізації країни після економічної кризи 2008 року.[302] По-третє, антикорупційні зобов'язання були вимогою для поглиблення відносин України з ЄС, починаючи з Плану дій 2010 року,[303] і впровадження візової лібералізації 2017 року.[304] Отже, згадані умови стали ще одним потужним механізмом впливу, з огляду на значну підтримку вступу до ЄС з боку населення. Крім формальних механізмів моніторингу й оцінювання, була неформальна координація між послами G7 в Україні щодо спільних публічних заяв на підтримку або висловлення невдоволення діями органів державної влади. Ці заяви підготували на основі консультацій зі ще одним актором — громадянським суспільством.[305]

Було **кілька способів, якими міжнародні партнери надавали конкретну допомогу антикорупційним зусиллям в Україні**. По-перше, посольства та проєкти розвитку окремих країн співпрацювали з відомими антикорупційними НУО на національному рівні; ці організації надавали субгранти та підтримку з розбудови потенціалу регіональним і місцевим антикорупційним НУО.[306] По-друге, донори створювали великі антикорупційні програми; ідеться, зокрема, про фінансовану USAID «Підтримку організацій-лідерів у протидії корупції в Україні» (SACCI)[307] та Антикорупційну ініціативу ЄС (EUACI).[308] Програма для України з розширення прав і можливостей на місцевому рівні, підзвітності та розвитку «U-LEAD з Європою» та Конгрес місцевих і регіональних влад Ради Європи також мають значні компоненти, спрямовані на підтримку доброчесності в українському місцевому самоврядуванні та боротьби з корупцією. Нарешті, західні партнери підтримали створення антикорупційних інституцій і державних органів у їхніх діях на шляху до доброчесності.

Антикорупційна активність громадянського суспільства виникла задовго до Євромайдану й інформаційними акціями сприяла мобілізації Майдану. Першою хвилею стали журналісти-розслідувачі. Серед них був Георгій Ґонґадзе, засновник незалежної газети «Українська правда», якого вбили 2000 року. Щораз активніше ширення інтернету ще більше стимулювало публікації журналістських розслідувань щодо корупції. У 2010 році створили вебсайт *nashigroshi.org* як модельний проєкт, покликаний розслідувати та викривати корупцію у сфері державних закупівель. Наразі *Bihus.info* — одна з найбільш відомих ініціатив у антикорупційній журналістиці. Друга хвиля стосувалася створення організацій громадського антикорупційного активізму: Центр протидії корупції (2012) став одним із головних рушіїв антикорупційних реформ; Transparency International Україна (1999) стала частиною глобального руху 2014 року; Антикорупційний штаб (2014) розробляє й поширює антикорупційні технології; Міждисциплінарний науково-освітній центр протидії корупції (ACREC) (2015) надає фахову освіту й здійснює наукові дослідження в галузі антикорупції; Фундація DEJURE (2016) працює над реформою доброчесності в судовій системі; Інститут законодавчих ідей (2017) аналізує корупційні ризики, що випливають із текстів законопроєктів і законодавства на місцевому та національному рівні. Зрештою, є старі та нові організації, які ведуть боротьбу з корупцією в різних сферах: всеукраїнська громадянська мережа ОПОРА (2005) сприяє виявленню та запобіганню корупції на виборах; рух ЧЕСНО (2011) моніторить політичне фінансування та доброчесність народних депутатів, а спільнота DoZorro контролює корупцію у сфері публічних закупівель.

Активне громадянське суспільство в Україні здобуло багато уроків із невдач Помаранчевої революції. Після Євромайдану **організації громадянського суспільства діяли більш гнучко та більш стратегічно.** З одного боку, створили Реанімаційний пакет реформ (РПР) — громадську коаліцію активістів, експертів, журналістів і дослідників, яка визначила пріоритети й розробила пакет законодавчих ініціатив для запуску процесу реформ.[309] Коаліція підготувала та презентувала Дорожню карту реформ — покроковий план впровадження реформ у 18 ключових сферах, де кожен крок підкріплений відповідним законопроєктом. Напередодні виборів, 17 жовтня 2014 року, РПР зібрав лідерів основних політичних партій, щоб підписати меморандум про підтримку Дорожньої карти реформ у новому парламенті. З іншого боку, 25 громадських активістів стали депутатами парламенту та створили міжфракційне об'єднання «Єврооптимісти».[310] Вони балотувалися на виборах від різних політичних партій (зважаючи на патрональну логіку політики, на той час не було шансів створити політичну партію, незалежну від олігархічного впливу). Стратегічно вони мали просувати реформи в парламенті та забезпечувати дотримання політичними партіями підписаного меморандуму. З часом обидві ініціативи активістів послабли та розкололися,[311] однак у критичну мить 2014–2015 років, коли вікно можливостей було відкрите завдяки революційному імпульсу, їм вдалося проштовхнути закони про суспільне мовлення, відновлення довіри до судової влади, боротьбу з корупцією тощо.

Рисунок 2. Суспільний договір після Майдану в Україні

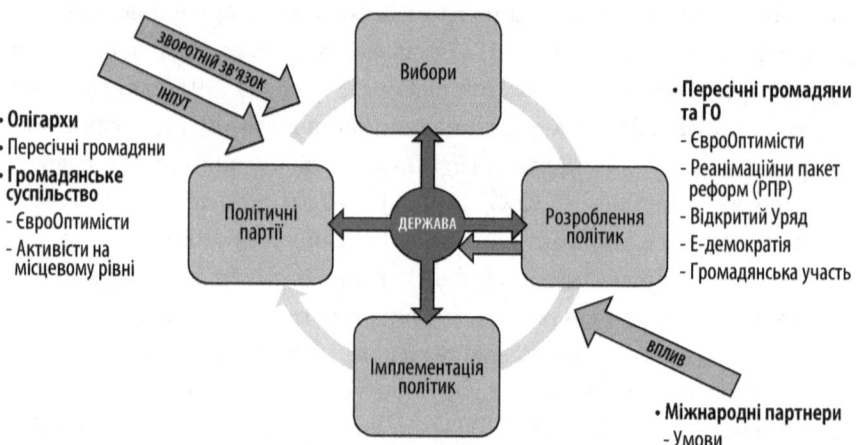

Тоді як ГО національного рівня часто критикували за відірваність від низів,[312] реформа децентралізації в Україні створила структурні й інституційні можливості для пересічних **громадян та активістів місцевого рівня брати** участь в ухваленні рішень і просувати антикорупційні програми у своїх громадах, як показує розділ Олександри Койдель у цьому виданні. Місцеві органи влади отримали більший політичний вплив у сфері освіти, охорони здоров'я та соціальних послуг, а їхні фінансові ресурси для надання цих послуг зросли завдяки фіскальній децентралізації.[313] Як і на національному рівні, багато реформаторів, які раніше дистанціювалися від політики, прийшли в місцеві ради, прагнучи змін. Водночас завдяки ініціативам «Відкритого Уряду» в усій країні були інституціоналізовані практики участі,[314] як-от консультації з громадянами, петиції та бюджетування за участі громадськості.[315] Широке використання цифрових технологій і бурхливий розвиток сектора *civic tech* в Україні сприяли активному розробленню цифрових рішень, покликаних координувати участь громадян і забезпечити прозорість ухвалення рішень як на папері, так і на практиці.³¹⁶ Отже, пересічні **громадяни стали ближчими до ухвалення політичних рішень, адже органів місцевого самоврядування отримали ширші повноваження та механізми й інструменти впливу** на розподіл державних ресурсів, який суттєво перемістився з центрального на місцевий рівень. Ці контекстуальні умови сприяли активізації антикорупційного руху на місцевому рівні в Україні. Більшість громадських організацій та низових ініціатив, які займаються боротьбою з корупцією, були засновані після 2015 року³¹⁷ й зробили чималий внесок у внесення антикорупційних питань до порядку денного своїх муніципалітетів.³¹⁸

Варто зазначити, що патрональні суб'єкти залишаються дуже впливовими та чинять опір щораз більшому впливу непатрональних суб'єктів. Наприклад, 2018 року набула чинності репресивна норма, що зобов'язувала антикорупційних активістів подавати електронні декларації. Лише після значного міжнародного тиску цю норму скасували за рік. Також у всій країні вбили кількох журналістів-розслідувачів, зокрема однією з найбільш відомих жертв стала Катерина Гандзюк 2018 року. Під час якісного опитування антикорупційних активістів численні співрозмовники повідомили, що зазнавали тиску, а іноді навіть погроз у діяльності, особливо в містах з однопірамідальними структурами влади.³¹⁹ Інституційно цей опір кинув виклик керівництву новостворених антикорупційних органів і завершився конституційною кризою 2020 року у відповідь на перші досягнення політично незалежних інституцій.³²⁰

4.2. Прогрес у боротьбі з корупцією як результат зміни суспільного договору

Антикорупційне законодавство. У 2014 році Верховна Рада України ухвалила **комплексний пакет антикорупційного законодавства**. Новий закон «Про запобігання корупції» та Антикорупційна стратегія на 2014–2017 роки заклали концептуальну основу для різних інституційних і процедурних реформ. Ці закони були революційні, адже запровадили кримінальну відповідальність за корупцію, зокрема для високопосадовців. На відміну від адміністративних покарань, кримінальна відповідальність збільшує ціну корупції. На відміну від спроб інструменталізувати боротьбу з корупцією в патрональній політиці внаслідок виведення політичного керівництва з-під відповідальності, вибірковий підхід до боротьби з корупцією був інституційно зруйнований законом 2014 року. Крім того, стало обов'язковим для високопосадовців і суддів, включно з членами їхніх сімей, публікувати декларації про майно. Разом з іншим законом про відкритість бенефіціарних власників і прозорими реєстрами нерухомості та землі, цей радикальний рівень прозорості та відкритих даних в Україні став основним інструментом громадянського суспільства, яке прагнуло моніторити й виявляти корупцію.[321] Той факт, що Антикорупційна стратегія має статус закону, значно підвищив статус документа з погляду його імплементації. Стратегію розробляли в тісній співпраці з громадянським суспільством, тож вона спиралася на процедури публічних консультацій. Інтегровані індикатори, що вимірюють її успішність, дали змогу незалежно оцінити її виконання. Так, згідно з оцінкою ОЕСР 2015 року, «Україна нарешті привела кримінальне законодавство щодо корупції у відповідність до чинних міжнародних стандартів»,[322] включно зі злочином незаконного збагачення, який залишався некриміналізованим у багатьох західних демократіях.[323]

Деякі ці концептуальні підходи до боротьби з корупцією увійшли в антикорупційну стратегію та законодавство, розроблені за часів президентства Ющенка, але тоді опір їх впровадженню був надто сильний. Наприклад, імплементація концепції «На шляху до доброчесності» мала статус президентського указу, але уряд відмовився супроводжувати його будь-яким планом дій щодо реалізації. Поширеною є думка, що високий рівень фрагментації влади не дав Ющенку впровадити будь-які суттєві зміни, однак формальний і неформальний ландшафт влади був так само фрагментований після Євромайдану. Різниця полягала в тому, що після Помаранчевої революції непатрональні áктори майже не впливали на політичний процес, що суттєво змінилося після Євромайдану. Участь громадськості в ухваленні рішень 2014 року «не була формалізована через жодні процедури чи механізми», але була «дуже ефективна».[324]

Антикорупційні органи. Два інші закони в пакеті 2014 року регулювали **створення незалежних органів, щоб розслідувати корупцію та запобігати їй.** Вони мали вирішальне значення для реалізації концептуального підходу, викладеного в законі «Про запобігання корупції». Зважаючи на замкнене коло, в якому опинилися правоохоронні органи та судова система в політиці патронату, головним викликом було забезпечити незалежність антикорупційних органів.[325] Новостворені Національне антикорупційне бюро України (НАБУ) для розслідування великих корупційних справ, Національне агентство з питань запобігання корупції (НАЗК) та процедури вибору керівництва цих органів стали ареною, на якій розгорнулася основна боротьба за вплив між патрональними та непатрональними áкторами. Ще більшою мірою ці виклики стосувалися Спеціальної антикорупційної прокуратури (САП) та Вищого антикорупційного суду (ВАКС). В Україні були численні спроби підірвати незалежність цих органів з боку політичної та судової влади.

Механізм залучення громадянського суспільства у співпраці з міжнародними партнерами також успішно застосовують у цій боротьбі. Спеціальні антикорупційні органи, чиє керівництво обрали внаслідок ретельного процесу із залученням громадянського суспільства, довели ефективність і незалежність у боротьбі з корупцією. Найяскравішим прикладом є створення Вищого антикорупційного суду (ВАКС) 2019 року, у якому громадянське суспільство та Громадська рада міжнародних експертів відіграли вирішальну роль у процесі добору суддів.[326] З 2020 року ВАКС має найвищу оцінку ефективності серед антикорупційних органів громадянського суспільства.[327] ВАКС слугує взірцем для впровадження реформ у всій судовій системі з опорою на Громадську раду доброчесності та Громадську раду міжнародних експертів. Інший приклад — НАЗК, яке в перші роки роботи зазнавало суворої критики за неефективність і політичну залежність. Після перезавантаження міжнародні експерти отримали три з шести голосів для обрання керівництва, а кваліфікаційні вимоги до громадської ради при НАЗК підвищили. З 2019 року орган почав ефективно виконувати надважливі завдання, як-от моніторинг декларацій та фінансування партій. Такий же принцип працює у НАБУ, де Рада громадського контролю має значний вплив на вибір керівництва.[328]

Антикорупційні практики. Законодавча й інституційна база 2014 року передбачала набагато більше, ніж просто антикорупційні дії зверху вниз. Інші реформи та відповідне законодавство супроводжувалися можливостями для широкого розвитку й використання **антикорупційних технологій**, активізації антикорупційного активізму знизу вгору. Зокрема, 2015 року в закон «Про доступ до публічної інформації» внесли суттєві зміни, які передбачають відкриті дані (публічні дані в машинозчитуваному форматі, відкриті за замовчуванням). Відповідно до законодавства, уряд розробив портал відкритих даних і портал відкритих бюджетів, які дають змогу під'єднатися через API до всієї публічної інформації, включно з бюджетами, доходами та витратами, а також операціями з державними закупівлями всіх державних органів. Разом із публічно доступними деклараціями про майно органів влади й інформацією про бенефіціарних власників, ці відкриті дані створили підґрунтя для організацій громадянського суспільства, які розробили численні цифрові інструменти для розширення прав і можливостей громадян та активістів. Наприклад, *Bihus.info* (організація журналістів-розслідувачів і технічних активістів) розробила проєкт «Кільце» для пошуку в публічних базах даних,

OpenDataBot.ua надає доступ та обробляє запити різних груп стейкхолдерів, які шукають державні дані, а *007.org.ua* та *YouControl.com* мають проєкти для аналізу й візуалізації даних про контрагентів, тендери, угоди, контракти тощо. Так 2021 року відкриті дані та публічні реєстри були найкориснішими інструментами для антикорупційних активістів, згідно з опитуванням антикорупційних громадських організацій та ініціатив у всій Україні.[329] Водночас найбільш поширеною формою антикорупційного активізму виявився моніторинг конфліктів інтересів і декларацій публічних службовців — майже 90% респондентів повідомили, що здійснюють моніторинг, а 60% зазначили, що роблять це часто.[330]

Одним із прикладів найефективнішої антикорупційної технології є *ProZorro* — онлайн-платформа публічних закупівель, яка забезпечує відкритий доступ до державних закупівель в Україні. Її створили громадські активісти та ІТ-розробники, і вже 2016 року держава змогла перевести на неї всі державні закупівлі. Transparency International Україна здійснює нагляд за її функціонуванням. Однак ще важливіше те, що прозорість сама собою не усуває корупції. Саме тому створили спільноту *DoZorro*, щоб забезпечити громадський контроль за закупівлями на основі даних *ProZorro*. Це перший у світі приклад того, як алгоритм машинного навчання взаємодіє зі спільнотою активістів, навчених по всій Україні виявляти та повідомляти про корупцію.[331] Так, 2021 року 60% опитаних антикорупційних активістів були залучені до роботи в *DoZorro,* а 27% респондентів зазначили, що ШІ має вирішальне значення для їхньої антикорупційної діяльності.[332] Обидві системи (відкриті дані *ProZorro* та аналітика даних на основі машинного навчання *DoZorro*) стали основою для понад десятка інших цифрових інструментів і проєктів для протидії корупції у сфері публічних закупівель — однієї з найбільш корупціогенних сфер діяльності держави.

Революційні настрої Майдану, поєднані з бумом антикорупційних інструментів і практик і зростанням ролі органів місцевого самоврядування в процесі децентралізації, дали значний поштовх **низовому антикорупційному активізму**. Якісне дослідження антикорупційного активізму на місцевому рівні в Україні, що спиралося на 242 інтерв'ю в 57 громадах, показало, що є широкий спектр діяльності та ініціатив НУО, спрямованих на протидію корупції.[333] Більшість активістів підвищують обізнаність, адже або розслідують корупцію й публікують висновки, або використовують дані й інформацію від інших, щоб привернути увагу громадськості до випадків корупції. Багато організацій займаються моніторингом, щоб виявити конфлікт інтересів або корупційні ризики під час ухвалення рішень на місцевому рівні самоврядування. Майже 20% опитаних активістів вдаються до адвокації, щоб підвищити прозорість і доброчесність. Деякі з них розробили цілий пакет антикорупційних положень, ухвалених органами місцевого самоврядування.

Ця іскра місцевого антикорупційного активізму сприяла активній інституціоналізації **антикорупційної політики на місцевому рівні**. Хоча і з великими варіаціями, є міста, де громадськість позитивно оцінила політичну волю місцевої влади щодо протидії корупції. Серед таких — Львів, який у цьому збірнику докладно розглянула Олександра Койдель. Антикорупційна політика, запроваджена в цих містах, спрямована як на велику, так і на дрібну адміністративну корупцію. Наприклад, Івано-Франківськ, Львів, Чернівці та Вінниця запровадили публічні аукціони з оренди або продажу комунального майна (і землі, і нерухомості) — часто через систему *Prozorro.Продажі*; Чернівці та Львів також запровадили процедурні правила для своїх рад з максимальним доступом громадськості до проєктів, рішень і засідань у режимі реального часу; багато міст запровадили геоінформаційні системи (ГІС), щоб візуалізувати відкриті дані про муніципальне майно та його оренду / продаж, а також про закуплені послуги, як-от прибирання вулиць, тоді як інші міста ухвалили етичні кодекси для керівників та обраних депутатів. Більшість із них також ухвалили спеціальні антикорупційні стратегії або плани забезпечення доброчесності.[334]

Нарешті, цифрова трансформація країни з 2019 року здійснила революцію в адміністративних і державних послугах. Більшість регулярних контактів між громадянами та державою для отримання дозволів, вступу та субсидій стали застарілими, адже більша частина паперової роботи удоступнена через застосунок «Дія». Звісно, це також зменшило ризики для дрібної корупції. Нещодавнє опитування показує, що діджиталізацію державних послуг громадяни сприймають як один із найефективніших антикорупційних заходів разом із каральними заходами.[335]

Підсумовуючи, Україна досягла значних успіхів у боротьбі з корупцією до початку повномасштабного вторгнення. Країна «продемонструвала неймовірне зростання» у напрямку до чільних позицій у сфері прозорості (з 17-го на 6-е місце) порівняно з іншими європейськими країнами, як визнано у звіті ЄС «Зрілість відкритих даних» (*EU Open Data Maturity*).[336] Разом з електронним урядуванням і численними інструментами громадянських технологій це позитивно вплинуло на зниження повсякденної корупції[337] та розширило можливості громадянського суспільства, яке може моніторити та виявляти корупцію на високому рівні. Крім того, «Україна зробила безпрецедентний стрибок у боротьбі з високопосадовою корупцією завдяки роботі спеціалізованих незалежних слідчих, прокурорських і судових установ», згідно з останньою оцінкою ОЕСР.[338] Однак, попри більшу кількість обвинувальних вироків ВАКС у справах про високопосадовців, переважає занепокоєння, що «високопосадова корупція залишається поширеною, а ефективність боротьби з нею постійно підривається різними способами».[339] Зокрема, успішні спроби захопити незалежну антикорупційну систему Конституційним Судом України 2020 року, саме тоді, коли ВАКС продемонстрував спроможність виносити вироки в перших справах про топ-корупцію, виявили злочинні державні схеми в судовій системі.[340]

5. Інституціоналізована боротьба з корупцією під час повномасштабної війни

Через повномасштабне вторгнення Росії 24 лютого 2022 року в Україні запровадили воєнний стан. Численні обмеження демократичних процедур накладають певні обмеження, особливо на роль суспільства в боротьбі з корупцією. Вибори не проводять, протести заборонені, але найголовніше — обмежена прозорість як основа для антикорупційної діяльності, керованої суспільством. Через серйозні російські кібератаки закрили значну частину відкритих даних і публічний доступ до державних реєстрів, включно з реєстром декларацій про майновий стан і доходи. Дані та процедури державних закупівель відповідно скоригували через потребу реагувати на надзвичайні ситуації, адже звичайні процедури були тривалими.[341] Хоча заходи безпеки добре обґрунтовані, вони суттєво підривають суспільну підзвітність уряду та підвищують ризики корупції на всіх рівнях.

Теоретично зменшення прозорості призводить до того, що надзвичайний стан підживлює як патерналістські, так і авторитарні тенденції.[342] В Україні, однак, ці побоювання не підтвердилися через рік після запровадження воєнного стану. Навпаки, всі антикорупційні органи продемонстрували безпрецедентну ефективність попри логістичні та технічні обмеження.[343] Наприклад, серед різних викликів НАЗК довелося організувати автономне електропостачання, щоб забезпечити функціонування агентства під час вимкнення електроенергії; у таких умовах за перший рік війни агентство запровадило інноваційну методологію управління та нові ІТ-рішення, щоб підвищити ефективність роботи. НАЗК наразі не контролює декларації про майно через обмеженість законодавства про прозорість, однак активно розслідує справи підозрюваних у колабораціонізмі та осіб, які підпадають під санкції.[344] Ще одним прикладом стійкості є те, що майже половина прокурорів САП пішла у військо, а отже, навантаження на одного прокурора зросло до 75% (замість

8 справ, які перебували в суді, тепер у кожного прокурора — 14), проте у другому півріччі 2022 року статистика роботи цього органу була на історичному максимумі. САП повідомила про підозру 149 особам і скерувала до суду 56 кримінальних проваджень. НАБУ продемонструвало в розслідуваннях боротьбу з системною корупцією, особливо у справі про захоплення держави організованим злочинним угрупованням в Одесі[345] й у справі про ймовірне розкрадання в особливо великих розмірах, яке вчинив тодішній заступник міністра регіонального розвитку та інфраструктури.[346] Загалом агентство передало Збройним силам України приблизно 50 млн євро (1,9 млрд грн) конфіскованих корупційних коштів (станом на 2023 рік). У 2022 році ВАКС ухвалив більше вироків, ніж 2021 року (34 та 27 відповідно), і ці цифри зросли завдяки новій юрисдикції ВАКС у справах про цивільну конфіскацію та санкції. Завдяки вирокам ВАКС військові отримали додатково 30 млн євро (1,2 млрд грн).

Дві інституційні віхи на шляху до сталості ефективної антикорупційної політики в Україні були навіть важливіші, ніж кількісні показники ефективності. По-перше, у червні 2022 року парламент ухвалив запізнілу Антикорупційну стратегію на 2021–2025 роки. Уперше за розроблення стратегії відповідало не Міністерство юстиції, а спеціальне антикорупційне агентство — НАЗК. Антикорупційна програма на 2023–2025 роки містить докладну дорожню карту. Це «покроковий план реформування 15 суспільно важливих сфер з найвищим рівнем корупції», зокрема правосуддя, містобудування, земельні відносини, митну та податкову політику, оборону, охорону здоров'я та соціальний захист.[347, 348] Цей план розробили у тісній співпраці зі 128 органами й установами. Відбулося одинадцять публічних обговорень «з максимальним залученням експертів, громадських організацій та всіх зацікавлених органів».[349] В оцінці ОЕСР зазначено, що Стратегія «ґрунтується на фактичних даних і спрямована на значні сфери корупційних ризиків. Її розробленню сприяли широкі консультації з громадськістю».[350] Отже, стійкість антикорупційних реформ зростає не лише завдяки тому, що вони закріплені в законодавстві й уряд виділяє необхідні ресурси, а й завдяки спеціальній інституції, яка відповідає за антикорупційну стратегію та моніторинг її виконання. Важливо, що цей крок також вказує на вирішальну роль обумовленості з боку ЄС, адже Стратегію ухвалили як вимогу для отримання статусу кандидата на вступ до ЄС.

Друга віха, яка доповнює превентивні заходи з деолігархізації, про які пише Михайло Мінаков у цьому виданні, стосується ініційованого закону, що передбачає правовий механізм конфіскації активів осіб, які перебувають під санкціями. Інакше кажучи, додатково до правових механізмів моніторингу й виявлення неправомірного впливу (наприклад, через реєстр олігархів) та ефективних інституцій для розслідування і покарання за цей вплив (НАБУ, САП, ВАКС), з'явився правовий механізм, який дає змогу арештувати активи у випадках корупції.[351] Цей закон нарешті уможливив законне та конституційне конфіскування активів колишнього президента Януковича через дев'ять років після його втечі в Росію після Євромайдану.[352] Такі судові рішення важливі, адже підвищують довіру громадськості до антикорупційної діяльності. Онлайн-опитування громадян 2023 року показало, що найбільша кількість респондентів (79%) вважають конфіскацію корупційних активів ефективним антикорупційним заходом.[353] Крім того, це законодавство створює основу для боротьби з транскордонною корупцією та може стати прецедентом для інших країн ЄС.

Позитивна тенденція до запровадження справжніх антикорупційних заходів для боротьби з політичною корупцією на високому рівні була помітна ще до повномасштабного вторгнення Росії. Дві умови мали вирішальне значення для прискорення цієї тенденції під час війни. По-перше, залежність політичного керівництва від а́кторів-патронів слабша, ніж будь-коли раніше. З одного боку, олігархи втратили значні активи під час війни,[354] а з іншого, завдяки своїй популярності президент Зеленський не має потреби покладатися на олігархічні медіа, які були основним інструментом забезпечення залежності політиків в Україні. Отже, він може діяти незалежно та прискорювати конкретні кроки в напрямку деолігархізації. По-друге, затяжна криза, спричинена війною, така серйозна, що уряд має співпрацювати як зі своїми громадянами, так і з міжнародними партнерами, щоб нація вижила. Довіра становить основу для такої співпраці: на тлі великої хвилі політичних звільнень, пов'язаних із репутаційними втратами влади, керівництво країни намагається продемонструвати «нульову толерантність до корупції», щоб переконати партнерів, українське суспільство та міжнародних донорів у необхідності дальшої співпраці. За таких умов характер підзвітності зміщується від моніторингових до партнерських форумів.

6. Порівняльний аналіз і перспективи

Цей розділ має на меті пояснити успішні результати антикорупційної політики, спираючись на логіку історичного інституціоналізму. У ньому контекстуалізовано стійкість незалежних антикорупційних інституцій та їхню щораз більшу ефективність у тривалому процесі змінення суспільного договору, у якому непатрональні а́ктори стають дедалі впливовішими, тоді як умови воєнного часу зменшують медійний, економічний і політичний впливи патрональних а́кторів (зокрема, олігархів).

Емпіричний аналіз антикорупційної політики в Україні показує, що на початку 1990-х років, ще до створення міжнародних антикорупційних режимів, боротьба з корупцією була критично важливою та суперечливою сферою політики. Однак концептуалізація корупції була звужена до її матеріального виміру, а антикорупційні дії спрямовували на державних службовців низького та середнього рівня, виключаючи з-під відповідальності політичне керівництво високого рівня. Отже, існувала воля та спроможність боротися лише з дрібною ринковою корупцією та — зрідка — кумівством. Однак це робили вибірково. В умовах єдиної піраміди Кучми та Януковича антикорупційна політика стала потужним інструментом, покликаним посилити та зберегти домінування верховного патрона. У цей час антикорупційні інституції були повністю підпорядковані президенту, що легітимізувало стеження та вибіркове покарання за нелояльність. Інакше кажучи, боротьба з корупцією була ефективна, але контрпродуктивна. В умовах фрагментації патрональної демократії після Помаранчевої революції виникло бажання боротися з високопосадовою корупцією, зокрема з її соціальними формами, як-от клієнтелізм, але спроможність реалізувати ці зусилля була надто слабка, а опір патрональних а́кторів — надто сильним.

Через більший вплив непатрональних а́кторів після Революції Гідності антикорупційна політика, керована суспільством, була спрямована не лише на дрібну, але й на велику корупцію. Антикорупційну стратегію та законодавство розробили так, щоб передбачити не лише адміністративну, а й кримінальну відповідальність для всіх державних службовців низького та високого рангу. Також розробили інституційні інструменти реалізації цієї політики. Однак патрональні актори досі були надто потужні, а їхній опір блокував протидію захопленню держави й локальним моделям функціонування кримінальної держави. Міцна законодавча й інституційна структура антикорупційної політики виявилася корисною в умовах повномасштабної війни (Таблиця 2). Держава стала повністю залежною від суспільної підтримки всередині країни та допомоги західних партнерів. Пріоритетом керівництва країни стало розбудувати довіру, щоб разом подолати кризу. Водночас популярність президента зменшила його залежність від медіа олігархів, які також втратили значну частину економічного, а згодом і політичного впливу через значну втрату активів під час війни. Ця констеляція відкрила вікно можливостей для інституційного виявлення, розслідування та покарання топ-корупції.

Таблиця 2. Цільова спрямованість, інституціоналізація та вплив антикорупційної політики в Україні

Тип корупції	Антикорупційна політика...		
	до Майдану (до 2013 року)	після Майдану (2014–2022)	війна (2022–)
Корупція на вільному ринку	++	+++	+++
Кумівство	+	++	+++
Змова державних організацій	–	++	+++
Захоплення держави знизу вгору	–	++	+++
Захоплення держави зверху вниз	–	++	+++
Злочинна модель держави	–	+	++

Легенда: «–» означає відсутність таргетування, «+» — таргетування, «++» — таргетування з інституціоналізацією, «+++» — таргетування з інституціоналізацією та ефектом. «Ефект» означає докази правозастосування (наприклад, незалежні розслідування та рішення ВАКС) і НЕ стосується вимірювань або оцінки рівня корупції. «+» сірим кольором вказує на номінальний рівень із певними прогалинами та проблемами.

Попри зміну суспільного договору, що призвела до значного поліпшення антикорупційної політики, цей процес досі триває, і «глибока демократизація» ще не завершена. Є кілька ризиків, на які варто зважати в довгостроковій перспективі. Щоб запобігати злочинним державним моделям антикорупційних інституцій недостатньо забезпечити підзвітність політичної еліти, адже без зовнішнього нагляду антикорупційна політика й інституції можуть легко стати об'єктом неправомірного впливу. Поки вибори, протести та багато механізмів прозорості зупинені, підзвітність в Україні компенсують яскраві практики співпраці між урядом та громадянами, розвинуті після Майдану. Спільне управління створює альтернативні форми підзвітності, що ґрунтуються на довірі, а не на формальному контролі й аудиті.[355] Ці форми підзвітності потребують дальших досліджень, які можуть надати безпрецедентні емпіричні дані про роль непрямих антикорупційних заходів.

Інший ризик полягає в тому, що ефективність прямих антикорупційних заходів, як-от моніторинг, контроль і правозастосування, стає основним показником довіри до них і уможливлює доступ до значних ресурсів для відновлення. Хоч ефективні антикорупційні програми варті того, щоб до них прагнути, надмірне зосередження на швидких, кількісно вимірюваних результатах може призвести до небажаних наслідків (наприклад, зниження соціальної згуртованості, посилення сприйняття корупції тощо). У літературі з'являється дедалі більше публікацій, у яких пропонують ставити цілі, спираючись на питання «Що протилежне до корупції?», замість відчайдушних спроб викоренити її. Ця перспектива контекстуалізує антикорупційну політику не як мету, а як механізм створення суспільних цінностей. Ця перспектива також передбачає легітимність і зваженість у формуванні політики, адже протилежність корупції має бути визначена й виміряна залежно від проблем та очікувань у певному контексті. Крім того, вона відкриває можливості розробки політики для непрямих антикорупційних заходів, як-от освіта, підтримка малого й середнього бізнесу або практики громадянської участі, що можуть дати результати в довгостроковій перспективі.

З огляду на глибоку інтегрованість корупції в політику та суспільство в Україні, антикорупційна політика — це дуже конкурентний простір, що відбиває суть суспільного договору. Ця конкуренція має інституційний вимір, коли розробляють і впроваджують антикорупційні стратегії та програми. Вона також має дискурсивний вимір у визначенні корупції та очікувань щодо протилежності корупції. Це протистояння матеріалізувалося у двох революціях, спричинених фальсифікацією виборів 2004-го та злочинними державними схемами 2013 року. Багато непатрональних акторів кинули виклик пануванню олігархів і визначили вплив громадян на формування політики та розподіл державних ресурсів як протилежність корупції. Вони створили та використовували механізми, щоб захистити власні інтереси політичними засобами, — процес, відомий як «глибока демократизація». Це змінило співвідношення сил у суспільстві, що призвело до створення ефективних антикорупційних політик та інституцій. Після повномасштабного вторгнення Росії ціна корупції та вимоги до правосуддя значно зросли, що робить антикорупційну політику ще важливішою.[356] Це передбачає певну чутливість і зусилля, щоб далі обговорювати, що становить протилежність корупції, і не плутати мету з антикорупційними заходами як шляхом до неї.

Режимні цикли та неопатримоніалізм в Україні

Олександр Фісун, Уляна Мовчан

1. Патрональна демократія та неопатримоніалізм

1.1. Патримоніалізм і неопатримоніалізм: ставлення до держави як до приватної власності

У сучасному світі, коли є відкат демократії або встановлюють недемократичні чи авторитарні режими, дослідники намагаються визначити їх і дати їм назву, покликаючись на теорії початку XX століття. Зокрема, Макс Вебер, описуючи систему, у якій влада ґрунтується на родинних зв'язках, клієнтарно-патрональних мережах та особистій лояльності одночасно з існуючими формальними правилами та нормами, називає її «патримоніальною». Патримоніалізм є в усьому світі, він існував протягом усієї історії та не обмежений незахідними країнами. Патримоніалізм можна розуміти по-різному: як модель квазібюрократичного правління або як продовження патріархату.[357] Термін «патримоніальний режим» означає, що це не перехідний тип; він частково успадковує деякі аспекти традицій, тож і розуміють його з погляду цих аспектів. Патримоніалізм спирається на персональний характер владних відносин, нерівність між господарем і підлеглими, характеризується привласненням держави, але це не просто персоналізм і нестабільність.[358] Патримоніальна політика — це монополізація державних посад членами політичної кліки, які використовують ресурси, що випливають з їхнього мандату, щоб максимізувати владну базу та клієнтуру.[359]

У літературі розрізняють патримоніальні режими за трьома вимірами:

1) *обсяг кодифікації* законів, які вони включають (тобто потрібно вивчити, як на практиці суб'єкти присвоюють позиції);
2) *характер лояльності* у різних формах привласнення (тобто наскільки лояльність особиста, а не офіційна);

3) *характер залежності* між господарем і підлеглими (тобто наскільки відносини асиметричні).

У 1960-х роках здобуття незалежності африканськими країнами відродило дебати про «сучасний патримоніалізм», а термін «неопатримоніалізм» запропонував Шмуель Ейзенштадт. Префікс «нео», як пояснює Ларуель, мав на меті відрізнити сучасні або «неопатримоніальні» режими, які співіснують з легально-раціональною легітимністю, від патримоніальних режимів, що ґрунтуються на традиційній легітимності.[360] Панування та легітимність у неопатримоніальних системах становить комбінацію патримоніальних відносин (де всі владні відносини особисті) і легально-раціональної бюрократичної влади. У неопатримоніальній системі еліта концентрує владу в центрі, її політика базується на перерозподільних функціях (держава — це фасад, здатний видобувати та розподіляти ресурси);[361] і намагається послабити будь-які спроби створення автономних груп. Взаємодія в межах клієнтарно-патрональних відносин базується на обміні різними типами ресурсів: інструментальними, економічними та політичними. Отже, неопатримоніалізм — це суперечливе поєднання бюрократичних і патримоніальних норм.

Деякі дослідники, як-от Браттон і Ван де Валле,[362] пишуть, що перехідний період у різних частинах світу мав різні результати: наприклад, в Африці він завершився неопатримоніалізмом, який став перешкодою на шляху до демократії. Крім того, інституціоналізація неопатримоніалізму відбувалася через клієнтелізм (особиста лояльність по вертикалі та — з погляду влади — нерівні відносини між патронами та клієнтами);[363] розподіл державних ресурсів (будь-яку політику можна назвати патерналістською, розподільчою, кумулятивною та екстрактивною);[364] і використання патронального президентства зі значним обсягом неформальної влади (є формальні правила й формально визнана відмінність між приватним і публічним, хоч на практиці відмінність між приватною та публічною сферами не завжди дотримана).[365]

Патримоніалізм, який застосовують до посткомуністичних режимів, асоціюється з двома типами інтерпретацій: з одного боку, це історико-культурний патерн, а з іншого — сучасна політична система зі здатністю виробляти державну політику.[366] Хансон і Копстейн[367] стверджують, що попередня література про неопатримоніалізм не здатна зрозуміти сучасну патримоніальну хвилю. Нова неопатримоніальна хвиля виникла в Росії як пряма атака на західну неоліберальну ідеологію. У цьому наративі путінська модель відновлення державної влади постає як контрзахід лібералізму, що зазнав поразки. Крах світової фінансової системи 2008 року також створив ідеальні умови для поширення патримоніалізму.

Те, що пострадянський розвиток відбувався в умовах незавершеного націєтворення та незавершеної раціонально-бюрократичної трансформації держави, призвів до виникнення неопатримоніальних систем панування в низці держав-спадкоємиць, а не до утвердження демократії. У цих системах сучасні державні інститути (парламентська й багатопартійна система, виборчі механізми, конституція) хоч і були формально створені як легітимний фасад системи, але загалом внутрішньо підпорядковані «патримоніальній логіці» свого функціонування. Значна роль, яку відіграють неформальні інститути в такій системі, досі поза увагою таких спостерігачів, як ЄС, що здійснює моніторинг лише формальних інститутів і законодавчої системи, не маючи механізмів для вивчення неформальних практик.[368]

1.2. Неопатримоніалізм як ключовий момент у режимних циклах патрональних демократій

Явища, описані в літературі з неопатримоніалізму, були також концептуалізовані в теорії патроналізму, що її запропонував Генрі Гейл («патрональна політика»).[369] Мадяр і Мадловіч[370] розвивають ідеї Гейла далі і в описі «мафіозної держави» структурують риси, спільні для неопатримоніальних режимів, за чотирма аналітичними вимірами:

1) до аналітичного виміру *актора* належить те, що ключову роль у пострадянському неопатримоніальному режимі відіграють не формальні відносини в системі офіційних взаємодій, а клієнтарно-патрональні зв'язки;
2) особливість того, що патрональна мережа привласнює державу, використовує її як фасад для патримоніальної логіки та розглядає державні інститути як приватну власність, класифікують як аналітичний вимір *дії (націленість на владу)*;
3) особливість того, що неопатримоніальна політика екстрактивна, а економічні ресурси патрони розподіляють між клієнтами як винагороду або покарання, належить до аналітичних вимірів *дії (спрямованість на власність)*;
4) до аналітичного виміру *легальності* належить те, що неопатримоніалізм поєднує в собі патримоніальні відносини та легально-раціональну бюрократичну владу, а також недієздатність правового контролю на користь корупційних практик.

Різниця між цим підходом і підходом неопатримоніалізму полягає в тому, що, коли останній посилається на всі ці ознаки, говорячи про «неопатримоніальний режим», Мадяр і Мадловіч використовують термін «неопатримоніалізм» лише для другого аспекту, що стосується приватного привласнення державою. Отже, вони приписують одну конкретну характеристику режиму різним типам держави в літературі, включно з неопатримоніалізмом (Таблиця 1).

Таблиця 1. Грані пострадянських режимів з різними державними концепціями, за даними Мадяр і Мадловіч (2020)

	Підстава для використання терміна	Альтернативні терміни на позначення аспектів патрональних режимів	До яких ознак держави належить цей термін
1.	Áктор	патрональна держава	внутрішня залежність панівної еліти, клієнтарно-патрональні відносини
		кланова держава	антропологічна структура та культурні патерни панівної еліти (патріархальна «прийомна» сім'я)
2.	Дія (спрямована на державні установи)	патримоніальна держава	ставлення до суспільства як до приватної власності
		неопатримоніальна держава	патримоніальне правління, що діє в демократичних інституційних рамках
3.	Дія (цільова властивість)	клептократична держава	незаконне вилучення державних доходів (фаворитизм через неформальні зв'язки)
		хижацька держава	незаконне заволодіння приватними активами (рейдерство через неформальні зв'язки)
4.	Легальність	захоплення влади	постійні ланцюги корумпованого васалітету в децентралізованому порядку (різні незалежні áктори захоплюють державу)
		кримінальна держава	постійні ланцюги корумпованої васальної залежності в централізованому порядку (влада діє як злочинна організація)

Неопатримоніалізм визначений як такий є ключовим аспектом, на якому ми повинні зосередитися, щоб зрозуміти політичну історію сучасної України. У попередніх роботах ми дотримувалися підходу неопатримоніалізму,[371] але тут не визначаємо семантичної різниці, адже в цьому розділі зосереджуємося на питанні, де ці два підходи перетинаються. Режимні цикли, що їх описують Мадяр і Мадловіч, починаються тоді, коли панівна патримоніальна мережа намагається повністю привласнити державу. Це головна характеристика патримоніалізму: атака на державну службу та судову систему на службі особистої влади. В умовах патрональної демократії, якою є Україна, патримоніалізація держави зазвичай відбувається не з єдиного центру, а через низку конкурентних мереж, які утворюють загалом змагально-демократичний ландшафт захоплення різних державних інституцій і патримоніалізації їх у власних інтересах. Саме цей світ різних «острівців» неопатримоніалізму (не організованих в єдину пірамідальну ієрархію) панівна мережа в режимному циклі намагається замінити на повноцінну неопатримоніальну державу, повністю привласнену в автократичному режимі. Потім ця мережа намагається використати інструменти державної влади, щоб зруйнувати автономію олігархів та інших áкторів у суспільстві, тобто встановити однорівневу піраміду патрональної мережі. Світ одноосібного правління неминуче підриває правові рамки, які підтримують масові представницькі демократичні інститути. Виборчий процес і конституційні норми не можуть довго існувати, коли патримоніальна легітимація починає домінувати на політичній арені.

Коли такі спроби зазнають невдачі, виникають цикли режимів – як ми покажемо, саме це сталося з Кучмою та Януковичем, а потім і з конкурентними режимами Ющенка та Порошенка. У наступному розділі коротко обговоримо децентралізацію як одну з ключових перешкод на шляху до створення неопатримоніальної держави. Після цього надамо докладний огляд етапів спроби привласнення держави та функціонування децентралізованого привласнення в Україні до початку повномасштабної війни 2022 року.

1.3. Децентралізація як одна з ключових перешкод на шляху становлення неопатримоніальної держави

У пострадянських режимах, де домінують клієнтелізм і патронаж, багато нових реформ вбудовані у логіку неформальних відносин. Реформа децентралізації не є винятком. Держава не розвиває країну загалом, а обслуговує вузькі інтереси еліти, тож субнаціональні уряди потрапляють у ту саму пастку захоплення влади місцевою елітою.[372] Владу захоплюють тоді, коли еліта контролює, формує або маніпулює процесом ухвалення рішень чи інституціями так, що це призводить до особистої вигоди коштом нееліти або місцевих громад.[373] Децентралізація створює нові можливості (посади та ресурси) для патронажу, за допомогою якого панівна еліта винагороджує лояльних до неї на місцевому рівні в усій країні. Побудувати мережі патронажу на місцевому рівні бажано для еліт як в автократичних, так і в демократичних державах.[374] Децентралізація через місцеві вибори — це корисний інструмент кооптації, адже надає елітам можливість розвивати власну владну базу.[375]

Багато країн на шляху до демократизації провели реформу децентралізації, основною ідеєю якої було передати владу від центру до нижчих рівнів управління та посилити фінансову спроможність місцевого самоврядування. Панувала думка, що коли при владі перебуває місцева еліта, то влада набагато ближча до народу.[376] Однак, замість того щоб принести демократію на місцевий рівень, такі реформи просто перетворили місцевих політиків на політичних брокерів, які мобілізували мережі місцевих виборців в обмін на фінансові виплати та патронажні посади.[377] Оскільки децентралізація має на меті передати повноваження щодо ухвалення рішень від центру до органів місцевого самоврядування,[378] то за допомогою реформ сподіваються поліпшити державну політику та розподіл ресурсів, щоб краще зважати на потреби й можливості громадян.[379] Реформа місцевого самоврядування та децентралізації має забезпечити ефективне та належне реагування на потреби місцевих громад у публічних послугах внаслідок передачі повноважень органам місцевого самоврядування.[380]

Коли процес децентралізації відбувається в політичній системі з клієнтарно-патронатними мережами, рішення ухвалює та реалізує виключно одна група.[381] Причина, чому децентралізація може призвести до захоплення держави місцевими елітами, полягає в особливостях місцевого самоврядування — у меншій кількості стримувань і противаг, менш плюралістичній місцевій владі та менш різноманітних засобах масової інформації на місцевому рівні. У такому разі патронаж стає стійкою рисою управління.[382]

Політики прагнуть використовувати державні ресурси для власної політичної вигоди, а їхня електоральна поведінка характеризується радше орієнтацією на досягнення короткострокових результатів, ніж широкими довгостроковими політичними міркуваннями. Отже, клієнтелізм і цільовий перерозподіл тягнуть за собою значні витрати для суспільства.[383] Децентралізація не обов'язково веде до демократичного розвитку. Іноді чиновників призначають, а не обирають. Нерідко органи самоврядування збиткові та залежні від центрального уряду.[384] А там, де публічну владу приватизують, влада стає особистою, а політика — окремим різновидом бізнесу. Будь-яка людина, навіть із найменшою часткою влади, розглядає свою посаду як приватну власність (це стосується всіх рівнів влади).[385]

Звісно, децентралізація у пострадянських режимах не завжди призводила до захоплення влади місцевими елітами. Ступінь цього захоплення залежить від рівня соціальної та економічної нерівності в суспільстві, традицій політичної участі та рівня поінформованості електорату, а також від прозорості ухвалення рішень місцевою владою.[386] Децентралізація дає можливість місцевим елітам стати виборними посадовими особами в органах місцевого самоврядування з незалежним порядком денним і кар'єрними цілями, що звільняє їх від клієнтелістської залежності. Це стає більш імовірним, якщо децентралізація передбачає такі форми підзвітності, як аудит і бюджет участі.[387] Підзвітність передбачає можливість переобрання та успіх у своїй юрисдикції. Децентралізація також ліпше розв'язує проблему «агент-принципал», адже має одного агента (орган самоврядування) і одного принципала (місцеве населення).[388] Крім того, децентралізація може призвести до створення сильних місцевих громадських організацій і так зменшити клієнтелізм. Наприклад, місцеві організації можуть працювати з громадою, щоб зменшити домінування місцевих еліт в органах самоврядування,[389] або сильні соціальні інститути можуть замінити формальні інститути, як-от вільні та чесні вибори.[390] Прикладом цього може бути Китай, де дослідження показують: коли сільські управлінці конкурують з родовою елітою, яка не є частиною мережі місцевих еліт, то менш імовірно, що такі місцеві еліти привласнять землю (один з основних ресурсів у сільській місцевості Китаю). Ще одним способом забезпечити підзвітність сільських лідерів у деяких китайських провінціях стає використання неформальних стимулів із боку храмових організацій.[391] Інші приклади можна знайти в Індії та Бразилії, але спільна риса в усіх випадках — сильна громадська організація, яка діє у місцевій політиці через процес підзвітності або через формулювання політики.[392] Ще один спосіб зменшити владу місцевої еліти в процесі децентралізації — спочатку провести адміністративну та фіскальну децентралізацію, а вже потім займатися політичною децентралізацією.[393]

Щодо пострадянських країн, то багато нових бізнес-груп мали сильні стимули брати участь у захопленні держави. Однак у посткомуністичних країнах, наприклад Польщі та Чехії, рівень захоплення держави й економіки залишається низьким. Усе це пов'язано з лібералізацією економіки, посиленням бюрократичної підзвітності та політичної конкуренції, які наклали певні обмеження на здатність окремих бізнес-груп захоплювати державу.[394] Якщо звернутися до теорії вето-гравців, то загальне припущення полягає у тому, що, коли багато вето-гравців, реформи впроваджувати складніше. Однак у Східній Європі та колишньому Радянському Союзі було більше реформ, коли було більше вето-гравців. Важливою детермінантою зменшення кількості реформ було відношення одних вето-гравців до інших, належних до Комуністичної партії. Ось чому реформи були менш імовірні, коли було мало вето-гравців і коли Комуністична партія займала більшість місць у парламенті.[395] Разом із невеликою кількістю гравців з правом вето, слабка партійна система також може бути сприятливою для захоплення держави. Коли партійна система не інституціоналізована, а прозорість уряду низька, політична конкуренція підриває ефективні законодавчі угоди і радше погіршує, ніж поліпшує надання суспільних благ.[396] У цьому разі, якщо є потенціал для захоплення держави, потрібно посилити підзвітність місцевої еліти.[397] За умов слабкої підзвітності й інституцій місцеві еліти можуть скористатися такими недоліками та захопити бюджет і суспільні блага.[398]

2. Режимні цикли та спроби неопатримоніального привласнення держави в Україні

2.1. Патрональна демократія в Україні

В Україні помітні кілька ознак президентської системи патронального типу.[399] Патрональний президент і рентоорієнтовані олігархи — ключові áктори в політичній системі країни. Патрональний президент — це президент, який обраний всенародним голосуванням і має формальну владу, що базується на конституції, але також має неформальну владу, що базується на відносинах «патрон-клієнт» та інституціоналізованих мережах, які пов'язують політичну владу з контролем над економічною діяльністю. Клієнтарно-патронажні зв'язки відіграють ключову роль, адже регулюють доступ неопатримоніальних гравців до різних видів ресурсів. Ці зв'язки, зі свого боку, ґрунтуються на відносинах особистої залежності, що випливають з асиметричного обміну капіталом.[400]

Різноманітні клієнтарно-патронажні мережі олігархів під оболонкою політичних партій змагаються у загальних виборах, але головною метою та сенсом політичної боротьби стає захоплення держави для контролю над джерелом ренти. У цьому контексті політичні партії здебільшого є віртуальними політичними машинами, які організовують національні клієнтарно-патронажні мережі, призначені для пошуку й отримання ренти на національному і місцевому рівнях. Партії формують так звані політичні «інвестори», які прагнуть не захищати інтереси електорату, а сприяти квотному розподілу рентоорієнтованих посад в уряді та державному апараті. Однак олігархи — це не головні політичні брокери у цій системі. Вони ніколи не ініціювали суттєві зміни в уряді й не сприяли їм. Навпаки, вони постійно прагнули співіснувати з тими, хто має або отримає політичну владу. Однак після Помаранчевої революції більшість олігархів почали діяти самостійно та долучилися до різних політичних таборів.

У посткучмівській Україні можливості президента використовувати патронаж зменшилися, але потенціал для такої тактики залишився у формі «політичної машинерії» та «політичних технологій».⁴⁰¹ Склад олігархів після Помаранчевої революції не зазнав значних змін (проти них не порушили жодної справи, тож олігархи не втратили свого бізнесу). Однак змінилася їхня конфігурація, адже виникла піраміда влади з двома вершинами, яку організували Ющенко і Тимошенко.⁴⁰² Це вказує на те, як правила й інституційний дизайн вплинули на баланс сил усередині різних таборів. Протягом революційних подій 2004 та 2014 років олігархи займали вичікувальну позицію, поки політики змагалися між собою. Коли олігархи відчували, що це вигідно, вони змінювали політичний табір. Це свідчить про те, що олігархи не визначають, хто отримає політичну владу; натомість вони, вочевидь, стають каталізатором майбутніх змін, надаючи додаткову підтримку тій стороні, яка, ймовірно, переможе.⁴⁰³

Різні шляхи патронального розподілу розділяють населення за регіональними й етнічними ознаками.⁴⁰⁴ Ця логіка частково пояснює політичну динаміку 2014 року. Крім того, регіональні еліти забезпечують фінансову й інформаційну підтримку, а також політичну мобілізацію в регіонах в обмін на захист своєї власності та широку свободу дій у здійсненні політики на регіональному рівні.⁴⁰⁵

Як ми вже згадували вище, режимні цикли в Україні мають дві різні фази, що відповідають різним моделям патримоніалізації в державі. Першу фазу можна назвати авторитарно-бюрократичною, коли президент контролює більшість у парламенті й має прем'єр-міністра від своєї партії. У такому разі президент має потенціал монополізувати владну/фіскальну вертикаль і створити неопатримоніальну державу. Другу фазу можна назвати конкурентно-демократичною, адже вона виникає, коли клієнтарно-патронажна мережа поділена між двома центрами. Це відбувається, коли немає контролю над парламентом, ресурс президентської партії слабкий або прем'єр-міністр кооптований із непрезидентської партії чи альтернативної клієнтарно-патронажної мережі. Ми розглядаємо президентство Кучми та Януковича як приклади авторитарно-бюрократичної фази, а Ющенка та Порошенка — як приклади конкурентно-демократичної фази.

Ігнорований вимір для розуміння української патрональної політики стосується субнаціональної політики, яка передбачає так звану дворівневу систему політики національного рівня та регіональних кланів. Політичні еліти в центрі використовують різні методи контролю над місцевими елітами (патронаж, кооптацію або боротьбу). Це стало можливим завдяки тому, що різні президенти намагалися використати неформальну владу та ввести різні сегменти субнаціонального рівня до складу партії влади. Реформа децентралізації 2014 року змінила ситуацію, адже допомогла інституціоналізувати місцеве самоврядування. Саме тому субнаціональна політика є важливим і малодослідженим елементом у поясненні особливостей українського патронального режиму, який ми спробуємо висвітлити далі.

2.2. Авторитарно-бюрократичний неопатримоніалізм: спроба створити одновершинну пірамідну патрональну мережу за часів Кучми та Януковича

Ключовим інструментом Кучми, щоб залишитися при владі, був патронаж. Головною метою Кучми й оточуючої еліти було збереження контролю над виконавчою владою.[406] Кучма мобілізував увесь державний апарат для свого переобрання 1999 року. Президент правив як феодал, хоч і у формальних рамках демократичних інститутів. Основними характеристиками режиму в Україні цього періоду були колапс державного апарату, захоплення держави панівними кланами та поширення корупції в державній бюрократії.[407] Однак спроби побудувати «партію влади» навколо президента призводили лише до короткочасної консолідації президентської влади та «розпалювали апетити» рентоорієнтованої еліти.[408] За часів Кучми навколо одного політичного табору були сконцентровані кілька олігархічних мереж.

Україну часів президентства Януковича можна вважати класичним прикладом того, як патрональна політика набуває провідної ролі у функціонуванні політичного режиму. Зокрема, скасування конституційних змін 2006 року, а разом із ними й системи розподілу виконавчої влади (обговорено нижче), посилило здатність президента Януковича використовувати формальні та неформальні важелі управління державою й розширило його клієнтарно-патронажну базу. Янукович, на відміну від Кучми та Ющенка, вперше мав не лише відносну партійну більшість у парламенті, але й більшість, пов'язану партійною дисципліною. Головне, що суперпрезидентський режим Віктора Януковича став заручником політики «переможець отримує все», за якої партія влади мусить постійно демонструвати домінування в парламенті, а це переважно не зробити без партнерів у коаліції, тобто без компромісу з «партійним дахом» альтернативних клієнтарно-патронажних мереж. Показовим прикладом є відносини Партії регіонів з Народною партією Володимира Литвина та Комуністичною партією України, які не лише контролювали посади спікера та віцеспікера відповідно, але й виступали бенефіціарами володіння «золотою акцією» в ухваленні багатьох законопроєктів. Три найбільш показові приклади інкорпорації клієнтарно-патронажних мереж поза межами Партії регіонів у партію влади такі: формування парламентської фракції «Реформи заради майбутнього» (19 депутатів, створена в лютому 2011 року переважно на базі фракцій Блоку Юлії Тимошенко та НУНС) як додаткового джерела підтримки урядової коаліції в парламенті; кооптація колишнього голови Секретаріату Президента Ющенка Віктора Балоги на посаду міністра з питань надзвичайних ситуацій (листопад 2010 року) та підтримка урядової коаліції партією «Єдиний центр»; і кооптація одного з ключових фігур Помаранчевої революції Петра Порошенка на посаду міністра економічного розвитку і торгівлі (березень 2012 року).

Отже, спроба неопатримоніального привласнення держави стала можливою завдяки попереднім інституційним змінам, а саме конституційній реформі 2006 року (з одного боку, прем'єр-президентська система надала можливість для конкурентних клієнтарно-патрональних мереж, але проблема полягала у виборчому законодавстві, коли система пропорційного представництва в єдиному загальнонаціональному виборчому окрузі призвела до нестабільних коаліцій). Адміністрації Януковича вдалося подолати проблему слабкої президентської партії внаслідок кооптації окремих депутатів до пропрезидентської парламентської більшості, а також завдяки компромісу між елітами та партнерами в коаліції з бізнес-груп, які раніше підтримували опонентів адміністрації. Янукович пішов шляхом побудови одновершинної піраміди патрональної мережі, оскільки йому як президенту не потрібно було ділитися владою з партнерами в коаліції або призначати компромісного прем'єр-міністра. Тобто після перемоги Віктора Януковича на президентських виборах його партія змогла отримати і посаду президента, і посаду прем'єр-міністра, що сприяло створенню єдиної мережі. За Януковича олігархи знову згрупувалися навколо одного політичного центру, але вже не були тією великою неформальною коаліцією, як раніше. Однак спостерігачі одразу зауважили переорієнтування бізнес-еліт на Януковича, включно з ключовими фігурами, які контролювали телевізійний ефір. Щобільше, перш ніж розкол між президентом і прем'єр-міністром міг знову виникнути, перший шукав способи скасувати реформу 2006 року, яка створила в Україні подвійну виконавчу структуру. Через брак конкурентних мереж, що контролюють виконавчу владу, він зміг змінити склад Конституційного Суду у вересні 2010 року, замінивши чотирьох суддів. Незабаром після цієї зміни суд визнав, що реформа 2006 року не була належно ухвалена, тож не мала юридичної сили, що відновило дію президентської конституції 1996 року. Той факт, що Янукович хотів змінити Конституцію, свідчить про те, що він розглядав подвійну структуру виконавчої влади як потенційне ускладнення для консолідації власної клієнтарно-патрональної мережі.

Варто зазначити, що успіх блоку «За єдину Україну!» (на чолі з Кучмою) та Партії регіонів (на чолі з Януковичем) був пов'язаний із включенням регіональних еліт до владної піраміди. Однак такі коаліції не були стабільні, адже існували інші автономні некооптовані системи, які зрештою вийшли на перший план. Це частково пояснює Майдан та Євромайдан, коли регіональні еліти намагалися вибудувати власну вертикаль влади та долучитися до перерозподілу ренти.

Коротко кажучи, політичний режим за часів Кучми та Януковича характеризувався концентрацією влади в руках патронального президента, який мав потенціал монополізувати владу та фіскальну вертикаль; президент через єдину клієнтарно-патронажну мережу контролював ключові посади у правоохоронних органах і державних корпораціях.

2.3. Конкурентно-демократичний неопатримоніалізм: повернення багатовершинної піраміди патрональної мережі за часів Ющенка та Порошенка

Конституційна реформа 2006 року встановила змішану прем'єр-президентську систему, у якій парламент має право призначати та звільняти прем'єр-міністра, а президент має одне з цих прав. Така система може бути важливим сигналом, що вказує на те, яка з двох посад домінує. Конституція з розподіленою виконавчою владою створює два центри (президент і прем'єр-міністр) для координації елітних мереж, а не один, і така конституція не дозволяє президенту замикати політичну владу на собі. Наслідком цих конституційних змін стало менше концентрування влади в одних руках. Формальна незалежність кожної посади створила певні стимули для поділу мереж, що було неможливим за президентської форми правління. Гейл стверджує, що конституція з розділеними державними повноваженнями не дає змоги створити єдину (об'єднану) рентоорієнтовану коаліцію, тобто мережу з одновершинною пірамідою.[409] Водночас наявність у парламенті домінантної пропрезидентської партії та можливість призначати власного прем'єр-міністра змінює логіку прем'єр-президентської системи і знову відкриває можливість для встановлення суперпрезидентського режиму.⁴¹⁰ Конституційна реформа 2006 року ускладнила реалізацію принципу «переможець отримує все» і спонукала стейкхолдерів долучитися до розподілу політичних дивідендів відповідно до пропорційності результатів голосування. Тобто у постреволюційній Україні у 2005–2009 роках відбувся поділ неопатримоніальної клієнтарно-патронажної мережі між двома гравцями — президентом і прем'єр-міністром — і формування на цій основі двох автономних конкурентних патрональних мереж: патронального президента Віктора Ющенка і патрональної прем'єрки Юлії Тимошенко. Багатовершинна піраміда патрональної мережі двох паралельних владних вертикалей збереглася завдяки неопатримоніальному контролю над різними гілками державного апарату, включно з правоохоронними органами, службою безпеки та судовою владою. Цей дуалізм не давав одній вертикалі влади переважати над іншою. Однак прем'єр-міністр міг мати автономію лише за наявності власної парламентської партії як інституціоналізованої клієнтарно-патронажної мережі. Зі свого боку, це залежало від електоральної підтримки партії прем'єр-міністра й від того, дорівнювала сила його партії ресурсам партії президента чи переважала їх.

Патрональна демократія в Україні — це наслідок конституційної реформи, яка трансформувала суперпрезиденціалізм Кучми у прем'єр-президентську систему. Такою була політична реальність України після 2004 року з режимом, який не був ні перехідним, ні тимчасовим за формою. Разом із запровадженням пропорційної виборчої системи, конституційна реформа суттєво вплинула на відношення сил у виконавчій владі, збільшивши повноваження прем'єр-міністра. Завдяки конституційним змінам президенту стало складніше нав'язувати власну волю. Інституційні зміни становлять важливий пояснювальний фактор, але не тільки фони пояснюють існування саме такого політичного режиму. Жоден із прем'єр-міністрів (ні Тимошенко, ні Янукович) не були об'єднувачами. Вони спиралися на регіональні бази підтримки та здебільшого орієнтували політику на користь своїх баз підтримки. У випадку України після 2004 року цей регіональний і мовний поділ переважно був більш вигідним для прем'єр-міністра, ніж для президента, адже мобілізація місцевих ресурсів давала змогу першому домінувати над другим. Така динаміка у відносинах між президентом і прем'єр-міністром значною мірою ґрунтувалася на неінституційних поясненнях, які підкреслюють той факт, що демократична консолідація інститутів залишалася слабкою. Відносини у виконавчій владі у 2005–2009 роках були результатом місцевої політики, коли в українській політиці домінували неінституційні інтереси, регіональні та мовні розбіжності, а також клієнтелізм.⁴¹¹

Конкуренцію між патрональними мережами можемо спостерігати й під час президентства Порошенка. Його обрали у першому турі президентських виборів, що вважають безпрецедентною подією у політичній історії України. За президентства Порошенка характер політичного режиму, його принципи організації та функціонування залишилися незмінними. Неформальні інститути і надалі домінували над формальними. Клієнтарно-патронажні мережі, особиста лояльність і клановість (родичів та/або бізнес-партнерів) залишалися принципами організації системи.[412] Вони були визначальними у формуванні політичних партій, призначенні на більшість державних посад, а також у відносинах між політичними акторами на державному та регіональному рівнях. Парадокс полягає у тому, що ці патерналістські принципи української політики, як не дивно, сприяли інституціоналізації плюралістичної політичної системи в серії формальних і неформальних домовленостей між основними політичними гравцями Євромайдану. Саме тому політичний режим можна визначити як патрональну демократію, у якій пошук ренти залишається ключовим рушієм політичної конкуренції. Різноманітні патронально-клієнтські мережі олігархів під виглядом політичних партій змагаються у межах формальних виборчих механізмів, але головна мета і сенс політичної боротьби — захопити та поділити державу, щоб встановити контроль над джерелами ренти. Особливістю цієї системи є те, що переможця визначають у конкурентній політичній боротьбі, а її результат не визначений заздалегідь. Хоча різні частини держави потрапляють під неопатримоніальний контроль, той факт, що це робить не одновершинна піраміда патрональної мережі, зберігає демократичний характер українського режиму.

Після втечі Януковича з України під час Євромайдану склад олігархічних груп суттєво не змінився, але сталися зміни у відносинах між ними у контексті трансформації патрональних пірамід. Олігархи розділилися на донбаську мережу, з одного боку, й автономних олігархів — з іншого. Ці групи долучилися до різних політичних таборів. Порошенко та Коломойський були єдиними олігархами, які змогли сформувати політичні мережі, тоді як більшість інших олігархів намагалися захистити бізнес, долучившись до наявних мереж.[413] Особливістю патрональних мереж в Україні є те, що бізнес-еліти та політичні еліти створюють своєрідний симбіоз: бізнес-еліти завдяки доступу до політичної влади захищають свої економічні інтереси, а політичні еліти «наживаються на бізнес-фінансуванні виборчих кампаній і на адміністративній ренті та *відкатах*».[414] І лобіювання у випадку таких бізнес-державних мереж є лише одним із засобів, за допомогою якого олігархи намагаються впливати на політичну владу.

На відміну від 2004 року, багато депутатів-олігархів залишилися на боці тих, хто програв. Їхній колишній зв'язок із Януковичем і сильний розкол у політичному просторі значно ускладнили перехідний період. Опозиційні партії не хотіли втрачати обличчя, беручи олігархів на свій бік. Як наслідок, кількість олігархів у Верховній Раді зменшилася з 10 у 2000–2014 роках до 5 — 2015-го.[415] Цей приклад показує складність переходу до іншого табору, коли немає переговорного механізму.

Ключовою особливістю політичної системи після Євромайдану стала поступова консолідація влади в руках президента Петра Порошенка, який успішно розширив як сферу формального контролю, так і можливості свого неформального впливу. За відносно короткий проміжок часу такі ключові політичні інститути, як посада прем'єр-міністра, генерального прокурора, очільників СБУ, Міністерства оборони та військово-промислового комплексу, судова система, а також субнаціональна вертикаль влади голів місцевих адміністрацій на регіональному рівні опинилися у сфері формального та неформального контролю президента. Функціонування механізму неформальної «координації» інтересів і «повернення» президента як головного гравця з правом вето (за формального збереження прем'єрської системи) під час швидкої перемоги Порошенка полягали у переформатуванні урядової коаліції у квітні 2016 року. Відставка Арсенія Яценюка перетворила «Народний фронт» на молодшого партнера Блоку Петра Порошенка «Солідарність», а призначення Володимира Гройсмана на посаду прем'єр-міністра створило передумови для посилення впливу президента на Кабінет міністрів і всю систему виконавчої влади. Фактично призначення Гройсмана суттєво обмежило дуалізм і конкуренцію неформальних мереж у виконавчій владі, а також інтегрувало прем'єр-міністра у вертикаль патрональної піраміди президента. Щоб реалізувати свою політику, Порошенко був змушений спиратися не лише на голоси Блоку Петра Порошенка «Солідарність» і «Народного фронту», а й на голоси олігархічних фракцій в обмін на певні поступки та привілеї, збереження джерел ренти й імунітет від переслідувань. Олігархічний характер взаємовідносин між політикою та економікою загалом зберігали значення в Україні, однак джерела ренти у державних корпораціях, міністерствах і регіонах контролювали за квотним принципом представники картелю БПП «Солідарність» — «Народний фронт» за допомогою так званого інституту *смотрящих* (людей, які контролювали тіньові грошові потоки та корупційні схеми в міністерствах, корпораціях і регіонах). Розподіл цієї ренти уможливлював тіньове фінансування політики та підтримував політику в Україні як найприбутковіший вид українського бізнесу.

Ще однією особливістю, яка вирізняла цей цикл політичного режиму (і президентство Порошенка зокрема), було впровадження реформи децентралізації. Першого квітня 2014 року Кабінет Міністрів України схвалив Концепцію реформування місцевого самоврядування та територіальної організації влади в Україні. Реформа мала два компоненти: зміни до Конституції та пакет нових законопроєктів про об'єднання територіальних громад і реорганізування їх функцій. Як наслідок, укрупнили територіальні громади (з початкових 11 520 громад створили менш ніж 1500),[416] а також переорієнтували адміністративні та фінансові ресурси на такі більші громади.[417] Стрімкий розвиток субнаціональної політики в Україні значною мірою стимулювала відносна автономізація місцевих кланів унаслідок реформи децентралізації, яка призвела до передачі фінансових ресурсів на регіональний і місцевий рівні. Фактично ми спостерігаємо формування нової дворівневої політичної системи, що характеризується розвитком регіональних політичних режимів, які мають своєрідну електоральну композицію і дуже відрізняються від політики на національному рівні.

Субнаціональні політичні режими ґрунтуються на домінуванні відносно автономних місцевих клієнтарно-патрональних мереж і політичних машин, які укладають різноманітні домовленості з національними політичними гравцями, здебільшого з чинною партією влади. Переважно місцеві субнаціональні політичні машини інкорпоровані у президентську мережу в статусі молодших партнерів. Однак часто ці мережі зберігають формальну та неформальну автономію від центральної влади і президентської партії влади. Ця тенденція породжує множинність конфігурацій політичних домовленостей на місцевому рівні та сприяє появі незалежних регіональних партійних проєктів і місцевих виборчих блоків. Здебільшого місцевим політичним машинам вдається зберігати політичну автономію протягом тривалого часу, причому не лише у таких ресурсних областях, як Дніпропетровська та Донецька (до 2014 року) або в Києві, а й, наприклад, у Закарпатській, Одеській, Харківській, Львівській. Переважно ці субнаціональні політичні машини та клієнтарно-патрональні мережі покладаються на автономні корупційні джерела ренти.

Отже, конкурентно-демократичний неопатримоніалізм, на відміну від авторитарно-бюрократичного неопатримоніалізму, характеризується «парламентаризацією» режиму (завдяки конституційним реформам) і багатовершинною пірамідою патрональної мережі.

2.4. Автономія субнаціональної політики та її вплив на український неопатримоніалізм

Унаслідок президентських виборів 2019 року та війни в українській політичній системі з'явилися нові тенденції. Зеленський отримав політичну легітимність на всенародних виборах і має підтримку в кожному регіоні України. Щобільше, він має відносну автономію від усіх олігархічних мереж і незалежність від власної партії «Слуга народу». Для режиму Зеленського типові три основні риси: створення електоральної машини президентської партії влади, що забезпечує більшість у парламенті та участь у владі на місцевому рівні; значне обмеження політичного впливу олігархів внаслідок ухвалення антиолігархічного законодавства та позбавлення контролю над медіа; автономія регіональних кланів після реформи децентралізації, яка унеможливлює повний президентський контроль над місцевими елітами. Варто зауважити, що такий контроль на субнаціональному рівні не менш важливий, ніж контроль над олігархами в українській політичній системі на національному рівні.

Тема децентралізації виникла з моменту проголошення незалежності України. Однак, зрештою, з ухваленням Конституції України 1996 року та закону України «Про місцеве самоврядування в Україні» 1997 року все звели до централізації влади. Ці закони лежать в основі проблем, перед якими постає місцеве самоврядування як на базовому, так і на похідному рівні. На базовому рівні це стосується насамперед браку належних ресурсів для місцевого самоврядування (його матеріально-фінансової основи) та невизначеності територіальної основи місцевого самоврядування. Щодо так званого вторинного (похідного) рівня самоврядування (район та область), то недостатні повноваження виконавчих рад на цьому рівні призвели до їх неефективного функціонування. Звідси — невиправдано широкі повноваження місцевих державних адміністрацій, яким районні й обласні представницькі органи самоврядування за законом зобов'язані делегувати свої виконавчі функції. Фактично публічну владу на місцевому рівні здійснюють через подвійну систему політичної та економічної влади: є централізовано призначені голови державних адміністрацій та місцеві органи влади, яких обирає громада. Це призвело до труднощів у розмежуванні повноважень між органами виконавчої влади й органами місцевого самоврядування.[418] На практиці місцеві ради мають мало повноважень. Позбавлені місцевих бюджетів, вони були змушені торгуватися з районними адміністраціями, делегуючи їм частину повноважень, адже ці адміністрації фінансовані з державного бюджету і мають можливість виконувати такі функції. Ця ситуація лише посилила централізацію, що, зі свого боку, сприяло легшому доступу до ресурсів, особливо до державного бюджету. Крім того, президенти неформально доручали їм мобілізувати місцеве населення на виборах, тому, наприклад, «чиновників, які не принесли достатньої кількості голосів на перевиборах Кучми 1999 року, звільнили».[419] Отже, особливістю української моделі організації місцевого самоврядування є те, що місцеві органи виконавчої влади створюються і діють не для того, щоб виконати контрольно-наглядові функції щодо законної діяльності органів місцевого самоврядування, а щоб перебрати на себе основний обсяг повноважень з управління відповідними територіями. Усе це лише посилює патронажні відносини та неформальну залежність органів місцевого самоврядування від центру.

Завдяки реформі децентралізації можемо спостерігати послаблення президентської вертикалі влади завдяки фінансовій та інституційній незалежності місцевих громад від обласних і районних адміністрацій, що призвело до підвищення спроможності та стійкості органів місцевого самоврядування. Однак деякі обмеження реформи децентралізації стали помітними після місцевих виборів 2020 року. Перша проблема реформи полягає в тому, що вона не встановила обмежень щодо кількості строків перебування при владі для голів місцевих рад. Завдяки цьому останні зміцнили позиції та створили всі умови для переобрання. Утворення об'єднаних територіальних громад не призвело до зміни складу місцевих органів влади, а тому голови місцевих рад почали переобиратися, використовуючи патронаж. Другою проблемою є відсутність опозиції в органах місцевого самоврядування на рівні громад, адже більшість у місцевій раді становлять представники тієї самої політичної сили, що й голова ради.[420] Третьою проблемою після реформи є те, що виконавчу владу призначають органи місцевого самоврядування, тож дві гілки влади належать одній політичній партії. Така ситуація явно підтримує неопатримоніальний характер влади на місцевому рівні та сприяє перетворенню місцевих громад на субординовані неопатримоніальні регіональні бюрократії.

Місцеві вибори також проілюстрували тенденцію щодо можливості збереження регіональними кланами формальної та неформальної автономії від президентської партії влади. На таких виборах президентські кандидати переважно не мали успіху у столиці та найбільших обласних центрах України — Харкові, Дніпрі, Одесі та Львові, попри активне розширення президентської мережі на місцевому та регіональному рівнях. Офіційні кандидати від президентських партій не змогли виграти більшість мерських виборів, адже місцеві політичні машини успішно висунули власних кандидатів, наприклад Геннадія Кернеса (і його наступника Ігоря Терехова) у Харкові, Бориса Філатова у Дніпрі, Геннадія Труханова в Одесі й Андрія Садового у Львові.

Така незалежність з боку місцевих режимів послаблює президентську вертикаль влади, яку Зеленський намагається відновити в умовах війни. Конфлікти з мерами великих міст, як-от Київ, Одеса, Дніпро, Полтава та Чернігів,[421] показують, як президент використовує адміністративний вплив, намагаючись обмежити роль регіональних кланів. Водночас це також засвідчує, як децентралізація стала перешкодою для побудови єдиної вертикалі влади на чолі з президентом. Однак ризик захоплення влади місцевими елітами залишається. За таких умов підзвітність місцевих органів влади різноманітним громадським організаціям може бути корисною, щоб запобігти створенню місцевих механізмів неопатримоніалізму.

3. Висновки

В Україні відбулося кілька реформ політичної системи. Конституція 1996 року визначала її як президентсько-парламентську, де повноваження президента були набагато сильнішими, ніж у будь-якій європейській напівпрезидентській системі. Неопатримоніальний характер системи сприяв створенню суперпрезидентського режиму (одновершинної піраміди клієнтарно-патрональної мережі на чолі з Леонідом Кучмою, а потім Віктором Януковичем). На початку 2000-х стався розкол політичної еліти, який посилився 2004 року. Того ж року провели реформу політичної системи, унаслідок якої створили прем'єр-президентську форму правління. Конституційна реформа сформувала передумови для розвитку в Україні інституційно гібридної системи, здатної функціонувати у двох різних фазах. Цикли українського режиму чергувалися між авторитарно-бюрократичними фазами (коли президент контролював більшість у парламенті та мав прем'єр-міністра з власної партійної вертикалі) та конкурентно-демократичними фазами (коли є багатовершинна піраміда патрональної мережі, але немає контролю над парламентом, слабкий президентський партійний ресурс, а прем'єр-міністр кооптований з непрезидентської партії або альтернативної клієнтарно-патронажної мережі). Реформа децентралізації в умовах неопатримоніального режиму також призвела до послаблення вертикалі влади патронального президента. Під час війни це стало проблемою і для Зеленського, який намагається обмежити автономію субнаціональної політики. Однак реформа децентралізації разом із громадянським активізмом може стати тією силою, що забезпечить прорив до демократії.[422] Іншим рушієм змін є війна, яка уможливлює зміну ситуації в Україні, коли режим не просто переходить від одного типу неопатримоніалізму до іншого. Основними рисами цього переходу є бюрократична раціоналізація та реформування раціонально-правового державного апарату під військові потреби. Це класична інтерпретація модерного державотворення як реакції на потреби розбудови ефективної мілітарної організації (теза Тіллі *War made the state, and the state made war*). На нашу думку, після війни в Україні є шанс консолідувати систему конкурентної демократії на підставі домінування раціонально-легальних практик врядування, і країна зможе стати частиною європейської сім'ї демократичних країн.

Війна, деолігархізація та можливість розвитку України поза патрональною політикою

Михайло Мінаков

1. Президентство Зеленського у контексті патрональної політики

Прихід до влади Володимира Зеленського був безпосередньо пов'язаний із реакцією населення України на результати розвитку країни за президентства Петра Порошенка (2014–2019 роки).[423] На початку 2019 року українці мали дуже низький рівень довіри до влади: лише 9% респондентів висловлювали їй довіру — найнижчий рівень у світі у 2018–2019 роках і набагато нижчий за регіональну медіану 48% для пострадянських країн.[424] Незадоволення владою у 2018–2019 роках було настільки великим, що Зеленський, людина без політичного чи адміністративного досвіду, отримав мандат від 73% виборців, серед яких були більшість багатих і бідних, міських і сільських жителів, україномовних і російськомовних і, зрештою, більшість мешканців усіх регіонів України.[425]

Старше покоління українського політичного класу, а також західний політичний істеблішмент ставилися до Зеленського із занепокоєнням і підозрою: новий президент не був професійним політиком, у його команді не було знаних дипломатів та активістів, він заробив капітал на шоубізнесі здебільшого в Росії, тривалий час працював на телеканалах, що належали олігархам, а його політична програма була розмита і значною мірою антиелітарна.[426] Однак більшість українців, очевидно, сприймали брак політичного досвіду як перевагу: у Зеленському не вбачали учасника патрональної політики та неформальних владних структур.

Наступні три роки його президентства продемонстрували, що прозахідний геополітичний вибір України незмінний — ба більше, ще глибший, зумовлений потребами безпеки країни. Внутрішня політика спочатку розвивалася відповідно до правил сучасної української політичної культури: кожне нове президентство починалося зі спроб виконати передвиборчі обіцянки, потім можливості президентської посади змушували президентів більше перейматися інтересами власного та союзних кланів, що поступово вело до егоїстичного правління, втрати популярності, об'єднання опозиційних партій і кланів у парламенті (а іноді й на вулицях) проти президента і, як наслідок, провалу президентської групи на наступних виборах.⁴²⁷ Однак цю усталену патронально-політичну тенденцію Зеленський перервав, отримавши незвичні владні можливості під час «зеленої хвилі» — процесу масової зміни влади навесні та влітку 2019 року, який дехто навіть називав «електоральною революцією».⁴²⁸ Партія Зеленського «Слуга народу» (СН) виграла дострокові парламентські вибори і на початок вересня 2019 року утворила однопартійну більшість як у Верховній Раді України (ВРУ), так і в уряді.⁴²⁹

Українській багатопірамідальній системі поклали край, адже відтоді лише одна група контролювала президентську посаду, виконавчу гілку, а також мала однопартійну більшість у ВРУ. З 1991 по 2019 рік конфлікти між президентами, з одного боку, і прем'єр-міністрами та парламентами, з іншого, значно обмежували як формальну, так і неформальну президентську владу. Після вересня 2019 року це змінилося. Унікальні обставини «зеленої хвилі» надали новому президенту можливість встановити безпрецедентне для України правління та керувати відмінно від попередників упродовж наступних трьох років — з 2019 до 2022 року. Унікальності політичному режимові додавали й інші фактори: пандемія COVID-19 (2020–2021 роки), зростання ризиків повномасштабної війни з Росією (2021 рік) та повномасштабне російське вторгнення в Україну (2022 рік). Сукупно всі ці фактори зробили президентство Володимира Зеленського унікальним для незалежної України.

У цьому розділі ми зважатимемо на розрізнення понять «деолігархізація» та «антипатрональна трансформація» (інакше кажучи, розвиток поза патрональною політичною логікою). Коротко це можна пояснити так. Деолігархізація означає політику (і пов'язані з нею дії), спрямовану на руйнування усталеної олігархії. Антипатрональна трансформація — значно більш багатовимірний процес, спрямований на встановлення верховенства права.⁴³⁰ Інакше кажучи, «деолігархізація» стосується *акторів*, а «антипатрональна трансформація» — *суспільних відносин*.

Щодо деолігархізації та функціонування патрональної політики в Україні, то на момент написання цього тексту (листопад 2022 року) президентство Зеленського можна поділити на два періоди та чотири етапи.

1) Довоєнне президентство:
   - спроби виконати передвиборчі обіцянки та дистанціювання від олігархів (травень 2019 — лютий 2020);
   - створення президентської владної піраміди, яка уможливлювала певний рівень взаємодії з усталеними олігархічними кланами (лютий — жовтень 2020 року);
   - правління через Раду національної безпеки і оборони України (РНБО) та початок деолігархізації (листопад 2020 — січень 2022);
2) Воєнний стан та продовження деолігархізації під час повномасштабної війни (з лютого 2022 року).

У наступних частинах цього розділу я опишу зміни в політиці деолігархізації у довоєнній та воєнній Україні за часів президентства Володимира Зеленського.

2. Уряд Зеленського до воєнного стану

2.1. «Зелена хвиля»: формування структури влади Зеленського

Президент Зеленський вступив на посаду 20 травня 2019 року без підтримки у Верховній Раді та з нелояльним прем'єр-міністром Володимиром Гройсманом, членом ширшої вінницької групи на чолі з експрезидентом Порошенком. Політичні еліти, які домінували в українських центрах влади після Євромайдану, насамперед підтримали чинного президента Петра Порошенка у другому турі виборів. Після програшу вони почали підривати зусилля Зеленського, спрямовані на виконання його програми та призначення членів нової команди в уряді.[431] У відповідь президент Зеленський у день довгоочікуваної інавгурації оголосив дострокові парламентські вибори, отримав на це схвалення Конституційного Суду, а його партія перемогла на виборах до ВРУ.[432]

Нову більшість у Верховній Раді сформували люди, які відповідали уявленням Володимира Зеленського та його виборців про «нові обличчя» у політиці.[433] Воля до відмови від патримоніальної політики, яку українці продемонстрували під час революційних спроб політичної кризи 1993 року, Помаранчевої революції 2004 року та Євромайдану 2013–2014, досі була жива. Зеленський та його команда відповіли на цей політичний запит, створивши партію, головним критерієм добору до якої була *неучасть у політиці до 2019 року*. Названа на честь серіалу Зеленського, партія «Слуга народу» привела до влади 254 депутатів — молодих чоловіків і жінок, які здебільшого не належали до жодної з відомих олігархічних груп і не мали жодного досвіду участі у політичних і законодавчих процесах. Однак саме тут був закладений фундамент нової владної піраміди: політики-початківці мали бути особисто лояльні до президента, який просував їхню кар'єру на основі власного електорального рейтингу. Цей критерій став визначальним для створення нової персоналістської структури влади в Україні у 2019–2022 роках.

Утім, для виконання передвиборчої програми Зеленського замало було контролювати посаду президента і парламент: потрібно було також узяти під контроль бюрократію. Люстрація виявилася ефективним інструментом у руках еліт після Євромайдану у 2014–2015 роках, щоб очистити старі політичні групи, вбудовані у виконавчу владу. Дванадцятого липня 2019 року президент Зеленський спробував здобути підтримку старого парламенту щодо законопроєкту, який передбачав поширення люстрації на вищих посадових осіб.[434] Пізніше ця ініціатива перетворилася на політику заміни провідних фігур майже в усіх центральних, регіональних і місцевих органах влади.

Зеленському знадобилося приблизно сто днів, щоб узяти під контроль українську центральну владу та зосередитися на двох чергових завданнях: виконати передвиборчі обіцянки й установити контроль як над регіональними та місцевими органами влади, так і над силовиками. Другого вересня 2022 року на спільній нараді президента, керівників його Офісу (Адміністрацію президента перейменували на Офіс президента з початком каденції Зеленського), членів уряду, керівництва ВРУ та генерального прокурора Зеленський продемонстрував, що тепер він єдиний і беззаперечний лідер. Він вимагав повної лояльності до своєї програми, попри всі можливі юридичні перешкоди — систему стримувань і противаг парламентсько-президентської республіки. На зустрічі новообраний прем'єр-міністр, спікер парламенту, представники судової влади, прокуратури та служби безпеки прийняли такий стан справ.[435]

Восени 2019 — узимку 2020 року «зелена хвиля» перейшла з електоральної сфери у політичну систему. Серед буквально сотень законодавчих актів, проголосованих новою парламентською більшістю, конституційна реформа чи не найкраще виявила логіку новопосталого політичного режиму: президентська команда мала на меті збільшити повноваження президента й обмежити повноваження законодавчого органу. Так, конституційна реформа мала внести зміни до статей 76 і 77, які передбачали зменшення кількості народних депутатів з 450 до 300, а також зміну парламентської виборчої системи зі змішаної на пропорційну. Це скорочення відбувалося паралельно з набуттям чинності (1 січня 2020 року) конституційних поправок ще часів президентства Порошенка до статті 80, які передбачали зменшення обсягу недоторканності народних депутатів України. ВРУ системно ставала слабшим інститутом порівняно з інститутом президентства.

Зміни до статті 81 Конституції мали на меті встановити вищий партійний контроль над депутатами, обраними за партійними списками, а також розширити можливості позбавити мандатів депутатів у разі їхньої нелояльності. Володимиру Зеленському потрібен був сильніший контроль над депутатами власної партії, багатьох з яких він не знав особисто.

Зміни до статті 106 мали на меті збільшити повноваження президента щодо новостворених антикорупційних інституцій. З 2015 по 2020 рік в Україні створили нову систему антикорупційних організацій. Їхніх керівників призначав президент за результатами публічного відбору, хоча таке повноваження не належало до вичерпного переліку повноважень президента, передбачених Конституцією. Президенту Порошенку не вдалося домогтися внесення такої поправки, і команда Зеленського спробувала розв'язати цю юридичну проблему разом із встановленням сильнішого контролю над новими антикорупційними організаціями.[436]

Часткове послаблення парламенту, особливо зменшення недоторканності — те, що в минулому цінували олігархи та їхні найближчі працівники, а також політична опозиція, — не було компенсоване зменшенням недоторканності для президента чи суддів. Закон про імпічмент президента не зробив посаду президента більш підзвітною будь-якій іншій гілці влади в Україні.[437]

Попри однопартійну більшість у ВРУ, команда Зеленського не мала потрібних 300 голосів, щоб ухвалити запропоновані конституційні зміни. Це був обмежувальний фактор для нової структури владних відносин. Крім того, масштабність початих змін потребувала сильніших політичних менеджерів в Офісі Президента, Кабінеті Міністрів і парламентській більшості. Зеленський намагався одночасно знайти спосіб розв'язати конфлікт із путінською Росією, почати економічні реформи, які підвищили б доходи українців та українок, і побороти олігархів. Останнє питання — деолігархізація — президент і його команда сприймали як головне політичне завдання та основний спадок президентства Зеленського.

Двадцять дев'ятого серпня 2019 року нова Верховна Рада затвердила на посаду прем'єр-міністром Олексія Гончарука (на той час йому було 35 років) і незвично молодий кабінет міністрів (11 чоловіків і 6 жінок, середній вік яких — 39 років). Юриста і громадського активіста без помітних зв'язків із будь-якими олігархічними групами Гончарука з «кабінетом технократів» багато хто в Україні й на Заході сприйняли як ознаку дистанціювання уряду від усіх можливих неформальних інститутів і розриву з патрональною політикою.[438] Єдиним винятком в уряді був Арсен Аваков, олігарх і беззмінний очільник Міністерства внутрішніх справ (МВС) з 2014 року. У новому політичному режимі Авакова розглядали як гаранта контролю над опозиційними політичними групами, мережами активістів та олігархічними кланами епохи після Євромайдану та зв'язку з ними.

Склад нового керівництва ВРУ та членство у парламентських комітетах восени 2019 року продемонстрували спробу збалансувати ефективність з конституційними демократичними принципами. Парламентська більшість зменшила кількість парламентських комітетів з 27 до 23. З цих 23 комітетів члени фракції СН очолювали 19. На відміну від попереднього парламенту (2014–2019 роки), більшість СН надала різноманітній опозиції можливість очолити чотири комітети. Водночас усі рішення комітетів перебували під повним контролем фракції СН, адже президентська партія мала більшість у кожному парламентському комітеті.

До зими 2019–2020 років адміністрація Зеленського посилила контроль над центральними посадами виконавчої влади, силовими структурами та законодавчою владою. Однак боротьба з неформальними групами тривала в кожному міністерстві, обласній чи великій міській мерії та державній компанії. Хоча силовики досі почувалися досить автономними, клани, які пережили Євромайдан і відновили себе як постреволюційні владні еліти за часів президента Порошенка, відчували дедалі більшу загрозу з боку нових владних структур, що виникали й діяли поза їхнім впливом.

2.2. Приборкана деолігархізація

Початкова конфігурація владних відносин у першому уряді Зеленського протрималася недовго.[439] У січні-березні 2020 року брак досвіду, публічні скандали, безперервні конфлікти зі старими політиками й олігархами, а також початок пандемії COVID-19 змусили Зеленського змінити тактику й уповільнити темпи реформ. Українську політику охопили інформаційні війни за активної участі ЗМІ, підконтрольних олігархам і групам, що поділяють пропорошенківські настрої. Рейтинги Володимира Зеленського досі були дуже високі, тож об'єктами публічного очорнення стали керівник ОП Андрій Богдан і прем'єр-міністр Гончарук.⁴⁴⁰ Обидві ці фігури Зеленський приніс у жертву під час першої політичної кризи його президентства.

У лютому-березні 2020 року президент був змушений змінити політику щодо олігархів. Він прийняв факт, що не може керувати країною без певного рівня комунікації та координації з неформальними групами. Зеленський також зрозумів, що йому потрібні сильніші менеджери в команді. Тому особисто зустрівся з олігархами та представниками великого бізнесу на публічному заході й «непублічно» домовився з ними про певні умови мирного співіснування, яке протривало понад рік.⁴⁴¹ Це дало йому та команді певний час, щоб зміцнити позиції та підготуватися до майбутнього запуску ефективної політики деолігархізації. Хоча президент досі виступав зі зверненнями до нації щодо боротьби з корупцією та олігархією,⁴⁴² здавалося, ніби його запал 2020 року значно зменшився.⁴⁴³

Зеленський був змушений змінити кабінет, але використав це як можливість підвищити ефективність команди. Він призначив більш досвідчених управлінців на важливі державні посади: Андрій Єрмак очолив ОП, Ірина Венедиктова обійняла посаду генерального прокурора, а Денис Шмигаль став новим прем'єр-міністром. Єрмак був давнім бізнес-партнером Зеленського і хорошим перемовником із людьми як з Росії, так і з Заходу.⁴⁴⁴ Ірина Венедиктова, відома юристка і членкиня старої родини *силовиків*, продемонструвала повну лояльність до президента і професіоналізм у парламентській фракції СН.⁴⁴⁵ Денис Шмигаль, який працював в уряді Гончарука 2019 року, виявився лояльною фігурою без власного політичного порядку денного. Його досвід роботи на другорядній посаді в енергетичному консорціумі ДТЕК Ріната Ахметова розглядали радше як позитивну рису: команді Зеленського потрібен був альтернативний Авакову канал комунікації з олігархами.

Уряд Шмигаля продовжив економічні реформи, заплановані попередником, хоч в уряді лишилося тільки п'ятеро міністрів зі старого кабінету. До складу уряду, який Зеленський назвав «новими обличчями з мізками», входила лише одна жінка, а середній вік його членів становив 45 років.⁴⁴⁶

Після змін у лютому-березні й до жовтня 2020 року внутрішньополітичні протистояння вщухли. Боротьба з пандемією COVID-19 надала президентській команді нову легітимність для невідкладних заходів та об'єднання нації. У цей період президентську вертикаль влади розбудовували повільно, без суспільної уваги, аж до початку інституційного конфлікту між президентом та Конституційним Судом України (КСУ) у жовтні-листопаді 2020 року.

2.3. Сек'юритизація президентства Зеленського та перезапуск деолігархізації

КСУ мав бути гарантом балансу між гілками влади. Відповідно до Розділу XII Конституції, КСУ мав захищати верховенство права та систему стримувань і противаг у політичній системі. Однак насправді КСУ так ніколи й не спромігся виконати це завдання. Упродовж історії незалежної України КСУ продемонстрував себе як слабка інституція під постійним неформальним контролем президентів над його рішеннями. Крім того, КСУ міг реагувати на порушення Конституції лише тоді, коли до нього зверталася дуже невелика група посадових осіб, що серйозно обмежувало суд у можливості захищати Конституцію.

Глибина та тривалість конфлікту між Зеленським і КСУ — доволі нове явище у політичній історії сучасної України. Частково він став результатом судової реформи 2015–2019 років, яка зробила судову владу більш самоврядною гілкою, а частково — наслідком неефективної роботи Офісу Президента, який не зміг далі здійснювати узвичаєний неформальний контроль над судом. Починаючи з жовтня 2020 року, команда президента стала використовувати рішення РНБО, щоб блокувати діяльність КСУ, адже його підозрювали у взаємодії з опозиційними групами та кланами для обмеження президентської влади. Узимку 2020–2021 років Україна вступила у фазу, коли робота КСУ була майже повністю заблокована через указ президента (від 29 грудня 2020 року), за яким відсторонили голову суду Олександра Тупицького, та через рішення КСУ (від 30 грудня 2020 року), згідно з яким указ президента був визнаний «юридично нікчемним».[447] Пізніше Зеленський і КСУ бомбардували одне одного правовими актами, які підривали їхню легітимність.[448] Однак саме суд був заблокований у цій боротьбі від втручання у політичну конкуренцію з олігархами, а особливо в нову боротьбу проти них.

Натомість президентство Зеленського вступило у фазу, у якій панівна команда була значно більш стратегічною у питаннях консолідації влади, суворішою щодо політичної опозиції й твердішою в ухваленні рішень. Цей період можна назвати фазою сек'юритизації, тобто особливої впливовості безпекової логіки й органів безпеки на політичні процеси. Від осені 2020 року основна роль в ухваленні рішень перейшла до РНБО, яка — за Конституцією — була лише консультативно-дорадчим органом і рішення якої вводили в дію укази президента. Зеленський і провідні члени його команди почали ухвалювати всі основні рішення з питань внутрішньої політики, міжнародних відносин і питань безпеки через цей орган. Водночас Кабінет міністрів і парламент втрачали роль як впливові інституції: їх використовували лише для легалізації рішень РНБО, коли для цього було замало президентських указів. Ця зміна звільнила адміністрацію Зеленського від потреби шукати консенсусів із ВРУ та обговорювати рішення в КМ. Тепер ОП міг більше зосередитися на протидії важким соціально-економічним наслідкам пандемії COVID-19 (які опозиція використовувала для критики та підриву популярності президента), а також посилити співпрацю зі США та Великою Британією у сфері військових реформ.

У 2020–2021 роках президентська команда реалізувала проєкт «Велике будівництво» з багатомільярдним бюджетом, покликаний відновити застарілу громадську інфраструктуру країни та підготувати її до швидкого відновлення після COVID-19.[449] Водночас його подавали як великий державницький проєкт, що підвищив би й рейтинги президента. Проте проєкт спровокував низку спрямованих проти команди Зеленського звинувачень у неефективному управлінні та корупції.[450]

Досить невтішна діяльність ОП у боротьбі з пандемією, погіршення соціально-економічної ситуації та критика з боку опозиційних груп змогли похитнути суспільну підтримку Зеленського. Ба більше, на довіру суспільства до президента негативно вплинули Pandora Papers, у яких ім'я Володимира Зеленського фігурувало в переліку власників офшорних компаній на Британських Віргінських островах, Кіпрі та Белізі.[451] (Варто зазначити, що ці компанії, вартість яких становить кілька мільйонів доларів США, створили ще до вступу Зеленського на посаду.) Нарешті, конфлікти всередині президентської команди — особливо з Дмитром Разумковим, одним із ключових членів команди Зеленського 2019 року — показали, що ця команда «нових облич» працює так само, як і старі корумповані еліти.[452] Як наслідок, рейтинг президента впав до 24,7% у жовтні 2021 року.[453] Водночас Володимир Зеленський обігнав Петра Порошенка за найбільшим негативним рейтингом серед українських політиків.[454] Приблизно в середині президентства Зеленський серйозно підірвав власний імідж як альтернативи політикам-патронам.

Щоб не дати опозиційним кланам скористатися цим моментом, ОП реалізував антиолігархічний порядок денний. Щоб знищити вплив олігархів на суспільство через засоби масової інформації та ліквідувати незаконні джерела їхнього багатства (доступ до державного бюджету, ухилення від сплати податків та захоплення майна через приватизацію), підготували два законодавчі акти (закон 5599[455] та закон 5600[456]), а наступні кроки описали у довгостроковому «Плані 20 кроків».[457]

П'ятого листопада 2021 року Зеленський підписав Закон України «Про запобігання загрозам національній безпеці, пов'язаним із надмірним впливом осіб, які мають значну економічну або політичну вагу в суспільному житті (олігархів)», який парламентська більшість 279 голосами ухвалила 3 листопада 2021 року. Закон, який мав набути чинності 7 травня 2022 року, встановив досить широкі правові межі для заборони людям, зареєстрованим як олігархам, брати участь в українській політиці або суспільному житті. Відповідно, того чи ту, хто відповідає трьом із чотирьох поданих нижче критеріїв, можуть оголосити «олігархом» за рішенням РНБО (що не передбачене та/або суперечить Конституції України). Отже, олігархом могли визнати людину, яка:

1) Бере участь у політичному житті (згідно з будь-яким із поданих нижче визначень):
   а) є державним службовцем вищого рівня в Україні, наприклад, президент України, народні депутати, члени парламенту, члени уряду тощо; та/або
   б) є близькою людиною або родичем державного службовця вищого рівня; та/або
   в) посідає керівну посаду в політичній партії; та/або
   г) фінансує діяльність політичної партії, політичні кампанії або політичні демонстрації.

2) Має значний вплив на засоби масової інформації (згідно з визначенням, поданим нижче):
   а) є власником, кінцевим бенефіціарним власником (КБВ) або контролером засобів масової інформації (керівник ЗМІ); та/або
   б) передала статус керівника ЗМІ після 7 листопада 2021 року родичу або людині, яка не має бездоганної ділової репутації (як передбачено Законом).

3) Є кінцевим бенефіціарним власником компанії, що має статус природної монополії (визнаний РНБО після консультацій із відповідними органами) або посідає панівне становище на ринку відповідно до Закону України «Про захист економічної конкуренції» та утримує або збільшує таке становище більше одного року поспіль.

4) Чиї сукупні активи (як фізичної особи, так і через компанію, де вона є кінцевим бенефіціарним власником) перевищують 1 мільйон прожиткових мінімумів, встановлених для працездатних осіб на 1 січня відповідного року (у 2021 році це приблизно 84 мільйони доларів США).

Інформацію про людей, визнаних олігархами, мали вносити у спеціальний реєстр («Реєстр олігархів»), яким також керуватиме РНБО. Рада безпеки також мала забезпечити й те, щоб із 7 травня 2022 року олігархам було заборонено фінансувати діяльність політичних партій в Україні та брати участь у великих приватизаційних тендерах. Зареєстровані олігархи будуть зобов'язані щорічно подавати декларації в Раду.

Цей закон, однак, не передбачав жодної відповідальності за порушення вищезазначених обмежень. Він був спрямований проти окремих людей, а не проти олігархічних груп або політичних структур, які давали змогу процвітати олігархії. Закон не використовував жодної з антикорупційних організацій, чи то створених до Євромайдану (Антимонопольний комітет України (АМКУ), Рахункова палата України (РПУ), Державна аудиторська служба України (ДАСУ) тощо), чи то після 2014 року (Національне антикорупційне бюро України (НАБУ), Національне агентство з питань запобігання корупції (НАЗК) тощо). Зрештою, цей закон більшою чи меншою мірою ґрунтувався на патерналістській політичній логіці та не зважав на розподіл повноважень між гілками влади й посадами, визначений Конституцією України. РНБО перетворювалася на величезну інституцію, яка своєю функційністю дублювала чимало державних організацій. Це могло зробити організацію дуже слабко пов'язаною з Конституцією.

Інший антиолігархічний закон, Закон № 5600 «Про внесення змін до Податкового кодексу України та деяких законодавчих актів України щодо забезпечення збалансованості бюджетних надходжень», передбачав суттєві зміни до податкового законодавства, які безпосередньо вплинули на адміністрування податків і порядок податкових розрахунків, а також посилили би фіскальний тиск на окремих платників податків (як олігархів, так і добросовісних підприємців). Він також запровадив акцизний податок у розмірі 3,2% для платників податків, які виробляють електроенергію з відновлюваних джерел енергії (ВДЕ) або використовують когенераційні установки. Після схвалення ВРУ закон набув чинності у грудні 2021 року. Після всіх публічних дебатів і приватних переговорів закон завдав сильного удару по клану Ахметова та деяким іншим олігархам, які мали би сплачувати підвищені податки на видобуток залізної руди. Деякі олігархічні групи, що працюють в аграрному секторі, також постраждали через зміну оподаткування та нові тарифи на залізничні перевезення. Водночас під час розгляду законопроєкту депутати додали поправку, яка зменшила розмір податків для олігархічних бізнесів Юрія Косюка й Ігоря Коломойського. Фактично цей акт частково сприяв деолігархізації за допомогою фрагментарного підходу, коли одні олігархи були покарані, а на інтереси інших зважили — залежно від їхньої лояльності до президента й уряду в період до повномасштабного вторгнення.

Два вищезгадані закони мали завдати значної шкоди олігархам загалом і тим, хто підтримував опозицію або мав проросійські симпатії зокрема. Наприклад, за підрахунками експертів *Forbes Україна*, належна імплементація цих законів коштувала б Ахметову до мільярда доларів США збитків.[458]

Ці радикальні антиолігархічні кроки президентської команди породили сильне та легальне занепокоєння в Україні та на Заході. У відповідь Андрій Єрмак опублікував спеціальний блог на сайті Атлантичної ради, у якому пояснив політику деолігархізації Зеленського.[459] Єрмак стверджував, що законодавство про деолігархізацію спрямовано на те, щоб «не дати олігархам купувати вибори, мати надмірний вплив на уряд та економіку України або мати владу, щоб перешкоджати прогресу реформ в Україні та її демократичному потенціалу». Він також заявляв, що олігархи намагаються «саботувати ключові сектори української економіки, щоб змусити керівництво країни відмовитися від цих реформ». Єрмак пообіцяв, що наступним кроком президента буде продовження нової судової реформи, яка «дозволить судовій системі протистояти тиску з боку олігархів і дасть українцям та іноземним інвесторам впевненість у тому, що їхні законні комерційні інтереси будуть захищені».[460]

Описану логіку незабаром втілили у проєкті політичного документа «План з 20 кроків по боротьбі з впливом олігархів».[461] Його не оприлюднювали, але подробиці обговорювали на засіданнях Ради безпеки та Кабміну в листопаді 2021 року. Згодом проєкт плану потрапив до експертного середовища, тож відомо, що він передбачає такі кроки: Міністерство юстиції (Мін'юст) мало координувати діяльність інших органів виконавчої влади щодо політики деолігархізації, зокрема створити реєстр олігархів, розробити процедуру перевірки ділової репутації будь-якого потенційного покупця ЗМІ, посилити інституційну спроможність антимонопольного комітету та забезпечити застосування міжнародно-правових інструментів захисту іноземних інвестицій до інвестицій українських бенефіціарів компаній, зареєстрованих в іноземних юрисдикціях (офшорах). До переліку також увійшли завдання, які мали на меті поліпшити роботу судів і Національної комісії, що здійснює державне регулювання у сферах енергетики та комунальних послуг (НКРЕКП), а також удосконалити закон про ЗМІ, який зробив би прозорою їх структуру власності і дозволив би Національній раді з питань телебачення і радіомовлення легко, без судів анулювати ліцензії на мовлення в разі порушень.

Цей план так і не реалізували повністю через повномасштабне вторгнення Росії в Україну, але він продемонстрував серйозність намірів Зеленського щодо здійснення своєї політики деолігархізації попри юридичні та політичні перешкоди. План також засвідчив, що Рада безпеки створила нову лінію підпорядкування: Мін'юст перетворювався на орган, який виконував би основні рішення, ухвалені на РНБО.

Загалом цей етап продемонстрував два суперечливі процеси в українській політиці. З одного боку, Офіс Президента Зеленського справді мав на меті знищити соціальний і політичний вплив олігархів, що могло би завдати шкоди патримоніальній політиці в Україні. З іншого, програма не зважала на конституційну систему стримувань і противаг, а також значною мірою сек'юритизувала українську політику.

Таблиця 1. Подібності та відмінності між владною вертикаллю Зеленського та неформальними однопірамідальними патрональними мережами

Одинарна піраміда Зеленського електромережа	Схожі чи різні?	Неформальна одинарна піраміда меценатська мережа
пірамідальна ієрархія	≈	пірамідальна ієрархія
особиста лояльність клієнтів	≈	особиста лояльність клієнтів
посилення влади президента	≈	посилення влади президента
зменшення повноважень парламенту	≈	зменшення повноважень парламенту
рішення перенесені до офіційного органу (РНБО)	← →	рішення перенесені до неформального органу (патронального суду)
немає дискреційних заохочень і покарань (нормативні антиолігархічні заходи)	← →	дискреційні заохочення та покарання (цільові закони та заходи)
немає накопичення особистого багатства (нормативний розподіл державних коштів, немає нових «олігархів-меценатів»)[462]	← →	накопичення особистого багатства (дискреційний розподіл державних коштів, нові «олігархи-меценати»)
немає розпорядження статусом і багатством з боку лідера мережі (націоналізація у воєнний час не спрямована проти тих, хто не належить до мережі, на користь інсайдерів; немає транзитної націоналізації)[463]	← →	розпорядження статусом і багатством з боку головного патрона («хижа» поведінка проти тих, хто не належить до мережі, на користь її учасників; транзитна націоналізація

2.4. Антикорупційна система та деолігархізація

До початку повномасштабної війни з Росією в Україні було три набори антикорупційних організацій (АКО), спрямованих на боротьбу з корупцією, просування належного врядування та, в ідеалі, обмеження патрональної політики: *давні* організації постали до 2014 року; *новіші* створили під час хвилі реформ після Євромайдану, тобто після 2014 року; і *новітні* антикорупційні організації виникли у 2020–2021 роках. Ця антикорупційна система (АКС) передбачала і регуляторні, і каральні організації (Таблиця 2).

Давні антикорупційні організації створили переважно в 1990-х, коли відбувалося становлення нової української держави та олігархії, які взаємно впливали на інституціоналізацію одне одної. Антимонопольний комітет України (АМКУ), який мав захищати конкуренцію у сфері підприємницької діяльності, створили 1992 року. У 2021 році комітетом керував його сьомий очільник (тимчасовий виконувач обов'язків), а серед його членів було дуже сильне представництво найпотужніших олігархічних кланів. Фонд державного майна України (ФДМУ) створили 1991 року, а його тринадцятого директора мали звільнити у січні 2022. Серед інших важливих державних органів цієї категорії були кілька департаментів Служби безпеки України (СБУ), МВС та Генеральної прокуратури (ГПУ), а також різні установи, які 2021 року називали Рахунковою палатою України (РПУ), Державною аудиторською службою України (ДАСУ) тощо. Ці інституції були реліктами попередніх спроб українських реформаторів встановити систему належного врядування та ефективних інституцій для боротьби з корупцією і посилювати належне врядування. Попри такі наміри, від моменту створення згадані інституції перебували під постійним контролем з боку неформальних груп.

Таблиця 2. Матриця українських антикорупційних організацій / організацій, що займаються питаннями належного врядування

Давні АКО		Новіші та новітні АКО	
Регуляторні	Каральні	Регуляторні	Каральні
АМКУ	СБУ/МВС / ГПУ	НАЗК (частково)	НАЗК (частково)
Фонд державного майна України	Рахункова палата України	НКРЕКП	ДБР, НАБУ та САП
	Державна аудиторська служба України	АРМА (частково)	АРМА (частково)

У 2014 році президент Порошенко, новообрана Європейська коаліція в українському парламенті й українські громадські організації за підтримки урядів країн Заходу стали на шлях створення нової антикорупційної системи, до якої увійшли Національне антикорупційне бюро України (НАБУ), Спеціалізована антикорупційна прокуратура (САП), Вищий антикорупційний суд (ВАС) і Національне агентство з питань запобігання корупції (НАЗК). Згодом до цієї системи додали Державне бюро розслідувань (ДБР), Агентство з розшуку та менеджменту активів (АРМА) та Національну комісію, що здійснює державне регулювання у сферах енергетики та комунальних послуг (НКРЕКП). Зазначені органи створювали повільно та нерівномірно. Деякі з них, як-от НКРЕКП, НАЗК та НАБУ, почали працювати у 2015–2016 роках, тоді як інші, наприклад, ВАКС і ДБР, стали функціонувати лише після того, як Зеленський обійняв посаду президента.

Станом на липень 2021 року, за оцінками експертів *Transparency International* та «Української правди»,[464] досягнення цих нових антикорупційних організацій можна підсумувати так, як показано в Таблиці 3.

Таблиця 3. Організаційні досягнення та інституційна готовність нових АКО

Організація	Основні вимірювані досягнення	Оцінка готовності до ефективної роботи (за 5-бальною шкалою, де 5 балів - повна інституційна готовність)
Національне антикорупційне бюро України (НАБУ)	879 кримінальних проваджень у процесі 397 повідомлень про підозру 325 обвинувальних актів направлено до суду 56 обвинувальних вироків	3.6
Спеціалізована антикорупційна прокуратура (САП)	250 обвинувальних актів направлено до суду 47 обвинувальних вироків	3.3
Національне агентство з питань запобігання корупції (НАЗК)	3407 перевірених декларацій у 2017-2021 роках 16 882 людини внесені в Реєстр корупціонерів	3.6
Вищий антикорупційний суд (ВАКС)	55 ухвал 1 090 492,221 грн застави перераховано на рахунок ВАКС кримінальні провадження перебувають на розгляді в АС ВАКС	4

Подані цифри та оцінки свідчать, що до 2022 року нові антикорупційні організації досягли певного рівня ефективності, що, однак, не призвело до радикального зниження рівня корупції чи занепаду патрональної політики.

Президентська команда ставилася до новіших антикорупційних організацій як до інституційної спадщини, за допомогою якої постєвромайданівські еліти та західні уряди намагалися їх контролювати. Це ставлення, а також постійні сутички між давніми та новішими елементами змусили Зеленського створити інший тип антикорупційних організацій в ОП.

Новітні антикорупційні організації постали внаслідок перетворення РНБО на агломерат напівпов'язаних новостворених служб і департаментів, відповідальних за (часто неформалізовані) регуляторну та каральну діяльність, спрямовану на реалізацію політики деолігархізації Зеленського. Також РНБО наглядала за діяльністю інших органів влади — Мін'юсту, ДБР, АРМА та інших, що відповідали за реалізацію політики деолігархізації.

Усі три елементи антикорупційних організацій перебували у парадоксальній ситуації. До лютого 2022 року Україна значно випереджала західні країни за можливостями моніторингу способу життя публічних службовців і прозорості публічних тендерів, однак і надалі мала проблеми з «величезною корупцією та викликами, пов'язаними з верховенством права».[465] Українська антикорупційна система з її давніми, новішими й новітніми елементами — у політичному контексті до повномасштабного вторгнення — не змогла значно обмежити й масштаби корупції. Ефективність її роботи системно підривала конкуренція між її окремими організаціями. Наприклад, у 2018–2019 роках керівники САП і НАБУ шпигували один за одним та звинувачували один одного в корупції, передавши результати своїх розслідувань до ЗМІ, а не до судів.

Попри це, ОП відігравав дедалі важливішу роль у фрагментуванні олігархії та створенні ворожих таборів серед олігархічних кланів. На січень 2022 року відносини між президентською командою та кланами можна було описати за трьома типами стосунків: ворожість, лояльність і нейтралітет. Високий рівень ворожості однозначно був із боку клану Порошенка, клану Ахметова, клану Авакова, клану Медведчука й агломерату менших груп навколо мерів Віталія Кличка (Київ) та Бориса Філатова (Дніпро). Певний рівень лояльності до президента демонстрували рештки групи «Приват» і колишнього клану Фірташа (переважно групи навколо Сергія Льовочкіна), клан Пінчука (з деякими застереженнями), клан Косюка й деякі аграрні клани (які очікували на президентський патронат у приватизації землі). До нейтральних кланів належали клан Бойка (та деякі інші частини колишнього клану Фірташа), групи Григоришина та «Енерго», залишки Індустріального союзу Донбасу, клан Новінського, а також маса старих і нових місцевих кланів, що почали бурхливо розвиватися після реформи децентралізації 2015 року.

3. Повномасштабна війна та зміна управління

Двадцять четвертого лютого 2022 року Росія почала повномасштабне вторгнення в Україну. Це спричинило глибокі зміни політичного режиму та суспільного устрою, що відчутно позначилося як на публічній, так і на патрональній сферах політики. Однак прихильність Володимира Зеленського до політики деолігархізації не тільки пережила початок повномасштабної війни, а навіть посилилася, щойно успіхи української армії дали змогу повернутися до реформ.

З початком повномасштабного вторгнення єдиним пріоритетом Зеленського стала оборона України. Проте після квітня 2022 року команда президента адаптувалася до воєнного стану та перейшла до багатовимірного управління, виконуючи багато завдань одночасно, зокрема у сфері політики безпеки й оборони та боротьби з корупцією. Ці дві цілі були критично важливими для збереження довіри західних союзників, які надавали Україні посилену військову, політичну, гуманітарну та фінансову підтримку. Офіс Зеленського також почав вживати заходів, щоб підготувати країну до тривалої війни на виснаження, майбутньої відбудови України та виборів у 2023–2024 роках. З усіх цих причин боротьба з олігархами та корупцією залишалася критично важливою. А воєнний стан надав президенту та його команді більше можливостей для подальшої боротьби з олігархією.

Попри успіхи в обороні Києва, Чернігова та Харківської області, невдачі в Маріуполі та Сєвєродонецьку вдихнули нове життя в політичні суперечки. Опозиція на чолі з Петром Порошенком використала ситуацію на Донбасі для нападок на президента та його воєнну стратегію. Хоч ця критика швидко припинилася зі звільненням Харківської й Херсонської областей, сигнал про загрозу в ОП почули й негайно застосували всі можливості, що їх надавав президентові воєнний стан. СБУ відновила допити затриманого проросійського олігарха Віктора Медведчука, який почав свідчити проти Порошенка щодо його угод з керівництвом Росії.[466] У зв'язку зі звинуваченнями Порошенка в організації незаконного продажу вугілля, видобутого на Донбасі, і виплаті готівки сепаратистам на допит також викликали Олександра Турчинова, в.о. президента України у 2014 році та високопоставленого політика в адміністрації Порошенка (2015–2019), та Арсенія Яценюка, колишнього прем'єр-міністра (2014–2016).[467] Це розслідування тривало наприкінці 2022 року з меншим розголосом у ЗМІ й без судових розглядів.

Війна, однак, вплинула на українську олігархію не лише на рівні окремих кланів, але й на системному. Російські обстріли промислової та енергетичної інфраструктури в усій Україні — і серед них металургійний комбінат «Азовсталь» Ахметова в Маріуполі, нафтопереробний завод Коломойського в Кременчуку та сотні електростанцій, що належать п'яти найбільшим кланам — зруйнували економічну основу ресурсів, які олігархи використовують для впливу на політиків. Разом із політикою деолігархізації Зеленського ця ситуація створила можливості викоренити олігархію в Україні.

Складно точно оцінити економічний вплив війни на українських олігархів. Деяке загальне уявлення можна отримати, якщо порівняти дані журналів *Forbes* та *Forbes Україна*.[468] Згідно з цими даними, з січня по листопад 2022 року статки олігархів значно зменшилися:

- Рінат Ахметов: з 13,7 млрд доларів США до 4,3 млрд доларів США;
- Віктор Пінчук: з 2,6 млрд доларів США до 2 млрд доларів США;
- Вадім Новінскій: з 3,5 млрд доларів США до 1,3 млрд доларів США;
- Геннадій Боголюбов: з 2 млрд доларів США до 1,1 млрд доларів США;
- Ігор Коломойський: від 1,8 млрд доларів США до менш ніж 1 млрд доларів США;
- Петро Порошенко: з 1,6 млрд доларів США до 0,7 млрд доларів США.

Очікування щодо застосування антиолігархічного закону змусили найвідоміших кланових вождів ужити заходів, аби не відповідати трьом із чотирьох критеріїв олігарха. Відповідно, влітку 2022 року Вадім Новінскій склав депутатський мандат, а Рінат Ахметов вийшов зі свого медіабізнесу. Такі ж кроки повторили й інші менш відомі олігархічні фігури. Водночас секретар РНБО Данилов звітував, що Реєстр олігархів уже розробляють, а його команда досліджує документи, які створять правові підстави для визнання ними принаймні 86 громадян.[469] У жовтні 2022 року Рада безпеки оголосила тендер на створення програмного забезпечення реєстру.[470] Отже, сам факт підготовки реєстру вплинув на діяльність багатьох олігархічних фігур ще до його запуску.

Паралельно з цим Офіс Президента підготував документи, завдяки яким Зеленський зміг позбавити деяких олігархів українського громадянства. Серед них були Ігор Коломойський, Геннадій Корбан і Вадим Рабінович.[471]

Це суттєво посилило загальний тиск на всіх олігархів, незалежно від їхньої належності до лояльних, нейтральних чи ворожих кланів.

Наступний важливий крок у деолігархізації зробили 6 листопада 2022 року. Цього дня Національна комісія з цінних паперів та фондового ринку (НКЦПФР), керуючись воєнною необхідністю та Законом України «Про передачу, примусове відчуження або вилучення об'єктів права власності в умовах правового режиму воєнного чи надзвичайного стану», виконала рішення Ставки верховного головнокомандувача «про примусове відчуження в державну власність» акцій стратегічно важливих підприємств, зокрема п'яти великих промислових компаній, що належали олігархам.[472] Серед цих підприємств були:

- Укрнафта (42% акцій належали Коломойському, а більша частина — державі);
- Укртатнафта (60% акцій належали Ігорю Коломойському та Геннадію Боголюбову);
- Мотор Січ (56% акцій В'ячеслав Богуслаєв продав китайським інвесторам, але угоду зупинив Антимонопольний комітет, а Богуслаєва арештували);
- АвтоКрАЗ (власник — Костянтин Жеваго);
- Запоріжтрансформатор (власник — Костянтин Григоришин).

Конфісковані акції наразі набули статусу військового майна та перебувають в управлінні Міністерства оборони України. Згідно з законом, після завершення воєнного стану власникам їх або повернуть або відшкодують їхню вартість.

Усі зазначені кроки уряду Зеленського свідчать, що деолігархізацію не лише продовжили під час війни: вона стала набагато більш радикальною та почала змінювати усталену політекономічну основу України. Війна та воєнний стан надали владі змогу зруйнувати олігархічні клани в Україні.

Проте є питання: чи скористається Україна цим шансом? І якщо так, то чому сприятиме деолігархізація — переходу до демократії чи до автократії?

Деякі негайні відповіді на ці питання уряд Зеленського та західні союзники України надали в січні-лютому 2023 року. У цей період сталася ціла лавина дій правоохоронців для розслідування корупційних справ, початих 2022 року. Тільки за один день — 1 лютого 2023 року — провели десятки обшуків із врученням офіційних повідомлень про підозру в приміщеннях, що належать Ігорю Коломойському, Арсену Авакову, а також деяким посадовцям Міноборони та Державної податкової служби.[473] За заявами високопосадовців із Вашингтона та Брюсселя, вони оцінили ці події як свідчення здатності української влади боротися з корупцією. Довіру до України також підтримала робота моніторингових місій, які стежать за належним використанням військової та фінансової допомоги Заходу.[474]

4. Фінальні запитання та відповіді

Повномасштабне вторгнення Росії шокувало системну корупцію та її екосистему в Україні. Нова фаза війни — і породжена нею суспільно-політична ситуація — поклала край будь-якій співпраці між організованою злочинністю та інтересами транснаціональних груп у Східній Європі, а також змусила багатьох українських лідерів та учасників корупційних мереж зробити вибір: «стати патріотом або залишитися паразитом».[475] За цих умов політика деолігархізації отримала новий шанс на впровадження.

Політика деолігархізації — в умовах війни й ефективної антикорупційної системи — справді може зруйнувати усталені олігархічні клани в Україні. Це означає, що багато «прийомних політичних сімей» (кланів) і пов'язаних із ними патрональних пірамід зникнуть. Однак чи означатиме руйнування багатопірамідальної олігархії кінець патрональної політики?

Патрональна політика процвітає «в суспільствах, де індивіди організовують політичні та економічні прагнення насамперед навколо персоналізованого обміну конкретними винагородами й покараннями через ланцюжки особистих знайомств, а не навколо абстрактних, безособових принципів».[476] Таку політику практикують через неформальні патрональні мережі, які можуть бути організовані в одно- або багатопірамідальні політичні системи. Наразі в Україні можна спостерігати, як багатопірамідальна патрональна політика наближається до завершення, а отже, політичний розвиток країни перебуває на етапі доленосного вибору: або дальша розбудова публічної політики, що ґрунтується на верховенстві права та принципах належного врядування, або перехід до однопірамідальної патрональної політичної системи.

Війна проти Росії може бути вирішальним фактором у цьому виборі. На початку 2000-х, коли Путін почав знищувати олігархію в РФ, російські владні еліти зробили вибір на користь однопірамідального патроналізму, який визначив політичний, ідеологічний і соціально-економічний розвиток їхньої країни на десятиліття вперед, аж до сьогодення. Війна була одним із факторів, що зумовили цей вибір. Спогади про Першу чеченську війну, за якою була Друга чеченська війна, забезпечили Путіну підтримку в заходах із централізації влади у своїх руках і запропонували росіянам специфічну «суспільну угоду»: фізичну безпеку та стабільний дохід домогосподарств в обмін на політичні свободи.[477]

Така модель може бути спокусливою для команди Зеленського в нинішніх умовах війни. За умов централізації влади, повного контролю над ЗМІ та дисциплінованим суспільством у часи воєнного стану зростає спокуса прийняти одноосібне патрональне правління в обмін на перемогу та швидке економічне відновлення. Однак Україна та її панівна група сьогодні перебувають в іншій ситуації, ніж Росія у 2002–2007 роках. У війні проти агресивної Росії Україна стоїть разом із західними демократіями, які надають їй необхідні військові, фінансові та інші ресурси. Ця підтримка може критично зменшитися, якщо Україна відмовиться від демократичного вибору. Такого фактора не було для Росії двадцять років тому.

Ще одна суттєва відмінність випливає з контрасту в тому, як діє оточення Путіна й команда Зеленського. Путін і група, яка привела його до влади, сформувалися в КДБ з відповідними компетенціями, навичками та світоглядом. З одного боку, ці кадри змогли створити систему єдиної піраміди та використовувати для розвитку великих транснаціональних енергетичних проєктів; з іншого боку, їхнє правління було принципово вороже до публічної політики, верховенства права та міжнародного порядку, який базується на правилах.[478] Зеленський і його команда сформувалися на ґрунті соціального хаосу України 1990-х років та успішних шоубізнес-проектів, орієнтованих на східноєвропейську аудиторію в 2000-х. Вони вміють адаптуватися до найбільш несприятливих умов і роблять це творчо та публічно. Хоча, як зазначали вище, їм вдалося створити президентську вертикаль влади, де роль конституційних принципів була применшена, їхній інтерес до публічної сфери постійно конкурує зі стимулами неформальної політики. Під час повномасштабної війни Зеленський і його команда стали важливою частиною орієнтованих на Захід політичних мереж, причому моделі останніх мають на них сильний вплив.

Отже, нова фаза війни та поглиблення деолігархізації не створюють потужних передумов для вибору на користь однопірамідального патроналізму в Україні. Проте залишається питання, як *закінчення* війни вплине на політичний вибір українців? Чи будуть централізація воєнного часу та руйнування олігархії незворотними?

Відповідь на це питання можна дати як три базові сценарії: нескінченна війна, перемога України або її поразка. У разі тривалої кількарічної війни надзвичайний стан (який фактично почався під час війни на Донбасі 2014 року й поглибився з пандемією у 2020–2021 роках ще до повномасштабної війни) справді може стати новою нормою. Владні групи нового політичного покоління, чиї члени отримали досвід перебування або на фронті, або у волонтерських мережах, можуть прийняти політичний порядок, у якому конституційні стримування і противаги більше не діють, де вертикаль влади воєнного часу — це ефективний засіб управління і мирний час, а опозицію маргіналізовано й до неї ставляться як до «ворогів народу». З дальшою деолігархізацією та зникненням кланів, здатних обмежувати ефективність влади через корупцію, формальна політична опозиція та розмаїта медіасфера можуть стати надто слабки-ми, щоб утримувати демократичну динаміку в Україні. Отже, лише вплив західних союзників залишиться стимулом для демократичного розвитку країни, тоді як внутрішні стимули для демократизації будуть слабкі. У контексті такого сценарію антипатрональна трансформація була б можлива, але не гарантована.

У разі перемоги України у наступному році або раніше — сценарій, який на час написання цього розділу здається імовірним, — конституційні стримування та противаги можуть швидко відновитися. Повоєнна ситуація, найпевніше, передбачатиме відновлення не лише економіки України, але й її Конституції та публічного врядування. Розробляти Конституцію та створювати нову Конституційну асамблею мали б до нових парламентських і президентських виборів. Водночас виняткові повноваження президента поступово скасують, адже соціально-політичне відновлення буде можливе лише за підтримки західних демократій. Новий парламент, президент, Конституційний і Верховний суди, Кабінет міністрів і Національний банк повернуться до роботи в режимі мирного часу — з перспективою вступу України до ЄС. У цей період було б критично важливо не допустити повернення патроналізму з його визначальним впливом на політекономічну систему нової України. Отже, Асамблея та інституції, що надаватимуть підтримку для відновлення України, мають бути готові не допустити відродження олігархії та патрональної політики. Це потребуватиме постійного зміцнення ідеологічного та медійного розмаїття, політичного плюралізму та повернення до політичної конкуренції. Фактично це означатиме повернення до посткомуністичного порядку денного 1991 року, але цього разу з політичною мудрістю, яка взяла б до уваги гіркі уроки останніх трьох десятиліть. Якщо цей сценарій реалізують, антипатрональна трансформація має високі шанси на успіх.

У малоймовірному випадку поразки України незалежної держави не залишиться. Трансформація в такому разі стосуватиметься різних геть інших, невідомих політичних, соціальних і правових інституцій, які можуть постати в цій ситуації. Настільки інших, що питання про антипатрональну трансформацію України втрачає сенс.

Україна переживає трагічний період тектонічних змін та історичних викликів. Попри війну та пов'язані з нею злочини й руйнування, українці та їхня республіка мають змогу перетворитися на європейську демократію, що ґрунтується на верховенстві права, з ефективною та інклюзивною економікою.

Абревіатури

АКС	Антикорупційна система
АМКУ	Антимонопольний комітет України
АРМА	Агентство з розшуку та менеджменту активів
ВАС	Вищий антикорупційний суд
ВОФК	Вищий орган фінансового контролю
ГПУ	Генеральна прокуратура України
ДАС	Державна аудиторська служба
ДБР	Державне бюро розслідувань
ДОП	Політика деолігархізації
КСУ	Конституційний Суд України
МВС	Міністерство внутрішніх справ
Мін'юст	Міністерство юстиції
НАБУ	Національне антикорупційне бюро України
НАЗК	Національне агентство з питань запобігання корупції
НКРЕКП	Національна комісія, що здійснює державне регулювання у сферах енергетики та комунальних послуг
ОП	Офіс Президента
РНБО	Рада національної безпеки і оборони
РП	Рахункова палата
САП	Спеціалізована антикорупційна прокуратура
СБУ	Служба безпеки України
ФДМУ	Фонд державного майна України

II.

Олігархічні структури та війна: шанс для антипатрональної трансформації?

Українські олігархи: війна як виклик

Ігор Бураковський, Станіслав Юхименко

1. Вступ

Політичне й економічне панування олігархів — «традиційний» елемент політичної та економічної системи посткомуністичних країн, що раніше входили до Радянського Союзу. Відповідно, формування олігархічних режимів і механізми їх функціонування завжди були в центрі уваги політиків та експертів. У довоєнній Україні держава як інститут фактично була захоплена олігархами через політичну корупцію, що сприяло дальшому розвитку та зміцненню корупційних неформальних зв'язків і відносин. Помаранчева революція (2004) та Революція Гідності (2014) стали справжнім політичним шоком для олігархів, але загалом олігархічний режим вистояв і пристосувався до постреволюційних реалій.[479]

З іншого боку, процеси всередині українського режиму зазнавали впливу екзогенних факторів. Одразу після Революції Гідності Росія анексувала Крим (2014), а за кілька місяців почала агресивну війну на сході України. Фактично саме 2014 року Росія розв'язала війну проти України, хоч її формат і масштаби суттєво відрізнялися від агресії, що почалася 24 лютого 2022 року.

Нижче ми проаналізуємо, як олігархи зреагували на цей екзогенний шок для української політичної системи з погляду їхньої фінансової діяльності та політичних позицій. Загалом можна говорити про два етапи реакції олігархів на російську агресію. Перший етап, який тривав із лютого-березня 2014 року до 24 лютого 2022 року, характеризувався захопленням Криму майже без опору з боку України та військовими діями на сході України. У цей період до нових умов адаптувалися і українська держава, і підприємці й олігархи, чия політична позиція щодо російської агресії була неоднозначною й зосереджувалася насамперед на «нормалізації» відносин з агресором (з яким деякі з них мали фінансові зв'язки).

Другий етап бере відлік 24 лютого 2022 року, коли Російська Федерація почала повномасштабну військову агресію проти України. Втрати олігархів на цьому етапі були набагато більші, ніж на першому, а їхня політична позиція щодо російського нападу стала більш однозначною. Інакше кажучи, приклад України показує: що сильніше олігархи потерпають від зовнішньої агресії, то ймовірніше вони критично ставитимуться до цієї агресії та агресора (з яким можуть навіть мати фінансові зв'язки), і то більше ставатимуть на бік власної країни-жертви, її уряду та національної оборони. Цей розділ має на меті показати розвиток цього «патріотизму з необхідності», описуючи контекст епохи до 2022 року, щораз тяжчі втрати олігархами активів і статків, а також зміни їхньої публічної політичної позиції. В останньому розділі ми обговоримо економічні перспективи України та деякі принципи підприємницької, а не олігархічної реконструкції після війни.

2. Українські олігархи та російська агресія (2014–2023)

2.1. Адаптація до реалій війни після анексії Криму

Після анексії Криму трьом українським економічним акторам довелось адаптуватися до нових реалій, зумовлених окупацією. По-перше, Україна як держава майже відразу втратила контроль над відповідними активами в регіоні. Водночас була низка спроб бодай якось урегулювати нові економічні реалії. Дванадцятого серпня 2014 року ухвалили спеціальний Закон «Про створення вільної економічної зони (ВЕЗ) "Крим" та про особливості здійснення економічної діяльності на тимчасово окупованій території України», який діяв до 1 липня 2021 року.[480] Цей закон визначив правовий режим ввезення та вивезення товарів з тимчасово окупованої території, а також особливості оподаткування таких операцій. Зокрема, цей закон звільнив від оподаткування доходи, отримані юридичними особами та їхніми відокремленими підрозділами на тимчасово окупованій території, а також операції інших об'єктів оподаткування на цій території.

Для вільного обігу товари з території ВЕЗ «Крим» на іншу територію України та навпаки мали постачати в митному режимі імпорту. Постачання товарів, що мають митний статус українських товарів, прирівнювали до митного режиму експорту.

Закон був покликаний захистити інтереси українського бізнесу в умовах не лише фактичної втрати регуляторного контролю над територією Криму, а й входження Криму в російське регуляторне поле після анексії Росією. На практиці це означало, що для виробничої та комерційної діяльності на території анексованого Криму українські компанії в регіоні мали перереєструватися відповідно до законодавства РФ та сплачувати податки в російський бюджет.

Це підводить нас до другої групи, якій довелось адаптуватися — до українських підприємців. У цей час реакція представників бізнесу на анексію Криму була дуже різною. Деякі компанії перереєструвалися на материковій частині України, інші — за російським законодавством з усіма відповідними наслідками. Водночас під час перереєстрації власники також змінювали структуру власності підприємств, а частина активів продали або передали новим власникам. У будь-якому разі, ці зміни відбивали різні способи зберегти контроль над активами.

Ситуація на тимчасово окупованих територіях на сході України з погляду регуляторного режиму для українського бізнесу розвивалася багато в чому за кримським сценарієм, і реакція українського бізнесу була схожою. Однак після анексії Крим перейшов на російське законодавство, а самопроголошені «ЛНР» та «ДНР» запровадили власні закони та нормативно-правові акти.

Зрештою, у 2021 році Закон «Про створення вільної економічної зони "Крим"» скасували. На це було три основні причини. По-перше, Закон створював можливості для реалізації всіляких тіньових схем, особливо вигідних олігархам та іншим економічним суб'єктам регіону (зокрема, малому та середньому бізнесу). По-друге, громадяни, які залишилися на тимчасово окупованій території, отримали статус нерезидентів, що дискримінувало решту громадян України. По-третє, з огляду на міжнародні санкції у зв'язку з анексією Криму, підтримання економічних зв'язків з анексованою територією було політично невиправданим.

Нарешті, перейдімо до українських олігархів, які є особливою групою в окупованому регіоні, залученою в специфічні політичні й економічні процеси. Олігархи опинилися в ситуації тристороннього тиску, адже умови та перспективи ведення бізнесу на тимчасово окупованих територіях визначали відповідна політика України, дії окупаційної влади «на місцях», включно з централізованим *рейдерством* проти власності місцевих суб'єктів господарювання (обговоримо нижче), та політика Російської Федерації щодо України. За таких умов олігархи були змушені вибирати стратегію балансування між трьома названими центрами ухвалення рішень.

Хоч олігархи постали перед специфічними місцевими умовами й агресивними практиками Росії, однак перебували у вигідному становищі у стосунках з українською державою, адже їхній бізнес працював як на материковій частині України, так і на тимчасово окупованих територіях. Тому збереження економічних зв'язків у межах великих корпорацій справедливо вважали важливим матеріальним чинником реінтеграції розділених територій. Зважаючи на ці економічні та політичні реалії, Указом Президента України від 15 березня 2017 року було введене в дію рішення Ради національної безпеки і оборони України від 15 березня 2017 року «Про невідкладні додаткові заходи щодо протидії гібридним загрозам національній безпеці України», яке регламентує переміщення товарів через лінію зіткнення в межах Донецької та Луганської областей.[481] Проте ситуація на окупованих територіях сходу України швидко довела, що відновлення економічних зв'язків між «материковою» Україною і тимчасово окупованими територіями, і зокрема повернення втрачених активів їхнім законним власникам, можливе лише за умови відновлення територіальної цілісності України.

Взаємозалежність української держави й олігархів була помітна і в політичній сфері. Щоб запобігти поширенню сепаратистських настроїв і проявів, 2 березня 2014 року олігархів Ігоря Коломойського та Сергія Таруту призначили головами Дніпропетровської та Донецької обласних державних адміністрацій відповідно. (Коломойський обіймав цю посаду до березня 2015 року, а Тарута — до жовтня 2014 року.) Логіка цих призначень була така: ці люди мають сильні економічні та політичні позиції як у відповідних регіонах, так і в центральних областях України, володіють необхідними фінансовими й управлінськими ресурсами і глибоко розуміють місцеву специфіку. Інакше кажучи, їх сприймали як «своїх [українських] людей».

За деякими даними, в адміністрації президента Петра Порошенка також розглядали дві інші кандидатури — колишнього міністра енергетики й олігарха Юрія Бойка та найбагатшої людини України Ріната Ахметова. Вони, згідно з домовленістю з Російською Федерацією, мали замінити самопроголошених керівників окупованих Донецької та Луганської областей в межах українсько-російського врегулювання ситуації на сході України.[482] Однак ці призначення так і не трапилися та повністю втратили актуальність, коли 24 лютого 2022 року почалося повномасштабне вторгнення Росії, яка мала на меті покласти край незалежності України.

2.2. Позиція олігархів після 2014 року: невизначеність і заклик нормалізувати відносини

На першому етапі агресії виникла якісно нова військово-політична ситуація, яка стала якісно новим викликом для олігархів з точки зору їхньої політичної самоідентифікації. Наприклад, Дмитро Фірташ (чиї статки пов'язані з постачанням російського газу в Україну через відомого посередника «РосУкрЕнерго») через два місяці після початку Євромайдану 30 січня 2014 року закликав до мирного розв'язання протистояння. Дев'ятого лютого 2014 року він звернувся до президента України, Кабінету Міністрів і парламентарів із закликом припинити силове протистояння та розв'язати кризу у Верховній Раді.

У березні 2014 року Дмитро Фірташ від імені ділових кіл України звернувся до голови Російського союзу промисловців і підприємців Олександра Шохіна, а також до всієї російської бізнес-спільноти з приводу ситуації на політичній арені. Він закликав російських бізнесменів зупинити війну між Росією та Україною.[483] Ми інтерпретуємо ці заяви як такі, що продиктовані насамперед міркуваннями про безпеку його власних активів в Україні, Росії, Австрії, Угорщині, Німеччині, Італії, Кіпрі, Таджикистані, Швейцарії та Естонії.

Позицію провідних українських політичних та економічних гравців щодо російської анексії Криму й агресії на сході України (принаймні тих, хто має певні економічні інтереси в регіоні) можна схарактеризувати так:

- *Рінат Ахметов*, засновник і президент фінансового конгломерату «Систем Кепітал Менеджмент» (СКМ) і найбагатша людина в Україні, 2017 року підтримував мирне розв'язання проблем за столом переговорів. Однак до 2019 року його позиція полягала в тому, що майбутнє Донбасу має вирішувати лише Україна.[484]
- Олігарх *Вадим Новинський*, власник групи «Смарт-холдинг», обстоював прямий діалог як з окупованими Росією територіями, так і з Росією, а також дотримання Мінських угод у їхній російській інтерпретації.[485]
- Позиція колишнього міністра енергетики та олігарха *Юрія Бойка* полягала в тому, що потрібні прямі переговори з так званими невизнаними «республіками». Він також закликав дотримуватися угод, укладених з «республіками» під гарантії Росії.[486]
- *Віктор Медведчук*, відомий проросійський олігарх, після анексії Криму заявив, що Російська Федерація не є стороною конфлікту і «не може бути

визнана країною-агресором». Справді, він розглядав події 2014–2015 років як «внутрішньоукраїнський громадянський конфлікт» і закликав безумовно виконувати Мінські угоди в їх російській інтерпретації.[487]
- Олігарх *Сергій Кучеренко* слідом за Януковичем 2014 року втік у Російську Федерацію й фактично втратив активи в Україні. Він уникав публічних політичних заяв, однак брав участь у схемах вивезення вугілля з окупованих районів Донецької та Луганської областей, вів комерційну діяльність у регіоні та співпрацював з окупаційною владою в захопленні підприємств, належних Україні.[488]

У загальних рисах «політичну» позицію олігархів щодо відповіді України на російську агресію досить чітко сформулював Віктор Пінчук. Олігарх, який традиційно позиціонує себе як безумовний прихильник євроінтеграційного курсу України, сформулював такі тези у статті в *The Wall Street Journal*:

> Україна повинна розглянути можливість тимчасово виключити членство в Європейському Союзі з наших заявлених цілей на найближче майбутнє. Ми можемо будувати європейську країну, бути привілейованим партнером, а згодом обговорити питання вступу.
>
> Хоч ми дотримуємося позиції, що Крим — частина України й має бути повернутий, він не повинен стати на заваді угоді, яка покладе край війні на сході на справедливій основі. [...]
>
> Конфлікт на сході був ініційований з-за кордону і не є справжнім рухом за автономію чи громадянською війною. Не буде умов для проведення чесних виборів, поки Україна не отримає повного контролю над своєю територією. Однак, можливо, нам доведеться проігнорувати цю істину й погодитися на місцеві вибори. [...]
>
> Визнаймо, що Україна не вступить до НАТО в найближчій або середньостроковій перспективі. Таку пропозицію не обговорюють, а якби вона була, це могло б призвести до міжнародної кризи безпрецедентного масштабу. Наразі ми повинні шукати альтернативний механізм безпеки та прийняти нейтралітет як наше найближче бачення майбутнього. [...]

> Ми також повинні чітко заявити, що готові прийняти поступове послаблення санкцій проти Росії в міру того, як просуваємося до розв'язання проблеми вільної, єдиної, мирної та безпечної України.
>
> Життя українців, які будуть врятовані, варті болісних компромісів, що їх я запропонував. Ми повинні ще раз підкреслити, що Україна може бути частиною розв'язання власних проблем і подолання глобальних викликів у складі широкої міжнародної коаліції.[489]

Пізніше Пінчук стверджував, що редактори *WSJ* суттєво переробили його текст і змінили назву. Він також сказав, що деякі тези просто «випали» із загального контексту статті. Так це чи ні, але подані тези чітко відбивають настрої прихильників проросійського вектора в Україні.

2.3. Після повномасштабного вторгнення: втрати олігархів у багатстві та виробництві

Неоднозначна позиція українських олігархів щодо російської агресії змінювалася паралельно зі збільшенням їхніх втрат, а особливо після того, як агресія стала основним джерелом їхніх труднощів. Справді, на першому етапі агресії фінансові проблеми олігархів були спричинені окупацією, а також негативним впливом пандемії COVID-19 на світову економіку після 2020 року. Однак, навіть якщо взяти до уваги всі труднощі, становище олігархів на першому етапі агресії демонструє неоднозначну картину: деякі з них (як Ахметов) зазнали збитків, тоді як інші (як Пінчук) змогли значно збільшити статки (хоча приватний «Інтерпайп» Пінчука втратив увесь бізнес у Росії під час окупації Криму і, як повідомляють, був обтяжений великими боргами).[490]

У Таблиці 1 порівняні статки олігархів у 2013 році, у лютому 2022 року (до вторгнення) та у грудні 2022 року. Неоднозначна картина, яку демонстрували зміни статків протягом першої фази, на другій перетворилася на чітко негативну. Статки всіх без винятку олігархів зменшилися після повномасштабного вторгнення.[491] Суто економічно ці цифри відбивають втрату виробничих потужностей і, відповідно, доходів власників.

Таблиця 1. Статки українських олігархів і російська агресія: значні втрати

Людина	Сектор	Статки у 2013 році (USD)	Статки у лютому 2022 року (до вторгнення, USD)	Статки у грудні 2022 року (USD)	Втрачені або пошкоджені активи
Рінат Ахметов	Металургія, енергетика	15,4 млрд	13,7 млрд	4.4 млрд	Метінвест ДТЕК, HarvEast
Віктор Пінчук	Металургія, нерухомість	3,8 млрд	2,6 млрд	2,2 млрд	Інтерпайп
Костянтин Жеваго	Металургія	1,5 млрд	2.1 млрд	1,4 млрд	Ferrexpo
Олександр та Галина Гереги	Роздрібна торгівля	399 млн	1,8 млрд	1,2 млрд	Епіцентр, роздрібна торгівля будівельними матеріалами та побутовою технікою
Геннадій Боголюбов	Енергетика, інвестиції	1,7 млрд	2 млрд	1 млрд	Мережа АЗС «Приват», Кременчуцький нафтопереробний завод
Вадим Новинський	Металургія, енергетика	1,9 млрд	3,5 млрд	1 млрд	Метінвест ДТЕК, HarvEast
Сергій Тігіпко	Машинобудування, фінанси	1,2 млрд	1,5 млрд	870 млн	Група ТАС, Universal Bank
Петро Порошенко	Харчова промисловість	1,6 млрд	1,6 млрд	730 млн	ROSHEN
Юрій Косюк	Сільське господарство, харчова промисловість	1,6 млрд	780 млн	520 млн	МХП
Микола Злочевський	Енергетика	114 млн	540 млн	500 млн	Видобуток та перероблення нафти
Андрій Веревський	Сільське господарство	1 млрд	520 млн	400 млн	Kernel
Олександр Ярославський	Нерухомість, металургія	980 млн	1 млрд	340 млн	Харківський аеропорт, Кременчуцький нафтопереробний завод
Ігор Коломойський	Енергетика, інвестиції	2,4 млрд	1,8 млрд	н.в. (під санкціями)	Мережа АЗС «Приват», Кременчуцький нафтопереробний завод

Джерело: Forbes Україна.

За даними Forbes Україна, основними джерелами доходів 100 найбагатших українців 2021 року були металургія (17%), енергетика (15%), нерухомість (12%) і роздрібна торгівля (10%).[492] Найбільших втрат зазнали власники підприємств, розташованих на тимчасово окупованих територіях і в зоні бойових дій, які втратили ринки збуту та джерела постачання ресурсів. Відповідні олігархічні бізнес-імперії зазнали, зокрема, фізичного пошкодження або знищення виробничих потужностей, нерухомості й інших активів на окупованих територіях. Виробничі втрати теж показові: наприклад, металургійна компанія Ахметова «Метінвест» зазнала загального скорочення виробництва на 64%, а деякі види діяльності, як-от виробництво трубної продукції та слябів, скоротилися на 85% та 90% відповідно (Таблиця 2).

Таблиця 2. Метінвест у 2021 та 2022 роках: основні виробничі показники

	2021 (тис. тонн)	2022 (тис. тонн)	Зміна порівняно з попереднім роком (%)
Напівфабрикати	3 411	1 022	− 70%
Чавун	1 347	209	− 84%
Сляби	1 651	166	− 90%
Готова продукція	7 233	2 777	− 62%
Плоский прокат	5 978	1 731	− 71%
Гарячекатаний товстий лист	2 867	1 047	− 63%
Гарячекатаний рулон	2 363	525	− 78%
Холоднокатаний рулон	294	37	− 83%
Оцинкований холоднокатаний рулон	454	122	− 73%
Довгий прокат	1 089	1 018	− 7%
Рейкова продукція	48	10	− 79%
Трубна продукція	118	18	− 85%
Разом	**10 644**	**3 799**	**− 64%**

Джерело: Христофоров (2023).[493]

Та попри збитки інвестиційної групи СКМ Ріната Ахметова (до складу якої належить «Метінвест»), українські підприємства групи 2022 року сплатили 73,2 млрд грн (приблизно 2 млрд доларів США) податків і зборів у бюджети всіх рівнів. Зокрема, у державний бюджет сплатили понад 62 млрд грн (приблизно 1,7 млрд доларів США), відрахування у місцеві бюджети становили 11,2 млрд грн (приблизно 300 млн доларів США). Водночас капітальні інвестиції за той самий період сягнули понад 21,1 млрд грн (приблизно 570 млн доларів США). Однак ці кошти спрямовували насамперед на реконструкцію, наприклад капітальний ремонт електромереж і модернізацію енергоблоків на теплових електростанціях, буріння нафтових і газових свердловин та відкриття нових видобувних лав і стовбурів. На соціальні програми СКМ також витратила 11,8 млрд грн (приблизно 320 млн дол США). Водночас більшу частину коштів спрямували на фінансування програм для місцевих жителів у регіонах присутності підприємств і на ініціативи з охорони довкілля.[494]

2.3. Втрати власності: порівняння централізованого рейдерства в Росії та націоналізації в Україні

Логіка гібридної війни диктує, що рано чи пізно українські державні та приватні активи в тій чи тій формі привласнить держава-окупант — тобто вони стануть власністю російської держави або приватних російських компаній. Тому в економічному сенсі гібридна війна — це теж безумовний перерозподіл власності на користь окупантів.

Хоча більшість західних аналітиків оцінюють зміну економічного становища українських олігархів за їхніми статками, важливо вийти за межі рівня поточних (грошових) доходів і проаналізувати грабіжницькі дії окупантів щодо олігархів та їхній вплив на Україну загалом.[495] Бо ж від початку влада анексованого Криму взяла курс на привласнення майна та активів, які належали українській державі та громадянам України. У 2014–2021 роках для цього використовували чотири основні методи:

1) *націоналізацію*, тобто ухвалення актів про автоматичне передання державного або приватного майна у власність так званої «Республіки Крим» або «міста федерального значення Севастополь» як суб'єктів Російської Федерації;
2) *конфіскацію* майна за рішенням суду;
3) *примусове придбання* майна на підставі актів окупаційної влади;
4) *силове захоплення* майна підрозділами так званої «кримської самооборони».[496]

Приблизні збитки України від тимчасової окупації Криму за ці вісім років сягнули 118 млрд доларів США.[497] За безпосередньої участі окупаційної влади за цей час на окупованих територіях сходу України з'явилися нові «місцеві» олігархи (такі собі «мінігархи»). Джерелом їхнього збагачення стало захоплення української власності, зокрема об'єктів, які раніше належали українським олігархам.[498]

Ця практика тривала та вийшла на ще вищий рівень активності на другому етапі агресії. Майже через рік після початку вторгнення, 3 лютого 2023 року, нелегітимний російський парламент Криму ухвалив рішення про «націоналізацію майна українських бізнесменів». Спікер російського парламенту Криму Владімір Константінов заявив, що «до списку ввійшли приблизно 500 об'єктів, що належать різним підприємствам і банкам, туристичній та спортивній інфраструктурі».[499] Ось деякі олігархічні підприємства, що підлягають націоналізації в Криму:[500]

- ТОВ «Естейт Холдинг Груп», компанія з управління нерухомістю, належна Нестору Шуфричу, члену олігархічної групи «Нафтогазвидобування»;
- пансіонат «Гірник» у селі Миколаївка, належний Рінату Ахметову;
- ТОВ «Транспортна логістика», належне олігарху Ігорю Коломойському;
- кінотеатр «Сатурн IMAX» в Ялті, належний колишньому прем'єр- міністру України Арсенію Яценюку;
- Альмінський завод будівельних матеріалів, виробник каменю та плитки у Скалистому Бахчисарайського району, належний олігарху Сергію Таруті.

Вісімнадцятого жовтня 2022 року Державна рада анексованого Криму заочним голосуванням ухвалила постанову, яка дає змогу визнати «власністю республіки» майно іноземних держав і громадян, «недружніх до Росії». Закон стосується майна іноземців, їхніх бенефіціарів і підконтрольних їм осіб, пов'язаних з іноземними державами, що здійснюють недружні дії щодо Російської Федерації, російських юридичних і фізичних осіб. Ці зміни мали поширюватися на земельні ділянки й інші об'єкти рухомого й нерухомого майна, які перебували у власності станом на 24 лютого 2022 року.[501]

На перший погляд, це рішення схоже на ухвалений Україною 3 березня 2022 року закон про примусове вилучення об'єктів на території України, на які Російська Федерація та її резиденти мають право власності. Закон дозволяє експропріювати рухоме та нерухоме майно, кошти, вклади в банках, цінні папери, корпоративні права й інше майно, що перебуває (зареєстроване) на території України й належить прямо або опосередковано через афілійованих осіб Російській Федерації та її резидентам.⁵⁰² Також у листопаді 2022 року активи п'яти великих українських підприємств, що належали представникам олігархічних груп, були примусово відчужені в державну власність (Таблиця 3).⁵⁰³ Українське законодавство передбачає таку можливість під час воєнного стану.⁵⁰⁴

Таблиця 3. Компанії, передані у державну власність

Компанія	Спеціалізація	Контроль	Коментар
ПАТ «Укрнафта»	Видобуток нафти	Ігор Коломойський	—
АТ «Мотор Січ»	Виробництво, ремонт та обслуговування авіаційних двигунів	В'ячеслав Богуслаєв	—
ПАТ «Укртатнафта»	Перероблення нафти	Ігор Коломойський	Війна завдала збитків
ПАТ «АвтоКрАЗ»	Вантажні автомобілі, призначені для цивільного та військового використання	Костянтин Жеваго	Стан банкрутства

Джерело: DW (2022).

Втім, «схожість» таких практик української держави з діями Росії та окупаційної влади має суто формальний характер. По-перше, російське майно в Україні можуть примусово вилучати з мотивів суспільної потреби в інтересах України і ґрунтується це на принципах законності, прозорості, об'єктивності, відповідності меті, стратегічної важливості й ефективності. По-друге, підставою для такої практики є визнання Верховною Радою Російської Федерації державою-агресором, відповідно до Резолюції Генеральної Асамблеї ООН № 3314 «Визначення агресії» від 14 грудня 1974 року.⁵⁰⁵

Щодо відчуження майна українських олігархів, то тут можна виокремити діяльність української та російської/окупаційної влади:

- *мотивація дій:* українські націоналізації воєнного часу вписуються в ширшу політику воєнної економіки, а також у мету антипатрональної трансформації, тоді як рішення Держради Криму становить інструмент політики патронального «привласнення» української власності на місцевому рівні наступальною, а не оборонною силою;
- *доля націоналізованих компаній:* на окупованих територіях власність українських олігархів реприватизували місцеві олігархи («транзитна націоналізація»,⁵⁰⁶ отримані кошти використовують, зокрема, для фінансування війни проти України), тоді як п'ять олігархічних компаній, що пере-

йшли у власність української держави, не були реприватизовані, а антипатрональна позиція уряду дає підстави стверджувати, що їх не планують передавати «своїм друзям» (післявоєнну долю кожного підприємства будуть вирішувати окремо);
- *можливість компенсації*; передбачена українським законом про націоналізацію олігархічних компаній (власники відчуженого майна мають право на компенсацію його вартості, яку виплачують протягом п'яти років під час надзвичайного стану або протягом одного року після його скасування коштом державного бюджету), тоді як захоплення власності російською окупаційною владою є фактично грабіжницьким актом, що не передбачає компенсації і що його здійснюють додатково до знищення майна в зонах бойових дій.

Коротко кажучи, різниця між українськими та російськими діями рівнозначна різниці між непатрональними та патрональними діями, а також між націоналізацією воєнного часу та централізованим корпоративним рейдерством.[507] Злочинний характер останнього визнають і постраждалі сторони, які, прагнучи захистити свої майнові інтереси й отримати компенсацію за збитки, завдані анексією Криму й військовою агресією Росії, почали подавати позови проти Російської Федерації до українських і міжнародних судів. Умовно позивачів можна поділити на три категорії: Україна як держава; державні або приватні комерційні підприємства; громадяни, чиї права (зокрема права власності) порушили. Позови подали до Європейського суду з прав людини (ЄСПЛ, Страсбург), Міжнародного кримінального суду та Міжнародного арбітражного суду (обидва в Гаазі), а також до судів у Нідерландах, Франції та Швейцарії.[508] Намагаючись захистити майнові права громадян України на тимчасово окупованій території Автономної Республіки Крим та міста Севастополя, уряд створив спеціальну делегацію для участі у розв'язанні спорів щодо тлумачення та застосування Угоди між Кабінетом Міністрів України та Урядом Російської Федерації про заохочення та взаємний захист інвестицій.[509]

Позови у відповідь на незаконні дії подавали як власники великих бізнесгруп, так і окремі підприємства, належні до складу таких груп чи об'єднань. Найважливіші приклади такі:
- Звернення Ріната Ахметова до ЄСПЛ у червні 2022 року. Предмет позову — компенсація за грубі порушення права власності під час неспровокованої військової агресії Росії проти України. Позов вимагає вжити невід-

кладних заходів і компенсувати збитки у зв'язку з блокадою, мародерством, знищенням і перенаправленням Росією зернових і металевих потоків.510
- Позов 16 підприємств Групи «Метінвест» (Рінат Ахметов, Вадим Новинський) до ЄСПЛ у жовтні 2022 року. Предмет позову — позбавлення Групи контролю над активами, позбавлення права власності на активи, а також позбавлення Групи можливості використовувати активи в комерційних цілях та отримувати дохід. Позов вимагає компенсувати шкоду та руйнування, завдані Російською Федерацією майну та активам Групи в Маріуполі й на інших територіях України, починаючи з 24 лютого 2022 року. Ще 10 компаній Групи готують аналогічні позови.511
- Позов австрійської мережі АЗС в Україні AMIC Energy до ЄСПЛ у січні 2023 року. Предмет позову — втрата доступу до майна AMIC Energy в Україні та неможливість здійснювати господарську діяльність. Майно захопили, розграбували, а в деяких випадках знищили російська армія та окупаційна влада, підконтрольна країні-терористу. Позов вимагає відшкодувати збитки на суму понад 300 мільйонів гривень (приблизно 8,1 мільйона доларів США).512

2.4. Від невизначеності до «патріотизму з необхідності»: зміна ставлення олігархів до російської агресії

Повномасштабне російське вторгнення ліквідувало «золоту середину» між підтримкою України та підтримкою Росії. Масштаби втрат олігархів змінилися, порівняно з першою фазою російської агресії, і призвели до зникнення їхньої амбівалентності — тепер вони стали на бік країни, що захищається. Яскравий вияв такого «патріотизму з необхідності» — масштаби безпосередньої участі великого олігархічного бізнесу в боротьбі з російською агресією. Це явище потребує окремого аналізу як саме собою, так і з погляду форм і масштабів діяльності громадянського суспільства для захисту країни.

Загалом військово-орієнтована діяльність олігархів набула таких форм:

1) запуск ліній із виробництва товарів військового призначення;
2) придбання та постачання військового обладнання для Збройних сил України, включно з безпілотниками, транспортними засобами, системами зв'язку, озброєння та допоміжного обладнання, як-от генератори;
3) гуманітарна допомога соціально незахищеним людям та установам, що надають аналогічні послуги;

4) фінансова допомога військовослужбовцям і їхнім рідним;
5) різноманітні заходи з підтримки власного персоналу та мобілізованих працівників.

Як приклади — військово-орієнтована діяльність протягом першого року війни двох ключових українських олігархів. По-перше, група СКМ Ріната Ахметова, до якої належать СКМ, ФК «Шахтар» і Фонд Ріната Ахметова, виділила на допомогу українським військовим і цивільним 5 мільярдів гривень (приблизно 135 мільйонів доларів США). Загалом вони надали допомогу майже 4 мільйонам людей. Приблизно 13 000 працівників СКМ зараз служать у лавах Збройних Сил України, а на допомогу захисникам Маріуполя та їхнім сім'ям виділили мільярд гривень (приблизно 27 мільйонів доларів США). Серед видів допомоги, яку надає Група СКМ — закупівля та постачання Збройним Силам захисного спорядження, аптечок, автотранспорту, палива тощо; розробка та виробництво броньованої сталі для бронежилетів і безкоштовна передача модульних укриттів для військових, а також безкоштовне постачання електроенергії в лікарні, пекарні, усі військові та силові структури.[513]

Інший приклад стосується діяльності Фонду Петра Порошенка та компанії ROSHEN (станом на 1 лютого 2023 року).[514] Разом із громадською організацією «Сила громад» Порошенко надав допомоги на 1,8 млрд грн (приблизно 50 мільйонів дол США). Збройним Силам допомагають не лише коштами, а й закуповують і постачають засоби захисту, аптечки та медичне обладнання, техніку, військове спорядження (тепловізори, безпілотники, прилади нічного бачення), транспортні засоби (вантажівки, бронемашини, тягачі), засоби зв'язку (цифрові радіостанції, супутникові рації), електрогенератори, продуктів (зокрема багато зерна та продуктових наборів як для військових, так і для мешканців визволених міст), матеріал для будівництва фортифікаційних споруд; також Порошенко фінансово допоміг створити батальйони територіальної оборони в Києві та Київській області.

Зміну політичної позиції українських олігархів найкраще ілюструє приклад Ріната Ахметова, який закликав до єдності в боротьбі з агресором і пообіцяв сплатити податки наперед.[515] Багато інших бізнесменів теж зробили подібний крок. Водночас багато інших представників українського великого бізнесу сьогодні надають суттєву допомогу Збройним Силам і людям, які постраждали від російської агресії, хоч вважають за краще не говорити про це публічно.

Загалом українські олігархи сьогодні працюють у режимі виживання. Зараз їхня діяльність у найрізноманітніших формах фактично спрямована на підтримку боротьби України проти російської агресії. Можна стверджувати про партнерство держави та приватного сектору в умовах політичної консолідації суспільства, переформатування суспільних настроїв і політичних процесів під впливом війни, проведення майже єдиної інформаційної політики тощо (про що докладно йдеться в цьому виданні). Перехід українських олігархів на бік України, свідчить не лише про серйозність їхніх втрат і зникнення проміжної позиції між Росією та Україною, а й про те, що вони почали оцінювати майбутні можливості та перспективи. Досвід Криму та сходу України показав, що означає російське або проросійське правління — повну вразливість перед хижацькою владою. На противагу цьому, з українського боку є надія на компенсацію та відбудову після війни. Отже, у короткостроковій перспективі йдеться про виживання бізнесу й поточне відновлення промислової та комерційної діяльності; у середньостроковій — про перспективи та можливості післявоєнної відбудови; у довгостроковій перспективі — про стратегії розвитку бізнесу в контексті поточних і майбутніх політичних та економічних тенденцій.

3. Перспективи на майбутнє: олігархічна чи підприємницька реконструкція?

3.1. Питання компенсації: правові рамки та труднощі

Російська агресія завдала величезних економічних збитків українським олігархам, Україні як державі й українським громадянам. За даними Київської школи економіки, збитки та руйнування, завдані українській інфраструктурі, сягають 127 мільярдів доларів США (станом на вересень 2022 року); ідеться про 135,8 тисячі приватних і багатоквартирних будинків, 412 промислових і комерційних підприємств, 188,1 тисячі приватних транспортних засобів, 1270 шкіл, 978 лікарень і 1077 спортивних і культурних об'єктів.[516] Тож не дивно, що питання компенсації втрат, пов'язаних із війною, постало майже відразу після початку російського вторгнення в Україну.

Питання компенсації порушували вже під час першої фази агресії, але перші спроби законодавчо врегулювати цю проблему сталися лише 2021 року. Першого березня 2021 року у Верховній Раді зареєстрували проєкт Закону «Про захист права власності та інших речових прав осіб, які постраждали внаслідок збройної агресії».⁵¹⁷ Мета Закону — захистити права власності та інші речові права як на нерухоме майно (житлові будинки, квартири, інші житлові приміщення, а також нежитлові приміщення, споруди, земельні ділянки тощо), так і на рухоме майно, які були порушені внаслідок збройної агресії, і надати обмежену компенсацію або реституцію (тобто відновити площу, яка була до порушення). Фінансувати витрати на компенсацію мали з державного бюджету в межах асигнувань, а також з місцевих бюджетів, інвестицій, грантів, пожертв і комунального майна. Закон мав поширюватися на правовідносини, пов'язані із захистом права власності та інших речових прав, що належать державі, територіальним громадам, юридичним особам, а також фізичним особам, зокрема підприємцям (щодо майна, яке останні використовували в підприємницькій діяльності), порушених унаслідок збройної агресії.

Сімнадцятого травня 2022 року у Верховній Раді України зареєстрували проєкт Закону «Про відшкодування шкоди, завданої особі внаслідок збройної агресії Російської Федерації». Його мета — визначити особливості державної політики щодо повного відшкодування шкоди, заподіяної внаслідок збройної агресії Російської Федерації. Важливо, що в частині 1 статті 26 законопроєкту зазначено, що «шкода, заподіяна майну юридичної особи, фізичної особи-підприємця внаслідок збройної агресії Російської Федерації, обчислюється з урахуванням вартості втраченого, знищеного або пошкодженого майна; упущеної вигоди; збитків від неоплачених товарів, робіт, послуг, наданих та спожитих на тимчасово окупованих територіях». Методику розрахунку розміру такої шкоди, заподіяної майну юридичної особи або ФОПу мав встановити Кабінет Міністрів України.⁵¹⁸ Для регулювання самого процесу відшкодування наразі ухвалили тільки Закон «Про компенсацію за пошкодження та руйнування окремих категорій нерухомого майна внаслідок воєнних дій, терористичних актів, диверсій, спричинених збройною агресією Російської Федерації». Цей закон стосується лише компенсації за втрату житла громадянами.⁵¹⁹

На сьогодні в Україні вже розробили низку нормативно-правових актів, пов'язаних зі збиранням доказів, документів та іншої інформації щодо шкоди, завданої російською агресією, які стануть підставою для дальшого отримання компенсації. Правила та процедури визначення збитків та їх документального оформлення визначають:

- «Порядок подання інформаційного повідомлення про пошкоджене та зруйноване нерухоме майно внаслідок воєнних дій, терористичних актів, диверсій, спричинених військовою агресією Російської Федерації» (26 березня 2022 р., № 380).⁵²⁰ Цей порядок поширюється лише на нерухоме майно (будівлі, споруди, об'єкти незавершеного будівництва, щодо яких отримане право на виконання будівельних робіт, та лінійні об'єкти інженерно-транспортної інфраструктури) і стосується як фізичних, так і юридичних осіб.

- «Порядок визначення шкоди та збитків, завданих Україні внаслідок збройної агресії Російської Федерації» (20 березня 2022 р., № 326).⁵²¹ Стосується економічних втрат різних видів підприємств, включно з господарськими товариствами, але за винятком компаній-елементів оборонно-промислового комплексу. Відповідні положення регулюють питання компенсації збитків підприємств усіх форм власності від знищення або пошкодження майна, втрати фінансових активів, а також відшкодування упущеної вигоди від неможливості або ускладнення господарської діяльності.

- «Порядок проведення невідкладних робіт з ліквідації наслідків збройної агресії Російської Федерації, пов'язаних з пошкодженням будівель і споруд» (19 квітня 2022 р., № 473).⁵²² Цей порядок встановлює механізм фіксації пошкоджень будівель і споруд різних форм власності через збройну агресію Російської Федерації.

- «Порядок надання та визначення розміру грошової допомоги постраждалим від надзвичайних ситуацій та розміру грошової компенсації постраждалим, житлові будинки (квартири) яких було зруйновано внаслідок надзвичайної ситуації воєнного характеру, спричиненої збройною агресією Російської Федерації» (18 грудня 2023 р., № 947).⁵²³

Отже, держава забезпечує компенсацію збитків як громадянам (це стосується насамперед житла), так і приватному бізнесу. Серед збитків, яких зазнають підприємці, — фізичні втрати в різних формах, а також упущена вигода від неможливості або ускладнення господарської діяльності. Проте вже зараз можна впевнено стверджувати, що визначення збитків, завданих суб'єктам господарювання, буде ключовою проблемою разом із тим, як знайти відповідне фінансування з боку держави. У короткостроковій перспективі можна очікувати, що держава зосередиться на допомозі насамперед громадянам коштом державного бюджету, тоді як кошти на виплату компенсацій бізнесу (особливо великому) однаково доведеться шукати. Наразі очевидно, що Україна не має достатньо власних коштів для всіх компенсацій, і ця проблема може загострюватися, що довше триватиме війна.

3.2. На шляху до відновлення підприємництва: ринкова конкуренція та її правові гарантії проти відродження олігархії

Додатково до проблем компенсації виникає питання, а чи можна й чи потрібно використовувати будь-які «випадкові» кошти для виплат великому бізнесу, зокрема олігархам. У післявоєнній економіці України відбудова неминуча, і хоч економічні показники України, здається, стабілізувалися через рік після початку війни, ВВП країни впав приблизно на 30–35% (Рисунок 1). Відсоток компаній, які не працюють, теж досить високий, тоді як Український бізнес-індексом оцінює бізнес-середовище значно гірше, ніж до лютого 2022 року.[524] Однак повоєнна відбудова не обов'язково означає відновлення довоєнної олігархічної структури. Антипатрональна трансформація в Україні потребує не олігархічної, а підприємницької реконструкції, що ґрунтується на принципах чесної ринкової конкуренції та неспотворених економічних правилах гри. Така реконструкція має поєднувати відновлення й дальший розвиток економічного потенціалу України з глибокими політичними, економічними та соціальними реформами в рамках набуття членства в ЄС та НАТО. Динаміка й ефективність таких реформ визначатиме, зокрема, середовище, у якому діятимуть економічні агенти, зокрема й олігархи.

Рисунок. 1. Зміна реального ВВП України (у % до відповідного кварталу попереднього року; 2018–2022)

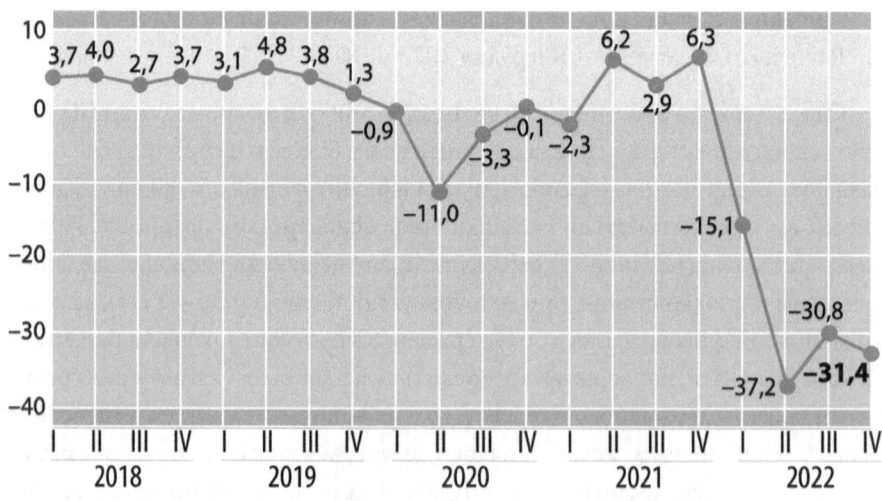

Джерело: Державна служба статистики України.

Ми виділяємо п'ять ключових факторів реконструкції, а також критично важливі умови для того, щоб вона була справді підприємницькою, а не олігархічною.

1) *Чіткі законодавчі рамки ринкової конкуренції.* Це стосується насамперед статусу, функцій та інституційної спроможності Антимонопольного комітету України (АМКУ). АМКУ повинен бути незалежним після війни та мати достатню інституційну спроможність, щоб ефективно виявляти й усувати загрози, які призводять до монополізації певних ринків. Інакше кажучи, статус і роль АМКУ в ідеалі мають бути зіставні зі статусом і роллю Національного банку України. Водночас варто розуміти, що навіть за наявності найдосконалішої нормативно-правової бази формування «ідеального» АМКУ потребуватиме часу, відповідних політичних зусиль та фінансових ресурсів.

2) *Регулювання ринкової конкуренції в ЄС.* Україна як країна-кандидат на вступ до ЄС має здійснити низку економічних реформ, зокрема реалізувати стратегію розвитку економічної політики та регулювання промислової й комерційної діяльності. Це вплине на умови ведення господарської діяльності, зокрема й великими олігархічними компаніями. У контексті створення належного бізнес-середовища вступ до ЄС передбачає повну відповідність українського законодавства стандартам ЄС у сфері конкуренції (так званому *acquis communautaire*).[525] Україна звернулася до Європейської Комісії з проханням надати роз'яснення щодо того, чи війна становить «надзвичайну ситуацію» в розумінні законодавства ЄС у сфері державної допомоги. Також досі Венеціанська комісія не надала жодних висновків щодо антиолігархічного законодавства України. Проблема полягає в тому, що в антимонопольному законодавстві Європейського Союзу нічого не сказано про державну допомогу та захист конкуренції у воєнний час і в процесі післявоєнної відбудови. Очевидно, що цю складну проблему можна розв'язати лише у співпраці з ЄС. Це питання надзвичайно важливе з погляду взаємодії між державою та бізнес-спільнотою загалом і державою та великими компаніями зокрема.

3) *Рамки регулювання лобістської діяльності.* Олігархи, як і інші економічні агенти, мають економічні інтереси та право доносити їх до суспільства і держави (влади). Тому Україна потребує цивілізованої системи лобіювання. Принципи, форми, механізми й інструменти такої комунікації має встановити закон про лобістську діяльність. Звісно, навіть за найкращого закону формування системи та традицій цивілізованого лобіювання

потребуватиме тривалого часу, послідовних зусиль держави (влади) й тиску з боку громадянського суспільства. Важливу роль у цьому процесі мають відігравати й бізнес-асоціації, хоч війна стала шоком не лише для бізнесу, а й для них як інструментів представництва економічних інтересів в Україні.

4) *Політика відновлення державних і приватних суб'єктів економічної діяльності.* Кожна компанія матиме власну політику відновлення, однак усі вони потребуватимуть фінансових ресурсів. Тому вже зараз постає питання, як держава та приватні компанії взаємодіятимуть під час відновлення виробничих потужностей, що належать приватним власникам. Загалом ідеться про потребу розробити конкретні механізми участі українських та іноземних компаній у післявоєнній відбудові України. Така реструктуризація може спричинити певні структурні зміни в економіці України на різних рівнях, аналіз яких виходить за межі цього розділу. Загалом реструктуризація залежатиме і від того, як власники та менеджмент підприємств оцінюватимуть перспективи розвитку певних ринків і наявність відповідних ресурсів, і від пріоритетів та інструментів політики повоєнної відбудови. (Тут варто зауважити, що дія Закону України «Про державну допомогу суб'єктам господарювання» зупинена на час війни та протягом року після її завершення).[526]

5) *Заходи щодо запобігання олігархічному захопленню держави.* Ліквідація захоплення держави, чинником та елементом якого є олігархія, потребує законодавчого врегулювання комплексу питань, як-от фінансування політичних партій, політичної реклами та передвиборчої агітації; діяльність засобів масової інформації, зокрема щодо взаємовідносин між власниками та редакціями як органами управління ЗМІ; цивілізоване представництво інтересів бізнесу (цивілізоване лобіювання); усунення прогалин у законодавстві, щоб мінімізувати корупційні можливості й забезпечити невідворотність покарання за корупційні діяння. З іншого боку, важливу роль у протидії корупції має відігравати сам бізнес через корпоративну соціальну відповідальності як частину бізнес-стратегії кожної компанії.

Сьогодні політичне та соціально-економічне майбутнє України визначають на полі бою. Тому будь-які прогнози й очікування безпосередньо залежать від того, як і коли Україна відновить територіальну цілісність та суверенітет. У суто економічному плані це означає, що сьогодні можемо лише накопичувати інформацію про реальний стан української економіки й намагатися зрозуміти масштаб і характер проблем, які Україна об'єктивно має розв'язувати під час післявоєнної відбудови. У будь-якому разі, прозорість проєктів відбудови, а також чітка орієнтація на побудову нормального підприємницького, а не олігархічного середовища під час використання коштів (українських державних та іноземних) будуть ключовими умовами для тривалої антипатрональної трансформації. Це визнає й українське населення: понад дев'яносто відсотків опитаних вважають, що процес реконструкції має бути прозорий (98%) та інклюзивний для всіх громадян України (92%).[527]

У загальному висновку зазначимо, що під час війни відносини між олігархами й українською державою набули нових вимірів. По-перше, це стосується співпраці щодо забезпечення економічної стабільності країни, зокрема економічної політики, можливостей та пріоритетів підприємців, соціальної відповідальності бізнесу. По-друге, держава та бізнес-спільнота мають ефективно співпрацювати у сфері підвищення дієвості санкцій проти Росії. До цього варто також додати співпрацю у сфері захисту інтересів українських економічних суб'єктів у міжнародних судових інстанціях. Така співпраця потребує відповідної національної правової бази та с'удової практики. По-третє, здатність українських підприємств залучати необхідні кошти для післявоєнного відновлення й дальшого розвитку на міжнародних фінансових ринках значною мірою залежить від економічної політики держави. І, нарешті, державна політика щодо великого олігархічного бізнесу має об'єктивно зважати на його роль у боротьбі з російською агресією.

Енергетичний суверенітет України під час війни: Росія втратила вплив, а олігархи – ні

Дмитро Тужанський

1. Енергоресурси в обмін на вплив: роль Росії в українській патрональній демократії

1.1. Зачароване коло патронального режиму в Україні — з Росією (а не українськими олігархами) на вершині

В Україні, як і в більшості пострадянських держав, доступ до енергоресурсів завжди був, звісно, вирішальним критерієм не лише для безконтрольного збагачення, але й для розвитку та життєздатності сильної патримоніально-олігархічної моделі влади. Її «тканиною» стала корупція та брак в Україні власне енергетичного ринку. Цьому сприяла держава, звичайні монополії в енергетичному секторі, а також кланові та політико-фінансові групи, що діяли й досі діють під прикриттям держави.

Говорячи про доступ до енергоресурсів, варто мати на увазі не лише ті ресурси, якими володіє Україна як держава — поклади газу, нафти, вугілля,[528] потужності з виробництва електроенергії на АЕС, ТЕС, сонячних та гідроелектростанціях тощо, а й насамперед доступ до дешевих російських енергоресурсів, передусім газу, нафти і нафтопродуктів (бензину та дизельного пального) — як із погляду їхнього імпорту в Україну для продажу на внутрішньому ринку, так і з погляду транзиту із Росії у країни ЄС. Усе це зазвичай роблять із сумнівною прибутковістю та корупцією, використовуючи інфраструктуру радянських часів і залежні від неї ланцюжки постачання.

Задовго до 24 лютого 2022 року, коли Росія почала повномасштабне вторгнення в Україну, було зрозуміло, що Кремль використовує енергоресурси як зброю, вибудовуючи не лише ланцюжки постачання, а й ланцюжки гібридного впливу на інші держави на основі асиметричної взаємозалежності від енергоресурсів. У цьому розумінні Україна є й завжди була для Росії мішенню номер один з огляду на її важливість в усіх сенсах (історико-імперіалістичному, геополітичному, економічному, транзитному тощо). Звісно, у такому разі не можна ігнорувати очевидну пострадянську залежність України від специфічно російських енергоресурсів та інтеграцію енергетичних інфраструктур двох країн, а також об'єктивну залежність Європи від російських енергоресурсів.

Росія та її лоялісти завжди пояснювали цю модель енергетичної залежності від російських енергоресурсів як звичайну економічну вигоду та *just business*. Ця тактика іноді виявляє себе в дуже витончених маніпуляціях на кшталт порівняння енергетичної залежності від Росії з Планом Шумана, ідея якого була одночасно унеможливити військове протистояння між Францією та Німеччиною й запустити процес європейської інтеграції. Такий наратив росіяни використовували в комунікації переважно із Західною Європою. Для України все зводили до ще простіших пояснень: навіщо країні видобувати більше власного газу чи нафти та переробляти їх на бензин і дизельне паливо, або навіть намагатися диверсифікувати джерела енергії, якщо дешевше купити і транспортувати будь-яку кількість із Росії, отримувати на цьому надприбутки та політичну підтримку Москви. Ба більше, для українських фінансово-промислових груп, які здебільшого замінили українську державу на період після здобуття незалежності 1991 року, така пропозиція з боку Москви означала пакетне рішення: гроші разом із владою та підтримкою. Майже до 2014 року кожен український політик, який укладав новий енергетичний (особливо газовий) контракт із Росією, особисто або через своїх представників, одразу ж претендував як не на підвищення (наприклад, з прем'єр-міністра до президента), то принаймні на черговий термін перебування на посаді. Фактично підписання нових енергетичних контрактів часто збігалося з початком виборчих кампаній в Україні. Бо ці контракти переважно компенсували не лише об'єктивні потреби країни в газі, але й давали змогу маніпулювати тарифами на комунальні платежі серед населення та бізнесу, встановлюючи їх нижчими за ринкові.

Не можна стверджувати, що Росія робила все це лише заради політичної лояльності; торгівля енергоресурсами з Україною завжди була прибутковим бізнесом як для українських, так і для російських олігархічних груп, а також для «веж Кремля». Однак саме політична лояльність України, а точніше її керівництва, була й лишається критично важливою для путінського режиму. У розумінні Кремля ця лояльність фактично передбачала право на «вирішальний голос» усередині України щодо її майбутнього шляху та розвитку — інтегруватися в ЄС (підписання Угоди про асоціацію як привід для Революції Гідності у 2013–2014 роках) і НАТО чи ні, виходити зі Співдружності Незалежних Держав (СНД) чи ні, продовжувати оренду Чорноморського флоту РФ у Криму чи ні — і цей список можна продовжувати дуже довго. Інакше кажучи, Росія розглядає Україну як сферу свого імперського впливу, а також як рольову модель і плацдарм для гібридних операцій проти Заходу, насамперед проти США, Німеччини та країн східного флангу НАТО і ЄС. У цьому розумінні теперішні цілі Росії щодо Угорщини досить схожі,[529] з тією лише різницею, що Угорщина — член ЄС і НАТО, що може зробити російський вплив значно більш небезпечним.

З іншого боку, що означала відмова від такої співпраці з Росією для українських еліт? Лише те, що вони отримували ще одного (і, певне, впливовішого, ніж будь-хто інший) політичного конкурента, який може чинити на них більший тиск як ззовні, так і зсередини, втручаючись у вибори та політичні процеси. Відкинута Росія — це ворог, який може отруїти та підірвати вас у прямому сенсі, використати весь арсенал російських спецслужб, які регулярно діють у всьому світі від США (втручання у вибори 2016 року) та Великої Британії (отруєння в Солсбері) і до Чорногорії (спроба державного перевороту 2016 року напередодні вступу цієї країни до НАТО) і Чеської Республіки (вибухи військових складів у Врбетичах 2014 року). Україна пережила все це в тій чи іншій формі під час орієнтованого на Захід президентства Віктора Ющенка у 2005–2010 роках, особливо 2008 року — тоді країна як ніколи наблизилася до приєднання до Плану дій щодо членства в НАТО на Бухарестському саміті. Це стосується насамперед двох газових війн, розв'язаних Росією проти України — першої у 2005–2006 і другої у 2008–2009 роках.[530]

Щоб описати природу та історію цих російських впливів у межах патрональної демократії пострадянської України, потрібна не одна книжка. Фактично наслідком цієї моделі — прямо чи опосередковано — стало створення, зміцнення і тривалий вплив кланів та олігархічних груп Кучма — Пінчук, Лазаренко — Тимошенко й пізніших навколо Юлії Тимошенко; групи «РосУкрЕнерго» на чолі з Дмитром Фірташем, яка пізніше трансформувалася в групу «газовиків» на чолі з Юрієм Бойком та Сергієм Льовочкіним, групи «Індустріальний союз Донбасу» (ІСД) на чолі з Сергієм Тарутою, Віталієм Гайдуком та Олегом Мкртчаном; сімейного клану президента-втікача Віктора Януковича; групи Ріната Ахметова, найбагатшої людини України щонайменше за останні два десятиліття; групи «Приват» Ігоря Коломойського та Геннадія Боголюбова; і, звісно, групи Віктора Медведчука.

Важливо підкреслити: основною особливістю української патрональної системи є те, що дуже часто *ключовим патроном у багатопірамідальній мережі були не олігархи чи лояльні до них керівники держави, а сама Росія*. Справді, неможливо вивчати чи змінювати патрональну модель України, якщо не зрозуміти та не брати до уваги ролі та місця Росії в цій моделі.

Тому маємо всі підстави говорити про Україну до 2014 року не просто як про пострадянську патрональну демократію, а як про пострадянську патрональну державу, що перебуває або під прямим контролем, або під критичним впливом Росії — принаймні саме цього Росія завжди прагнула за часів Владіміра Путіна. У Кремлі чудово розуміють, що Росія може контролювати або принаймні впливати на Україну, тобто бути її «головним покровителем», лише за умови, що в самій Україні функціонує патрональна модель. Отже, Україна може бути корумпованою Росією лише доти, доки в ній зберігається патрональний режим.

У цьому контексті важливо докладніше розглянути природу двох груп, які були частиною патрональної моделі України до і після 2014 року. Через ці групи завдяки тісним зв'язкам Росія намагалася бути головним патроном в українській системі. Цими двома групами були група «РосУкрЕнерго» та група Віктора Медведчука.

1.2. Поява групи «РосУкрЕнерго» на чолі з Фірташем, Бойком і Льовочкіним

Група «РосУкрЕнерго» (відома в Україні як «газовики») з'явилася в українській політиці 2004 року, коли відповідну компанію[531] зареєстрували у Швейцарії як газотрейдер; 50% її акцій належали «Газпрому» (через Газпромбанк). Створення групи як частини української патрональної системи пов'язують з українським олігархом Дмитром Фірташем, якому наразі загрожує екстрадиція до США й до 80 років ув'язнення.[532] У 2014 році його затримали у Відні за запитом ФБР у справі про хабар у розмірі понад 18 мільйонів доларів США. Ці гроші були призначені для індійських чиновників, адже саме в Індії компанія Фірташа мала видобувати титан. Того року Фірташ вніс рекордну для Австрії заставу у 125 мільйонів євро, щоб вийти з в'язниці. Судовий процес щодо екстрадиції українського олігарха до США досі триває.

Історія виникнення, піднесення та певного занепаду групи «РосУкрЕнерго» є чудовою ілюстрацією до всієї української патронально-олігархічної системи.

- Перші контракти на постачання газу в Україну компанія «РосУкрЕнерго» підписала 2004 року, коли Юрій Бойко, член групи «РосУкрЕнерго», формально не пов'язаний із компанією, обіймав посади голови правління НАК «Нафтогаз України» та першого заступника міністра палива та енергетики України.
- У 2004–2009 роках, за президентства прозахідного Віктора Ющенка, компанія «РосУкрЕнерго» була ключовим постачальником газу в Україну і мала фактичн монополію на цьому ринку. За словами Фірташа, це був переважно середньоазійський (зокрема, туркменський) газ, що йшов транзитом через Росію.[533] У 2009 році внаслідок чергової російсько-української «газової війни» «РосУкрЕнерго» відсторонили від імпорту газу в Україну.[534]
- Під час президентства Віктора Януковича у 2010–2014 роках Сергій Льовочкін, один із лідерів групи «РосУкрЕнерго», майже чотири роки очолював адміністрацію президента, тож за цей час Фірташеві вдалося значно збільшити активи в Україні. Зокрема, він купив більшість регіональних газових компаній (так званих *облгазів*),[535, 536] а також найпопулярніший на той час телеканал «Інтер».[537] Так Фірташеві вдалося посісти місце в першій п'ятірці найбагатших людей України.[538]
- З 2021 року Фірташ перебуває під санкціями Ради національної безпеки і оборони України (РНБО).[539] Хоча він залишається серед найбагатших людей в Україні,[540] а його група досі одна з найвпливовіших,[541] проте останніми роками цього досягали не так завдяки його зусиллям, як завдяки іншим впливовим членам «РосУкрЕнерго».

Однією з найзагадковіших тем навколо групи «РосУкрЕнерго» є зв'язки групи та її лідера з російським кримінальним авторитетом Сємьоном Могілєвічем,[542] зокрема щодо його ролі в лобіюванні інтересів групи на найвищому рівні в Росії. За словами Івана Фурсіна,[543] одного зі співвласників «РосУкрЕнерго», саме інформація про ці зв'язки так чи інакше завадила компанії вийти на біржу й успішно працювати на західних ринках.

Ще однією темою, оповитою легендами, є роль Фірташа в можливій домовленості між Петром Порошенком і Віталієм Кличком напередодні президентських виборів 2014 року, коли відомий ексбоксер вирішив не балотуватися в президенти, а піти на посаду мера Києва. Ця домовленість відома в Україні як «Віденська змова», адже саме в австрійській столиці навесні 2014 року вже затриманий Фірташ зустрічався з Порошенком і Кличком.⁵⁴⁴

Хоча політично група «РосУкрЕнерго» завжди була пов'язана з проросійськими силами в Україні, а саме з Партією регіонів та «Опозиційною платформою — За життя», ця проросійська позиція, а також зв'язки групи в Росії група Фірташа використовувала насамперед як інструмент для заробляння грошей та отримання влади в Україні. З огляду на природу цієї групи та її мотивацію, її ключовою метою завжди було власне збагачення, тобто бізнес і гроші, а здобуття влади та проросійська позиція були і є лише засобами її досягнення. Саме тому група «РосУкрЕнерго» працювала й інвестувала не лише в проросійські програми та політичні групи, але й у прозахідні, наприклад політичні проєкти навколо Віктора Ющенка, Петра Порошенка та Віталія Кличка.

Інакше кажучи, група «РосУкрЕнерго» намагається позиціювати себе як покровитель, а не як клієнт, і використовує Росію та Кремль як інструмент для власного збагачення, а не має наміру служити інтересам останнього. Звісно, Кремль думає інакше й розглядає групу «РосУкрЕнерго» з позиції патрона, використовуючи її для впливу на Україну та місцеву еліту, а також для впливу на інші політичні режими в Центральній і Східній Європі. Наприклад, «РосУкрЕнерго» постачала газ в Угорщину, Болгарію, Румунію та Польщу. Не виключено, що Кремль досі намагається впливати через своїх ставлеників, хоч Фірташ нещодавно вкрай негативно зреагував на повномасштабне вторгнення Росії в Україну та дії Путіна.⁵⁴⁵ Так чи інакше, вплив Кремля, схоже, ніколи не був прямий, а радше опосередкований. Саме це відрізняє групу «РосУкрЕнерго» від іншої, на чолі якої перебуває Віктор Медведчук.

1.3. Група Віктора Медведчука та нафтопровід його імені

Ключовим джерелом грошей і впливу для групи Віктора Медведчука стала насамперед енергетична сфера, а саме постачання нафтопродуктів і скрапленого газу з Росії в Україну, а також придбані фактично за безцінь енергетичні активи в Росії, які більше схожі на подарунки людям Медведчука від режиму.⁵⁴⁶ Як працює така схема, добре видно з матеріалів однієї з кримінальних справ щодо функціонування «труби Медведчука» в Україні. Ідеться про експлуатацію нафтопроводу «Самара — Західний напрямок», побудованого між Україною, Білоруссю та Росією ще за часів Радянського Союзу. Після розпаду СРСР контроль над цим нафтопроводом у різний час переходив від російської держави до приватних українських компаній, пов'язаних із проросійськими політиками, зокрема з Віктором Медведчуком, хоч як об'єкт стратегічної інфраструктури українська частина нафтопроводу щонайменше мала б одразу перейти у державну власність .

Останніми роками до остаточної передачі в державну власність (фактично націоналізації) української частини нафтопроводу, ним прокачували приблизно два мільйони тонн дизельного пального на рік — це приблизно 20% відповідного українського ринку.547 Прибуток від продажу цього пального був ключовим джерелом фінансування політичної діяльності групи Медведчука у 2014–2021 роках, а також купівлі трьох провідних новинних телеканалів в Україні та створення медіаімперії впливу, яка використовували переважно для поширення російського порядку денного.

У лютому 2021 року з інтервалом у кілька днів і тижнів відбулася низка ключових подій: нафтопродуктопровід «Самара — Західний напрямок» повернули в державну власність, проти Медведчука та його дружини запровадили санкції РНБО і за окремим же рішенням цієї Ради заблокували сайти548 й так звані телеканали Медведчука.549 Згідно з одним зі свідчень, що їх опублікували нещодавно російські журналісти-розслідувачі, саме після цих дій української влади та команди Володимира Зеленського Путін ухвалив рішення про військове вторгнення в Україну.550 Звісно, ніхто, крім Путіна, не може це підтвердити, але таке твердження здається обґрунтованим, адже саме цієї миті, 2021 року, використовуючи групу Медведчука, путінський режим як ніколи з 2013 року наблизився до політичного реваншу в Україні, а потім враз втратив усю мережу, а разом із нею й будь-яку можливість серйозно впливати на українську владу й українську політичну систему загалом.

На перший погляд, група Медведчука мало чим відрізнялася від групи «РосУкрЕнерго». Однак між ними, а також між групою Медведчука й будь-якою іншою патрональною мережею в Україні є суттєва різниця. Справді, історія групи Медведчука є чудовим прикладом побудови й функціонування патрональної олігархічної системи в Україні, а також того, як під час часткової зміни цієї системи, наприклад, під час спроб відійти від патрональної демократії, олігархічні групи можуть залишатися при владі й ефективно впливати на уряд, навіть якщо політичні партії, з якими вони публічно пов'язані, опиняються в опозиції.

Кар'єра Віктора Медведчука в українській політиці — яскравий приклад того, як людина може стати патроном, як патрони вибудовують систему підпорядкування і як вони взагалі діють в умовах патрональної демократії. Медведчук починав як радянський адвокат. Наприкінці 1990-х років він став звичайним депутатом парламенту, обраним в одномандатному окрузі в Закарпатській області, з якою раніше не мав жодних зв'язків. У 2000 році став першим віцеспікером Верховної Ради, а лише за два роки його призначили головою адміністрації президента Леоніда Кучми. Це означало, що на той час Медведчук був, мабуть, другою найвпливовішою людиною в країні і, ймовірно, найбільш поінформованою. У 2004 році Владімір Путін уже як президент Росії став хрещеним батьком дочки Медведчука.[551] Після початку російської агресії 2014 року Медведчук публічно займався питанням обміну полоненими, хоч на той час був проросійським політиком і лідером громадської організації «Український вибір», не маючи жодної посади чи мандата. У 2018 році він долучився до партії «За життя» й почав збільшувати політичну активність і присутність, а також будувати медіаімперію та створювати патрональну мережу в публічній сфері. До 2020 року «Опозиційна платформа — За життя», сформована переважно внаслідок альянсу груп Медведчука та «РосУкрЕнерго», стала другою або третьою за популярністю партією в країні,[552] кинувши виклик партії Зеленського «Слуга народу».[553]

В Україні, звісно, можна знайти багато ілюстрацій такого швидкого просування владною вертикаллю, адже це одна з типових ознак патрональної системи. Однак у випадку з Медведчуком низка важливих питань залишається відкритими:

- Хто саме був і є справжнім покровителем / патроном Медведчука, людиною, яка допомогла йому так швидко просунутися в системі конкретної миті й самому стати покровителем?
- Який покровитель міг дозволити Медведчуку не лише так швидко просунутися вгору, але й зробити це двічі — у 1997–2004 роках і знову у 2014–2021 роках — і досягти найвищих щаблів української політики?
- Як у 2014–2021 роках Медведчук став провідним українським політиком, лідером однієї з найпопулярніших політичних партій й одним з найбагатших людей України, водночас просуваючи відверто проросійський порядок денний через свою медіаімперію[554] та безпосередньо співпрацюючи з Росією та її найвищими посадовими особами під час російсько-української війни, починаючи з окупації Криму у 2014 році?
- Якими статками володіє Медведчук безпосередньо або через підставних осіб і як він їх заробив; наприклад, як він може дозволити собі яхту вартістю 200 000 доларів США,[555] а також бізнес-джети,[556] які використовував для частих поїздок у Росії навіть після офіційного припинення повітряного сполучення між двома країнами 2015 року?
- Хто належав і належить до патрональної мережі групи Медведчука в Україні, зокрема, серед бізнесменів, журналістів, громадських експертів, політиків, суддів, державних службовців та інших посадовців?

Тому, мабуть, ключовим питанням є те, які відносини — політичні, фактичні та юридичні — були у Віктора Медведчука зі спецслужбами Радянського Союзу та Російської Федерації, а також із Кремлем?

З 2019 року проти Медведчука в Україні порушили кілька кримінальних справ за державну зраду й навіть озвучували офіційні підозри.⁵⁵⁷ На початку повномасштабного вторгнення в Україну 24 лютого 2022 року Віктор Медведчук мав перебувати вдома, де за рішенням суду сидів під домашнім арештом із травня 2021 року. Однак 27 лютого стало відомо, що Медведчук зник. Дванадцятого квітня СБУ затримала Медведчука під час втечі до Придністров'я у військовій формі.⁵⁵⁸ За повідомленнями, співробітники ФСБ намагалися допомогти йому дістатися Москви.⁵⁵⁹ Двадцять першого вересня Україна обміняла Медведчука і 55 російських солдатів на 215 українських військовополонених.⁵⁶⁰

Хоча цих фактів і подробиць замало, щоб дати прямі відповіді на поставлені раніше запитання, достатньо підстав стверджувати, що Віктор Медведчук і його група не лише просували проросійську позицію та порядок денний в Україні чи використовували владні позиції в патрональній системі для власного збагачення. Робота Віктора Медведчука та його групи схожа на роботу *прямого російського агента впливу в Україні*, який був вбудований у патрональну систему й просунувся в ній «нагору» в інтересах іншого патрона. Насправді група Медведчука стала клієнтом у російській патрональній мережі, а головним патроном цієї групи був Кремль і сам Путін. Збагачення завдяки корупції та патрональній системі в Україні слугувало радше прикриттям і джерелом «легальних» ресурсів для групи Медведчука, щоб реалізувати завдання російського керівництва в контексті агресивних планів Росії проти України. Саме це відрізняє групу Віктора Медведчука від більшості українських олігархічних груп і патронів.

2. Після 24 лютого: повномасштабне вторгнення Росії проти енергетичної стійкості України

2.1. Подвійний шанс для антипатрональної трансформації та обмеження впливу Росії

Початок російського повномасштабного вторгнення в Україну став одночасно початком нового, може, вирішального етапу нейтралізації впливу Росії в Україні через енергетичні ресурси, які використовують як інструмент шантажу, підриву країни зсередини та втручання в її політику. І така ймовірність водночас передбачає появу іншої — покласти край структурній моделі, у якій постачальники енергоносіїв та енергетичний сектор як такий становлять головні підвалини для дальшого існування й розвитку патронально-олігархічного режиму в Україні. І хоч про успіх будь-якого з цих процесів говорити ще зарано, такі тенденції чітко простежуються після 24 лютого 2022 року.

Звісно, якби Київ упав «за три дні», як розраховував Путін, і там встановився б лояльніший до Кремля режим, такої можливості не виникло б узагалі. Ба більше, були б усі підстави припускати, що ситуація розвивалася би навпаки: безперервне постачання російського палива, газу й електроенергії стало б однією з основ нового проросійського режиму в Україні, де колишній опосередкований вплив змінився би на прямий вплив на відверто маріонеткову владу, керовану за патрональними принципами. Такий режим і модель російської «субсуверенної мафіозної держави» за межами російських кордонів[561] — це не просто теоретичні конструкти, а абсолютно «робоча модель» для Кремля, яку вже роками реалізують і підтримують у невизнаному Придністров'ї.[562]

Однак ефективний військовий і політичний опір України, який для багатьох і не лише для Кремля став справжньою несподіванкою, завадив такому сценарію. Київ неочікувано вистояв, президент Зеленський неочікувано залишився не тільки в країні, а й при владі, а українська енергосистема теж неочікувано не впала. Ба більше, як і в перші тижні та місяці, протягом усього першого року після повномасштабного вторгнення українська енергосистема не лише вистояла, а й почала інтегруватися в європейську енергосистему, продемонструвавши неабияку гнучкість, здатність відновлюватися і швидко змінювати ланцюжки постачання. І це за умов, що від перших годин після початку повномасштабного вторгнення вся критична інфраструктура України стала однією з ключових мішеней російських військових атак — як прямих, так і гібридних.

2.2. Перша віха: синхронізація української та європейської енергосистем і геополітичні та антипатрональні наслідки

У ніч на 24 лютого 2022 року, за кілька годин до повномасштабного вторгнення, оператор системи передачі електроенергії України НЕК «Укренерго» від'єднав українську енергосистему від мереж Росії та Білорусі для планової тестової роботи в ізольованому режимі. Це мав бути один із кількох періодів такого тестування як етапів на шляху приєднання до Європейської мережі операторів систем передачі електроенергії (ENTSO-E), яке почалося

2017 року й мало завершитися 2023-го. Однак, зважаючи на війну й водночас попри війну, НЕК «Укренерго» вирішила не відновлювати роботу з російською та білоруською енергосистемами, а спробувати приєднатися до ENTSO-E в аварійному режимі.[563]

Тож замість запланованих трьох днів роботи в ізольованому режимі українська енергосистема пропрацювала 21 день, а 16 березня, після відповідного рішення ENTSO-E про дострокову синхронізацію, Україна разом із Молдовою приєдналася до Європейської мережі системних операторів передачі електроенергії (*European Network of Transmission System Operators for Electricity*).

Що це означало на практиці? Крім того, що Україна перестала залежати від російських і білоруських електромереж,[564] вона змогла почати комерційний експорт української електроенергії в значних обсягах до Європи (не лише з Бурштинського енергоострова), а також імпортувати електроенергію з ЄС у разі потреби. Отже, *енергетична система України щодо електроенергії досягла вищого рівня диверсифікації та суверенітету, ніж будь-коли раніше*, і все це сталося саме під час російського повномасштабного вторгнення, коли війська РФ перебували навколо Києва й окупували найбільшу атомну станцію в Європі — Запорізьку.[565] Описуючи момент 16 березня 2022 року, коли українська енергосистема повністю синхронізувалася з ENTSO-E, Володимир Кудрицький, голова правління «Укренерго», заявив: «Це історична подія, яка сьогодні стала чимось більшим, ніж просто гарантією розвитку української та європейської енергетики. Цей крок дасть Україні можливість отримувати електроенергію, якщо агресор продовжить руйнувати нашу енергетичну інфраструктуру, і таким чином зберегти нашу енергосистему».[566]

У липні 2022 року, вкотре достроково, Україна почала комерційний експорт електроенергії (тобто не перетоки для балансування енергосистеми як некомерційний експортно-імпортний обмін) до ЄС через Румунію.[567] За словами Кудрицького, це може приносити Україні приблизно 72 млрд грн (приблизно 2 млрд доларів США) на рік. Він додав, що НЕК «Укренерго» заробила 10 млн грн (приблизно 27 тисяч доларів США) на першому добовому аукціоні на доступ до міждержавного перетину електроенергії.[568] До початку жовтня Україна збільшила експорт електроенергії в Європу з огляду на значну економію через зупинку великої кількості підприємств, зокрема металургійних гігантів у Маріуполі й інших промислових містах. За офіційними даними Міністерства енергетики України, з червня до жовтня 2022 року в Молдову та країни ЄС у межах ENTSO-E продали 2,6 млрд кіловат-годин.[569]

Після масованого обстрілу критичної та цивільної інфраструктури 10 жовтня 2022 року, коли Росія запустила 84 крилаті ракети та 24 безпілотники над Україною (вартість цієї атаки становила 400–700 млн доларів США),[570] Україна офіційно припинила експортувати електроенергію в ЄС і продовжила лише взаємні перетоки електроенергії із західними країнами-сусідами, щоб збалансувати систему.

Протягом жовтня-листопада Україна протестувала можливості імпорту електроенергії з ЄС в межах ENTSO-E. З січня 2023 року, за інформацією Міністерства енергетики, вона здійснює цей імпорт систематично, але в невеликих обсягах. У лютому його навіть збільшили[571] попри трикратну різницю в базовій ціні: якщо в ЄС ціна не опускається нижче за 200 євро за МВт-год, то в Україні електроенергія коштує приблизно 75 євро за МВт-год.[572] Однак уже в березні 2023 року, коли віялові вимкнення електроенергії в Україні припинилися одночасно з менш інтенсивними обстрілами енергетичної інфраструктури з боку Росії, країна почала готуватися до відновлення експорту електроенергії в ЄС. Його офіційно відновили на початку квітня 2023 року з амбіціями експортувати більше, ніж 2022 року.[573]

Усе це означає потенційно більші надходження до державного бюджету,[574] але важливіше те, що експорт сигналізує про руйнування згубного впливу Росії на енергетичну систему України з погляду постачання та торгівлі електроенергією. Це означає руйнування впливу як на державу, так і на приватний сектор, насамперед через енергетичний холдинг ДТЕК, що належить Рінату Ахметову,[575] найбагатшому українському олігарху й, імовірно, головному патрону в усій українській патрональній системі. Інакше кажучи, інтеграція з ENTSO-E означає для України нейтралізацію залежності від Росії щодо сполучення електромереж і постачання електроенергії, а також оптимістичний перехід України до порядку денного ліберального ринку, державного енергетичного суверенітету та розвитку корпоративного управління в енергетичних компаніях, що досі перебувають під впливом українських олігархів.

2.3. Друга віха: Ядерна диверсифікація України як приклад для багатьох

Подібно до того, як Україна вирішила не відновлювати зв'язок електромереж із Росією та Білоруссю після повномасштабного вторгнення, Київ більше не закуповує ядерне паливо з Росії для атомних електростанцій. Це був ризикований крок, який багато західних країн, зокрема Угорщина, не здійснили й досі, і який означає блокування, зокрема, санкцій проти «Росатому» та російської ядерної енергетики.[576]

Таке рішення Україна ухвалила, хоч на 24 лютого 2022 року на російському паливі, за даними Державної інспекції ядерного регулювання України, працювало 9 з 15 енергоблоків на чотирьох українських АЕС. Це два енергоблоки з шести на Запорізькій АЕС, які росіяни захопили на початку березня 2022 року і які досі окуповані й не працюють (фактично з вересня 2022 року[577] їх використовують для шантажу можливою ядерною катастрофою); один блок із трьох на Південноукраїнській АЕС; і всі енергоблоки на Хмельницькій (два) та Рівненській (чотири) АЕС відповідно.

За даними «Енергоатому», Україна має дворічний запас російського палива.[578] Очікують, що за це час усі 15 енергоблоків українських АЕС зможуть працювати на паливі американської компанії «Westinghouse». На лютий 2023 року, тобто через рік після початку повномасштабного вторгнення, «Енергоатом» публічно оголосив, що сім енергоблоків уже перевели на паливо *Westinghouse Electric Sweden AB*. Це означає, що, умовно, по одному реактору на рік знімають із «російської паливної голки», і це, можливо, заздалегідь визначено як частину стратегії відмови від російського ядерного палива до 2024 року.

У будь-якому разі, ці трансформації не стали наслідком російського вторгнення, а радше були однією з його причин. Україна взяла курс на зменшення залежності від російського ядерного палива ще 2000 року, коли вперше почала співпрацювати з компанією «Westinghouse». Як у випадку з електроенергією, так і у випадку з ядерною енергією ще до вторгнення Україна почала безповоротно виходити з-під впливу Москви й інтегруватися із Заходом.

Серед планів співпраці з «Westinghouse», публічно оголошених одразу після початку повномасштабного вторгнення, — добудувати два енергоблоки на Хмельницькій АЕС, налагодити «вітчизняне» виробництво ядерного палива й навіть захоронювати його у сховищі в Чорнобильській зоні відчуження.[579] Навіть якщо нічого цього не вдасться реалізувати найближчим часом, перехід усіх енергоблоків на неросійське паливо вже до 2024 року стане історичним успіхом для України з погляду посилення її суверенітету в ядерній енергетиці. Ще один крок на цьому шляху — чинні санкції проти російської ядерної енергетики, запроваджені в лютому 2023 року рішенням РНБО й указом президента Володимира Зеленського[580] (ці санкції охоплюють 200 російських компаній, включно з «Росатомом»).

З погляду трансформації України від пострадянського патронального режиму до ліберальної демократії, вплив різних груп на державне підприємство «Енергоатом» залишається відкритим питанням. Найкращим прикладом у цьому контексті є так звана справа Мартиненка, яку досі слухають у суді:

Миколу Мартиненка, колишнього народного депутата й голову Комітету Верховної Ради з питань паливно-енергетичного комплексу, ядерної політики та ядерної безпеки, підозрюють в отриманні хабарів 2014 року під час закупівлі «Енергоатомом» обладнання у чеської компанії «SKODA JS».[581]

2.4. Третя віха: Угорщина серед ключових союзників у газовій сфері, але досі більші надії покладають на Польщу

Україна не імпортує газ з Росії з 25 листопада 2015 року й усі ці роки вміло забезпечувала власні потреби альтернативними способами та маршрутами. Так само і протягом першого року повномасштабного вторгнення РФ. Від 24 лютого 2022 року внаслідок російського вторгнення й дальшої окупації значних територій, зупинення та руйнування стратегічних підприємств, потреби в газі промисловості та населення України значно зменшилися. Відтак 2022 року Україна як видобула, так і імпортувала рекордно малі обсяги газу — 18,5 млрд кубометрів[582] та 1,54 млрд кубометрів[583] відповідно. Щодо імпорту газу, то він був на 40% менший, ніж 2021 року (Рисунок 1).

Рисунок 1. Імпорт природного газу в Україну (млн кубометрів; частка країни-постачальника)

2022
- 109; 7%
- 356; 23%
- 593; 39%
- 482; 31%
- Всього: 1,541 мільйонів m³

2021
- 78; 3%
- 285; 11%
- 2196; 86%
- Всього: 2,560 мільйонів m³

Джерело: EXPRO Consulting.

Роль Угорщини в газопостачанні України несподівана, адже уряд Віктора Орбана зайняв, м'яко кажучи, неоднозначну позицію щодо російського вторгнення,[584] яку з повним правом можна назвати проросійською. Однак, згідно з даними за 2022 рік, Угорщина була серед двох основних постачальників газу в Україну разом зі Словаччиною, причому ці дві країни забезпечили Україні 31% (482,5 млн кубометрів) і 39% (592,5 млн кубометрів) від загального обсягу імпорту газу відповідно. Втім, ще 2021 року, коли між Києвом і Будапештом тривала дипломатична суперечка щодо прав угорської громади в Україні,585 а Угорщина підписала новий газовий контракт із Росією,586 ця країна забезпечувала 86% усього імпорту газу в Україну. Зростання частки Польщі в загальному обсязі імпорту газу України 2022 року теж здається перспективним з огляду на геополітичне становище Варшави та зростання ролі Польщі загалом у диверсифікації та постачанні газу в Центрально-Східну Європу з різних джерел, насамперед із Норвегії587 та США.588

Є ще два цікаві факти щодо потужності української газової інфраструктури, яка поки що успішно пройшла випробування війною з Росією. По-перше, хоч Кремль десятиліттями, а особливо з початком російської агресії проти України 2014 року, поширював історії про те, що українська газотранспортна система (ГТС) — це майже брухт, а Україна — ненадійний постачальник,589 ГТС ефективно працювала навіть в умовах повномасштабної війни. Так, протягом 2022 року вона забезпечила транзит 20 млрд кубометрів590 газу з Росії до споживачів в ЄС, виконавши контрактні зобов'язання.591

По-друге, Україна зберігає під управлінням комплекс із 11 газосховищ, які, за даними державного «Нафтогазу», найбільші газосховища в Європі і вміщують понад 30 млрд кубометрів. Фактично Україна посідає третє місце у світі за потужністю газових сховищ після США та Росії. Станом на 2022 рік 27 країн світу, більшість з яких європейські, і далі користуються послугами українських сховищ, попри війну; навіть через рік після повномасштабного вторгнення, а також після дев'яти років російської агресії до цього Україна лишається надійним місцем для зберігання газу — як власного, так і партнерів. На початку квітня 2023 року новий голова правління «Нафтогазу» Олексій Чернишов заявив *Euractiv*, що Україна може запропонувати Європі 10 млрд кубометрів газу для зберігання наступної зими, і це було ключовим меседжем для колег із ЄС під час його останньої поїздки до Брюсселя в березні.592 Тоді Чернишов оголосив, що «Укртрансгаз» став другим оператором газосховищ у Європі, який успішно пройшов сертифікацію та підтвердив право здійснювати діяльність зі зберігання газу відповідно до оновлених правил Європейського Союзу й Енергетичного співтовариства.593 Безумовно, бойові дії і тактика нападу Росії на об'єкти критичної інфраструктури ставлять під серйозний сумнів надійність українських газосховищ, проте їхня безперебійна робота в умовах війни — додатковий доказ стійкості та суверенітету енергетичної системи України.

2.5. Четверта віха: нові паливні маршрути із Заходу, але досі переважно для палива російського походження

На відміну від прямого імпорту російського газу, який припинили 2015 року, Україна імпортувала критичні обсяги дизельного пального та бензину з Росії та Білорусі як до, так і після початку російської агресії 2014 року.

У різні періоди залежність України від імпорту цих видів палива, насамперед дизельного пального з Росії та бензину з Білорусі, сягала значно більше від половини загальних потреб країни. Загалом імпорт палива та нафтопродуктів в Україну майже завжди утримувався на рівні 80% річної потреби.[594] Наприклад, 2021-го, за рік до вторгнення, Україна імпортувала 62% дизпалива та 50% бензину з Росії та Білорусі[595] відповідно і ще по 10% з Литви та морським шляхом, доповнюючи цей обсяг невеликою часткою власного перероблення на Кременчуцькому та Шебелинському НПЗ. У грошовому еквіваленті, за даними Державної служби статистики України, 2021 року Україна імпортувала нафти та нафтопродуктів із Білорусі на суму 2,86 млрд доларів США, а з Росії — на 3,43 млрд доларів США.[596]

Однак після початку повномасштабного російського вторгнення все змінилося. Були зруйновані не лише сухопутні ланцюжки постачання з Росії та Білорусі, але й морські. Шебелинський НПЗ зупинив роботу у перші дні вторгнення, адже розташований у Харківській області,[597] де в перші дні та місяці точилися запеклі бої. Інший завод, Кременчуцький, тричі зазнавав потужного ракетного обстрілу: 2 квітня, 24 квітня та 12 травня 2022 року. Відповідно завод зупинив виробництво ще у квітні. За словами голови Комітету Верховної Ради з питань енергетики та ЖКГ Андрія Геруса, станом на травень російські військові також знищили або пошкодили 15 нафтобаз в Україні, де зберігали значні запаси пального.

Раптове руйнування ланцюжків постачання знищило паливну залежність України від Росії та Білорусі, але спричинило паливну кризу, яку країна не змогла збалансувати завдяки власному виробництву через зупинку нафтопереробних заводів. Не потрібно бути військовим чи енергетичним експертом, щоб стверджувати, що масштабна паливна криза була однією з цілей Кремля після того, як він не зміг узяти Київ «за три дні». Криза була особливо гострою протягом квітня-червня, а її наслідки в деяких регіонах відчували до кінця літа 2022 року. Водночас українська влада разом із низкою гравців на українському паливному ринку не мала іншого виходу, крім як створювати цей ринок із нуля, тобто *отримала шанс вибудувати абсолютно нові ланцюж-*

ки постачання, які дали би змогу диверсифікувати залежність України від природного палива.

На початку вересня перший віцепрем'єр-міністр — міністерка економіки України Юлія Свириденко повідомила, що за пів року, тобто з березня по серпень 2022 року, Україна збільшила імпорт у 12 разів за абсолютно різними маршрутами. «Якщо в березні ми імпортували в середньому 827 тонн бензину і 1,4 тисяч тонн дизпалива на добу, то в серпні — 4,2 тисяч і 16,9 тисяч тонн відповідно», — сказала вона. Юлія Свириденко також додала, що «сьогодні 95% імпортованого бензину і 72% дизпалива ми отримуємо з країн ЄС. Лідерами поставок є Румунія, Литва, Словаччина, Греція, Болгарія та Польща».[598]

«Ми бачили паливо з Німеччини, Австрії та навіть далеких Нідерландів. Наші трейдери перевозять нафтопродукти баржами по Рейну та Дунаю, освоїли морські порти на півночі і півдні Європи. Європейські залізниці були змушені рухатися новими маршрутами», — заявив[599] Сергій Куюн, директор «Консалтингової групи А-95» та один із провідних фахівців паливного ринку України, відповідаючи на прохання прокоментувати паливну кризу 2022 року та шляхи виходу з неї.

Звісно, навесні 2022 року Україні довелося мати справу не лише з чергами на заправках і лімітами, а й із фактичною відсутністю пального та стрибками цін. Важливо зауважити, що, хоч українська влада не часто має гнучкість та ефективність, вона справді ухвалила дуже оперативне та швидке рішення в березні тимчасово скасувати акциз на паливо і знизити ставку ПДВ із 20% до 7%, щоб мотивувати трейдерів і спробувати швидко подолати паливну кризу ринковими методами. Це рішення допомогло ринку відновитися за кілька місяців. Навіть коли наприкінці серпня 2022 року український парламент взявся відновлювати акциз, це жодним чином не порушило стабільності паливного ринку з погляду ціни й доступності пального.[600]

Під час усього цього відкриття й запуску нових ланцюжків постачання, а також створення нового паливного ринку державний транспортний гігант «Укрзалізниця»[601] відіграв несподівано важливу роль у підписанні прямих контрактів на постачання дизельного пального 2022 року з американською компанією «ExxonMobil» і польської «Orlen».[602] Іншу важливу роль відіграла згадана вже так звана «труба Медведчука»: якщо до вторгнення цей нафтопродуктопровід радянських часів з офіційною назвою «Самара — Західний напрямок» був одним із символів та інструментів зловмисного російського впливу на Україну через пальне, гроші та політику, то після вторгнення він запрацював у реверсному напрямку, і 2022 року ним перекачали

114 тисяч тонн дизельного пального з Угорщини в Україну.[603] Однак, хоч цей реверс відверто врятував Україну під час паливної кризи 2022 року, уже на початку 2023 року в журналістів виникли підозри щодо можливої корупційної складової у постачанні дизпалива з Угорщини, а саме в тому, що ціна була, м'яко кажучи, неочікувано завищена[604] — факт, якому «Укртранснафта» надала досить непереконливе пояснення на той час.[605] Це чудово ілюструє те, що, позбавившись залежності від постачання російського палива, в Україні не зруйнували патрональної моделі як такої чи навіть не ліквідували корупційних схем, у яких використані стратегічні державні підприємства.

Те, що Україні буде вкрай складно позбутися російського впливу через паливо, а тим паче зруйнувати патрональну модель, підкреслює й інший приклад: із початку 2023 року частка Туреччини в загальному імпорті пального в Україну суттєво зросла (Рисунок 2).

Рисунок 2. Імпорт дизельного пального за країнами з початку 2022 року (тисяч тонн)

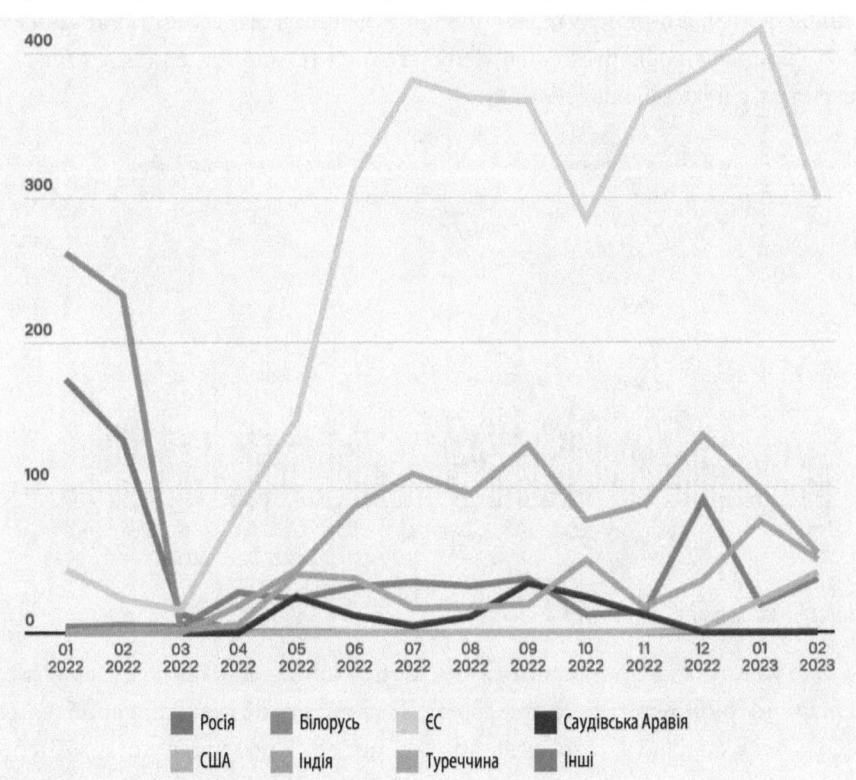

Джерело: Forbes Україна, консалтингова група «А-95».

На думку експертів ринку, це сталося невипадково. У квітні 2023 року агентство «Bloomberg» повідомило,[606] що обсяг постачання російського пального до Туреччини в березні досяг найвищого рівня за останні сім років (Рисунок 3). Це пов'язано з тим, що Туреччина купує російське пальне, яке ЄС не може купувати через санкції, а потім реекспортує це паливо (тепер уже не як російське) в усьому світі, зокрема і в Україну. Таке паливо, навіть якщо використані проксі-компанії, часто набагато дешевше, ніж, наприклад, пальне, імпортоване в Україну з Польщі, Словаччини, Литви чи Угорщини. Згідно з даними за березень 2023 року, основними постачальниками дизпалива в Україну були Румунія (114 тисяч тонн), Туреччина (81 тисяч тонн) та Польща (79 тисяч тонн). За загального зменшення обсягів імпортованого дизпалива частка Польщі та Литви впала на 43% у березні проти лютого.[607] Ситуація з Туреччиною потребує додаткових регуляторних кроків від української влади, адже в протилежному випадку залежність від російського пального в протекціоністських або корупційних моделях просто реінкарнується в іншій формі, що стане ударом по енергетичній незалежності України.[608] Щодо російських енергоносіїв, то низка ціна та «простіша» логістика — це пастки, а не особливості ринку.

Рисунок 3. Надходження дизпалива/газойлю в Туреччину (тисяч барелів на добу)

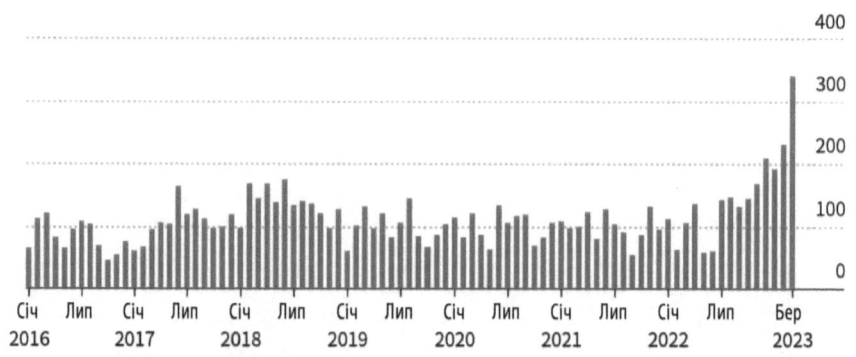

Джерело: Bloomberg.

Як і у випадку з природним газом, щоб зміцнити паливний суверенітет, Україні потрібно критично збільшити власний видобуток і перероблення нафти, особливо після того, як відновлять роботу Кременчуцького та Шебелинського нафтопереробних заводів, навіть якщо власним паливом вдасться компенсувати лише невеликий відсоток потреб. Тут варто згадати, що у квітні 2022 року ПАТ «Укрнафта», націоналізоване в листопаді 2022 року й передане під контроль Міністерства оборони, повідомило, що може відновити приблизно 500 із 4300 неактивних свердловин, які простоюють або зупинені з різних причин.⁶⁰⁹ Звісно, це кроки на майбутнє, але вони важливі, особливо в Україні, де найбільший нафтопереробний завод контролює Ігор Коломойський,⁶¹⁰ один із найбільших українських олігархів та опора патрональної системи в Україні.

2.6. П'ята віха: вугілля для України з усього світу — але найперше з Росії

«Через агресію Росії, в тому числі на енергетичному фронті, нам доведеться найближчі два роки розраховувати виключно на власний видобуток вугілля», — заявив⁶¹¹ у вересні 2022 року міністр енергетики України Герман Галущенко. За його словами, після 24 лютого чверть державних шахт опинилася на тимчасово окупованій Росією території. Однак напередодні зими 2022–2023 років Україна накопичила на складах електростанцій і теплоелектроцентралей (ТЕЦ) приблизно 1,5 млн тонн вугілля, що, за словами урядовців, майже вдвічі перевищувало потрібні гарантовані запаси.⁶¹² З червня 2022 року в Україні офіційно заборонили експортувати українське вугілля.⁶¹³

Для України покладатися лише на власний видобуток буде непросто. Якщо до початку російської агресії 2014 року власний видобуток вугілля повністю компенсував внутрішні потреби, то з 2015 по 2021 рік імпорт із Росії став критичним, часто не так у кількісних показниках, як у відсотках. У 2017 році частка Росії в загальному обсязі імпорту вугілля становила 74%, а 2020 року сягнула 92% (Рисунок 4).⁶¹⁴

Рисунок 4. Імпорт російського вугілля в Україну (з ілюстрацією)

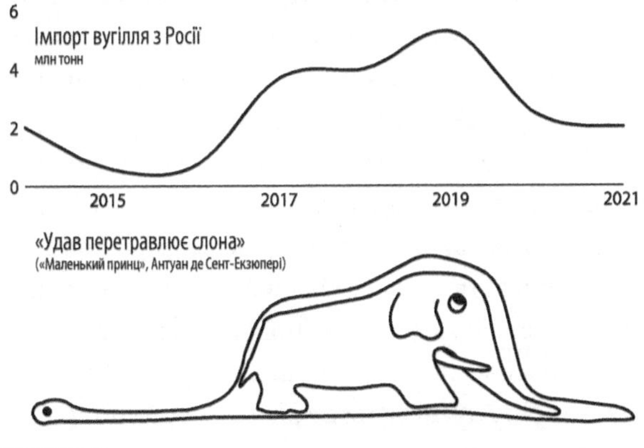

Джерело: Енергетична карта.

До російського вторгнення Україна дещо диверсифікувала імпорт вугілля, імпортуючи його з Казахстану, США, Південної Африки, Польщі й навіть Австралії (Рисунок 5), але це часто робили морськими шляхами, які з 24 лютого заблоковані.

Рисунок 5. Імпорт вугілля в Україну (млн тонн)

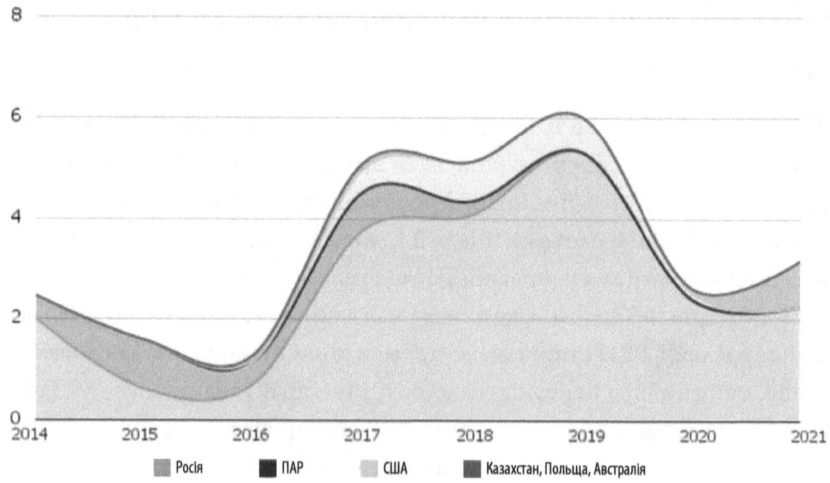

Джерело: Енергетична карта.

Вугільна галузь видається найбільш проблемною з погляду енергетичної незалежності України, особливо з початком повномасштабного вторгнення. Станом на 2022 рік вугілля з Росії досі в українському імпорті,[615] але відстежити його долю з відкритих джерел майже неможливо.

З 2014 року вугільна галузь становить один із ключових інструментів гібридного впливу Росії на Україну та її лідерів. Про це яскраво свідчить справа, у якій Державне бюро розслідувань України (ДБР) оголосило колишньому президенту Петру Порошенку підозру в державній зраді.[616] Двадцятого грудня 2021 року ДБР заявило, що Порошенко у змові з Віктором Медведчуком і російськими високопосадовцями організував у 2014–2015 роках незаконне ввезення вугілля з тимчасово окупованих Росією територій України в Донецькій та Луганській областях, де розташовано 95 вугільних шахт. Це, за версією слідства, могло означати фінансування сепаратистських сил у той час і в тому регіоні.[617] Так чи інакше, немає сумнівів, що вугілля з тимчасово окупованих Росією територій Луганської та Донецької областей постачали на підконтрольні Україні території. Питання в тому, хто, як і навіщо це робив.[618]

Ще одну схему з використанням вугілля з Росії або з тимчасово окупованих українських територій фактично легалізували в Україні у 2016–2017 роках — вона отримала назву «формула Роттердам+». Її ключовим бенефіціаром був найбагатший український олігарх Рінат Ахметов та його енергетична компанія ДТЕК, ключовий гравець на ринку електроенергії України. За даними Національного антикорупційного бюро (НАБУ) та Спеціалізованої антикорупційної прокуратури, «Роттердам+» завдав Україні збитків на суму понад 19 млрд грн (приблизно 750 млн доларів США на той час) лише у 2016–2017 роках.[619] Формулу «Роттердам+» скасували влітку 2019 року.

3. Висновки: Енергетична стійкість України – це не випадковий збіг обставин, але це може стати унікальною можливістю

Щодо війни, то найбільше міжнародних спостерігачів — як і Росію — здивував, звісно, несподівано ефективний військовий опір України повномасштабному вторгненню. Однак великою несподіванкою також стала стабільність енергетичного сектора України, який десятиліттями не лише залежав від Росії, але й був міцно інтегрований із російською енергетичною та патрональною системою щодо інфраструктури, олігархії та політики.

Здивування стає ще більшим, якщо зважити, що енергетична залежність України від Росії зумовлена не тільки фізичною нестачею енергоносіїв, які Росія постачала за найкращою ціною та логістикою, а й стратегією гібридного впливу Кремля на сусіда. І ця стратегія базувалася не лише на корупції та залежності, а й на сприянні розвитку в Україні патронально-олігархічної системи, у яку інтегрували залежні від Кремля клани, як-от групу Віктора Медведчука. Вони мали не просто впливати на рішення української влади, а в ідеалі взяти владу під контроль — тобто стати владою. Два типи патрональних груп, описані в цьому розділі, добре це ілюструють.

Беручи до уваги всі факти й пояснення в цьому розділі, я доходжу висновку, що за аналогією до Білорусі режим Путіна намагався взяти під політичний контроль Україну за допомогою української патронально-олігархічної системи, а отже, не відмовився від мрії відновити Радянський Союз, створивши щось на кшталт «союзних держав». Енергетична залежність України від Росії й сама патрональна система були найбільш ефективними інструментами в руках Кремля. Початок втрати цих інструментів впливу, очевидно, став однією з причин і приводів для повномасштабного російського вторгнення в лютому 2022 року. Бо коли гібридні методи не дали змогу захопити та контролювати іноземну державу, Владімір Путін вдався до більш класичних методів, зокрема військової агресії й геноцидних практик.

Як до, так і після повномасштабного російського вторгнення стійкість та опір українського енергетичного сектору були частиною загальної стійкості й опору держави. Особливо це стало помітно, коли енергетична інфраструктура України перетворилася на безпосередню мішень російських військ, причому енергетичні об'єкти часто не хотіли захопити, а просто знищити — як і громадян України.

Справді, енергетичний сектор України, замість того щоб бути російським зашморгом на шиї країни, став мотузкою, за допомогою якої Україна витягує себе з прірви російської залежності та перетворюється на частину Заходу. Лише за рік Україна зробила значно більше для зменшення енергетичної залежності від Росії, ніж за попередні три десятиліття разом узяті. Однак це не випадковість. Такому прориву передували роки напруженої роботи в енергетичному секторі, здебільшого непомітної для широкої громадськості та зазвичай прикритої терміном «реформи». Ці реформи в Україні були б неможливі без допомоги західних партнерів. Ба більше, системності та незворотності їм надає те, що їх утілюють у контексті загального геополітичного руху України на Захід, насамперед у межах інтеграції до ЄС та НАТО.

Від 2014 року й до весни 2023 року, за дев'ять років після початку російської агресії й понад рік повномасштабного вторгнення, Україна нейтралізувала критичний вплив Росії на свою енергетичну систему. Російські енергоносії та енергетична залежність України від Росії перестали бути ефективною зброєю в руках Кремля — принаймні зараз.

Досвід таких країн-членів ЄС і НАТО, як Угорщина, Словаччина, Болгарія та навіть Німеччина, показує, що Росія може будь-якої миті перетворити енергетичну залежність на зброю й використовувати її як політичний інструмент. Це особливо актуально доти, доки Європа й Україна залишатимуться надто залежними від російських енергоносіїв загалом і від їхньої логістики та дешевих цін зокрема. Інакше кажучи, можна припустити, що енергетична стійкість України до російського впливу безпосередньо залежатиме від успіху Києва в інтеграції до ЄС та НАТО. Причому йдеться не лише про членство України в цих організаціях, а й про її енергетичну інкорпорацію в Захід, його інфраструктуру та ланцюжки постачання.

Водночас, зважаючи на те, як Росія перетворила енергоресурси на зброю і як цьому можна протидіяти, Україна вже зараз здатна стати прикладом і рольовою моделлю для тих європейських країн, які лишаються критично залежними від Росії в певній сфері. Це стосується насамперед Угорщини та Словаччини щодо «дерусифікації» їхніх нафтогазової та атомної енергетики. Звісно, російський підхід до використання патрональної системи й енергетичної залежності для зловмисного та прямого впливу на політику і політикум, описаний у цьому розділі, становить ще один урок, який варто засвоїти Центральній Європі та Заходу.

Для України позбавлення Росії прямого критичного впливу на державу через енергетику — це лише перший раунд у боротьбі за енергетичну незалежність. Наступний передбачає боротьбу з впливом і монополіями українських олігархів в енергетичній галузі. Це боротьба з патрональною системою як такою. Безумовно, ключовим елементом у цьому контексті мають стати регулювання та процедури, які обмежували б вплив олігархів на державні рішення загалом і у сфері енергетики зокрема, включно з роботою критично важливих державних підприємств, як-от «Нафтогаз», «Укренерго», «Укрнафта» та інші. Таке можливе через системне та комплексне реформування антимонопольного й антикорупційного законодавства, сфери корпоративного управління державними підприємствами та низки інших сфер, про які йдеться в цьому розділі. У згаданих питаннях Києву не потрібно, як кажуть, вигадувати велосипед, а належить якісно втілити найкращий досвід західних країн.

Хоча Україна не завжди була ідеальна в цьому, але вже довела, що здатна це зробити.

Основні рушійні сили депатроналізації в Україні: роль українського бізнесу[620]

Володимир Дубровський

1. Ключ до антипатрональної трансформації – верховенство права

Відповідно до класифікації посткомуністичних режимів, що її запропонували Мадяр і Мадловіч, Україна — це патрональна демократія,[621] що відрізняється від патрональної автократії наявністю політичної конкуренції (хоч і між патрональними кланами, а не демократичними партіями), а від ліберальної демократії — домінантною роллю, яку досі відіграє патроналізм. У цьому розділі ми проаналізуємо еволюцію патрональної демократії з погляду її рушійних сил на прикладі України.

Україна, як і низка інших посткомуністичних країн, залишалася в рамках патрональної демократії протягом усього періоду після розпаду СРСР. Однак, на відміну від патрональної автократії або (зрілої) ліберальної демократії, цей тип політичного режиму за своєю суттю нестабільний. Причина в тому, що демократія не може бути послідовною без верховенства права,[622] а воно несумісне з патроналізмом, як описано нижче. Коли немає верховенства права, патрональні клани, що час від часу змінюють одне одного при владі, можуть використовувати позаправові засоби, щоб концентрувати та консолідувати владу. Такі спроби унеможливлюються або припиняються революціями чи іншими способами, так що країна коливається між більш і менш авторитарними порядками, як це описали Мадяр і Мадловіч.[623]

Однак можна очікувати, що рано чи пізно революція зазнає поразки; це дозволить певному клану врешті-решт консолідувати владу й установити автократію, як сталося в Киргизстані й Угорщині. Якщо патрональна демократія не еволюціонує в іншому напрямку між цими автократичними спробами, то вона, схоже, приречена на те, щоб одного дня впасти в авторитаризм. Тому питання полягає в тому, чи є якісь інтереси та процеси, здатні стимулювати еволюційну депатроналізацію,[624] а отже, сприяти руху політико-економічного режиму до ліберальної демократії.

Така еволюція має відбуватися за чотирма напрямками, що відрізняють патрональний порядок від непатронального, як показано у Таблиці 1.[625] Це пов'язано з тим, що патроналізм — широке явище, яке охоплює інституційні, політичні, суспільні й навіть, до певної міри, філософські питання. Отже, депатроналізація може відбуватися вздовж різних осей і в різній послідовності. Однак, за більш докладного розгляду, інституційні та політико-економічні чинники виявляються ключовими компонентами.

Таблиця 1. Виміри депатроналізації.

	Патрональний порядок		**Непатрональний порядок**
Інституції	неформальні	→	формальні
Регуляції	дискреційні	→	нормативні
Авторизація	особиста	→	колективна
Підпорядкування	клієнталізм / персональні ланцюжки	→	бюрократичні (інституційні) ланцюжки

Джерело: Magyar and Madlovics (2022, 20)

Хоча Вельцель[626] демонструє, що масові настрої становлять важливий фактор у становленні ліберальної демократії, їхній вплив у цьому випадку може бути досить опосередкованим. Згідно з висновками Вельцеля, демократичні інститути працюють належно, коли поєднані з тим, що він називає «емансипативними цінностями», до яких належать кілька форм прагнення до свободи (як-от свобода вираження поглядів і політична свобода), вимірювані Всесвітнім дослідженням цінностей.[627] Тим часом такі антипатрональні цінності, своєю чергою, створюють суспільний запит на ліберальну демократію.

Це, ймовірно, можна спостерігати і в Україні. Однак проблема полягає в тому, що такі цінності потребують певного механізму для трансформації у конкретні інституційні зміни. Демократія забезпечує це у формі конкурентних виборів, де можна обирати партію або тих людей, які найкраще відповідають (емансипативним) цінностям виборців. Однак, на відміну від «ідеальної» ліберальної демократії, в умовах патрональної демократії потенційна політична сила, яка базується на антипатрональних цінностях і готова діяти відповідно, має мало шансів отримати суттєве фінансування кампанії або висвітлення у ЗМІ, адже основні потенційні джерела фінансування, як і телеканали, належать олігархам, не зацікавленим підтримувати таку силу. З цієї причини виборці, наділені емансипативними цінностями, в умовах патрональної демократії постійно залишаються недостатньо представленими у владі.

Непатрональні виборці мають шанс бути почутими через революції, які, принаймні у випадку України, справді були зумовлені саме такими емансипативними цінностями,[628] а також браком політичного представництва їхніх захисників. Революції, однак, поки що не змогли подолати патроналізм, адже на наступних демократичних виборах знову не запропонували інший варіант, окрім повернення до влади наявних політиків та їхніх сил — усі вони залишаються, більшою чи меншою мірою, патрональними за природою. Ба більше, навіть якщо активна меншість значною мірою наділена емансипативними цінностями, більшість лишається переважно патерналістською й може відносно легко спокуситися популістськими гаслами. Отже, еволюція цінностей, хоч і має фундаментальне значення, залишається здебільшого латентною і її не можна розглядати як безпосередню рушійну силу еволюції режиму; радше це лише необхідна умова, яка, здається, вже є в Україні, але не здатна сама собою подолати патроналізм.

Наступною найбільш фундаментальною необхідною умовою для антипатрональної трансформації на інституційному рівні є верховенство права. У Британській енциклопедії верховенство права визначене як «механізм, процес, суспільний інститут, практика або норма, що підтримує рівність усіх громадян перед законом, забезпечує несвавільну форму правління і загалом запобігає свавільному використанню влади».[629] Отже, це полярна протилежність дискреції, що передбачає як формальні правила, так і існування незалежних інституцій для безособового дотримання цих правил. Роль верховенства права у командних ланцюжках менш очевидна, але вона випливає з логіки влади в межах персоналістичного «політичного клану» («піраміди»), що його описав Гейл[630] — така влада ґрунтується на очікуваннях, які виправдовують себе:

> Будь-який патрон, який контролює свою мережу, найголовніше потребує, щоб клієнти й далі виконували його накази, особливо коли йдеться про винагороди та покарання. З іншого боку, ці клієнти не мають жодних підстав виконувати такі накази, якщо не впевнені, що в майбутньому вони отримають нагороду за лояльну поведінку

або покарання за нелояльну. Отже, мережа тримається разом завдяки правилу, яке можна сформулювати так: «Якщо кожен клієнт вірить, що інші клієнти виконуватимуть накази патрона про покарання й винагороду, то кожен окремий клієнт сам їх виконуватиме, а це, своєю чергою, означає, що їх справді виконуватимуть, що призведе до згуртованості мережі. Це також означає, що окремі клієнти навряд намагатимуться кинути виклик керівництву патрона. Якщо немає підстав очікувати, що інші клієнти долучаться до їхнього бунту, така спроба лише накликає на себе покарання або втрату потенційної винагороди. Коли клієнти вірять, що їхня мережа сильна, вона такою і є».[631]

Однак жоден формальний закон не може забезпечити таку вибіркову винагороду та покарання за особисту лояльність чи нелояльність. Ба більше, якщо пересічний громадянин, підприємець чи політичний або громадський активіст почувається захищеним буквою закону, він не потребує захисту покровителя. Тому встановлення повноцінного верховенства права одразу руйнує найважливіший механізм влади в патрональному порядку, і навпаки — там, де й коли закон не застосовують однаково до всіх (наприклад, у кримінальному світі або в сімейних відносинах), його можна замінити патрональною моделлю. Це взаємно несумісні явища, які витісняють одне одного.

Верховенство права — необхідний компонент сучасного політичного порядку, який, згідно з Ф. Фукуямою,[632] також потребує бюрократичної ефективності та демократичної підзвітності від держави. Відтак можемо сказати, що верховенство права є необхідним підґрунтям для суспільного порядку відкритого доступу (далі ПВД)[633] — стабільної непатрональної форми соціальної організації, що також потребує централізованого політичного контролю над застосуванням сили та безстрокових організацій, здатних підтримувати інституційну спадкоємність. Однак у патрональній демократії окремі компоненти ПВД і фукуямівського сучасного державного устрою здебільшого все-таки є. Громадське обговорення загалом демократичне, політичні еліти підзвітні, а застосування сили перебуває під політичним контролем, але все це працює лише тією мірою, якою працює верховенство права. Безстрокові організації не можуть стати домінантними в умовах панівного патроналізму, адже їхній вплив критично залежить від позицій їхніх лідерів у неформальній ієрархії. Якість бюрократії, з іншого боку, до певної міри незалежна, хоч її теж не можна значно поліпшити, поки правила не стануть формальними, а їх дотримання рівним для всіх (з можливими нормативними винятками, які впливають максимум на певну меншість). З усіх цих причин верховенство права видається ключовим елементом антипатрональної еволюції патрональної демократії. Тут і далі ці поняття — антипатрональна трансформація (або депатронізація) і становлення верховенства права — використовуватимемо як взаємозамінні, залежно від того, яке з них більш вдале в конкретному випадку.

Формально верховенство права закріплене в конституціях усіх сучасних демократичних держав. Основна проблема полягає в його операціоналізації та фактичній (на відміну від формальної) імплементації. Однак конкретні реформи, потрібні для такої практичної імплементації, можуть відрізнятися навіть поміж патрональними демократіями. У випадку України, зокрема, можна виділити три рівні таких реформ, на яких зосереджена увага в цьому розділі:

1) *Судова реформа має* створити справді незалежний і некорумпований суд, здатний притягнути до відповідальності будь-кого, включно з топполітиками й олігархами, на безособовій і неупередженій основі. Однак суди виносять ухвали на основі інформації від органів прокуратури та слідства, тому глибоко вкорінене свавілля у відповідних установах також може зробити певних осіб невразливими до правосуддя.

2) Наступний крок — реформування правоохоронних органів, включно з реформуванням Служби безпеки України (СБУ), поліції, фінансових і податкових інспекцій, відповідальних за виявлення економічних злочинів та інформування про них поліції тощо. Поки у відповідному законодавстві використовують успадковані від Російської імперії традиції з їхніми нездійсненними (через надмірну громіздкість або обтяжливість) нормами, які *масово* ігнорують, вибір цапів-відбувайлів для притягнення до відповідальності за типові порушення, однак, залишається фактично дискреційним, а в інших випадках така дискреція закладена в самому законі.[634]

3) *Законодавча реформа* означає, що законодавство також має бути максимально спрощеним, лібералізованим та очищеним від дискреційних та інших можливостей для корупції.

Крім того, до завершення таких реформ потрібно створити спеціальний антикорупційний суд, а також правоохоронні органи, сформовані з нуля на нових принципах; вони будуть важелем впливу на решту судових і правоохоронних структур для їхнього очищення від корумпованих кадрів.

Створення ефективного верховенства права — ключовий елемент і найперспективніша вихідна точка для депатроналізації. У цьому розділі ми проаналізуємо рушійні сили цього процесу та їхні перспективи в Україні. Ми не ставимо за мету узагальнити наші висновки для всіх патрональних демократій, хоча вони можуть стати першим кроком у створенні загальної теорії змін патрональних режимів.

2. Рушійні сили антипатрональної трансформації

Нормативні правила можуть переважати над дискреційними, якщо, по-перше, є набір таких правил, і, по-друге, їхня інтерпретація виходить за межі особистої чи клієнтелістської субординації головного патрона або, ширше кажучи, за межі влади правителя. Однак правителі рідко добровільно накладають обмеження на власну владу. І звісно, жоден патрональний правитель не зацікавлений у цьому, адже такі обмеження підривають головне джерело влади, яку він має над прийнятою політичною сім'єю. Водночас саме собою верховенство права не збільшує його шанси на виживання у війнах, які історично були основним механізмом конкурентного добору (а отже, своєрідною рушійною силою), що здатен генерувати інституціональні зміни.

Натомість у сучасному світі ВП та інші компоненти депатроналізації потенційно можуть запроваджувати за допомогою зовнішніх чинників, як-от інституційний трансфер або імітація, підкріплені умовами іноземної допомоги, умовами вступу до ЄС або схожими обставинами. І ці фактори в Україні справді сильні.

Однак емпіричні дослідження[635] підтверджують загальновідому думку про те, що саме внутрішній попит критично важливий для успіху інституційного трансферу. Такий попит теоретично може виходити зверху від самого правителя, знизу від мас або ж від еліти середнього рівня та членів громадянського суспільства, наприклад баронів, олігархів, підприємців, місцевих лідерів тощо.

По-перше, як ми вже пояснювали вище, лідери патронального режиму навряд можуть бути проактивні у створенні верховенства права і, мабуть, послабили б себе, якби зробили це, адже так підірвали би власне джерело влади. Фактична позиція лідера, найпевніше, буде радше проти ключових антипатрональних реформ, ніж на їхню користь попри будь-яку прореформаторську риторику.

По-друге, широка громадськість не може стати достатньо сильною зовнішньою силою, щоб нав'язати верховенство права правителю із двох причин, обидві з яких дуже гострі в Україні. Окремі представники громадськості не обов'язково прагнуть створити формальні інститути, адже доки останні «екстрактивні»,[636] що більше вони формалізовані й що краще забезпечені примусом, то гірше для їхніх суб'єктів. За таких обставин дискрецію може навіть сприймати як полегшення, адже вона дає змогу випросити або купити послаблення. Саме тому в країнах, які звикли до екстрактивних інститутів, особливо іноземних («чужих»), привнесених колоніалізмом, люди прагнуть правління доброго, мудрого, справедливого та чесного лідера, а не домінування більш загальних, нормативних і безособових інститутів, здатних стримувати можливого (і набагато ймовірнішого) жорстокого й егоїстичного автократа. Крім того, в умовах патроналізму, особливо патрональної автократії, навіть якщо деякі представники нижчого або середнього класу прагнуть до ролі лідера (як це робить українське громадянське суспільство), засоби в їхньому розпорядженні надто слабкі.

По-третє, áктори середнього рівня історично були важливими гравцями у становленні демократії та верховенства права. Норт та інші[637] розглядають зацікавленість у капіталізації аристократичного бізнесу у XVIII та XIX століттях як одну з головних рушійних сил, що відкрила доступ до економічних можливостей для всіх (включно із захистом прав власності). На основі цих та інших історичних прикладів, як-от американські «барони-розбійники», багато спостерігачів припускали, що олігархи й навіть відверті бандити рано чи пізно будуть зацікавлені капіталізувати свій бізнес, що неминуче приведе їх до підтримки верховенства права. Однак олігархи й економічні підставні особи, міцно вкорінені в патрональній системі, не зацікавлені в депатроналізації. Водночас лояльні члени прийомних політичних сімей також зацікавлені зберегти патроналізм, за якого вони можуть використовувати зв'язки всередині політичних кланів як конкурентну перевагу в бізнесі та політиці, не кажучи вже про виконавчу владу. Проте, принаймні в умовах патрональної демократії, вони не репрезентують усю бізнес-спільноту.

Поза сферою патроналізму з низки причин є áктори середнього рівня:

1) Навіть авторитарний правитель раціонально обмежує сферу контролю та координації сферою власного впливу, намагаючись підвищити ефективність так, щоб корисність, отримана від кожної одиниці, не перевищувала б витрати на контроль і координацію. Це залишає значну кількість підприємців (переважно це представники ММСП, тобто мікро-, малі та середні підприємства) поза сферою його інтересів.[638]

2) Компанії, що належать справжнім іноземним інвесторам, особливо транснаціональним корпораціям, зберігають достатній ступінь незалежності та користуються зовнішнім захистом прав власності. Деякі місцеві підприємці навіть свідомо шукають таких іноземних співвласників, щоб додатково захистити свої активи.[639]
3) На відміну від патрональної автократії, в умовах патрональної демократії є певна, хоч і політично маргінальна антипатрональна опозиція, і, що навіть важливіше, дрібні (опозиційні) політичні клани, які не зацікавлені у верховенстві права, проте можуть надавати йому перевагу як меншому злу, якщо мають мало шансів прийти до влади.

Отже, бізнес-спільнота утворена з двох основних груп: олігархічної або переважно олігархічної групи (далі — «олігархічна»), яку очолюють провідні олігархи, та неолігархічної або переважно неолігархічної групи (далі — «неолігархічна»).

Сам факт того, що неолігархічна частина бізнес-спільноти перебуває в невигідному становищі за умов патроналізму та постійно зазнає загрози рейдерського захоплення, уже робить її зацікавленою в депатроналізації. Однак за умов домінантного патроналізму ця вимога може бути послаблена. Як свідчать дослідження,[640] альтернативний спосіб захистити права власності для найпотужніших гравців виявляється більш привабливим, ніж універсальний захист, адже дає (навіть не-олігархам) скористатися перевагами в межах системи. Крім того, непрозорість можна розглядати як засіб захисту від хижаків, включно із самою державою.[641] Поки індивідуальний захист прав власності надійніший, доступніший і дешевший, більшість підприємців користуватимуться ним та інвестуватимуть у його посилення (а отже, і в патроналізм), навіть якщо частина з них залишатиметься незадоволеною результатами. На відміну від олігархів, ці суб'єкти радше перейдуть на інший бік, щойно захист, що ґрунтується на верховенстві права, стане надійнішим (або навіть незадовго до цього, очікуючи змін).

Ще один, може, навіть важливіший інтерес для всіх видів бізнесу — зниження транзакційних витрат і забезпечення стабільності. Загалом невизначеність і пов'язані з нею транзакційні витрати можна подолати двома альтернативними способами: через довіру, яку в нашому випадку здебільшого забезпечують постійні особисті стосунки в певних мережах з обмеженим доступом, зокрема в політичних сім'ях окремих патронів, або ж через формальні інституції, як-от верховенство права, які зазвичай не потребують довіри. Експериментальні дані демонструють, що попит на інституції зростає, коли довіра зменшується.⁶⁴² Емпіричні дані підтверджують, що зв'язувальний *(bonding)* соціальний капітал — наприклад, напіввідкриті соціальні мережі, що ґрунтуються на спорідненості чи крові — працює як замінник інституцій (і навпаки), тоді як об'єднавчий *(bridging)* соціальний капітал асоціюється з сильнішими інституціями⁶⁴³ — бо ж він допомагає їх розбудовувати.

У реляційній економіці міжособистісна довіра — домінантний спосіб зменшити невизначеність, і тут непатрональний бізнес знову опиняється у невигідному становищі, адже не дуже пристосований використати цю довіру або навіть не може взагалі нею скористатися. Отже, він безпосередньо зацікавлений в альтернативному способі зменшити невизначеність, тобто у формальних інституціях, але досі може віддавати перевагу інвестиціям у міжособистісну довіру, доки такі інституції не стануть достатньо сильними.

Проте головний недолік такої довіри, як і патронального захисту прав приватної власності полягає в тому, що вони покладаються на конкретних людей. Тобто для їхньої ефективності критично важлива стабільність цих людей, насамперед тих, хто перебуває при владі. Саме тому патрональний режим найстабільніший і найуспішніший, коли він автократичний, тобто лідер перебуває при владі протягом невизначеного часу і ті самі люди обіймають різні формальні та неформальні посади, іноді навіть протягом десятиліть, доки лідер у них не розчарується. На противагу цьому в умовах патрональної демократії політична конкуренція призводить до періодичної зміни людей при владі, руйнуючи мережі, які забезпечують довіру, тому для тих, хто покладається на міжособистісну довіру та захист із боку патронів, транзакційні витрати вищі, а права власності — слабші.

Одним із наслідків є те, що в умовах патроналізму частина бізнес-спільноти (не тільки олігархічної), яка покладається насамперед на владні зв'язки, стає зацікавленою в авторитарній консолідації. Однак якщо це не вдається, мережі блату,⁶⁴⁴ які ґрунтуються на репутації та забезпечують довіру, необхідну для економічних та інших транзакцій в умовах патрональної системи, руйнуються через постійні персональні зміни, спричинені конкурентними виборами або навіть революціями. Це призводить до зростання відповідних транзакційних витрат, що робить такий традиційний спосіб менш привабливим порівняно з альтернативою, пропонованою інституціями. Як і в інших випадках системних змін, є певний поріг, за яким позитивний системний зворотний зв'язок змінює знак. Найімовірніше, це стається тоді, коли вищезгадана частина бізнес-спільноти врешті-решт усвідомлює, що старий спосіб ведення справ більше не працює, а якщо й працює, то ця частина бізнес-спільноти назавжди залишиться в невигідному становищі або може навіть припинити існування.

Це означає існування триланкового логічного ланцюжка: що більше справжньої демократії, то частіше стаються персональні зміни і то сильніший запит від однієї частини бізнес-спільноти на чіткі та прозорі правила і на «стабільність», а отже, авторитаризм від іншої. Коли друге переважає, зростає ймовірність спроби авторитарної консолідації. Однак щоразу, коли клан при владі намагається консолідувати автократію, незалежні підприємці об'єднують зусилля з опозиційними олігархами, щоб протистояти таким спробам. З кожним таким епізодом частина бізнес-спільноти, раніше пов'язана з певними кланами, відокремлюється й долучається до табору «незалежних». Водночас низка факторів, що їх описав Вельцель, зокрема, еволюція цінностей і щораз більша складність і відкритість економіки, призводять до зростання витрат на контроль і координацію, а отже, виводять додаткові бізнес-структури та сектори зі сфери інтересів патроналізму. Тож баланс інтересів має тенденцію змінюватися з часом, як і політичний тиск, який виникає внаслідок цього. Згодом до процесу можуть долучитися навіть олігархи, оскільки вони теж потерпають від неминучих розривів у мережах довіри. Крім того, вони можуть усвідомлювати неминучість депатроналізації та спробувати встигнути заскочити в останній вагон.

Отже, є щонайменше одна потенційно потужна внутрішня сила, яка рухає еволюцію патрональної демократії в бік ліберальної. Вона має виявитися в тому, що частина вітчизняних та іноземних підприємців згуртується навколо ідеї верховенства права в державі, лобіюватиме відповідні реформи та фінансуватиме організації громадянського суспільства, які їх обстоюють. Участь вітчизняних підприємців — найпомітніше явище на цьому етапі, адже іноземні підприємці роблять це в будь-якому разі.

Решта розділу описує, як цей процес розгортався в Україні. Текст починається з короткої історичної довідки, що описує попередні режими та відповідні спроби антипатрональних реформ. Далі йде аналіз поточної диспозиції пропатрональних і антипатрональних сил як до повномасштабного вторгнення Росії, так і після нього, аж до написання цього тексту. Наступні два підрозділи описують політико-економічні інтереси та поведінку олігархів (як головних представників олігархічного бізнесу) та неолігархічного бізнесу. Можливі сценарії та пропозиції щодо дальшої депатроналізації висунуті в передостанньому підрозділі, за яким йдуть короткі висновки.

3. Український політичний режим до вторгнення: попередні цикли автократичних та антипатрональних змін

3.1. Цикл зі слабкими антипатрональними елементами: перші три автократичні спроби та Помаранчева революція

З моменту відновлення незалежності 1991 року Україна зазнала чотирьох автократичних спроб. Дві з них закінчилися революціями та подальшими антипатрональними зсувами, які поки що мають неоднозначні результати.

Першою була спроба Павла Лазаренка, прем'єр-міністра Леоніда Кучми у 1996–1997 роках, очільника дніпропетровського клану та провідного тогочасного українського олігарха, який ставився до Кучми як до маріонетки. Однак згодом Кучма зміг використати президентську владу за підтримки громадськості та бізнес-спільноти, щоб усунути Лазаренка, який був змушений емігрувати до США, де згодом його засудили за відмивання грошей. Консолідація проти Лазаренка була неймовірною, але жодних подальших зусиль для зміни правил системи тоді не зробили, адже Кучма сам був патрональним лідером і замінив Лазаренка в ролі верховного патрона клану.

Потім Кучма частково консолідував напівавторитарний режим і побудував вертикаль влади. Уже 1996 року йому вдалося запровадити Конституцію з сильними президентськими повноваженнями, а потім перемогти на виборах 1999 року завдяки широкому використанню адміністративного ресурсу. Отже, ця автократична спроба була частково успішна, адже Кучму, зокрема, дуже підтримували олігархи, які почали домінувати саме в той період (подібно до ситуації з Єльциним у Росії); парламентська опозиція водночас залишалася доволі сильною.

У 2004 році цей напівавторитарний режим постав перед проблемою наступництва. На відміну від багатьох інших пострадянських лідерів, Леонід Кучма вирішив не продовжувати перебування при владі, ймовірно, бо потребував підтримки Заходу, що передбачало демократичну легітимність. Замість цього Кучма спробував призначити собі наступника, вдавшись до маніпуляцій на виборах. Прийшовши до влади, особливо в такий спосіб, відверто авторитарний і проросійський головний патрон донецького клану Віктор Янукович неодмінно надалі консолідував би автократичний режим. Цю спробу підтримала низка відомих олігархів, але врешті-решт їй завадила

Помаранчева революція, яку підтримали олігархи другого рівня, що на той час перебували в неформальній коаліції з незалежними підприємцями, а головне — з мікробізнесом, який був численним і накопичив певні ресурси.

Помаранчева революція підірвала принаймні один із головних стовпів кучмівської версії патроналізму — адміністративний ресурс («політичну машину»). Лідери революції Віктор Ющенко та Юлія Тимошенко здобули справжній політичний капітал, переважно під час успішного перебування на посадах технократичного прем'єр-міністра та віцепрем'єр-міністра відповідно у 1999–2000 роках — і цей капітал вперше переміг адміністративний ресурс, який чинна влада використовувала для фальсифікування виборів. Відтоді всі основні політичні гравці були змушені стати політиками в повному розумінні цього слова, тоді як до революції багато відомих політичних гравців, включно з Леонідом Кучмою та особливо Віктором Януковичем, називали себе *господарниками* — це радянське слово позначало номенклатурного працівника виконавчої влади, відповідального за економічні питання (народне господарство). Головна відмінність полягає в підзвітності: на відміну від політика, господарник не відчуває відповідальності перед суспільством і не потребує виборців, щоб легітимізувати своє правління, неначе його влада походить від самого Бога. Революція покарала цей зверхній елітарний підхід гучною поразкою.

Водночас ця перемога надихнула новонароджене громадянське суспільство, дала поштовх його зростанню та зрілості — те, що дасться взнаки пізніше. Вона також породила низку свіжих політиків, які, принаймні номінально, мали антипатрональні програми. Однак тоді не виникло жодної нової політичної сили, а громадянське суспільство не було досить сильним, щоб нав'язати політикам порядок денний. Більшості активних людей здавалося, що вони виконали свій обов'язок, узявши участь у мільйонних мітингах і революційних протестах на кшталт «Occupy»; тепер, нарешті, можна відпочити та повернутися до повсякденних справ, адже при владі опинилися «добромисні політики» з правильною «політичною волею», а це все, що потрібно для здійснення мрій. Суспільство довіряло лідерам і дало їм свободу дій у формуванні політики, але на рівні інституцій та політик не сталося жодних кардинальних змін.

Натомість переможці вдалися до популізму, який уособлювала переважно Юлія Тимошенко, хоч ініціатором популістських перегонів був Янукович, який як прем'єр-міністр просто подвоїв пенсії за місяць до дати голосування, не маючи достатнього економічного ресурсу або публічно представленої оцінки того, коштом чого їх можна було б підвищити. Однак багато «помаранчевих» виборців вважали популістські обіцянки Тимошенко за більш достовірні та голосували за неї, адже їм обіцяли, що «багаті поділяться з бідними». Однак гасла про «хірургічне видалення державної влади від бізнесу» просто прикривали тісні зв'язки Тимошенко з деякими олігархами, а також небажання проводити реальні системні антипатрональні зміни, що зачіпають їхні інтереси.

Ющенко не був таким популістом. Натомість його популярність була зумовлена насамперед особистим небажанням брати участь у патрональній політиці (наприклад, відразою до використання компромату) і тим, що він не належав до жодного політичного клану. Однак Ющенко не вірив в інституційні зміни і вважав, що призначення «правильних людей» на вищі посади може розв'язати всі проблеми. Він ініціював масштабне оновлення кадрів на державній службі, яке, однак, не дало жодних помітних покращень, адже інституційних змін не здійснили. На нових людей поширювалася та сама система мотивації, і їх також відбирали та обирали відповідно до неї.

На формальному інституційному рівні Помаранчева революція призвела до «дуальної» конституції, яка створила два приблизно рівні центри влади — президента та прем'єр-міністра. Однак вона також залишила основні неформальні важелі влади в руках президента, так що справжній верховний патрон міг користуватися всією повнотою влади, якщо тільки обіймає посаду президента, але непатрональний політик на цій посаді мав би незначний прямий вплив на формування політики за межами питань зовнішньої політики, оборони та безпеки, якщо тільки він теж не контролював парламентської більшості. Однак варто зазначити, що ці конституційні зміни ухвалили не внаслідок революції, а під час неї, причому в неконституційний спосіб. Це була частина широкого політичного компромісу для розв'язання політичної кризи.

Унаслідок усього цього Ющенко виявився неефективним лідером тією мірою, якою справді утримувався від використання патрональних методів. Водночас він мав «двір», до якого належала купка наближених олігархів другого рівня (включно з Петром Порошенком), відомих як його «любі друзі», і міг покладатися на їхні менші клани. Пізніше йому також довелося найняти на посаду керівника свого штабу Віктора Балогу, головного патрона закарпатського клану. Балога досить ефективно використовував неформальні методи контролю, але за деякий час його спіймали на збиранні компромату на боса й звільнили. Тим часом Юлія Тимошенко, бувши прем'єркою протягом більшої частини Помаранчевої ери, зуміла керувати всіма численними формальними та неформальними важелями влади, які мала на цій посаді. Крім того, Ющенко й Тимошенко вступили в тривалу боротьбу, яка ще більше ускладнила Помаранчеву епоху непослідовною та неефективною політикою уряду.

Тому Помаранчева революція виявилася типовою «кольоровою революцією»: вона справді змінила владу та відновила демократію, але не принесла жодних суттєвих антипатрональних змін, за єдиним важливим винятком — перемоги над «машинною» політикою (адмінресурсом) принаймні на національному рівні.

3.2. Цикл із сильними антипатрональними елементами: спроба автократії Януковича та Революція Гідності

На хвилі невдоволення недоліками Помаранчевої коаліції, які посилила економічна криза 2008–2009 років, поглиблена поганим управлінням Юлії Тимошенко на посаді прем'єр-міністра, Янукович нарешті прийшов до влади 2010 року. Він зробив це на відносно чистих виборах і за підтримки всіх відомих українських олігархів і навіть частини неолігархічної бізнес-спільноти, яка втомилася від постійної особистої нестабільності, посиленою метушливим стилем управління Тимошенко.

Хоча Гейл доводить, що «дуальні» конституції найменш вразливі до спроб автократії,[645] конкретну конституцію 2004 року спеціально розробив друг та агент Путіна Віктор Медведчук у спосіб, що сприяє таким спробам. Зокрема, відразу після виборів Янукович ввів у дію всі передбачені нею патрональні механізми, створив неконституційну парламентську більшість і призначив повністю лояльного прем'єр-міністра. За кілька місяців йому вдалося повністю скасувати конституційні зміни на формальних підставах. На сьогодні це було найбільш успішною спробою побудувати «вертикаль» або однопірамідальну патрональну мережу національного рівня, поки взимку 2013–2014 років середній клас не звернув її назад унаслідок Революції Гідності, яка насамперед відновила «дуальну» конституцію, хоч і з усіма її недоліками.

Петра Порошенка обрали наступним президентом у травні 2014 року. Можливо він, також намагався побудувати певну вертикаль[646] і часто зловживав тими самими недоліками Конституції, хоч би якими млявими чи невдалими не були ці спроби. Якби він переміг на виборах 2019 року, то, мабуть, справді спробував би перейти до патрональної або консервативної автократії, на що вказували принаймні деякі його гасла й інші елементи передвиборчої кампанії. У будь-якому разі, він нищівно програв вибори, тож цей намір (якщо він узагалі був) не мав жодних шансів.

Україна жила в умовах незаперечної демократії протягом останніх майже дев'яти років, і це є найтривалішим демократичним періодом в її історії. Цей період після Революції Гідності й утечі Януковича наприкінці лютого 2014 року та відповідні рушійні сили антипатрональних реформ лежать в основі цього підрозділу.

На відміну від Помаранчевої революції, яку підготували та провели як проєкт певних політичних сил із сильним і чітким керівництвом, Революція Гідності була повстанням знизу, рушійною силою якого стало переважно громадянське суспільство; лише згодом її підтримали окремі олігархи та політики. У неї не було лідера, навіть формальної коаліції, а її організаційна структура була переважно горизонтальною. Протестувальники не мали чітко сформульованої політичної програми, але основні гасла були відверто антипатрональними, вимагали повної перебудови «системи», зміни геополітичного вектора розвитку з патронального пострадянського простору на непатрональний ЄС, встановлення верховенства права та боротьби з корупцією — це дуже часто означало депатронізацію.

Революція Гідності створила широке вікно можливостей для всіх видів реформ, особливо антипатрональних. Політична еліта перебувала в розгубленості, тоді як натхненне перемогою громадянське суспільство було сповнене сил та ентузіазму. Крім того, через економічну кризу, спричинену грабіжництвом, хижацтвом і популістською економічною політикою Януковича, яка ще більше загострилася через російську агресію, МВФ, ЄС, США та інші донори чи кредитори отримали чималі важелі впливу на українську політику. І цього разу, на відміну від попередніх, їхній тиск принаймні частково доповнювався внутрішнім попитом, який забезпечувало переважно громадянське суспільство.

Певного прогресу досягли, особливо в антикорупційних слідчих і прокурорських установах, які, разом зі спеціальним судом, найбільш відомі, хоча насправді не становлять основну частину цієї історії. Найважливішою частиною було запобігання, яке суттєво зменшило можливості для корупції, насамперед дискреції, у сфері державних закупівель, корпоративного управління основними державними підприємствами, частково в податковій системі та в деяких інших сферах.[647] Певні покращення сталися й у судовій системі, принаймні на її найвищому рівні.

Політики, однак, не поспішали ставати поборниками цих реформ. Зокрема, Петро Порошенко як «нормальний» патрональний правитель не поспішав впроваджувати верховенство права з тієї поважної причини, що сам очолював патрональний клан і не мав ані навичок, ані бажання відмовитися від звичних інструментів влади на користь інституційних.⁶⁴⁸ Натомість запит на ці реформи здебільшого забезпечує українське громадянське суспільство. Зокрема, це було серед головних гасел Революції Гідності, тож відтоді організації громадянського суспільства постійно тиснуть на владу, вимагаючи судової реформи, реформи правоохоронних органів, ухвалення спеціального антикорупційного законодавства та створення відповідних інституцій тощо. Ці самі або інші організації також підтримали обмеження дискреційних повноважень, які лежать в основі патрональної системи. Важливо, що до них часто дослухаються іноземні партнери, коли йдеться про судову систему та правоохоронні органи — хоч і не так, як було би треба, коли йдеться про законодавчо закріплену дискрецію.

Однак головна проблема цих організацій громадянського суспільства — майже повна залежність від західних грантів. Це дає їхнім опонентам формальні підстави, щоб очорнити представників громадянського суспільства як «грантоїдів», які нібито відірвані від справжнього українського суспільства, як прибічників іноземного бізнесу проти українських конкурентів і навіть як «іноземних агентів», які намагаються здійснювати «зовнішній контроль» над легітимною українською владою та бізнесом. У цьому, зокрема, полягала суть наклепницької кампанії, яку адміністрація Порошенка розгорнула з 2017 року. Такі звинувачення певною мірою підірвали вплив і популярність організацій громадянського суспільства та дали привід політикам ігнорувати їхні вимоги. Тим часом політичний клас оговтався від шоку і став значно менш чутливим до вимог громадянського суспільства.

Отже, щонайменше з 2014 року співпраця громадянського суспільства з іноземними партнерами та міжнародними фінансовими організаціями є основним інструментом для антипатрональних реформ, особливо коли йдеться про судову та правоохоронну системи, спеціальне антикорупційне законодавство й інституції, прозорість у сфері закупівель і публічних фінансів. Разом громадські організації та іноземні партнери прокладають своєрідний коридор до української влади, окреслюючи червоні лінії та формулюючи умови для отримання вкрай необхідної допомоги та кредитів. Однак що сильнішою стає Україна політично й економічно, то легше елітам порушувати ці червоні лінії та умови. Крім того, питання зменшення дискреції не стоїть на порядку денному іноземних партнерів. Натомість вони часто наполягають на гармонізації з деякими «найкращими практиками успішних країн», що в нинішніх українських умовах посилює дискрецію; ба більше, вони теж чинять опір реформам (наприклад, регуляторній гільйотині та реформі корпоративного оподаткування), покликаним зменшити дискрецію. Для стабільної та переможної внутрішньої коаліції на користь депатроналізації потрібні інші, потужні, внутрішні союзники, і їх можна знайти серед непатрональної бізнес-спільноти. Ба більше, навіть нинішні олігархи за певних обставин, особливо за успішної депатроналізації, можуть вирішити долучитися до переможців, щоб отримати зиск від нових правил гри.

4. Зеленський і повномасштабне вторгнення РФ: останні події у сфері депатроналізації та поточна диспозиція

4.1. Володимир Зеленський та його суперечлива політика

Переконлива перемога Володимира Зеленського та його партії «Слуга народу» змінила розклад сил в українській політиці 2019 року. Показовий і дуже важливий сам факт обрання контрсистемного лідера та політичної сили, схожий на випадки Дональда Трампа у США, «Руху 5 зірок» в Італії та деяких менш відомих, але подібних політиків і сил на Мадагаскарі, у Перу та інших країнах. Для України як патрональної демократії це означає, що принаймні формально до влади прийшов не політико-економічний клан, а якась інша політична сила.

Хоч Зеленський прийшов до влади за підтримки Ігоря Коломойського — тодішній президент Порошенко навіть назвав головного конкурента «маріонеткою Коломойського» і поширював цей меседж у своїй гучній кампанії, — і теорія, і попередній досвід доводять, що такі партнерства не можуть тривати довго. Логічний розрахунок підказує, що найсприятливіша позиція для президента в умовах патрональної демократії — стати арбітром олігархічних кланів. Це забезпечує йому набагато сильнішу «ринкову владу», ніж збережений тісний союз із одним олігархом, який допоміг йому прийти до влади.[649]

Як і Кучма в середині 1990-х, Зеленський незабаром звільнився від нібито виняткового впливу Коломойського і ставився до нього просто як до одного з олігархів. Варто зазначити, що Коломойський справді отримав певну неформальну підфракцію в СН, але вона становила менш ніж 10% від усієї фракції.[650] З іншого боку, Андрія Богдана, першого керівника апарату Зеленського і колишнього юриста Коломойського, якого пропаганда Порошенка подавала як своєрідного регента, звільнили ще в лютому 2020 року, менш ніж за рік після інавгурації. Ба більше, у липні 2022 року Зеленський позбавив колишнього бізнес-партнера українського громадянства (хоч і в дещо сумнівний правовий спосіб), а держава заарештувала («тимчасово», на період воєнного стану) основні стратегічні активи Коломойського, а також кількох інших олігархів в Україні. Зараз Коломойський перебуває в СІЗО за низкою звинувачень у фінансових махінаціях.

Однак, щоб бути ефективним у ролі арбітра, президент повинен мати власний «клан» (підпорядковану йому, як патрону прийомну політичну сім'ю), а також відповідні навички — і це потребує часу для розвитку. Зеленський виявився абсолютно непідготовленим, прийшовши до влади, і міг покладатися лише на жменьку старих друзів і бізнес-партнерів, чого, безумовно, замало, щоб організувати «вертикаль влади» й ефективно контролювати політику. Водночас, на відміну від попередників, він не має конфлікту інтересів щодо верховенства права. Натомість — і це друга суттєва відмінність від усіх попередніх часів — Зеленський не лише має пропрезидентську парламентську більшість, якою час від часу користувалися деякі його попередники, але й отримав більшість за допомогою власної партії, створеної з нуля, так що йому взагалі не потрібно ні з ким домовлятися. Це дало змогу цій більшості ухвалювати закони в «турборежимі», навіть без належних консультацій.

Ця сама політична конфігурація в теорії давала змогу Зеленському побудувати інституційні стримувачі та противаги, зокрема багатостраждальну процедуру імпічменту, не наражаючись на неприйнятні ризики стати її жертвою. Його перемога також дала багатьом активістам громадянського суспільства «соціальний ліфт», який забезпечив приплив свіжих, здібних і непатрональних кадрів, які заміщають ключові посади в органах влади. Звісно, створення верховенства права має стати наріжним каменем такої інституційної споруди. У цьому Зеленський як президент міг би спиратися на величезний політичний капітал, оприявнений, зокрема, у парламентській більшості. Це було б раціонально, адже в такий спосіб амбітний політичний новачок, якому бракує важелів у межах патрональної системи, міг би використати конкурентні переваги в умовах інституціоналізованої демократії та здійснити прорив в антипатрональних реформах.

Однак такі реформи наражаються на суворий опір принаймні з боку трьох типів сил:

1) Безпосередніми бенефіціарами вибіркового правосуддя є «судова мафія», корумповані правоохоронці та різні контрольні органи, як-от податкова адміністрація, пожежний і санітарний контроль тощо.

2) Непрямі бенефіціари — олігархи різного масштабу, найвпливовіші з яких найсильніші (хоч і не обов'язково найзапекліші) вороги верховенства права.
3) Проросійські, антизахідні політичні сили, зацікавлені зберегти патрональні практики як спільну та дуже типову рису країн колишньої Російської/Радянської імперії і одну з найважливіших частин спільної культури, включно з непрозорими схемами в бізнесі (наприклад, посередників у торгівлі природним газом), неформальними відносинами в політиці, неформальним впливом певних еліт тощо. Ці практики роблять країну вразливою до російського «гібридного» контролю та агресії, адже цілком зрозумілі для російських агентів впливу, і тому, що особи, яких вони приводять до влади, корумповані, а отже, їх можна схилити до державної зради, як це нещодавно виявили в кількох випадках, пов'язаних із офіцерами СБУ середньої та вищої ланки, народними депутатами, «червоними директорами» та іншими викритими зрадниками — і, можливо, не тільки їх.

Однак, якщо придивитися уважніше, зіткнення з цими силами були неминучими в будь-якому разі для кожного амбітного новачка, який сподівався прорватися та досягти якихось вагомих результатів за час президентства.

На відміну від усіх попередників (крім, може, Ющенка), Зеленський передбачувано не зміг контролювати судову владу. Він успішно встановив досить суворий контроль над органами прокуратури та слідства, а також над спецслужбами, але, за винятком незалежного Вищого антикорупційного суду та частини Верховного Суду, решта судової системи (включно з іншою частиною Верховного Суду) виявилася під впливом неформальних лідерів, зокрема Андрія Портнова (близького союзника Януковича й можливого російського агента) і Віктора Медведчука (кума Путіна). Цю проблему розв'язали лише пізніше, коли обидва неформальні лідери покинули Україну. Інша частина суддівської мафії залишилася відносно незалежною, але досі глибоко зацікавлена не допустити інституційної вестернізації бодай тому, що це означало б утвердження верховенства права й очищення системи від корумпованих суддів.

Як політичний новачок, якого умовно підтримав один з олігархів, Зеленський опинився в надмірній залежності від власників телеканалів, тобто від купки великих олігархів. Телебачення залишається основним джерелом інформації для приблизно 75% виборців, водночас більшу частину глядацької аудиторії охоплюють п'ять медіагруп, що належать Коломойському,

Ахметову, Пінчуку, Льовочкіну/Фірташу та Порошенку.⁶⁵¹ Отже, рейтинги громадської думки Зеленського — його головний і єдиний політичний капітал — виявилися в заручниках інформаційної політики, яку проводять власники каналів — олігархи. Замість того щоб стати їхнім арбітром, президент виявився залежним від них і змушений був боротися за незалежність. Наприклад, коли уряд спробував підвищити податок на видобуток залізної руди, щоб частково залучити до бюджету надприбутки цієї галузі 2021 року, Ахметов, маючи інтереси в цьому бізнесі, негайно спрямував потужні телеканали проти Зеленського і справді зумів знизити його рейтинг, хоч і не набагато.

Конфлікт із проросійськими силами був найбільш передбачуваним просто тому, що бути лідером незалежної, суверенної України — це зіткнутися з імперськими амбіціями Росії. Для Зеленського продовження курсу, орієнтованого на ЄС і НАТО, було однією з небагатьох чітко сформульованих передвиборчих обіцянок, а також відбивало його особисте ставлення. Мабуть, ще важливіше, що, на відміну від Порошенка, який твердо орієнтувався на україномовний електорат (і прихильників української мови) та розглядав проросійські партії як спаринг-партнерів, Зеленський здобув велику частину підтримки серед російськомовних виборців. Отже, для нього проросійські партії були політичними конкурентами.

У протистоянні з олігархами та суддівською мафією раціонально було б реалізувати принцип верховенства права принаймні як другий найкращий варіант, коли жодна зі сторін не може перемогти повністю. Ба більше, це також стало першочерговою умовою для вступу до ЄС та НАТО. Отже, Зеленський має особистий політичний інтерес у якнайшвидшому просуванні верховенства права. Проте він зазвичай неохоче це робить, принаймні поки що — за єдиним, але важливим винятком судової системи, де почали дуже перспективні інституційні зміни.

Головною перешкодою на шляху реформ у сфері верховенства права стали ті самі особистісні характеристики Зеленського, які насамперед зробили його таким популярним серед малоосвічених і значною мірою патрональних українських виборців. На Рисунку 1 подані результати неформального експертного опитування Валерія Пекара⁶⁵² щодо особистих схильностей Зеленського і того, як їх сприймали в першій половині 2020 року. Попри нерепрезентативність, результати виявилися добре узгодженими й підкріплені багатьма фактами.

Рисунок 1. Цінності та переконання президента Зеленського у сприйнятті українських експертів (нерепрезентативне опитування 105 респондентів)

Джерело: Пекар, Цінності та переконання

Упевнений у власній добромисності, Зеленський заперечує формальні обмеження і ставиться до них як до перешкод, а не як до бажаних і необхідних частин демократичної системи. Тому він дозволяє собі нехтувати процедурами та субординацією й ухвалювати юридично сумнівні рішення. Отже, він більш схильний вдаватися до волюнтаризму, ніж звертатися до інституцій, і, як і Ющенко до нього, вірить у силу особистих змін, а не інституційних реформ.

Кадрові призначення, однак, надто часто відбуваються не на основі заслуг, а зважаючи на особисте знайомство з президентом і його довіреними особами. Наприклад, Данило Гетьманцев, фахівець із податкового права, певний час був ключовим експертом із економічних питань у команді Зеленського й досі має величезний неформальний і формальний вплив на всі види економічної політики як голова парламентського комітету з питань фінансів, податкової та митної політики. Нещодавно його призначили секретарем Національної ради з питань відновлення України від наслідків війни, хоча Гетьманцев має дуже поверхові знання з економіки, і навіть ці невеликі знання він отримав переважно від старих професорів радянського зразка. Гетьманцева, безумовно, не обрали на основі професійних якостей, адже в команду його привів нинішній голова Верховної Ради Руслан Стефанчук, юрист і колишній учасник КВК, де вони з Зеленським разом грали і так подружилися.

Багато таких призначень призвели до скандалів. Наприклад, Сергія Сивоху, ще одного учасника КВК із Донецька, призначили заступником голови Ради національної безпеки і оборони, відповідальним за примирення з сепаратистським і де-факто окупованим Росією регіоном Донбасу. Його невдалі дії громадянське суспільство розцінило як капітуляцію перед Росією. Це спровокувало таке обурення, що Зеленський був змушений позбутися Сивоха. Так само земляка Зеленського, Євгена Мецгера, призначили головою державного «Укрексімбанку», але згодом звільнили через скандал навколо дуже підозрілого кредиту, який Мецгер надав фірмі, зареєстрованій на непідконтрольній уряду території Донбасу, і через перешкоди журналістам, що намагалися розслідувати цю справу. Зеленський також був змушений звільнити друга дитинства Івана Баканова, якого призначив заступником голови (фактично виконувачем обов'язків, якого незабаром призначили головою) СБУ в перші дні після приходу до влади. Баканова звільнили зі звинуваченням у «невиконанні службових обов'язків, що спричинило людські жертви або інші тяжкі наслідки».

Загалом Зеленський пішов найпростішим шляхом у формуванні своїх важелів влади. Замість того щоб спиратися на (досі слабкі) інституції, він найняв друзів із найбільшим досвідом в управлінні патрональними відносинами і почав будувати неформальну вертикаль влади, як усі його попередники — але зі значно меншим ефектом.[653] Наприклад, голів обласних державних адміністрацій, ключових елементів вертикалі влади середньої ланки, змінювали в середньому щокілька місяців, перш ніж нарешті обрали більш-менш придатних і здібних людей. Як і Ющенко, Зеленський став заручником того, хто побудував — а отже, контролює — цю вертикаль влади. Зараз це завдання (традиційно) покладено на керівника апарату — Андрія Єрмака. Як і майже всі його попередники на цій посаді, Єрмак має величезну неформальну владу, хоч очолюваний ним державний орган не згаданий у Конституції. Офіс президента (ОП) нагадує Центральний комітет КПРС, який неформально був найвпливовішою інституцією в СРСР, але не мав жодної офіційної відповідальності та підзвітності.

Щодо питань, пов'язаних з верховенством права, то ці проблеми призвели до високого (навіть за українськими мірками) неформального впливу ОП на всі види політики, незалежно від конституційного розподілу повноважень. Ситуацію погіршують і суперечливі призначення, як-от призначення Олега Татарова, заступника голови ОП, який відповідає за питання правоохоронної та судової системи. Отже, принаймні зараз не виявлено чіткої та послідовної «політичної волі» для проведення справжніх антипатрональних реформ. Замість конфлікту інтересів, на який «хворіли» попередники, Зеленський постав перед конфліктом між своїми раціональними інтересами й особистим стилем.

Щодо кроків на шляху до депатронізації, зауважимо, що вищезгадані сутички з суддівською мафією, олігархами та проросійськими політичними силами наочно ілюструють згадану непослідовність.

По-перше, конфлікт із суддівською мафією виник восени 2020 року, коли Конституційний Суд за поданням групи народних депутатів, пов'язаних із проросійськими партіями (і що прикметно — Коломойським), визнав неконституційними як штрафи за недостовірне декларування статків у електронних деклараціях (які мають заповнювати всі категорії державних службовців, включно із суддями), так і відповідні державні органи загалом. Це рішення мало не підірвати відносини із західними партнерами України, які вимагали антикорупційної політики від усіх українських урядів. Поштовхом до нього, найімовірніше, стало те, що російські агенти знайшли слабке місце в антикорупційних стратегіях (ідея тотального електронного декларування статків була сумнівною від самого початку) та підступно атакували його. Однак справедливо різка реакція Зеленського виявилася так само невідповідною верховенству права: він спробував переформатувати Конституційний Суд у незаконний спосіб, а коли Венеціанська комісія осудила це, звільнив двох суддів, які брали найактивнішу участь у винесенні вищезгаданого апеляційного рішення — також у незаконний спосіб. Потім він замінив їх і декількох суддів, чий термін повноважень скінчився, на лояльних до себе людей за непрозорою процедурою й усупереч рекомендаціям Венеціанської комісії.

Приблизно тоді ж Національне антикорупційне бюро України (НАБУ) оприлюднило записи розмов Павла Вовка, голови Окружного адміністративного суду Києва. Відповідно до судової реформи Януковича 2010 року, цей суд був наділений правом скасовувати будь-який правовий акт, виданий на центральному рівні. Отже, він отримав непропорційно велику владу й часто зловживав нею з різною метою, змушуючи законну владу йти на переговори. У тих записах Вовк не лише обговорював великі корупційні справи, а й висловлював власні амбіції захопити реальну (хоч і неформальну) владу. Реакція Зеленського на обурення, спровоковане цими викриттями, спочатку була швидка й рішуча, цього разу повністю в межах його повноважень: він вніс законопроєкт, який розпускав сумнозвісний суд і перетасовував його керівництво. Однак президентський законопроєкт парламент не розглядав понад півтора роки, попри його «невідкладний» статус і наявність підконтрольної президенту більшості. Цілком ймовірно, що після того, як вищі судді цього суду були скомпрометовані, вони стали вразливими та залежними від волі президента — і виявилися корисними для нього. Якщо це так, то конфлікт розв'язали за типовими принципами патерналізму. Вирішити проблему вдалося лише в грудні 2022 року, після того як США запровадили санкції проти Вовка.

Може, саме внаслідок цього відкритого зіткнення з суддівською мафією умову провести справжню судову реформу внесли в меморандум з МВФ, цього разу за активної особистої підтримки Зеленського, який обіцяв обстоювати таку реформу — і, мабуть, щиро мав такі амбіції. У 2021 році президент ініціював закон, який імплементує найсуттєвішу частину судової реформи. Це стало найважливішим досягненням у сфері судової реформи за багато років. Реформа почалася, хоч поки що зі змішаними результатами — може, через те, що ОП врешті-решт отримав певний контроль над судами. Водночас реформа правоохоронних органів не стоїть на порядку денному, ймовірно тому, що відповідальний за неї — заступник глави ОП Олег Татаров — може бути тісно пов'язаний із правоохоронною мафією (він обіймав високу посаду в Міністерстві внутрішніх справ за часів Януковича).

Не менш неоднозначними виявилися зусилля з «деолігархізації». Певний час Зеленський намагався знайти баланс між Коломойським, Ахметовим і Пінчуком — усі вони лишалися прихильними до нього — на відміну від Порошенка, який так і не зміг пробачити своєї поразки на виборах. На іншому кінці політичного спектра перебував Медведчук, чия зірка медіамагната прикметно зросла за часів Порошенка без помітної опозиції з його боку. Однак коли проросійська партія Медведчука спробувала спровокувати протести проти підвищення цін на природний газ (одне з питань, яке найчастіше використовує російська пропаганда), Зеленський знову вчинив рішуче, але юридично сумнівно, запровадивши позаправові санкції проти Медведчука та його союзників через РНБО — замість того, щоб почати тривалий слідчий і судовий процес. Як наслідок, три проросійські телеканали закрили майже відразу. Пізніше такі ж заходи застосували проти іншого ймовірного російського агента — Євгена Мураєва — та його телеканалу «НАШ». У квітні 2022 року телеканали Порошенка також були відключені від основної державної мережі мовлення (але все-таки не закриті) у такий самий незаконний спосіб, хоч теж не без поважних причин.

Зеленський проштовхнув через Раду так званий «антиолігархічний закон», який наклав певні, радше символічні обмеження на відкриті й офіційні стосунки певних осіб (внесених у спеціальний реєстр) із державними службовцями. Закон передбачає деякі широкі критерії для визначення людини олігархом, але, що важливо, не вимагає, щоб усіх, хто відповідає критеріям, внесли в реєстр. Остаточне рішення має ухвалювати очолювана президентом РНБО. Отже, певна довільно вибрана підгрупа власників бізнесу, які формально відповідають відповідним критеріям, може бути названа «олігархами» (з відповідною репутаційною шкодою) і формально відсторонена від політики й формування політики тією мірою, якою вони утримуватимуться від використання неформальних засобів контролю та комунікації. Однак якщо визначення «олігарха» не надмірно дискреційне, то виключення з цього списку саме таке; отже, це посилює патрональну владу, а не допомагає впроваджувати верховенство права.

Маючи в руках ці інструменти та лояльний кабінет міністрів, Зеленський значною мірою позбувся залежності від олігархів. Одним із критеріїв зарахування особи до олігархів, передбачених законом, є одночасне володіння досить великим бізнесом і медіаактивами. Це вже дало певні плоди, адже Порошенко невдовзі продав медіаактиви підставній особі, а Ахметов у липні 2022 року вирішив повністю відмовитися від своїх медіаресурсів. Тим часом команда Зеленського перезавантажила невеликий державний парламентський телеканал «Рада», перетворивши його на сучасний та більш амбітний, а також реформувала міжнародне мовлення, створивши російськомовний телеканал «FreeДом», орієнтований на тимчасово окуповані території та Росію, але доступний і в Україні. Обидва канали проводять чітко артикульовану пропрезидентську інформаційну політику. Фінальною (на момент написання тексту) крапкою стало повномасштабне російське вторгнення, яке легітимізувало остаточний наступ на інформаційну політику, як описано в наступному підрозділі.

Підсумовуючи, можемо сказати, що, попри адекватність Зеленського як лідера воєнного часу, його щиру відданість незалежності України й особисту хоробрість, досвід президента у сфері депатроналізації неоднозначний. І це не просто результат якогось неталану, він випливає з самої природи патрональної демократії. В умовах панівного патроналізму виборці відносно мало підтримують порядок, що ґрунтується на правилах, та інституційну розбудову, якій вони справедливо не довіряють, адже інституції досі були переважно екстрактивними, а правила навмисно робили нездійсненними. Натомість широка громадськість схильна віддавати перевагу, на перший погляд, добромисним контрсистемним лідерам і вірить, що «кілька сильних лідерів можуть принести більше користі нашій країні, ніж усілякі закони та дискусії»[654] або просто обирає найбільш здібних людей, здатних вести справи в межах патрональної системи. Звісно, виборцям здебільшого не подобаються наслідки патроналізму, але вони все-таки підтримують його основу. Завдяки демократії вони привели до влади антисистемного лідера, який найкраще відповідає їхньому образу «хорошого президента», залишаючись культурно в межах тієї ж системи. Саме ці внутрішньо суперечливі настрої зараз відображені в суперечливій політиці самого Зеленського, зокрема в його антипатрональній політиці.

Отже, навіть така кардинальна зміна політичного ландшафту як революція з антипатрональними гаслами та обрання через п'ять років антисистемного лідера без прийомної політичної сім'ї не призвела до прориву в депатроналізації. Наш перший проміжний висновок, власне, полягає в тому, що просвітництво виборців має значення: навіть наділені емансипативними цінностями, вони однаково повинні визнати, що шлях до їх реалізації непрямий і пролягає через верховенство права, стримування та противаги, повагу до демократичних процедур й інші «нудні» речі, а не через добру волю сильного та добромисного лідера. Ніщо не може замінити тривалу та наполегливу роботу над антипатрональними реформами, насамперед у сфері публічної служби. Цей процес має бути послідовним та інституціоналізованим, а отже, не настільки залежним від особистостей лідерів. Наразі українські виборці дуже далекі від розуміння цього: у дослідженні 2020 року 56% респондентів традиційно зазначили, що віддають перевагу сильним лідерам, а не законам і дискусіям.[655]

4.2. Війна та олігархи (2014–2022)

Повномасштабне російське вторгнення вкоротє порушило політико-економічний баланс у кількох напрямках, створивши як нові можливості, так і нові загрози для депатроналізації.

З одного боку, серед трьох основних сил, які виступають проти депатроналізації,

1) «судова мафія» досі чинить опір, але тиск із боку ЄС зараз непереборний завдяки статусу кандидата, який Україна отримала внаслідок героїчної оборони у війні;
2) олігархи значно ослабли (про це докладніше йдеться нижче);
3) проросійські сили були повністю скомпрометовані й фактично розгромлені, хоч більшість їхніх депутатів досі перебувають у Верховній Раді.

Отже, антипатрональні реформи, якщо їх проведуть, буде легше проштовхнути.

Зеленський, однак, здається, ідеально годиться для високої концентрації влади та свавілля у прийнятті рішень, притаманних керівництву у воєнний час. Це, напевне, сприяє перемозі у війні, але створює загрозу програти мир, адже успіх, досягнутий завдяки такому управлінському стилю, може ще більше переконати як президента, так і його виборців в «очевидній» перевазі «хорошого» особистого лідерства проти нудного розбудовування інституцій. Коли матеріалізувати ці ризики, то навіть якщо вдасться уникнути нової авторитарної спроби, суспільний запит на антипатрональні реформи може бути пригнічений, а «політичної волі» реалізувати їх, найпевніше, не буде.

На цьому етапі позиція української бізнес-спільноти може виявитися вирішальним фактором. Ми починаємо аналіз зі «старих» гравців — олігархів — і розглянемо «нових» гравців у наступному підрозділі.

Олігархи були серед найзапекліших противників депатроналізації, адже мають сильні особисті інтереси підтримувати патроналізм, у якому вони наділені конкурентними перевагами. Втім, їхня роль не цілком негативна, тож, імовірно, за певних обставин найвідоміші олігархи можуть бути зацікавлені підтримувати депатрональні ініціативи або принаймні зберегти нейтралітет щодо реформ, пов'язаних із верховенством права.

Ймовірно, серед причин, чому Кучма допомагав олігархам, була потреба мати сильних гравців, зацікавлених в українській незалежності. Це справді відіграло роль, коли російські спецслужби розпалили війну на Донбасі у квітні 2014 року, тоді як Україна зазнала серйозної політичної кризи, а її армія разом з іншими державними установами були серйозно послаблені. Саме тоді Коломойський і його близький союзник Геннадій Корбан допомогли організувати перші добровольчі батальйони («добробати»), дали їм потрібне військове спорядження та забезпечили українську армію пальним, щоб вона могла вирушити на поле бою. Приватні охоронні підрозділи Коломойського, імовірно, знищили російських агентів у Дніпрі, а потім в Одесі — ключових містах на сході та півдні України.

Порошенко також тоді підтримав армію. Ахметов натомість відіграв украй негативну роль, висунувши ультиматум із вимогою різко збільшити субсидії на вугілля й шантажуючи Київ сепаратизмом на Донбасі. Коли його ультиматум відхилили, він почав розпалювати антиреволюційні та антиукраїнські настрої серед частини населення, яка перебувала під його сильним впливом. Однак незабаром Ахметову довелося визнати, що процес контролюють росіяни, які його просто використовують. Від початку повномасштабного вторгнення група СКМ Ахметова допомагає українській армії й авансом сплачує податки. До жовтня 2022 року Ахметов втратив приблизно дві третини довоєнних активів,[656] хоча досі може сподіватися на деяке відшкодування в разі перемоги України й накладання репарацій на Росію, у якої конфіскують закордонні активи. Ахметов залишився в Україні, і його бізнес в енергетичному секторі далі працює, хоч і серйозно постраждав від російських ракетних обстрілів. Коломойський натомість переховувався нібито (як стверджують його адвокати) від вбивць Путіна. Не зрозуміло, чи робить він внесок у підтримку армії: деякі джерела стверджують, що він не може нібито через обмеження, накладені Високим судом Лондона, а деякі стверджують, що робить, але не публічно. Втім, можуть бути непрямі шляхи, якими він допомагає обороні України, наприклад через благодійні фонди та/або спеціальний рахунок у Національному банку України. Однак той факт, що Коломойський позбавлений українського громадянства указом Зеленського, свідчить: щось було не так із його діями або позицією. Як зазначали вище, зараз Коломойський перебуває в СІЗО. Він також принаймні тимчасово втратив контроль над основними активами в нафтовому секторі, включно з міноритарною часткою в «Укрнафті». Ці активи, а також деякі інші стратегічно важливі промислові та інфраструктурні об'єкти, що належать олігархам нижчого рівня, держава вилучила на період воєнного стану. Прикметно, що бізнес Ахметова з виробництва та розподілу електроенергії залишився недоторканим.

Інший олігарх, Віктор Пінчук, надав деяку нелетальну допомогу армії, а також допоміг жертвам війни. Допомагали й менші олігархи. І все-таки, разом узята, вся допомога, яку надали українські мільярдери (не лише олігархи) до травня 2022 року, становила тільки 140 млн доларів США,[657] тоді як один (хоч і найбільший) доброчинний фонд «Повернись живим» зібрав до цього часу понад 100 млн доларів США.[658]

Що ще важливіше: всі великі олігархи, крім Порошенка, припинили публічні сварки із Зеленським (наприклад, Ахметов) і склали головну зброю в потенційних конфліктах. Чотири найбільші власники телеканалів від першого дня війни об'єднали інформаційні служби й разом із телеканалом «Рада» згуртувалися навколо президента й української армії. Порошенко виявився єдиним помітним винятком. Його медіаресурси утримувалися від критики протягом перших кількох тижнів, однак потім почали звинувачувати Зеленського та його команду у зраді, поширюючи фейкові новини. У відповідь телеканали Порошенка та його однопартійців вилучили з основної мережі мовлення. Валітку 2022 р. Порошенко втік на деякий час у Лондон, де оселилася його сім'я, але його пропагандистська машина, включно з ботофермою в соціальних мережах, яка, ймовірно, співпрацювала з росіянами, деякий час працювала на повну потужність, поки СБУ нарешті не припинила це. Зрештою, Ахметов пішов ще далі, ніж інші: він закрив медіа й передав ліцензії державі. Офіційне пояснення полягало в тому, що він не хотів потрапити в реєстр «олігархів», а продати активи третій стороні протягом пів року (як передбачав закон) неможливо у воєнний час. Мабуть, у цьому поясненні є частка правди, але ніщо не заважало йому продати медіа підставним особам, як це зробив Порошенко за кілька місяців до цього. Такий різкий крок нагадує закриття його доброчинного фонду «Ефективне управління» — Ахметов зробив це так само несподівано наприкінці 2013 року, коли повстання на Майдані було в самому розпалі. Це свідчить, що Ахметов вважає подальше фінансування ЗМІ (які ніколи не були й не мали бути прибутковими) невигідним, або він справді збирається стати «нормальним інвестором», як сам каже, чи має намір покладатися на інші засоби впливу, зокрема вироблення й передачу електроенергії або комунікаційну інфраструктуру, якою володіє. Однак його справжні мотиви можуть бути іншими.

Унаслідок цих подій олігархія в Україні ослабла, а Зеленський завдяки повномасштабній війні перевиконав завдання стати арбітром олігархів і фактично досягнув рівня влади над ними, порівнянного з тим, який мав Путін у середині 2000-х у Росії. З одного боку, це можна розглядати як позитивний розвиток депатронізації, а з іншого — як дещо загрозливе явище, адже плюралізм на медіаринку, який більш-менш забезпечувала олігархічна конкуренція, зараз під загрозою, а фактична державна монополія, що формується на ньому, безумовно, є найгіршим з усього. Чи означає це, що Україна рухається до нової спроби автократії? Такий ризик справді є, і йому варто протистояти, але шанси на його реалізацію досить низькі.

Насамперед тому, що Україна має політичну культуру, яка кардинально різниться від російської — і це головна відмінність між двома народами, така глибока, що спричинила повномасштабну війну. Частина українців хоче «сильного лідера», однак більшість не готова ані підкорятися наказам, ані поступатися свободою та гідністю будь-якому лідеру. Інакше кажучи, вони хочуть бачити Україну на чолі з сильним демократичним лідером, а не автократом.[659]

Як наслідок, Україна, на відміну від Росії — країна з відносно слабкою (хоч і не зруйнованою) державою, але відносно сильним громадянським суспільством. Це суспільство вже зупинило дві авторитарні спроби за допомогою революцій і, ймовірно, зробить це втретє. Сподіваємося, архітектори такої можливої спроби, якщо вони будуть, зважатимуть на це.

Україна зараз критично залежить як від західної допомоги, так і від західної дипломатичної та військової підтримки, причому країну підтримують саме за її роль у захисті демократії від авторитарного ворога. Можливі винуватці спроби автократичного перевороту мають усвідомлювати, що така спроба, мабуть, припинить цю критично необхідну підтримку, а отже, дуже ймовірно, призведе до краху української державності.

І останнє, але не менш важливе: будь-які паралелі між Зеленським і Путіним дуже поверхові, адже це дуже різні персонажі — якщо Путін прийшов до влади як голова ФСБ, найсильнішого клану з усіх, то в Зеленського досі немає сильного особистого політичного клану.

Отже, Україна, ймовірно, або залишиться демократичною, або (що менш ймовірно) зникне як незалежна держава. Ситуація може змінитися лише в разі повного демонтажу Росії. Однак навіть у такому малоймовірному випадку будь-яка спроба узурпації наразиться на запеклий внутрішній опір уже озброєного населення, що може призвести до повстання й можливої громадянської війни. Сподіваюся, що всі сторони це добре розуміють.

Водночас є велика ймовірність того, що в разі перемоги у війні Україна швидко вступить до НАТО й уникне ризику можливого автократичного перевороту. У цьому випадку вона отримає унікальне вікно можливостей для рішучої депатроналізації, хоча для цього потрібна переможна політико-економічна коаліція. Ми вже згадували Захід та українські організації громадянського суспільства як два компоненти такої коаліції. Неолігархічний бізнес може стати третім.

5. На шляху до безпатронального середовища: як створити переможну коаліцію на підтримку депатроналізації?

5.1. Консолідація непатронального бізнесу

Вище ми коротко описали основні інтереси неолігархічного бізнесу в депатроналізації. Фактично вони охоплюють усі чотири виміри антипатрональних реформ.

Формальні інституції та нормативні правила кращі для такого бізнесу, адже вони більш прозорі, більш передбачувані і переважно більш однозначні.

Однак такі норми мають бути досить практичними, щоб переважна більшість гравців визнала їх і лише поодинокі порушники закону зазнавали переслідуювання правоохоронних органів. Крім того, як правоохоронні органи, так і судова система мають бути неупередженими, некорумпованими й ефективними. Важливо, що нормативно передбачена дискреція, яку часто вважають за чесноту, адже вона робить норми більш гнучкими й дає змогу вносити певні корективи «здорового глузду» (зазвичай сприятливі для суб'єкта регулювання), в умовах патроналізму перетворюється на порочну неформальну особисту владу чиновників, породжуючи корупцію, нерівну конкуренцію та інші подібні наслідки патроналізму. І навпаки, формалізація інституцій та обмеження патрональної дискреції усуває основні конкурентні переваги, якими користуються олігархи та їхні бізнеси, і розширює доступ до привабливих економічних можливостей для неолігархічних підприємців.

Щоб закріпити ці сприятливі зміни та зробити такі норми практичними, бізнесу потрібен голос у формальному законодавчому процесі, який можна знайти в колективному й інклюзивному обговоренні, яке зазвичай забезпечує демократія, навіть якщо це необов'язково забезпечене в конкретному випадку. Крім того, ці норми має впроваджувати раціональна та неупереджена бюрократія, а не клієнтелістська (або просто корумпована) вертикаль влади, яка може бути дуже винахідливою в дискреційному застосуванні норм.

Тому непатрональний, неолігархічний бізнес — це природний спільник західних партнерів та українського громадянського суспільства у просуванні антипатрональних реформ. Однак брак організованості та здатності до колективних дій тривалий час був його головною проблемою. Не належачи до певної прийомної політичної сім'ї, підприємці звикли оперувати корупційними схемами та розв'язувати окремі питання ситуативно, а не змінювати правила гри. До Революції Гідності бізнес-асоціації відповідних секторів запропонували 1999 року й обстояли 2010-го лише одну велику реформу — спрощену систему оподаткування для малого та мікробізнесу. Ці ж асоціації також допомагали обстоювати та впроваджувати закон «Про засади державної регуляторної політики», який ухвалили 2003 року, надавши неолігархічному бізнесу потужний формальний засіб впливу на громадське обговорення регуляторних актів у сфері підприємництва. Обидва закони ухвалили з особистої ініціативи Ксенії Ляпіної,[660] яка побудувала кар'єру, репрезентуючи інтереси цієї категорії бізнесу. Крім цього, до Революції Гідності в Україні майже не було явища бізнес-асоціацій, які мали б ширшу антипатрональну мету.

Ситуація змінилася 2014 року, коли вітчизняний неолігархічний бізнес почав консолідуватися, об'єднуючись насамперед навколо принципу верховенства права та недискреційного законодавства, боротьби з корупцією та прозорості. Це ще має позначитися на депатроналізації, але додаткова рушійна сила вже є. Бізнес зараз діє двоїсто: підтримуючи добре відомі організації громадянського суспільства (частково за допомогою краудфандингу окремих власників бізнесу, щоб уникнути звинувачень у лобізмі), але здебільшого лобіюючи майбутні реформи за допомогою власних інструментів, як-от ЗМІ, бізнес-асоціації та «дружні» політики.

Найважливіша відмінність цієї хвилі консолідації бізнесу від попередніх — те, що нові бізнес-асоціації почали обстоювати спільні інтереси всього українського й іноземного бізнесу, а не лобіювати лише вузькогрупові інтереси. Звісно, таке лобіювання також трапляється, але, на відміну від «старих» бізнес-асоціацій, це радше виняток, ніж правило. І верховенство права, яке раніше обстоювали іноземні бізнес-асоціації та організації громадянського суспільства, спонсоровані іноземним капіталом, тепер постає як центральний компонент цих зусиль.

Нижче надаємо докладний звіт про цей процес на основі достовірних даних, інтерв'ю з ключовими особами[661] та спостережень автора як інсайдерського експерта. Цей процес досі на початковій стадії, однак потужна коаліція вітчизняного й іноземного бізнесу на підтримку антипатрональних реформ закладає міцне підґрунтя для дальшого прогресу. Разом із зовнішнім тиском, зокрема умовами для отримання статусу кандидата на вступ до ЄС, цього може бути достатньо, щоб подолати опір і досягти прориву в утвердженні верховенства права в Україні, а отже, у депатроналізації та трансформації патрональної демократії в ліберальну.

Бізнес-асоціації в Україні до Революції Гідності можна умовно поділити на три групи: шукачі ренти, представники ММСП та міжнародні групи. По-перше, існував Український союз промисловців і підприємців (УСПП), створений за російським аналогом у лютому 1992 року як коаліція «червоних директорів» (керівників тодішніх державних «соціалістичних підприємств») для лобіювання їхніх спільних політичних інтересів як «проміжних переможців»[662] часткових реформ. Зокрема, вони успішно лобіювали майже необмежену фіскальну та монетарну експансію, переважно в низькопроцентних кредитах промисловим і сільськогосподарським підприємствам, що призвело до гіперінфляції на рівні 10 000% до 1993 року. Пізніше, коли уряд був змушений скасувати безпосередній контроль над уже приватизованими підприємствами, «галузеві міністерства», як-от Міністерство легкої промисловості, здебільшого ліквідували. Замість них чиновники колишньої планової економіки створили низку «бізнес-асоціацій» в окремих галузях і підгалузях, сприймаючи як головну мету дальший державний патерналізм щодо своїх членів. Такі асоціації дуже активно лобіювали та лобіюють протекціонізм, привілеї, обмежений доступ (наприклад, ліцензії на таксі) і навіть пряму державну підтримку для своїх членів — не як індивідуальних суб'єктів, а як представників певних галузей (переважно великого та середнього бізнесу).

Іншу рентоорієнтовану бізнес-асоціацію, Федерацію роботодавців України (ФРУ), створили 2002 року як противагу «червоним директорам» нові переможці — олігархи (переважно Фірташ та Ахметов). Однак вона виявилася менш важливою через брак попиту, бо олігархи мали багато інших способів лобіювати власні інтереси й надто часто конкурували між собою. Згодом ФРУ перетворилася на розпливчасту коаліцію різних рентоорієнтованих бізнесів, які з певних причин не змогли знайти спільної мови з УСПП.

По-друге, поряд із шукачами ренти, у середині 1990-х також «знизу» виникла друга група бізнес-асоціацій, які представляли інтереси ММСП — на той час переважно базарних, вуличних і кіоскових торговців. Їхня база була набагато ширшою, хоча лише незначна частина підприємців долучилася до будь-яких асоціацій. Більшість цих об'єднань місцеві або, в кращому разі, регіональні. Було кілька спроб об'єднати їх на національному рівні, з яких до наших днів дійшли лише чотири: «Фортеця», Платформа малого бізнесу, Рада міст «Save ФОП» і Регіональне об'єднання малого бізнесу (РОМБ). Час від часу вони також створюють тимчасові та досить різнорідні загальнонаціональні коаліції, щоб досягти певних нагальних цілей. Однак такі цілі зазвичай дуже конкретні й практичні, тож майже ніколи не сягають рівня системних проблем — за невеликими, але помітними винятками, згаданими вище. Ці коаліції також створювали нові або співпрацювали з наявними аналітичними центрами, надаючи аналітичну та правову підтримку своїм ініціативам.

По-третє, в Україні є дві потужні асоціації, які репрезентують переважно іноземний або міжнародний бізнес — Європейська бізнес-асоціація (ЄБА) та Американська торговельна палата (АСС). Вони помірно активно виступають за реформи, пов'язані з утвердженням верховенства права, але такий вплив обмежений їхнім статусом іноземців. З одного боку, їх звинувачують у лобіюванні інтересів іноземного бізнесу, які багато людей, які мислять категоріями гри з нульовою сумою, вважають глибоко протилежними інтересам вітчизняного бізнесу. З іншого боку, такі асоціації постають перед обмеженнями щодо участі у внутрішній політиці. ЄБА намагалася налагодити партнерство з кількома аналітичними центрами, доки її тодішній президент, Томаш Фіала, не заснував Центр економічної стратегії (ЦЕС), який почав тісно співпрацювати з ЄБА. Однак, єдиним видом публічної діяльності, пов'язаної зі становленням верховенства права, до цього часу були опитування бізнес-спільноти, які проводилися серед фактичних та потенційних іноземних інвесторів.

Водночас ЄБА та ЦЕС лобіюють низку рентоорієнтованих норм, які працюють проти верховенства права та протистоять деяким ключовим реформам для зменшення дискреції, коли ті вступають у суперечності з вузькокорисливими інтересами деяких впливових членів цієї асоціації.

У контексті держави варто згадати про Торгово-промислову палату України, яка є окремим випадком через радянську спадщину та формальну владу. Протягом більшої частини історії ТППУ була типовою формальною організацією з обов'язковим членством, яка обслуговувала членів і виконувала деякі формальні статутні обов'язки для всіх, навіть не намагаючись представляти їхні інтереси у сфері ухвалення рішень і політики. Однак за останнє десятиліття їй пощастило отримати проактивного лідера — Геннадія Чижикова, який об'єднав зусилля з найактивнішими бізнес-асоціаціями в обстоюванні рівних і стабільних правил гри в українському бізнесі.

Момент істини для більшості українського бізнесу, імовірно, був пов'язаний із зухвалим хижацтвом Януковича та Революцією Гідності, яка спалахнула у відповідь. Попередній схожий епізод стався 2003 року, коли Янукович був призначений прем'єр-міністром і почав кампанію хижацького рейдерства. Однак тодішній бізнес у відповідь здійснив інвестиції в президентську кампанію його супротивника Віктора Ющенка, яка завершилася Помаранчевою революцією. Наївна надія полягала в тому, що вона повністю змінить правила гри та твердо поставить Україну на європейський шлях і все це зроблять самі політики. Та надія не справдилася, а звичні мережі довіри виявилися значною мірою зруйнованими. Крім того, суди та правоохоронні органи на деякий час вийшли з-під суворого контролю згори й у тандемі з олігархами почали нескоординоване рейдерство. Цей безлад врешті-решт закінчився президентством Януковича, яке виявилося просто жахливим для всього неолігархічного бізнесу. Саме тоді урок був засвоєний, тож у 2014–2015 роках багато представників великого та середнього бізнесу, натхненні духом революції та виниклим вікном можливостей, перетворили багаторічні прагнення на конкретні дії.

Першим новим потужним бізнес-об'єднанням, що виникло після Революції Гідності, став Союз українських підприємців (СУП), який об'єднав кілька великих неолігархічних компаній (як-от АЛЛО та «Нова пошта») та значну кількість менших, загалом понад 930 суб'єктів господарювання. Основна відмінність від попередніх таких спроб полягає в основі для об'єднання: на відміну від вищезгаданих випадків, СУП від самого початку презентувала себе як коаліцію, що базується на спільних для її членів цінностях, і має на меті реалізувати їх адвокатуючи відповідні правові норми та політики. Зокрема, верховенство права зазначене серед цінностей СУП на вебсайті асоціації. СУП створили 2016 року 18 переважно великих компаній, які, на відміну від інших бізнес-асоціацій, усвідомили, що win-win стратегія «жити й давай жити іншим» буде вигідна для них у довгостроковій перспективі, а великі компанії мають бути зацікавлені в розвитку сектора ММСП і створенні сприятливого бізнес-середовища для всіх. Членство обмежується неолігархічними приватними компаніями, які створені з нуля (на противагу державним або колишнім державним фірмам) і, зокрема, дотримуються певних стандартів ділової етики.

СУП не підтримує жодних конкретних організацій громадянського суспільства чи аналітичних центрів і створила власний аналітичний центр. Час від часу він виступає з правовими ініціативами, що здебільшого випливають із ситуацій, які постають перед членами асоціації. Водночас СУП підтримав реформування ринку землі й обстоює захист економічної свободи проти надмірних обмежень та регуляцій і більшу прозорість держави тощо. Це, хоч і опосередковано, допомагає реалізувати задекларовані цінності асоціації, зокрема й верховенство права. А втім, до першого десятка пріоритетів СУП належать суто бізнесові питання, одне з яких (перенесення відповідальності за сплату ПДФО й соціальних внесків на найманих працівників) зменшує адміністративне та корупційне навантаження на суб'єкти господарювання за рахунок загального збільшення дискреційних (тобто корупційних) можливостей.

Ще один новий гравець, Українська Рада Бізнесу (УРБ), виник 2017 року внаслідок злиття трьох менших коаліцій, організованих «знизу» у 2014– 2015 роках: «За економічну свободу», «За ліберальні економічні реформи» та «За детінізацію економіки». Зараз ця коаліція об'єднує понад 100 бізнес-асоціацій та їхніх субкоаліцій, як-от Асоціація платників податків України та Торгово-промислова палата, що представляють десятки тисяч компаній. Звісно, кожна окрема асоціація незалежна й далі має власні специфічні цілі, які подекуди досі спрямовані на пошук ренти. Час від часу їм навіть вдається використовувати УРБ у власних лобістських зусиллях. Загалом, однак, у межах широкої коаліції ці корисливі інтереси найчастіше нівелюють одне одного або зазнають невдачі через брак підтримки з боку інших членів. Як наслідок, вектор політики переважно зосереджений на їхніх спільних інтересах, зокрема лібералізації та верховенстві права.

На відміну від наявних раніше бізнес-асоціацій, УРБ від самого початку встановила партнерські відносини з деякими провідними українськими аналітичними центрами, хоча поки що підтримує лише окремі дослідження та аналітичну роботу на теми, пов'язані з інтересами бізнесу. Після інтенсивних консультацій з їхніми експертами коаліція сформулювала десять основних цілей; майже всі вони пов'язані з антипатрональними реформами, включно з судовою реформою, створенням нового незалежного державного бюро, відповідального за розслідування та переслідування економічних злочинів, антикорупційного суду, а також низку законодавчих ініціатив для зменшення дискреційних повноважень. Цей список постійно оновлюють і використовують як меморандум для долучення до коаліції.

У 2018 році (напередодні виборів 2019 року) американський аналітичний центр, Центр міжнародного приватного підприємництва (CIPE), модерував співпрацю і надав приміщення для низки бізнес-асоціацій, включно з ММСП, СУП і більшістю членів УРБ, щоб розробити спільний порядок денний у межах Національної бізнес-коаліції. Ця ініціатива була відкритою для всіх, але інші — вельми прикметно — не виявили жодної зацікавленості. Унаслідок кількамісячних напружених переговорів сформулювали та донесли до політиків десять пріоритетів українського бізнесу. Вони здебільшого базувалися на десятці пріоритетів УРБ, що актуалізовало останні.

Цей процес триває. На момент подання цього тексту до друку виникла нова ініціатива — «Коаліція ділових кіл за модернізацію України».[663] Вона об'єднує СУП і Торгово-промислову палату України з двома бізнес-клубами (CEO-клуб та бізнес-спільнота BOARD), які початково створили для розваги та просвітництва своїх членів через лекції та дискусії на суто бізнесову тематику. Ця коаліція почала діяти лише нещодавно, тож її діяльність поки що обмежена лише красивими деклараціями.

Ще однією помітною ініціативою стала заява членів Всеукраїнської мережі доброчесності та комплаєнсу (UNIC), переважно представлених компаніями з іноземним капіталом та їхніми українськими філіями, про відмову давати хабарі.

Ці асоціації не надають політикам чи партіям жодної суттєвої підтримки у проведенні виборчих кампаній і не вступають з ними в будь-які інші неформальні стосунки, хоч деякі їхні члени час від часу роблять це, але лише тоді, коли потрібно пролобіювати власні інтереси. Натомість вони займаються публічною діяльністю, у якій беруть участь найвищі посадові особи. УРБ та СУП виступають із заявами щодо важливих подій — не лише в галузі економічної політики, але й щодо ширшого порядку денного реформ — і до їхнього голосу часто дослухаються політики.

Напередодні виборів 2019 року УРБ підписала меморандуми з різними політичними силами про підтримку в спільних інтересах бізнесу. Чотири партії, усі неолігархічні, погодилися підписати меморандуми про виконання цих вимог, серед них «Слуга народу» та «Голос», які пройшли в парламент. Пропозиція була відкритою для всіх політичних партій, крім проросійських. Центральними в цій програмі були антипатрональні вимоги, зокрема реформа судової системи та правоохоронних органів, а також зменшення дискреційних повноважень у багатьох сферах. З того часу УРБ у партнерстві з низкою аналітичних центрів постійно моніторить виконання цих вимог і публікує заяви про «білі» та «чорні» списки законопроєктів, а також про конкретні законопроєкти, пов'язані з її порядком денним. УРБ також видає спеціальну «жовту книгу», у якій щороку оцінює виконання своїх вимог. Зрештою, вона намагалася лобіювати судову реформу в Національній раді реформ, що, можливо, сприяло проміжному успіху 2021 року

Отже, зараз непатрональний український бізнес перетворився на потужного політико-економічного гравця, якого можна порівняти за силою з окремими олігархами — не з найсильнішими з них і, безумовно, не з усім «олігархічним класом». Однак, якщо він зможе об'єднати зусилля з іншими антипатрональними гравцями, наприклад іноземним бізнесом та урядами, міжнародними фінансовими організаціями й українським громадянським суспільством, ця коаліція, ймовірно, може стати достатньо сильною, щоб просунути найпотрібніші, але складні антипатрональні реформи, навіть якщо їх спочатку не підтримають політики у владі.

5.2. Перемога над патрональним бізнесом для депатроналізації: «дорожня карта» для олігархів

Якщо припустити, що «політична воля» до депатроналізації є, то наймудрішим використанням поточної ситуації було б запропонувати олігархам дорожню карту до депатроналізації через повноцінне створення верховенства права. За певних умов це могло б стати безпрограшним для всіх сторін.

Зрештою Україна має стати ліберальною демократією з повноцінним верховенством права, ефективними й неупередженими судовою та правоохоронною системами, а отже, з добре захищеними правами власності й однаковими для всіх правилами гри. Це, зокрема, збільшило би капіталізацію всіх підприємств, включно з олігархічними. За такого сценарію вони виграли б в абсолютному вимірі, хоча, мабуть, не у відносному, адже за цих умов з'явилося би багато інших нових мільярдерів, як-от власники програмного забезпечення українського виробництва, які зараз проживають і реєструють торгові марки за кордоном, але, ймовірно, хотіли б залишитися в Україні, якщо умови для їхнього бізнесу стануть сприятливими. До того ж транснаціональні корпорації, ймовірно, інвестуватимуть в український бізнес набагато більше, ніж зазвичай, що створить більше конкурентів, але надасть і більше можливостей, щоб продати вітчизняний бізнес за значно вищими цінами, як це, наприклад, сталося з банківським сектором після Помаранчевої революції.

Наразі не зрозуміло, чи віддадуть перевагу олігархи загалом або принаймні найважливіші з них такому сценарію, адже більшість людей цінують відносне багатство, а не абсолютне. Однак, якби було переконливе зобов'язання (credible commitment) щодо таких змін (а статус кандидата на вступ до ЄС дуже схожий на таке зобов'язання), то більшість нинішніх олігархів, мабуть, погодилися б на такий перехід без особливого опору. Зрештою, принаймні Ахметов,[664] Коломойський[665] та Пінчук[666] в інтерв'ю та публіцистичних статтях заявляли, що готові грати за правилами, якщо ці правила будуть однакові для всіх. Таку умову виконують за визначенням, коли Україна повністю перейде до державного та суспільного устрою, що ґрунтується на верховенстві права.

Однак головний камінь спотикання — сам перехід до такого стану. Становлення повноцінного верховенства права, головної умови депатронизації, триватиме багато років, якщо не десятиліть. Однак до тієї миті, коли покарання за порушення закону стає хоча б здебільшого неминучим явищем, ті, хто першими починають грати за правилами, опиняються в невигідному становищі, як зазначає Гейл.[667] З цієї причини зберігається «погана» рівновага за Нешем, адже основні гравці мало довіряють як одне одному, так і президенту — єдиній особі, яка може гарантувати таку взаємну згоду принаймні серед тополігархів. Як прямо сказав Коломойський:[668]

...Нам усім буде краще, коли буде незалежне громадянське суспільство, незалежна журналістика, до якої, до речі, я вас теж зараховую, незалежне телебачення. Буде система, яка не залежить від персоналій.

— Ви готові жити за такої системи?

Так, на 100%. Мені потрібно пояснити правила, і я буду за ними жити. Але я не готовий жити в системі, коли мені скажуть правила, я буду за ними жити, а Кононенко [головна економічна підставна особа Порошенка] буде жити за іншими правилами. До цього я не готовий.[669]

Поки немає згоди на найвищому рівні, мало хто з гравців нижчого рівня може почати кидати виклик патрональній системі за власною ініціативою. Підпорядкування закону й «чесну гру» завжди мають просувати згори донизу, а не навпаки, і на те є вагомі причини. Хоча ті, хто перебуває на нижчих щаблях, можуть здаватися більш законослухняними, це лише тому, що, маючи менше грошей на хороших адвокатів, вони не наважуються діяти на межі незаконності. Однак це вже інша проблема, що виникає на іншому етапі розвитку.

Теоретично арбітр може забезпечити достатні гарантії на перехідний період, якщо він достатньо сильний, неупереджений, добромисний і перебуває при владі досить довго — усі чотири характеристики мають бути переконливими, щоб гравці довіряли гарантіям арбітра. Досі жоден український президент не відповідав цим умовам. Кучма був, мабуть, найсильнішим арбітром з усіх, але як менеджер радянського зразка й очільник прийомної політичної сім'ї він був дуже далеким від побудови верховенства права. Крім того, він мав олігарха Пінчука за зятя (хоча, якщо чесно, Кучма не надто зловживав владою на користь Пінчука). Ющенко був надто слабким і мав у близькому оточенні багатьох наближених олігархів другого ешелону — так що добромисність, яку йому приписували, виявилася марною. Янукович рухався в абсолютно протилежному напрямку. Порошенко сам олігарх і очолює політичний клан, тож йому не можна було довіряти й у будь-якому разі він мав конфлікт інтересів. Ситуація із Зеленським докладно описана вище. Тому принаймні поки що ніхто не захотів і не зміг забезпечити безпечний перехід олігархів на нові правила гри за верховенством права.

Якщо Україна переможе у війні, а Володимир Зеленський зможе так само кардинально змінити себе, як він це зробив у питаннях національної безпеки й оборони, він матиме всі шанси ввійти в історію як головний реформатор

України. Тоді ми побачили би безпрецедентне та несподіване об'єднання олігархічного та неолігархічного бізнесу з владою — однозначно переможну коаліцію за депатронолізації, яка напевно подолала би судову та правоохоронну мафію і домоглася би перезавантаження відповідних державних органів. Те саме станеться, якщо після перемоги у війні на зміну Зеленському прийде сильний і добромисний демократичний лідер. Однак, щоб це спрацювало, прихильність до такої реформи має бути максимально переконливою, а досягнення її цілей має здаватися здійсненним, інакше олігархи навряд погодяться на цю дорожню карту і весь план буде зруйновано.

У не дуже оптимістичному сценарії Зеленському не вдасться стати чемпіоном реформ, пов'язаних із верховенством права, але навіть тоді ситуація не безнадійна, хоч у такому разі перехідний період триватиме довше. У цьому сценарії олігархи, ймовірно, залишаться на нинішніх позиціях, але їхній вплив зменшиться на користь нового бізнесу. Це пов'язано зі структурними змінами, що стануться з переходом від агроіндустріальної до постіндустріальної економіки. Олігархи економічно вкорінені насамперед у гірничодобувній та переробній галузях, обробній промисловості, у виробництві електроенергії, постачанні природного газу та комунікаційній інфраструктурі. Однак прибутки від видобутку корисних копалин обмежені. Інфраструктура генерує надприбутки лише доти, доки природні монополії погано контрольовані — що має змінитися під час гармонізації з ЄС: чудовий приклад становить нове законодавство про анбандлінг ринку природного газу. Водночас, крім кількох ринкових ніш, у яких певні (неолігархічні) фірми мають специфічні ноу-хау, Україна не має конкурентних переваг в обробній промисловості, головно через брак дешевої робочої сили, а також дешевого (з низьким рівнем ризику) капіталу, необхідного для таких капіталомістких галузей. Аграрний сектор (також значною мірою представлений олігархами, хоч і не власниками ЗМІ) і далі зростає, але має певні межі — у жодній розвиненій країні він не становить більш ніж 4% ВВП, а для країн ОЕСР або Єврозони зазвичай сягає приблизно 1,5%.[670] Отже, постіндустріальні сектори, у яких Україна успадкувала певні конкурентні переваги, залишаються єдиними можливими рушіями зростання. Справді, найважливіший з них, ІТ-сектор, зростає на 20–30% на рік і вже випереджає гірничодобувну промисловість за обсягами доданої вартості. Хоча його частка у ВВП 2021 року становила лише 5%, частка в економічному зростанні цього року (без мультиплікаторів) вже сягнула приблизно 30%. До того ж вона зростає навіть попри війну, тоді як усі інші традиційні сектори занепадають, і на кінець 2022 року становила майже 13% усього експорту.[671]

У цьому сценарії налагодження тіснішої співпраці між непатрональним бізнесом і організаціями громадянського суспільства може стати переломним моментом. Важливо, щоб бізнес і надалі усвідомлював свою життєву зацікавленість у депатронізації, насамперед у створенні повноцінного верховенства права, і почав серйозно інвестувати в неї — як грошима, так і впливом. Організації громадянського суспільства, зі свого боку, мають пропонувати ближчі та конкретніші цілі, які були би зрозумілішими для представників бізнесу. Міжнародні партнери повинні сприяти такій співпраці, яка потребує певних організаційних змін, адже зараз бізнес-асоціації підтримувані департаментами, що відповідають за розвиток приватного сектору (або розвиток ММСП), а верховенство права та громадський сектор розглядають окремо. Водночас важливо, щоб фінансова допомога працювала як доповнення до внутрішнього фінансування, а не як його заміна. Цього завдання складно досягти, але поступова зміна підходу може спрацювати.

Якщо така коаліція зрештою стане успішною і процес депатронізації отримає новий імпульс, а повне становлення верховенства права виявиться неминучим, олігархи певної миті також можуть бути зацікавленими сісти в цей потяг як менше зло. Водночас функційні правоохоронна та судова системи нададуть їм неупередженого «арбітра» для розв'язання суперечок, а також гаранта рівного й неупередженого ставлення, тож вони менше боятимуться грати за правилами. Може, вони навіть поспішать долучитися до коаліції, щоб забезпечити кращі позиції в новій ситуації, а також поліпшити свій імідж на Заході й усередині України. Проблема, однак, полягає в тому, що олігархам не просто не довіряють як партнерам, але вони ворожі для громадянського суспільства та неолігархічного бізнесу. З цієї причини, наприклад, СУП проводить спеціальну перевірку нових членів, щоб переконатися, що вони не пов'язані з олігархами. Поважні організації громадянського суспільства зазвичай не беруть пожертви від олігархів та пов'язаних із ними фірм, або приховують такі факти — навіть якщо йдеться про олігархів другого ешелону та «нетрадиційних» олігархів. Це складно змінити, тому було би краще, якби олігархи не надто афішували підтримку або створили якісь особливо прозорі колективні інструменти для неї.

Як це не парадоксально, основна проблема — процес гармонізації з ЄС, який перешкоджає стрімкій дерегуляції, упорядкуванню та спрощенню решти нормативних актів, а також скасуванню тих сфер регулювання, у яких уряд не може забезпечити однакове й ефективне правозастосування і від яких варто, принаймні тимчасово, відмовитися, щоб зменшити сферу дискреційних повноважень. Натомість багато «європейських» норм, з якими Україна збирається гармонізувати законодавство, надто складні, дискреційні й обмежувальні для її населення, особливо з огляду на низьку якість бюрократичного апарату та повсюдну корупцію, і фактично сприятимуть розширенню корупційних можливостей і підриватимуть верховенство права. Загальна стратегія тут має бути така: «спочатку європейські принципи (включно, але не обмежуючись принципом верховенства права) та європейська якість бюрократії, а потім європейські норми». Однак не так багато людей розуміють це і в Україні, і в ЄС, тоді як зацікавлені особи діють у протилежному напрямку, часто підхоплюючи найгірші європейські норми або ті, що пропонують їм найбільші корупційні можливості.

Повномасштабна війна з Росією може мати двоїстий вплив на цей процес. З одного боку, це стимулювало еміграцію: згідно з нещодавнім опитуванням, 57,1% респондентів зазначили, що хотіли б виїхати з України, якщо загроза війни триватиме.[672] Ізраїль, який живе з такою загрозою десятиліттями і, однак, надзвичайно успішний в інноваціях, тут не є показовим прикладом, адже це країна мігрантів, які їхали туди вже знаючи про загрозу, а отже, це приклад самодобору. Якби Україна залишилася в нинішньому стані воєнного часу, самодобір спрацював би у зворотному напрямку, і найактивніші та найздібніші люди мігрували б назовні. Це залишило б країну з похмурими перспективами як в економічному, так і в політичному сенсі.

З іншого боку, промислово розвинений схід України, який був традиційною домівкою для олігархів, лежить у руїнах, і більшість відомих олігархів втратили значну частину активів. За процесом післявоєнного відновлення уважно спостерігатимуть західні партнери України, які навряд миритимуться з непрозорими методами роботи олігархів, неодмінно намагатимуться уникнути монополізації і, мабуть, прагнутимуть якось утримати принаймні великих олігархів від участі в цьому процесі, щоб уникнути ризиків. Отже, якщо загроза відновлення активних бойових дій буде зведена до мінімуму (наприклад, через вступ до НАТО або зміну режиму в Росії), є всі шанси досягти балансу між олігархічним і неолігархічним бізнесом, причому останній буде зацікавлений у депатронілізації та інституційній розбудові. Також ймовірно, що перемога дасть новий імпульс соціальній і політичній активності середнього класу та бізнес-спільноти, як це сталося після перемоги Майдану та воєнних подій 2014–2015 років, але значно більшою мірою приблизно пропорційно до масштабу подій.

6. Висновки

Як ми бачили, патрональна демократія справді має ендогенні сили, які можуть рухати її до ліберальної демократії. Ці сили породжені відносною політичною свободою та постійними змінами людей при владі — ці фактори притаманні демократії. Отже, якщо патрональна демократія не скочується до автократії, вона має хороші шанси врешті-решт еволюціонувати в ліберальну демократію.

У випадку України є щонайменше три потужні сили, які рухають її до депатроналізації: громадянське суспільство, міжнародні партнери та неолігархічний бізнес. Перші дві сили міцно пов'язані та навіть переплетені, але їхній успіх поки що обмежений. Для досягнення мети їм досі потрібно налагодити кращі зв'язки з бізнесом, що здається найперспективнішим способом сформувати стійку та переможну коаліцію — за умови, звісно, що Україна виграє війну й успішно уникне спроби автократії.

За оптимістичним сценарієм, президент Зеленський або його демократичний наступник може усвідомити переваги антипатрональних реформ і цінність використання (посилення) інституцій замість неформальних важелів влади. У такому разі він може залучити на свій бік і олігархів, запропонувавши їм дорожню карту, що окреслює взаємовигідне рішення. Лідер відіграє важливу роль у цьому сценарії, однак, щоб досягти повноцінної ролі, йому потрібно подолати сильні корисливі інтереси, що навряд можливо без внутрішньої та міжнародної підтримки з боку згаданої коаліції — тоді як будь-які сумніви олігархів у кінцевому успіху зменшать шанси на такий успіх.

Однак нинішній послужний список дій Володимира Зеленського робить цей сценарій малоймовірним. Президент не має власного клану, але досі демонструє волюнтаризм у багатьох ситуаціях, дуже покладається на особисті зв'язки, вимагає особистої лояльності до себе, а головне — має парламентську більшість, яка може стати основою для можливої спроби авторитарної консолідації. Лише тоді, коли Україна отримає повноцінне верховенство права, можна буде більш-менш упевнено говорити про те, що надалі такі спроби будуть неможливими. Однак для цього потрібен час і потужні рушійні сили.

Якщо Зеленський залишиться при владі на другий термін, оптимістичний сценарій передбачає кардинальну зміну його особистих поглядів і звичного способу дій, що видається навряд досяжним, хоч і можливим — з огляду на зміну моделей поведінки Зеленського у зв'язку з повномасштабним російським вторгненням. Звісно, навіть у цьому разі йому знадобляться сильні внутрішні союзники, щоб завершити роботу. Однак якщо, за більш реалістичним сценарієм, Зеленський не зазнає кардинальних особистих змін, йому знадобиться не тільки сильна підтримка, а й тиск, щоб провести судову реформу. Два інші складники — неупереджене й ефективне правозастосування та практичне, недискреційне законодавство — досі потрібно втілити в життя.

Найбільш песимістичний сценарій, звісно, — поразка України в цій війні. Однак менш песимістичний сценарій, який передбачає постійну загрозу нового вторгнення на невизначений період, теж може призвести до різкого погіршення людського капіталу країни, що створить похмурі перспективи в усіх вимірах, включно з депатронізацією і, може, навіть для самого політичного режиму. Складно передбачити, що саме може статися. Не виключено, що може бути повторна авторитарна спроба з непередбачуваними, але, мабуть, катастрофічними наслідками.

На щастя, якщо не буде реалізований жоден із цих песимістичних сценаріїв, Україна має всі шанси створити потужну коаліцію, яка могла би просувати реформи, пов'язані з верховенством права, і деякі передумови для цього вже є.

Україна вийде з війни за незалежність міцно пов'язаною з міжнародними партнерами, насамперед США та ЄС, які вимагатимуть і надаватимуть підтримку в імплементації верховенства права як найважливішої частини депатронізації. Однак іноземні партнери й неурядові організації потребують сильних і спроможних внутрішніх партнерів — як для того, щоб узяти на себе відповідальність за такі реформи, так і для того, щоб належно адаптувати їх до української специфіки.

Наразі вони знаходять таких партнерів у тій частині громадянського суспільства, яка представлена кількома потужними українськими організаціями громадянського суспільства, фінансованими переважно коштом західних грантів і зосереджених здебільшого на антикорупційній та судовій реформах. Ці організації вже працюють на повну, але поки що досягли обмежених результатів.

Однак у постмайданівські роки консолідувалася свіжа, нова та потенційно дуже потужна сила — український бізнес, який почав усвідомлювати власну зацікавленість в антипатрональних реформах. Наразі його внесок теж досить обмежений і здебільшого зосереджений на нагальних питаннях, пов'язаних із бізнесом. Цей процес ще триває, але має величезний потенціал перетворити цю частину громадянського суспільства на гравця, який змінює правила гри, адже зумовлений економічними інтересами досить сильних членів, створюючи «платоспроможний внутрішній попит» на депатронізацію. Тим часом опозиція депатронізації послабиться.

Ця сила, ймовірно, з часом міцнішатиме, принаймні завдяки довгостроковим економічним тенденціям, які, ймовірно, ще більше посиляться у разі перемоги України. Тоді процес матиме всі шанси стати самодостатнім: більше верховенства права означатиме більше справжньої (ліберальної) демократії, що, своєю чергою, ймовірно, сприятиме дальшому розвитку цінностей, на яких наголошував Вельцель, і водночас забезпечить народу політичний вплив, надавши альтернативні джерела фінансування виборчих кампаній. Такий спільний прогрес у верховенстві права разом із супутнім дрейфом у бік ліберальної демократії ще більше дезорганізує патрональну систему, а отже, збільшить попит бізнес-спільноти на інституції як замінник у забезпеченні визначеності — і це навіть серед (колишніх) олігархів, які, ймовірно, якоїсь миті долучаться до переможців. Якщо люди, які ухвалюють рішення, зосередяться на головному питанні — уникненні негативних сценаріїв — Україна має всі шанси стати на твердий шлях до ліберальної демократії.

Кримінальна екосистема України та війна: українська організована злочинність 2022 року

Глобальна ініціатива протидії транснаціональній організованій злочинності (GI-TOC)

Вступне слово редакції: Цей розділ — це авторизований передрук розділу зі звіту 2023 року «Нові лінії фронту» від Глобальної ініціативи протидії транснаціональній організованій злочинності (GI-TOC).[673] В умовах патрональної демократії конкуренція неформальних патрональних мереж, основної теми цього видання, динамізує політику. Однак брак однопірамідальної мережі, яка централізувала б і монополізувала б корупційну діяльність, переслідуючи «приватний бандитизм», означає, що в багатопірамідальному середовищі України може існувати весь спектр незаконної діяльності — від великої до дрібної корупції, від захоплення держави до хабарництва на низькому рівні та звичайної злочинності. Як наслідок, кримінальна екосистема України — тобто спільнота системно співзалежних незаконних державних і приватних суб'єктів[674] — не схожа ні на модель сильної кримінальної держави з помірною несанкціонованою незаконністю (як в Угорщині), ні на модель «паразитарного симбіозу» прийомної політичної сім'ї та кримінальних елементів (як в Росії).[675] Багатопірамідальна патрональна мережа залишає ширший простір для маневру для нелегальних áкторів: так само як можуть існувати автономні олігархи (економічні áктори, які прагнуть забезпечити корумповану, нелегальну підтримку для законної економічної діяльності), так само можуть існувати автономні злочинці (економічні áктори, які здійснюють нелегальну економічну діяльність, як-от торгівля наркотиками, проституція, контрабанда та рекет на нелегальних умовах). Останні є невіддільною частиною української патрональної системи — як зазначено у цьому розділі, часто «місцеві кримінальні авторитети працюють синхронно з високопоставленими корумпованими чиновниками» — й антипатрональна трансформація має також обов'язково передбачати боротьбу зі сферою злочинності, розхитаною війною.

1. Війна та організована злочинність в Україні

Двадцять четвертого лютого 2022 року Росія почала повномасштабне вторгнення в Україну. Хоч деякі аналітики попереджали, що попереднє масоване нарощування військових сил на кордонах України, ймовірно, призведе до цього, крок Москви все ж заскочив багатьох зненацька. Україна постала перед силою, яку сприймали як переважну, тож багато хто очікував, що Київ упаде за лічені тижні, якщо не дні.

Україна здивувала світ, організувавши узгоджений, запеклий і часто винахідливий опір. Уряд негайно запровадив воєнний стан, оголосив мобілізацію чоловіків віком від 18 до 60 років і впорядкував закупівлі, прибравши з публічного доступу конфіденційну державну інформацію. Зеленський заручився підтримкою західних лідерів щодо надання військової та гуманітарної допомоги, яка швидко почала надходити в країну, щойно стало зрозуміло, що українці більш ніж можуть дати відсіч російським збройним силам. Зеленський запросив іноземних бійців для допомоги в обороні — як на лінії фронту, так і в кіберсфері. Мільйони біженців покинули країну, переважно вирушивши в країни ЄС, а мільйони людей стали внутрішньо переміщеними особами.

Ці драматичні події неминуче змінили спосіб діяльності організованої злочинності в Україні та її взаємодію зі злочинними інтересами в інших країнах, і в цьому розділі визначено три ключові галузі змін. У першій галузі оцінюємо, як áктори організованої злочинності зреагували на невизначеність конфлікту, зокрема, якою мірою в організованій злочинності розвинулися «патріотичні» тенденції та ризики проникнення злочинців у бойові підрозділи. У другій — розглядаємо нову нелегальну економіку на лінії фронту, пов'язану з незаконним обігом наркотиків і зброї, а також висвітлюємо нову тенденцію до контрабанди призовників, які уникають участі в бойових діях. У третій — досліджуємо зміни, що сталися на нелегальних ринках і потоках на заході України, де масове надходження військової техніки та гуманітарної допомоги і такий же масовий виїзд біженців створили нові слабкі місця, що їх намагається використати кримінал. Тут також обговорюємо ризики корупції, пов'язані з іншим майбутнім припливом коштів — фондів реконструкції. Наприкінці розділу подаємо основні висновки нашого дослідження.

2. Злочинці та війна: патріоти чи паразити?

Російське вторгнення поставило перед представниками організованої злочинності в Україні цікаву дилему: лишитися чи втекти? На ранніх етапах війни багато хто вибрав останній варіант: кілька українських кримінальних авторитетів (та їхні активи) виїхали за кордон, хоча їхні мережі та помічники залишилися (одне джерело в одеському злочинному світі повідомило, що його бос виїхав за кордон, але далі платить йому за лояльність).[676] За наявною інформацією, кримінальні авторитети повиїжджали в Туреччину, Велику Британію, Німеччину, Іспанію, Монако, Італію, Австрію, Ізраїль та ОАЕ.[677] У певному сенсі, однак, це лише прискорення тенденції останніх десятиліть: у міру того, як боси багатіють — і їхні портфелі розширюються в легальну сферу — вони прагнуть витрачати статки у більш розкішному оточенні, ніж там, де зробили собі ім'я. Водночас наприкінці 2022 року в Україну повернулися кілька відомих діячів організованої злочинності, які, може, вирішили, що ситуація з безпекою в країні достатньо покращилася або їхня присутність знову потрібна.

Наші польові дослідження також виявили, що деякі високопоставлені кримінальні авторитети шукали «слабкі місця» за кордоном, куди можна перенаправити злочинні операції, щоб уникнути конфлікту: як потенційні варіанти назвали Румунію (Констанца), Болгарію, Італію (Генуя) та Францію (Марсель).[678] У кількох країнах Східної Європи, особливо в Чехії, Румунії та Польщі, є чималі українські діаспори, які можуть забезпечити прикриття для деяких кримінальних авторитетів, щоб перечекати конфлікт або започаткувати ініціативи. Країни Балтії — також сприятливий ґрунт для ширшої діяльності українських злочинців, адже там вони вже мають перевірені зв'язки.

Однак для тих, що лишився, війна відкрила нові можливості — і злочинці не забарилися ними скористатися. (Справді, були навіть повідомлення про те, що іноземні злочинці переїжджають в Україну, може, сподіваючись використати розгортання конфлікту як прикриття для своєї діяльності).[679] Проте також зрозуміло, що під час війни злочинні мотиви складні, а «патріотичні інстинкти» можуть співіснувати чи навіть збігатися з особистими інтересами. Правда й те, що досвід війни глибоко вплине як на військових, так і на цивільних, і це, своєю чергою, може слугувати цілям організованої злочинності. Отже, війна суттєво вплине на характер і масштаби організованої злочинності у постконфліктний період.

2.1. Злочинці-патріоти?

Якщо проросійські злочинці допомагали підривати авторитет української держави 2014 року (як ми пояснювали у звіті),[680] то 2022 року, схоже, патріотично налаштовані злочинці допомагали її підтримувати. На початку війни Москва знову звернулася до свого інструментарію 2014 року: з'явилися повідомлення про саботаж і заворушення в Україні, організовані злочинними угрупованнями, пов'язаними з Росією, але ці спроби швидко придушили, частково завдяки зусиллям місцевої організованої злочинності.[681] За словами представника правоохоронних органів, Служба безпеки України (СБУ) звернулася до українських злочинців з проханням допомогти виявити російських злочинців, засланих Москвою для дестабілізації ситуації — і за кілька місяців більшість російських злочинців затримали або вислали з країни.[682] Також повідомляли, що «патріотичні» злочинці патрулюють вулиці разом із поліцією в Одесі, де проживає багато підозрюваних проросійських злочинців, зокрема злодіїв у законі, вислених із Грузії в середині 2000-х.[683]

У квазіреспубліках «ДНР» та «ЛНР» повідомляли, що через скорочення простору для злочинної діяльності[684] кілька злодіїв у законі переїхали на неокуповану територію України, де виступили проти своїх колишніх патронів та уповноважили злочинців, які перебувають під їхньою кримінальною юрисдикцією, боротися з Росією.[685] Українські в'язні на окупованій Росією території також отримали попередження від одного з відомих українських злодіїв про те, що приєднання до «угруповання Вагнера» означало би порушення злодійського кодексу.[686]

Патріотичні почуття можуть бути й у тих злочинців, які долучилися (або були призвані) до ЗСУ, але можуть переважати й інші мотиви. Київ усвідомлює такі ризики — згідно з документами, з якими ознайомилася GI-TOC, кількох відомих бандитів занесли в чорний список на вступ до лав Сил територіальної оборони[687] (хоча відомо, що багато колишніх злочинців вступили до ЗСУ). Іншою проблемою стало проникнення іноземних злочинців; за даними джерел, були випадки, коли іноземні кримінальні авторитети брали активну участь у бойових діях. Знову ж таки, їхня мотивація може бути різна: хоча деякі з них можуть бути мотивовані антипатією до Путіна та Росії,[688] інші можуть придивлятися до незаконних можливостей воєнного часу (або одночасно і те, і те). У такому разі певні підрозділи поспіхом сформованого Інтернаціонального легіону[689] можуть бути вразливими: у серпні 2022 року СБУ почала розслідування щодо Пьотра Капусцінського, командира Інтернаціонального легіону, який опинився під посиленою увагою після звинувачень у крадіжці зброї та гуманітарної допомоги (як і кілька інших командирів легіону). Видання *The Kyiv Independent* з'ясувало, що Капусцінський — колишній польський бандит, який відсидів за пограбування, наркотики та викрадення людей з метою викупу, а також був обвинувачений в Україні у розбої та незаконному зберіганні зброї — звинувачення зняли, коли він вступив на військову службу.[690]

Отже, для злочинців конфлікт може бути засобом протистояти російській агресії, можливістю для незаконного промислу, шансом почати все з чистого аркуша (як у випадку з Капусцінським) або комбінацією цих трьох варіантів.

Зрештою, якщо розглядати конфлікт через кримінальну призму, він становить загрозу як для території, так і для прибутку, чітко вирівнюючи питання патріотизму та корисливих інтересів. Патріотичні настрої деяких злочинців не варто сприймати за чисту монету, вони можуть бути кінцевим продуктом складного розрахунку, неминуче спрямованого на просування одного або обох найвищих пріоритетів організованої злочинності — грошей і влади.

Організована злочинність може також отримувати зиск від патріотичного запалу в більш опосередкований спосіб: через вербування демобілізованих солдатів в організовані злочинні угруповання. Ця тенденція була помітна після радянської війни в Афганістані, коли багатьох колишніх солдатів — *«афганців»* — завербували російські банди. Ці ветерани, добре підготовлені та досвідчені в мистецтві цільового насильства, забезпечували ефективну грубу силу й захист для босів, а в деяких випадках ставали кілерами.[691] В Україні багато з сотень тисяч солдатів можуть мати труднощі з пошуком роботи після демобілізації, будуть травмовані отриманим досвідом або просто сумуватимуть за інтенсивною атмосферою військового життя — все це зробить їх вразливими до кримінального вербування. У такому розумінні конфлікт між державами може породити кримінальний конфлікт.

Є також ризик того, що демобілізовані військові можуть сформувати українську групу на зразок ПВК «Вагнер». Приватні військові компанії (ПВК) наразі заборонені в Україні, але вони також заборонені в Росії, а це підкреслює, що законодавство може створювати незначні перешкоди, якщо відповідні інтереси збігаються.[692] Групи також можуть діяти нелегально — 2021 року, наприклад, розформували дві незаконні українські ПВК[693] — або законодавство може змінитися. Приклад «групи Вагнера» в Африці (докладно описаний у лютневому звіті GI-TOC)[694] демонструє, як така компанія може глибоко зануритися в незаконну діяльність, корупцію та вплив на державу в нестабільних умовах за кордоном, а також потенційно розширити транснаціональний вплив української організованої злочинності.

Як і у випадку з «групою Вагнера», Африка може стати сприятливим ґрунтом для української організованої злочинності, адже чимало пілотів малої авіації та капітанів човнів і кораблів на континенті — українці, що забезпечує готову логістичну мережу для незаконної діяльності.

Приватна охорона, укомплектована колишніми військовими, також може стати ще одним об'єктом злочинного інтересу в найближчому майбутньому, адже приватні компанії (як вітчизняні, так і міжнародні) прагнуть захистити інвестиції в умовах нестабільного операційного клімату. (Після 2014 року будівельні компанії наймали колишніх військових як грубу силу, щоб отримати доступ до спірних ділянок; їх також наймали місцеві жителі для опору в цих ситуаціях). Хоч такі компанії легально зареєстровані, їхня діяльність може переходити у нелегальну площину. Приватні охоронні компанії в інших країнах використовували як прикриття для здирників, які прагнули додати офіційного вигляду власним силовим методам і залякуванням, і така тенденція може виявити себе і в Україні.

Блок 1. Чи настав кінець олігархату?

Схоже, що війна створила мало політичних можливостей для українських олігархів. На відміну від 2014 року, коли Ігор Коломойський створив добровольчий батальйон «Дніпро»,[695] зараз Київ здатен сам вести війну і не бажає санкціонувати приватні армії. Економічна ціна війни для олігархів також висока: через руйнування енергетичної та промислової інфраструктури на сході та південному сході України статки кількох олігархів зменшилися на сотні мільйонів доларів.[696] Впровадження закону Зеленського про «деолігархізацію» зупинене на час воєнного стану, але протягом 2022 року кілька олігархів продали свої медіахолдинги та залишили політичні посади, щоб уникнути впливу законопроєкту.[697] Проросійських олігархів, як-от Віктора Медведчука, який керував «Опозиційною платформою — За життя», передали Росії в обмін на українських військових.[698]

Деякі коментатори зазначають, що комплексний вплив війни, деолігархізації та антикорупційних органів України може означати кінець олігархату як інституту.[699] Це може мати глибокі позитивні наслідки для України, але прогнози щодо зникнення олігархату також можуть бути перебільшені. Попередні покоління олігархів почергово змінювалися, іноді в насильницький спосіб, як у випадку з убивством Євгена Щербаня 1996 року, але на їхньому місці завжди виникала нова влада. Багато чого залежатиме від повоєнної здатності держави впроваджувати та забезпечувати виконання її довоєнного антикорупційного й антиолігархічного порядку денного.⁷⁰⁰

3. Економіка війни: наркотики, зброя та ухилянти від мобілізації

Лінія фронту 2014 року мало схожа на лінію фронту 2022 року, хоч і передбачає кілька застережень. Після кількох місяців інтенсивних бойових дій 2014 року — переважно між тамтешніми проросійськими бойовиками* та поспіхом сформованими та слабко контрольованими добровольчими військовими підрозділами — лінію фронту на Донбасі фактично заморозили, хоч бойові дії періодично спалахували. Ця відносна стабільність дала змогу займатися контрабандою та іншими видами злочинної діяльності через лінію фронту без особливих перешкод; політична антипатія між Україною, квазіреспубліками «ДНР» та «ЛНР» та Росією також не була перешкодою для нелегального бізнесу.⁷⁰¹

Повномасштабне вторгнення 2022 року може розгортатися за схожою траєкторією і досягти точки, коли збройне протистояння на лінії зіткнення зменшиться (а отже, уможливить транскордонну контрабанду), але інтенсивні бойові дії та масштабні територіальні зміни 2022 року поки що створили певний ступінь невизначеності та ризику, що суттєво ускладнило ведення значної частини кримінального бізнесу, особливо контрабанду наркотиків зі сходу на захід України. Однак в інших аспектах нестабільна лінія фронту стала каталізатором незаконної діяльності, зокрема у сфері синтетичних наркотиків, тіньової економіки збирання й торгівлі зброєю (та повідомлень про її витік), а також виникнення нового ринку контрабандного вивезення чоловіків з країни, які намагаються уникнути призову.

3.1. Під впливом: наркотики на передовій

У листопаді 2022 року під час польових досліджень для цього матеріалу в Бахмуті помітили українського солдата у стані сильного збудження.⁷⁰²

---

*   На момент підготовки українського перекладу наявні нові свідчення, зокрема рішення суду у Страсбурзі від 25 січня 2023 року, де підтверджено, що де-факто від 11-го травня 2014-го саме «Росія, а не сепаратисти, здійснювала ефективний контроль над Донбасом», див. більше https://www.atlanticcouncil.org/blogs/ukrainealert/echr-ruling-confirms-russian-invasion-of-ukraine-began-in-2014/. *Прим. ред.*

Схоже, він перебував під впливом сильного наркотику, найімовірніше, амфетаміну або подібного стимулятора — і це аж ніяк не аномалія. Київ, схоже, дедалі більше занепокоєний більшим уживанням наркотиків серед солдатів: у грудні 2022 року Верховна Рада швидко ухвалила закон, який дає змогу спеціально тестувати військовослужбовців на наявність наркотиків та алкоголю в організмі.[703]

Те, що наркотики є на лінії фронту, не повинно дивувати: солдати вживали наркотики протягом усієї історії — або як стимулятори, що допомагають їм боротися,[704] або як спосіб уникнути болісних травм, пов'язаних із військовими діями. Однак з погляду організованої злочинності ці солдати — лише новий і прибутковий ринок збуту. На початку повномасштабної війни щомісячне грошове утримання солдатів на передовій в Україні збільшили до 100 тисяч гривень (3400 доларів США на той час), що дало їм значну купівельну спроможність у країні, де офіційна середня заробітна плата у вересні 2022 року становила 14 500 гривень (360 доларів США) на місяць.[705]

До початку повномасштабної війни Україна була джерелом, споживачем і транзитною країною для широкого спектра наркотиків, зокрема афганського героїну, який постачали північним маршрутом, і кокаїну з Латинської Америки, що надходив переважно через Одеський порт, хоча внутрішній ринок кокаїну був обмежений через високі місцеві ціни (200–250 доларів США за грам).[706] З 2015 року в Україні різко зросло вживання синтетичних наркотиків, зокрема мефедрону, метамфетаміну, метадону, альфа-ПВП та МДВП, легкодоступних через інтернет.[707] До повномасштабного вторгнення більшість синтетичних наркотиків надходила через західний кордон, але внутрішнє виробництво також зростало: метадон та інші синтетичні наркотики виробляли лабораторії на Донбасі та в Харкові, частина продукції була призначена для експорту. Про зростання внутрішнього виробництва свідчить ліквідація 67 лабораторій із виробництва амфетаміну 2020 року, тоді як 2019-го їх було лише п'ять.[708]

Повномасштабне вторгнення різко перервало потоки незаконного обігу наркотиків (героїну та синтетичних наркотиків) з Донбасу (який тривав, попри бойові дії з 2014 року) та з важливого транзитного міста Харкова. Морська блокада Росією Одеси та Миколаєва також ускладнила торгівлю кокаїном, а втеча багатьох заможних споживачів кокаїну за кордон призвела до падіння цін (повідомляли про падіння на 25%).[709]

Тоді як потоки героїну й кокаїну через війну зупинилися, незабаром відновили постачання синтетичних наркотиків. Після перших перебоїв у Києві в перші дні повномасштабної війни[710] незаконне розповсюдження знову активізувалося в усій країні через інтернет-магазини, вуличних дилерів і пошту.[711] Згідно з даними Генеральної прокуратури, кількість кримінальних правопорушень, пов'язаних із розповсюдженням заборонених наркотиків, зросла з 29 587 у 2021 році до 34 398 у 2022 році.[712]

Можливо, наркоторговці почали активніше використовувати джерела у Західній Європі, щоб компенсувати падіння постачання зі сходу України, але місцеве виробництво також залишається стабільним. Хоча Європейський центр моніторингу наркотиків та наркозалежності (EMCDDA) повідомив, що, ймовірно, внутрішнє виробництво амфетаміну, «вуличного» метадону та нових психоактивних речовин порушиться через дефіцит прекурсорів та інших хімічних речовин,[713] 2022 року викрили кілька великих лабораторій із виробництва синтетичних наркотиків у центрі та на заході України. А Інтерпол повідомив, що, за даними моніторингу вхідного та вихідного трафіку, потоки, здається, майже не зменшуються.[714] У серпні в Києві вилучили 16 кг метадону та кілограм амфетаміну, призначених для продажу через інтернет-магазини, а також ручні гранати та п'ять одиниць вогнепальної зброї.[715] У листопаді в Києві викрили лабораторію та 30 кг мефедрону та наркотичних речовин на суму 675 тисяч доларів США.[716] Серед інших вилучених наркотиків — альфа-ПВП та екстазі.

За даними Державного бюро розслідувань України, синтетичні наркотики продають у всіх регіонах країни, включно з лінією фронту.[717] За перші шість місяців після вторгнення українські правоохоронці почали понад 270 розслідувань щодо торгівлі наркотиками на лінії фронту.[718] У військових частинах, де зафіксували вживання наркотиків, найпопулярнішим серед солдатів був канабіс, хоча синтетичні наркотики теж легкодоступні. За даними джерел, близьких до правоохоронних органів, основним гравцем у прифронтовій торгівлі наркотиками є «Хімпром» — транснаціональне організоване злочинне угруповання, яке давно функціонує у Росії та Україні й опирається неодноразовим спробам його ліквідувати.

Щоб дістатися до цього ринку, організована злочинність мала подолати перешкоду — численні блокпости на українських дорогах. За словами нашого респондента, один із методів контрабанди наркотиків полягає в тому, що їх поміщають у корпус пістолета-кулемета (ПК), з якого вилучили робочі частини.[719] Однак корупція, ймовірно, також відіграє важливу роль у цьому процесі, адже повідомляють, що деякі транспортні засоби не проходять рутинних перевірок.

3.2. Сидячи на пороховій діжці: зброя в сірій зоні

З лютого 2022 року зброя надходить в Україну надзвичайно швидко. З огляду на історію торгівлі зброєю в Україні (згідно з Глобальним індексом організованої злочинності GI-TOC 2021, зброя — найбільший кримінальний ринок країни), про ризик незаконного обігу зброї зауважили у перші дні війни, зокрема, Європол.[720]

Загалом витік зброї виявився більш обмеженим, ніж побоювалися. Було лише кілька повідомлень про зникнення зброї, яку Захід направив ЗСУ 2022 року[721] на мільярди доларів. (У жовтні США заявили, що мають лише один підтверджений приклад контрабандного вивезення системи озброєнь з України в Росію).[722] Здебільшого це сталося завдяки високому рівню обізнаності про ризики торгівлі зброєю та впровадженню механізмів протидії цьому явищу. У липні 2022 року український парламент створив комісію з моніторингу потоків і використання зброї в Україні,[723] США запровадили систему, яка виявилася ефективною в запобіганні значних витоків зброї на лінію фронту,[724] а ЄС створив хаб у Молдові для боротьби з торгівлею зброєю та людьми.[725] На ризики витоку також можуть впливати типи озброєнь: у перші дні війни значну частину становила стрілецька зброя; зараз це переважно великі системи та запасні частини, які менш імовірно незаконно вивозитимуть. Інтенсивний характер бойових дій, мабуть, теж стримує витоки, адже багато зброї та боєприпасів використовують учасники бойових дій, щойно прибувають на фронт. Більшість звинувачень у торгівлі західним озброєнням необґрунтовані або становлять результат російської дезінформації (Блок 2).[726]

Однак витік інформації неминучий, і найбільший ризик з українського боку, ймовірно, пов'язаний з «паршивими вівцями» — підрозділами або командирами, які займаються незаконним привласненням під час бойових дій. У деяких підрозділах Інтернаціонального легіону лунали заяви про привласнення зброї: у грудні британський найманець, який служив у Легіоні, заявив, що з його колони «зникли» дві вантажівки з поставленою Заходом зброєю і боєприпасами, зокрема «Джавелінами». Хоча цю інформацію не перевірили, у Легіоні повідомляли про інші випадки викрадення зброї.[727] Джерела також повідомили, що зброю зі складу на півдні країни, яким користується підрозділ Інтернаціонального легіону, вивезли цивільними автомобілями з міста в невідомому напрямку.[728] Також можливо, що зброю зберігають у схованках навколо лінії фронту, щоб пізніше зібрати та продати на чорному ринку, як це сталося під час початку війни на Донбасі у 2014–2022 роках.[729]

(З часів Другої світової війни в Україні є традиція ховати зброю для дальшого використання.⁷³⁰

Ситуація з контролем кардинально відрізняється, коли йдеться про російське озброєння, залишене у величезних кількостях під час війни, особливо під час широкомасштабного українського контрнаступу, унаслідок якого за місяць відвоювали приблизно 10 000 км² окупованої території.⁷³¹ Ці «трофеї» спричинили появу того, що один український солдат назвав «спрощенням бюрократії», коли захоплене російське озброєння обмінюють на інше військове спорядження, і про обмін між українськими підрозділами можна домовитися через телеграм-повідомлення. Хоча доказів витоку на нелегальний ринок не зафіксовано, аналітик *Small Arms Survey* підкреслив, що такий тип неофіційного обміну може підірвати процедури управління запасами, потенційно збільшуючи постачання невідстежуваної зброї, яка може потрапити на нелегальний ринок пізніше.⁷³²

Блок 2. Суперечливі свідчення: торгівля зброєю з Фінляндією?

Приклад Фінляндії підкреслює гостроту питань, пов'язаних із заявами про торгівлю зброєю навколо війни в Україні. У жовтні 2022 року суперінтендант детективів Національного бюро розслідувань Фінляндії Крістер Альгрен дав інтерв'ю, у якому заявив, що злочинні угруповання переправляли західну зброю, призначену для України, у Фінляндію, Данію, Швецію та Нідерланди.⁷³³ Заяву Альгрена швидко спростував заступник директора бюро, який заявив, що бюро не має інформації про контрабанду зброї, призначеної для України, у Фінляндію. Міністерство внутрішніх справ України також стверджувало, що ця заява — результат російської дезінформації.⁷³⁴

Маючи ці суперечливі свідчення, у грудні 2022 року GI-TOC замовила звіт про розслідування фактів у дослідника з великим досвідом роботи у фінських правоохоронних органах. Два джерела — одне з правоохоронних органів, інше зі злочинного світу — повідомили, що троє фінських кримінальних авторитетів невдовзі після повномасштабного російського вторгнення поїхали в Україну або на схід Польщі з наміром привезти зброю, але не змогли цього зробити, адже їм забракло необхідних організаційних навичок або доступу до фінансування. Отже, немає жодних доказів, які підтверджували би твердження Альгрена про торгівлю зброєю з України у Фінляндію, хоча фінська поліція, як повідомляють, нанесла на карту всі можливі маршрути торгівлі й очікує, що в майбутньому Польща стане основним центром нелегальної торгівлі зброєю.

Однак солдати часто не перші, хто прочісує поле бою. Селяни збирають покинуту зброю та боєприпаси й зберігають її вдома, а в деяких випадках зберігають у сараях танки. Багато цих «сірих» запасів передають українській армії, але траплялися поодинокі випадки, коли люди збирали «трофеї» вздовж лінії фронту й продавали їх на чорному ринку. У листопаді 2022 року Державна прикордонна служба затримала чоловіка, який намагався продати гранатомет, вогнемет і 20 гранат Ф-1 — спорядження, яке він зібрав у сірій зоні після відступу росіян.[735] У грудні кілька співробітників поліції в Одесі отримали серйозні поранення після вибуху протитанкового снаряда. Боєприпаси завезли в Одесу контрабандою в багажнику автомобіля волонтера, який стверджував, що привіз їх та інші боєприпаси з Миколаївської області як «сувеніри».[736] Показово, що внутрішній ринок зброї й далі функціонував протягом усієї війни, і є повідомлення, що місцеві торговці зброєю продають ручні гранати, вибухівку, кулемети, боєприпаси та протитанкові РПГ.[737] Важливо також зазначити, що, зважаючи на велику кількість блокпостів в Україні з початку повномасштабної війни, цю зброю не могли переміщувати, якщо тільки торговці не були військовими або не діяли у змові з підкупленими гвардійцями на блокпостах.

Поза лінією фронту занепокоєння провокують 18 тисяч автоматів, які влада роздала цивільним у перші дні війни.[738] За словами високопоставленого джерела в поліції, «уся зброя, в тому числі та, яку ми роздаємо цивільному населенню, зареєстрована. Поліція перевіряє їхнє походження і вживає запобіжних заходів».[739] Але відстежити і, зрештою, повернути цю зброю буде нелегким завданням, тож є побоювання, що вона може поповнити величезну кількість незареєстрованої стрілецької зброї, яка вже перебуває на руках у цивільних (за деякими оцінками, до вторгнення в країні було від 3 до 5 млн одиниць зброї).[740]

Сукупно зростання кількості невідстежуваної, незаконно привласненої та знайденої зброї зіграє на руку злочинцям, які збиратимуть незаконні запаси, щоб використати їх пізніше, коли бойові дії не будуть такими інтенсивними, а сфера торгівлі зброєю розшириться, як це сталося, коли бойові дії 2014 року зайшли у глухий кут.[741] Уже є ознаки того, що зброя відіграє дедалі більшу роль у злочинності в Україні: за даними Генеральної прокуратури, кількість зареєстрованих злочинів, скоєних із застосуванням вогнепальної зброї та боєприпасів, 2022 року зросла вдесятеро — з 720 у 2021 році до 7 003 у 2022 році.[742] Отже, незаконний обіг зброї становить явну та реальну загрозу як в Україні, так і за її межами.

3.3. Ухилянти від мобілізації: торгівля людьми

Поставши перед величезною різницею в особовому складі між російськими та українськими збройними силами, 24 лютого 2022 року Зеленський віддав наказ про мобілізацію дорослих чоловіків України віком від 18 до 60 років; усі вони не змогли покинути країну.[743] Для торговців людьми це створило абсолютно нову клієнтуру, і бізнес пішов жваво: з лютого до жовтня 2022 року понад 8 000 призовників спіймали під час спроби перетнути кордон, а також зафіксували 245 спроб підкупу прикордонників[744] — але, ймовірно, набагато більшій кількості чоловіків це вдалося. Молдова та Польща — найпопулярніші маршрути для втечі: невеликі групи людей перетинають кордон один раз за ціною від 5 тисяч до 10 тисяч євро за кожного,[745] хоча деякі призовники вирішують втекти до ЄС через Росію.[746] За повідомленнями, через такий попит і високі прибутки деякі контрабандисти алкоголю й тютюну перейшли на незаконне переправлення призовників. Також надходять повідомлення про те, що люди без кримінального минулого створюють складні схеми контрабанди.[747]

Корумповані спеціалісти, зокрема юристи та лікарі,[748] сприяли розвитку ринку, підробляючи офіційні заяви, як-от фіктивні документи про зняття з військового обліку та «листи від органів державної влади до Державної прикордонної служби».[749] Підроблена довідка про непридатність до військової служби коштує приблизно 2 тисячі доларів США.[750] У січні 2023 року Міністерство внутрішніх справ повідомило, що українські прикордонники виявили майже 3 800 підроблених документів на пунктах пропуску з початку воєнного стану, найбільше на кордоні з Польщею та Угорщиною.[751]

GI-TOC отримала інформацію про те, що також використовують набагато складніші підроблені документи й іноді корумповані чиновники вносять фальшиву інформацію в офіційні бази даних.[752] Національне агентство з питань запобігання корупції (НАЗК) повідомило про схему, за якою створили фальшиву благодійну організацію, щоб вносити неправдиву інформацію в базу даних «Шлях» і дозволити їй реєструвати призовників як перевізників гуманітарної допомоги. (Система «Шлях» дає змогу тим, хто перевозить гуманітарну допомогу, медикаменти або автомобілі для ЗСУ, виїжджати за межі України максимум на один місяць).[753] Керівника одного з благодійних фондів у Луцьку звинуватили в тому, що він допоміг приблизно 300 чоловікам призовного віку виїхати за кордон, запропонувавши їм роль «водіїв» гуманітарних вантажів.[754]

4. Нові слабкі місця: люди, контрабанда, корупція

З лютого 2022 року національні кольори України стали звичним явищем у всій Європі. Паперові синьо-жовті серця з'явилися у вікнах віталень, український прапор прикрасив площі, посольства та пам'ятники. Однак це був не просто вияв солідарності: напрочуд скоординовано та своєчасно європейські уряди намагалися конкретними діями пом'якшити наслідки кризи, що розгорталася на сході. Мільйони біженців прискорено переправили через національні кордони завдяки тому, що 4 березня 2022 року ЄС активував Директиву про тимчасовий захист (TPD), а міжнародні партнери надіслали величезні обсяги гуманітарної допомоги тим, хто досі перебуває в Україні, тісно співпрацюючи з українськими організаціями.[755]

Для організованої злочинності, яка процвітає як на кризі, так і на багатстві, можливості, пов'язані з цими потоками, були різноманітними. Переміщені особи можуть стати жертвами торгівлі людьми; послаблення прикордонного контролю сприяє логістиці незаконних потоків; гуманітарну та фінансову допомогу можуть розкрасти, а працівників — пограбувати. А зважаючи на давню історію корупції в Україні, мільярди доларів, виділені на реконструкцію, обіцяли стати найбільшим призом з усіх.

4.1. Нажива на переміщених особах: торгівля людьми

Конфлікт в Україні спричинив найшвидшу та найбільшу міграцію біженців у Європі з часів Другої світової війни.[756] Станом на 18 листопада 2022 року ООН зафіксувала приблизно 7,8 млн українських біженців у Європі, а Міжнародна організація з міграції оцінювала кількість ВПО у 6,5 млн станом на 27 жовтня.[757] За даними Управління ООН з координації гуманітарних справ (OCHA), у серпні 2022 року в Україні щонайменше 17,7 млн людей потребували гуманітарної допомоги та захисту.[758]

Українські торговці людьми отримали чудову нагоду скористатися цими можливостями, адже торгівля людьми була глибоко вкорінена в Україні до повномасштабного вторгнення 2022 року.[759] Примусова праця та сексуальна торгівля відбувалися як в Україні, так і за кордоном, а місцевих та іноземних жертв вивозили в Європу, Азію, на Кавказ та ОАЕ (у Дубай). Особливо вразливою групою були діти, зокрема 100 тисяч дітей у державних дитячих будинках.

Зважаючи на цей контекст і масштаби переміщення, багато спостерігачів швидко забили на сполох через підвищений ризик торгівлі людьми,[760] але наскільки ці побоювання справдилися 2022 року, залишається невизначеним (за винятком окупованих Росією територій, про що розкажемо нижче). На момент написання цієї доповіді даних про динаміку внутрішньої торгівлі людьми в Україні та серед українських біженців недостатньо, але це не варто сприймати як свідчення відсутності злочинної діяльності, особливо щодо торгівлі людьми, яка часто позбавляє жертв голосу та можливості впливати на ситуацію і зменшує здатність виявляти такі випадки.

В Україні, імовірно, деякі форми торгівлі людьми, особливо сексуальна експлуатація, і далі існували без особливих перерв і, може, навіть розширилися, хоча комендантська година, мабуть, змусила борделі й інші місця експлуатації змінити години роботи. Згідно з дослідженням GI-TOC, в інтернеті почали з'являтися списки постачальників сексуальних послуг в українських містах англійською, російською та українською мовами, що свідчить про розширення клієнтської бази завдяки різноманітним міжнародним суб'єктам, які зараз перебувають у країні. За повідомленнями, деякі іноземні найманці скористалися можливістю перебування в Україні для пошуку сексуальних послуг, значну частину яких надають жінки, які перебувають в умовах експлуатації.[761]

Імовірно, в умовах тривалої війни торгівля людьми в Україні розширюватиметься, адже бідність і скрута зростатимуть. Втрата доходів і нестабільність розгортання війни штовхають соціально незахищених жінок, яким часто доводиться утримувати рідних, до ситуацій, коли вони стають жертвами сексуальної експлуатації як вдома, так і за кордоном. У липні українські правоохоронці заарештували лідера київського угруповання, якого звинуватили в організації мережі торгівлі людьми, що відправляла завербованих через *Telegram* жінок для роботи в ескорті за кордоном, у Туреччину, де вони натомість зазнавали сексуальної експлуатації. Одна з викрадених жінок була матір'ю-одиначкою, яка втратила роботу після повномасштабного вторгнення РФ; імовірно, багато інших жертв мали схожі профілі.[762] Сексуальна експлуатація онлайн, яку можна здійснювати з дому, ймовірно, матиме схожу тенденцію, адже доведені до відчаю батьки або експлуатують власних дітей,[763] або санкціонують їхню експлуатацію іншими людьми в обмін на гроші чи товари першої потреби.

За межами України надходять повідомлення про експлуатацію українських біженців. Здебільшого такі випадки мають індивідуалістичний та опортуністичний характер,764 але є тривожні ознаки більш організованої експлуатації. У квітні, наприклад, італійське розслідування виробництва контрафактних сигарет виявило кількох українських біженців, які були змушені працювати довгі години в антисанітарних умовах;765 у жовтні в Північній Ірландії поліція заявила, що транскордонні банди вибирали українських біженців для сексуальної експлуатації.766 Два «хакатони», проведені Європолом, висвітлили, як торговці людьми виходять в інтернет, щоб знайти українських біженців для сексуальної та трудової експлуатації. Перший хакатон у травні 2022 року виявив «значну кількість підозрілих пропозицій роботи», спрямованих на українських жінок (більше у Блоці 3),767 а другий, у вересні — 30 онлайн-платформ, пов'язаних із соціально незахищеними українськими біженцями, п'ятьох підозрюваних торговців українцями та 25 можливих жертв із України.768

Блок 3. «Моделлю» до Марракеша

У листопаді 2022 року розслідування в Києві викрило витончену мережу сексуальної експлуатації, у яку потрапили троє українок та одна марокканка, що працювала з колишніми учасницями конкурсів краси, ведучими телевізійних ток-шоу та інстаграм-блогерами. Цим українкам пропонували роботу в «модельній індустрії» в Марокко.

Однак насправді вони мали надавати сексуальні послуги бізнесменам у Марракеші. Операція була дуже складною, один учасник групи відповідав за отримання віз, а двоє — за транспортну логістику. Правоохоронці зірвали спробу незаконного переправлення 20 жінок через кордон.769

Імовірно, у середньостроковій перспективі вразливість українських біженців до торгівлі людьми зростатиме в міру того, як зростатиме втома країн і гостинність сімей, які приймають біженців, зменшуватиметься через здорожчання вартості життя та стрес, пов'язаний із тривалим спільним проживанням. Продовження терміну дії тимчасового захисту до березня 2024 року формально визнає, що криза не завершиться швидко, але перехід від короткострокової допомоги до довгострокової підтримки породить виклики. У міру того, як біженці облаштовуватимуться у нових країнах, проблеми фінансової скрути, соціальної ізоляції, мовного бар'єра, труднощі з працевлаштуванням і травми, спричинені досвідом війни, підвищуватимуть ризики потрапляння в ситуацію торгівлі людьми. Ця проблема, ймовірно, буде особливо гострою у країнах з великою кількістю біженців, як-от Польща (яка прийняла майже 1,5 мільйона біженців), Румунія та Угорщина, але ризики також є у країнах Західної Європи та Скандинавії. У Швеції українські біженці можуть претендувати лише на дуже обмежену щоденну фінансову підтримку (таку ж, як і для шукачів притулку), купівельна спроможність якої ще більше знижується через високу інфляцію.770 Українські біженці також мали труднощі в отриманні доступу до системи цифрової ідентифікації BankID, потрібної для доступу до багатьох послуг.771 У Великій Британії багато українських біженців опинилися на межі бездомності, адже їхнє первинне шестимісячне проживання в сім'ях добігло кінця, а охочих знайти їм заміну знайшлося небагато.772

Ризики торгівлі людьми також високі для українських біженців, які повертаються додому в зруйновану країну, де бракує робочих місць і тяжкі умови життя. Повертатися люди почали після звільнення Київської області в середині квітня 2022 року; цей процес відтоді набирає обертів, попри заклики уряду до біженців залишатися за кордоном, щоб уникнути труднощів зими з обмеженим доступом до енергоносіїв.773 У вересні 2022 року, за оцінками МОМ, понад 6 млн українців (переселенців і біженців) повернулися до звичних місць проживання, причому 85% з них зазначили, що мають намір залишитися.774 Серед них багато хто повернувся до регіонів, що постраждали від війни, і стануть дуже вразливими для торгівлі людьми.

Тривожним явищем на окупованих Росією територіях стала депортація українців до Росії, особливо з Херсонської, Запорізької областей та Приазов'я (Маріуполь). Оцінки кількості депортованих суттєво різняться, особливо щодо дітей: у липні Державний департамент США підрахував, що від 900 тисяч до 1,6 млн українців примусово депортували в Росію, зокрема 260 тисяч дітей.775 У грудні Офіс Уповноваженого Верховної Ради України з прав людини заявив, що підтвердив випадки перебування в Росії понад 12 тисяч українських дітей, з яких приблизно 8600 вивезли примусово.776

Ці насильно переміщені люди будуть надзвичайно вразливими до експлуатації в Росії, особливо жінки, люди похилого віку, люди з інвалідністю та діти-сироти або діти без супроводу дорослих, причому остання категорія стане мішенню для «русифікації» через прискорене надання російського громадянства й усиновлення. У жовтні 2022 року Міністерство закордонних справ України заявило, що російська уповноважена з прав дитини Марія Львова-Бєлова визнала незаконне усиновлення 350 дітей з окупованих районів Донбасу[777] (сама Львова-Бєлова усиновила хлопчика-підлітка з Маріуполя*).[778] Ми маємо повідомлення про те, що дітей на окупованих Росією територіях російські військові використовують як «коригувальників». Це питання також порушував у січні 2023 року міністр оборони України, який заявив, що Росія намагається змусити українських дітей «несвідомо надавати інформацію про розташування стратегічно важливих об'єктів за допомогою мобільної гри».[779]

4.2. Поневіряння гуманітарної допомоги та «контрабанда без кордонів» на заході України

Інтенсивні бойові дії на сході та південному сході України і морська блокада з боку Росії суттєво порушили потоки контрабанди як в Україну, так і транзитом і на виході. Одеса втратила статус головного центру контрабанди в Чорному морі, що змусило всіх основних кримінальних гравців покинути цей регіон і суттєво вплинуло на регіональну динаміку торгівлі людьми (це розглянемо в наступному звіті GI-TOC).[780]

Натомість напрямок потоку контрабандних товарів змінився на протилежний. Якщо раніше домінантним напрямком був зі сходу і півдня на захід (ворота в Європу), то послаблення прикордонного контролю й зупинення митних зборів, покликаних сприяти потоку біженців, гуманітарної та військової допомоги, призвело до буму контрабанди на заході країни 2022 року (хоча південно-західне сполучення досі функціонує). Корумповані працівники митної та прикордонної служб, зокрема, нажилися на величезному збільшенні вантажопотоку, встановлюючи плату за проїзд: на початку війни суми, згадані джерелами, коливалися від 100 доларів США за легковий автомобіль до 30 тисяч доларів США за вантажівку.[781] На початку війни дослідники GI-TOC також отримували повідомлення, що ті, хто не платив, зокрема гуманітарні конвої, були змушені стояти в черзі до кількох днів.

Цей сплеск контрабандної активності позначився на зміні основних нелегальних маршрутів на заході України. Волинська область на північному

---

* 17 березня 2023 року Палата попереднього провадження Міжнародного кримінального суду (МКС) видала ордери на арешт двох осіб – Владіміра Путіна та Марії Львової-Бєлової. Президента РФ та уповноважену президента РФ у справах дитини підозрюють у воєнних злочинах, зокрема у незаконній депортації та переміщенні населення, зокрема дітей, з окупованої території України, щонайменше з 24 лютого 2022 року.

заході країни (на кордоні з Білоруссю[782] та Польщею) вже була відома контрабандою сигарет, лісу, сільськогосподарської продукції, зброї та бурштину. У 2022 році на цьому маршруті з'явилися два нові потоки: переправлення чоловіків, які намагаються ухилитися від призову до ЗСУ, та наркотиків (як в Україну, так і з України). У Закарпатській (на кордоні зі Словаччиною та Угорщиною) та Чернівецькій (на кордоні з Румунією та Молдовою) областях збільшився незаконний експорт традиційних нелегальних товарів — лісу, нелегальних мігрантів і сигарет, а також нових потоків гуманітарної та військової допомоги, автомобілів, медикаментів і товарів подвійного призначення, переправлення призовників. Винятком із тенденції до зростання кримінальної активності на заході стала карликова псевдодержава Придністров'я* на південно-західному кордоні України, важливість якої як коридору для контрабанди значно знизилася через посилення українського прикордонного контролю в умовах потужної російської військової присутності у Придністров'ї.

Нелегальні потоки через Польщу зросли у зв'язку з тим, що кордон перетнули мільйони біженців, маємо повідомлення про нелегальних біженців, зокрема з Центральної Азії, які видавали себе за українців, щоб отримати доступ до ЄС. Польща також була основним каналом для гуманітарної допомоги, яка надходила в Україну. Ця допомога отримала спрощену митну процедуру, чим скористалися злочинці для контрабанди в країну нелегальних товарів, як-от наркотики та зброя, але це спрощення також уможливило крадіжки самої гуманітарної допомоги.

Докази розкрадання гуманітарної допомоги та військового майна виявили по всій Україні. У червні міністр внутрішніх справ України заявив, що найбільше випадків крадіжок такої допомоги (частина якої — українського виробництва) зареєстровано в Києві, Львові, Харкові та Кропивницькому, включно з крадіжками автомобілів, призначених для армії, пального, медикаментів, бронежилетів і харчових продуктів.[783] Один із резонансних випадків стався в жовтні, коли стало відомо, що заступник голови Офісу Президента їздив на позашляховику, який *General Motors* пожертвував Україні для гуманітарних цілей.[784] Високопосадовці також були причетні до можливого привласнення гуманітарної допомоги в Запорізькій області в серпні 2022 року;

---

* Придністров'я — регіон Молдови на лівому березі Дністра і невеликий анклав на правому, який у 1992 році самопроголосив «Придністровську молдавську республіку» під контролем Москви. У Придністров'ї донині перебуває контингент російських військ.

під час обшуків у Запорізькій міській раді слідчі знайшли велику суму готівки та незареєстровану вогнепальну зброю.[785]

Злочинці також використовували кіберпростір, зловживаючи гуманітарною допомогою або сподіваючись її отримати. На ранніх етапах війни джерела стверджували, що злочинці, які видавали себе за гуманітарних працівників, публікували жахливі фотографії в соціальних мережах, щоб отримати пожертви на воду, підгузки та харчові продукти, значну частину яких вони потім продавали на чорному та легальному ринках — в останньому випадку іноді з метою PR.[786] В іншому випадку, про який повідомляли в червні, виявили, що українські хакери створили фішинговий вебсайт, який обіцяв фінансову допомогу від ЄС, якщо жертви введуть дані своїх рахунків — дані, які потім використали, щоб отримати доступ до рахунків жертв і викрасти гроші.[787]

Блок 4. Димна суміш: контрабандні та контрафактні тютюнові вироби

Контрабандні та підроблені тютюнові вироби — це основні нелегальні товари в Україні,[788] а обсяг чорного ринку тютюнових виробів 2009 року оцінювали у 2 млрд доларів США.[789] Схоже, що ця індустрія процвітає під час конфлікту. Інститут *Kantar Ukraine* повідомив у жовтні, що нелегальні тютюнові вироби становлять 21,5% українського тютюнового ринку, що на 5% більше, ніж 2021 року.[790] За перші десять місяців 2022 року продали майже 8,5 млрд нелегальних сигарет, що дорівнює загальному обсягу продажів за весь 2021 рік і коштувало державі понад пів мільярда доларів США у вигляді недоотриманих податків.[791] Протягом року сталося кілька гучних викриттів: у серпні на складах в Одесі вилучили 1,2 млн пачок контрафактних сигарет, маркованих підробленими акцизними марками, на суму 70 млн гривень (1,9 млн доларів США), а в листопаді у Хмельницькій області — понад 5 тонн тютюнових виробів на суму 1,3 млн гривень (35 тисяч доларів США), а також фальсифіковані товарно-транспортні накладні.[792]

За даними польових досліджень для цього звіту, сигарети без акцизних марок стали звичним явищем на ринках у всій Україні 2022 року — до початку повномасштабного конфлікту поліція вилучала всю таку продукцію. Лінія фронту стала особливо прибутковим ринком для нелегальних сигарет через високий попит серед військових, хоча для багатьох людей, які займаються торгівлею, продаж нелегальних сигарет — один із небагатьох способів звести кінці з кінцями.

4.3. Реконструкція: прибуткова перспектива

Шкода, завдана українській державі внаслідок російського вторгнення, катастрофічна. Станом на 1 вересня 2022 року Київська школа економіки оцінила загальну суму збитків, завданих інфраструктурі України, у понад 127 млрд доларів США,[793] а витрати на реконструкцію та відновлення будуть ще більші. У вересні 2022 року Світовий банк, український уряд та Європейська комісія оцінили, що лише до 1 червня 2022 року на реконструкцію та відновлення потрібно 349 млрд доларів США — і ця цифра значно зросте в наступні місяці.[794] У липні 2022 року український уряд розробив десятирічний план реконструкції, який передбачає 750 млрд доларів США інвестицій.[795]

Ці кошти на відбудову можуть дозволити Україні стати сильнішою країною, ніж до війни,[796] але вони також є вразливими для корумпованих людей і злочинних угруповань. Корумповані чиновники можуть скористатися нижчим рівнем прозорості, характерним для воєнного часу, щоб перенаправити кошти обраним партнерам.

На нижньому кінці спектра організованої злочинності зусиллям з відновлення можуть перешкоджати масові крадіжки матеріалів, тоді як більш витончене пограбування може призвести до того, що організовані злочинні угруповання втручатимуться в проєкти з реконструкції як на місцях, так і на етапі закупівель. Будівельна галузь в Україні вже до повномасштабного вторгнення була обтяжена звинуваченнями у злочинності та корупції — від незаконного видавання дозволів та продажу землі до сировини (наприклад, незаконно видобутого піску). У будівельній сфері в Києві домінувала так звана «будівельна мафія», схожа ситуація склалася і в Одесі; до цієї ситуації, за повідомленнями, були причетні високопоставлені політики.[797] Ключовою подією стане Закон 5655, ухвалений у грудні 2022 року і покликаний підвищити прозорість і контроль у сфері містобудування, хоча частина експертів зазначає, що він також може надати забудовникам більший контроль і підвищити ризик корупції у певних сферах.[798]

Два кричущі приклади незаконного привласнення державних коштів у 2022–2023 роках підкреслюють характер і масштаб ризиків. У листопаді два журналістські розслідування виявили, що 1,5 млрд гривень (приблизно 40 млн доларів США) виплатили протягом 2022 року відносно невеликій компанії «Будінвест Інжиніринг» за ремонт доріг у Дніпропетровській області.[799] Це набагато більше, ніж для будь-якої іншої області — особливо кричущий факт, зважаючи на те, що регіон зазнав відносно невеликих збитків від війни. Підозри ще більше посилилися після того, як стало відомо, що

49% компанії «Будінвест Інжиніринг» належить інструкторці з фітнесу, яка мала романтичні стосунки з головою Дніпропетровської обласної державної адміністрації. Хоча розслідування виявило підозри щодо завищення цін і можливих махінацій із запасами закупленої сировини, припинення публікації державних контрактів у воєнний час унеможливлює з'ясування наявності чи обсягу незаконних оборудок.

Другий приклад стосується січня 2023 року, коли заступника міністра інфраструктури та розвитку громад заарештували та звільнили після того, як він, за повідомленнями, отримав хабар у розмірі 400 тисяч доларів США, пов'язаний із державним контрактом на закупівлю генераторів та іншого обладнання на суму 1,68 млрд гривень (46 млн доларів США).[800] Цей заступник міністра став одним із найвідоміших посадовців, яких коли-небудь заарештовували за такими звинуваченнями в Україні.

> *Блок 5. Золоті яйця: корупція у сфері військових продовольчих закупівель*
>
> Хоча багато хто зосередиться на майбутніх корупційних ризиках, пов'язаних із відбудовою, важливо також не забувати про корупційні можливості, які виникли 2022 року внаслідок військових дій. У січні 2023 року заступник міністра оборони подав у відставку через корупційний скандал, пов'язаний із закупівлею продовольства для військових.[801] За кілька днів до цього журналіст виявив, що в грудні 2022 року армія підписала контракт на постачання продовольства для підрозділів, дислокованих далеко від лінії фронту.[802] Порівнюючи ціну військових закупівель із цінами на харчові продукти до повномасштабного вторгнення (з урахуванням інфляції) та в київських супермаркетах, журналіст виявив, що військові платили вдвічі-втричі дорожче за деякі основні харчові продукти. Наприклад, закупівельна ціна яєць для військових становила 17 гривень за штуку, тоді як уроздріб у Києві яйця продавалися по 7 гривень за штуку; картоплю закуповували з такою ж націнкою. У контексті контракту на суму 13 млрд гривень (приблизно 353 млн доларів США станом на середину грудня 2022 року) ця різниця становить мільйони. Варто також зазначити, що цей контракт підписали без будь-якого громадського контролю через зупинку роботи системи закупівель ProZorro, що вкотре підкреслює ризики зниження прозорості та підзвітності у воєнний час.

Корумповані держслужбовці, які розкрадають державні кошти, здається, вдаються просто до витонченої форми крадіжки, але це матиме глибокі наслідки для кримінального управління. Крім того, що корупція перешкоджає наданню державних послуг, вона створює патрональні мережі, збагачує кримінальних посередників і підриває демократичні принципи прозорості та підзвітності. Польові дослідження GI-TOC виявили докази цієї моделі у кількох великих містах на сході та в центрі України, де місцеві кримінальні авторитети працюють синхронно з високопоставленими корумпованими чиновниками.803 Це явище вже добре вкорінилося в Україні, де корумповані чиновники перетворили багато регіонів і населених пунктів на «феодальні маєтки», за словами Андрія Калужинського, керівника головного підрозділу детективів НАБУ.804 У країну надходять мільярди доларів на відбудову, тож є реальний ризик, що ці маєтки можуть перетворитися на кримінальні фортеці.

5. Висновок: шок для кримінальної екосистеми

До лютого 2022 року російська й українська організована злочинність формували найпотужнішу злочинну екосистему в Європі.805 Розвиваючись схоже в 1990-х роках, російські й українські злочинні угруповання та мережі контролювали прибуткову транснаціональну контрабандну магістраль між Росією та Західною Європою, якою перевозили золото, деревину, тютюн, вугілля, контрафактні/неоподатковані товари, людей і наркотики. З іншого боку, корумповані чиновники та кримінальні авторитети з обох країн використовували Україну як транзитера російського газу для викачування мільйонів доларів, тоді як клас українських олігархів міцно тримав під контролем економічну, політичну й інформаційну сфери країни.

Київ доклав серйозних зусиль для боротьби з організованою злочинністю та корупцією після революції на Майдані 2014 року, але результати були неоднозначні, особливо у випадку судової реформи; тим часом конфлікт на Донбасі сприяв зміцненню цілої низки нелегальних економік і кримінальних структур. Для організованої злочинності бізнес загалом ішов добре.

Повномасштабне вторгнення Росії завдало глибокого шоку цій екосистемі. З початком війни співпраця між російськими й українськими організованими злочинними угрупованнями стала неможливою через політичну ситуацію (яка змусила багатьох злочинців розірвати такі зв'язки) і прагматичну проблему контрабанди через лінію фронту, яка тепер стала місцем жорстокої та запеклої боротьби.806 Багато українських кримінальних авторитетів вирішили покинути країну, як і багато олігархів, зокрема й ті, кого звинувачували у проросійських симпатіях. Воєнний стан і комендантська година також спочатку обмежували злочинну діяльність. Однак після цього початкового періоду дезорганізації багато форм організованої злочинності відновилися —

є свідчення, що конфлікт створив нові можливості. Хоча незаконні потоки зі сходу України й через Одесу, може, і зменшилися, на заході процвітає різноманітна контрабанда. Синтетичні наркотики й далі виробляють і розповсюджують у всій країні, зокрема на лінії фронту, де вони живлять квітучу економіку «сірої зони», пов'язану з наркотиками, нелегальним зберіганням і торгівлею зброєю (Рисунок 1).

Рисунок 1. Організована злочинність в Україні до російського вторгнення в лютому 2022 року (вгорі) та після (внизу)

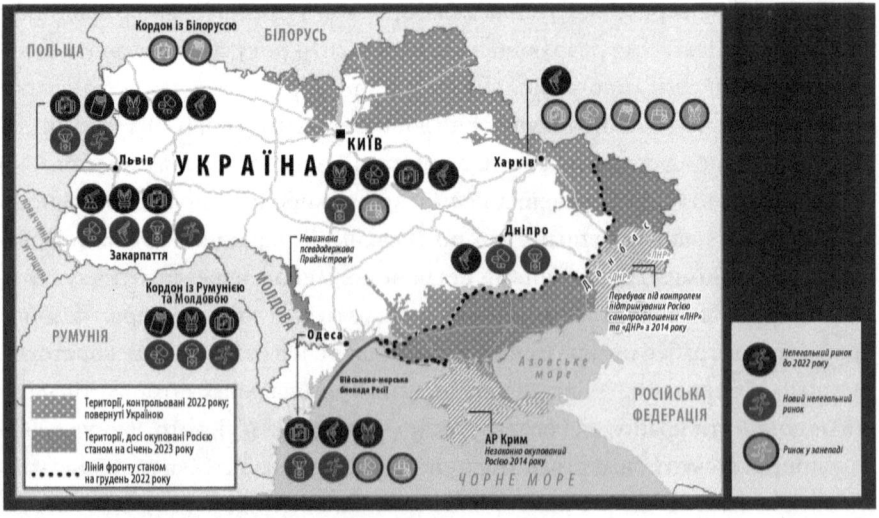

З'явилися проблиски хороших новин: дві найбільші загрози, спричинені конфліктом — масований приплив зброї та еміграція мільйонів біженців — схоже, не були використані організованою злочинністю тою мірою, якої спочатку побоювалися. Контроль над західною зброєю та безпрецедентна зустріч українських біженців в Європі, мабуть, допомогли стримати ці загрози у короткостроковій перспективі. Однак, цілком імовірно, що злочинність розвивається в тіні, а збільшення внутрішніх нелегальних запасів з різних джерел та експлуатація вразливих верств населення залишаються прихованими від сторонніх очей.

Війна також вплинула на зусилля держави у боротьбі з організованою злочинністю та корупцією. Хоча розслідування, арешти та судові переслідування тривають, увага неминуче зосереджена на військових діях: працівників правоохоронних органів призивають на військову службу, детективи виконують обов'язки зі збирання розвідувальної інформації, а доступ громадськості до баз даних, що містять конфіденційну державну інформацію, обмежений (хоч здебільшого тимчасово). Це створить для організованої злочинності інші можливості: менший контроль і тиск, що може сприяти розширенню злочинної діяльності.

Хоча траєкторія та результат конфлікту залишаються невизначеними, минулий досвід свідчить, що планування на постконфліктний період не може чекати настання миру — і це охоплює аналіз і протидію ризикам організованої злочинності. Бойові дії на місцях і в політичному й економічному просторі зі зрозумілих причин у центрі уваги, однак є багато досліджень, які вказують на довгострокові ризики, пов'язані з ігноруванням питань нелегальної економіки під час конфлікту. Справді, Україна становить приклад таких ризиків, про що свідчить те, як GI-TOC оцінила еволюцію організованої злочинності у квазіреспубліках «ДНР» та «ЛНР» до 2022 року.[807]

Так само як і під час розгляду інших випадків зв'язку між злочинністю і конфліктом (які здебільшого ґрунтуються на поведінці злочинців під час громадянських війн), потрібно усвідомлювати нову динаміку, яка може виникати внаслідок специфічних аспектів цього конфлікту. У такому разі можна виділити дві особливості. Перша полягає в тому, що російсько-українська війна, мабуть, перша з часів зростання транснаціональної організованої злочинності в 1990-х, яка характеризується такою потужною і витонченою екосистемою організованої злочинності. Хоча конфлікт в Афганістані відбувався в кримінальному контексті значних незаконних потоків товарів і потужних місцевих áкторів, російсько-українська екосистема вирізняється тим, що залучає глобально впливові політичні еліти та пронизує міжнародну фінансову систему, через яку банди з України, за повідомленнями, можуть накопичувати багатомільйонні портфелі лондонської нерухомості.[808] По-друге, це перша війна, яку ведуть не лише на полі бою, але й у самому серці глобалізації. Як наслідок, організована злочинність може еволюціонувати так, що не лише революціонізує функціонування нелегальних ринків, але й сприятиме формуванню багатополярного світового порядку, у якому організована злочинність стане головним геополітичним гравцем.

Тому дуже важливо оцінити потенційні майбутні ризики, які становить організована злочинність, і підготувати заходи реагування, які можуть зупинити її динаміку і зменшити її спроможність ескалації на національному та міжнародному рівнях. Хоч докази досі розрізнені, є ознаки того, що кримінальний ландшафт змінюється — а історія показує, що злочинці зазвичай виходять сильнішими з кризових періодів. Оскільки Україна бореться за існування як нація, вона теж має захистити себе від тих, хто хоче роз'їсти й узурпувати її державність зсередини. Світ також має бути готовим до зміни динаміки організованої злочинності, яка виникне внаслідок конфлікту.

III.

Українське суспільство: антипатрональні зміни в ідентичності й активізм

Від патрональності до громадянської належності: динаміка змін національно-громадянської ідентичності в Україні

Євген Головаха, Катерина Іващенко-Стадник, Оксана Міхеєва, Вікторія Середа

1. Невловна ідентичність: вступні думки з віртуальної дискусії між чотирма мультидисциплінарними науковцями

Розмови про ідентичність ніколи не минають гладко. У часи непередбачуваних історичних подій і радикальних політичних змін складно спрогнозувати, які помітні і, здавалося б, стабільні тенденції, що походять із таємничої сфери колективного несвідомого, збережуться, а які зникнуть, коли драматичний досвід буде вже позаду. Ми спробуємо знайти стабільні камені в каламутній воді дискусій про ідентичність або принаймні передбачити, що в її визначенні може стати стійкою тенденцією.

У цьому розділі ми розглянемо історичні події з 1990-х років і проаналізуємо основні маркери змін, які можуть свідчити про формування нової ідентичності серед громадян України під час визначних подій. Спробуємо проаналізувати, як на формування ідентичності впливають різні чинники, зокрема добровільна та вимушена міграція, які фактори призводять до посилення соціальної взаємодії; як на ідентичність впливає життя в умовах окупації та екзистенційні загрози для нації з боку зовнішнього ворога. Розглянемо ситуації, коли вибір ідентичності — це питання виживання як для групи, так і для окремої людини, і коли спільна ідентичність може стати каталізатором системних і сталих змін.

У цьому розділі ми не вдаватимемося до теоретичних дискусій і не розглядатимемо докладно літературу з питань ідентичності. Наша мета полягає радше в тому, щоб проаналізувати певне явище на основі спостережень, які ґрунтуються на фактах. Ми доходимо висновків не лише на підставі одного опитування чи свідчення. Використовуючи різноманітні джерела з різних досліджуваних періодів, ми прагнемо забезпечити всебічне та ґрунтовне розуміння того, як ідентичність формується і трансформується у різних контекстах. Такий міждисциплінарний підхід дає нам змогу дослідити складність формування ідентичності та запропонувати позицію, що ґрунтується на різних поглядах.

Замість теоретичного огляду пропонуємо для початку підсумок дискусії, що відбулася у неформальній фокус-групі у складі чотирьох міждисциплінарних науковців (співавторів цього розділу), які мають різну освіту (три історики та психолог, які згодом почали займатися соціальними дослідженнями) і походять з різних регіонів України (Київ, Львів, Донецьк). Учасники привнесли різноманітні перспективи та ідеї, що випливають з їхньої унікальної культурної, географічної та професійної ідентичності. Ми сподіваємося, що ці матеріали допоможуть краще зрозуміти складну динаміку, яка визначає та формує ідентичність у сучасній Україні.

- *Пріоритет національно-громадянської ідентичності над етнокультурною.* Історично склалося, що є дискусія про те, який тип ідентичності має бути пріоритетним для формування української нації. Гарячі обміни думками щодо важливості та ролі етнічних елементів у формуванні сучасної нації, особливо мови й етнічного походження, — постійне явище в інтелектуальних обговореннях у незалежній Україні з початку 1990-х років. Мова та домінантна/титульна етнічна культура є цементувальною основою національного брендингу, за останні десятиліття зросла кількість респондентів, які розмовляють українською мовою та ідентифікують себе як українці, а не росіяни. Проте ми вважаємо, що зосередження уваги лише на етнічних елементах у процесі творення нації звужує національну ідею. Прикметно, що протягом 30 років незалежності етнічна ідентичність посідає нижчі місця в ієрархії множинних ідентичностей, і лише 2–3% опитаних ідентифікують себе як «представника моєї етнічної групи або нації» (Таблиця 1 далі). Натомість ми дотримуватимемося ідеї, що у центрі аналізу має бути національно-громадянська ідентичність, що також відповідає історичним подіям, пережитим країною.

- *Формування цілісної української ідентичності.* Сергій Плохій, український історик із Гарварду, нещодавно зазначив, що «політична нація» — та, яка «усвідомлює свою єдність, незважаючи на відмінності в релігії, мові та етнічній належності», і підсумував, що «сьогодні в Україні ми маємо класичну політичну націю».[809] Ідентичності мінливі, вони інструменталізуються та контекстуалізуються у конкретних ситуаціях. Варто зазначити, що вихідною точкою процесу формування «єдиної української ідентичності» (який зараз спостерігаємо) не була повномасштабна війна. Цей повільний, але безперервний процес, тривав із 1990-х років, як побачимо в наступному підрозділі. Однак одним з унікальних аспектів сучасного процесу формування ідентичності в Україні стала міграція між містами. Спочатку саме сільська інтелігенція — сільський освічений клас — відіграла вирішальну роль в українському націєтворенні, зберігаючи національну культуру та розвиваючи цінності лідерства й особистої відповідальності в сільських громадах, в яких традиційно були розвинені горизонтальні зв'язки. Сільські вчителі врятували українські традиції від знищення у найжорстокіші десятиліття радянських репресій. У сучасній українській національно-громадянській ідентичності кордони між міським і сільським елементами розмилися. Українська культура більше не становить продукт лише сільських спільнот: вона створюється у плавильному котлі багатьох верств і класів, включно з активістами сільських територіальних громад і міським креативним класом.[810] Отже, драматичне та жорстоке повномасштабне вторгнення Росії стало поштовхом до кристалізації політичної національно-громадянської ідентичності (тобто «я — громадянин Незалежної Української держави») на значно ширшій території і з набагато більшою швидкістю, ніж будь-коли раніше. Це не означає, що інші ідентичності, як-от політична, релігійна, регіональна, історична та культурна, зникли й ними можна знехтувати. Це радше означає, що вони не відіграють першочергової актуалізованої ролі у ставленні та поведінці більшості громадян.

- *Роль горизонтальних мереж та об'єднавчих принципів.* Існування об'єднавчих символів, принципів, цінностей та агентів, яким довіряють, має вирішальне значення для склеювання спільноти. Хоча між регіонами можуть бути певні суперечності та конкуренція, Київ сприймають як кроскультурний столичний центр, якому вже не притаманна певна локальна ідентичність — через традиційно високу трудову міграцію до столиці протягом усього періоду незалежності та масове вимушене переміщення з 2014 року. Важливість символічних постатей серед представників різних груп і соціальних класів у формуванні політичної та національної ідентичності також складно недооцінити. Ті українські політики, які, попри далеко не бездоганну діяльність у минулому і навіть нині, відмовилися покинути країну під час війни, здобули безпрецедентно високий рівень довіри та популярності, сприяли формуванню почуття національної єдності й самоповаги. Роль президента Зеленського, колишнього коміка й актора, у просуванні нового стилю комунікації в політиці («Я один із вас») допомогла легітимізувати ідею горизонтального суспільства на противагу пострадянській ієрархічній культурі.[811] Люди природно сумніваються в собі, але коли вони бачать, що їхня країна героїчна й шанована, то виявляють більшу прихильність до неї й сильніше ідентифікують себе з нею.

- *Роль громадянської активності.* У нещодавньому інтерв'ю київський філософ Володимир Єрмоленко зазначив, що є риса, яка «відрізняє справжню демократію від авторитаризму. "Хто, якщо не я", — каже людина справжньої демократії. "Хтось інший, тільки не я", — каже людина в умовах авторитаризму». Щоб описати сучасну Україну Єрмоленко використовує формулу: «Звичайні люди, які роблять надзвичайні речі».[812] Це визначення можна розглядати як стовп формування української національно-громадянської ідентичності, яка базується не лише на способі мислення та цінностях, але й діях і зв'язках. Зокрема, швидке залучення волонтерів у скрутні часи та поширення диджиталізації всією країною (про що йтиметься нижче) мали вирішальне значення для зміцнення нової національно-громадянської ідентичності. Попри оптимістичний розвиток подій, збереження чутливості до ризиків автократичних практик, цензури у ЗМІ та суспільних зіткнень є важливою передумовою для руху вперед суспільства як єдиного цілого. Люди по-різному пережили цю війну: той, хто потрапив під бомбардування, втратив дім і сім'ю, зазнає іншого впливу травматичної події, ніж той, хто дізнається про це зі ЗМІ. Проте спільне переживання драматичних подій може зміцнювати почуття єдності між громадянами незалежно від того, з яким ступенем лиха вони безпосередньо мали справу.

- *Толерантність vs радикалізація.* Ми вважаємо, що почуття ідентичності та групова толерантність тісно пов'язані між собою. Якщо людина ідентифікує себе з групою, вона толерантна до цієї групи, зокрема й до себе. І навпаки, якщо людина толерантна, вона певною мірою ідентифікує себе з групою (поділяє схожі цінності, відчуває повагу чи емпатію або визнає рівні права з цією групою — наприклад, сприймає її членів як громадян однієї держави). Екстремальні обставини, у яких формується національна ідентичність, можуть визначати ступінь, до якого вона стає радикальною до інших груп.[813] До війни українське суспільство традиційно вважали одним із найбільш толерантних серед опитаних респондентів із різних країн (наприклад, це демонстрували результати Європейського соціального дослідження).[814] У серпні 2022 року опитування, проведене соціологічною групою «Рейтинг», показало, що 81% українців негативно ставиться до росіян, а 52% — до білорусів.[815] Радикалізація та нетерпимість до «русского мира» й тих, хто його підтримує, видається виправданою в умовах жорстокої, несправедливої та руйнівної агресії Росії проти України. У липні 2022 року майже 70% респондентів, серед яких переважна більшість російськомовних мешканців сходу та півдня України, які найбільше постраждали від війни, повідомили, що зазнали принаймні однієї з форм втрат, пов'язаних із війною (втрата житла чи бізнесу, вимушена втеча, поранення, загибель, поранення, зникнення безвісти чи вимушене переселення друзів або членів родини).[816] Справедливий мир, відшкодування збитків і покарання за міжнародні злочини — необхідні передумови, щоб поступово знизити рівень радикалізації після війни. Однак процес дерадикалізації триватиме десятиліття.

Нижче ми проаналізуємо останні дослідження, щоб окреслити формовані контури єдності України, визначити фактори, що сприяють або, навпаки, заважають єдності, а також виявити потенційні рушійні сили майбутнього успіху України. Ми починаємо з розгляду «загальної картини» динаміки української ідентичності з моменту здобуття незалежності, а потім переходимо до «докладної картини», а саме до соціологічних характеристик динаміки ідентичності як наслідку війни. Підкреслимо, що наслідки війни варто оцінювати не лише з 2022 року, а від окупації Криму 2014 року, через період війни на Донбасі і, зрештою, до повномасштабного вторгнення. Обґрунтоване розуміння реальних хронологічних рамок війни не лише дає змогу спиратися на більшу базу соціологічних досліджень, але й розширює часові межі, у яких можна краще простежити процеси та тенденції, а також контекстуалізувати сучасний розвиток національно-громадянської ідентичності в Україні під російським тиском. Також подаємо докладний аналіз подій, що відбулися з лютого 2022 року, з даними, які свідчать на користь твердження про нову епоху цілісної української ідентичності.

2. Загальна картина динаміки ідентичності: ключові віхи змін

У цьому розділі ми стисло розглянемо динаміку ідентичності в Україні на основі лонгітюдних соціологічних даних провідних українських дослідницьких центрів. Хоча наш огляд не вичерпний, окреслимо основні віхи та виокремимо ті суспільні трансформації з 1990-х років, які суттєво змінили суспільні уявлення, що формують ідентичність у сучасній Україні.

Починаючи з 1990-х років Україна пережила кілька ключових подій, які сформували її соціальний і політичний ландшафт. Деякі з них ознаменували перехід країни від радянської до пострадянської держави і, зрештою, до європейської, хоч цей процес не був простий і лінійний. Нижче подані деякі найбільш значущі віхи та їхній вплив на розвиток України:

1) *Референдум про незалежність.* Верховна Рада України проголосила незалежність від Радянського Союзу 24 серпня 1991 року. Декларація була сформульована як «продовження тисячолітньої традиції державотворення в Україні, виходячи з права нації на самовизначення відповідно до Статуту Організації Об'єднаних Націй та інших міжнародно-правових документів».[817] Відтак у грудні відбувся референдум, у якому взяли участь 84,2% зареєстрованих виборців, 92,3% з яких підтримали створення незалежної української держави. Хоча результати варіювалися в різних регіонах (від 54% у Криму до 99% у Тернопільській області, причому 84% у Донецькій та Луганській областях проголосували «за»),[818] референдум продемонстрував, що незалежну українську державу охоче підтримала більшість виборців у всіх регіонах країни.

2) *Помаранчева революція.* У 2004 році в Україні сталися масштабні мирні протести знизу догори, очолювані переважно громадянським суспільством, що вимагало провести повторне голосування на виборах, результати яких багато хто вважав фальсифікованими. Чимало спостерігачів зазначає, що Помаранчева революція змінила уявлення українців про себе та підтвердила відданість України демократії та вільним виборам (на відміну від авторитарних принципів у сусідній Росії, керівництво якої підтримала кандидатуру Віктора Януковича на президентських виборах). Важливо, що Помаранчева революція стала поворотним пунктом у розвитку України на шляху до західної моделі розвитку та моментом глибокого «психологічного відокремлення» від Росії.[819] Хоча подальше президентство Віктора Ющенка не було повним успіхом і підготувало ґрунт для повернення

Віктора Януковича на президентських виборах 2010 року, Помаранчева революція ознаменувала тріумф суспільної волі в Україні.

3) *Революція Гідності.* Наприкінці 2013 року рішення Януковича зупинити переговори з Європейським Союзом і натомість налагодити тісніші зв'язки з Росією спровокувало масові протести в Києві та кількох інших великих містах. Почавшись як мирний проєвропейський мітинг, Євромайдан переріс у низку драматичних подій, які тепер знаємо як Революцію Гідності. Революція виразила основні суспільні настрої та прагнення, хоча на той час її не однаково розуміли та підтримували в усіх регіонах і різних соціальних верствах. Зміни знизу вгору в Києві виявилися найгіршим сценарієм для автократичного керівництва Кремля, яке намагалося втримати Україну у сфері свого впливу будь-якими можливими способами. Анексія Криму та окупація частини Донецької та Луганської областей у 2014–2015 роках призвели до переміщення мільйонів людей із постраждалих від війни районів переважно в мирні частини України, а також за кордон. Згідно зі звітом Міжнародної організації з міграції (МОМ), загальна кількість внутрішньо переміщених осіб з Криму та сходу України сягнула 1,6 мільйона людей станом на листопад 2015 року.[820]

4) *Наближення до Заходу.* Двадцятого вересня 2018 року, за президентства Петра Порошенка, український парламент схвалив зміни до Конституції, які зробили вступ країни до НАТО та ЄС центральною метою та головним зовнішньополітичним завданням. У 2019 році Володимир Зеленський, на той час політичний новачок, здобув перемогу на президентських виборах, отримавши 73% голосів. Вибори 2019 року, визнані вільними та чесними, продемонстрували відданість країни демократії та вільному волевиявленню і стали важливою віхою для демократичного процесу в Україні.

5) *Повномасштабне вторгнення.* Двадцять четвертого лютого 2022 року Росія почала неспровоковану жорстоку повномасштабну агресію проти України, яка зачепила всю її територію. За даними Управління Верховного комісара ООН у справах біженців, станом на жовтень 2022 року понад 6,5 мільйона людей стали внутрішньо переміщеними особами, а в усій Європі зафіксовано 7,8 мільйона біженців з України, більшість з них — жінки та діти.[821] Попри російські плани захопити Київ за перші три дні, Україна продемонструвала безпрецедентну національну єдність та стійкість у боротьбі з агресором. Після року війни Росія, яка стверджувала, що має другу армію у світі, окупувала 16,7% території України (з яких 6,45% — анексований 2014 року Крим).[822]

Попри переважання кланово-патрональної системи протягом більшої частини незалежності України,[823] дві революції 2004 та 2013/14 років кинули виклик автократичній піраміді та відновили роль демократичного процесу в українській політиці. Однак, згідно з опитуванням Київського міжнародного інституту соціології (КМІС), проведеним 2021 року, 92% респондентів вважали, що олігархи відіграють важливу роль в українському житті, причому 38% стверджували, що олігархи діють через депутатів, 27% — через ЗМІ, а 10% — через президента.[824] Це усвідомлення — також відбите у зміні, більш відкритому та плюралістичному медіа- та політичному ландшафтах — виявило поділ між старими авторитарними структурами та новими агентами трансформації України, впевненими у своїй здатності змінювати систему легітимними еволюційними методами.

Російська агресія проти України в останні роки глибоко вплинула на всю країну. Попри величезні руйнування, завдані людям, економіці й інфраструктурі, екзистенційна загроза для країни викликала почуття національної єдності — українські громадяни об'єдналися на захист суверенітету й територіальної цілісності країни. Під час війни Україна набула більшої суб'єктності як держава, утверджуючи право на незалежність на світовій арені. Водночас українське суспільство стало більш потужним і горизонтально структурованим суб'єктом змін, а окремі громадяни та громади спільно працюють над формуванням майбутнього країни. Попри виклики, перед якими постає Україна, громадяни об'єднані спільним почуттям належності до країни, надією на її перемогу та відбудову.

Таблиця 1. Ким ви себе насамперед вважаєте (1992–2022 роки, %)

	1992	2002	2006	2012	2014	2020	2022
Мешканець міста чи села, де я живу	24.0	31.6	27.7	29.8	16.1	23.9	7.9
Мешканець регіону або області, де я живу	6.8	5.9	6.6	7.6	8.0	3.5	1.7
Громадянин України	45.6	41.0	51.6	48.4	64.4	61.7	82.0[825]
Представник моєї етнічної групи або нації	н/д	3.0	1.8	1.8	2.1	2.5	3.9
Громадянин колишнього Радянського Союзу	12.7	10.7	7.3	8.4	5.4	3.4	1.4
Громадянин Європи	3.8	0.7	1.3	1.2	1.1	1.6	1.6
Громадянин світу	н/д	2.7	2.9	2.4	2.1	2.8	3.3

Джерело: Опитування «Українське суспільство», Інститут соціології НАН України.

Згадані історичні віхи, зокрема протести Євромайдану та їх наслідки, по-новому концептуалізували геополітичні погляди й самоідентифікацію серед багатьох громадян України в усій країні. Після Революції Гідності українська громадянська ідентичність уперше за часи незалежності домінує над усіма іншими ідентичностями в усіх регіонах України (Таблиця 1). Поряд із помітним збільшенням кількості респондентів, які ідентифікують себе насамперед як громадяни України, цей зсув відбиває глибоко особистий процес, який багато хто пережив через самоаналіз та участь у колективних діях. Попри регіональні відмінності, проросійська або загалом прослов'янська геополітична орієнтація в Україні зменшується, тоді як проєвросоюзна та пронатівська зростають (Рисунок 1).

Рисунок 1. Геополітичні орієнтації (2000–2022 роки, %)

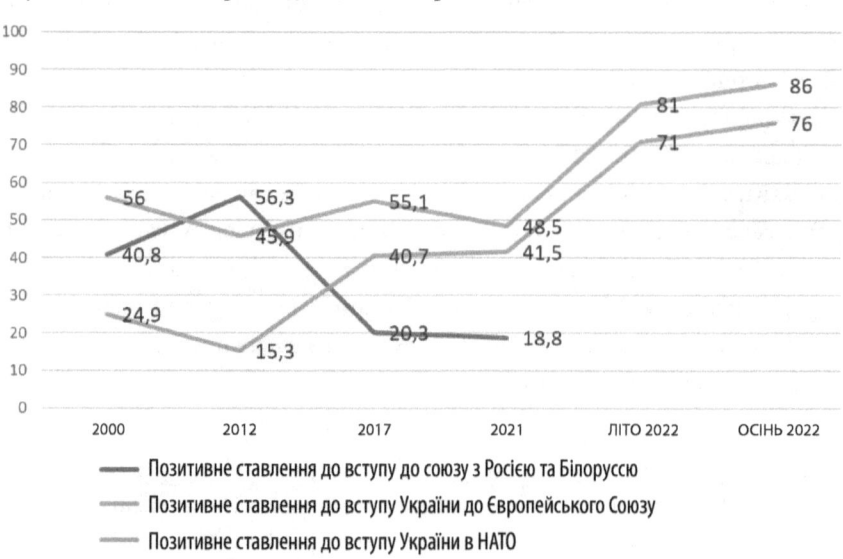

Джерело: Опитування «Українське суспільство», Інститут соціології НАН України.

Щоб розуміти контекст, важливо звернути увагу на те, що процес творення нації в Україні відбувався органічно, знизу вгору, а не був ініційований елітами, як це часто траплялося в багатьох інших країнах протягом пострадянської доби. Однак таку динаміку не варто сприймати як зрозумілу: щоб значні зміни в ідентичності стали загальновизнаними та незворотними, потрібно широко впроваджувати цілісний національний проєкт, спрямований на всебічний розвиток усіх груп і регіонів, секторальні реформи, а також надійні та відповідальні програми виходу країни з кризи.

3. Докладна картина: глибинні процеси, які об'єднують націю під час війни

3.1. Зміни на окупованих територіях: індивідуальні стратегії ідентичності в різних соціальних групах

У стабільних суспільствах процес самоідентифікації та реконфігурації ієрархії ідентичностей відбувається природно, людина не відчуває тиску з боку суспільства і не змушена демонструвати в різні способи належність до тих чи інших груп. Натомість в умовах політичної кризи, війни, поляризації суспільства соціальне середовище починає вимагати від особистості більшої «прозорості».[826] Це передбачає не лише демонстрацію лояльності, а й її активне підтвердження (наприклад, через маркування себе певними символами, публічні декларації про належність тощо).

Початок російської агресії проти України 2014 року, анексія Криму та бойові дії в окремих районах Донецької та Луганської областей стали тими тригерами, які змусили багатьох людей в Україні відчути потребу «зайняти позицію», позначити своє місце серед різних соціальних груп. За таких умов питання належності стало для мешканців України складним екзистенційним вибором. Водночас цей вибір відбувався під сильним соціальним тиском і мав суттєві регіональні відмінності.

Соціальний тиск впливає на те, як розповідаємо про себе іншим. Конструюючи свій імідж під сильним соціальним тиском або в умовах прямої екзистенційної небезпеки, люди часто вибирають характеристики, які, з одного боку, не суперечать їхньому світогляду, а з іншого — прийнятні для оточення, а отже, не становлять небезпеки. Вдалою ілюстрацією такого вибору є результати дослідження «Соціологічний аналіз групових ідентичностей та ієрархій суспільної лояльності», проведеного у 2010 та 2015 роках у Донецьку. У 2010 році Донецьк був великим промисловим містом на сході України, а на момент опитування 2015 року опинився на окупованих Росією територіях, контрольованих окупаційними адміністраціями у формі квазіреспубліки «ДНР».[827]

Як видно з Рисунку 2, конфігурація ідентичностей пересічного мешканця Донецька за кілька років кардинально змінилася. Порівняно з 2010 роком опитані мешканці міста 2015 року уникали вибору ідентичностей, пов'язаних із громадянськими, етнічними та національними характеристиками, а також із релігією. Кількість донеччан, які назвали себе «громадянами України», зменшилася з 51,7% 2010 року до 7% 2015-го, «українцями» — з 34,3% до 15%, «православними» — з 36,5% до 13,2% відповідно.

Рисунок 2. Ієрархія ідентичностей пересічного мешканця Донецька
(2010 р. n=414, 2015 р. n=401)

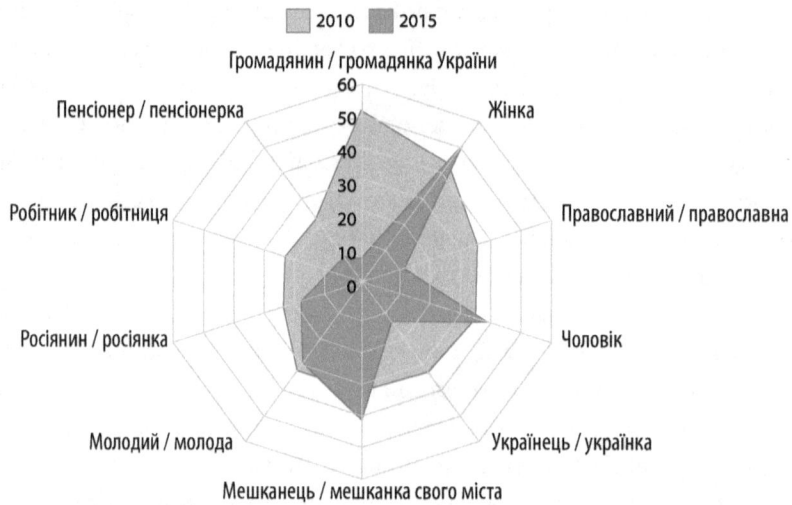

У цьому разі бачимо: люди у травматичних соціальних умовах війни й окупації намагалися сконструювати «безпечну» ієрархію ідентичностей, що відбиває не так самосприйняття людини, як формування бажаного за тих умов óбразу себе, який відповідає очікуванням оточення, а отже, безпечний. Образ за замовчуванням виключає характеристики належності, які потенційно могли спровокувати гостру соціальну реакцію і стати підставою для доносів і репресій. У таких контекстах люди вибирають базові, широкі та візуально очевидні характеристики належності, ідентифікуючи себе, наприклад, із певною статтю або містом проживання. В інших досліджуваних містах, де політичний контекст в означений період не зазнав таких кардинальних змін, ієрархія ідентичностей залишилася майже незмінною. Наприклад, варто порівняти поданий рисунок із конфігурацією ідентичностей, типовою для мешканців Києва у 2010 та 2015 роках (Рисунок 3).

Рисунок 3. Ієрархія ідентичностей пересічного мешканця Києва (2010 р. n=400, 2015 р. n=401)

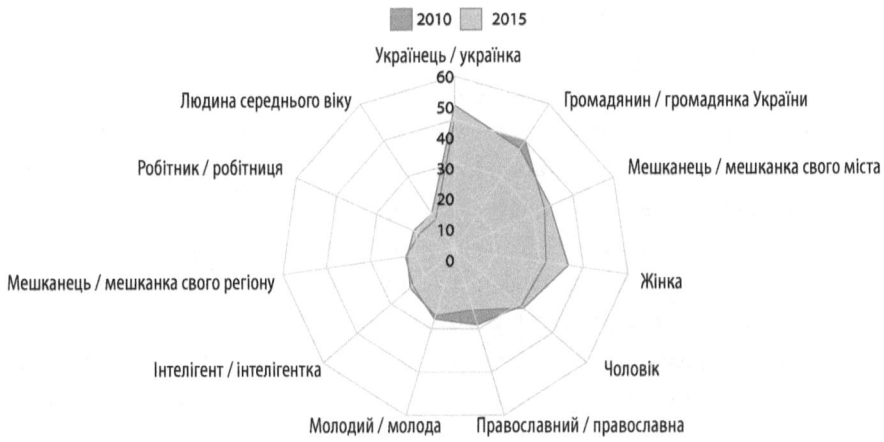

Порівняння підкреслює труднощі кількісного визначення ідентичності в контексті війни та підвищеного рівня незахищеності людей. Крім того, майже всі хвилі згаданого дослідження показали високий рівень значущості змішаної, «етнодержавної»[828] ідентичності для опитаних. Втім, варто зазначити, що в багатьох кількісних дослідженнях не вдається розрізнити етнічну та громадянську ідентичність. Коли пересічний мешканець/мешканка країни ідентифікують себе як українців, ніколи до кінця не зрозуміло, що це означає: ідеться про інерцію в сприйнятті себе через аскриптивну етнічність, вписану в паспорт за радянських часів, або це варіації національних ідентичностей, що ґрунтуються як на етнічних, так і на політичних/громадянських підставах.[829] Перехід від запитання з одним варіантом відповіді про національність до запитань про самосприйняття одразу виявляє мозаїчність національної ідентичності, її багатошаровість і контекстуальність (на що також може впливати як сама ситуація дослідження, так і спосіб формулювати запитання).

Серія глибинних інтерв'ю, проведених у 2015–2018 роках,[830] дала змогу виокремити певні індивідуальні стратегії подолання окупації та пов'язаного з нею тиску в контексті зміни ідентичності. Опитаних умовно можна зарахувати до кількох груп. По-перше, це ті, хто за умов початкового етапу російської агресії 2014 року активно долучався до добровольчих формувань проукраїнського та проросійського характеру, а також пересічні мешканці, які опинилися в умовах окупації і не виявляли особливої політичної та громадянської позиції або вимушено перемістилися на території, підконтрольні українському урядові.

По-перше, аналіз відповідей групи інформантів, які добровільно долучилися до проросійських військових формувань на території Донецької та Луганської областей (22 глибинні інтерв'ю), дає змогу говорити про кілька ключових типів ідентичностей: «слов'янська», «локально-регіональна» та/або «локально-міська».[831] Кожна з них в умовах російської агресії стала відповіддю на реальність, яку інформанти конструювали для себе в ситуації невизначеності. За відсутності чіткого політичного статусу та визнаних кордонів квазіреспублік «ДНР» та «ЛНР» слов'янська ідентичність допомагала легітимізувати себе й інкорпорувати свою групу в конструкт «русского мира».

> *Інтерв'юер:* Какова Ваша национальность?
> *Учасник дослідження:* Славянин. Я не делаю различий между русскими, украинцами, белорусами. Я славянин, я так себя чувствую. Так и записано [в паспорте] — украинец.
>
> *(Чоловік, 34 роки, проросійський військовий доброволець, непідконтрольні уряду райони Донецької області)*

Локально-регіональна ідентичність була відображенням лімінальності, тобто невизначеності ідентичності в перехідному періоді без очевидного підтвердження логічного завершення цього переходу:

> «Нас сами украинцы украинцами не считают, а русские нас не берут».
>
> *(Чоловік, 29 років, волонтер у зоні бойових дій, непідконтрольна уряду територія Донецької області)*

У ситуації невизначеності ознаки належності складаються в мозаїку мало сумісних між собою характеристик. Наприклад, ось як один проросійський доброволець на непідконтрольній уряду території Донецької області 2015 року описував себе з погляду національної та релігійної належності:

> *Інтерв'юер:* Кто ты по национальности?
> *Учасник дослідження:* Еврей.

Інтерв'юер: А что для тебя значит быть евреем?

Учасник дослідження: О, господи. Ну, в синагогу я не хожу. Я по крови еврей, никуда от этого не денешься.

Інтерв'юер: Но что значит для тебя быть евреем?

Учасник дослідження: Да то же самое, что и быть русским. Какая разница, мы все здесь живем, на этой земле. Здесь мои предки похоронены, никуда я отсюда не поеду.

Інтерв'юер: Ты верующий человек?

Учасник дослідження: Да.

Інтерв'юер: Какой конфессии?

Учасник дослідження: Крещен в православии, во младенчестве, но так, чисто идеологически.

(Чоловік, 30 років, проросійський військовий доброволець, непідконтрольні уряду райони Донецької області)

Така розмитість ідентичностей не дає підстав для висновків про наявність чи брак впливу ідентичності на політичний вибір і політичну поведінку людей, які опинилися в умовах радикально зміненого контексту повсякденного життя.

До другої групи належать представники українських добровольчих військових формувань, які представляють для себе чітко сформульований політичний проєкт — незалежну Україну. Відповідно вони мають значно менше труднощів у конструюванні національної ідентичності. За загального мозаїчного характеру національна ідентичність у більшості респондентів конструйована в контексті громадянства, держави та її кордонів без чіткої прив'язки до етнічної належності (тобто «...ну, мої бабусі — польки, але в цілому я почуваюся українцем», «...я український грузин або грузинський українець» тощо). Інші передусім підкреслюють емоційний зв'язок з українською землею, традиціями й історією.

У всіх цих самохарактеристиках є кілька важливих моментів. Більшість респондентів автоматично ідентифікують себе як українців, але коли на прохання конкретизувати національну ідентичність їм складно відповісти. Це означає, що в такому разі визначення себе як українця очевидне для групи, не породжує сумнівів, а потреба в уточненні нічим не мотивована. Лише кілька респондентів продемонстрували певний перехідний стан у національній свідомості, підкресливши, що останні події змусили їх замислитися не так над усвідомленням власної національності, як над тим, що вона для них означає:

Учасник дослідження: До этих событий я даже не задумывался — украинец да украинец. А сейчас — украинец!!! Не знаю, как-то вот в душе это звучит, какой-то моральный подъем. Я украинец!

(Чоловік, 36 років, місцева територіальна оборона, Добропілля, Україна)

Третя група учасників дослідження — люди, які зазнали значного і травматичного впливу подій збройного конфлікту, далі жили на окупованих територіях чи вимушено вдалися до внутрішнього переміщення. У коментарях представників цієї групи ми також бачимо різні перехідні форми, які демонструють процедурний характер ідентифікації. Ця процесуальність за умов стрімкого перекодовування ідентичностей під тиском обставин вкладається в короткий час, а отже, часто яскрава та відрефлексована самим інформантом. За таких умов «відкриття» власної ідентичності стає для людини яскравою подією, водорозділом між собою минулим і теперішнім, перевстановленням соціальних диспозицій та укладанням нових принципів взаємодії з іншими та державою.

Інтерв'юер: Военные события повлияли на ваше ощущение себя как украинки?
Учасник: Даже не знаю. Здесь я как жила в Украине, так и живу. Просто, мне стала дороже моя Украина, вот в чем дело. Мне, конечно, жалко там все, жалко там мое, родное, но так случилось. Что теперь? Мы ж не виноваты в этом.

(Жінка, 60 років, ВПО, Дніпро)

Учасник: У меня когда-то с дочкой зашел спор. Поспорили мы крепко. Она говорит — «Я — украинка», а я ей: «Какая ты украинка? У тебя 75% русской крови». У нас в роду были украинцы и русские. Нашу бабушку раскулачили и туда на Донбасс привезли. Нет, она говорит, я украинка — и все. И мы с ней так капитально поспорили. А сейчас я тоже считаю, что я украинец.

(Чоловік, 56 років, ВПО, Запоріжжя)

Інтерв'юер: Война как-то повлияла на это ощущение, кто Вы по национальности, или никак не повлияла?

Учасник: Повлияла, теперь я подчеркиваю, что я украинец, раньше подчеркивал, что я донецкий. Ну еще с тех времен, в Советском Союзе, когда маленьким был, учился, потом, когда работал в России, после службы, в 90-х, именно Донецк подчеркивал. Мы донецкие. А уже после войны не важно, главное, что украинец.

(Чоловік, 45 років, ВПО, Київ)

Учасник: Мы постепенно, наверное, как бы, к этому приходим. Ммм, ну как бы к вот этой… Ну то есть… Мы украинскую идентичность воспринимаем ну… не как этническую, а как политическую, в первую очередь.

(Жінка, 43 роки, ВПО, Маріуполь)

Окупація частин Донецької та Луганської областей у 2014–2015 роках розділила території, мешканці яких за логікою речей мусили би мати багато спільних рис. Порівняння того, як респонденти з Донецької та Луганської областей, які опинилися в різних політичних контекстах (під контролем українського уряду та під *фактичною* юрисдикцією квазідержавних утворень, підтримуваних Російською Федерацією), конструюють один з аспектів своєї ідентичності — національну ідентичність — свідчить про сильний вплив контексту на цей процес.

Люди, які опинилися на окупованих територіях, були змушені конструювати ідентичність в умовах невизначеного та перехідного політичного статусу квазідержав із повільним дрейфом у бік Російської Федерації. Відповідно тут реанімують конструкт «слов'янства» з радянських підручників як союзу України, Росії та Білорусі. Цей конструкт дав мешканцям окупованих територій «вписатися» в новий політичний контекст і суттєво не змінювати ідентичність. Дуже схожі тенденції адаптування ідентичностей до нового контексту ми бачимо й серед переселенців, яким доводилося обґрунтовувати та доводити належність до України, що постійно ставили під сумнів через специфічну реакцію держави й суспільства на ситуацію у Донецькій і Луганській областях 2014 року.

Однак, навіть використовуючи такі гнучкі інструменти, як глибинні інтерв'ю, ми не можемо повністю встановити, що мотивує вибір тієї чи тієї моделі національної ідентичності. Наприклад, у зростанні громадянської ідентичності внутрішньо переміщених осіб помітні «відкриття» власної «українськості» й додатковий акцент на «громадянстві» як претензії до держави та вимоги захисту і дотримання громадянських прав. Те саме можна сказати і про результати кількісних досліджень, які підтверджують динаміку ідентичностей у бік громадянської: за загальної згоди щодо вибору цього ідентитету його розуміння та мотиви належності можуть суттєво відрізнятися. Вибір на користь громадянської ідентичності, наприклад, може бути зумовлений переходом індивіда від етнічного націоналізму до громадянського, прийняттям тенденції до змішування двох націоналізмів, а також протестом проти «етнізації» громадянства.

Множинність, багатовимірність і плинність ідентичностей ускладнюють їх вивчення. Групові ідентичності не стабільні, на них можуть впливати зміни політичного та соціального контексту, але ці залежності складно простежити, бо не можна верифікувати всі фактори впливу. Як переконливо демонструє Лора Ерас на основі аналізу даних КМІС за 1995–2018 роки, не можна пояснити зміни у ставленні до російськомовного населення в Україні лише на основі політичної риторики еліт. Політика ідентичності за часів Ющенка та Порошенка була схожа, але тільки поєднання політичної риторики та війни змінило ситуацію і призвело до змін у ставленні до російськомовного населення в українському суспільстві 2014 року.[832]

Війна, різка зміна політичного контексту, а також активний суспільний запит на «прозорість», «прочитуваність» іншого в умовах воєнних дій — це серйозні потрясіння для індивідів, адже змушують їх у певній формі заявляти про ідентичність. Однак люди вибирають дуже різні стратегії — від демонстративної ідентичності як форми лояльності до появи «фігур умовчання», коли декларують ідентичність, бажану та очікувану суспільством або органами контролю, приховуючи той набір характеристик, який може провокувати гостру реакцію відторгнення чи осудження за умов війни та соціальних потрясінь. Ці «фігури умовчання» можуть зберігатися протягом тривалого часу, як у випадку з «радянською ідентичністю» мешканців України, яка перебувала в режимі сну або навіть зникла, поки її не активізувала чи підживила російська агресія та окупація.

Ба більше, коли соціальний тиск послаблюється, а суспільство стає більш плюралістичним, люди можуть повернутися до попередніх, більш комфортних параметрів ідентичності, коли потреба в «прочитуванні» інших зменшується. Це не доводить і не спростовує тези про поступовий зсув до сильнішої громадянської ідентичності серед українців, але висвітлює проблемні сфери, де концепція ідентичності залишається корисною, хоч і не має вичерпного пояснювального потенціалу для розуміння політичної поведінки та вибору людей.

3.2. Міжрегіональні відмінності та їхня динаміка: вимушене внутрішнє переміщення як потенціал для зменшення розколів

Спираючись на дані опитувань, проведених у 2013–2022 роках, ми проаналізуємо, як міжрегіональна мобільність і переміщення вплинули на формування ідентичності та міжгрупові відносини в Україні. Починаючи з 1990-х та початку 2000-х років в Україні було дуже мало ґрунтовних наукових досліджень регіональних ідентичностей, які виходили б за межі макрорегіонів.[833] У більшості випадків соціологічні та політологічні дослідження, зосереджуючись на регіональних відмінностях ідентичностей в Україні, переважно групували найбільші українські області у два (схід і захід) або чотири-п'ять (схід, захід, південь, центр, а іноді й північ) макрорегіонів. Донбас[834] і Крим включали до більших макрорегіонів (схід і південь). Отже, області, іноді з різним історичним минулим, економічними та соціально-демографічними характеристиками, об'єднувалися в одну групу через обмеження вибірки. Такий підхід неминуче стирав відмінності між областями в межах одного макрорегіону та підкреслював диспропорції між макрорегіонами, ігноруючи складну і багатогранну природу окремих складових. Такі дослідження більше сприяли формуванню стереотипів макрорегіонального поділу України, ніж переосмисленню природи українського регіоналізму.

Символічне протиставлення Сходу і Заходу в українському публічному дискурсі та ЗМІ досягло апогею під час Помаранчевої революції, а потім під час Євромайдану й після початку російської агресії 2014 року. Однак країна продемонструвала чималу стійкість до регіонального поділу та залишилася цілісною, не розділившись на Схід і Захід, як це пророкували, й успішно блокуючи зовнішню агресію. У цей період національна ідентичність стала більш значущою порівняно з іншими територіальними та нетериторіальними ідентичностями.[835]

Одним із чинників, який допоміг подолати уявні етнокультурні чи регіональні кордони, стала вимушена внутрішня міграція.[836] Справді, у літературі знаходимо твердження про те, що війна і вимушена міграція впливають на зміну ідентичності; це сприймають як аксіома. Однак досі дискутують щодо того, чи призводять такі умови до посилення поляризації ідентичностей, наближення до їхніх «ідеальних типів», чи, навпаки, до розмивання ідентичностей та посилення їхнього змішаного характеру.[837] Аналізуючи індивідуальні стратегії формування ідентичності на різних територіях України, маємо зважати на наслідки щоденної взаємодії між переселенцями та їхніми новими громадами. Для цього важливо змістити фокус дослідження та розглядати Донбас і Крим не як частину якогось великого макрорегіону або як «виняткові» чи «екзотичні» випадки, а як невіддільні частини українського суспільства, щільно пов'язані з іншими регіонами.

Брак належного комплексного аналізу міжрегіональної мобільності в період до Євромайдану (наприклад, чи відвідували респонденти інші області України) обмежує наше розуміння чинників, які впливали на взаємозв'язки, міжгрупові настанови та стереотипи між представниками різних регіонів. У цьому розділі спробуємо заповнити окреслену прогалину, спираючись на аналіз трьох опитувань, проведених соціологічною компанією «Соціоінформ» на замовлення Університету Санкт-Галлена в березні 2013 та 2015 років і листопаді 2017 року.[838]

У 2017 році серед іншого респондентів запитували, чи відвідували вони коли-небудь зазначені регіони. Рисунки 4 та 5 нижче візуалізують регулярність відвідування респондентами Донбасу та Криму відповідно.

Рисунок 4. Регулярність відвідування респондентами Донбасу, 2017 рік

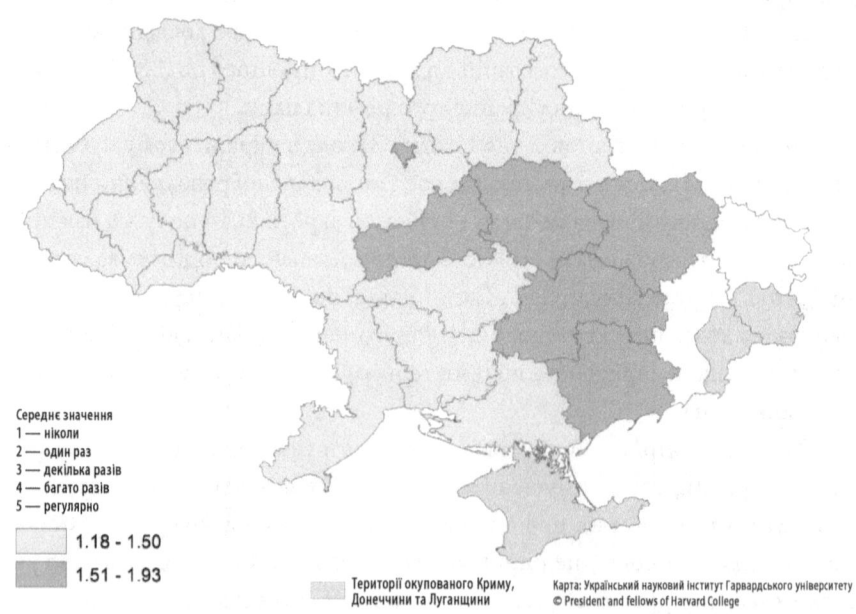

Середнє значення: 1 — ніколи, 2 — один раз, 3 — кілька разів, 4 — багато разів, 5 — регулярно

Рисунок 5. Регулярність відвідування Криму респондентами, 2017 рік

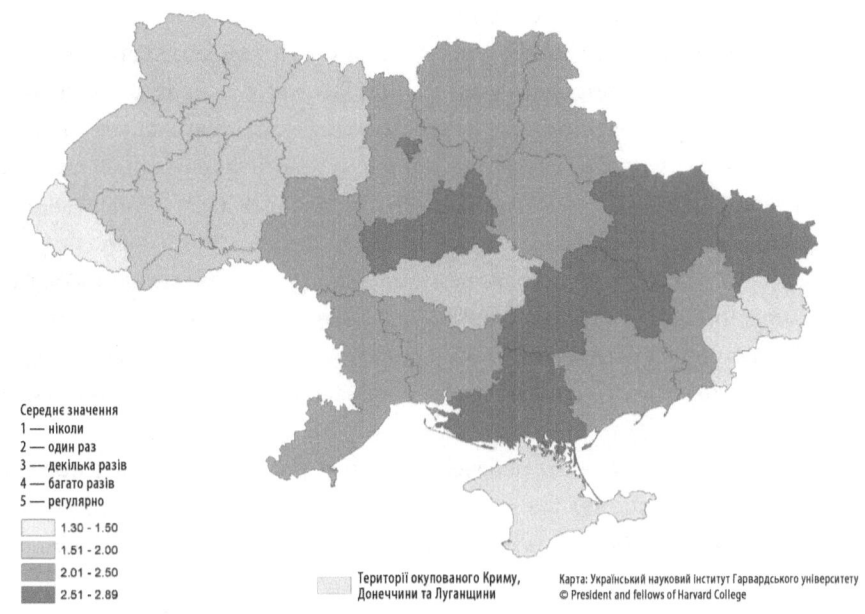

Середнє значення: 1 — ніколи, 2 — один раз, 3 — кілька разів, 4 — багато разів, 5 — регулярно

Крим як відомий курорт приваблював відвідувачів майже з усіх регіонів України. І навпаки, Донбас був помітно ізольованим, його відвідували майже тільки мешканці сусідніх областей, що створювало потенційне підґрунтя для взаємних стереотипів у межах інших регіонів країни. В опитуваннях 2013 та 2017 років респондентів також запитували: «Як, на Вашу думку, ставляться до Вашого регіону жителі інших регіонів України? (Від 1 — «абсолютно негативно» до 7 — «абсолютно позитивно»). У 2017 році додали запитання, яке вимірювало власне ставлення респондентів до різних частин країни («Вкажіть, будь ласка, Ваше ставлення до мешканців… регіону за шкалою від 1 — «абсолютно холодне» до 7 — «абсолютно тепле»). Порівняльний аналіз міжрегіональних настроїв не виявляє значних відхилень (ані позитивних, ані негативних) у сприйнятті респондентами різних регіонів. У 2017 році, після анексії Криму та початку воєнних дій на Сході, фіксуємо найнижчі очікування й найхолодніше ставлення респондентів щодо Донбасу (середні значення 4,7 та 5,22 відповідно) та Криму (5,07 та 5,6 відповідно).

Однак ця зміна у ставленні становила менш ніж один бал за 7-бальною шкалою, тож не обов'язково свідчить про переважання негативного ставлення чи дистанціювання мешканців інших регіонів від цих областей. По-перше,

2017 року лише 7% респондентів підтримали твердження, що Україна повинна відмовитися від боротьби за ці два регіони. Гасла на кшталт «Донбас — це Україна» та «Крим — це Україна» стали тоді дедалі помітнішими у ЗМІ та публічних просторах усієї країни. По-друге, яскравим свідченням почуття солідарності, що долає розколи, які існували раніше, стала активність українського суспільства у відповідь на нову і значну хвилю внутрішнього переміщення. Громади в усій країні постали перед потребою швидко й адаптивно реагувати на нагальні гуманітарні потреби людей, які постраждали від конфлікту. Ці потреби стосувалися пошуку житла, забезпечення одягом, харчовими продуктами або основними предметами побуту, полегшення доступу до соціальних і медичних послуг, надання психологічної та необхідної правової допомоги. Згодом такі громади почали вибудовувати практики, що сприяли глибшій інтеграції переселенців.

Громадянська активність небаченого раніше розмаху[839] свідчить про силу солідарності, яка спонукала людей до дій. За даними згаданих опитувань, 2015 року 31% українців зазначили, що допомагали армії, 12,4% — що допомагали переселенцям з Криму та Сходу, а 18% — що «ділилися ресурсами (грошима, харчовими продуктами) або надавали нематеріальну допомогу (час, професійні консультації)» (практики, що також передбачали підтримку переселенців). На Рисунках 6 і 7 нижче показаний відсоток респондентів у кожній області, які вибрали варіант відповіді «допомога ВПО з Криму та сходу України» у 2015 і 2017 роках відповідно. Підтримка переселенців не була сконцентрована в областях, які прийняли найбільший відсоток офіційно зареєстрованих ВПО, а досить рівномірно розподілена всією країною. Західний регіон, який прийняв найменший відсоток переселенців, продемонстрував вищий рівень залученості. Підтримка переселенців була не лише географічно широкою, але й охоплювала людей з усіх верств суспільства. Порівняння соціально-демографічних характеристик респондентів не виявило суттєвих відмінностей за віковими та гендерними групами, рівнем доходу, розміром населеного пункту або кількістю років проживання в громаді, національністю або рідною мовою серед тих, хто підтримував переселенців. Це одразу наштовхує на думку, що в кризовий час зменшилася значущість тих елементів ідентичності, які раніше мали роз'єднавчу силу. Єдиною характеристикою, за якою помітна значна диференціація, був рівень освіти; це свідчить, що участь у підтримці переселенців зростала в групах із вищим рівнем освіти.

Рисунок 6. Відсоток респондентів, які допомагають переселенцям з Криму та сходу України, 2015 рік

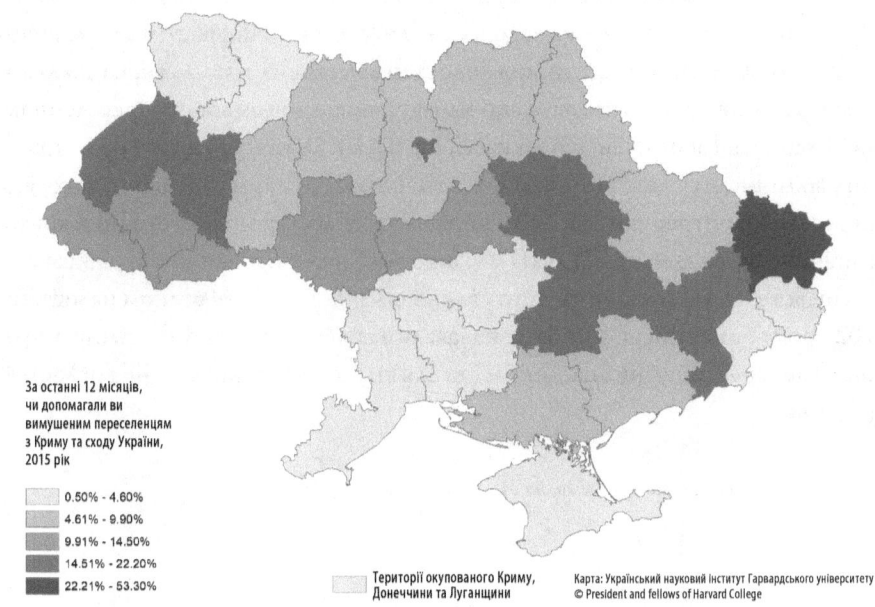

Рисунок 7. Відсоток респондентів, які допомагають переселенцям з Криму та сходу України, 2017 рік

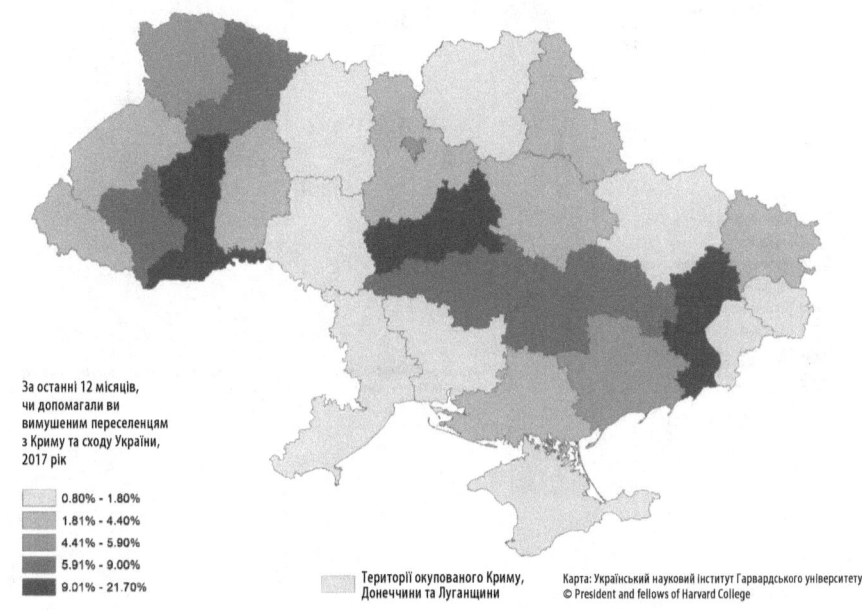

До кінця 2017 року відсоток українців, які повідомили, що допомагають переселенцям, зменшився, однак це можна пояснити тим, що найнагальніші потреби постраждалих уже задовольнили, а складні інфраструктури виходили за межі компетенції чи можливостей звичайних громадян. Соціально-демографічний аналіз показує, що найактивніше допомагали переселенцям молодші й більш освічені групи населення. Дані демонструють[840] брак помітних відмінностей між регіонами чи етнічними групами у визнанні того, що переселенці потребують дальшої підтримки. У 2020 році розгортання кризи, спричиненої пандемією COVID-19, створило нові виклики для українського суспільства, і, як показують опитування від *Info Sapiens*,[841] станом на квітень 2021 року бойові дії на Донбасі визнавали за найактуальнішу проблему в країні лише серед опитаних на Донбасі та для кількох північно-західних областей (Рисунок 8).

Рисунок 8. Найважливіші проблеми, на думку респондентів у всій Україні

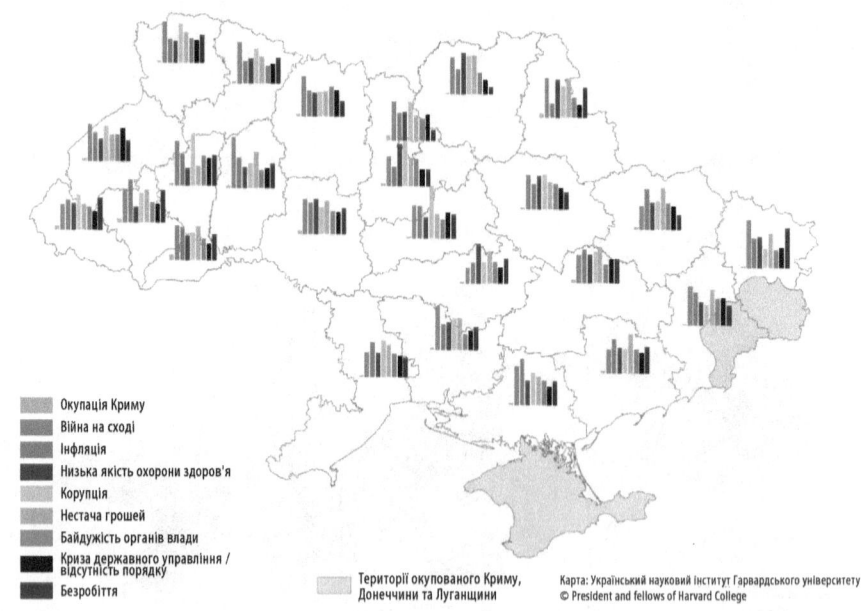

Деякі дослідження свідчать, що серед респондентів зростала втома від збройного конфлікту на Донбасі, а також від потреби постійно допомагати українській армії та переселенцям.[842] Певною мірою це можна пояснити змінами в політичному дискурсі уряду. Адміністрація Порошенка постійно наголошувала, що конфлікт України з Росією триває, і використовувала цю риторику як засіб політичної мобілізації. Відповідно це тримало людей у стані підвищеної тривожності. На противагу цьому уряд Зеленського наголошував на потребі досягти миру; це могло призвести до того, що конфлікт на Донбасі й тяжке становище переселенців перестали уявляти як нагальні проблеми українського суспільства. Крім того, пересічні громадяни могли відчути, що гостра гуманітарна криза, на яку вони активно реагували на початкових етапах розселення переселенців, минула. Натомість настав час для довгострокових заходів, які потребують більшого залучення держави або організацій громадянського суспільства. Цю допомогу мають фокусувати на освіті, охороні здоров'я, працевлаштуванні, забезпеченні житлом, а також уможливлювати політичну участь переселенців у виборах. Водночас практики взаємодії місцевих спільнот із переселенцями та мережі взаємодопомоги поступово змінювали форми й напрями діяльності. Тепер серед пріоритетів були міський активізм, адвокація прав, креативні культурні індустрії тощо.

Треноване попередніми подіями, у лютому 2022 року громадянське суспільство миттєво зреагувало на повномасштабне вторгнення Росії та нову потужну хвилю переміщення, що перевищила всі попередні рівні. У надзвичайно короткий час ця хвиля зачепила майже третину населення країни й значно ширший спектр регіонів, ніж раніше. На всіх рівнях у всій країні виникали мережі самодопомоги та волонтерські групи, відповідно різко зросла частка людей, які допомагають переселенцям. У травні 2022 року[843] 65% опитаних українців сказали, що допомагають їм (32% ділилися харчовими продуктами, 20% були волонтерами, ще 20% жертвували гроші, а 14% надавали житло). Крім того, чверть вимушено переміщених сказали, що допомагали іншим переселенцям.

Щодо ідентичності та впливу поточних процесів на можливі соціальні поділи, то дослідження *Info Sapiens*,[844] проведене в січні 2023 року, показало: нещодавнє переміщення спричинило певну напруженість у відносинах між переселенцями та громадами. Основною її причиною є різний досвід війни:

52% переселенців, 66% тих, що вже повернулися, і 69% місцевих жителів зазначили, що мали справу з такими ситуаціями. Серед респондентів із громад 59% зазначили, що найбільш дратівливою для них ситуацією були чоловіки, які «переховувалися від військового обліку». Мовні питання також мають потенціал провокувати напруженість не лише між громадами та переселенцями, але й у межах обох груп. Згідно з наявними даними, 56% респондентів із місцевих громад і 55% переселенців зазначили, що їм було складно перейти на українську мову, разом з тим 56% місцевих жителів і 50% переселенців повідомили про труднощі з розумінням російської.[845] Водночас дослідження показує, що мовний фактор не призведе до ескалації напруженості, адже всі групи погоджуються з потребою використовувати українську мову в публічній сфері. Лише 14% переселенців та 6% респондентів із громад занепокоєні поширенням української мови в публічній сфері.[846]

Російське вторгнення суттєво вплинуло на основу української ідентичності, підкресливши її громадянську складову та солідарність. Також змінила символічне значення українська мова. Вона перестала бути маркером етнічної ідентичності й почала асоціюватися з державою, яка захищає народ під час війни. Наш аналіз показує, що з 2014 року під впливом приголомшливих воєнних подій українське суспільство підтримує плюралістичне розуміння української ідентичності й інклюзивного ставлення до різних етнічних і соціальних груп, зокрема переселенців.

3.3. Зміни на національному рівні: вплив повномасштабного вторгнення 2022 року на українську ідентичність

«Основна ідентичність» в Україні зазнала різких змін від початку російської окупації частини країни у 2014–2015 роках, і ці зміни поглибилися після повномасштабної агресії в лютому 2022 року. Вторгнення вплинуло на динаміку ідентичності в усіх регіонах, групах і прошарках України, хоч і різною мірою. У певному розумінні ця війна або звела нанівець, або відклала на певний час попередні гострі суперечки щодо історичних символів, подій і свят. Як зазначив Павло Роберт Маґочій під час нещодавньої дискусії про українську ідентичність у *Munk School of Global Affairs and Public Policy*,[847] коли раніше згадували термін «Велика війна», люди часто асоціювали його з різними історичними подіями, але найчастіше — з Другою світовою. Зараз згадка про «Велику війну» провокує лише одну асоціацію майже в кожного українця: це війна Української держави за виживання в умовах російської агресії. Він зазначив, що за відсутності незалежної держави до 1991 року українці в діаспорі наголошували на важливості української мови й інших етнічних символів для національного відродження. Тепер, коли українці мають власну державу та борються за неї, їх об'єднує визнання цінності цієї держави, вони цінують те, що вона дає їм у скрутні часи, і повністю усвідомлюють її життєву важливість для себе.

Найважливіші зміни, які можна спостерігати в результатах численних опитувань, проведених КМІС та Інститутом соціології НАН України, соціологічною групою «Рейтинг» та Національним демократичним інститутом (НДІ), полягають у таких тенденціях:

- *Консолідація національної ідентичності як домінантного способу самоідентифікації.* В ієрархії, до якої належать місцева, пострадянська, космополітична та цілісна українська ідентичності, домінування національної ідентичності стало переважати вже після початку російської агресії 2014 року. Як показано на Рисунку 9, частка тих, хто на запитання «Як Ви себе ідентифікуєте насамперед?» відповів, що «я насамперед громадянин України», зросла з 48% 2012 року до 64% 2014 року. Після повномасштабного вторгнення ця цифра зросла ще майже на двадцять відсоткових пунктів, сягнувши 82% 2022 року.[848] Ще одним показником зростання національної ідентичності є дослідження групи «Рейтинг» у серпні 2022 року, у якому 84% респондентів повністю погодилися з твердженням «Я ідентифікую себе як громадянин України». Крім того, це саме дослідження виявило зсув у відповідях у бік ідентифікації себе як «європейця», яка зросла з 26% до 51%, і відходу від ідентифікації себе як «радянської людини», яка знизилася з 21% до 9% між 2021 і 2022 роками відповідно (як ми вказували вище, за даними Інституту соціології НАНУ, за той же період ідентифікація «ромадянин колишнього Радянського Союзу» впала з 13% до 1%).[849] Переорієнтація на західну систему альянсів також свідчить про узгодженість цих ідентичностей із геополітичними вподобаннями, що демонструє дослідження НДІ на початку 2023 року, у якому понад дві третини респондентів (з усіх вікових і гендерних когорт) заявили, що досягнення миру ціною відмови України від задекларованої мети вступу до НАТО чи ЄС неприйнятне.[850]

Рисунок 9. Національна ідентичність («Я насамперед громадянин України», 1992–2022 роки, %)

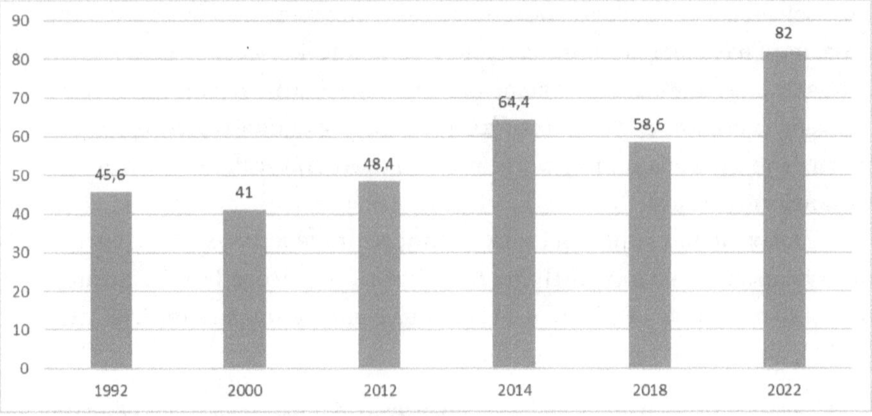

Рік	%
1992	45,6
2000	41
2012	48,4
2014	64,4
2018	58,6
2022	82

Джерело: Опитування «Українське суспільство», Інститут соціології НАН України.

- *Почуття гордості*. Почуття гордості та належності — новий зсув у ставленні, помітний від моменту повномасштабного вторгнення. Як показують дані раніше поданих опитувань соціологічної групи «Рейтинг», основною емоцією, яку респонденти відчувають, думаючи про Україну, є гордість: із початку повномасштабного вторгнення цей показник зріс більш ніж удвічі — з 34% у серпні 2021 року до 75% у серпні 2022 року.[851] Інше опитування соціологічної групи «Рейтинг» також виявило зміни у ставленні українців до попередніх досягнень своєї країни. Як показано на графіку (Рисунок 10), більшість респондентів у листопаді 2021 року вважали, що протягом останніх трьох десятиліть невдачі в Україні переважали над досягненнями; через пів року, у травні 2022-го, такої думки дотримувалися лише 30%, тоді як частка тих, хто сказав, що «невдачі та досягнення компенсують одне одного», зросла з 34% до 44%, а тих, хто вважав, що досягнення переважали над невдачами, збільшилася з 4% 2021 року до 18% 2022-го.[852] З погляду ідентичності, те, що люди стали пишатися належністю до української нації, теж означає, що вони стали приймати її основні атрибути, включно з культурою та національною мовою. Згідно з раніше цитованим опитуванням НДІ, 89% респондентів у січні 2023 року зазначили, що з початком повномасштабної війни стали більше розмовляти українською мовою, а 60% сказали, що носять національну символіку та кольори (ще 25% відповіли, що «ні, але носили б, якби була можливість»).[853]

Рисунок 10. Що б Ви сказали про досягнення та невдачі України починаючи з 1991 року й до сьогодні?

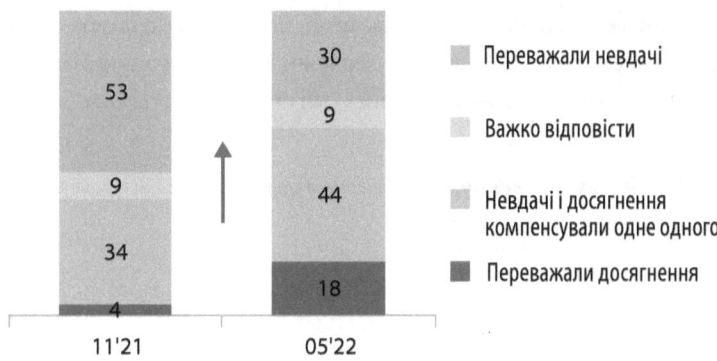

Джерело: Група «Рейтинг».

- *Громадянський оптимізм.* Національна самооцінка та соціальний оптимізм також зросли протягом першого року українського спротиву. Згідно з опитуванням українського суспільства, проведеним Інститутом соціології, кількість респондентів, які вважають, що ситуація не зміниться, значно зменшилася — з 38% 2021 року до 13% 2022 року, а кількість людей, які вважають, що ситуація погіршиться, упала з 35% до 7%. Водночас суттєво зросла кількість оптимістів — із 13% 2021 року до 76% 2022 року (Рисунок 11). Регіональні та вікові відповіді щодо віри в краще майбутнє України були досить послідовні. Попри драматичний досвід і травматичні спогади про вторгнення в лютому 2022 року, попри шок, розгубленість і відчай, через рік 95% респондентів були впевнені в перемозі України над російським агресором (порівняно з 56% в січні 2022 року).[854] Як показує травневе дослідження громадського ставлення до української держави, проведене соціологічною групою «Рейтинг» 2022 року, громадянський оптимізм поширюється і на довіру до держави та її інституцій: якщо 2021 року лише 5% респондентів вважали українську державу ефективною, то вже в травні наступного року цей показник зріс до 54%.[855] Опитування НДІ в січні 2023 року показало, що 96% респондентів довіряють або повністю довіряють Збройним силам України; відповідні показники для Президента України Зеленського становлять 86%, для Державної служби з надзвичайних ситуацій — 88%, а для Ради національної безпеки і оборони — 70%.[856] Варто зауважити новизну цієї тенденції: після Революції Гідності загальною тенденцією було зниження довіри до держави (президента, парламенту, судів, поліції) та зростання довіри до недержавних акторів (науковців, волонтерів, армії, церкви). З початком вторгнення тенденція до зниження довіри до держави змінилася на протилежну, тоді як зростання довіри до недержавних суб'єктів було стійким.

Рисунок 11. Громадянський оптимізм («Як зміниться ситуація в Україні в майбутньому») (2021–2022 роки, %)

Джерело: Опитування «Українське суспільство», Інститут соціології НАН України.

- *Зменшення внутрішніх розколів в умовах агресії.* Хоч багатовимірність української ідентичності не зникла 2022 року, російське вторгнення явно змінило акценти в громадських установках, зокрема у сприйнятті окремих соціальних груп одна одною. З одного боку, як уже згадували у вступі, сталася помітна радикалізація у ставленні до Росії, Білорусі та населення цих країн (що допустили такий розвиток подій). Радикалізація може відбуватися в ситуації негативної ідентичності, сформованої через ототожнення себе з ролями, протилежними певним суспільним очікуванням, наприклад російськомовний українець стає нетерпимим до будь-яких виявів того «русского мира», який приніс масові руйнування в його власне життя і світогляд. А втім, Група «Рейтинг» виявила, що росіян, які проживають в Україні, відносна більшість українців (42%) сприймає нейтрально, 22% — позитивно, 29% — негативно. До російськомовних українців українці ставляться переважно позитивно (51%) або нейтрально (33%), і лише 14% ставляться до них негативно. Згідно з уже згаданим опитуванням, ставлення до російськомовних українців покращилося з 37% у квітні 2021 року до 51% в серпні 2022 року.[857] Імовірно, це свідчить про те, що цю групу дедалі частіше сприймають як співгромадян української держави, які несуть тягар війни та разом з іншими підтримують боротьбу за національне виживання та незалежність.

Динаміка ідентичності в українському суспільстві після повномасштабного вторгнення вказує на створення згуртованішого суспільства. Промовистою є динаміка індексу аномії групи «Рейтинг»,[858] який показує, якою мірою суспільство поділяє систему загальновизнаних норм і цінностей (Рисунок 12). Від 1992 року українське суспільство демонструвало значний ступінь аномії (хоча деякі ключові історичні віхи, згадані вище, як-от дві революції та обрання Зеленського, дещо її зменшували). Повномасштабне вторгнення призвело до радикальних змін: ситуація, коли аномія значно перевищувала неаномію (72% і 15% відповідно 2021 року), змінилася на протилежну — 2022 року аномія зменшилася майже вдвічі, а неаномія зросла більш ніж утричі (46% і 48% відповідно).

Рисунок 12. Динаміка соціальних настроїв за індексом аномії (1992–2022 роки, %)

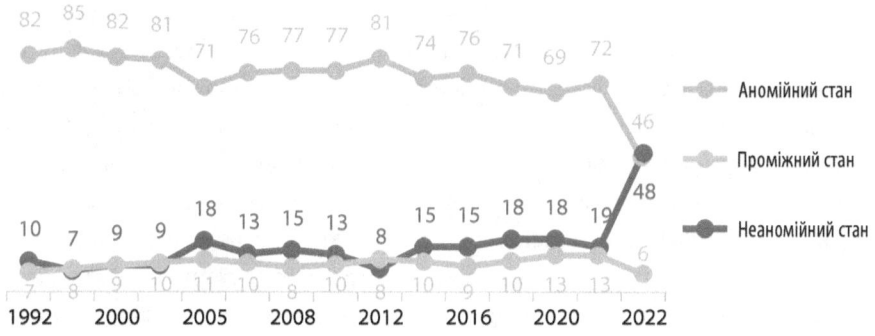

Джерело: Група «Рейтинг».

4. Нова епоха української національно-громадянської ідентичності: як горизонтальні ієрархії, взаємодія та активізм формують згуртоване суспільство

Ідентичність як абстрактне відчуття єдності, що ґрунтується на різних історичних, культурних і суспільних/контекстуальних чинниках, складно зазнає змін, і може залишатися стабільною протягом десятиліть або змінюватися повільно. Однак під впливом зовнішніх чинників, як-от надзвичайні ситуації, значущі політичні події або зовнішні загрози, динаміка змін в ідентичності може бути дуже швидкою. Ідентичності в сучасній Україні були одночасно стійкі та мінливі, — пристосовуючись до плинних обставин, у певних контекстах вони могли залишатися міцно вкоріненими у свідомість. Люди могли мати кілька ідентичностей на основі етнокультурних, регіональних, гендерних, професійних, релігійних та інших чинників. Однак спосіб, у який їх виражали та підкреслювали, варіювався залежно від контексту, у якому їх актуалізували. Аналогічно основа ідентичності, яка об'єднувала групи, могла бути різна, охоплюючи спільну мову, символи, міфи та цінності. Ми стверджуємо, що нині людей в Україні об'єднує почуття належності, довіри, визнання та гордості за державу, якою вони бачать її зараз, у її боротьбі із зовнішнім ворогом. Усі інші фактори можуть відігравати певну роль у ставленні та поведінці окремих людей і груп, але лишаються менш важливими.[859]

Чи є ці зміни сталими та незворотними? Що потрібно зробити, щоб підтримати об'єднавче почуття впевненості, гордості та довіри, щоб використати його як рушій відновлення України в найближчий післявоєнний період і як енергію для її успішного розвитку в наступні роки та десятиліття? Щоб не допустити розчарування і відкочування назад, вкрай важливо, щоб єдність зміцнювали й відновлювали внаслідок безперервної демократизації та успішних мультисекторальних реформ, які ведуть до економічного процвітання та підвищення рівня життя населення в усій країні. Відновлення життєво важливої інфраструктури й інституцій на всій території України, включно з частинами сходу та півдня, що перебували в окупації, становить пріоритетне завдання на післявоєнний період. Проте фінансових інвестицій у ці регіони замало. Для української національно-громадянської ідентичності важливо продовжувати свою післявоєнну історію успіху, ґрунтовану на згуртованому суспільстві, де розвиток горизонтальних ієрархій спирається на сталу ефективність, прозорість та підзвітність держави. Як описує Мануель Кастельс у книжці «Сила ідентичності», пріоритетом є «суверенна та плюралістична» держава, утворена зі «спеціальних мереж» належного врядування між «національною державою, міжнародними та глобальними інституціями, регіональними та місцевими органами влади та громадянським суспільством».[860]

Українська інституційна пам'ять про належне врядування, на жаль, коротка та непослідовна. Україна посіла 75-те місце серед 184 країн в Індексі людського розвитку 2020 року[861] та 79-те місце серед 167 країн в Індексі демократії 2020 року,[862] де Україну визначено як «гібридний режим», вищий за авторитарний, але нижчий за недосконалу або повну демократію. Однак Україні вдалося досягти низки успіхів, зокрема в реформі диджиталізації та розвитку електронного урядування, які стали потужним стимулом для посилення демократичної участі й розвитку потенціалу стійкості, особливо на місцевому рівні.[863] До війни 97% усіх українських шкіл мали доступ до інтернету,[864] що давало змогу забезпечити інклюзивний навчальний процес для дітей не лише під час пандемії COVID, а й під час атак Російської Федерації на цивільну інфраструктуру згодом. Ґейман і Нестуля зазначають, що «з огляду на глибину й масштаби наявної в Україні відкритої екосистеми» — системи, яка має платформу публічних закупівель ProZorro і застосунок «Дія», завдяки якому громадяни України можуть використовувати цифрові документи й отримувати доступ до державних послуг, — «можна переосмислити весь процес [післявоєнної] відбудови, щоб він був швидкий, ефективний і відкритий».[865]

Як показує дослідження SHARP 2022,[866] загальна оцінка всіх вимірюваних послуг залишається високою (вище ніж 6 балів за 10-бальною шкалою; Рисунок 13). Варто зазначити, що ЗМІ, інтернет і мобільний зв'язок залишаються найефективнішими послугами під час війни. Вони стали важливими інструментами для надання інформації про безпеку та гуманітарні потреби для різних груп населення, як-от наявність бомбосховищ, маршрути евакуації, «пункти незламності» та центри водопостачання.[867] Вони також сприяли соціальній співпраці та створенню мереж для спільних дій. Згідно зі згаданим опитуванням, респонденти панелі зафіксували значне зростання громадянського обов'язку *(civic duty*)* 2022 року в умовах воєнного часу порівняно з 2021 роком (зростання з 5 до 8 балів).[868] Більшість респондентів протидіє повномасштабній війні Росії проти України в різний спосіб — від пожертвування грошей до вступу до лав Збройних сил України (Рисунок 14). Збере-

---

* почуття відповідальності за майбутнє своєї країни через різні форми участі у прийнятті рішень *(прим. ред.)*

ження високої громадянської солідарності й активні горизонтальні соціальні мережі сприяють створенню нової структури безпеки та стійкості в українському суспільстві й можуть стати основою для дальших демократичних перетворень на користь більш ефективної держави — такої, де влада має бути прозорою та реагувати на потреби людей, якщо хоче зберегти легітимність, принаймні до наступних виборів.[869]

Українська історія і колективна пам'ять багата на безпрецедентні приклади успішних місцевих ініціатив, що їх очолювали люди з низів; такі люди виділялися й досягали успіху ще до того, як довгоочікувані рішення приймали в центрі. Маємо численні приклади спільних дій та активізму, які ламали пострадянські корисливі правила, протистояли корумпованій бюрократії та перемагали іноземних агресорів. Нинішня війна утворена з цих неймовірних історій. Формування української національно-громадянської ідентичності не є лінійним процесом. І все-таки, як алмаз під впливом високих температур і тиску, нова українська ідентичність, що формується в умовах кривавої та виснажливої боротьби, має всі шанси вистояти і стати фундаментом для надзвичайних звершень. Це проактивне почуття єдності — єдності, що спонукає до дії, — дає нам надію на нову історію успіху в Європі: історію демократії, сформованої та прокладеної зусиллями звичайних людей, які вважають себе громадянами єдиної держави.

Рисунок 13. Надання державних послуг: суб'єктивна оцінка (оцінка за 10-бальною шкалою)

Джерело: Дослідження SHARP, 2022.

*Рисунок 14. Громадянський спротив: суб'єктивна самооцінка
(«Чи берете Ви участь у таких заходах...») (оцінка за 10-бальною шкалою)*

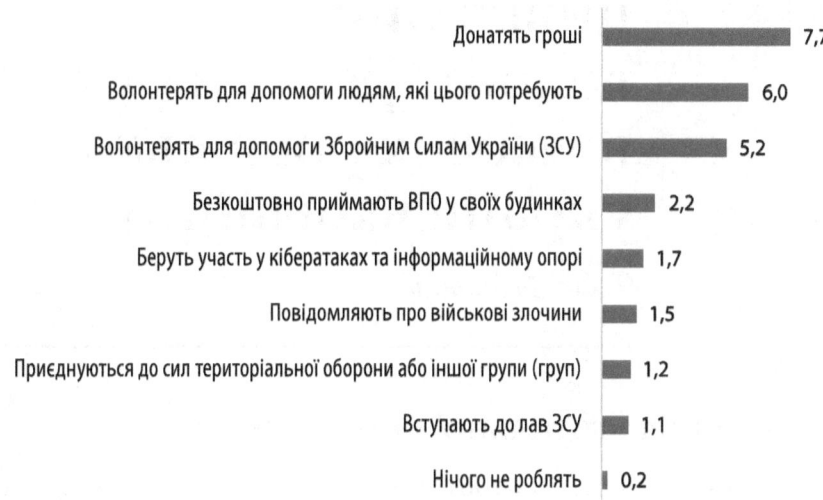

Джерело: Дослідження SHARP, 2022.

Український цивільний волонтерський рух в умовах російсько-української війни

Чілла Фединець

1. Концепція «тотальної оборони»

П'ятнадцятого листопада 2022 року Спілка стрільців Литви й Університет Вітаутаса Магнуса організували Конференцію національної безпеки Литви «Універсальність державної оборони», на якій вивчали досвід «тотальної оборони» в Україні.[870] Голова Спілки, полковник Альбертас Дапкус, в інтерв'ю Національному інформаційному агентству України «Укрінформ» пояснив безпосередній вплив українського досвіду на концепцію «тотальної оборони», заявивши, що «захищатися мають усі, а не лише збройні сили».[871]

Концепцію «тотальної оборони» з акцентом на військових компонентах використовували переважно позаблокові держави в епоху холодної війни;[872] ця концепція базувалася на досвіді Норвегії під час Другої світової війни, коли всі ресурси громадянського суспільства передали під командування збройних сил.[873] Закінчення холодної війни призвело до розпаду біполярного світового порядку та зниження рівня мілітаризації, що зменшило важливість «тотальної оборони».[874] Наприклад, Австрія, Швейцарія та Швеція змістили фокус на міжнародну безпеку. Фінляндія зберегла рівень мілітаризації, адже довгий кордон із Росією зумовлював можливість військового конфлікту. Колишня держава Югославія «як багатонаціональна країна становить яскравий приклад того, що соціальна згуртованість — це безумовна передумова, щоб тотальна або всеосяжна оборона була ефективна й не перетворилася на загрозу для самого суспільства».[875]

У XXI столітті ми вступили в епоху гібридної війни. На глобальне безпекове середовище найбільше вплинули зокрема терористичні атаки 11 вересня 2001 року по центру економіки та влади США, Арабська весна на Близькому Сході та Північній Африці, п'ятиденна російсько-грузинська війна 2008 року та агресія, що почалася з окупації українського Криму Російською Федерацією у 2014 році.[876] Російська агресія проти України ініціювала всебічну дискусію не лише про спроможність збройних сил, але й про стійкість суспільства та готовність цивільного населення протистояти звичайному військовому конфлікту.[877] Заява Варшавського саміту НАТО у липні 2016 року чітко показала, що лише тісно скоординовані зусилля між цивільними та військовими забезпечують ефективну стійкість.[878] Згідно з пунктом 73 Заяви, «Громадянська готовність — це основний фактор, що зумовлює стійкість країн НАТО, і критично важливий інструмент для забезпечення колективної оборони Альянсу [...] Ми вдосконалюватимемо громадянську готовність, виконуючи базові вимоги НАТО щодо забезпечення стійкості держав, у яких зроблено наголос на безперервному функціонуванні органів державного управління, безперебійній роботі найважливіших служб, безпеці критично важливих об'єктів цивільної інфраструктури й підтримці збройних сил за допомогою цивільних засобів».[879]

За словами Ганни Шелест,

> Київ поклав міжсуспільний опір в основу своєї національної оборони, об'єднавши всі військові та силові відомства під єдине командування, за підтримки цивільного населення. З 2014 року країна трансформувала збройні сили, модернізувавши логістику та комунікації, розширивши можливості офіцерів середньої ланки; створила мережу резервістів; ужила заходів, щоб забезпечити більшу стійкість українського суспільства до кризових ситуацій. Цей підхід ґрунтується як на застосуванні найкращих практик НАТО, так і на унікальному русі волонтерів, які збирають кошти на підтримку військових зусиль, об'єднуючи оборону й заходи з підвищення національної стійкості в єдину систему.

Це «третій шлях» між моделлю «тотальної оборони» Швеції, Фінляндії, Швейцарії та Сінгапуру, яка об'єднує військових і цивільних суб'єктів у межах загальносуспільного підходу до безпеки, і сильно ієрархізованою моделлю США, Росії й Китаю, де ухвалення рішень централізоване в руках політичного керівництва. Підхід «тотальної оборони» зосереджений на обороні та стримуванні, тоді як підхід України також надає пріоритет стійкості, включно зі всебічною, але гнучкою координацією різноманітних сил в уряді та за його межами.[880]

Російсько-українська війна триває з лютого 2014 року, почавшись після Революції Гідності в Україні (Євромайдану), хвилі протестних виступів громадян України, наслідком яких стали кардинальні політичні та суспільні зміни і глибше формування нової політичної ідентичності. Революція Гідності також знаменує собою народження нового громадянського волонтерського руху в Україні. Далі розглянемо чотири етапи розвитку цього руху (Таблиця 1). Перший етап характеризується домінуванням держави (1992–2013 роки) та створенням базового законодавства про громадянське суспільство. Другий — підйом громадської активності в період Революції Гідності. Третій етап починається в лютому-березні 2014 року з окупації Криму Російською Федерацією, а також охоплює початок і розгортання активних бойових дій у Луганській і Донецькій областях України (за офіційною термінологією, яку використовують український уряд, іноземні інституції та ЗМІ, протидія незаконним російським та проросійським збройним формуванням у цьому регіоні з 14 квітня 2014 року називалася «Антитерористична операція — АТО», а з 30 квітня 2018 року — «Операція об'єднаних сил — ООС»). Цей період уже знаменує перехід до тотальної оборони, коли держава «наздоганяє» і значною мірою замінює діяльність громадського волонтерського руху. Якщо зародження руху під час Євромайдану означало соціальну мобілізацію після попереднього значного ступеня іммобільності, то ця фаза тотальної оборони передбачала елементи як мобілізації, так і кооптації з боку держави й олігархічних акторів.[881] Четверта фаза почалася 24 лютого 2022 року з повномасштабним вторгненням Росії. У цей період можемо спостерігати активний волонтерський рух поряд з офіційною державною мобілізацією, коли держава та суспільство співпрацюють у героїчних зусиллях протистояти російській агресії.

Таблиця 1. Етапи розвитку громадського волонтерського руху в Україні (1991–2022 роки)

Етап		Головна політична подія	Громадянський волонтерський рух...	
			активність	динаміка
Домінування держави (1992–2013)		набуття (відновлення) незалежності	неполітична	іммобільність (формальна)
Політична активізація (2014)		Революція Гідності (Євромайдан)	політична	мобілізація (неформальна)
Тотальна оборона	державне «наздоганяння» (2014–2022)	окупація Криму, війна на Донбасі (АТО, ООС)	гуманітарна + військова (замінює державу)	мобілізація + кооптація (напівформальна)
	мобілізація держави (2022–)	повномасштабне вторгнення Росії в Україну	військова + гуманітарна (державна допомога)	співпраця (формальна)

2. Етап «домінування держави» (1992–2013 роки) та створення громадського волонтерського руху під час Євромайдану (2013–2014 роки)

2.1. Поняття волонтерства в Україні

У глобальній перспективі вважають, що волонтерський рух почався 1859 року, коли швейцарський підприємець і громадський діяч Жан-Анрі Дюнан, вражений жахливими наслідками битви при Сольферіно, ініціював створення Міжнародного комітету Червоного Хреста. Пізніше Дюнан став першим лауреатом Нобелівської премії миру.

У незалежній Україні початком волонтерства вважають 1992 рік, коли створили телефонну службу «Телефон довіри». У перші роки незалежності також з'явилися ефективні напрямки волонтерства під егідою релігійних організацій. Законодавча база громадянської активності в Україні передбачає, що волонтерами можуть бути громадяни України, іноземці й особи без громадянства, які перебувають в Україні на законних підставах. Люди віком від 14 до 18 років можуть волонтерити за згодою піклувальника, з обмеженнями щодо надання волонтерської допомоги військовим формуванням, правоохоронним органам і закладам охорони здоров'я. Основними законодавчими актами, що регулюють волонтерський рух в Україні (з низкою змін з моменту їх прийняття),[882] є:

- Закон України № 3236-VI від 2011 року «Про волонтерську діяльність». Уперше на законодавчому рівні визначає поняття «волонтерська діяльність», «волонтерська допомога», «волонтерська організація», «волонтер», «отримувач волонтерської допомоги». Відповідно до Закону, «волонтерська діяльність — це добровільна, соціально спрямована, неприбуткова діяльність, що здійснюється волонтерами шляхом надання волонтерської допомоги (безоплатних робіт та послуг)». Перелік напрямів волонтерської діяльності не вичерпний, а тому допускаються й інші види, не заборонені законом. Волонтерські організації виконують освітні, інформаційні, економічні, захисні й організаційні функції. Держава дозволяє діяльність індивідуальних волонтерів.[883]
- Закон України № 4572-VI від 2012 року «Про громадські об'єднання». Згідно із законом, «громадське об'єднання — добровільне об'єднання фізичних осіб та/або юридичних осіб приватного права для здійснення та захисту прав і свобод, задоволення суспільних, зокрема економічних, соціальних, культурних, екологічних та інших інтересів». Це поняття також охоплює об'єднання волонтерів.[884]
- Закон України № 5073-VI від 2012 року «Про благодійну діяльність та благодійні організації». Згідно з преамбулою цей закон «визначає загальні засади благодійної діяльності в Україні, забезпечує правове регулювання відносин у суспільстві, спрямованих на розвиток благодійної діяльності, утвердження гуманізму і милосердя, забезпечує сприятливі умови для утворення і діяльності благодійних організацій».[885]

Протягом тривалого часу громадянське суспільство в Україні було формальним, і в ньому домінували державні ініціативи «зверху-вниз». У 2012 році при президентові України створили Координаційну раду з питань розвитку громадянського суспільства, до складу якої, крім посадовців адміністрації президента, органів виконавчої влади та народних депутатів, увійшли також представники низки інститутів громадянського суспільства, які виступали за посилення державної політики у відповідних сферах. Координаційна рада ухвалила нову Національну стратегію, а також регіональні програми сприяння розвитку громадянського суспільства, закони про громадські об'єднання, благодійництво та благодійні організації. Стратегія 2012 року містила перелік стратегічних завдань, але лише деякі з них реально виконали. Щороку на її основі розробляли план заходів, але вони фактично дублювали завдання попереднього плану. Після Революції Гідності нові плани дій у межах Стратегії 2012 року не ухвалювали. У 2015 році Координаційну раду ліквідували, а для розроблення нового стратегічного документа залучили представників інститутів громадянського суспільства, частина з яких належала до складу ліквідованої Координаційної ради. Нову Національну стратегія сприяння розвитку громадянського суспільства в Україні на 2016–2020 роки[886] затвердив президент України в лютому 2016 року. Серед основних недоліків Стратегії 2016 року — недосконале формулювання стратегічних цілей і брак індикаторів для моніторингу й оцінювання результатів реалізації Стратегії, що ускладнювало оцінювання безпосереднього впливу виконання річних планів. У листопаді 2016 року президент України відновив діяльність Координаційної ради. Понад 60% складу Координаційної ради становили представники інститутів громадянського суспільства, тоді як у складі Координаційної ради 2012 року їхня кількість сягала лише 40%.[887] Однак усі ці зміни майже не вплинули на два базові елементи розвитку громадянського суспільства: наявність активної позиції населення та високий рівень довіри до інститутів громадянського суспільства.

Тому не дивно, що загалом волонтерський рух в Україні розвивався досить повільно до 2014 року.[888] У 2013 році у Всесвітньому індексі благодійності, який оцінює понад 140 країн світу, Україна посідала лише 102 місце.[889] Однак 2020 року країна піднялася на 20-те місце.[890] З 2016 до 2020 року Україна належала до десяти країн, які продемонстрували найбільше зростання загального індексу.[891]

2.2. Пробудження громадянської активності, політична активізація волонтерського руху під час Євромайдану та російські фальшиві неурядові організації

Перший потужний сплеск волонтерської активності в Україні стався під час чемпіонату Європи з футболу 2012 року. За даними оргкомітету «ЄВРО–2012 Україна», отримали майже 24 тисячі заявок від охочих заповнити майже п'ять із половиною тисяч потрібних волонтерських позицій УЄФА, причому приблизно 90% заявок надіслали з України та Польщі. Під час Євромайдану кількість громадян України, залучених до доброчинної та волонтерської діяльності, значно зросла.[892] Як показали події Євромайдану 2013–2014 років, розвиток громадянського суспільства перейшов на новий, якісно вищий рівень не завдяки участі держави в цьому процесі, а значною мірою всупереч їй. Саме протистояння між суспільством і державою стало каталізатором швидкого виникнення та поширення явищ, типові риси яких були ознаками становлення системно нових реалій в українському суспільстві.[893] Рівень самоорганізації населення, який виник від початку протестів Євромайдану, а також процеси, які почали масово й активно відбуватися в середовищі громадянського суспільства, можна ідентифікувати як народження громадянського суспільства в сучасній Україні.[894]

В Україні громадянське суспільство успішно усунуло колишнього президента Віктора Януковича після Революції Гідності, продемонструвавши, що відкрите й інклюзивне суспільство, більш інтегроване з європейськими сусідами, краще, ніж дальше підпорядкування Росії. Цілі Росії, однак, полягають у просуванні «російської моделі», прагненні зменшити вплив Сполучених Штатів і знову стати «цивілізаційним гравітаційним ядром»[895] для регіону. Владімір Путін націоналізував російське громадянське суспільство, частину якого використали для протидії Революції Гідності, підтримки окупації та анексії Криму, підриву суверенітету й нагнітання соціальної напруженості в усій Україні. За межами країн колишнього Радянського Союзу Росія підтримує приблизно 150 організованих державою неурядових організацій (фальшивих НУО), щоб впливати на політиків, політичну еліту та молодь. За словами дослідника-міжнародника Джошуа П. Малфорда,

> порівняно із західними лобістськими організаціями, які покладаються на силу своїх аргументів, росіяни вважають гроші за найвпливовіший інструмент переконання.[896]

Головна зовнішньополітична мета Росії щодо сусідніх країн — розширення так званого «русского мира» та Євразійського союзу. Використання Кремлем «євразійських» ідей пов'язане з поняттям «русского мира», яке з 2012 року стало частиною його зовнішньополітичного імперативу, що ґрунтується на російській мові та культурі, спільній історії та спадщині (від Київської Русі до Радянського Союзу), православ'ї та консервативних цінностях, а також на економічній інтеграції через Євразійський економічний союз. Кремль вважав лояльні групи корисними для посилення проурядових меседжів у публічному просторі. Ці групи російська держава почала організовувати 2005 року, і зараз є приблизно 150 таких фальшивих НУО, афілійованих із Міністерством закордонних справ РФ. У Криму й на Донбасі були свої «спін-доктори», які забезпечували ідеологію, а також людські та фінансові ресурси. Джон Лаф з колегами дійшов висновку, що, хоч московські меседжі мають потужну підтримку адміністративного ресурсу Москви, вони «не відбивають інтересів цільового населення», адже «лише 11% російськомовних українців асоціюють себе з російською культурною традицією».⁸⁹⁷ За словами Тетяни Журженко:

> Більшість зробила вибір на користь української держави […] Однак були й ті, хто симпатизував — і досі симпатизує — сепаратистам і Росії. […] Одне з важких питань, з яким ми зіткнемося після війни, — як знову жити разом в одній державі.⁸⁹⁸

З 5 по 14 лютого 2014 року Фонд Демократичні ініціативи імені Ілька Кучеріва здійснив експертне опитування представників неурядових організацій України на тему «Майдан і громадянське суспільство». Серед позитивних впливів Євромайдану на громадянське суспільство експерти зазначили активізацію громадянської активності, вироблення навичок і технологій самоорганізації, примноження «соціального капіталу», демонстрацію людям їхньої сили та можливостей, готовність громадян жертвувати кошти на те, що вони вважають за важливе.⁸⁹⁹

Ці громадянські практики призвели до значних суспільних змін і визнання важливості волонтерства, зміцнивши принципи відповідальності та важливості активної безпосередньої участі в трансформаційних змінах, що відбуваються в суспільстві. Майже одночасно з організацією акцій масової громадянської непокори почав формуватися рух «небайдужих громадян», який мав на меті, крім безпосередньої участі в масових акціях протесту, прямо підтримувати Євромайдан у забезпеченні матеріальних потреб — харчовими продуктами, медикаментами, засобами гігієни, теплим одягом тощо. У цьому контексті доречно говорити про волонтерство як таке, що виникло з активістського протесту. Зв'язки, які швидко встановлювали та налагоджували в перші тижні та місяці, пройшли випробування на надійність у кризових ситуаціях, а згодом переросли у тривалу співпрацю.⁹⁰⁰ У цей період характерною особливістю розвитку волонтерського руху стало залучення соціальних мереж до підтримки та поширення громадських ініціатив, які функціонували переважно у форматі «неформальних волонтерських груп».⁹⁰¹

Світові гуманітарні практики, які традиційно асоціюють із волонтерством, передбачають безоплатну участь добровольців у виконанні конкретних завдань, що не потребують повного відриву активіста від своєї роботи — за винятком екстраординарних ситуацій, наприклад ліквідації наслідків стихійних лих. Сучасний український варіант волонтерства, за висловом деяких його представників часів війни, існує у форматі «24/7».⁹⁰²

Визначити реальну кількість учасників українського волонтерського руху видається неможливим через його постійне поповнення, небажання афішувати діяльність і напівлегальний характер деяких волонтерських організацій. За даними на березень 2015 року, у єдиному реєстрі Міністерства соціальної політики України були зареєстровані 132 волонтерські організації. Однак у травні 2015 року Давид Арахамія, засновник волонтерської платформи *People's Project* і координатор Ради волонтерів при Міністерстві оборони України, дав таку оцінку:

> Зібрати статистику було дуже складно, але враховуючи дані ЗМІ, реєстрів Мінсоцполітики, а також інформацію подану Державними облдержадміністраціями, я нарахував 14,5 тисяч волонтерів, які професійно й постійно займаються цією діяльністю, і більш ніж 2,5 тисяч організацій (дані мобільних операторів, Приватбанку та інші джерела). Також понад 1,5 мн українців хоча б один раз допомагали армії.[903]

Опитування громадської думки, здійснене Фондом Демократичні ініціативи імені Ілька Кучеріва спільно з Київським міжнародним інститутом соціології з 12 по 14 вересня 2014 року, показало, що 32,5% українців уже перераховували кошти на рахунки української армії в період з травня по вересень, 23% користувалися допомогою благодійних фондів і волонтерських організацій, щоб передати кошти, речі та продукти саме через ці громадські інституції, 9% брали участь в акціях у магазинах, купуючи товари зі списків необхідних армії й передаючи їх волонтерам, 7% особисто допомагали переселенцям речами та грошима, 3% займалися волонтерством.[904]

3. Початок тотальної оборони: період війни на Донбасі з державою, яка «наздоганяє» (2014–2022 роки)

3.1. *Недієздатність держави й активність волонтерського руху*

Перші втрати у війні стали справжнім шоком. Стала очевидною неготовність державних структур ефективно реагувати на виклики та діяти в екстремальних умовах. Громадянське суспільство під час цих подій продемонструвало дивовижну здатність до мобілізації та взяло на себе найгостріші проблеми, зокрема надання допомоги. Як пише Леонід Ільчук, українська армія

> залишалася майже небоєздатною, погано оснащеною з усіх точок зору. Це добре розуміла Росія, яка окупувала Крим без «жодного пострілу». Саме тому в реаліях соціальної нестабільності в українському суспільстві потреба у волонтерстві загострилася. Щоб її розв'язати, зусиль і фінансових вкладень держави виявилося недостатньо, тому держава та її організації потребують допомоги населення, готового безоплатно працювати. Так сталося і в Україні, коли добровольчі батальйони та волонтерські організації увійшли до складу Національної гвардії України, захищаючи державу від російської агресії разом зі Збройними силами України.[905]

Саме такі гнучкі форми волонтерської діяльності на практиці найпродуктивніше обходили бюрократичні процедури.[906] Проблема фактичної відсутності достатнього забезпечення армії найнеобхіднішим (одягом, харчовими продуктами тощо) вивела діяльність волонтерських активістів за межі допомоги «своїм хлопцям-знайомим» до всебічного сприяння Збройним силам України, Національній гвардії, добровольчим батальйонам та іншим структурам.[907]

На думку Горєлова та Корнієвського,

> Зростання активності волонтерського руху було обумовлене двома основними факторами: внутрішньополітичною кризою, що призвела до розбалансування системи державного управління, дефіциту якісних управлінських рішень, браку ресурсних можливостей, та зовнішньою агресією, яка поглибила дисбаланс між здатністю держави ефективно виконувати свої функції та забезпеченням основних потреб громадян.[908]

З початком антитерористичної операції на сході України на перший план вийшли «армійські волонтери», яких у народі називали «воїнами добра».[909]

Характерною особливістю розвитку волонтерського руху стало залучення соціальних мереж до підтримки та поширення громадських ініціатив. Інформаційні технології сприяли створенню нової якості комунікації між однодумцями та прискорили терміни, потрібні для доведення волонтерських проєктів до рівня їхньої практичної реалізації.[910] У надзвичайних ситуаціях, зокрема військових конфліктах, соціальні мережі набувають інфраструктурних характеристик, а цифрова спільнота виявляє колективну волю.[911]

Волонтерському руху довелося «втрутитися» й зробити те, що не могла зробити держава через слабку виробничу базу, брак достатніх ресурсів, неорганізованість для своєчасного забезпечення цими ресурсами, брак достатньої підтримки. За таких умов ентузіазм і творчий підхід волонтерів вражав. У цей період можна виокремити різні види волонтерської роботи, наприклад:

- гуманітарну допомогу (нужденним цивільним, людям, які проживають на тимчасово окупованих територіях);
- у місцях переселення (переселенці, евакуація цивільних з прифронтової та прифронтової зони, допомога у придбанні та пошуку житла й роботи, соціальна адаптація);
- медичну та реабілітаційну допомогу, ремонтне волонтерство (відновлення військової техніки), правозахисний напрям (захист прав людей, які опинилися в складних життєвих ситуаціях);
- військове спорядження (проєктування та виготовлення спеціального обладнання, розроблення високотехнологічних систем);
- місії «Чорний тюльпан» (пошук та ідентифікація тіл зниклих безвісти воїнів);
- комеморацію (цивільні та військові, які загинули під час конфлікту).

Розвиток волонтерського руху в окремих регіонах України має особливості. У вкрай складних умовах перебував волонтерський рух на тимчасово окупованих територіях України. Представники «ДНР» та «ЛНР» не визнали діяльність непідконтрольних їм громадських організацій, що змушував волонтерів або співпрацювати з ними, або вести підпільну діяльність.[912]

> У зв'язку з цим більшість волонтерів уникали поїздок на територію, непідконтрольну українським військам. Найчастіше це робили релігійні організації, яким було легше переконати бойовиків у своїй непричетності до конфлікту. Однак основним способом отримання гуманітарної допомоги для людей, які залишилися на окупованих територіях, був виїзд з українського боку вздовж лінії фронту. З 21 лютого 2015 року ця можливість була обмежена через необхідність перепусток, які видаються українською стороною лише в обґрунтованих випадках.

На думку правоохоронних органів, це пов'язано з тим, що деякі волонтери за певну плату «доставляли» на фронт алкоголь і наркотики, а також могли бути інформаторами сепаратистів.[913]

Волонтери також були залучені до надання державних послуг — від доправлення та розподілу гуманітарної допомоги до боротьби з корупцією. Фактично волонтери заповнили інформаційну та комунікаційну порожнечу, спричинену відходом держави, і відіграли особливу роль у боротьбі з корупцією, зокрема зловживаннями місцевої влади й на блокпостах, випадками крадіжок і перепродажу боєприпасів і спеціального військового обладнання, якістю харчування солдатів та інше. Волонтери також відіграли роль у визволенні військовополонених.[914] Офіційно цим займаються державні служби, але без волонтерів вони не можуть цього зробити.[915] З початком антитерористичної операції на перший план вийшли армійські добровольці (70% від загальної кількості), тому можна стверджувати, що волонтери замінили деякі державні структури.[916] На думку експертів Інституту політичних і етнонаціональних досліджень ім. І. Ф. Кураса НАН України, це тимчасовий вихід із ситуації із забезпеченням української армії, адже громадські організації не повинні виконувати та підміняти функції держави.[917] Проте волонтерський рух продемонстрував здатність українського суспільства до самоорганізації, виводячи на перший план поняття соціальної відповідальності, солідарності, підзвітності, прозорості, коли держава не здатна повною мірою виконувати організаційні функції.

На початку активного волонтерського руху майже не було механізмів його взаємодії з владою. Однак згодом значна роль і високий авторитет волонтерів підштовхнули владу до співпраці.[918] Однією з головних проблем взаємодії громадянського суспільства й органів державної влади в Україні був брак довіри. Волонтери є соціальною групою з найвищим рейтингом довіри серед населення, що також виводить їхню роль і значення на передній план політичного інтересу. Термін «волонтер» швидко став «трендом української політичної моди».[919] Стрімкий розвиток волонтерського руху призвів до того, що постало питання про його контроль з боку відповідних органів державної влади та державних структур. Наприклад, Юрій Бірюков, засновник волонтерської організації «Крила Фенікса», був радником Президента України (з серпня 2014 року до травня 2019 року) та радником Міністра оборони (з жовтня 2014 року до 2019 року); Тетяна Ричкова, засновниця дніпровського осередку «Крила Фенікса» й одна з найвідоміших волонтерок, почала працювати в Міністерстві оборони в листопаді 2014 року, очоливши нове державне підприємство, що займається матеріальним забезпеченням військ; а Георгія Туку, керівника волонтерського об'єднання «Народний тил», призначили головою Луганської обласної військово-цивільної адміністрації[920] (з липня 2015 до квітня 2016 року).[921]

З ініціативи Давида Арахамії, радника Міністерства оборони України, восени 2014 року кілька волонтерів стали консультантами Міністерства оборони України («Волонтерський десант»). Членів «Волонтерського десанту» неодноразово критикували колеги-добровольці. Народні депутати українського парламенту, Верховної Ради, звинувачували добровольців у тому, що вони нібито «сіли на схеми, з якими мали боротися». Однак волонтерам вдалося реалізувати кілька системних проєктів. А втім, протягом першого року роботи більшість волонтерів звільнилися, а їхні ініціативи перейшли до Проєктного офісу реформ Міністерства оборони України.[922] Як зазначали в офісі, «волонтери продовжують брати активну участь у діяльності Міністерства оборони та розвитку Збройних Сил України як окремі активісти та представники волонтерських організацій, так і через колективний орган — Раду волонтерів при Міністерстві оборони України. Роль волонтерів у здійсненні цивільного контролю над Збройними силами України залишається величезною».[923]

Дванадцятого грудня 2019 року Володимир Зеленський підписав указ № 879, яким запровадив посаду Уповноваженого президента з питань волонтерської діяльності (поза штатом), основними завданнями якого «є моніторинг ситуації щодо забезпечення гарантій дотримання прав і законних інтересів волонтерів».[924] Також 1 березня 2022 року вийшов Указ президента України № 86 про призначення Уповноваженого з питань взаємодії з громадськими об'єднаннями та добровольчими формуваннями, завданням якого стало «налагодження ефективної взаємодії громадян, громадських об'єднань, добровольчих формувань, що утворилися або самоорганізувалися для оборони України та добровільно беруть участь у забезпеченні національної безпеки, обороні та захисті держави, зі Збройними Силами України, іншими утвореними відповідно до законів України військовими формуваннями та правоохоронними органами».[925]

З 2014 року в Україні є реєстр волонтерів. Реєстрація не обов'язкова, а її основна мета — захистити волонтерів від несправедливих звинувачень та мінімізувати всі ризики в питаннях оподаткування.[926] Співпраця держави та волонтерського руху також ознаменувалася ухваленням Закону України № 2519-IX від 2022 року «Про внесення змін до Закону України "Про волонтерську діяльність" щодо підтримки волонтерської діяльності».⁹²⁷ Зокрема, закон дає змогу додатково залучати волонтерську допомогу у воєнний час для центральних і місцевих органів влади та органів місцевого самоврядування, для підприємств, установ та організацій, для об'єднань громадян, а також фізичних осіб, для захисту та порятунку тварин. Закон також передбачає, що волонтерську допомогу можна надавати онлайн через інтернет або інші телекомунікаційні мережі.⁹²⁸ Іншими важливими змінами є те, що:

> Якщо волонтер отримуватиме компенсацію витрат на відрядження або медогляд чи щеплення, ці гроші не вважатимуться його доходом. Відповідно, волонтер не платитиме з них податки: ПДФО та ЄСВ.
>
> Також не будуть оподатковуватися витрати на участь у заходах, які організовують ГО, БО, що важливо, коли йдеться, до прикладу, про навчання волонтерів (і не тільки) домедичної допомоги, психологічної адаптації, роботи з ПТСР.⁹²⁹

Про «політизацію» українського волонтерства висловлюють неоднозначні думки. Зазначаючи про безсумнівну користь від популяризації самої ідеї добровільної діяльності на благо суспільства, часто стверджують, що потрапляння навіть найавторитетніших волонтерів у «касту політиків» навряд дозволить їм змінити наявну систему. Однак це може суттєво підірвати довіру до державного сектору загалом, адже визнання заслуг волонтерів продемонструвало широкому загалу привабливість волонтерства, фактично замінивши непрацюючі «соціальні ліфти».⁹³⁰ Крім критики кооптації, також зауважують, що, хоч окремі волонтерські ініціативи були дуже ефективними, без чітко організованої взаємодії між громадськістю та владою потенційний ефект втрачається.⁹³¹

3.2. «Олігархічне волонтерство» та можливі побічні ефекти

Волонтерський рух як нове явище на перших етапах становлення мав як позитивні елементи, так і проблеми. До останніх, на думку експертів вищезгаданого Інституту Кураса, можна зарахувати зловживання статусом волонтера, непрозору звітність, збір коштів на підтримку армії псевдоволонтерами, таємний перепродаж волонтерської військової допомоги та її зникнення, розкрадання під час демобілізації, відмову військового керівництва реєструвати надані волонтерами прилади та спеціальне спорядження, фотографування місць дислокації окремих військових частин, наявної військової техніки, облич солдатів та оприлюднення їх у відкритих звітах тощо. Деякі ці негативні явища були типові для перших етапів війни і згодом їх звели до мінімуму, інші виникли пізніше.[932]

Особливим явищем стало «політичне олігархічне волонтерство», яке стосується створення та діяльності гуманітарних і благодійних фондів, заснованих українськими олігархами, зокрема Рінатом Ахметовим, Ігорем Коломойським, Геннадієм Корбаном та іншими.[933] У 2014 році олігархи країни були в авангарді реакції України на російську анексію Криму та початок війни на Донбасі. Бізнес-еліта фінансувала добровольчі батальйони, а кількох олігархів призначили губернаторами нестабільних регіонів. Так, Ігоря Коломойського призначили губернатором рідної Дніпропетровської області, яка межує з Донбасом, а Сергія Таруту — Донецької області. Як повідомляв *Financial Times*, «вони використали свій авторитет, ресурси та медіаможливості, щоб мобілізувати населення проти спроби Росії дестабілізувати та розвалити країну».[934] У 2022 році, коли українська армія вже загартована в боях, олігархи країни відіграють пасивнішу роль в обороні країни, жертвуючи гроші та припаси, як і мільйони їхніх співвітчизників.

За кілька років після Революції Гідності згубний вплив олігархів в Україні став таким проблематичним, що Гельсінська комісія США дійшла висновку: «олігархи захопили українську державу, витіснивши некорумповані політичні партії та конкуруючи між собою, щоб вкрасти багатства України».[935] На початку 2021 року президент Зеленський почав «кампанію деолігархізації», щоб ізолювати політичні процеси та ЗМІ від надмірного впливу бізнес-еліт. За словами Ендрю Лохсена, з одного боку,

> найбагатші люди України майже одностайно підтримують уряд у війні проти Росії. Це свідчить, що вони розуміють не лише те, що російське поглинання завдасть шкоди їхнім бізнес-інтересам, але й те, що криза дає можливість покращити їхнє становище. Наразі олігархи надали значні пожертви, щоб допомогти Україні задовольнити оборонні та гуманітарні потреби, а також продемонстрували готовність відігравати певну роль у відновленні країни в кінцевому підсумку.[936]

З іншого боку, як показали попередні вісім років війни, олігархи здатні блокувати реформи, спрямовані на викорінення корупції, і підривати шлях України до євроатлантичної інтеграції, намагаючись захистити особисте багатство і вплив.

Financial Times наводить такий приклад конфлікту між цивільними й олігархами. Через тиждень після того, як російські війська вдерлися в Україну, група волонтерів переобладнала великий будинок за межами столиці під польовий госпіталь. Його власник, Віктор Пінчук, один з найбагатших людей України, як і багато інших олігархів, залишив країну на початку війни. Пінчук, який відтоді неодноразово відвідував Україну, спочатку погодився дозволити активістам користуватися незайнятою будівлею, але незабаром волонтери зловживали гостинністю та почали чинити опір їхньому виселенню: «Ми тут до перемоги».[937]

Рівень волонтерства серед українського населення такий, що цілком може бути пов'язаний у майбутньому з проблемою соціальної та посттравматичної адаптації добровольців, особливо повернення до мирного життя «фронтових волонтерів». Вони можуть постати перед проблемами в особистому житті, відчувати різні психологічні розлади, виявляти підвищений рівень агресії та нетерпимості.[938]

4. Тотальна оборона та громадянський волонтерський рух після повномасштабного російського вторгнення

На думку Деніела Н. Познера, є дві моделі громадянського суспільства: «адвокаційна» або «сторожова», спрямована на контроль над державою, та «заміщення», що має на меті забезпечити соціальний добробут.[939] Катерина Зарембо, досліджуючи роль волонтерів в оборонній реформі, вказала на подвійний ефект: волонтерство зміцнює обороноздатність держави та водночас послаблює її, головно заміщуючи державу, що становить типову рису нестабільних політик. З одного боку, спроможність держави зросла в тих сферах, де постачання і закупівлі були ускладнені, а з другого — надання послуг, більш ефективне, ніж державне, або заміщення держави розглядають як послаблювальний ефект. Як наслідок, менші волонтерські ініціативи припинили діяльність, тоді як більші сили переорієнтувалися на задоволення базових потреб на лінії фронту.[940]

Опитування Центру Разумкова, проведене у вересні-жовтні 2022 року, пропонує критичні оцінки того, як розвивалася Україна до початку повномасштабної військової агресії Росії. Так, у грудні 2021 року більшість (65,5%) респондентів вважали, що події в Україні розвиваються в неправильному напрямку. За десять місяців частка респондентів, які дотримувалися такої думки, суттєво зменшилася, і 51% опитаних тепер вважають, що події в Україні розвиваються в правильному напрямку. Серед соціальних інститутів українці найбільше довіряють Збройним силам (96%), президенту України (82%), гуманітарним і благодійним організаціям (78%), церкві (70%), тоді як недовіру найчастіше висловлюють політичним партіям (77%), судам (72%), банкам (66%) та Верховній Раді України (60%). Вибираючи між двома моделями суспільного розвитку — європейською та російською — 70% віддають перевагу європейській моделі, тоді як російській — лише 0,5% (у 2017 році ці показники становили 58% та 4% відповідно). Частка респондентів, які дали позитивну відповідь щодо готовності воювати за свою країну під час війни, стабільно зростає: з 40% 2011 року до 57% 2020 року та до 71% 2022 року.[941]

Згідно з опитуванням, здійсненим Національним демократичним інститутом у співпраці з Київським міжнародним інститутом соціології 4–16 січня 2023 року, 41% населення України був залучений до волонтерства, тоді як інші форми допомоги також показали винятково високі значення (Рисунок 1).[942]

Рисунок 1. Чи робили ви щось із наведеного переліку після початку повномасштабної війни? (NDI Ukraine, 2023)

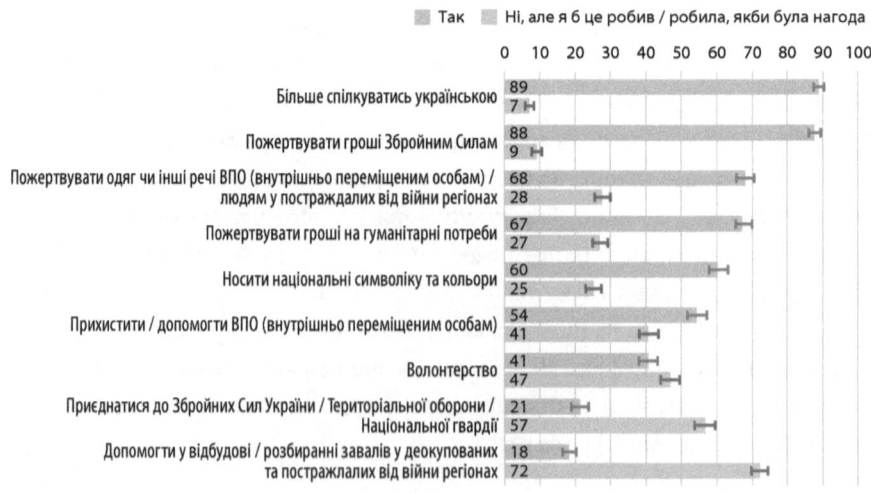

З 24 лютого 2022 року волонтерський рух в Україні значно активізувався, а Волонтерська платформа стала одним з основних джерел пошуку можливостей. Платформу запустила ще в березні 2021 року Українська волонтерська служба, Дитячий фонд ООН (ЮНІСЕФ) та ІТ-компанія SoftServe за підтримки Міністерства молоді та спорту, щоб об'єднати волонтерів та організації з усієї України.[943]

Наталія Повтар, юристка Центру демократії та верховенства права, висловилася так: «Зараз в Україні об'єктивно кожен волонтер».[944] У вечірньому відеозверненні 4 грудня 2022 року президент Зеленський сказав про це: «[...] ми маємо ще більше допомагати одне одному, ніж будь-коли, і ще більше дбати одне про одного. І не питайте, будь ласка, чи допомогти, і чим. Просто допомагайте, коли бачите, що можете це зробити».[945] Наступного дня Зеленський підписав указ № 825 від 2022 року про встановлення відзнаки Президента України «Золоте серце»

> з метою відзначення вагомого внеску волонтерів у надання допомоги та розвиток волонтерського руху, зокрема під час здійснення заходів із забезпечення оборони України, захисту безпеки населення та інтересів держави у зв'язку з військовою агресією Російської Федерації проти України та подолання її наслідків.[946]

У пресі також з'являлися повідомлення про появу в Росії волонтерства для допомоги російській армії та постраждалим від війни цивільним, але 2022 року це стало винятком. За словами співзасновника однієї з [російських — прим. ред.] волонтерських груп, волонтерство надавало учасникам певне психологічне полегшення, адже «вони відчувають, що мають силу зробити складну ситуацію кращою».[947]

Тарас Кузьо вважає, що протягом перших десятиліть незалежності Україна була «іммобільною державою», коріння якої — слабка національна єдність, слабка державна спроможність, брак серйозних реформ, політична нестабільність.[948] Потім, 2014 року, політична влада вкотре виявилася нездатною впоратися з доленосною кризою, і країну від швидкого розпаду врятували лише стрімко створені воєнізовані формування, які поставили під сумнів державну монополію на застосування сили — один із наріжних каменів сучасної державності, та щораз більша роль цивільних волонтерів.[949] Унаслідок російської агресії «волонтери можуть одночасно зосереджуватися на задоволенні нагальних потреб і водночас закладати фундамент для ширших культурних і політичних змін».[950] Однак поки що демократизувальна функція громадянського суспільства явно відходить на другий план, коли країні доводиться мати справу з гуманітарними кризами та військовою обороною.⁹⁵¹ Енн Епплбаум звертає увагу ще й на те, що

> Україна не нація святих. Не всі, хто має український паспорт, воюють за країну або навіть планують залишитися в ній. Не всі активні, сміливі чи оптимістичні […] Але важливо те, що буде далі, і такі голоси не будуть вирішальні в післявоєнній Україні […] Волонтери творитимуть повоєнну культуру України […].⁹⁵²

Як не дивно, частиною допомоги, яку надають армії громадські організації, є закупівля зброї. Зазвичай такий мілітаризм провокує неприязнь у деяких цивільних, але щонайбільше активіст тихенько додасть за спинами інших, що йому не подобається, коли бажають смерті росіянам, мовляв, «треба вчитися вбивати без ненависті, щоб не стати такими, як вони».⁹⁵³ На початку масованих російських атак на цивільну інфраструктуру українці активніше підтримували збройні сили. За даними *Opendatabot*, лише в жовтні 2022 року пожертви до трьох популярних благодійних фондів країни — United24, «Повернись живим» та Благодійного фонду Сергія Притули — становили 1,5 млрд гривень (приблизно 41 млн доларів США). Понад 80% допомоги пішло на підтримку армії, решта — на гуманітарну допомогу й охорону здоров'я.⁹⁵⁴ Оцінка Наталії Шаповалової щодо громадянського волонтерства під час Євромайдану актуальна й 2022 року:

> Нова форма громадського активізму в Україні вражає своїми джерелами підтримки та тактикою роботи з суспільством. На відміну від традиційних неурядових організацій, які залежать від іноземного фінансування або підтримки олігархів чи приватних донорів, нові рухи залучають краудфандинг і використовують соціальні мережі, охоплюючи тисячі українців і заохочуючи їх до участі через пожертви.⁹⁵⁵

Конференція з питань реформ в Україні (URC) — міжнародний захід, який проводять щорічно з 2017 року, щоб обговорити прогрес реформ в Україні за участі українських та іноземних посадовців, зокрема представників Європейського Союзу, НАТО, G7, громадянського суспільства та приватного сектора. Конференцію URC 2022 в Лугано спочатку планували як п'яту конференцію, але на тлі повномасштабної війни Росії проти України її переорієнтували на широкий політичний процес, відомий як Конференція з відновлення України. Наприкінці конференції представники громадянського суспільства презентували Маніфест громадянського суспільства 2022 (Луганську декларацію).⁹⁵⁶ Коментуючи декларацію, Світлана Сова, представниця Об'єднання Відповідальних Громадян, заявила в грудні 2022 року, що

> Ми задекларували рамки та принципи розвитку. Розвиток України неможливий без тих принципів, які ми зазначили в цьому маніфесті — Україна з європейською ідентичністю, з представницькою демократією, де процеси прийняття рішень прозорі, інклюзивні та партисипативні. Ми визначили червоні лінії, які не можна перетинати… На сьогодні цей маніфест підписали понад 250 організацій.⁹⁵⁷

У 2022 році хоробрий народ України в особі президента, вибраних лідерів та громадянського суспільства нагородили Премією Європейського парламенту імені Андрія Сахарова «За свободу думки».⁹⁵⁸ Варто згадати думку Еміне Зіятдінової, кримськотатарської фотографки-документалістки з України:

> […] крім армії, нинішнім успіхом Україна здебільшого завдячує громадянському суспільству. Кожна людина, яку знаю, робить щось, щоб допомогти спільній справі. І ви не повинні думати про це у вертикальній системі, де хтось сказав би їм, що це їхній обов'язок. Ба більше, вони не бояться виходити на вулиці, війна чи не війна, якщо бачать несправедливість у системі, вони вийдуть на вулиці прямо зараз.⁹⁵⁹

Релігійний ландшафт України: між репресіями та плюралізмом

Денис Брильов, Тетяна Калениченко

1. Ідеальні типи церков щодо відносин із державою

Поліконфесійний ландшафт України та регулярна трансформація політично-економічних режимів на тлі суспільно-політичних криз створили унікальний контекст для дослідження змін ідентичності. Проблема ідентичності суспільства, зокрема в її релігійному вимірі та в умовах церковного розмаїття, — це те, що цікавить нас як науковців. І хоч усі спроби уніфікувати передусім православне середовище призводили до зростання релігійних інституцій і поглиблення політичного рівня конфлікту, ми звернемося до методологічної типології церков з огляду на їхні відносини з державою.

У нашій статті використовуємо методологічний підхід, що його запропонували Балінт Мадяр і Балінт Мадловіч.[960] Вони виділили три ідеальні моделі статусу церкви в посткомуністичних державах за трьох різних типів державного режиму:

- *Незалежна церква* становить типову форму для ліберальної демократії, коли церква в діяльності (тобто наданні релігійних послуг вірянам) незалежна від держави. Водночас держава прагне забезпечити нейтральне ставлення до всіх конфесій і щодо незалежної церкви може називатися світською.
- *Клієнтська церква* — типова форма для патрональної автократії, де фінансування та державне визнання конфесій відбувається на дискреційній основі (на розсуд держави), що робить церкву предметом торгу та лояльності до головного патрона. Основна функція церкви-клієнта — агітувати за панівну еліту й ідеологічне (релігійне) тлумачення її дій. Релігію в такому разі еліта інструменталізує, щоб досягти політичних цілей.

- *Репресована церква* — типова форма комуністичної диктатури. Репресована церква — це релігійна організація, яка або заборонена державою, або їй перешкоджають у діяльності. Вона не визнана державою, тож позбавлена відкритих (легальних) суспільних функцій. Таку державу можна назвати антирелігійною, адже вона переслідує релігійні організації. Водночас не повністю заборонені церкви підпорядковані номенклатурі, яка призначає релігійних лідерів та/або впроваджує в їхні ряди таємних агентів.

У дослідженні ми приймаємо цю типологію, розвиваючи її далі і зважаючи на специфіку української ситуації. Насамперед ми покажемо, що, по-перше, в історії незалежної України не так режим, як постать президента була визначальною для формування внутрішньої та зовнішньої політики, зокрема державно-конфесійної (у якій ключову роль відігравали саме православні юрисдикції), і по-друге, перехід від одного типу церкви до іншого можливий без формальної зміни політико-економічного режиму.

2. Релігійна ситуація в Україні напередодні російсько-української війни

Історично Україна — багатоконфесійна країна, у якій уже в епоху Київської Русі (X-XIII століття) співіснували потужні релігійні традиції: язичницькі вірування, християнство, юдаїзм та іслам. Сьогодні в Україні понад сто релігійних спільнот, які об'єднують 35 453 релігійні організації, 93 релігійні центри та 301 релігійне управління.[961] Домінантною релігією залишається християнство, тісно пов'язане з національною ідентичністю та процесом українського державотворення. Воно представлене насамперед православними церквами кількох юрисдикцій. Основні три церкви: Українська православна церква Московського патріархату (УПЦ МП), Православна церква України (ПЦУ) та Українська православна церква Київського патріархату (УПЦ КП).

Загалом православні, католицькі та протестантські релігійні організації становлять приблизно 97% усього релігійного ландшафту. Православ'я утворює найбільшу групу, його різні гілки охоплюють приблизно 55% християн. На другому місці — протестантизм (приблизно 30%), на третьому — католицизм (приблизно 15%). Загалом в Україні є 19 860 православних, 10 774 протестантських і 5 280 католицьких громад. Найбільшою католицькою громадою в Україні та другою за чисельністю релігійною громадою загалом є Українська греко-католицька церква (УГКЦ), до якої 2021 року ходило приблизно 8,8% населення.⁹⁶² Послідовники УГКЦ проживають переважно у західних регіонах України. Релігійні громади, сформовані корінним населенням, насамперед кримськими татарами та національними спільнотами, зокрема євреями, поляками, угорцями, румунами та поволзькими татарами, також традиційно сильні в Україні.

Рівень релігійності українців має виразний регіональний характер. Ще за радянських часів жителі західних областей УРСР демонстрували один із найвищих рівнів релігійності в СРСР — 86% (55% вірян і 31% тих, хто вагається), тоді як у південних регіонах, зокрема в Одеській області, він становив 62% (лише 9% вірян і 53% тих, хто вагається).⁹⁶³ За соціологічними даними Центру Разумкова, 2018 року ці регіональні особливості досі відігравали важливу роль: вірянами себе вважали до 91% мешканців західних областей і до 59% мешканців південних. Західна частина країни також має найбільшу кількість релігійних організацій — приблизно 42% від усієї релігійної мережі країни, на другому місці — північно-центральний регіон (34%), на третьому — південно-східний макрорегіон (приблизно 25%). Як свідчать дані моніторингу релігійної мережі Департаменту у справах релігій Міністерства культури України, ця ситуація не змінилася за останні двадцять років.⁹⁶⁴

Завдяки такому плюралізму, високому рівню конкуренції між релігійними організаціями, браку формальної підтримки з боку української держави жодної з великих церков, в Україні склалася система релігійного «деномінаціоналізму». Це означає, що є сильно плюралістична система, у якій всі релігії мають рівні права та конкурують між собою. Така ситуація вирізняється ліберальним характером і масштабом релігійного плюралізму й дуже схожа на модель, що склалася в США.⁹⁶⁵

3. Український маятник: між репресованою та клієнтською церквою

Хоча Україна з моменту здобуття незалежності була, за термінологією дослідників, патрональною демократією, у країні співіснували різні типи церков, які демонстрували динамічні маятникові рухи між вищезазначеними ідеальними типами. Головним важелем цих змін був президент України та його публічна й владна позиція щодо різних церков.

3.1. Між незалежною та клієнтською церквою за часів Кравчука, Кучми та Ющенка (1991–2009 роки)

Перший президент України Леонід Кравчук (1991–1994) обстоював ідею національної церкви, окремої від московської. Водночас він чинив тиск на УПЦ, відмовляючись визнати рішення Харківського архієрейського Собору 27–28 травня 1992 року, на якому ієрархи УПЦ відправили у відставку митрополита Філарета (Денисенка) й обрали на його місце нового предстоятеля — митрополита Володимира (Сабодана). Кравчук, який до розпаду СРСР обіймав посаду завідувача ідеологічного відділу ЦК Компартії України, стверджував, що причиною відмови визнати рішення собору стала його «невідповідність церковним канонам»:

> Я сказав, що якщо не будуть дотримані всі канони церкви, якщо все не буде зроблено відповідно до статуту, я не зможу як президент України спілкуватися з предстоятелем Української православної церкви Московського патріархату.[966]

Фактично Кравчук підтримав створення незалежної від Москви церкви, а саме Української православної церкви Київського патріархату (УПЦ КП) на чолі з митрополитом Філаретом (Денисенком).[967] Це означало підтримку розколу українського православ'я, який досі залишається частиною українського церковного життя. УПЦ МП зазнавала тиску з боку влади, однак він не був такий інтенсивний, щоб їй можна було приписати статус *репресованої Церкви*. Українська православна церква Київського патріархату в цей період була найближча до статусу *незалежної церкви*.

За часів правління наступного президента Леоніда Кучми (1994–2005 роки) статус УПЦ КП лишався майже незмінним, тоді як статус УПЦ МП почав коливатися між *незалежною церквою* та *церквою-клієнтом*. Поява патрон-клієнтських відносин між Церквою та державою значною мірою була зумовлена посиленням позицій держави у державно-конфесійних відносинах на тлі інтенсивного міжюрисдикційного (переважно міжправославного) конфлікту. З ініціативи й під патронатом Кучми у грудні 1996 року створили Всеукраїнську раду церков і релігійних організацій (ВРЦіРО) як представницький міжконфесійний консультативно-дорадчий орган.[968] Водночас Кучма намагався зберегти бодай подобу балансу між УПЦ МП та УПЦ КП: наприклад, він передав Києво-Печерську лавру у користування УПЦ МП, а відреставрований Михайлівський собор у центрі Києва — УПЦ КП. Крім того, президент неодноразово заявляв, що єдина Помісна Церква — його заповітна мрія, і вважав це важливим кроком до звільнення від російського впливу та зміцнення українського суверенітету.[969]

За часів правління третього президента України Віктора Ющенка (2005-2010) тиск на УПЦ МП знову посилився, а її статус змістився в бік *клієнтської Церкви*, адже вона ставала дедалі більш залежною від певних груп еліт, у цьому разі — політиків із південно-східного регіону України, представлених Партією регіонів. Сам президент, на відміну від «регіоналів», дотримувався думки, що автокефалія необхідна українській церкві, і навіть робив спроби отримати її від патріарха Варфоломія.[970] Однак через непримиренну позицію патріарха Філарета (Денисенка), який бачив на посаді патріарха майбутньої автокефальної церкви лише себе, домовитися з Варфоломієм не вдалося. Крім того, у процес активно втручався брат президента Петро Ющенко, який заснував Всеукраїнське об'єднання «За автокефальну (помісну) Україну».[971] Варто визнати, що непоступливість патріарха Філарета в питаннях внутрішньоцерковної влади дала змогу в цей період зберегти УПЦ КП статус, близький до статусу *незалежної Церкви* — хоч і сама УПЦ КП, і Філарет були не проти змінити цей статус на статус *Церкви-клієнта*, але тільки на власних умовах.

3.2. Між клієнтською та репресованою церквою за часів Януковича, Порошенка та Зеленського (2010–2022 роки)

Остаточний перехід УПЦ МП до статусу *церкви-клієнта* стався за часів Віктора Януковича (2010–2014 роки). До цього часу в Україні остаточно сформувалася специфічна релігійна культура, у якій, за словами Віктора Єленського, чітко простежуються напівфеодальні практики, коли «сюзерен» (місцевий депутат і/або бізнесмен) контролює територію й маніпулює залежним духовенством.[972] За правління Януковича головними покровителями УПЦ МП стали проросійські бізнесмени з президентської Партії регіонів: спочатку Віктор Нусенкіс, уродженець Донецької області, а потім громадянин Росії Вадім Новінській.

Віктор Нусенкіс тривалий час був головним спонсором УПЦ МП, щомісяця жертвуючи церкві мільйон гривень (приблизно 120 000 доларів США на той час), а також заснував пів сотні православних громад на власних підприємствах і побудував усі головні храми Донецької єпархії УПЦ МП.[973] Разом із Геннадієм Васильєвим, колишнім генеральним прокурором України та віцеспікером українського парламенту, він розвивав «православне телебачення» переважно з українських каналів «Київська Русь», «Глас» та російської дитячої телестудії ТОН (Телевізійний острів надії). Ці канали були об'єднані ідеєю відновити єдність Росії, України та Білорусі в єдиній православній державі.[974] Надаючи значну фінансову підтримку УПЦ МП, Нусенкіс прагнув впливати на внутрішню церковну політику як затятий противник незалежності УПЦ МП. Наприклад, під час Собору УПЦ МП 8 липня 2011 року, на якому Нусенкіс був делегатом від Донецької єпархії, він активно виступав проти рішень, які могли призвести до автокефалії УПЦ МП. Коли предстоятель УПЦ МП митрополит Київський Володимир (Сабодан) спробував обмежити вплив Нусенкіса на рішення Собору, Нусенкіс вчинив дії, спрямовані на обмеження влади митрополита Володимира, і після закінчення Собору припинив фінансувати будівництво кафедрального собору УПЦ МП та особистого лікування митрополита Володимира. Крім того, саме Нусенкісу приписують спробу «перевороту» на цьому Соборі, яка полягала у зміщенні митрополита Володимира й заміні його на єпископа Донецького та Маріупольського Іларіона.[975]

У 2010-х роках Нусенкіса на посаді головного мецената-спонсора УПЦ МП змінив виходець із «пітерської команди» Владіміра Путіна, громадянин Російської Федерації Вадім Новінській. У 2012 році указом президента Януковича він отримав українське громадянство «за видатні заслуги перед Україною», а 2013-го його переобрали до українського парламенту. Саме Новінському приписують вирішальний вплив на внутрішню політику УПЦ МП за часів Януковича — від спроб усунути митрополита Володимира від керівництва церквою й лобіювати надання сану митрополита архієпископу Антонію (Паканичу), а згодом висунути його на посаду Предстоятеля УПЦ МП, до організації рішень Архієрейського Собору про внесення змін у Статут УПЦ МП для зменшення її самоврядних прав та посилення залежності від Московської патріархії.[976] Навіть після Євромайдану й дальшого повалення режиму Януковича Вадім Новінській зберіг вплив на внутрішню політику УПЦ МП.

Вплив Новінського зберігся й після повномасштабного вторгнення Росії в Україну. Під час Помісного Собору УПЦ МП 27 травня 2022 року Новінській домігся м'яких формулювань щодо патріарха Московського Кіріла: митрополит Київський Онуфрій (Березовський) запропонував висловити «недовіру» патріарху, але під тиском Новінского формулювання змінили на «незгоду». Ба більше, під час публічної суперечки з предстоятелем, головний спонсор УПЦ МП дозволив собі підвищити голос на главу своєї церкви (Новінській — диякон УПЦ МП).[977]

Крім Нусенкіса й Новінського, УПЦ МП підтримував і сам президент Віктор Янукович: він побудував храм великомученика Георгія Змієборця в рідному Єнакієвому (Донецька область), організував доправлення в Україну мощей Георгія Змієборця з монастиря Ксенофонт на Афоні, сприяв отриманню Свято-Успенським Святогірським монастирем статусу лаври — найвищого монастирського статусу в українському православ'ї.[978]

Зі зміцненням промосковської партії при владі та наданням УПЦ МП режиму найбільшого сприяння статус УПЦ КП почав дедалі більше зміщуватися від *незалежної церкви* до *репресованої*. Певною мірою вона зберігала свій регіональний характер, концентруючи парафії на заході України, які навіть за правління Віктора Януковича зберігали проукраїнський та антиросійський характер.

Після Революції Гідності статус УПЦ МП за президентства Петра Порошенка (2014–2019) трансформувався з *церкви-клієнта*, яку спочатку підтримував Порошенко (його висвятили на диякона УПЦ МП 2009 року), до *репресованої церкви*. Протягом перших двох років президентства Порошенко підтримував нормальні відносини з УПЦ МП. Однак усе змінилося 2016 року після того, як Верховна Рада звернулася до Константинопольського патріарха Варфоломія з проханням надати автокефалію українській церкві (насамперед УПЦ КП). У відповідь УПЦ МП організувала масштабну всеукраїнську акцію «Хресний хід за мир, любов і молитву за Україну», яку українська влада розцінила як акцію російських спецслужб, покликану дестабілізувати ситуацію в Києві. Саме тоді Порошенко вперше різко розкритикував УПЦ МП, звинувативши її в нездатності підтримати Україну в протистоянні з Росією.[979]

Відтоді, а особливо після 2018 року, коли Православна церква України (ПЦУ), що виникла на базі УПЦ КП та Української автокефальної православної церкви (УАПЦ), отримала автокефалію, УПЦ МП почала дедалі більше маргіналізуватися у владному дискурсі: її почали розглядати як «п'яту колону», «філію ФСБ» тощо. Така маргіналізація та стигматизація була досягнута, зокрема, через сек'юритизацію та інструменталізацію православ'я в Україні, яку здійснив Порошенко. Це було в його передвиборчій програмі,[980] яка отримала серед його опонентів глузливу назву АРМОВІР (Армія — Мова — Віра). Водночас новостворена Православна церква України набула статусу *незалежної церкви*.

За нинішнього президента України Володимира Зеленського УПЦ МП майже впритул наблизилася до ідеальної моделі *репресованої церкви*, як покажемо нижче. Водночас складно сказати, яка доля чекає на УПЦ МП і яка з описаних тенденцій візьме гору.

Як бачимо, за відносно короткий проміжок часу Українська православна церква (у канонічній єдності з Московським патріархатом) тією чи тією мірою продемонструвала всі три ідеальні статуси: почавши як *незалежна церква*, з часом трансформуючись у дедалі більш *клієнтську церкву* і, зрештою, поступово перетворившись на *репресовану церкву*. Це також означає, що тоді як концептуальні рамки прив'язували кожен зі згаданих церковних типів до певного типу державного режиму, в Україні вони змінювали один одного, навіть якщо режим лишався незмінним.

Формально протягом усього періоду існування незалежної української держави, декларуючи її світський характер, УПЦ МП була *незалежною церквою*. Певною мірою це можна вважати за правду, адже для України типовий високий ступінь релігійного плюралізму, зумовлений наявністю кількох впливових християнських церков, кожна з яких створює противагу іншим великим церквам. У випадку України такими конкурентними церквами є УПЦ МП, УПЦ КП (після 2018 року — Православна церква України) та Українська греко-католицька церква. Однак можна побачити, що реальний статус УПЦ МП змінювався від президента до президента, кожен із яких мав власне розуміння ролі та місця релігії в державному будівництві.

4. Тематичні дослідження трьох українських церков

4.1. *Випадок Української греко-католицької церкви: від досвіду катакомбної церкви у радянський період до регіонального домінування та претензій на роль загальноукраїнської церкви у майбутньому*

Українська греко-католицька церква (УГКЦ) — третя за величиною церква в Україні після ПЦУ та УПЦ МП — налічує приблизно 5,5 млн прихильників у приблизно 3400 громадах. УГКЦ — найбільша католицька громада країни, а також найбільша східна католицька церква, яка посідає своєрідне становище між Римо-католицькою та Східною православною церквами.

УГКЦ пережила тривалий період підпілля *як репресована Церква* (1946–1989), коли через переслідування радянської влади не могла діяти відкрито.[981] Однак це не знищило її, а допомогло вистояти і побудувати власну історію новітнього мучеництва та зберегти проукраїнську національну ідентичність, типову для Галичини навіть у радянські часи. Зі здобуттям Україною незалежності УГКЦ одразу змінила статус на *незалежну церкву*, адже почала діяти відкрито, відроджуватися та легітимізуватися. Однак багатовимірні конфлікти, які спалахнули в різних формах у 1990-х роках, зберігаються й до сьогодні. Крім історичного, національного та релігійного контексту, про який уже згадували, велике значення мала соціально-політична й економічна ситуація. Наприклад, легалізація УГКЦ становила загрозу для впливової РПЦ, п'ята частина парафій якої була саме на заході України.[982]

Уже після Майдану 2013–2014 років у Києві УГКЦ набула нового масштабу інформаційної публічності, вийшовши за межі церкви лише західних областей.[983] Тоді, на тлі порівняння з УПЦ КП, а згодом ПЦУ, дві церкви існували в публічному просторі паралельно, залишаючись в межах східного обряду й позиціонуючи себе як проукраїнські. УГКЦ, однак, зберігає образ світу, близького до Ватикану, як через пряме підпорядкування Папі, так і через мережу підтримки та пожертв. Яскравий приклад цього — відновлення 2002 року Українського католицького університету у Львові (формально заснованого 1928 року). Цей світський навчальний заклад, зберігаючи багато обов'язкових релігійних предметів для всіх студентів, відбиває мережу фінансової підтримки УГКЦ, яка спирається насамперед на українську діаспору (найбільшими партнерами є Канада та США) та католицькі фонди, як-от «Карітас», «Реновабіс» та інші. Саме такий характер зв'язків заважає церкві набути загальноукраїнського характеру — чого вона прагне від 2013 року — і не дає змінити ані масштаби діяльності, ані характер партнерів.

УГКЦ зберігає модель *незалежної церкви*, адже її не сприймають як суттєве джерело впливу на електорат у різних регіонах України. Ця модель працює за винятком поодиноких випадків, пов'язаних з релігійними або ресурсними конфліктами, наприклад із поверненням храмів або будівництвом нових. Зокрема, 2009 року невелика кількість єпископів УГКЦ оголосила про заснування нової церкви, Української православної греко-католицької церкви (УПГКЦ), у відповідь на звинувачення з боку УГКЦ у єресі та відступництві. Хоча УПГКЦ досі визнає Папу Римського як найвищий авторитет, вона прагне відмежуватися від «сучасних єресей, які руйнують як східну, так і західну Церкви».[984] Вона також стверджує, що нинішній Папа Римський не дійсний Папа через підтримку єресі, а отже, місце Папи фактично вакантне.[985] Ватикан не визнає УПГКЦ, як і український уряд, а тому цю церкву можна класифікувати як *репресовану*.

УПГКЦ, на відміну від УГКЦ, антиєвропейська та проросійська, виступає проти українського націоналізму, підтримувала Януковича й палко протестує проти гомосексуальності. Невідомо, скільки прихильників УПГКЦ залучила від моменту заснування. Зокрема, 2014 року архієпископ Львівський УГКЦ Ігор (Возняк) заявив, що УПГКЦ фінансується Росією, щоб створити безлад у громаді Української греко-католицької церкви. Це віддзеркалює переконання, яке, як повідомляють, поширене в усьому західному регіоні України.[986]

4.2. Випадок Української православної церкви Київського патріархату, а згодом Православної церкви України: від невизнаної церкви до квазідержавної церкви, яка претендує на роль головної національної церкви країни

Українська православна церква Київського патріархату була однією з православних юрисдикцій, що існували в Україні після здобуття незалежності. Її утворили 1992 року, коли після розпаду Радянського Союзу група українських православних лідерів звернулася до Російської православної церкви з проханням про автокефалію. Коли це прохання відхилили, УПЦ КП відмовилася залишатися під владою Московського патріархату й продовжила діяльність як незалежна церква, не визнана жодною іншою автокефальною церквою. Водночас вона певною мірою коливалася між *клієнтською* та *репресованою церквою* під час перебування при владі різних президентів України, про що вже згадували вище, у підрозділі, присвяченому УПЦ МП.

УПЦ КП історично посідала чітку й активну позицію на підтримку української незалежності та була проти російської агресії. У ті періоди, коли церква коливалася між статусом *церкви-клієнта* й *незалежної церкви*, вона мала шанс отримати автокефалію та визнання Вселенського патріархату (наприклад, за часів правління Ющенка), але ці спроби так і не були доведені до кінця через особисту позицію патріарха Філарета та низку інших, політичних причин.

Ситуація докорінно змінилася після того, як колишній прихильник УПЦ МП і новий президент Петро Порошенко вирішив узятися за справу українського православ'я та ініціював нову хвилю переговорів зі Стамбулом щодо автокефалії. Це призвело до появи нової церкви, яка, однак, не об'єдналася ні з УПЦ МП, ні з усією УПЦ КП. Православна церква України (ПЦУ) народилася 2018 року внаслідок об'єднання різних православних юрисдикцій в Україні, які виступали за незалежність, включно з Українською автокефальною православною церквою, основною частиною УПЦ КП та частиною офіційної УПЦ МП, які вирішили відділитися від Московського патріархату. ПЦУ — це церква, яку офіційно визнав автокефальною Вселенський (Константинопольський) патріархат. Однак УПЦ КП швидко відкололася від нової Православної церкви України після того, як лідер колишньої УПЦ КП патріарх Філарет не зміг знайти достатньо спільної мови з лідером новоствореної Православної церкви України митрополитом Епіфанієм щодо низки питань управління у новій церкві.[987]

Разом зі спробою об'єднання православних церков до ПЦУ перейшли різні парафії, єпископи та священники, а також основні церковні спонсори. Зокрема, головний благодійник УПЦ КП, власник «Першої приватної броварні» Андрій Мацола[988] почав підтримувати митрополита Епіфанія. Типовою рисою нової церкви стала її схильність до публічної, а не церковної діяльності, що відбилося в діяльності парламентської групи «За духовність, моральність та здоров'я України»,[989] яка формально асоціювала себе спочатку з УПЦ КП, а потім і з ПЦУ як «проукраїнською церквою». Вона також лобіювала питання іншого характеру, наприклад мовне питання, анти-ЛГБТ-проєкти (захист «сімейних цінностей»), патріотичне виховання тощо.

На нашу думку, говорячи про ПЦУ, доречніше стверджувати про феномен «громадянської релігії», ніж про релігійну ідентичність. У цьому питанні можна погодитися з протоієреєм Кирилом Говоруном, який зауважує, що для розуміння суспільно-політичних процесів у сучасних державах, які асоціюють себе зі східнохристиянською традицією (зокрема в Україні), поняття «громадянська релігія» — корисний герменевтичний ключ. На думку Говоруна, в Україні можемо спостерігати зіткнення двох типів громадянської релігії: (1) *російської імперської*, яку пропагують як «русский мир» (частково представлена УПЦ МП), і (2) *націоналістичної балканського типу*, у якій набір вірувань, символів і ритуалів становить квазірелігію нації (представлена УПЦ КП, а пізніше ПЦУ).[990] Цю «квазірелігію нації» чудово ілюструє мем «атеїст Київського патріархату», поширений серед інтелігенції, яка позиціює себе як патріотична (цей мем вигадав радник президента Петра Порошенка Юрій Бірюков).[991]

Водночас говорити про якусь трансформацію ідентичності послідовників ПЦУ після повномасштабного вторгнення не варто, адже їхня ідентичність від початку мала яскраво виражений національний характер. Натомість можна стверджувати про те, що ПЦУ здатна стати особливим громадсько-релігійним центром тяжіння для проукраїнськи налаштованих громадян, не активних у переконаннях і належності, а тому для них важливий статус *незалежної церкви*. Водночас це може стати деконструктивним для ПЦУ як релігійної інституції, як «Церкви Христової», спрямованої на конфесійну належність і задоволення духовних потреб.

4.3. Випадок Української православної церкви Московського патріархату: від статусу квазідержавної церкви до переслідуваної після Євромайдану та повномасштабного вторгнення

Після Євромайдану УПЦ МП опинилася в чи не найбільш серйозній кризі за весь час існування. З 2014 року деякі українці розглядають її як агента впливу Російської православної церкви й російського впливу загалом. Ця внутрішня криза ще більше загострилася через зовнішній тиск із боку незалежної Православної церкви України (ПЦУ), лідер якої митрополит Епіфаній активно закликає священників УПЦ МП переходити до ПЦУ. Почастішали випадки примусового переходу парафій, насамперед у західних регіонах України, які іноді супроводжуються насильницькими діями (траплялись навіть випадки використання сльозогінного газу або викрадення священиків УПЦ МП). Судячи з рішення Ради національної безпеки і оборони від 1 грудня 2022 року, підтриманого президентом Володимиром Зеленським, держава також вирішила долучитися до цього тиску.[992]

Повномасштабне вторгнення Росії поставило ієрархію УПЦ МП та вірян перед вибором: вони частина Російської православної церкви (у канонічному розумінні) чи українська та проукраїнська церква на незалежних засадах? У зв'язку з цим очільник церкви митрополит Онуфрій був змушений стати на чітку позицію щодо війни та завчасно виступив зі зверненням до вірян, у якому визнав російську агресію й закликав до єдності для захисту суверенітету та цілісності України.

У перші години повномасштабного вторгнення Росії в Україну 24 лютого митрополит Онуфрій звернувся з відкритою заявою до Владіміра Путіна з проханням «негайно припинити братовбивчу війну».[993] Двадцять восьмого лютого Священний синод УПЦ МП звернувся до патріарха Московського й усієї Русі Кіріла з проханням закликати керівництво РФ до негайного припинення бойових дій. У відповідь очільник РПЦ 6 березня у проповіді на честь початку Великого посту фактично виправдав російське вторгнення, заявивши, що

> вісім років йдуть спроби зруйнувати те, що є на Донбасі… неприйняття, фундаментальне неприйняття так званих цінностей, які пропонують сьогодні ті, хто претендує на світову владу. Сьогодні є такий тест на лояльність цієї влади… це гей-парад.[994]

Лише за тиждень, 13 березня, патріарх Кіріл подарував ікону Богородиці очільнику Росгвардії Віктору Золотову, щоб допомогти перемогти у війні проти України. І патріарх, і Золотов «пов'язували надії на "швидку" перемогу над українцями з образом Богородиці, який патріарх подарував Золотову під час богослужіння».[995]

Однак на початку вторгнення митрополит Онуфрій не був готовий до прямого конфлікту з Російською православною церквою та її лідером патріархом Кірілом. Це призвело до серйозної кризи всередині УПЦ МП, на яку духовенство зреагувало у три різні способи: вийшло з УПЦ МП і перейшло до ПЦУ, зберегло промосковську позицію, аж до прямої підтримки Росії або ж відмовилося поминати патріарха Кіріла і закликало керівництво УПЦ МП розірвати канонічний зв'язок з РПЦ.

Деякі священики УПЦ МП, шоковані жорсткою та антизахідною позицією Російської православної церкви та загибеллю священнослужителів від рук російських військових, схоже, хочуть приєднатися до незалежної Православної церкви України. Наприклад, Анатолій Слинько, священник із села Зазим'я Київської області, перейшовши із громадою до ПЦУ в липні 2022 року, зазначив:

> Російсько-українська війна змусила мене переоцінити багато з того, що пропонувала Російська православна церква протягом останніх 30 років… Головним для мене було вийти з Московського патріархату, від якого УПЦ МП явно залишається залежною і донині… Я перейшов до ПЦУ, бо більше не бачив себе в церкві, яка пов'язана з церквою-вбивцею.[996]

Інший священник, настоятель Свято-Воскресенського Новоафонського монастиря у Львові о. Іов (Ольшанський), який перейшов із громадою до ПЦУ в березні 2022 року, каже: «Наше зволікання робить нас російськими колаборантами. Я хочу, щоб ми з вами були просто православними християнами, які прославляють Бога, люблять свою державу і моляться за неї... моляться за українську армію, за українську державу і українську владу».[997]

Основною причиною переходу до ПЦУ серед цієї групи стало небажання асоціювати себе з РПЦ, з «церквою-вбивцею», а отже, ставати «колаборантами Росії», тобто почала переважати громадянська ідентичність. Водночас, на відміну від громад, які перейшли до початку війни, особливо у західному регіоні, де релігійна ідентичність значною мірою визначена регіональними й етнічними особливостями, з початком війни помітне інше розуміння взаємозв'язку між релігійною та національною ідентичністю.

Друга група, до якої належить частина високопоставлених священиків УПЦ МП, зберігає промосковську орієнтацію, але не заявляє про це публічно. До цієї групи також належать священики УПЦ МП, засуджені за колабораціонізм. Їхня поведінка викликала негативну реакцію не лише з боку патріотичної частини українського суспільства, але й усередині самої церкви. На сторінці у Facebook «Голос духовенства Української Православної Церкви» група священиків УПЦ МП опублікувала «Звернення духовенства УПЦ (МП) щодо проявів колабораціонізму серед духовенства на тимчасово окупованих територіях». У ньому, зокрема, йшлося про таке:

> Останнім часом ми всі стали свідками ганебної поведінки окремих священнослужителів УПЦ (МП), як священиків, так і єпископів, які в умовах тимчасової окупації показали своє справжнє внутрішнє обличчя, охоче ставши на бік окупанта та обслуговуючи його імперські амбіції... Ми категорично засуджуємо тих осіб у священному сані, які своїми словами та діями **зрадили віру, Церкву та народ України** (*виділення наше*).[998]

Через випадки співпраці окремих священиків УПЦ МП з окупаційними військами помітне дедалі негативніше ставлення до церкви з боку українських військових, які сьогодні мають найвищий авторитет в суспільстві. Як зазначає інший священик, який критично ставиться до вичікувальної позиції церковного керівництва, отець Серафим (Панкратов) із Сумської єпархії:

> У військовій адміністрації Охтирки мені сказали: «Ми зараз спостерігаємо за вами і чекаємо вашої реакції на те, що відбувається, але довго чекати не будемо. Ви не знаєте, які настрої серед військових по відношенню до УПЦ

(МП). Ми зараз воюємо, але потім, після війни, ми вас заберемо з храмів, якщо ви так і не визначитеся, на чиєму ви боці — Кіріла, який благословляє цю війну, чи власного народу».[999]

На тлі ймовірного конфлікту між військовою владою та УПЦ МП уже зафіксовані випадки заборони діяльності УПЦ МП в окремих містах, що суперечить як Конституції України, так і релігійному законодавству. Однак ініціатори таких заборон посилаються саме на «правовий режим воєнного стану».[1000] Мер Конотопа (Сумська область) Артем Семеніхін, який заборонив діяльність УПЦ МП на території міста, узагалі послався на голову військово-цивільної адміністрації Дмитра Живицького, який заявив голові міста, що вважає Московський патріархат за ворога України, а ворога треба називати ворогом.[1001]

Протистояння між силовим блоком (насамперед Радою національної безпеки і оборони та Службою безпеки України) та УПЦ МП остаточно розв'язали наприкінці листопада 2022 року, коли в багатьох парафіях церкви відбулися обшуки СБУ. У грудні 2022 року президент України здійснив низку кроків для обмеження діяльності УПЦ МП. Указом № 820/2022 від 1 грудня 2022 року президент увів у дію рішення РНБО від 1 грудня 2022 року, у якому пропонували «внести у двомісячний строк на розгляд Верховної Ради України проєкт закону про унеможливлення діяльності в Україні релігійних організацій, пов'язаних з центрами впливу в Російській Федерації».[1002]

Крім того, Державній службі з питань етнополітики та свободи совісті доручили «забезпечити… проведення релігієзнавчої експертизи Статуту про управління Української православної церкви на наявність церковно-канонічного зв'язку з Московським патріархатом, за необхідності вжити передбачених законом заходів».[1003]

Персональні санкції також ввели проти низки представників УПЦ МП, зокрема проти керуючого справами митрополита Антонія (Паканича) і намісника Києво-Печерської лаври Павла (Лебедя), а також проти головного спонсора УПЦ МП Вадіма Новінського. У квітні 2023 року СБУ заявила, що заарештувала активи Новінського на суму понад 3,5 млрд гривень (приблизно 96 млн доларів США).[1004] Новінській на той час переховувався від українських правоохоронців за кордоном. За повідомленнями українських ЗМІ від 28 грудня, Зеленський указом також призупинив громадянство 13 священиків УПЦ МП.[1005] Наразі складно сказати, чим закінчиться така сувора політика щодо цієї групи.

Третя група, до якої належить значна кількість священиків УПЦ МП, не готова переходити до незалежної Православної церкви України, але й не бажає лишатися у складі Російської православної церкви. Це ті, хто виступав за скликання Архиєрейського собору УПЦ МП, щоб вийти з канонічного підпорядкування Російській православній церкві.

Заступник голови Відділу зовнішніх зв'язків УПЦ МП о. Микола Данилевич озвучив офіційну позицію церкви:

> Заяви і дії патріарха Кирила, його оцінка російсько-української війни, як нападу на Україну, так і відкритого вторгнення в Україну є, м'яко кажучи, дивними, а точніше, абсолютно неадекватними. І його заяви викликали шалений спротив, нерозуміння, неприйняття і опір. Багато священиків і навіть єпископів перестали поминати Патріарха Кіріла.[1006]

Як зазначає історик Андрій Ферт, в одному з оплотів промосковських настроїв в УПЦ МП, Києво-Печерській лаврі, уже частково припинили поминати[1007] патріарха Кіріла через три дні після початку російського вторгнення. Першого березня духовенство Сумської єпархії за підтримки єпископа, митрополита Євлогія, теж відмовилося це робити. Лише за кілька днів понад 15 єпархій (з понад 50 єпархій УПЦ МП) відмовилися поминати патріарха. Це зробили окремі священики навіть у тих єпархіях, де не було ні колективних звернень, ні відповідних рішень місцевих єпископів.[1008] Багато в чому таку поведінку можна пояснити позицією парафіян УПЦ МП. Як показало соціологічне опитування, проведене 8–9 березня 2022 року групою «Рейтинг», 52% парафіян УПЦ МП підтримали «ідею розриву зв'язків з Російською православною церквою», а лише 13% відмовилися.[1009] Про це повідомило духовенство Сумської єпархії:

> Керуючись велінням нашого пастирського сумління, ми вирішили припинити поминання Московського патріарха на літургіях. Це рішення продиктоване також вимогами нашої пастви, яка, на жаль, більше не хоче чути ім'я патріарха Кіріла в наших храмах.[1010]

Серед членів цієї групи був священик Андрій Пінчук із Дніпропетровської області, який звернувся з відкритим листом до суду Пентархії, до якого входять п'ятеро очільників найстаріших Православних церков, з проханням засудити патріарха Кіріла (якому формально підпорядковується УПЦ МП) за те, що він роками пропагує доктрину «русского мира» — доктрину, яка стала ідеологічним підґрунтям для повномасштабної війни Росії проти України. Його звернення зібрало понад 400 підписів священиків УПЦ МП з усієї України.[1011]

У середині травня 2022 року Священний Синод УПЦ МП ухвалив рішення провести 27 травня збори єпископату, духовенства, чернецтва та мирян, щоб обговорити постатi перед церквою виклики. На зборах Предстоятель церкви митрополит Онуфрій, посилаючись на реакцію вірян, запропонував розглянути питання про автокефалію. У зв'язку з тим, що рішення про зміну статусу церкви може ухвалити лише Собор Української православної церкви, того дня митрополит Онуфрій ініціював і послідовно провів засідання Священного Синоду, Архієрейського собору та Собору УПЦ МП за участю мирян, чернецтва та духовенства, на якому 95% учасників проголосували за зміну статусу церкви.[1012]

У підсумковому документі Собор УПЦ МП уже в перших пунктах засудив війну та звернувся до влади України та Росії із закликом припинити кровопролиття. Собор також висловив незгоду з позицією патріарха Кіріла щодо війни в Україні й затвердив доповнення та зміни до Статуту про управління УПЦ МП, «які свідчать про повну незалежність і самостійність Української православної церкви».[1013]

З огляду на таке саморозуміння «автокефалії», рішення Собору не створює плутанини. Як пояснив голова Синодального інформаційно-просвітницького відділу УПЦ (МП) митрополит Ніжинський Климент (Вечеря), «автокефалію не проголошують, автокефалію отримують. Якби ми вчора проголосили автокефалію, це призвело б до розколу і глобальної кризи в українському православ'ї».[1014]

Попри величезний тиск із боку українського суспільства, парафіян УПЦ МП та української влади, керівництво церкви все-таки не було готове порушити канонічні правила (як воно їх розуміє) на користь патріотичної продержавницької позиції. Ба більше, як зазначив один із високопоставлених священиків УПЦ МП, мотиви дій митрополита Онуфрія як рушійної сили скликання Собору УПЦ МП та адміністративного відокремлення від РПЦ мали не суспільно-політичний характер, а радше релігійний:

> Для предстоятеля головним було не те, що Росія напала на Україну. Церква мислить століттями. Кордони можуть

змінюватися, але православ'я залишається. Головне, що владика *(Онуфрій — авт.)* вирішив, що Кіріл відійшов від християнських цінностей.[1015]

Таку позицію ієрархії можна сприймати як бажання зберегти чистоту віри від впливу політики, але вона також відбиває підневільний характер церкви щодо своїх «покровителів».

5. Висновки

Трансформації, що стаються в українських церквах в умовах війни з Росією, комплексні та багаторівневі. Стрімкий розвиток гуманітарної допомоги, втрата релігійних громад на окупованих територіях, руйнування культових споруд, зрештою, зміна ідентичності й поглиблення непорозумінь з російськими служителями та вірянами — усе це стало повсякденною реальністю для українських церков. Водночас останніми роками, а особливо зараз, в українському суспільстві відбувається активна політична інструменталізація релігії, насамперед через її зв'язок з ідентичністю. Українські церкви стали залежними не лише від політичного впливу, але й від особистої чи корпоративної економічної підтримки та спонсорів («патронів»).

Український випадок показовий тим, що іноді ані формальна зміна президентів, ані незмінні базові закони у сфері релігійної свободи не гарантують стабільного статусу для певної церкви. Натомість цей статус може змінюватися під впливом неформальних соціально-економічних чинників, окремих особистостей (олігархів, бізнесменів та їхніх інтересів), а також під впливом критичних суспільно-політичних подій. Запит на єдність українського православ'я як незалежної церковної структури на тлі поліконфесійності України лишається незмінним, але не дуже реалістичним з погляду практичної реалізації через різні політичні й економічні коливання. Ймовірно, що військова інтервенція Росії, яка призвела до більш нетерпимого ставлення з боку держави до будь-яких нелояльних (або таких, яких сприймають як пов'язані з Росією) інституцій, поєдналася з поверненням до державних органів, відповідальних за формування та реалізацію державно-конфесійної політики, фахівців, які працювали в аналогічних структурах за радянських часів — в апараті Ради у справах релігій при Раді Міністрів Української РСР.[1016] Відповідно можна припустити, що певні репресивні практики радянських часів у дещо модифікованому вигляді виявилися актуальними в нинішній політичній ситуації.*

Усі ці особливості призвели до того, що українські церкви, насамперед УПЦ МП, перебувають у невизначеному стані щодо відносин із політичною владою. Наприклад, за короткий період незалежності статус УПЦ МП змінювався від незалежної церкви до церкви-клієнта, а згодом ледь не перетворився на репресовану церкву. Така нестабільність статусу церкви, потреба підзвітності перед законом деяких служителів, залежність від конкретних особистостей — чи то в особі президента, чи то спеціального відомства — відображає патрональний характер української держави і, на нашу думку, може дестабілізувати релігійний ландшафт України, особливо під час і після війни.

---

* Більше про питання релігії в Україні чит. в українському перекладі вільного доступу дослідження Кетрін Ваннер (Academic Studes Press, 2024) «Повсякденна релігійність. Політика приналежності в Україні», де дослідниця аналізує етнографічний матеріал про неформальні релігійні практики та уаочнює, як релігія переросла у щось на кшталт проміжного поля битви для російської агресії в Україні. *Прим. ред.*

Трансформація патрональної демократії «знизу-вгору»: дві логіки врядування на місцевому рівні в Україні[1017]

*Олександра Койдель,
Київська Школа Економіки*

1. Вступ

Траєкторію політичного режиму в Україні традиційно вивчали «зверху вниз», зосереджуючись на взаємодії між основними бізнесово-політичними пірамідами. Головний аргумент полягав у тому, що, відповідно до патрональної логіки, місцеві субпатрони (клієнти патрона вищого рівня) використовують ті самі принципи формування лояльності клієнтів, що і їхні національні патрони.[1018] Через те що посткомуністичні режими були здебільшого централізовані, принципи врядування на місцевому рівні часто відтворюють принципи, закріплені на національному. В Україні розвиток патрональної демократії уможливив відносну автономію еліт у великих містах від національних патрональних структур.[1019] Ще до реформи децентралізації 2015 року, яка розширила повноваження місцевого самоврядування, політична та фіскальна автономія обласних центрів уможливила локальні моделі координації еліт.[1020]

Основне припущення цього розділу полягає в тому, що природа політики — патрональної чи ні — зумовлена соціальною логікою координації індивідів навколо організації доступу до політичних та економічних ресурсів.[1021] Соціальна логіка відбиває рутинізовані практики та нормативні принципи, що лежать в основі взаємодії індивідів.[1022] Так, патрональна політика має специфічну соціальну логіку, згідно з якою «боротьба за владу розгортається навколо розгалужених мереж, що пов'язують людей через фактичне особисте знайомство».[1023] Водночас у цьому розділі я доводитиму, що навіть у глибоко патрональних суспільствах може виникнути альтернативна соціальна логіка, і не обов'язково внаслідок зовнішніх потрясінь. Хоча повномасштабне вторгнення Росії в Україну посилило вимоги антипатрональних змін на національному рівні,[1024] альтернативна непатрональна координація еліт почала органічно розвиватися на місцевому рівні в Україні ще до цього шоку. Цей розвиток відповідає глибшим змінам у суспільному договорі у країні.[1025] Непатрональна соціальна логіка, яка зароджується знизу вгору, є ймовірним джерелом системної та стійкої антипатрональної трансформації додатково до антиолігархічних заходів державного рівня, запроваджуваних зверху вниз.

Головний аргумент цього розділу полягає в тому, що непатрональна трансформація відбувається через заміну — а не пряме протистояння — патрональної логіки взаємодії еліт непатрональною альтернативою. Я покажу, що така альтернативна логіка, яку я називаю логікою співпраці, має певну схожість із патрональною: áктори поєднують економічну та політичну сфери соціальної дії, а їхня взаємодія містить високий ступінь неформальності й відбувається через мережі особистих знайомств. Координацію на основі логіки співпраці від патрональної відрізняє суспільно орієнтована й безособова мотивація áкторів. Хоч обидві можуть співіснувати, соціальна логіка співпраці призвела до конкретних антикорупційних політик, які зменшили можливості отримання ренти, а отже, з часом зменшують переваги патрональної координації. Ці висновки свідчать про можливість висхідної антипатрональної трансформації — тобто з боку тих самих типів áкторів (бізнесменів і державних службовців), які зазвичай асоціюються з патрональною політикою. Цей аргумент я підкріплю прикладом Львова.

Інституційні рамки місцевого самоврядування в Україні мають структурні передумови як для патрональної координації еліт, так і для координації за логікою співпраці. З одного боку, місцева інституційна структура нагадує «президентське правління із супутніми ризиками персоналізації політики й менталітетом "переможець отримує все"».[1026] Міські голови — це водночас найвищі посадові особи у територіальній громаді, голови ради територіальної громади та керівники системи виконавчих органів. Спільно вони регулюють підприємницьку діяльність, надають адміністративні та соціальні послуги, розпоряджаються землею в комунальній власності, підприємствами й об'єктами нерухомості.[1027] На відміну від міських голів, депутати не отримують винагороду за роботу, що робить неминучим поєднання політичної посади з активністю в інших сферах суспільної діяльності. З іншого боку, і голови громад, і депутати підлягають електоральній підзвітності що п'ять років, а соціальній підзвітності — щодня, адже мешканці можуть безпосередньо оцінювати результати їхнього керування. Механізми прозорості й участі громадян, які розвиваються у відповідь на суспільний запит на боротьбу з корупцією після Революції Гідності,[1028] створили канали для нових акторів (активістів, експертів, бізнесу) для прямої та відкритої взаємодії з місцевою владою.[1029]

Методологічно цей розділ ґрунтується на дослідженні кейсу Львова, міста з населенням 700 тисяч людей у західній частині України. Дані для дослідження отримані з семи напівструктурованих інтерв'ю 2019-го[1030] та дев'яти напівструктурованих інтерв'ю 2021 року[1031] з представниками органів місцевого самоврядування (ОМС) і громадянського суспільства, включно зі ЗМІ та міжнародними донорами. Дані інтерв'ю підтверджені інформацією з відкритих джерел: баз даних політиків, декларацій про доходи державних службовців, бізнес-реєстрів та інтерв'ю посадових осіб місцевого самоврядування у ЗМІ.

Цей розділ має таку структуру. У наступному підрозділі використовую поняття соціальної логіки й ідеальних типів патрональної та непатрональної логіки координації еліт, що ґрунтується на трьох типах практик (поділ сфер соціальної дії, мережеві відносини та неформальність) і мотивації еліт до координації. У третьому підрозділі порівняю дві логіки координації еліт у Львові. Я покажу, що áктори, які дотримуються непатрональної логіки, співпрацюють, прагнучи поліпшити добробут міста і зробити його більш комфортним для життя, фокусуючись на суспільних інтересах і безособових вигодах. Ця логіка співпраці відрізняється від непатрональної ідеальної логіки тим, що áктори, які беруть у ній участь, не поділяють сфери соціальної дії так само, як і в патрональній соціальній логіці. У четвертому підрозділі я покажу, що соціальна логіка співпраці може обмежити патроналізм на рівні політики. Фінальна частина відбиває роль соціальної логіки співпраці й антипатрональної трансформації в умовах боротьби України проти неспровокованого повномасштабного вторгнення, яке Росія почала у лютому 2022 року.

2. Соціальна логіка координації еліт: аналітичні рамки

Соціальна логіка «фіксує усталені, значною мірою повторювані аспекти соціального життя» та «відтворює значення і схему зв'язності [...] практики, характеризує її з боку того, про що йдеться, хто в ній бере участь і що поставлене на карту».[1032] Є, наприклад, соціальна логіка демократії або режим аудиту в університеті. Патроналізм — це тип соціальної логіки, за якої «люди організовують політичні й економічні прагнення насамперед навколо персоналізованого обміну конкретними винагородами та покараннями, а не навколо абстрактних, безособових принципів, як-от ідеологічні переконання або категоризації, що охоплюють багато осіб, яких вони ніколи не зустрічали особисто».[1033]

Соціальні порядки можуть бути сформовані кількома соціальними логіками, здатними до взаємного доповнення або конкуренції. У цьому розділі я покажу, що непатрональна, альтернативна соціальна логіка може співіснувати з патрональною та має потенціал для її послаблення через зміни на рівні політик. Теорія посткомуністичних політичних режимів Балінта Мадяра й Балінта Мадловіча надає концептуальні інструменти, щоб розмежувати ключові практики та принципи ідеального типу патрональної і непатрональної соціальної логіки (Таблиця 1).[1034]

Таблиця 1. Практики та принципи патрональної та непатрональної координації еліт

Критерії для розрізнення \ Ідеально-типова соціальна логіка	Непатрональна (як у ліберальній демократії)	Патрональна (як у патрональній демократії)
Практики розмежування соціальних сфер	Чітке розмежування між сферами соціальної дії	Сфери соціальної дії не розмежовані
Практики взаємовідносин у мережі	Горизонтальні зв'язки (нормативні правила та безособові вигоди або покарання)	Ієрархія (патрон контролює членів мережі через персоналізовані вигоди або покарання)
Практики неформальності	Доповнюють формальні інститути (секретність уможливлює чесну дискусію)	Підривають формальні інститути (неформальні інструменти примусу до підпорядкування патрону)
Мотивація еліти	**Суспільний інтерес:** політичну владу використовують, щоб реалізувати цінності на соціальному рівні	**Інтерес еліти:** особисте багатство та монополізація влади

Джерело: адаптоване з Magyar and Madlovics (2022).

По-перше, західний підхід до порівняльної політики починається з припущення про повне розділення сфер соціальної дії, що ґрунтується на веберівській моделі бюрократії, яка характеризує непатрональну координацію еліти. Ця перспектива передбачає, що політична, економічна та громадська сфери наповнені автономними суб'єктами, які практикують окремі логіки економічної, політичної та громадської природи. За потреби ці автономні актори співпрацюють через юридично визначені й часто формалізовані канали.[1035] У посткомуністичних суспільствах індивіди чітко не розмежовують сфери соціальної дії. Брак такого розподілу в діяльності еліти, тобто змішування бізнесу та політики, як стверджують, лежить в основі патрональної політики.[1036] Водночас антикорупційна політика, зокрема і в Україні, часто змушує розділяти сфери соціальної дії, обмежуючи явище «обертових дверей» або регулюючи «конфлікт інтересів» для державних службовців.[1037]

По-друге, у патрональних демократіях поширені практики особистих взаємовідносин, у яких мережі становлять як ресурси, так і поведінкові обмеження. «Як ресурси це канали інформації та допомоги, залучені для досягнення певних вигод. Як обмеження — структури соціального впливу та контролю, які лімітують дії».[1038] Утім, ніщо у мережевій координації саме собою не становить відмінної риси патрональної соціальної логіки. Справді, ліберальні демократії використовують мережеве управління як засіб досягти більш прийнятних для широкого загалу політичних рішень.[1039]

Основна відмінність між патрональними та непатрональними мережами стосується правил координації: ієрархія та примус на противагу горизонтальним зв'язкам і нормативним правилам відповідно. Патрональні мережі як практика характеризуються ієрархією, у якій деякі члени мережі (патрони) утримують владу, розподіляючи персоналізовані вигоди або покарання серед конкретних осіб або організацій (клієнтів), щоб підтримати згуртованість мережі.[1040] Підпорядкування та примус структурують координацію акторів у цих мережах так само, як і (очікувані) персоналізовані вигоди. Непатрональна практика мережевої координації охоплює «нормативні правила та безособові вигоди або покарання, надавані певним групам».[1041] Основне нормативне правило непатрональних мереж: зв'язки горизонтальні, а участь — добровільна. Прикладом можуть слугувати мережі міського управління, до яких належать органи влади, приватні та громадські суб'єкти. Хоч урядові суб'єкти, імовірно, мають більше ресурсів і можуть намагатися керувати координацією, вони однаково роблять це за допомогою м'яких інструментів (без примусу); результати — наприклад, проєкти реконструкції міста — знеособлені.[1042] Отже, ієрархія та примус відрізняють патрональні мережі від мереж управління, вільних від патрональної соціальної логіки.

Третьою особливістю, яку варто проаналізувати, є неформальність, наявна як у непатрональних, так і в патрональних системах. Основна відмінність між відповідними практиками полягає в тому, чи особи, які ухвалюють рішення *де-юре*, ухвалюють політичні рішення й *де-факто*.[1043] Патрональна практика неформальності означає, що ухвалення політичних рішень виходить за межі формальних політичних інститутів і дає змогу суб'єктам, які не мають формальних повноважень, формувати або навіть диктувати рішення формальних органів. Як непатрональна практика, неформальність не підриває автономії формальних суб'єктів прийняття рішень, а допомагає їм координувати, наприклад, запровадження суперечливої політики. Обговорюючи суперечливу політику неформально, без громадського спостереження, або використовуючи платформи без формалізованих процедур, учасники можуть відкрито висловлювати занепокоєння, обмінюватися аргументами і врешті-решт досягати компромісу.[1044] Важливо, що такі неформальні пошуки згоди вільні від примусу, тобто «жоден з [áкторів] не змушений служити волі іншого».[1045] Ця додаткова функція неформальності обумовлена ефективними формальними інститутами або принаймні ситуаціями, коли áктори прагнуть досягти результатів, що збігаються з призначенням формальних інститутів. Патрональна неформальність включається тоді, коли суб'єкти прагнуть результатів, відмінних від бачення формальних інститутів.[1046]

Нарешті, вищезгадані відмінності в практиках неформальності й координації між патрональною та непатрональною соціальними логіками вказують на ще одну (можливо, фундаментальну) відмінність — мотивацію врядування.[1047] Патрональна соціальна логіка передбачає «елітарний інтерес, підживлюваний двома мотивами: монополізацією влади та накопиченням особистого багатства».[1048] Áктори, які використовують політичну владу інструментально, щоб отримати економічні вигоди, характеризують патрональну логіку. Непатрональною альтернативою мотивації управління можна назвати «суспільний інтерес»: «*використання політичної влади для реалізації цінностей*, ідеології, для просування інтересів соціальних груп поза політичною сферою й самої панівної еліти».[1049] Такі цінності можуть охоплювати задоволення потреб громадян у належно впорядкованих і продуктивних державних інститутах, а також справедливість та рівність у створенні й розподілі суспільних благ.[1050] Отже, я розрізняю мотивацію врядування, що ґрунтується на колективних вигодах, і мотивацію, що ґрунтується на приватних вигодах.

3. Дві логіки координації еліт: емпіричні дані зі Львова

Львів добре годиться для дослідження різних логік взаємодії еліт. По-перше, як одне з найбільших міст *обласного* значення, Львів має матеріальні ресурси та соціальний капітал для розвитку різноманітних бізнесово-політичних мереж, а не для створення системи одноосібного правління. Попередні дослідження у Львові підтверджують очікування, що в місті координуватимуть діяльність кількох бізнесово-політичних мереж.[1051] По-друге, тут розвинені «креативні індустрії» і є активне громадянське суспільство[1052] — обидва чинники, що запобігли встановленню в Україні авторитарного режиму та стали рушійною силою Революції Гідності.[1053] Це також підвищує ймовірність появи альтернативних еліт і логіки координації. Деякі непрямі докази підтверджують таке очікування: Львів систематично працює над прозорістю органів самоврядування та політик,[1054] створивши одні з найкращих механізмів участі в країні,[1055] і демонструє відносну «політичну волю» до антикорупційних реформ.[1056]

3.1. Ознаки патрональної координації: ієрархія, неформальність, персоналізовані винагороди та покарання, інтереси еліти

Міський голова Андрій Садовий є посередником у координації бізнесово-політичних мереж у Львові,[1057] ефективно маневруючи між мережами, що дотримуються як патрональної, так і непатрональної логіки. З 2006 року Садового чотири рази обирали на міського голову, а до того він був депутатом Львівської міської ради (2002–2006). Також він заснував політичну партію «Самопоміч».[1058] У 2019-му Садовий балотувався у президенти, але зняв кандидатуру на користь представника «демократичної опозиції».[1059] Консолідація його мережі відбулася між 2010 та 2013 роками, коли адміністрація колишнього президента Віктора Януковича намагалася контролювати Львівську область через низку призначень в обласній державній адміністрації, правоохоронних органах, податковій службі та митниці.[1060] Міський голова мобілізував талановитих управлінців і активістів, щоб протистояти щораз більшому авторитаризму Партії регіонів, але водночас розвинув власну згуртовану мережу лояльних управлінців і політиків. Так, до 2015 року більшість депутатів міської ради, які належали до партії «Самопоміч», були у формальній виконавчій вертикалі під орудою міського голови — або як його радники, або як працівники виконавчих органів ради та комунальних підприємств.[1061] У публічній сфері Садовий може покладатися на відносно популярну радіостанцію «Люкс ФМ» (охоплює 10% національного радіоринку)[1062] та інтернет-портал Zaxid.net (одне з найпопулярніших джерел новин у Львівській області), який офіційно належить його дружині.[1063] Також повідомляють, що мер отримував фінансування від Володимира Матківського через афілійовану компанію.[1064] Матківський — бенефіціарний власник «Радехівського цукру»,[1065] конгломерату з п'яти цукрових заводів у Львівській і Тернопільській областях,[1066] який виробляє 20% цукру в Україні, має 1300 працівників і працівниць і сплатив у 2016–2018 роках 500 млн грн податків.[1067]

Інші дві ієрархічні мережі очолюють Ігор Кривецький і Григорій Козловський. Ігор Кривецький — бізнесмен-політик з активами в готельному бізнесі, індустрії розваг, оренди та продажу нерухомості, будівництва, сільського господарства у Львові та Києві, а також видобутку літію.[1068] Народний депутат від партії «Свобода» (2012–2014 роки), один з основних донорів партії в період, що передував Революції Гідності;[1069] він залишається заступником голови «Свободи» й відповідає за розпорядження її коштами.[1070] У Львові Кривецький спирається на мережу депутатів партії та кілька неурядових організацій прямої дії, які стверджують, що представляють інтереси ветеранів війни, але, за повідомленнями, допомогли Кривецькому отримати земельні ділянки у Львівській області, зокрема, для розвитку курортного бізнесу.[1071]

Козловський теж бізнесмен-політик. Він кінцевий бенефіціарний власник Львівської тютюнової фабрики,[1072] Винниківської тютюнової фабрики та різних компаній у сфері нерухомості[1073] й готельно-ресторанного бізнесу. Був депутатом Львівської міської ради від Блоку Петра Порошенка у 2015–2020 роках й одночасно зберігав вплив на рішення ради через «приймну політичну сім'ю» (людей, пов'язаних із ним діловими й родинними зв'язками), до якої належали щонайменше п'ять інших депутатів ради, що представляли УКРОП, «Самопоміч» і «Свободу».[1074] На 2020–2025 роки обраний у Львівську обласну раду від блоку «Європейська Солідарність» (колишній Блок Петра Порошенка),[1075] але зберіг вплив на міську раду через давнього лояльного клієнта Петра Адамика, депутата Львівської міської ради з 2006 року та лідера фракції «Європейська Солідарність», яка у скликанні 2020–2025 років має найбільшу фракцію — 26 місць із 64.[1076] Двох юристів Козловського обрали депутатами міської ради від «Європейської Солідарності», один з них очолив постійну комісію з питань архітектури, містобудування та розвитку територій. Інший юрист Козловського, депутат міської ради від «Європейської Солідарності», намагався змінити процес видачі дозволів на будівництво, аби його з виконавчого комітету під контролем міського голови передали під контроль постійної комісії.[1077]

Взаємодія між цими виявленими мережами характеризується **ієрархічними відносинами та персоналізованим обміном винагород і покарань**. Наприклад, патрональна логіка помітна у складі міського виконавчого комітету. По-перше, він сформований так, щоб бути підконтрольним міському голові, а троє його членів — підлеглі мера.[1078] По-друге, виконком зважає на неформальний вплив Козловського, залучивши пов'язаних із ним людей: вищезгаданого Адамика 2017 року[1079] та представника громади Винників, де розташована тютюнова фабрика Козловського, 2020-го.[1080] Нарешті, один із депутатів скликань 2015–2020 і 2020–2025 років має зв'язки з ГО «Народна самооборона Львівщини», що вказує на особливу роль її засновника й депутата Валерія Веремчука[1081] у забезпеченні голосів для ситуативної більшості (що коливається між підтримкою ініціатив Садового та Козловського).[1082]

Неформальність, що підриває формальні інституції, можна простежити у відносинах між цими мережами, якщо спостерігати за тим, як виконавчий комітет «ухвалює рішення, що виходять за межі його компетенції»[1083] — видає будівельну документацію та виділяє земельні ділянки. Це мало би бути прерогативою міської ради. Такі рішення закріплюють неформальні домовленості між міським головою та основними будівельними компаніями,[1084] як-от пов'язаний із Козловським «Авалон» і багато інших будівельних фірм.[1085] Зі свого боку, мер використовує виконавчий комітет, щоб ухвалювати рішення на користь власного політичного порядку денного в обхід міської ради. Наприклад, у відповідь на «сміттєву кризу» виконком поспішив дозволити будівництво сміттєпереробного заводу на околиці міста. Однак не повідомив про своє рішення ні депутатів, ні містян і містянок, порушивши положення про доступ до інформації.[1086]

Неформальність також виявляє себе в тому, як міська рада голосує за дозволи на землекористування і надання прав оренди і власності впливовим людям. Наприклад, 2018 року міська рада несподівано проголосувала за те, щоб надати дозвіл пов'язаній із Козловським компанії та почати забудову земельної ділянки в історичному центрі міста.[1087] Проєкт забудови проігнорував передбачені законом громадські консультації. Аналогічно депутат міської ради несподівано останньої хвилини додав пропозицію, яка, зрештою, безкоштовно надала Козловському земельну ділянку в історичній частині Львова (об'єкт Всесвітньої спадщини ЮНЕСКО); це виявилося схемою приватизації муніципальної землі через фіктивну іпотеку, де формальним бенефіціаром була донька Козловського.[1088]

Елітний інтерес мотивує еліти брати участь у патрональній координації. Політиці розвитку міських територій, включно із зонуванням, дозволами на будівництво й оренду комунальної землі, як і економічній політиці, бракує стратегічного бачення. Натомість будівельні проєкти, пов'язані з кількома визначеними підприємцями, постійно отримують схвалення в місті й області, попри процедурні порушення та низові протести. Наприклад, Львівська обласна адміністрація дозволила Кривецькому приватизувати значну земельну ділянку з лісом та озером уже після забудови, змусивши ветеранів продати власні менші ділянки афілійованим власникам, часто за нижчими від ринкових цінами.[1089] Обласна прокуратура оскаржує цей продаж у судах з 2022 року, але марно.[1090] У 2010–2013 роках у міських радах Львівської області домінувала партія «Свобода». На думку деяких спостерігачів, це дало змогу Кривецькому використовувати партійні структури, щоб перешкоджати видобутку сланцевого газу у Львівській області, і це було безпосередньо вигідно олігархові Дмитру Фірташу, який контролював ринок постачань російського газу.[1091] З Козловським пов'язані численні випадки, коли прагнення до приватного збагачення суперечить суспільним інтересам. Наприклад, його бізнес-партнер намагався незаконно приватизувати кінотеатр, що перебував у комунальній власності.[1092] Інший його проєкт розвитку привернув увагу журналістів через порушення містобудівного законодавства та зонування.[1093] Завдяки непрозорій схемі та неформальному впливу в міській раді Козловський придбав цінну земельну ділянку, щоб побудувати черговий готель.[1094] Водночас кілька депутатів міської ради, які сприяли Козловському або були пов'язані з його бізнесом, набули права власності та побудували житло на землях сільськогосподарського призначення, порушуючи правила землекористування.[1095]

3.2. Ознаки непатрональної координації: співпраця, неформальність, безособові вигоди та суспільний інтерес

Непатрональну соціальну логіку можна спостерігати у взаємодії між керівництвом міста й різними економічними суб'єктами, що працюють переважно у сфері легкої промисловості та послуг. Останніх можна умовно об'єднати навколо ресторанно-розважального холдингу «!Fest», простору для проведення подій та урбаністичного розвитку «LEM Station» і громадської організації — Комітету підприємців Львова. До першої групи належать три співвласники «!Fest» — Андрій Худо, Юрко Назарук і Дмитро Герасимов. З 2007 року цей бізнес розрісся до приблизно 30 ресторанів і кафе, сувенірних крамниць, туристичних агенцій, фестивальної локації, кейтерингу та служб доставки, молочної ферми та кількох інших проєктів. У компанії працює приблизно 1000 людей у Львові, вона експортує частину продукції (наприклад, пиво) і продає франшизи по всій країні.[1096] Найвідоміші в другій групі — Марк Зархін, Олег Мацех і Тарас Кицмей. Усі вони підприємці у «креативних індустріях»: основний актив Зархіна — франчайзингова мережа «Fast Food Systems», яка налічує понад 200 ресторанів у 65 містах України й за кордоном;[1097] Мацех спеціалізується на організації фестивалів та урбаністичному плануванні, а Кицмей — співзасновник однієї з найстаріших і найбільших ІТ-компаній України «SoftServe», що має офіси в 13 країнах світу. У 2022 році Кицмей посів 17 місце у списку найбагатших українців за версією «Forbes» зі статками 360 млн доларів США.[1098] До третьої групи належить Ярослав Рущишин, який володіє групою компаній, що виробляють одяг для європейських брендів. Це один із засновників Львівського комітету підприємців, який представляє інтереси середнього бізнесу та просуває соціальну відповідальність серед підприємців.[1099]

Ці люди чітко не розмежовують сфери соціальної дії: як підприємці вони керуються політичною логікою і вступають до організацій з політичними цілями або очолюють їх. Наприклад, один із засновників «!Fest», Назарук, працюючи менеджером із зовнішніх зв'язків артгалереї «Дзиґа», 2002 року став співзасновником критично налаштованої до влади «Львівської газети». У 2005–2006 роках він відповідав за зв'язки з громадськістю політичної партії «Пора», яка виросла з критично налаштованого до влади громадського руху та зробила внесок у Помаранчеву революцію,[1100] а у 2006–2010 роках був депутатом Львівської обласної ради від партії «Наша Україна» (її очолював Віктор Ющенко). Пізніше Назарук представляв у Львівській області двох кандидатів у президенти — Ющенка (2004) та Порошенка (2014). У 2020-му він зробив публічну пожертву на користь партії «Голос»,[1101] від якої його обрали народним депутатом 2019 року.[1102] Олег Мацех, співзасновник «LEM Station», заснував також львівський осередок партії «Громадянська позиція», яка у 2015–2020 роках була ідеологічно близька до Садового. Мацех ніколи не був депутатом, але недовго керував комунальним підприємством як кризовий менеджер.[1103]

Вищезгадані підприємці одночасно працюють у громадській сфері, створюючи культурні й освітні екосистеми у Львові та сприяючи громадянській активності на загальнонаціональному рівні. Наприклад, Ярослав Рущишин — співзасновник «Дзиґи», однієї з найстаріших львівських галерей і креативних просторів, а також Львівської бізнес-школи, яка стала хабом для прогресивної бізнес-спільноти міста. Він також член наглядової ради Центру спільних дій (Центр UA) — однієї з громадських організацій, що стоїть за проєктом ЧЕСНО, який здійснює моніторинг доброчесності державних службовців і політиків та сприяє системному покращенню місцевого самоврядування в Україні. У 2005 році Олег Мацех заснував Громадський форум Львова — неформальну коаліцію громадських організацій і лідерів, які захищають архітектурну спадщину. У 2014 році він був серед ініціаторів Реанімаційного пакету реформ — найбільшої загальнонаціональної коаліції громадянського суспільства в Україні, яка мала значний вплив на реформи після Революції Гідності протягом 2014–2016 років.[1104] Тарас Кицмей є співзасновником Львівського ІТ Кластера — мережі, що сприяє розвитку ІТ-спеціалізації у Львові за участю ІТ-компаній, освітніх закладів з ІТ-профілем і Львівської міської ради.[1105]

Взаємодія між цими економічними суб'єктами зі сфери послуг і політичним керівництвом міста історично була **горизонтальна** та **неформальна**. Спільне розроблення стратегії економічного розвитку за сприяння зовнішніх консультантів і за участю більшості згаданих економічних суб'єктів характеризує цей тип обміну.[1106] Бізнес та органи державної влади створили Раду з питань конкурентоспроможності, яка працювала у Львові з 2009 по 2020 рік як координаційна платформа для спільного нагляду за реалізацією стратегії економічного розвитку.[1107] Голова Ради підкреслював повноваження цього інституту щодо економічної стратегії, називаючи її «Радою директорів»,[1108] як у фірмі. Міський голова не був формальним членом ради, але відвідував засідання, щоб слухати підприємців, а не керувати їхніми голосами. За винятком загальнодоступних списків членів і періодичних повідомлень у ЗМІ, робота платформи минала без громадського контролю. Не було формальних правил, які регулювали б цю закриту бізнесово-політичну взаємодію, і формалізованої публічної звітності. Натомість Рада встановила власні правила функціонування, які координували самі представники бізнесу.[1109] Один з учасників цих зустрічей згадував в інтерв'ю про інструментальну роль голів Ради, які сприяли ефективній та інклюзивній комунікації.[1110] Завдяки шанобливим правилам взаємодії вдавалося конструктивно розв'язувати «чутливі» питання.

У Львові також поширена практика, коли керівники вищого рівня відвідують кластерні конференції за зачиненими дверима, щоб вільно обговорити важливі питання, наприклад несплачені податки.[1111] Ці неформальні обміни думками часто відбуваються між людьми, які мають близькі особисті знайомства завдяки професійній діяльності,[1112] однак такі майданчики не використовують для неформальних угод, які мають формалізувати міська рада або розпорядження міського голови. Неформальність не підриває формальних інституцій. Навпаки, вона надає владі інформацію від підприємців, щоб краще регулювати кластери та зворотний зв'язок щодо чинної політики.

Згадана координація була зосереджена на **суспільному інтересі: перетворення** Львова на місто конкурентоспроможних інновацій і «головний технологічний хаб України»[1113] на основі місцевого заохочення та підтримки креативного класу. Обмін у мережі передбачав знеособлені винагороди та переваги для бізнес-кластерів (ІТ і туризм).[1114] Окрім наглядової ролі в економічній стратегії, члени Ради (бізнес та органи місцевого самоврядування) реалізовували проєкти з підвищення ІТ-грамотності та підтримали відкриття інвестиційного хабу в місті й низку інших ініціатив з розвитку.[1115] Серед останніх проєктів згаданої координації — «LEM Station»: старе трамвайне депо, що перебуває в комунальній власності, орендують, щоб використати як місце для зустрічей і так стимулювати розвиток стартапів.[1116] Підприємці мережі також беруть участь у впорядкуванні економічних відносин у місті. Наприклад, представники мережі, які працюють у різних установах (Комітет підприємців Львова, Львівська обласна державна адміністрація та Український католицький університет), 2016 року започаткували перший в Україні аналітичний центр із питань регуляторного аналізу — Львівський регуляторний хаб (*Lviv Regulatory Hub*).[1117] Його мета — допомагати місцевій владі впроваджувати вільні від корупції та економічно обґрунтовані регуляторні акти.

3.3. Порівняльний аналіз двох логік

Координація між бізнесово-політичними елітами у Львові свідчить про співіснування патрональної та непатрональної соціальних логік, останню з яких називаю «логікою співпраці» (Таблиця 2). **Ключова відмінність** між ними полягає у тому, що непатрональна координація еліт відбувається для досягнення визначених суспільних інтересів (як-от економічна конкурентоспроможність), які мають на меті зробити Львів комфортним місцем для життя. Спільне досягнення такої визначеної мети виправдовує наголос на «співпраці» в назві логіки. Такий тип взаємодії виявився плідним: з 2015 до 2021 року сукупний економічний ефект від ІТ-індустрії у Львові зріс з 734 млн до 1,4 млрд доларів США. Крім того, до 2021 року в галузі працювали 30 тисяч людей у приблизно 500 компаніях.[1118] У 2021-му в місті побувало 1,5 млн туристів (на 50% більше, ніж до пандемії) і отримали роботу 90 тисяч людей, а податкові надходження з 2011 до 2021 рік зросли у 12 разів (це був період дії Стратегії конкурентоспроможності).[1119] Ці результати свідчать про те, що мотивація еліти до участі — реальний, а не лише декларований суспільний інтерес. Хоча ці áктори отримують вигоду від участі в міській політиці, вона безособова й не лише слугує галузі, а й сприяє суспільному благу через збільшення робочих місць і податкових надходжень.

Таблиця 2. Практики та принципи ідеально-типової патрональної логіки та логіки співпраці у координації еліт

Непатрональний «ідеал»	Підсумки спостережень зі Львова	Патрональна логіка	Логіка співпраці
Різке розмежування між сферами соціальної дії		−	−
Горизонтальні та добровільні мережеві відносини		−	+
Неформальність доповнює формальне прийняття рішень		−	+
Суспільний інтерес мотивує координацію		−	+

Разюча схожість між цими двома логіками полягає в тому, що немає поділу між сферами соціальної дії. Люди, які беруть участь у координаційних процесах, що передбачають соціальну логіку співпраці, не обов'язково діють в окремих сферах. Радше вони мають змішані ідентичності, і спостерігач не може сказати, у якій ролі вони діють тієї чи тієї миті. Тому їх складно відрізнити від патрональних мереж. Проте є суттєві відмінності в характері мережевих зв'язків і неформальних практик, які допомагають **практично реалізувати співпрацю щодо суспільних інтересів**.

Як і за патрональної координації, непатрональна взаємодія відбувається через мережі особистого знайомства. Водночас нормативні правила мережевої координації забезпечують горизонтальність і добровільність відносин. Замість патрона, який розподіляє персоналізовані вигоди або покарання, щоб нав'язати лояльність, жодна людина не має влади над правилами або мотивами координації. Правила ухвалюють колективно, а учасники отримують безособові вигоди, зокрема можливість поліпшити перспективи завдяки системним змінам. Водночас непатрональна координація з логікою співпраці характеризується значним ступенем неформальності: немає конкретних правил членства, процедур координації або правил обміну між політичними й економічними áкторами. Публічна підзвітність, крім добровільної публічності членів мережі, також обмежена. Це, однак, не підриває повноважень формальних інституцій в ухваленні рішень, на відміну від численних випадків нехтування процедурами з боку учасників патрональної координації.

4. Трансформаційний потенціал соціальної логіки співпраці: приклад антикорупційної політики

Як свідчить місцева комунікація навколо антикорупційних ініціатив у Львові, взаємодія за логікою співпраці еліт може сприяти зростанню попиту на непатрональне врядування в умовах демократичного політичного режиму. Наше останнє дослідження впровадження антикорупційної політики в шести українських містах, серед яких і Львів, свідчить, що логіку співпраці можна використати в подоланні патроналізму — якщо не на політичному рівні, то на рівні публічних політик.[1120] Антикорупційні реформи у Львові також передбачали більшу прозорість процесів управління та менші дискреційні повноваження місцевої влади через інституціоналізовану участь громадськості та впровадження цифрових інструментів управління активами. Міська рада працювала над тим, щоб отримати вищі бали в Індексі прозорості міст «Transparency International Ukraine» (TIU), що передбачало, зокрема, публікування проєктів нормативно-правових актів, відкритих реєстрів активів, рішень у галузі житлової політики, проведення конкурсів на керівні посади тощо. Дальші заходи стосувалися запровадження системи електронних торгів з оренди та продажу комунальної землі та майна через сайт *Prozorro. Продажі*, ухвалення статуту міста, який передбачає низку механізмів участі громадськості, включно з громадськими консультаціями щодо нормативно-правових актів і будівельних проєктів, та ухвалення етичних кодексів для виборних і призначених посадових осіб.

Дослідження процесу цих реформ протягом 2015–2021 років[1121] вказує на явну міжсекторальну неформальну мережу їх прихильників та ініціаторів. Зокрема важливу роль відіграли працівники Інституту міста, які наглядали за ініціативою прозорості та сприяли комунікації всередині місцевої влади. Вони комунікували, часто під час неформальних особистих зустрічей, чітку безособову вигоду, щоб заохотити відповідальних працівників міської ради до реформ у сфері прозорості — бачення «найпрозорішого міста в Україні» за версією TIU. Водночас працівники Інституту міста неформально перевіряли запропоновані рішення з TIU.

Початковий запит на системні зміни в управлінні надійшов від бізнесово-політичних акторів, які у взаємодії дотримувалися соціальної логіки співпраці і цим, імовірно, доклалися до створення нової суспільної норми. Рада з питань конкурентоспроможності стала майданчиком, де туристичний бізнес висловив занепокоєння щодо поточних правил землекористування як надто непрозорих і заплутаних, що, на думку наших співрозмовників, стало одним зі стимулів використовувати *Prozorro.Продажі*. Це сталося після того, як Рада працювала вже приблизно шість років, і свідчить, що потрібен час для розвитку взаємної довіри, щоб порушувати такі «чутливі» питання як якість урядування. Львівський регуляторний хаб фактично розробив політику землекористування, яка передбачала залучення *Prozorro.Продажі*. Ця громадська організація, пов'язана з «креативними індустріями», також розвинула конструктивні відносини — на основі спільного суспільного інтересу до кращого врядування — з місцевим депутатом від малої політичної партії та Сектором доброчесності, належним до складу виконавчої структури ОМС. Вони разом просували *Prozorro.Продажі* — від формулювання знеособленої вигоди (більших надходжень до місцевого бюджету завдяки конкурентним процедурам), розроблення оперативного рішення, яке брало до уваги природу корупції у сфері закупівель у місті, і до узгодження розробленого рішення та переконування депутатів проголосувати за нього. Щоб просувати рішення, вони використовували офіційні форуми, як-от постійні депутатські комісії, і неформальні контакти з місцевими ЗМІ для мобілізації громадської підтримки. Вони також пілотували рішення та публічно повідомляли про його фінансові переваги. Один із наших співрозмовників навіть гордо згадав Козловського, заявивши, що він заплатив найбільшу суму за оренду комунальної землі через *Prozorro.Продажі*.[1122] Це може свідчити про можливу зміну суспільних норм, яку відчув той конкретний áктор, вирішивши зреагувати на неї в соціально бажаний спосіб (незалежно від особистих переконань).

Результати дослідження у Львові стосуються ширшої дискусії про антипатрональну трансформацію. По-перше, поява соціальної логіки співпраці, зумовленої суспільним інтересом, може свідчити про фундаментальну зміну суспільних цінностей, що стається принаймні в деяких частинах українського суспільства. Соціальна логіка співпраці схожа на патроналізм тим, що практикована через неформальність, однак неформальні інститути логіки співпраці виявилися доповненням до формальних і навіть спонукали до політики, покликаної підвищити ефективність останніх. Це відповідає культурно-еволюційному поясненню неформальних інституційних змін.[1123] Хоч ці інститути неформальні, вони фактично підтримують слабкі формальні інститути в досягненні суспільно бажаних результатів. По-друге, з погляду теорії демократизації Чарльза Тіллі, поява Ради з питань конкурентоспроможності стала кроком до «обов'язкових консультацій із широким загалом щодо діяльності уряду та його персоналу».[1124] Хоча Рада, звісно, не була місцем консультацій із громадянами «загалом», але статус міжгалузевої платформи для неформального нагляду за економічною стратегією надав їй обов'язкового характеру. Члени цього органу створили форум підзвітності,[1125] де порушували питання і декларували зобов'язання, а також відстежували їх виконання за допомогою комунікації — хоч і не були керівниками одне для одного.

5. Висновки та міцніша логіка співпраці у воєнний час

Ця розвідка мала на меті висвітлити висхідну антипатрональну трансформацію в Україні. На прикладі Львова у 2009–2021 роках я показала, як місцева бізнесово-політична взаємодія мала, крім патрональної логіки координації, логіку співпраці. Це був систематичний, але переважно неформальний процес, у якому áктори розробляли нормативні правила мережевої координації та спільно працювали над досягненням безособових колективних вигод. На цьому шляху áктори діяли одночасно в економічній і політичній сферах, попри очікування, що непатрональну логіку мають застосовувати автономні áктори з окремими (політичними чи економічними) логіками дій. Оскільки вони дбали про суспільні інтереси, наявність кількох ідентичностей була перевагою, яка давала змогу збирати різноманітні знання та ресурси для соціальних інновацій,[1126] стимулюючи місцевий економічний розвиток.

Соціальна логіка співпраці в короткостроковій перспективі пропонує альтернативу патерналізму, а не пряме протистояння йому. У довгостроковій — логіка співпраці, зумовлена суспільними інтересами, може потенційно підірвати патерналізм на політичному рівні. У Львові, наприклад, це виявилося в антикорупційній політиці, яка запровадила прозорість і участь громадськості в ухваленні рішень щодо розподілу землі та нерухомості. Керуючись суспільним інтересом, коаліція áкторів (логіка співпраці) просувала політику, що підривала механізми патерналізму. Крім Львова, схожі, але більш фрагментовані та неформальні процеси відбувалися в Чернівцях, Вінниці та Полтаві.[1127] У цих містах малі та середні підприємці співпрацювали з громадськими активістами й окремими місцевими політиками, щоб впроваджувати різні антикорупційні реформи.

Соціальна логіка співпраці лише посилилася під час повномасштабної війни. У 2022 році бізнес став одним із найактивніших донорів у розв'язанні кризових ситуацій, пов'язаних із війною, зокрема у внутрішньому переміщенні, вимкненнях електроенергії та гарантуванні цивільної безпеки. Як порівняти з 2021 роком, залучення бізнесу до розв'язання проблем, що мають суспільний вплив, лише зросло.[1128] Бізнес не тільки надавав владі поради чи ресурси, а й розробляв спільні рішення. Наприклад, у Львові IT Кластер у співпраці з місцевою владою та комунальними організаціями створив п'ять гуманітарних центрів для переселенців,[1129] найбільший медичний реабілітаційний центр UNBROKEN,[1130] центр психічного здоров'я.[1131] Така активна участь IT Кластера свідчить не лише про природне бажання його членів захистити країну під час війни, а й про їхню впевненість у тому, що ці велизні інвестиції будуть спрямовані на конкретну суспільну користь. Координація на основі співпраці між цими суб'єктами та керівництвом міста протягом попереднього десятиліття допомогла розвинути взаємну довіру, що полегшило координацію дій у час повномасштабної війни.

Війна має ризики й створює можливості для антипатрональної трансформації. Ризик полягає в тому, що надто тісні та непідзвітні відносини між окремими підприємцями й політиками можуть перерости у вертикальні відносини «патрон-клієнт», коли політичне керівництво тисне на бізнес, щоб отримати підтримку, або, навпаки, бізнес очікує прихильного ставлення у відповідь на щедрі пожертви. Однак можливість полягає в тому, що координація у розв'язанні проблем може посилити логіку співпраці як альтернативу патронажу. Умова тут полягає не в тому, щоб відокремити бізнес і політику, а в тому, щоб у фокусі залишався суспільний інтерес, і навіть якщо взаємодія вкрай неформальна, її правила мають лишатися нормативними.

Примітки

I. Патрональна демократія в Україні: áктори, процеси та соціальне коріння.

Передмова (Генрі Е. Гейл)

1 Olga Onuch and Henry E. Hale, *The Zelensky Effect* (Oxford, New York: Oxford University Press, 2023).

2 E.g., Milan W. Svolik, *The Politics of Authoritarian Rule* (New York: Cambridge University Press, 2012).

3 Bálint Magyar and Bálint Madlovics, *The Anatomy of Post-Communist Regimes: A Conceptual Framework* (Budapest: Central European University Press, 2020).

4 Henry E. Hale, *Patronal Politics: Eurasian Regime Dynamics in Comparative Perspective* (New York, NY: Cambridge University Press, 2015).

5 Henry E. Hale, «Regime Cycles: Democracy, Autocracy, and Revolution in Post-Soviet Eurasia», *World Politics* 58, no. 1 (October 2005): 133–65.

6 Oleksandr A. Fisun, Демократия, неопатримониализм и глобальные трансформации [Democracy, neopatrimonialism and global transformations] (Kharkiv, Ukraine: Konstant, 2007); Oleksandr Fisun, «Rethinking Post-Soviet Politics from a Neopatrimonial Perspective», *Demokratizatsiya: The Journal of Post-Soviet Democratization* 20, no. 2 (Spring 2012): 87–96.

Режимні цикли України та російське вторгнення (Балінт Мадловіч, Балінт Мадяр)

7 Як зазначено у крилатій фразі десятиліття — «кінець історії», — хоч такий підхід фактично спрощує те, що мав на увазі Фукуяма. Див. Francis Fukuyama, *The End of History and The Last Man* (New York: Free Press, 1992).

8 Цит. за: Gideon Rachman, «Understanding Vladimir Putin, the Man Who Fooled the World», *The Guardian*, April 9, 2022, sec. World news, https://www.theguardian.com/world/2022/apr/09/understanding-vladimir-putin-the-man-who-fooled-the-world.

9 Див., наприклад, Harlan Ullman, «Why Putin Won't Invade Ukraine», Atlantic Council, February 16, 2022, https://www.atlanticcouncil.org/blogs/new-atlanticist/why-putin-wont-invade-ukraine/; Harun Yilmaz, «No, Russia Will Not Invade Ukraine», Al Jazeera, February 9, 2022, https://www.aljazeera.com/opinions/2022/2/9/no-russia-will-not-invade-ukraine; «Will There Be a War Over Ukraine? 13 Putin Watchers Weigh In», POLITICO, January 26, 2022, https://www.politico.com/news/magazine/2022/01/26/russia-ukraine-putin-experts-00000019.

10 Другий том, присвячений Росії та геополітичним наслідкам війни, опублікований разом із цим томом у видавництві *CEU Press*. Див. Bálint Madlovics and Bálint Magyar, ред., *Russia. Imperial Endeavor and Geopolitical Consequences: The Russia-Ukraine War, Volume Two* (Budapest—Vienna—New York: CEU Press, 2023).

11 Bálint Magyar and Bálint Madlovics, *The Anatomy of Post-Communist Regimes: A Conceptual Framework* (Budapest—New York: CEU Press, 2020); Bálint Magyar and Bálint Madlovics, *A Concise Field Guide to Post-Communist Regimes: Actors, Institutions, and Dynamics* (Budapest—Vienna—New York: CEU Press, 2022).

12 Henry E. Hale, «Freeing Post-Soviet Regimes from the Procrustean Bed of Democracy Theory», in *Stubborn Structures: Reconceptualizing Post-Communist Regimes*, ed. Bálint Magyar (Budapest–New York: CEU Press, 2019), 5–20.

13 David Collier and Steven Levitsky, «Democracy with Adjectives: Conceptual Innovation in Comparative Research», *World Politics* 49, no. 3 (1997): 430–51; András Bozóki and Dániel Hegedűs, «Democracy, Dictatorship and Hybrid Regimes: Concepts and Approaches», in *Illiberal and Authoritarian Tendencies in Central, Southeastern and Eastern Europe*, ed. Magdalena Solska, Florian Bieber, and Dane Taleski (Bern: Peter Lang, 2018), 21–49.

14 Iván Szelényi and Péter Mihályi, *Varieties of Post-Communist Capitalism: A Comparative Analysis of Russia, Eastern Europe and China*, Studies in Critical Social Sciences (Boston: Brill Academic Pub, 2019); Dorothee Bohle and Béla Greskovits, *Capitalist Diversity on Europe's Periphery* (Ithaca: Cornell University Press, 2012).

15 Matthijs Bogaards, «Where to Draw the Line? From Degree to Dichotomy in Measures of Democracy», *Democratization* 19, no. 4 (2012): 690–712.

16 Див., зокрема, розділ Оксани Гус у цьому збірнику.

17 Див. розділ Калмана Міжея у наступному збірнику.

18 Alena Ledeneva, «Preface», in *The Anatomy of Post-Communist Regimes: A Conceptual Framework*, by Bálint Magyar and Bálint Madlovics (Budapest–New York: CEU Press, 2020), xxi—xxv.

19 Claus Offe, «Political Corruption: Conceptual and Practical Issues», in *Building a Trustworthy State in Post-Socialist Transition*, ed. János Kornai and Susan Rose-Ackerman, Political Evolution and Institutional Change (New York: Palgrave Macmillan, 2004), 78. Щодо інших авторів, які використовують такий же або подібний поділ, див. Robert E. Goodin, «Democratic Accountability: The Third Sector and All», Working Paper (Hauser Center for Nonprofit Organizations, June 1, 2003); Mark Philp, «Defining Political Corruption», *Political Studies* 45, no. 3 (1997): 436–62.

20 Samuel P. Huntington, *Political Order in Changing Societies* (New Haven, CT: Yale University Press, 1968).

21 James M. Buchanan, Robert D. Tollison, and Gordon Tullock, eds., *Toward a Theory of the Rent-Seeking Society* (College Station, TX: Texas A&M University, 1980).

22 Randall G. Holcombe, *Political Capitalism: How Economic and Political Power Is Made and Maintained* (Cambridge: Cambridge University Press, 2018).

23 Науковці звернули увагу на феномен «обертових дверей», тобто перехід із державної служби в індустрію лобіювання, де колишні політичні актори можуть використовувати політичні зв'язки, щоб обстоювати інтереси великого бізнесу. Однак те, що політики можуть увійти в економічну сферу лише після того, як залишили політичну, означає, що сфери соціальної дії лишаються розділеними. Див. Jordi Blanes i Vidal, Mirko Draca, and Christian Fons-Rosen, «Revolving Door Lobbyists», *American Economic Review* 102, no. 7 (December 2012): 3731–48.

24 Claudia Baez-Camargo and Alena V. Ledeneva, «Where Does Informality Stop and Corruption Begin? Informal Governance and the Public/Private Crossover in Mexico, Russia and Tanzania», *Slavonic & East European Review* 95, no. 1 (2017): 49–75.

25 Henry E. Hale, *Patronal Politics: Eurasian Regime Dynamics in Comparative Perspective* (Cambridge: Cambridge University Press, 2015).

26 Vadim Volkov, *Violent Entrepreneurs: The Use of Force in the Making of Russian Capitalism* (Ithaca: Cornell University Press, 2002).

27 Magyar and Madlovics, *A Concise Field Guide*, 10–13.

28   Mikhail Minakov, «Republic of Clans: The Evolution of the Ukrainian Political System», in *Stubborn Structures: Reconceptualizing Post-Communist Regimes*, ed. Bálint Magyar (Budapest—New York: CEU Press, 2019), 217–45; Kathleen Collins, *Clan Politics and Regime Transition in Central Asia* (New York: Cambridge University Press, 2006).

29   Max Weber, *Economy and Society: An Outline of Interpretive Sociology*, ed. Guenther Roth and Claus Wittich (Berekely: University of California Press, 1978).

30   Щодо ситуації в Україні див. розділ Інни Мельниковської в цьому виданні. Про концепцію хижацтва у посткомуністичному контексті див. Bálint Madlovics and Bálint Magyar, «Post-Communist Predation: Modeling Reiderstvo Practices in Contemporary Predatory States», *Public Choice* 187 (2021): 247–73.

31   Anders Åslund, «Comparative Oligarchy: Russia, Ukraine and the United States», SSRN Scholarly Paper (Rochester, NY: Social Science Research Network, 2005).

32   András Sajó, «Clientelism and Extortion: Corruption in Transition», in *Political Corruption in Transition: A Sceptic's Handbook*, ed. Stephen Kotkin and András Sajó (Budapest–New York: CEU Press, 2002), 16.

33   Stanislav Markus and Volha Charnysh, «The Flexible Few: Oligarchs and Wealth Defense in Developing Democracies», *Comparative Political Studies* 50, no. 12 (2017): 1632–65.

34   Michal Klíma, *Informal Politics in Post-Communist Europe: Political Parties, Clientelism and State Capture* (London: Routledge, 2019).

35   Stanislav Markus, «The Atlas That Has Not Shrugged: Why Russia's Oligarchs Are an Unlikely Force for Change», *Dædalus — Journal of the American Academy of Arts & Sciences* 146, no. 2 (2017): 101–12.

36   Transparency International (TI), «Corruption Perceptions Index 2011 — FAQ», 2012, https://www.transparency.org/cpi2011/in_detail.

37   Hannes Baumann, «A Failure of Governmentality: Why Transparency International Underestimated Corruption in Ben Ali's Tunisia», *Third World Quarterly* 38, no. 2 (2017): 467–82; Tore Fougner, «Neoliberal Governance of States: The Role of Competitiveness Indexing and Country Benchmarking», *Millennium* 37, no. 2 (2008): 303–26.

38   Stephen Knack, «Measuring Corruption: A Critique of Indicators in Eastern Europe and Central Asia», *Journal of Public Policy* 27, no. 3 (December 2007): 255–91. Докладнішу типологію корупції див. у Magyar and Madlovics, *The Anatomy of Post-Communist Regimes*, 371–401.

39 Stanislav Markus, *Property, Predation, and Protection: Piranha Capitalism in Russia and Ukraine* (Cambridge: Cambridge University Press, 2015).

40 Stanislav Markus, «Secure Property as a Bottom-Up Process: Firms, Stakeholders, and Predators in Weak States», SSRN Scholarly Paper (Rochester, NY: Social Science Research Network, September 8, 2012), https://papers.ssrn.com/abstract=2143322.

41 Magyar and Madlovics, *The Anatomy of Post-Communist Regimes*, 402–6.

42 Rasma Karklins, *The System Made Me Do It: Corruption in Post-Communist Societies* (New York: M.E. Sharpe, 2005).

43 János Kornai, Bo Rothstein, and Susan Rose-Ackerman, *Creating Social Trust in Post-Socialist Transition*, Political Evolution and Institutional Change (Hampshire: Palgrave Macmillan, 2004).

44 Vladimir Gel'man, «Post-Soviet Transitions and Democratization: Towards Theory-Building», *Democratization* 10, no. 2 (2003): 87–104.

45 Hale, *Patronal Politics*, 9.

46 Collins, *Clan Politics and Regime Transition in Central Asia*, 52–53.

47 Мара Фачіо виявила, що політично пов'язані фірми становлять 7,7% капіталізації світового фондового ринку, тоді як у Росії цей показник сягає 86,7%. Див. «Politically Connected Firms», *American Economic Review* 96, no. 1 (2006): 369–86.

48 Щодо України та Росії див. Anders Åslund, *Ukraine: What Went Wrong and How to Fix It* (Washington, DC: Peterson Institute for International Economics, 2015); Anders Åslund, *Russia's Crony Capitalism: The Path from Market Economy to Kleptocracy* (New Haven: Yale University Press, 2019).

49 Andrey Ryabov, «The Institution of Power & Ownership in the Former U.S.S.R.: Origin, Diversity of Forms, and Influence on Transformation Processes», in *Stubborn Structures: Reconceptualizing Post-Communist Regimes*, ed. Bálint Magyar (Budapest—New York: CEU Press, 2019), 415–35.

50 Oleksandr Fisun, «Neopatrimonialism in Post-Soviet Eurasia», in *Stubborn Structures: Reconceptualizing Post-Communist Regimes*, ed. Bálint Magyar (Budapest—New York: CEU Press, 2019), 75–96.

51 Oksana Huss, *How Corruption and Anti-Corruption Policies Sustain Hybrid Regimes: Strategies of Political Domination under Ukraine's Presidents in 1994–2014* (Stuttgart: ibidem Press, 2020).

52 Herbert Kitschelt et al., *Post-Communist Party Systems: Competition, Representation, and Inter-Party Cooperation* (Cambridge: Cambridge University Press, 1999).

53 Nikolay Petrov, «Putin's Neo-Nomenklatura System and Its Evolution», in *Stubborn Structures: Reconceptualizing Post-Communist Regimes*, ed. Bálint Magyar (Budapest–New York: CEU Press, 2019), 179–215.

54 Hale, *Patronal Politics*, 59.

55 Ми використовуємо визначення демократії та автократії Яноша Корнаї, див. «The System Paradigm Revisited: Clarification and Additions in the Light of Experiences in the Post-Communist Region», у *Stubborn Structures: Reconceptualizing Post-Communist Regimes*, ред. Bálint Magyar (Budapest—New York: CEU Press, 2019), 21–74.

56 На цьому етапі ми не обговорюємо трансформації в диктатуру з використанням ринку. Про такий тип режиму та його парадигмальний приклад, Китай, див Magyar and Madlovics, *A Concise Field Guide*, 131–40.

57 Bálint Magyar, «Parallel System Narratives: Polish and Hungarian Regime Formations Compared», in *Stubborn Structures: Reconceptualizing Post-Communist Regimes*, ed. Bálint Magyar (Budapest–New York: CEU Press, 2019), 611–55.

58 Kálmán Mizsei, «The New East European Patronal States and the Rule-of-Law», in *Stubborn Structures: Reconceptualizing Post-Communist Regimes*, ed. Bálint Magyar (Budapest—New York: CEU Press, 2019), 531–610.

59 Max Weber, «Politics as a Vocation», in *From Max Weber: Essays in Sociology*, ed. Max Weber, Hans Gerth, and C. Wright Mills (London: Routledge, 1991), 77–128.

60 András Sajó, *Limiting Government: An Introduction to Constitutionalism* (Budapest—New York: Central European University Press, 1999).

61 Douglass C. North, John Joseph Wallis, and Barry R. Weingast, *Violence and Social Orders: A Conceptual Framework for Interpreting Recorded Human History* (New York: Cambridge University Press, 2009), 111.

62 Докладний опис процесу громадського обговорення в різних режимах див.: Magyar and Madlovics, *The Anatomy of Post-Communist Regimes*, 243–317.

63 David Smith, *Estonia: Independence and European Integration* (New York: Routledge, 2013), 65.

64 Steven Levitsky and Lucan Way, *Competitive Authoritarianism: Hybrid Regimes after the Cold War* (New York: Cambridge University Press, 2010), 14.

65 «Freedom in the World: Country and Territory Ratings and Statuses, 1973–2019 (Excel)» (Freedom House, 2019), https://freedomhouse.org/sites/default/files/Country_and_Territory_Ratings_and_Statuses_FIW1973–2019.xls.

66 Michael Coppedge et al., «V-Dem Country-Year Dataset 2019» (Varieties of Democracy (V-Dem) Project, 2019).

67 Hale, *Patronal Politics*, 459–60.

68 Vello Pettai, «Understanding Politics in Estonia: The Limits of Tutelary Transition», in *Pathways: A Study of Six Post-Communist Countries*, ed. Karin Hilmer Pedersen and Lars Johannsen (ISD LLC, 2009), 69–87.

69 Evald Mikkel, «Patterns of Party Formation in Estonia: Consolidation Unaccomplished», in *Post-Communist EU Member States: Parties and Party Systems*, ed. Susanne Jungerstam-Mulders (Burlington, VT: Routledge, 2006), 23–49.

70 Rein Taagepera, «Baltic Values and Corruption in Comparative Context», *Journal of Baltic Studies* 33, no. 3 (2002): 243–58.

71 Vello Pettai and Pille Ivask, «Estonia», Nations in Transit 2018 (Freedom House, 2018), https://freedomhouse.org/sites/default/files/NIT2018_Estonia.pdf.

72 Bohle and Greskovits, *Capitalist Diversity on Europe's Periphery*, 96–137.

73 Ott Lumi, «Comparative Insight into the Status of the Lobbying Regulation Debate in Estonia», *Journal of Public Affairs* 15, no. 3 (2015): 300–310.

74 Lumi.

75 Karen Dawisha, *Putin's Kleptocracy: Who Owns Russia?* (New York: Simon & Schuster, 2014).

76 Mikkel, «Patterns of Party Formation in Estonia».

77 Martin Ehala, «The Bronze Soldier: Identity Threat and Maintenance in Estonia», *Journal of Baltic Studies* 40, no. 1 (March 1, 2009): 139–58.

78 Vassilis Petsinis, «Identity Politics and Right-Wing Populism in Estonia: The Case of EKRE», *Nationalism and Ethnic Politics* 25, no. 2 (2019): 211–30.

79 Pippa Norris and Ronald Inglehart, *Cultural Backlash: Trump, Brexit, and Authoritarian Populism* (New York: Cambridge University Press, 2019).

80 Volkov, *Violent Entrepreneurs*, 18–26.

81 Цитуємо за Alena V. Ledeneva, *How Russia Really Works: The Informal Practices That Shaped Post-Soviet Politics and Business* (New York: Cornell University Press, 2006), 178.

82 Ilja Viktorov, «Russia's Network State and Reiderstvo Practices: The Roots to Weak Property Rights Protection after the Post-Communist Transition», in *Stubborn Structures: Reconceptualizing Post-Communist Regimes*, ed. Bálint Magyar (Budapest—New York: CEU Press, 2019), 437–59.

83 Hale, *Patronal Politics*, 135.

84 David E. Hoffman, *The Oligarchs: Wealth and Power in the New Russia, Revised and Updated* (New York: PublicAffairs, 2011).

85 Gerald M. Easter, «Revenue Imperatives: State over Market in Postcommunist Russia», in *The Political Economy of Russia*, ed. Neil Robinson (Lanham: Rowman & Littlefield Publishers, 2012), 51–68.

86 Hale, *Patronal Politics*, 270–74.

87 Ben Judah, *Fragile Empire: How Russia Fell In and Out of Love with Vladimir Putin* (New Haven, CT: Yale University Press, 2014), 55.

88 Judah, 43.

89 Richard Sakwa, «Putin and the Oligarchs», *New Political Economy* 13, no. 2 (June 2008): 185–91.

90 Bill Browder, *Red Notice: A True Story of High Finance, Murder, and One Man's Fight for Justice* (New York: Simon & Schuster, 2015), 157–63.

91 Наприклад, Путін був змушений піти з посади президента 2008 року, коли постав перед обмеженням на два терміни перебування на посаді. На той час його контроль над режимом був досить сильним, і це могло призвести до того, що Хейл називає «синдромом кульгавої качки»: Путін зробив президентом свою політичну підставну особу Дмітрія Медведева й повернувся до влади 2012 року. Hale, *Patronal Politics*, 276–91.

92 Maria Popova, «Putin-Style 'Rule of Law' & the Prospects for Change», *Dædalus — Journal of the American Academy of Arts & Sciences* 146, no. 2 (2017): 64–75; Yelina Kvurt, «Selective Prosecution in Russia: Myth or Reality?» *Cardozo Journal of International and Comparative Law* 15 (2007): 127–68.

93 Timothy Frye, *Property Rights and Property Wrongs: How Power, Institutions, and Norms Shape Economic Conflict in Russia* (New York: Cambridge University Press, 2017).

94   Vladimir Shlapentokh and Joshau Woods, *Contemporary Russia as a Feudal Society: A New Perspective on the Post-Soviet Era* (New York: Palgrave Macmillan, 2007), 127–30.

95   Zoltán Sz. Bíró, «The Russian Party System», in *Stubborn Structures: Reconceptualizing Post-Communist Regimes*, ed. Bálint Magyar (Budapest—New York: CEU Press, 2019), 319–52.

96   Grigory Yavlinsky, *Realeconomik: The Hidden Cause of the Great Recession (and How to Avert the Next One)* (New Haven: Yale University Press, 2013), 109; Ledeneva, *How Russia Really Works*, 142–63. Звісно, ми не виключаємо, що деякі áктори тіньової економіки пов'язані з прийомною політичною сім'єю. Докладніше див. розділ GI-TOC у цьому збірнику.

97   Elena Vartanova, «The Russian Media Model in the Context of Post-Soviet Dynamics», in *Comparing Media Systems beyond the Western World*, ed. Daniel C. Hallin and Paolo Mancini (New York: Cambridge University Press, 2011), 119–43.

98   Bálint Madlovics and Bálint Magyar, «Populism as a Challenge to Legal-Rational Legitimacy: The Cases of Orbán and Trump», *Social Research: An International Quarterly* 88, no. 4 (2021): 827–55.

99   James Madison, «Federalist No. 51: The Structure of the Government Must Furnish the Proper Checks and Balances between the Different Departments», in *The Federalist Papers*, by Alexander Hamilton, James Madison, and John Jay, ed. Clinton Rossiter and Charles R. Kessler (New York: Signet, 2003), 319.

100 Hale, *Patronal Politics*, 76–80.

101 Hale, 60.

102 Lucan Way, *Pluralism by Default: Weak Autocrats and the Rise of Competitive Politics* (Baltimore: Johns Hopkins University Press, 2016).

103 Minakov, «Republic of Clans», 220–28.

104 Minakov, 234–37.

105 Markus, «The Atlas That Has Not Shrugged», 103.

106 Цитуємо за: Dubrovskiy et al., «Six Years of the Revolution of Dignity», 20.

107 Mizsei, «The New East European Patronal States and the Rule-of-Law», 537.

108 Hale, *Patronal Politics*, 182–90.

109 Hale, 325–31.

110 Vladimir Dubrovskiy et al., «Six Years of the Revolution of Dignity: What Has Changed?» (Kyiv: CASE Ukraine, June 2020), 23, https://case-ukraine.com.ua/content/uploads/2020/06/6-years-of-the-Revolution-of-Dignity_ENG.pdf.

111 Hale, *Patronal Politics*, 342–50.

112 Dubrovskiy et al., «Six Years of the Revolution of Dignity», 61–81.

113 «Despite Violence and Threats in East, Ukraine Election Characterized by High Turnout and Resolve to Guarantee Fundamental Freedoms, International Observers Say», OSCE, May 26, 2014, https://www.osce.org/odihr/elections/119081.

114 Wojciech Konończuk, «Oligarchs after the Maidan: The Old System in a "New" Ukraine», Policy Paper, OSW Commentary, 2015; Mizsei, «The New East European Patronal States and the Rule-of-Law», 584.

115 Змодельовані траєкторії режимів показані на нашому сайті в інтерактивній 3D-моделі (https://www.postcommunistregimes.com/3d-trajectories/). Про методологію трикутника див. Magyar and Madlovics, *The Anatomy of Post-Communist Regimes*, 627–37.

116 Balázs Jarábik, «Belarusz és Ukrajna: Kormányzás vagy demokrácia» [Belarus and Ukraine: Governance or Democracy], in *Magyar Polip — a posztkommunista maffiaállam 3. [Hungarian Octopus — The Post-Communist Mafia State 3.]*, ed. Bálint Magyar and Júlia Vásárhelyi (Budapest: Noran Libro, 2015), 518.

117 Magyar and Madlovics, *The Anatomy of Post-Communist Regimes*, 229–30.

118 Béla K. Király and András Bozóki, eds., *Lawful Revolution in Hungary, 1989–94* (Boulder, CO: East European Monographs, 1995).

119 Julia Gerlach, *Color Revolutions in Eurasia* (London: Springer, 2014), 9–12.

120 Hale, *Patronal Politics*, 234–38.

121 Grigore Pop-Eleches and Graeme Robertson, «After the Revolution», *Problems of Post-Communism* 61, no. 4 (2014): 3–22.

122 Див. розділ Володимира Дубровського про шанси антипатрональної трансформації та розділ Оксани Гус про антикорупційну політику.

123 Hale, *Patronal Politics*, 87–88.

124 Bálint Magyar, ed., *Stubborn Structures: Reconceptualizing Post-Communist Regimes* (Budapest—New York: CEU Press, 2019).

125   9Eleanor Knott, «Perpetually "Partly Free": Lessons from Post-Soviet Hybrid Regimes on Backsliding in Central and Eastern Europe», *East European Politics* 34, no. 3 (2018): 355–76.

126   North, Wallis, and Weingast, *Violence and Social Orders*, 112.

127   Richard Sakwa, «Systemic Stalemate: Reiderstvo and the Dual State», in *The Political Economy of Russia*, ed. Neil Robinson (Lanham: Rowman & Littlefield Publishers, 2012), 69–96.

128   Markus, *Property, Predation, and Protection*, 57.

129   Про діапазон свавілля див. Magyar and Madlovics, *A Concise Field Guide*, 40–41.

130   Markus, *Property, Predation, and Protection*, 27–46.

131   Matthew A. Rojansky, «Corporate Raiding in Ukraine: Causes, Methods and Consequences», *Demokratizatsiya; Washington* 22, no. 3 (Summer 2014): 427.

132   Rojansky, «Corporate Raiding in Ukraine». Див. також розділ Інни Мельниковської про рейдерство та права власності в цьому збірнику.

133   Holcombe, *Political Capitalism*.

134   Åslund, *Russia's Crony Capitalism*.

135   Magyar and Madlovics, *The Anatomy of Post-Communist Regimes*, 426–36.

136   Bálint Magyar, *Post-Communist Mafia State: The Case of Hungary* (Budapest: CEU Press, 2016).

137   Див. розділ Андраша Рача в наступному томі.

138   Grigory Yavlinsky, *The Putin System: An Opposing View* (New York: Columbia University Press, 2019), 66–80.

139   Тому Фісун говорить про «бюрократичний неопатримоніалізм» (на противагу «олігархічному» варіанту) в Росії, який характеризується «державно-бюрократичними монополіями та напівпримусовою централізацією неопатримоніального панування в умовах суперпрезиденціалізму». Fisun, «Neopatrimonialism in Post-Soviet Eurasia», 91–92.

140   Vladimir Dubrovskiy, «Why Is the Russian Bureaucracy Failing in the Face of War?» *Review of Democracy*, February 24, 2023, https://revdem.ceu.edu/2023/02/24/why-is-the-russian-bureaucracy-failing-in-the-face-of-war/.

141　Gerlach, *Color Revolutions in Eurasia*, 22–24.

142　«Russia: Mass Detentions after Putin Critic Navalny Jailed», *BBC News*, February 3, 2021, sec. Europe, https://www.bbc.com/news/world-europe-55913614.

143　Françoise Thom, «What Does the Russian Ultimatum to the West Mean?» *Desk Russie* (blog), December 30, 2021, https://en.desk-russie.eu/2021/12/30/what-does-the-russian-ultimatum.html. Див. також розділ Золтана Ш. Біро в наступному томі.

144　Anton Troianovski, «Russia Takes Censorship to New Extremes, Stifling War Coverage», *The New York Times*, March 4, 2022, sec. World, https://www.nytimes.com/2022/03/04/world/europe/russia-censorship-media-crackdown.html.

145　Catherine Belton and Greg Miller, «Cracks Emerge in Russian Elite as Tycoons Start to Bemoan Invasion», *Washington Post*, April 29, 2022, https://www.washingtonpost.com/world/2022/04/29/russia-oligarchs-ukraine-invasion-dissent/.

146　Anton Troianovski and Ivan Nechepurenko, «Russian Tycoon Criticized Putin's War. Retribution Was Swift», *The New York Times*, May 1, 2022, sec. World, https://www.nytimes.com/2022/05/01/world/europe/oligarch-putin-oleg-tinkov.html.

147　«Путин подписал указ о конфискации незаконных средств чиновников [Putin signed a decree on the confiscation of illegal funds of officials]», Lenta.RU, March 6, 2022, https://lenta.ru/news/2022/03/06/chinovniki/.

148　Inna Melnykovska, «Nexus between Big Business and Politics in Ukraine» (Lecture at the course «Modes of state capture: oligarchy and mafia state», CEU Invisible University, November 1, 2022).

149　Див, зокрема, розділ Ігоря Бураковського та Станіслава Юхименка в цьому збірнику.

150　За результатами лонгітюдного дослідження «Українське суспільство: динаміка змін», проведеного Інститутом соціології НАН України. Результати опитування докладно описані в розділі Євгена Головахи та колег у цьому томі.

151　Nataliya Vasilyeva, «Mansion of "Warlord Oligarch" Who "Helped Zelensky Get Elected' Raided by Security Agency», *The Telegraph*, February 1, 2023, https://www.telegraph.co.uk/world-news/2023/02/01/mansion-warlord-oligarch-who-helped-zelensky-get-elected-raided/.

152　«За попередніми даними, масштаби самої корупції завдавали державному бюджету збитків у розмірі 10 мільярдів гривень (приблизно 280 мільйонів доларів) на місяць». Andrzej Wilk and Piotr Żochowski, «Fighting in the Donbas Intensifies. Day 354 of

153 Christopher Miller, «Anatomy of a Scandal: Why Zelenskyy Launched a Corruption Crackdown in Ukraine», *Financial Times*, January 27, 2023.

154 Див. розділ Євгена Головахи та колег у цьому томі.

155 Там само.

156 Див. другий розділ Володимира Дубровського у цьому томі, а також розділ Калмана Міжея про геополітичну ситуацію в Україні після вторгнення — у наступному томі.

157 Opportunities and Challenges Facing Ukraine's Democratic Transition», Nationwide Telephone Survey, January 4–16, 2023 (National Democratic Institute, February 22, 2023), https://www.ndi.org/publications/ndi-january-2023-poll-opportunities-and-challenges-facing-ukraines-democratic.

158 Miller, «Anatomy of a Scandal».

159 Wilk and Żochowski, «Fighting in the Donbas Intensifies».

160 Gerlach, *Color Revolutions in Eurasia*, 6–9.

161 Mizsei, «The New East European Patronal States and the Rule-of-Law», 547.

162 Mikheil Saakashvili and Kakha Bendukidze, «Georgia: The Most Radical Catch-Up Reforms», in *The Great Rebirth: Lessons from the Victory of Capitalism over Communism*, ed. Anders Åslund and Simeon Djankov (Washington, DC: Peterson Institute for International Economics, 2014), 149–63.

163 Mizsei, «The New East European Patronal States and the Rule-of-Law», 548.

164 Huseyn Aliyev, «The Effects of the Saakashvili Era Reforms on Informal Practices in the Republic of Georgia», *Studies of Transition States and Societies* 6, no. 1 (2014): 19–33.

165 Dubrovskiy et al., «Six Years of the Revolution of Dignity», 33.

166 Mizsei, «The New East European Patronal States and the Rule-of-Law», 548, 555.

167 Dubrovskiy et al., «Six Years of the Revolution of Dignity», 52.

168 Див. розділ Михайла Мінакова про період Зеленського в цьому збірнику.

169 Roman Olearchyk, «Ukraine Seizes Control of Five "Strategic" Companies from Oligarchs», *Financial Times*, November 7, 2022.

170 Ukraine: IFJ Calls on the Government to Revise New Media Law», International Federation of Journalists, January 12, 2023, https://www.ifj.org/media-centre/news/detail/category/press-releases/article/ukraine-ifj-calls-on-the-government-to-revise-new-media-law.html.

171 Див. розділ Тетяни Калиниченко та Дениса Брильова в цьому томі.

172 Див. розділ Михайла Мінакова про період Зеленського в цьому томі.

173 Там само.

174 Magyar and Madlovics, *The Anatomy of Post-Communist Regimes*, 347–51.

175 Robert Higgs, *Crisis and Leviathan: Critical Episodes in the Growth of American Government* (New York: Oxford University Press, 1987).

176 Nazar Boyko, «Understanding Electoral Reform in Ukraine: How to Open Party Lists While Keeping Them Closed?» PONARS Eurasia, January 13, 2020, https://www.ponarseurasia.org/understanding-electoral-reform-in-ukraine-how-to-open-party-lists-while-keeping-them-closed/.

177 «Opportunities and Challenges Facing Ukraine's Democratic Transition».

178 Venelin I. Ganev, «Post-Accession Hooliganism: Democratic Governance in Bulgaria and Romania after 2007», *East European Politics and Societies* 27, no. 1 (2013): 26–44.

179 Див. розділ Золтана Ш. Біро в наступному томі.

180 Див. розділ Калмана Міжея в наступному томі.

181 Див. Peter J. Katzenstein, ed., *Civilizations in World Politics: Plural and Pluralist Perspectives* (New York: Routledge, 2010).

182 Samuel P. Huntington, *The Clash of Civilizations and the Remaking of World Order* (New York: Simon & Schuster, 1996), 139.

183 Magyar and Madlovics, *The Anatomy of Post-Communist Regimes*, 34–44.

184 Див. другий розділ Володимира Дубровського в цьому томі.

185 Див. розділ Дьюли Крайчар про Китай у наступному томі.

186 Hale, *Patronal Politics*, 84–85.

Патроналізм і соціальний порядок обмеженого доступу: випадок України (*Володимир Дубровський*)

187   Автор щиро вдячний Д. А. Попову за допомогу в редагуванні українського перекладу.

188   Douglass C. North, John Joseph Wallis, Steven B. Webb, and Barry R. Weingast, «Limited Access Orders: Rethinking the Problems of Development and Violence», 1 January 25, 2011 (є українське видання). 1. https://web.stanford.edu/group/mcnollgast/cgi-bin/wordpress/wp-content/uploads/2013/10/Limited_Access_Orders_in_DW_-II_-2011.0125.submission-version.pdf.

189   Bálint Magyar and Bálint Madlovics, The Anatomy of Post-Communist Regimes: A Conceptual Framework (Budapest—New York: Central European University Press, 2020), 15.

190   North et al., «Limited Access Orders», 7–8.

191   Vladimir Dubrovskiy, Janusz Szyrmer, William Graves III, Evgeny Golovakha, Olexiy Haran', and Rostislav Pavlenko, «The Driving Forces for Unwanted Reforms: Lessons from the Ukrainian Transition», edited by Vladimir Dubrovskiy, Janusz Szyrmer, and William Graves III. Розвідка підготовлена в межах Глобального дослідницького проєкту розуміння реформ, ініційованого Global Research Network (GDN), 2010. Див. https://case-ukraine.com.ua/content/uploads/2020/09/The-Driving-Forces-for-Unwanted-Reforms.pdf. (є українське видання).

192   Швейцарія становить виняток, може, тому, що її населяють люди, які добровільно покинули домінантні на той час у Європі місця компактного проживання на користь тяжкого та ризикованого, але вільного життя в горах.

193   Див., наприклад, визначення на сайті https://www.investopedia.com/terms/r/rentseeking.asp.

194   Деякі автори також називають це «вірою в гру з нульовою сумою», «упередженістю з нульовою сумою», «мисленням з нульовою сумою» тощо. Наприклад, Joanna Różycka-Tran, Pawel Boski, and Bogdan Wojciszke, «Belief in a Zero-Sum Game as a Social Axiom», *Journal of Cross-Cultural Psychology* 46 (2015): 525–548.

195   G. M. Foster, «Peasant Society and the Image of Limited Good», *American Anthropologist* 67, no. 2 (1965): 293–315.

196   Paul H. Rubin, «Folk Economics», *Southern Economic Journal* 70, no. 1 (2003): 157–71.

197 Stanislav Markus, Property, Predation, and Protection: Piranha Capitalism in Russia and Ukraine, (Cambridge University Press, 2015), 54.

198 Harold Demsetz, «Toward a Theory of Property Rights», *The American Economic Review* 57, No. 2 (Papers and Proceedings of the Seventy-Ninth Annual Meeting of the American Economic Association) (May, 1967), 347–359.

199 Elinor Ostrom, *Governing the Commons: The Evolution of Institutions for Collective Action* (New York: Cambridge University Press, 1990).

200 Douglass C. North, John Joseph Wallis, and Barry R. Weingast, *Violence and Social Orders: A Conceptual Framework for Interpreting Recorded Human History* (Cambridge: Cambridge University Press, 2009), 18.

201 У такий спосіб арбітр створює комплементарні монополії Курно, а отже, потрібен, щоб їх координувати.

202 Ronald Coase, «The Nature of the Firm», *Economica* 4, no. 16 (November 1937): 386–405.

203 Найсвіжіший огляд літератури на цю тему див. у статті Fisayo Fagbemi and Richard Angelous Kotey, «Interconnections between Governance Shortcomings and Resource Curse in a Resource-Dependent Economy», *PSU Research Review*, ahead-of-print (2022).

204 North et al. «Violence and Social Orders», 148.

205 Dubrovskiy et al., «The Driving Forces», 5.

206 Alena Ledeneva, *Russia's Economy of Favours: Blat, Networking and Informal Exchange* (Cambridge University Press, 1998).

207 Daron Acemoglu and James A. Robinson, *The Narrow Corridor: States, Societies, and the Fate of Liberty* (New York: Penguin Press, 2019), 33–74.

208 Daron Acemoglu and James A. Robinson, *Why Nations Fail: The Origins of Power, Prosperity and Poverty* (New York: Crown Publishers, 2012), 88.

209 Mancur Olson, *The Logic of Collective Action* (Cambridge, MA: Harvard University Press, 1965).

210 Daron Acemoglu and James A. Robinson, *Economic Origins of Dictatorship and Democracy* (Cambridge: Cambridge University Press, 2006), 21.

211   Acemoglu and Robinson, *Economic Origins of Dictatorship and Democracy*.

212   Наприклад, Jonathan Muringani, Rune Fitjar, and Andrés Rodríguez-Pose, «Social Capital and Economic Growth in the Regions of Europe», *Environment and Planning A: Economy and Space* 53, no. 6 (2021): 1412–1434; Ibrahim Akcomak, Bas Weel, and Semih Akçomak, «Social Capital, Innovation and Growth: Evidence from Europe», *European Economic Review* 53 (2008): 544–567.

213   Mancur Olson, *The Rise and Decline of Nations: Economic Growth, Stagflation, and Social Rigidities* (New Haven: Yale University Press, 1982), 43.

214   North et al., «Violence and Social Orders», 24.

215   North et al., «Violence and Social Orders», 22.

216   Léonard Wantchekon, «Why do Resource Abundant Countries Have Authoritarian Governments», *The Journal of African Development* 5 (2002): 145–176.

217   Henry E. Hale, *Patronal Politics: Eurasian Regime Dynamics in Comparative Perspective*, Problems of International Politics (Cambridge: Cambridge University Press, 2015), 13–16.

218   Див. розділ «Основні рушійні сили депатроналізації України».

219   North et al., «Violence and Social Orders», 255.

220   Christian Welzel, «Democratization as an Emancipative Process: The Neglected Role of Mass Motivations», *European Journal of Political Research* 45, no. 6 (2006): 871–896.

221   Douglass C. North, «Economic Performance through Time», *The Nobel Prize Lecture*, 1993. https://www.nobelprize.org/prizes/economic-sciences/1993/north/lecture/.

222   North et al., «Violence and Social Orders», 269.

223   Magyar and Madlovics, *The Anatomy of Post-Communist Regimes*, 41.

224   Кирил Рогов, «Режим мягких правовых ограничений», *InLiberty* (блог), http://www.inliberty.ru/blog/1175-rezhim-myagkih-pravovyh-ogranicheniy.

225   Автор незалежно розробив дуже схожу концепцію в той самий час у межах дослідження Дубровського та ін., «Рушійні сили», 12–13. Однак цю роботу опублікували пізніше.

226   Janos Kornai, «The Soft Budget Constraint», *Kyklos* 39, no. 1 (1986): 3–30.

227 Vadim Volkov, «Patrimonialism versus Rational Bureaucracy: On the Historical Relativity of Corruption», in *Bribery and Blat in Russia: Negotiating Reciprocity from the Middle Ages to the 1990s*, ed. Stephen Lovell, Alena V. Ledeneva, and Andrei Rogachevskii (London: MacMillan Press, 2000), 20–34.

228 Ledeneva, *Russia's Economy of Favours*.

229 Див. розділ «Основні рушійні сили депатроналізації України».

230 Brian Levy, *Governance Reform: Bridging Monitoring and Action*, The World Bank Publication #6742, (2007): 122.

231 Фундаментальну працю про проблеми, притаманні комуністичним диктатурам, див. у Janos Kornai, *The Socialist System: The Political Economy of Communism* (Oxford: Clarendon Press, 1992).

232 Див. розділ «Основні рушійні сили депатроналізації України».

233 Dubrovskiy et al., «The Driving Forces», 22.

234 Vladimir Dubrovsky, Kálmán Mizsei, Kateryna Ivashchenko-Stadnik, and Mychailo Wynnyckij, *Six Years of the Revolution of Dignity: What Has Changed?* CASE Ukraine report (June 2020): 19–20. https://case-ukraine.com.ua/content/uploads/2020/06/6-years-of-the-Revolution-of-Dignity_ENG.pdf.

235 Опис цих історичних традицій див.: Serhii Plokhy, *The Gates of Europe: A History of Ukraine* (Basic Books. 2015); Mykola Riabchuk, «Two Ukraines Reconsidered: The End of Ukrainian Ambivalence?» *Studies in Ethnicity and Nationalism* 15, no. 1 (2015): 138–156; «Зрозуміти українську історію: інтерв'ю з Ярославом Грицаком», *Україна/Світ*, 2019, доступне за посиланням: https://ukraineworld.org/articles/ukraine-explained/history-hrytsak.

236 Lucan Way, *Pluralism by Default: Weak Autocrats and the Rise of Competitive Politics* (Baltimore: Johns Hopkins University Press, 2015).

237 Дані опитування українського суспільства див: *Українське суспільство: Моніторинг соціальних змін* (Київ: Інститут соціології НАН України, 2015), 620.

238 Наприклад, Wolfgang Merkel, Raj Kollmorgen, and Hans-Jürgen Wagener, eds., *The Handbook of Political, Social, and Economic Transformation* (Oxford: Oxford University Press, 2019).

239 *Річний звіт Антимонопольного комітету України за 2009 рік* (Київ: АМКУ, 2010).

240 Наталія Іщенко, «Люстрація економіки?», *Дзеркало тижня*, 18 лютого 2005 року. https://zn.ua/internal/lyustratsiya_ekonomiki.html.

241 Про причини цієї зміни див. розділ «Основні рушійні сили депатроналізації України».

242 Див. розділ «Основні рушійні сили депатроналізації України».

243 Автор розрахував це на основі «Суспільно-політичні настрої населення: листопад-грудень 2018 року», Київський міжнародний інститут соціології, прес-реліз, 12 грудня 2018 року, https://www.kiis.com.ua/?lang=eng&cat=reports&id=806&page=1.

244 Це дуже докладно обговорено у розділі «Основні рушійні сили депатроналізації України».

245 Див. розділ «Основні рушійні сили депатроналізації України».

246 North et al., «Violence and Social Orders», 151.

247 North et al., «Violence and Social Orders», 166.

248 Докладніше див. інший розділ цього видання («Основні рушійні сили депатроналізації України»).

249 Różycka-Tran et al., «Belief in a Zero-Sum Game as a Social Axiom».

250 https://www.internationalpropertyrightsindex.org/.

251 https://www.systemicpeace.org/polityproject.html.

252 Robert Klitgaard, *Controlling Corruption* (Berkeley, CA: University of California Press, 1988), 75.

253 Bálint Magyar and Bálint Madlovics, *A Concise Field Guide to Post-Communist Regimes: Actors, Institutions, and Dynamics* (Budapest—Vienna—New York: Central European University Press, 2022), 20.

254 Welzel, *Democratization as an Emancipative Process*.

255 Ronald Inglehart and Christian Welzel. *Modernization, Cultural Change and Democracy: The Human Development Sequence* (New York: Cambridge University Press, 2005).

256 Dubrovskiy et al. *Six Years of the Revolution of Dignity*.

257 North et al., «Violence and Social Orders», 26.

Тяглість і зміна суспільного договору в Україні: приклад антикорупційної політики *(Оксана Гус)*

258   Дослідження, написання та опублікування цієї статті здійснені для проєкту BIT-ACT, який фінансує Європейська дослідницька рада (ERC) в межах програми Європейського Союзу з досліджень та інновацій «Горизонт 2020» (грантова угода № 802362).

259   James Mahoney, «Path Dependence in Historical Sociology», *Theory and Society* 29, no. 4 (2000): 507–48; James Mahoney and Dietrich Rueschemeyer, eds., *Comparative Historical Analysis in the Social Sciences*, Cambridge Studies in Comparative Politics (New York: Cambridge University Press, 2003); Christoph H. Stefes, «Historischer Institutionalismus und Gesellschaftstransformation», in *Handbuch Transformationsforschung*, ed. Raj Kollmorgen, Wolfgang Merkel, and Hans-Jürgen Wagener (Wiesbaden: Springer Fachmedien Wiesbaden, 2015), 124–37, http://link.springer.com/10.1007/978-3-658-05348-2.

260   Gretchen Helmke and Steven Levitsky, «Informal Institutions and Comparative Politics: A Research Agenda», *Perspectives on Politics* 2, no. 04 (2004): 733.

261   Johnston, Michael. *Corruption, contention and reform: The power of deep democratization.* (Cambridge University Press, 2014). p.30.

262   Koechlin, L. *Corruption as an empty signifier: Politics and political order in Africa.* (Brill, 2013).

263   Bálint Magyar and Bálint Madlovics, *A Concise Field Guide to Post-Communist Regimes: Actors, Institutions, and Dynamics* (New York: Central European University Press, 2022), 116.

264   Helmke and Levitsky, «Informal Institutions and Comparative Politics».

265   Oksana Huss, *How Corruption and Anti-Corruption Policies Sustain Hybrid Regimes: Strategies of Political Domination under Ukraine's Presidents in 1994–2014*, Soviet and Post-Soviet Politics and Society (Stuttgart: ibidem, 2020). Поняття системи корупції варто відрізняти від явища системної корупції: системна корупція спрямована на опис постійно повторюваних корупційних практик і процесів, що відбуваються за певними схемами, незалежно від масштабу корупції, тоді як концепція системи корупції сфокусована на структурах і формах формальних і неформальних інститутів, які здійснюють управління за допомогою корупції, і має на меті проаналізувати роль великої політичної корупції в усіх її формах у політичній системі.

266 Oksana Huss et al., «Explaining Variation in the Effectiveness of Anti-Corruption Activism in Ukraine's Regions: The Role of Local Context, Political Will, Institutional Factors, and Structural Factors», *Demokratizatsiya; Washington* 28, no. 2 (Spring 2020): 201–27.

267 Oksana Huss, «The Perpetual Cycle of Political Corruption in Ukraine and Post-Revolutionary Attempts to Break Through It», in *Revolution and War in Contemporary Ukraine: The Challenge of Change*, ed. Olga Bertelsen, Soviet and Post-Soviet Politics and Society (Stuttgart: ibidem; Columbia University Press, 2017), 323.

268 Плейнес визначає «олігарха» як «політично активного підприємця», тобто людину, яка володіє найбільшими підприємствами в країні, контролює її засоби масової інформації, а також має прямих представників у політиці (Heiko Pleines, «Oligarchs and Politics in Ukraine», *Demokratizatsiya: The Journal of Post-Soviet Democratization* 24, no. 1 (2016): 114). Часто економічна термінологія, як-от «великий бізнес» (Inna Melnykovska, «Big Business and Politics in Ukraine: The Evolution of State-Business Relations», *Employment and Economy in Central and Eastern Europe* 1 (2015)) або «фінансово-промислові групи (ФПГ)» (Центр Разумкова, «Партійна система України: Специфіка становлення, проблеми функціонування, тенденції еволюції», Національна безпека і оборона (Київ: Український центр економічних і політичних досліджень імені Олександра Разумкова, 2010)) замінюють олігархію.

269 Henry E. Hale, *Patronal Politics: Eurasian Regime Dynamics in Comparative Perspective*, Problems of International Politics (New York: Cambridge University Press, 2015); Tetiana Kostiuchenko and Inna Melnykovska, «Sustaining Business-State Symbiosis in the Time of Political Turmoil: The Case of Ukraine in 2007–2018», in *Friends or Foes of Transformation? Economic Elites in Post-Soviet Ukraine*, ed. Oksana Huss, Olena Petrenko, and Dieter Ziegler, Economic History Yearbook 2019/2, 2019, 363–76.

270 Max Bader, «Party Politics in Georgia and Ukraine and the Failure of Western Assistance», *Democratization* 17, no. 6 (December 2010): 1085–1107, https://doi.org/10.1080/13510347.2010.525857; Max Bader and Andrey Meleshevich, «Analyse: Die politischen Parteien der Ukraine vor den Parlamentswahlen», Ukraine Analysen, Bundeszentrale für politische Bildung, 21 May 2012, http://www.bpb.de/internationales/europa/ukraine/136876/analyse-die-politischen-parteien; Andrey A. Meleshevich, *Party Systems in Post-Soviet Countries: A Comparative Study of Political Institutionalization in the Baltic States, Russia, and Ukraine* (New York: Palgrave Macmillan US, 2007), https://doi.org/10.1057/9780230603615.

271 Лідія Зубицька. Поява та становлення олігархів як замінників партій в Україні: Оцінка постреволюційних (помаранчевих) років. *Економічна еліта України в порівняльно-*

історичній перспективі; ред. Оксана Гус, Володимир Куліков та Олена Петренко. *Україна модерна*, 25 (Харків, 2018), 143–62.

272   Eva-Marie Kjellström, Sabiti Makara, and Peter Sjöberg, «Party Cooperation in a Results Perspective» (Karlstad: Swedish Agency for Development Evaluation, (SADEV), 2010), 2.

273   Magyar and Madlovics, *A Concise Field Guide to Post-Communist Regimes*, 99.

274   Bo Rothstein and Aiysha Varraich, *Making Sense of Corruption* (New York: Cambridge University Press, 2017).

275   Alena Ledeneva, «The Genealogy of Krugovaya Poruka: Forced Trust as a Feature of Russian Political Culture», in *Trust and Democratic Transition in Post-Communist Europe*, ed. Ivana Markova (Oxford: British Academy, 2004), 84–108, https://doi.org/10.5871/bacad/9780197263136.003.0005.

276   Hale, *Patronal Politics*, 10.

277   Magyar and Madlovics, *A Concise Field Guide to Post-Communist Regimes*, 99.

278   Huss, «Corruption, Crisis, and Change».

279   Закон № 356/95 «Про боротьбу з корупцією», Верховна Рада України, http://zakon3.rada.gov.ua/laws/show/356/95-вр/ed19951005.

280   Указ Президента № 319/97, Верховна Рада України, http://zakon5.rada.gov.ua/laws/show/319/97.

281   Указ Президента № 829/94 «Про заходи щодо вдосконалення діяльності Координаційного комітету по боротьбі з корупцією і організованою злочинністю», Верховна Рада України, http://zakon2.rada.gov.ua/laws/show/829/94/ed19960131.

282   Указ Президента № 371/97 «Про Національне бюро розслідувань», Верховна Рада України, http://zakon2.rada.gov.ua/laws/show/371/97.

283   Huss, *How Corruption and Anti-Corruption Policies Sustain Hybrid Regimes: Strategies of Political Domination under Ukraine's Presidents in 1994–2014*, 171.

284   Рішення Конституційного Суду v010p710-98, https://zakon.rada.gov.ua/laws/show/v010p710-98#Text і Рішення Конституційного Суду, v009p710-04, Верховна Рада України, http://zakon3.rada. gov.ua/laws/show/v009p710-04.

285   Про механізми, як корупцію інструменталізували, щоб побудувати однопірамідне патрональне правління, див. Huss, 2020, 116–152.

286 Huss, *How Corruption and Anti-Corruption Policies Sustain Hybrid Regimes: Strategies of Political Domination under Ukraine's Presidents in 1994–2014*, 148.

287 K. Darden, «The Integrity of Corrupt States: Graft as an Informal State Institution», *Politics & Society* 36, no. 1 (1 March 2008): 46, https://doi.org/10.1177/0032329207312183.

288 Сергій Лещенко, *Американська сага Павла Лазаренка*, Бібліотека журналу «Ї» (Львів: Лиха-Прес, 2013), http://www.pravda.com.ua/articles/2012/09/13/6972637/.

289 Сергій Лещенко, Історія арештів Юлії Тимошенко, *Українська правда*, 8 жовтня 2011 року, http://www.pravda.com.ua/articles/2011/08/10/6475266/.

290 Oleh Protsyk and Marcin Walecki, «Party Funding in Ukraine», in *Political Finance and Corruption in Eastern Europe: The Transition Period*, ed. Daniel M. Smilov and Jurij Toplak (Burlington, VT: Ashgate, 2007), 189–208.

291 Указ Президента України № 275/2010 від 26.02.2010 р. «Про утворення Національного антикорупційного комітету», Верховна Рада України, http://zakon2.rada. gov.ua/laws/show/275/2010.

292 Микола Хавронюк, Починаємо антикорупційну експертизу. з Антикорупційного закону, *Законопроект*, 21 лютого 2012 року, http://www.zakonoproekt.org.ua/pochnemo-antykoruptsijni-ekspertyzy--z-antykoruptsijnogho-zakonu.aspx.

293 Oleksandr Sushko and Olena Prystayko, «Freedom House Report, Nations in Transit 2011, Ukraine», Nations in Transit (Freedom House, 2011), https://freedomhouse.org/report/nations-transit/2011/ukraine.

294 H. Dörrenbächer and V. Oliinyk, «Ein Jahr nach den Präsidentschaftswahlen — quo vadis Ukraine?», Ukraine-Analysen (Bremen: Forschungsstelle Osteuropa an der Universität Bremen, 3 August 2011).

295 Taras Kuzio, «Political Culture and Democracy: Ukraine as an Immobile State», *East European Politics and Societies* 25, no. 1 (February 2011): 88–113, https://doi.org/10.1177/0888325410388410; Євген Захаров, Політичні репресії, *Українська правда*, 3 січня 2011 року, http://www.pravda.com.ua/columns/2011/01/3/5746748/.

296 Закон України «Про засади запобігання і протидії корупції», https://zakon.rada.gov.ua/laws/show/3206-17.

297 Указ Президента України № 742/2006 від 11 вересня 2006 року «Про концепцію подолання корупції в Україні "На шляху до доброчесності"», https://zakon.rada.gov.ua/laws/show/742/2006#Text.

298 Pleines, «Oligarchs and Politics in Ukraine».

299 Magyar and Madlovics, *A Concise Field Guide to Post-Communist Regimes*, 228–29.

300 Silviya Nitsova, Grigore Pop-Eleches, and Graeme Robertson, «Revolution and Reform in Ukraine: Evaluating Four Years of Reform», PONARS Eurasia (Washington D.C., July 2018), 6–11.

301 Oleh Havrylyshyn, *Political Economy of Independent Ukraine: Slow Starts, False Starts, and a Last Chance?* Studies in Economic Transition (London: Palgrave Macmillan, 2017), 281.

302 Andrew Barnes, «Tenth Time's a Charm? IMF Loans and Conditionality in Ukraine», *PONARS Eurasia Policy Memos*, 17 December 2015, http://www.ponarseurasia.org/memo/tenth-times-charm-imf-loans-and-conditionality-ukraine.

303 Council of the European Union, «EU-Ukraine Visa Dialogue: Action Plan on Visa Liberalization», 14 December 2010, http://register.consilium.europa.eu/doc/srv?l=EN&f=ST%2017883%202010%20INIT; European Commission, «Third Report on the Implementation by Ukraine of the Action Plan on Visa Liberalisation» (Brussels, 15 November 2013), https://ec.europa.eu/home-affairs/sites/homeaffairs/files/what-is-new/news/news/docs/20131115_3rd_progress_report_on_the_implementation_by_ukraine_of_the_apvl_en.pdf; EU-Ukraine Cooperation Council, «EU-Ukraine Association Agenda to Prepare and Facilitate the Implementation of the Association Agreement» (Luxembourg, 24 June 2013, 24 June 2013), http://eeas.europa.eu/archives/docs/ukraine/docs/eu_ukr_ass_agenda_24jun2013.pdf.

304 Council of the European Union, «Visas: Council Adopts Regulation on Visa Liberalisation for Ukrainian Citizens», 17 May 2017, https://www.consilium.europa.eu/en/press/press-releases/2017/05/11/visa-liberalisation-ukraine/.

305 Прикладом того, як це працює на практиці, є антикорупційні реформи в оборонному секторі: Oksana Huss and Svitlana Musiiaka, «Accomplishing the Impossible: How Ukraine Advanced Anti-Corruption Reforms in Defense & Security», *CJL* (blog), 3 May 2022, https://www.corruptionjusticeandlegitimacy.org/post/accomplishing-the-impossible-how-ukraine-advanced-anti-corruption-reforms-in-defense-security.

306 Oksana Nesterenko et al., «Civil Society against Corruption in the Regions of Ukraine: Recommendations for (International) Assistance», Policy Brief (Kyiv/ the Hague: Leiden University and Anti-Corruption Research and Education Centre of National University Kyiv-Mohyla Academy, July 2019), 3, https://acrec.org.ua/wp-content/uploads/2019/09/Policybrief_2_last_version_Sep_4_en_.pdf.

307   https://www.msiworldwide.com/projects/preserving-gains-against-corruption-ukraine-during-wartime.

308   https://euaci.eu/.

309   httpsn://rpr.org.ua/en/about-us/.

310   Joshua Yaffa, «Reforming Ukraine after the Revolutions», *The New Yorker*, 5 September 2016, http://www.newyorker.com/magazine/2016/09/05/reforming-ukraine-after-maidan.

311   У 2019 році РПР перетасували і зареєстрували як «Коаліцію "Реанімація реформ"», тоді як «Єврооптимісти» не йшли на вибори 2019 року об'єднаними силами: Christopher Miller, «Can Ukraine's "Euro-Optimists" Rise From The Ashes?», *Radio Free Europe/Radio Liberty*, 09:32:51Z, sec. Ukraine, https://www.rferl.org/a/ukraine-s-euro-optimists-blazed-a-trail-and-got-burned-in-the-elections-can-they-rise-from-the-ashes-/30040254.html.

312   Timm Beichelt et al., eds., *Civil Society and Democracy Promotion* (Hampshire: Palgrave Macmillan, 2014); Iryna Solonenko, «Die ukrainische Zivilgesellschaft von der Orangen Revolution bis zum Euromaidan: die Suche nach einem neuen Gesellschaftsvertrag», in *OSZE-Jahrbuch 2014*, ed. Institut für Friedensforschung und Sicherheitspolitik an der Universität Hamburg / IFSH (Nomos, 2015), 249–68, https://doi.org/10.5771/9783845271644-249; Susann Worschech, «New Civic Activism in Ukraine: Building Society from Scratch?», *Kyiv-Mohyla Law and Politics Journal* 3 (25 December 2017): 23–45, https://doi.org/10.18523/kmlpj119984.2017-3.23-45.

313   Oleksandra Keudel and Oksana Huss, «National Security in Local Hands? How Local Authorities Contribute to Ukraine's Resilience», *PONARS Eurasia*, 2023.

314   https://www.opengovpartnership.org/members/ukraine/.

315   Oleksandra Keudel, *How Patronal Networks Shape Opportunities for Local Citizen Participation in a Hybrid Regime: A Comparative Analysis of Five Cities in Ukraine*, Soviet and Post-Soviet Politics and Society (Stuttgart: ibidem-Verlag, 2022).

316   У 2014–2015 роках виник ринок цифрових рішень для муніципалітетів, який розробляв модульні платформи для різних послуг — від онлайн-трансляцій сесій місцевих рад до електронних петицій, електронних консультацій та геоінформаційних систем (ГІС). Наразі ці послуги стають дедалі більш централізованими внаслідок цифрової трансформації країни.

317 Max Bader et al., «Civil Society against Corruption in Ukraine: Pathways to Impact», ed. Oksana Huss, Legal and Political Challenges of Anticorruption Activities, *Kyiv-Mohyla Law and Politics Journal* 5 (27 December 2019): 1–35, https://doi.org/10.18523/kmlpj189975.2019-5.1-35.

318 Keudel, Oleksandra, Marcia Grimes and Oleksandra Huss, «Political Will for Anti-Corruption Reform: Communicative Pathways to Collective Action in Ukraine», in *Routledge Handbook of Anti-Corruption Research and Practice*, ed. R. Bratu and J. Pozsgai-Alvarez. Routledge. Forthcoming.

319 Bader et al., «Civil Society Against Corruption in Ukraine», 18; Huss et al., «Explaining Variation in the Effectiveness of Anti-Corruption Activism in Ukraine's Regions», 221.

320 Freedom House, «Ukraine: Nations in Transit 2021 Country Report», Freedom House, accessed 8 April 2022, https://freedomhouse.org/country/ukraine/nations-transit/2021.

321 Bader et al., «Civil Society Against Corruption in Ukraine».

322 OECD, «Anti-Corruption Reforms in Ukraine: Round 3 Monitoring of the Istanbul Anti-Corruption Action Plan» (Paris: OECD Anti-Corruption Network for Eastern Europe and Central Asia, 24 March 2015), 5.

323 United Nations Office on Drugs and Crime, *State of Implementation of the United Nations Convention Against Corruption: Criminalization, Law Enforcement and International Cooperation – Second Edition* (UN, 2018), https://doi.org/10.18356/644f9cef-en.

324 OECD, «Anti-Corruption Reforms in Ukraine: Round 3 Monitoring of the Istanbul Anti-Corruption Action Plan», 5.

325 OECD, «Anti-Corruption Reforms in Ukraine: Fourth Round of Monitoring of the Istanbul Anti-Corruption Action Plan» (Paris, 2017), https://doi.org/10.1787/b1901b8c-en.

326 David Vaughn and Olha Nikolaieva, «Launching an Effective Anti-Corruption Court: Lessons from Ukraine» (Bergen: CMI/U4), accessed 9 February 2023, https://www.u4.no/publications/launching-an-effective-anti-corruption-court.

327 Transparency International Ukraine Проєкт: https://www.pravda.com.ua/cdn/graphics/2021/trofei_antykorupcijnogo_frontu/#rec388227400.

328 https://nabu.gov.ua/rada-gromads-kogo-kontroliu/.

329   151 респондент зі 154 із середньою оцінкою 9,4 з 11, де 11— найкорисніший. Опитування проводили в межах проєкту МЦПД «Відкриваємо чорну скриньку політичної волі: Місцеві органи влади та антикорупційні зусилля в Україні», https://icld.se/en/researchproject/opening-the-black-box-of-political-will-local-public-authorities-and-anti-corruption-efforts-in-ukraine/.

330   Там само.

331   Viktor Nestulia, «How Do You Build a Network of Citizen Corruption Fighters? Ask Ukraine's Revolutionaries», *Open Contracting Partnership* (blog), 14 September 2020, https://www.open-contracting.org/2020/09/14/dozorro-a-network-of-citizen-corruption-fighters/.

332   Опитування ICLD.

333   Bader et al., «Civil Society against Corruption in Ukraine», 15–17.

334   Keudel, Oleksandra, Marcia Grimes, and Oleksandra Huss, «Political Will for Anti-Corruption Reform».

335   72% респондентів вважають діджиталізацію державних послуг ефективним антикорупційним заходом (32% — дуже ефективним, 40% — радше ефективним). Вищу оцінку отримали лише каральні антикорупційні заходи. Респонденти вказують на низький рівень обізнаності щодо каральних заходів, які вони очікують, тоді як діджиталізація має найвищий рівень обізнаності: 46% респондентів зазначили, що дуже добре знають про цей інструмент, а 89% принаймні щось чули про нього. Онлайн-опитування провела Factum Group Ukraine з 29 березня по 11 квітня 2023 року. Випадкова вибірка 1000 респондентів з панелі доступу до інтернету, до якої належать 350 000+ українських інтернет-користувачів віком від 18 до 65 років, що наразі перебувають на підконтрольних Україні територіях або за її межами. Factum Group Ukraine. Соціологічний моніторинг YOUкраїна. «Корупція. Погляд громадян: актуальність проблеми, розуміння причин, оцінка антикорупційних заходів та їх ефективності», квітень 2023 року. https://bit.ly/3AsIkEX.

336   Daphne van Hesteren et al., *Open Data Maturity Report 2021* (Brussels: European Commission, 2021), https://data.europa.eu/doi/10.2830/394148.

337   Дослідження сприйняття корупції громадянами та бізнесом в Україні вказує на тенденцію до незначного зниження як сприйняття, так і досвіду корупції з 2017 по 2021 рік: https://nazk.gov.ua/uk/doslidzhennya-koruptsiyi/.

338 OECD, «Anti-Corruption Reforms in Ukraine: Pilot 5th Round of Monitoring under the Istanbul Anti-Corruption Action Plan», 30 May 2022, 6, https://doi.org/10.1787/b1901b8c-en.

339 OECD, 6.

340 Freedom House, «Ukraine: Nations in Transit 2021 Country Report».; DEJURE Foundation, «Конституційна криза в Україні [Constitutional crisis in Ukraine]», DEJURE Foundation, 13 November 2020, https://dejure.foundation/only-ksu.

341 Спрощення процедур публічних закупівель під час пандемії COVID-19 стало регулярною практикою, яку можна спостерігати в усьому світі. Mihaly Fazekas and Alfredo Hernández, «Emergency Procurement: The Role of Big Open Data», in *Public Procurement Regulation in (a) Crisis? Global Lessons from the COVID-19 Pandemic*, ed. Sue Arrowsmith et al. (Hart Publishing, 2021), https://doi.org/10.5040/9781509943067.

342 Anna Lührmann and Bryan Rooney, «Autocratization by Decree: States of Emergency and Democratic Decline», Working Paper (V-Dem Institute, April 2020), https://www.v-dem.net/media/publications/wp_85.pdf.

343 *Антикорупція під час війни. Підсумки 2022 року*, Громадське обговорення, 2023 рік, https://www.youtube.com/watch?v=sOnwwYTpPYI.

344 Портал «Війна та санкції», ініційований НАЗК: https://sanctions.nazk.gov.ua/ua/.

345 НАБУ, Екс-нардепа підозрюють в організації корупційної схеми на Одеському припортовому заводі, 24 жовтня 2022 року, https://nabu.gov.ua/news/novyny-eksnardepa-pidozryuyut-v-organizaciyi-korupciynoyi-shemy-na-odeskomu-pryportovomu-zavodi/?ref=kyivindependent.com; НАБУ, Голову та депутата міськради в Одеській області спіймали на гарячому, 26 січня 2023 року, https://nabu.gov.ua/news/novyny-golovu-ta-deputata-odniyeyi-z-miskyh-rad-odeshchyny-vykryly-na-garyachomu/.

346 НАБУ, Заступника міністра підозрюють у незаконному отриманні 400 000 доларів США, 21 січня 2023 року, https://nabu.gov.ua/news/oderzhannia-400-tis-dol-nepravom-rno-vigodi-zastupnikom-m-n-stra-mater-ali-v-dkrito/.

347 НАЗК NACP (Директор). (2023, 4 травня). Шлях до майбутнього без корупції: Покроковий посібник. https://www.youtube.com/watch?v=bgmmE8ER1vo.

348 НАЗК, НАЗК 2.0. Антикорупційна політика — 2022: Антикорупційна стратегія до 2025 року, Державна антикорупційна програма та опитувальник Європейської

комісії, Національне агентство з питань запобігання корупції, 30 січня 2023 року, https://nazk.gov.ua/uk/novyny/nazk-2–0-antykoruptsijna-polityka-2022-antykoruptsijna-strategiya-do-2025-roku-derzhavna-antykoruptsijna-programa-ta-opytuvalnyk-yevropejskoyi-komisiyi/.

349   НАЗК.

350   OECD, «Anti-Corruption Reforms in Ukraine», 30 May 2022, 4.

351   https://zakon.rada.gov.ua/laws/show/4765–17#Text

352   https://www.slovoidilo.ua/2023/01/06/novyna/polityka/apelyacziya-vaks-dokonfiskuvala-majno-prezydenta-vtikacha-yanukovycha.

353   48% респондентів вважають, що конфіскація корупційних активів — дуже ефективний, а 31% — радше ефективний антикорупційний захід. Загалом 79% респондентів вважають, що конфіскація активів — ефективний захід боротьби з корупцією, а 73% — що радше ефективний, ніж неефективний. Натомість лише 43% вважають реєстр олігархів ефективним, а 42% вважають його неефективним. Онлайн-опитування провела Factum Group Ukraine з 29 березня по 11 квітня 2023 року. Випадкова вибірка 1000 респондентів з панелі доступу до інтернету, до якої належать 350 000+ українських інтернет-користувачів віком від 18 до 65 років, що наразі перебувають на підконтрольних Україні територіях або за її межами. Factum Group Ukraine. Соціологічний моніторинг YOUкраїна. «Корупція. Погляд громадян: актуальність проблеми, розуміння причин, оцінка антикорупційних заходів та їх ефективності», квітень 2023 року: https://bit.ly/3AsIkEX.

354   Про втрати олігархів див. розділ Ігоря Бураковського та Станіслава Юхименка в цьому збірнику.

355   Lee, Seulki, and Ospina, Sonia M. «A Framework for Assessing Accountability in Collaborative Governance: A Process-Based Approach». *Perspectives on Public Management and Governance* 5, no. 1 (2022): 63–75. https://doi.org/10.1093/ppmgov/gvab031.

356   81% респондентів вважають боротьбу з корупцією однією з п'яти найважливіших сфер для реформ, на другому місці — охорона здоров'я (52%). Factum Group Ukraine. Соціологічний моніторинг YOUкраїна. «Корупція. Погляд громадян: актуальність проблеми, розуміння причин, оцінка антикорупційних заходів та їх ефективності», квітень 2023 року: https://bit.ly/3AsIkEX.

Режимні цикли та неопатримоніалізм в Україні *(Олександр Фісун, Уляна Мовчан)*

357 Mounira M. Charrad and Julia Adams, «Patrimonialism, Past and Present», *The Annals of the American Academy of Political and Social Science* 636, no. 1 (2011): 6–15.

358 Shmuel N. Eisenstadt, *Traditional patrimonialism and modern neopatrimonialism* (Beverly Hills, CA: Sage, 1973), 10.

359 Ivan Ermakoff, «Patrimony and Collective Capacity: An Analytical Outline», *The Annals of the American Academy of Political and Social Science* 636, no. 1 (2011): 185–186.

360 Marlene Laruelle, «Discussing Neopatrimonialism and Patronal Presidentialism in the Central Asian Context», *Demokratizatsiya* 20, no. 4 (2012): 301–324.

361 Jean-Francois Medard, «The Underdeveloped State in Tropical Africa: Political Clientelism or Neo-Patrimonialism?» in *Private Patronage and Public Power: Political Clientelism in the Modern State*, ed. Christopher S. Clapham (New York: St. Martin's Press, 1982), 180.

362 Michael Bratton and Nicolas Van De Walle, *Democratic Experiments in Africa: Regime Transitions in Comparative Perspective* (Cambridge: Cambridge University Press, 1997).

363 Shmuel N. Eisenstadt and Luis Roniger, *Patrons, Clients and Friends: Interpersonal Relations and the Structure of Trust in Society* (Cambridge: Cambridge University Press, 1999).

364 Eisenstadt, *Traditional patrimonialism and modern neopatrimonialism*, 15.

365 Gero Erdmann and Ulf Engel, «Neopatrimonialism Reconsidered: Critical Review and Elaboration of an Elusive Concept», *Commonwealth and Comparative Politics* 45, no. 1 (2007): 105.

366 Daniel C. Bach, «Patrimonialism and Neopatrimonialism: Comparative Trajectories and Readings», *Commonwealth and Comparative Politics* (2011): 288.

367 Stephen E. Hanson and Jeffrey S. Kopstein, «Understanding the Global Patrimonial Wave», *Perspectives on Politics* 20, no. 1 (2022): 237–249.

368 Edit Zgut, «Informal Exercise of Power: Undermining Democracy under the EU's Radar in Hungary and Poland», *Hague Journal on the Rule of Law* 14, no. 2–3 (2022): 289.

369 Henry E. Hale, *Patronal Politics: Eurasian Regime Dynamics in Comparative Perspective* (Cambridge: Cambridge University Press, 2015).

370 Bálint Magyar and Bálint Madlovics, *The Anatomy of Post-Communist Regimes: A Conceptual Framework* (Budapest–New York: CEU Press, 2020).

371 Oleksandr Fisun, «Neopatrimonialism in Post-Soviet Eurasia», in *Stubborn Structures: Reconceptualizing Post-Communist Regimes*, ed. Bálint Magyar (Budapest: CEU Press, 2019): 75–96.

372 Nico Steytler, «The Relationship between Decentralization and Constitutionalism in Africa: Concepts, Conflicts, and Hypotheses», in *Decentralisation and constitutionalism in Africa*, ed. Charles M. Fombad and Nico Steytler (Oxford: Oxford University Press, 2019), 40.

373 Melissa T. Labonte, «From Patronage to Peacebuilding? Elite Capture and Governance from below in Sierra Leone», *African Affairs* 111, no. 442 (2012): 90–115.

374 Rachel Beatty Riedl and J. Tyler Dickovick, «Party Systems and Decentralization in Africa», *Studies in Comparative International Development* 49, no. 3 (2014): 221–242.

375 Ora John Reuter, Noah Buckley, Alexandra Shubenkova, and Guzel Garifullina, «Local Elections in Authoritarian Regimes: An Elite-Based Theory With Evidence From Russian Mayoral Elections», *Comparative Political Studies* 49, no. 5 (2016): 667.

376 Daniel. C. Mattingly, «Elite Capture: How Decentralization and Informal Institutions Weaken Property Rights in China», *World Politics* 68, no. 3 (2016): 384.

377 Gianmarco León and Leonard Wantchekon, «Clientelism in Decentralized States», in *Decentralized Governance and Accountability: Academic Research and the Future of Donor Programming*, ed. Jonathan Rodden and Erik Wibbels (Cambridge: Cambridge University Press, 2019), 229–230.

378 Pranab Bardhan, «Decentralization of Governance and Development», *The Journal of Economic Perspectives* 16, no. 4 (2002): 186.

379 Derick W. Brinkerhoff and Arthur A. Goldsmith, «Clientelism, Patrimonialism and Democratic Governance: An Overview and Framework for Assessment and Planning», Report to the United States Agency of International Development (USAID) (Washington, 2002).

380 Oluwasinaayomi F. Kasim and Tunde Agbola, «Decentralisation and Local Government Reforms in Africa: Challenges, Opportunities and the Way Forward», *Eastern Africa Social Science Research Review* 33, no. 1 (2017): 94.

381 Brinkerhoff and Goldsmith, «Clientelism, Patrimonialism and Democratic Governance», 31

382 Max Bader, «Decentralization and a Risk of Local Elite Capture in Ukraine», in *Decentralization, Regional Diversity, and Conflict. Federalism and Internal Conflicts*, ed. Hanna Shelest and Maryna Rabinovych (Cham: Palgrave Macmillan, 2020), 267.

383 León and Wantchekon, «Clientelism in Decentralized States», 229.

384 Kasim and Agbola, «Decentralisation and Local Government Reforms in Africa», 108

385 Medard, «The underdeveloped state in tropical Africa», 181.

386 Bardhan, «Decentralization of Governance and Development», 194.

387 León and Wantchekon, «Clientelism in Decentralized States», 242.

388 «Decentralization of Governance and Development», 191.

389 Brinkerhoff and Goldsmith, «Clientelism, Patrimonialism and Democratic Governance», 31

390 Mattingly, «Elite Capture», 385.

391 Mattingly, «Elite Capture», 1.

392 Brinkerhoff and Goldsmith, «Clientelism, Patrimonialism and Democratic Governance», 31.

393 Katrina Kosec and Tewodaj Mogues, «Decentralization without Democracy», *World Politics* 72, no. 2 (2020): 172.

394 Joel S. Hellman, Geraint Jones, and Daniel Kaufmann, «"Seize the State, Seize the Day": State Capture, Corruption, and Influence in Transition», *Policy Research Working Paper*, No. 2444 (Washington D.C.: World Bank, 2000).

395 Scott Gehlbach and Edmund J. Malesky, «The Contribution of Veto Players to Economic Reform», *The Journal of Politics* 72, no. 4 (2010): 957–975.

396 Kosec and Mogues, «Decentralization without Democracy», 73.

397 Bardhan, «Decentralization of Governance and Development», 195.

398 León and Wantchekon, «Clientelism in Decentralized States», 238.

399 Henry. E. Hale, «Constitutional performance after Communism: Implications for Ukraine», in *Beyond the Euromaidan: Comparative Perspectives on Advancing Reform in Ukraine*, ed. Henry E. Hale and Robert W. Orttung (Stanford: Stanford University Press, 2016), 126.

400 Fisun, «Neopatrimonialism in Post-Soviet Eurasia», 86.

401 Paul. J. D'Anieri, *Understanding Ukrainian Politics: Power Politics and Institutional Design* (London: Routledge, 2015), 213

402 Heiko Pleines, «Oligarchs and Politics in Ukraine», *Demokratizatsiya: The Journal of Post-Soviet Democratization* 24, no. 1 (2016): 117.

403 Pleines, «Oligarchs and Politics in Ukraine», 126.

404 Daniel C. Bach and Mamoudou Gazibo, *Neopatrimonialism in Africa and Beyond* (Routledge, 2011), 126.

405 Oleksandr Fisun, «Ukrainian Constitutional Politics: Neopatrimonialism, Rent-seeking, and Regime Change», in *Beyond the Euromaidan: Comparative Perspectives on Advancing Reform in Ukraine* ed. Henry E. Hale and Robert W. Orttung (Standford: Stanford University Press, 2016), 108.

406 D'Anieri, *Understanding Ukrainian Politics,* 63.

407 Hans van Zon, *The Political Economy of Independent Ukraine:Captured by the Past* (London:Palgrave Macmillan, 2000), 72.

408 Fisun, «Ukrainian Constitutional Politics», 111.

409 Hale, «Constitutional performance after Communism»,136.

410 Fisun, «Ukrainian Constitutional Politics», 116.

411 Martin Carrier, *Executive politics in semi-presidential regimes: power distribution and conflicts between presidents and prime ministers* (Lexington Books, 2016), 129.

412 Oleksandr Fisun, «The Future of Ukraine's Neopatrimonial Democracy», *PONARS Eurasia Policy Memo,* No. 394, October 2015, https://www.ponarseurasia.org/the-future-of-ukraine-s-neopatrimonial-democracy/.

413 Pleines, «Oligarchs and Politics in Ukraine», 119.

414 Tetiana Kostiuchenko and Inna Melnykovska, «Sustaining Business-State Symbiosis in Times of Political Turmoil: The Case of Ukraine 2007–2018», in *Jahrbuch Für Wirtschaftsgeschichte / Economic History Yearbook* 60, no. 2 (2019): 367.

415 Pleines, «Oligarchs and Politics in Ukraine», 122.

416 OECD, *Maintaining the Momentum of Decentralisation in Ukraine*, OECD Multi-level Governance Studies (Paris: OECD Publishing, 2018).

417 Francesco Palermo, «The Elephant in the Room: Ukraine between Decentralization and Conflict», *Ethnopolitics* 19, no. 4 (2020): 369–382.

418 О. Бориславська, І. Заверуха та Є. Захарченко, *Децентралізація публічної влади: досвід європейських країн та перспективи України*, Швейцарсько-український проект «Підтримка децентралізації в Україні — DESPRO» (Київ: ТОВ «Софія», 2012), 20.

419 Lucan A. Way, «Dealing with Territorial Cleavages: The Rise and Fall of Ukraine's Faustian Bargain», in *Territory and Power in Constitutional Transitions*, ed. George Anderson and Sujit Choudhry (Oxford: Oxford University Press, 2019), 302.

420 Bader, «Decentralization and a Risk of Local Elite Capture in Ukraine», 276.

421 Докладніше див. Miriam Berger and Kostiantyn Khudov, «As war grinds on, old Ukrainian political divisions are reemerging», *The Washington Post*, August 3, 2022. Останній доступ 1/27/2023. https://www.washingtonpost.com/world/2022/08/03/ukraine-political-divisions-zelensky-mayors/.

422 Докладніше про це питання читайте в розділі Олександри Койдель у цьому виданні.

Війна, деолігархізація та можливість розвитку України поза патрональною політикою (Михайло Мінаков)

423 Президентство Порошенка можна схарактеризувати як короткочасний і нестабільний політичний режим, що еволюціонував, використовуючи термінологію Б. Мадяра та Б. Мадловича, від постєвромайданної патрональної демократії до обмеженої консервативної автократії. Після фактичного розпаду європейської коаліції у Верховній Раді та відставки прем'єр-міністра Яценюка (який представляв в уряді інші постєвромайданівські партії та клани) навесні 2016 року президент Порошенко та його клан спробували консолідувати владу у своїх руках; це мало як патрональну, так і консервативну логіку, що посилювали та обмежували одна одну. У 2017–2018 роках клан Порошенка створив ширший альянс із різними радикальними групами та громадськими організаціями, які більше орієнтувалися на консервативний

порядок денний, але не сприймали патрональних відносин, що їх просував Порошенко. Зрештою, це не дало змогу президенту Порошенку досягти поставлених цілей. Див.: Bálint Magyar and Bálint Madlovics, *A Concise Field Guide to Post-Communist Regimes: Actors, Institutions, and Dynamics* (Budapest: Central European University Press, 2022) 185–192; Mikhail Minakov, «Civil Society and the Power Elites after the Euromaidan in Ukraine. Competition, Cooperation, and Fusion.» in *The Nonprofit Sector in Eastern Europe, Russia, and Central Asia. Civil Society Advances and Challenges*, ed. David Horton Smith, Alisa Moldavanova, and Svitlana Krasynska (Leiden & Boston: Brill, 2018) pp. 174–190.

424 Zach Bikus, «World-Low 9% of Ukrainians Confident in Government», Gallup Poll Center, accessed November 10, 2022, https://news.gallup.com/poll/247976/world-low-ukrainians-confident- government.aspx.

425 Matthew Rojansky and Mykhailo Minakov, «What to Expect from Ukraine's Next President», Focus Ukraine, accessed November 10, 2022, https://www.wilsoncenter.org/blog-post/what-to-expect-ukraines-next-president.

426 Andreas Umland, «The Zelensky Enigma: A Different Kind of Populist», *European Council on Foreign Relations*, accessed November 10, 2022, https://ecfr.eu/article/commentary_zelensky_enigma_ukraine_election_president/.

427 Крім Леоніда Кучми, якому вдалося переобратися на другий термін 1999 року.

428 Oleg Chupryna, «Understanding Ukraine's Electoral Revolution», *LSE Blogs*, accessed November 10, 2022, https://blogs.lse.ac.uk/europpblog/2019/08/30/understanding-ukraines-electoral-revolution/; Grzegorz Kuczyński, «Apparent Revolution — Presidential Elections in Ukraine», *Warsaw Institute*, accessed November 10, 2022, https://warsawinstitute.org/apparent-revolution-presidential-elections-ukraine/.

429 Mykhailo Minakov, «Zelenskyy's Government and the Challenge for Checks and Balances», *Focus Ukraine*, accessed November 10, 2022, https://www.wilsoncenter.org/blog-post/zelenskyys-government-and-the-challenge-for-checks-and-balances.

430 Про комплексні зміни за чотирма ключовими вимірами див: Magyar and Madlovics, *A Concise Field Guide*, с. 19–20.

431 Konstantin Skorkin, «Victory for Zelensky in Ukraine — But the Real Battle Starts Now», *Carnegie Moscow*, accessed November 10, 2022, https://carnegiemoscow.org/commentary/78963.

432 Mykhailo Minakov, «Rearranging the Elite Landscape: Parliamentary Elections and New Political Cleavages in Ukraine», *Focus Ukraine*, accessed November 10, 2022,

https://www.wilsoncenter.org/blog-post/rearranging-the-elite-landscape-parliamentary-elections-and-new-political-cleavages; «КСУ визнав конституційним Указ Президента «Про дострокове припинення повноважень Верховної Ради України та призначення позачергових виборів»», *Конституційний Суд України*, дата звернення: 10 листопада 2022 р., https://ccu.gov.ua/novyna/ksu-vyznav-konstytuciynym-ukaz-prezydenta-pro-dostrokove-prypynennya-povnovazhen-verhovnoyi.

433 Jessica Pisano, «How Zelensky Has Changed Ukraine», *Journal of Democracy* 33, no. 3 (2022), cc. 5–13; Oksana Grytsenko and Vyacheslav Hnatyuk, «What We Know about People Zelensky Will Take to Next Parliament», *Kyiv Post*, accessed November 10, 2022, https://www.kyivpost.com/ukraine-politics/what-we-know-about-people-zelensky-takes-to-next-parliament.html.

434 «Проект Закону про внесення змін до деяких законодавчих актів України щодо очищення влади», *Верховна Рада України*, дата звернення: 10 листопада 2022 р., http://w1.c1.rada.gov.ua/pls/zweb2/webproc4_1?pf3511=66202.

435 Дух зустрічі добре висвітлили у новинах, як, наприклад, тут: https://www.youtube.com/watch?v=RdSOIbrSC3Q.

436 Більше про ці конституційні зміни у 2019–2020 роках див.: Mykhailo Minakov and Maryna Stavniichuk, «Ukraine», in *The International Review of Constitutional Reform 2020*, ed. Luis Roberto Barroso and Richard Albert (Austin, TX: University of Texas Press, 2021), pp. 295–296.

437 Minakov, «Zelenskyy's Government».

438 «Рада затвердила склад Кабміну Гончарука», *Лівий берег*, дата звернення: 10 листопада 2022 р., https://lb.ua/news/2019/08/29/435907_rada_utverdila_sostav_kabmina.html; «Oleksiy Honcharuk, bio», *Atlantic Council*, accessed November 10, 2022, https://www.atlanticcouncil.org/expert/oleksiy-honcharuk/; Roman Goncharenko, «From Political Outsider to Prime Minister», *Deutsche Welle*, accessed November 10, 2022, https://www.dw.com/en/ukraines-oleksiy-honcharuk-from-political-outsider-to-prime-minister/a-50222344.

439 Sławomir Matuszak, «Zelensky's Ukraine: The Mechanisms of Power are Failing», *Center for Eastern Studies*, accessed November 10, 2022, https://www.osw.waw.pl/en/publikacje/osw-commentary/2021–01–22/zelenskys-ukraine-mechanisms-power-are-failing.

440 Andrian Prokip and Mykhailo Minakov, «Ukraine's Democratic Leakocracy», *Focus Ukraine*, accessed November 10, 2022, https://www.wilsoncenter.org/blog-post/ukraines-democratic-leakocracy.

441 «Зеленський зібрав на Банковій великий бізнес для допомоги в боротьбі з коронавірусом», *Лівий берег*, дата звернення: 10 листопада 2022 р., https://lb.ua/news/2020/03/16/452693_zelenskiy_sobral_krupniy_biznes.html.

442 Володимир Зеленський, «Україна дає здачі!», *Офіційний сайт Президента України*, дата звернення: 10 листопада 2022 р., https://www.youtube.com/watch?v=BWJHq4sPTlc.

443 Andrew Wilson, «Faltering Fightback: Zelensky's Piecemeal Campaign against Ukraine's Oligarchs», *European Council of Foreign Relations*, accessed November 10, 2022, https://ecfr.eu/publication/faltering-fightback-zelenskys-piecemeal-campaign-against-ukraines-oligarchs/.

444 Oleksiy Sorokin, «Meet Andriy Yermak, Zelensky's New Chief of Staff», *Kyiv Post*, accessed November 10, 2022, https://www.kyivpost.com/ukraine-politics/meet-andriy-yermak-zelenskys-new-chief-of-staff-html.html.

445 «Ukraine Parliament Votes to Appoint Presidential Ally as New Prosecutor General», *U.S. News*, accessed November 10, 2022, https://www.usnews.com/news/world/articles/2020–03–17/ukraine-parliament-votes-to-appoint-presidential-ally-as-new-prosecutor-general.

446 Там само.

447 «President of Ukraine Signed a Decree on the Suspension of Oleksandr Tupytsky from the Post of a Judge of the Constitutional Court for a Period of Two Months», *President of Ukraine official website*, accessed November 10, 2022, https://www.president.gov.ua/en/news/prezident-ukrayini-pidpisav-ukaz-pro-vidstoronennya-oleksand-65857; «Щодо Указу Президента України "Про звільнення з посади судді Конституційного Суду України" від 29 грудня 2020 року № 607/2020», *Офіційний сайт Конституційного Суду України (КСУ)*, режим доступу: https://ccu.gov.ua/novyna/shchodo-ukazu-prezydenta-ukrayiny-pro-vidstoronennya-vid-posady-suddi-konstytuciynogo-sudu.

448 Mikhail Minakov and William Pomeranz, «Constitutional Crisis in Ukraine: Looking for Solutions», *Kennan Cable* 65, accessed November 10, 2022, https://www.wilsoncenter.org/sites/default/files/media/uploads/documents/Kennan%20Cable%20No.%2065.pdf.

449 Alexander Query, «Big Construction Project Remains Dominant Topic in Ukrainian Infrastructure», *Kyiv Post*, accessed November 10, 2022, https://www.kyivpost.com/business/big-construction-project-remains-dominant-topic-in-ukrainian-infrastructure.html.

450 Див., наприклад, інтерв'ю журналіста-розслідувача з подробицями про такі звинувачення: Юрій Романенко та Юрій Ніколов, «Велике крадівництво: как и где у Зеленского пилят бюджет на десятки миллиардов гривен», *Ютуб-канал Юрія Романенка*, дата звернення: 10 листопада 2022 р., https://www.youtube.com/watch?v=LUNj08LX1lM: 34–35 хв.

451 Elena Loginova, «Pandora Papers Reveal Offshore Holdings of Ukrainian President and His Inner Circle», *OCCRP/Slidstvo.Info*, accessed November 10, 2022, https://www.occrp.org/en/the-pandora-papers/pandora-papers-reveal-offshore-holdings-of-ukrainian-president-and-his-inner-circle.

452 «Ukrainian Lawmakers Vote To Remove Parliament Speaker Razumkov», *Deutsche Welle*, accessed November 10, 2022, https://www.rferl.org/a/ukraine-parliament-speaker-razumkov-fired/31497427.html.

453 «Суспільно-політичні настрої населення України: Вибори Президента України та поточні політичні події за результатами телефонного опитування, проведеного 15–18 жовтня 2021 року», *Київський міжнародний інститут соціології (КМІС)*, дата звернення: 10 листопада 2022 р., https://www.kiis.com.ua/?lang=ukr&cat=reports&id=1063&page=1.

454 «Електоральні орієнтації громадян України та їхнє ставлення до останніх резонансних подій (жовтень 2021 року)», *Центр Разумкова (ЦР)*, дата звернення: 10 листопада 2022 р., https://razumkov.org.ua/napriamky/sotsiologichni-doslidzhennia/elektoralni-oriientatsii-gromadian-ukrainy-ta-ikh-stavlennia-do-rezonansnykh-podii-ostannogo-chasu.

455 «Закон № 5599 "Про запобігання загрозам національній безпеці, пов'язаним із надмірним впливом осіб, які мають значну економічну або політичну вагу в суспільному житті (олігархів)"», *Верховна Рада України (ВРУ)*, останній доступ 10 листопада 2022 р., http://w1.c1.rada.gov.ua/pls/zweb2/webproc4_1?pf3511=72105.

456 «Закон №5600 "Про внесення змін до Податкового кодексу України та деяких законодавчих актів України щодо забезпечення збалансованості бюджетних надходжень"», *Верховна Рада України (ВРУ)*, дата звернення: 10 листопада 2022 р., http://w1.c1.rada.gov.ua/pls/zweb2/webproc4_1?pf3511=72106.

457 «20 Step Plan to De-oligarchize Ukraine», *Intellinews*, accessed November 10, 2022, https://www.intellinews.com/fpri-bmb-ukraine-20-step-plan-to-de-oligarchize-ukraine-228579/.

458 Ірина Крицька та Костянтин Гненний, «Проблеми на 880 млн доларів США. Хто з бізнесів Ахметова постраждав через конфлікт із Зеленським і які ще можуть сильно постраждати», *Forbes Україна*, дата звернення: 10 листопада 2022 р., https://forbes.ua/news/problemy-na-880-mln-kakie-biznesy-akhmetova-pod-ugrozoy-iz-za-konflikta-s-zelenskim-08122021-2932.

459 Andriy Yermak, «De-oligarchization of Ukraine is President Zelenskyy's Top Priority», *Atlantic Council*, accessed November 10, 2022, https://www.atlanticcouncil.org/blogs/ukrainealert/de–oligarchization–of–ukraine–is–president–zelenskyys–top–priority/.

460 Усі цитати взяті з вищезгаданої публікації Андрія Єрмака.

461 Див.: «20 Step Plan to De-oligarchize Ukraine».

462 Див: Concise Field Guide, pp. 55—57.

463 Там само, pp. 123—125.

464 «Trophies of the Anti-corruption Front», *Transparency International*, accessed November 10, 2022, https://www.pro.ti-ukraine.org/anti-corruptionfront/eng.

465 Daria Kaleniuk and Olena Halushka, «Why Ukraine's Fight Against Corruption Scares Russia», *Foreign Policy*, accessed November 10, 2022, https://www.pro.ti-ukraine.org/anti-corruptionfront/eng.

466 «Medvedchuk Testifies against Poroshenko in Treason Case», *Kyiv Independent*, accessed November 10, 2022, https://kyivindependent.com/uncategorized/medvedchuk-testifies-against-poroshenko-in-treason-case.

467 Julia Sheredeha, «SBU Summoned Arseniy Yatsenyuk, Oleksandr Turchynov and Arsen Avakov for Interrogation», *Babel*, accessed November 10, 2022, https://babel.ua/en/news/79017-sbu-summoned-arseniy-yatsenyuk-oleksandr-turchynov-and-arsen-avakov-for-interrogation.

468 «The World's Real Time Billionaires. Today's Winners and Losers», *Forbes*, accessed November 10, 2022, https://www.forbes.com/real-time-billionaires/#1a9ac46f3d78; Володимир Ланда, «Порошенко та Гереги втратили статус мільярдерів. А що зі статками Ахметова та Пінчука? Forbes оновив рейтинг з початку війни», *Forbes Україна*, дата звернення: 10 листопада 2022 р., https://forbes.ua/inside/poroshenko-

vtrativ-status-milyardera-a-shcho-zi-statkami-akhmetova-pinchuka-ta-zasnovnikiv-grammarly-forbes-onoviv-reyting-z-pochatku-viyni-14032022–4605.

469   Олексій Павлиш, «У РНБО нарахували 86 українців, які можуть потрапити в реєстр олігархів», *Економічна правда*, дата звернення: 10 листопада 2022 р., https://www.epravda.com.ua/news/2022/07/20/689398/.

470   «РНБО хоче заплатити мільйони за реєстр з кількома олігархами», *Дзеркало тижня*, дата звернення: 10 листопада 2022 р., https://zn.ua/ukr/ECONOMICS/rnbo-khoche-zaplatiti-miljoni-za-rejestr-z-kilkoma-oliharkhami.html.

471   Cnaan Liphshiz, «Zelensky Said to Strip 3 Jewish Oligarchs of Citizenship; All Hold Israeli Passports», *The Times of Israel*, accessed November 10, 2022, https://www.timesofisrael.com/zelensky-reportedly-strips-3-jewish-oligarchs-of-ukrainian-citizenship/.

472   «Відчуження акцій: Комісія схвалила рішення про зміни в системі депозитарного обліку», *Національна комісія з цінних паперів та фондового ринку (НКЦПФР)*, дата звернення: 10 листопада 2022 р., https://www.nssmc.gov.ua/vidchuzhennia-aktsii-komisiia-skhvalyla-rishennia-shchodo-zmin-v-systemi-depozytarnoho-obliku/.

473   Mykhailo Minakov, «Fighting Corruption in Wartime Ukraine», *Focus Ukraine*, accessed March 18, 2022, https://www.wilsoncenter.org/blog-post/fighting-corruption-wartime-ukraine.

474   Там само.

475   «New Frontlines. Organized criminal economies in Ukraine in 2022: research report». *Global initiative against international organized crime (GIIOC)*. February 2023, p. 1–2, 16–17.

476   Henry Hale, *Patronal Politics* (New York: Cambridge University Press, 2015), p. 10.

477   Aleksei Makarkin and Peter M. Oppenheimer, «The Russian Social Contract and Regime Legitimacy», *International Affairs* 87, no. 6 (2011), p. 1470.

478   Александр Эткинд, «Петромачо, или Механизмы демодернизации в ресурсном государстве», *Неприкосновенный запас* 88, № 2 (2013), с. 17.

II. Олігархічні структури та війна: шанс для антипатрональної трансформації?

Українські олігархи: війна як виклик (Ігор Бураковський, Станіслав Юхименко)

479 Wojciech Konończuk, «Oligarchs after the Maidan: The Old System in a "New" Ukraine», Policy Paper, OSW Commentary, 2015. Див. також вступний розділ Балінта Мадловіча та Балінта Мадяра в цьому виданні.

480 «Про створення вільної економічної зони "Крим" та про особливості здійснення економічної діяльності на тимчасово окупованій території України», Верховна Рада України, 12 серпня 2014 року, https://zakon.rada.gov.ua/go/1636–18.

481 «Про невідкладні додаткові заходи з протидії гібридним загрозам національній безпеці України», Верховна Рада України, 15 березня 2017 року, https://zakon.rada.gov.ua/go/n0002525–17.

482 Сергій Рахманін, «Ходіння по мінському полю», *Дзеркало тижня*, 11 березня 2016 року, https://zn.ua/ukr/internal/hodinnya-po-minskomu-polyu.html.

483 «Фірташ Дмитро Васильович» [Firtash, Dmytro Vasylovych], *LB.ua*, 20 березня 2023 року, https://lb.ua/file/person/518_firtash_dmitro_vasilovich.html.

484 «Рінат Ахметов впевнений, що шлях до миру на Донбасі треба шукати шляхом переговорів — коментар прес-секретаря», *Інтерфакс-Україна*, 14 листопада 2019 року, https://interfax.com.ua/news/general/624772.html.

485 Роман Романюк, Дмитро Рясний та Ельдар Сарахман, «Вадим Новинський: Ніщо не віщувало, що з Порошенком будуть складні стосунки», *Українська правда*, 1 листопада 2018 року, https://www.pravda.com.ua/articles/2018/11/1/7196873/.

486 Факти ICTV, «Інтерв'ю з Юрієм Бойком: Як вивести країну з кризи та програма кандидата», YouTube Video, 35:53, 21 березня 2019 року, https://www.youtube.com/watch?v=uFsKY3b_81Y.

487 DW na russkom, «Я використовую особисті відносини з Путіним в інтересах України — Віктор Медведчук у «Нємцова.Интервью», YouTube Video, 27:25, 18 квітня 2018 року, https://www.youtube.com/watch?v=y2sIPjhh6UE.

488 Артем Ільїн, «Справи Курченка. Внешторгсервис заборгував майже 400 млн дол США перед окупованим Донбасом», *Бизнес НВ*, 27 лютого 2019 року,

https://biz.nv.ua/ukr/markets/dela-kurchenko-shahteram-okkupirovannogo-donbassa-vneshtorgservis-zadolzhal-pochti-400-mln-50056096.html.

489 Victor Pinchuk, «Ukraine Must Make Painful Compromises for Peace with Russia», *The Wall Street Journal*, 29 грудня 2016 року, https://www.wsj.com/articles/ukraine-must-make-painful-compromises-for-peace-with-russia-1483053902.

490 Liliane Bivings, «Wealthiest 100 Ukrainians Get Even Richer amid Pandemic, Forbes Ranking Shows», *KyivPost*, 6 травня 2021 р., sec. Бізнес, https://www.kyivpost.com/post/6981.

491 «Рейтинг найбагатших воєнного часу», *Forbes Україна*, 27 грудня 2022 року, https://forbes.ua/money/reyting-naybagatshikh-voennogo-chasu-26122022–10741.

492 «100 найбагатших українців 2021», *Forbes Україна*, 6 травня 2021 року, https://forbes.ua/ratings/100-bogateyshikh-ukraintsev-2021–06052021–1536.

493 Владислав Христофоров, «"Метінвест" торік виготовив майже три млн тонн сталі», *Промисловий портал*, 3 березня 2023 року, https://uprom.info/?p=118931.

494 «Підприємства та компанії SCM сплатили 73,2 мільярда гривень податків за 2022 рік», SCM, 20 лютого 2023 року, https://www.scm.com.ua/news/pidpriyemstva-ta-kompaniji-scm-splatili-73–2-milyarda-griven-podatkiv-za-2022-rik.

495 Про поняття хижацтва див. вступний розділ Балінта Мадловіча та Балінта Мадяра до цього видання.

496 Роман Мартиновський, «Крым без правил: Тематический обзор ситуации с правами человека в условиях оккупации», *Окупована власність* 6 (УГСПЛ, 2021), https://www.helsinki.org.ua/wp-content/uploads/2021/07/Vlasnist-_na-sayt.pdf.

497 «Шмигаль: Орієнтовні втрати України від тимчасової окупації Криму становлять приблизно 118 млрд доларів США», *Інтерфакс-Україна*, 23 серпня 2022 року, https://interfax.com.ua/news/economic/854012.html.

498 Дмитро Горюнов, Богдан Прохоров, Вікторія Юзьків, Ганна Сахно, «Оцінка економічних втрат України від тимчасової окупації Кримського півострова», Центр економічної стратегії, 16 липня 2021 року, https://ces.org.ua/assessment-of-ukraines-economic-losses-from-crimea/.

499 «У Криму окупанти «націоналізували» майно Ахметова, Коломойського та Яценюка», *Фокус*, 3 лютого 2023 року, https://focus.ua/uk/voennye-novosti/548248-v-krymu-okkupanty-nacionalizirovali-imushchestvo-ahmetova-kolomoyskogo-i-yacenyuka.

500 «Окупанти в Криму надумали «націоналізувати» майно бізнесменів з України (список)», *Фокус*, 1 лютого 2023 року, https://focus.ua/uk/voennye-novosti/547970-okkupanty-v-krymu-nadumali-nacionalizirovat-imushchestvo-biznesmenov-iz-ukrainy-spisok.

501 «Парламент Криму дозволив вилучати майно в іноземців з недружніх країн», *Інтерфакс*, 18 жовтня 2022 року, https://www.interfax.ru/russia/868404.

502 «Про основні засади примусового вилучення в Україні об'єктів права власності Російської Федерації та її резидентів», Верховна Рада України, 3 березня 2022 року, https://zakon.rada.gov.ua/laws/show/2116-20.

503 Лілія Ржеутська, «Відчуження підприємств — воєнний комунізм чи виправдана дія?», *Deutsche Welle*, 8 листопада 2022 року, https://www.dw.com/uk/dla-vijskovih-potreb-so-vidomo-pro-vidcuzenna-pidpriemstv-na-korist-derzavi/a-63684436.

504 «Про передачу, примусове відчуження або вилучення майна в умовах правового режиму воєнного чи надзвичайного стану», Верховна Рада України, 17 травня 2012 року, https://zakon.rada.gov.ua/go/4765-17.

505 «Про Звернення Верховної Ради України до Організації Об'єднаних Націй, Європейського Парламенту, Парламентської Асамблеї Ради Європи, Парламентської Асамблеї НАТО, Парламентської Асамблеї ОБСЄ, Парламентської Асамблеї ГУАМ, національних парламентів держав світу про визнання Російської Федерації державою-агресором», Верховна Рада України, 27 січня 2015 року, https://zakon.rada.gov.ua/go/129-19.

506 Балінт Мадяр та Балінт Мадловіц, *Короткий польовий довідник з посткомуністичних режимів: Актори, інституції та динаміка* (Будапешт—Відень—Нью-Йорк: CEU Press, 2022), 123–25.

507 Мадяр і Мадловіч, 125–27.

508 «Оцінка економічних втрат України».

509 «Про делегацію Уряду України для участі у вирішенні спорів щодо тлумачення та застосування Угоди між Кабінетом Міністрів України та Урядом Російської Федерації про заохочення та взаємний захист інвестицій», Верховна Рада України, 29 лютого 2016 року, https://zakon.rada.gov.ua/go/126-2016-%D1%80.

510 «Рінат Ахметов подав позов до Європейського суду з прав людини проти російської федерації щодо вжиття термінових заходів і компенсації збитків у зв'язку з блокадою, мародерством, знищенням і перенаправленням потоків зернових і металів з боку

росії», SCM, 27 червня 2022 року, https://www.scm.com.ua/news/rinat-ahmetov-podav-pozov-do-yevropeyskogo-sudu-z-prav-lyudini-proti-rosiyskoji-federaciji.

511 «Група Метінвест подала позови проти Росії до Європейського суду з прав людини», Метінвест, 25 жовтня 2022 року, https://metinvestholding.com/en/media/news/metinvest-group-files-claims-against-russia-to-the-european-court-of-human-rights.

512 «Amic Energy подала позов проти Росії до Європейського Суду з прав людини», Amic Energy, 3 лютого 2023 року, https://amicenergy.com.ua/ua/novini/amic-energy-podala-pozov-proty-rosii-do-yevropeiskoho-sudu-z-prav-liudyny/.

513 «Сталевий рік. Незламні люди. Головні цифри нашого року війни», SCM, accessed March 29, 2023, https://www.scm.com.ua/about/year-of-steel.

514 Fond Poroshenko, «Підтримка Збройних Сил України — головний пріоритет діяльності Петра Порошенка», Facebook, 15 лютого 2023 року, https://www.facebook.com/PoroshenkoFoundation/posts/518598600385639.

515 «Ахметов закликає до єдності перед обличчям загрози і оголошує про сплату СКМ податків наперед на 1 млрд. грн», *Інтерфакс-Україна*, 22 лютого 2022 року, https://ru.interfax.com.ua/news/economic/800627.html.

516 «Загальна сума збитків, завданих інфраструктурі України, становить понад 127 млрд дол США — звіт Інституту KSE станом на вересень 2022 року», Київська школа економіки, 21 жовтня 2022 року, https://kse.ua/about-the-school/news/the-total-amount-of-damage-caused-to-ukraine-s-infrastructure-is-more-than-127-billion-kse-institute-s-report-as-of-september-2022/.

517 «Проект Закону про захист права власності та інших речових прав осіб, які постраждали внаслідок збройної агресії № 5177», Верховна Рада України, 1 березня 2021 року, https://w1.c1.rada.gov.ua/pls/zweb2/webproc4_1?pf3511=71272.

518 «Проект закону про відшкодування шкоди завданої потерпілому внаслідок збройної агресії Російської Федерації № 7385», Верховна Рада України, 17 травня 2022 року, https://itd.rada.gov.ua/billInfo/Bills/Card/39602.

519 «Про компенсацію за пошкодження та знищення окремих категорій об'єктів нерухомого майна внаслідок бойових дій, терористичних актів, диверсій, спричинених збройною агресією Російської Федерації проти України, та Державний реєстр майна, пошкодженого та знищеного внаслідок бойових дій, терористичних актів, диверсій, спричинених збройною агресією Російської Федерації проти України», Верховна Рада України, 23 лютого 2023 року, https://zakon.rada.gov.ua/go/2923–20.

520 «Про збір, обробку та облік інформації про пошкоджене та знищене нерухоме майно внаслідок бойових дій, терористичних актів, диверсій, спричинених військовою агресією Російської Федерації», Верховна Рада України, 26 березня 2022 року, https://zakon.rada.gov.ua/go/380–2022-%D0%BF.

521 «Про затвердження порядку визначення шкоди та збитків, завданих Україні внаслідок збройної агресії Російської Федерації», Верховна Рада України, 29 березня 2023 року, https://zakon.rada.gov.ua/go/326–2022-%D0%BF.

522 «Про затвердження Порядку виконання невідкладних робіт з ліквідації наслідків збройної агресії Російської Федерації, пов'язаних з пошкодженням будівель і споруд», Верховна Рада України, 19 квітня 2022 р., https://zakon.rada.gov.ua/go/473–2022-%D0%BF.

523 «Про затвердження Порядку надання та визначення розміру грошової допомоги постраждалим від надзвичайних ситуацій та розміру грошової компенсації постраждалим, житлові будинки (квартири) яких зруйновано внаслідок надзвичайної ситуації воєнного характеру, спричиненої збройною агресією Російської Федерації», Верховна Рада України, 18 грудня 2023 року, https://zakon.rada.gov.ua/go/947–2013-%D0%BF.

524 «Стан та потреби бізнесу в умовах війни: результати опитування в листопаді 2022 року», *Дія.Бізнес*, 5 грудня 2022 року, https://business.diia.gov.ua/en/cases/novini/stan-ta-potrebi-biznesu-v-umovah-vijni-rezultati-opituvanna-v-listopadi-2022-roku.

525 «Чи можливе запровадження спеціальних підходів до оцінки державної допомоги під час повоєнного відновлення України», Юридична газета, 8 березня 2023 року, https://yur-gazeta.com/golovna/chi-mozhlive-zaprovadzhennya-specialnih-pidhodiv-do-ocinki-derzhavnoyi-dopomogi-pid-chas-povoennogo-.html.

526 Там само.

527 «Опитування НДІ за січень 2023 року: можливості та виклики, що стоять перед демократичним переходом України», Національний демократичний інститут, 22 лютого 2023 року, https://www.ndi.org/publications/ndi-january-2023-poll-opportunities-and-challenges-facing-ukraines-democratic.

Енергетичний суверенітет України під час війни: Росія втратила вплив, а олігархи — ні (Дмитро Тужанський)

528 Оксана Зуєва, «Чому Україна купує вугілля в окупантів і чи винен у цьому Порошенко», *Texty.org*, 23 грудня 2021 року, https://texty.org.ua/articles/105210/chomu-ukrayina-kupuvala-vuhillja-v-okupantiv-i-chy-vynen-u-tsomu-poroshenko/.

529 Див. розділ Балінта Мадловіча та Балінта Мадяра в наступному томі.

530 Див. Хронологію України на початку цього тому.

531 «FACTBOX: RUE: A Mystery Player in Russia-Ukraine Gas Row», *Reuters*, January 3, 2009, https://www.reuters.com/article/us-russia-ukraine-gas-rosukrenergo-sb-idUSTRE5021BN20090103.

532 «Ukrainian Oligarch Firtash Could Face Over 80 Years' Imprisonment in US — Lawyer», *hromadske*, June 26, 2019, https://hromadske.ua/en/posts/ukrainian-oligarch-firtash-could-face-over-80-years-imprisonment-in-us-lawyer.

533 «Дмитро Фірташ: "Я нагодував Україну, нагодував Газпром, а за весілля заплатила Європа"», *Економічна правда*, 20 січня 2009 року, https://www.epravda.com.ua/publications/2009/01/20/178212/.

534 Anastassia Metral, «The Hidden Victims of the New Gas Deal», *France 24*, January 21, 2009, https://www.france24.com/en/20090121-hidden-victims-new-gas-deal-.

535 Дмитро Фірташ втратив право власності та контроль над 20 облгазами в Україні після початку повномасштабного вторгнення Росії, хоч це сталося через фінансові та корупційні причини. Докладніше див. Юрій Дощатов, «Фірташ йде з ринку газу. Хто забере його бізнес і на що чекати споживачам», *РБК-Україна*, 7 червня 2022 року, https://www.rbc.ua/ukr/news/firtash-uhodit-rynka-gaza-naftogaz-beret-1654546342.html.

536 Там само.

537 Katya Gorchinskaya, «Khoroshkovsky Sells Inter Channel to Firtash (UPDATED)», *KyivPost*, February 1, 2013, https://www.kyivpost.com/post/9265.

538 «Дмитро Фірташ», *Фокус*, 28 березня 2013 року, https://focus.ua/people/265338.

539 «Зеленський підписав указ про санкції проти Фірташа, Фукса, соратників Путіна», *Радіо Свобода*, 24 червня 2021 року, https://www.radiosvoboda.org/a/news-zelenskyi-rnbo-sanktsii-fuks-firtash/31324424.html.

540 «Дмитро Фірташ: Біографія, досьє, фото», *Forbes Україна*, 6 травня 2021 року, https://forbes.ua/profile/dmitro-firtash-26.

541 У 2016 році швейцарську компанію «РосУкрЕнерго» остаточно ліквідували Процедуру ініціював «Газпром» ще 2014 року. Див. "Газпром" завершив ліквідацію «Росукренерго» Фірташа», *Економічна правда*, 13 липня 2016 року, https://www.epravda.com.ua/news/2016/07/13/598953/.

542 Raymond Bonner, «Russian Gangsters Exploit Capitalism To Increase Profits», *The New York Times*, July 25, 1999, sec. World, https://www.nytimes.com/1999/07/25/world/russian-gangsters-exploit-capitalism-to-increase-profits.html.

543 Дмитро Рясний, «Іван Фурсін: Я говорив Фірташу — давай "РосУкрЕнерго" продамо "Нафтогазу"», *Економічна правда*, 21 грудня 2021 року, https://www.epravda.com.ua/publications/2021/12/21/680860/.

544 Shaun Walker, «Caught between Russia and the US? The Curious Case of Ukraine's Dmytro Firtash», *The Guardian*, January 23, 2016, https://www.theguardian.com/world/2016/jan/23/dmytro-firtash-ukraine-oligarch-exile-caught-between-russia-us.

545 MSNBC, Ukrainian Oligarch Speaks Out Against Putin: Exclusive Interview With Dmytro Firtash, YouTube video, 6:19, April 27, 2022, https://www.youtube.com/watch?v=2m8qD-Cjf78.

546 Максим Савчук та Любомира Ремажевська, «Російські гроші, українська політика. Хто і як допоміг Віктору Медведчуку відновити свій вплив в Україні? (розслідування)», *Радіо Свобода*, 15 березня 2021 року, https://www.radiosvoboda.org/a/skhemy-biznes-imperia-medvedchuka/31169247.html.

547 Євгенія Солоніна, «"Труба Медведчука". Україна повернула собі стратегічний трубопровід», *Radio Свобода*, 26 лютого 2021 року, https://www.radiosvoboda.org/a/truba-medvedchuka-ukrajina-povernula-truboprovid/31122119.html.

548 «РНБО запровадила санкції до Медведчука та Марченко», *Українська правда*, 19 лютого 2021 року, https://www.pravda.com.ua/news/2021/02/19/7284073/.

549 «Указ Президента України №43/2021», Президент України, офіційний веб-сайт, дата звернення: 1 травня 2023 року, https://www.president.gov.ua/documents/432021-36441.

550 Илья Жегулев, «Как Путин возненавидел Украину», *Верстка*, 25 апреля 2023 года, https://verstka.media/8964-2.

551 Клара Минак, «Медведчук рассказал, как стал кумом Путина», *Forbes.ru*, 7 липня 2019 року, https://www.forbes.ru/obshchestvo/379539-medvedchuk-rasskazal-kak-stal-kumom-putina.

552 «Рейтинг «Слуги народу» продовжує падати, наближається до 25%», *Українська правда*, 6 серпня 2020 року, https://www.pravda.com.ua/news/2020/08/6/7262032/.

553 «Рейтинг партій на виборах до Верховної Ради, грудень 2020 року: Порівняння результатів телефонного опитування та опитування методом особистих інтерв'ю», Київський міжнародний інститут соціології, дата звернення: 1 травня 2023 року, https://www.kiis.com.ua/?lang=ukr&cat=reports&id=991&page=1.

554 Антоніна Волкотруб, Дар'я Каленюк, Центр протидії корупції, «Як Козак через офшори купував телеканали для Медведчука і до чого тут Лукашенко», *Українська правда*, 11 лютого 2021 року, https://www.pravda.com.ua/articles/2021/02/11/7283024/.

555 Олена Козаченко, «Медведчук засвітив офшорну компанію з яхтою за 200 млн доларів», *Bihus.Info*, 22 червня 2020 року, https://bihus.info/medvedchuk-zasvityv-ofshornu-kompaniyu-z-yahtoyu-za-200-mln-dolari/.

556 Аліса Юрченко, «Журналісти зібрали активи Медведчука, які не потрапили до його декларації», *Bihus.Info*, 16 вересня 2020 року, https://bihus.info/zhurnalisty-zibraly-aktyvy-medvedchuka-shho-ne-potrapyly-v-jogo-deklaracziyu/.

557 «Нардепу Медведчуку оголошено нову підозру про державну зраду та сприяння тероризму», Служба безпеки України, 8 жовтня 2021 року, https://ssu.gov.ua/novyny/nardepu-medvedchuku-oholosheno-novu-pidozru-pro-derzhavnu-zradu-ta-spryiannia-teroryzmu.

558 Денис Карловський, «СБУ спіймала Медведчука», *Українська правда*, 12 квітня 2022 року, https://www.pravda.com.ua/news/2022/04/12/7339145/.

559 Анастасія Шепелєва, «В СБУ розповіли деталі спецоперації із затримання Медведчука», *dw.com*, 13 квітня 2022 року, https://www.dw.com/uk/u-sbu-rozpovily-detali-spetsoperatsii-po-zatrymanniu-medvedchuka/a-61467749.

560 Альона Мазуренко, «З полону звільнили 215 захисників України: 200 з них обміняли на Медведчука. Список», *Українська правда*, 22 вересня 2022 року, https://www.pravda.com.ua/news/2022/09/22/7368539/.

561 «Субсуверенна мафіозна держава» — поняття, яким Мадяр і Мадлович позначають суб'єктів у межах кордонів Росії, тобто регіональні уряди (Bálint Magyar and

Bálint Madlovics, *The Anatomy of Post-Communist Regimes: A Conceptual Framework* (Budapest—New York: CEU Press, 2020), 121–23). Проте воно добре застосовне й до міжнародних відносин «патрон-клієнт», як це показано в авторському розділі наступного тому, присвяченому Угорщині.

562 Isabeau van Halm, «Moldova Faces Winter Darkness as Russia Weaponises Energy», Power-Technology, November 17, 2022, https://www.power-technology.com/features/moldova-gas-russia-transnistria/. Див. також розділ Калмана Міжея в наступному томі.

563 «Україна подала заявку на приєднання до ENTSO-E у найкоротші терміни завдяки високій технічній готовності — Кудрицький», *Укренерго*, 6 березня 2022 р., https://ua.energy/general-news/ukraine-has-applied-to-join-entso-e-as-soon-as-possible-due-to-high-technical-readiness-kudrytsky/.

564 Suriya Jayanti, «Ukraine's Electrical Grid Shows How Hard It Is to Escape from Russia's Grasp», *Time, March 1*, 2022, https://time.com/6153039/ukraines-electricity-grid-escape-russia/.

565 «Russia Using Zaporizhzhia Nuclear Power Plant as Army Base — Ukraine», *BBC News*, August 8, 2022, sec. Europe, https://www.bbc.com/news/world-europe-62469740.

566 «Українська енергосистема повністю синхронізована з європейською енергосистемою ENTSO-E», *Укренерго*, 16 березня 2022 року, https://ua.energy/media-2/ukrainian-power-system-is-fully-synchronised-with-the-european-power-network-entso-e/.

567 «Україна збільшила експорт електроенергії до Європи», *UkraineInvest*, дата звернення: 1 травня 2023 року, https://ukraineinvest.gov.ua/news/03–08–22/.

568 «Україна почала експорт електроенергії до ЄС, у перспективі це принесе до держбюджету десятки мільярдів гривень», Верховна Рада України, 1 червня 2022 року, https://www.rada.gov.ua/news/razom/224841.html.

569 Тетяна Герасимова, «Україна відновлює експорт електроенергії», *Українські Новини*, 6 квітня 2023 року, https://ukranews.com/en/news/925888-ukraine-resuming-electricity-exports.

570 Володимир Ланда та Костянтин Гненний, «Росіяни за пів доби випустили ракет по Україні на 400–700 млн доларів США. Інфографіка Forbes», *Forbes.ua*, 10 жовтня 2022 року, https://forbes.ua/war-in-ukraine/rosiyani-za-pivdobi-vipustili-raket-po-ukraini-na-400–800-mln-infografika-forbes-10102022–8899.

571 «Україна імпортувала в лютому більше електроенергії з Європи, ніж за весь січень», *Інтерфакс*, 7 лютого 2023 року, https://interfax.com/newsroom/top-stories/87735/.

572 Микола Топалов, «І транзит російського газу не потрібен. Україна зароблятиме мільярди доларів на експорті електроенергії. Як це буде?», *Економічна правда*, 11 червня 2022 року, https://www.epravda.com.ua/publications/2022/07/11/689052/.

573 «Україна відновила експорт електроенергії», *Українська правда*, 7 квітня 2023 року, https://www.pravda.com.ua/eng/news/2023/04/7/7396952/.

574 За словами Андрія Геруса, голови Комітету Верховної Ради з питань енергетики та житлово-комунальних послуг, у березні Україна могла б отримати приблизно 500 млн грн від експорту електроенергії, але не зуміла, адже експорт зупинили. «Україна у березні могла б отримати близько 500 млн грн від експорту електроенергії — Герус», *Укрінформ*, 7 квітня 2023 року, https://www.ukrinform.ua/rubric-economy/3693026-ukraina-u-berezni-mogla-b-otrimati-blizko-500-miljoniv-vid-eksportu-elektroenergii-gerus.html.

575 «Five Results of the Year for Rinat Akhmetov — Pros and Cons», *NV*, January 7, 2023, https://english.nv.ua/business/nv-discusses-the-gains-and-losses-of-richest-oligarch-akhmetov-of-ukraine-news-50296686.html.

576 «Hungary Will Veto EU Sanctions on Russian Nuclear Energy, PM Orban Says», *Reuters*, January 27, 2023, sec. Europe, https://www.reuters.com/world/europe/hungary-will-veto-eu-sanctions-russian-nuclear-energy-pm-orban-2023-01-27/.

577 «ЗАЕС не працює з вересня, українського персоналу залишилося менше як 50% — президент Енергоатому», *Укрінформ*, 27 лютого 2023 року, https://www.ukrinform.ua/rubric-economy/3675964-zaes-ne-pracue-z-veresna-ukrainskogo-personalu-zalisilos-mens-ak-50-prezident-energoatomu.html.

578 Андрій Стасюк, «Без російського палива на українських АЕС. Як працюватимуть українські реактори», *Суспільне*, 12 липня 2022 року, https://suspilne.media/258626-bez-rosijskogo-paliva-na-ukrainskih-aes-ak-pracuvatimut-reaktori/?

579 «Сім енергоблоків українських АЕС перевели на американське паливо Westinghouse», *Укрінформ*, 28 лютого 2023 року, https://www.ukrinform.ua/rubric-economy/3676352-sim-energoblokiv-ukrainskih-aes-pereveli-na-amerikanske-palivo-westinghouse.html.

580 «Указ Президента України № 57/2023», Президент України, офіційний веб-сайт, дата звернення: 1 травня 2023 р., https://www.president.gov.ua/documents/572023-45713.

581 «Справа Миколи Мартиненка — термін дії обов'язків екснардепа продовжили до 17 березня», *Слово і діло*, 20 січня 2023 року, https://www.slovoidilo.ua/

2023/01/20/novyna/polityka/antykorupczijnyj-sud-znovu-prodovzhyv-obovyazky-eksnardepa-martynenka.

582 «Україна у 2022 р. скоротила видобуток газу на 6% — до 18,5 млрд куб. м.», *EXPRO Consulting*, J6 січня 2023 року, https://expro.com.ua/uk/novini/ukrana-v-2022r-skorotila-vidobutok-gazu-na-6-do-185-mlrd-kub-m.

583 «Імпорт газу до України у 2022 р. впав до історичного мінімуму — 1,5 млрд куб. м.», *EXPRO Consulting*, 12 січня 2023 року, https://expro.com.ua/uk/novini/mport-gazu-do-ukrani-u-2022r-vpav-do-storichnogo-mnmumu-15-mlrd-kub-m.

584 András Szabó and Szabolcs Panyi, «Inside Viktor Orbán's Response to the War in Ukraine», *Direkt36*, October 21, 2022, https://www.direkt36.hu/en/orban-a-haboruban/.

585 Dmytro Tuzhansky, «The Future of Ukrainian-Hungarian Relations under a Renewed Fidesz Supermajority» (Beacon Project), accessed May 1, 2023, https://www.iribeaconproject.org/sites/default/files/2022–07/The%20Future%20of%20Ukrainian-Hungarian%20Relations%20.pdf.

586 «Hungary Signs New Long-Term Gas Supply Deal With Russia», ш, July 27, 2021, sec. Hungary, https://www.rferl.org/a/hungary-russia-gazprom-gas/31479747.html.

587 «Norway-Poland Baltic Pipe Opens in Move to Cut Russia Gas Dependency», *euronews*, September 27, 2022, https://www.euronews.com/2022/09/27/baltic-pipe-norway-poland-gas-pipeline-opens-in-key-move-to-cut-dependency-on-russia.

588 Daniel Tilles, «Poland Imported Record Amount of Liquefied Natural Gas in 2022», *Notes From Poland*, January 4, 2023, https://notesfrompoland.com/2023/01/04/poland-imported-record-amount-of-liquefied-natural-gas-in-2022/.

589 «Disinfo: Ukrainian Gas Transmission System an Environmental Disaster Worse than Chernobyl», *EUvsDisinfo*, accessed May 1, 2023, https://euvsdisinfo.eu/report/ukrainian-gts-is-an-environmental-disaster-worse-than-chornobyl.

590 Цю цифру надав колишній голова правління «Оператора ГТС України» Сергій Макогон: «Які реформи потрібні ринку газу», *Економічна правда*, 18 січня 2023 року, https://www.epravda.com.ua/columns/2023/01/18/696094/.

591 «Europe's $1 Trillion Energy Bill Only Marks Start of the Crisis», *Bloomberg*, December 18, 2022, https://www.bloomberg.com/news/articles/2022–12–18/europe-s-1-trillion-energy-bill-only-marks-start-of-the-crisis.

592 Frédéric Simon, «Ukraine Offers 10 Bcm of Gas Storage to Europe for next Winter», *Euractiv*, April 5, 2023, https://www.euractiv.com/section/energy-environment/news/ukraine-offers-10-bcm-of-gas-storage-to-europe-for-next-winter/.

593 «Олексій Чернишов: Укртрансгаз став другим в Європі оператором газосховищ, який успішно пройшов сертифікацію за новими правилами ЄС», *Економічна правда*, 7 квітня 2023 року, https://www.epravda.com.ua/news/2023/04/7/698889/.

594 Анастасія Зануда, «Дефіцит пального: чому це відбувається і що буде далі», *BBC News Україна*, 17 травня 2022 року, https://www.bbc.com/ukrainian/features-61469112.

595 «Ринок пального: розворот на 180 градусів», *Економічна правда*, 20 березня 2022 року, https://www.epravda.com.ua/columns/2022/03/20/684340/.

596 Докладніше див. «Країни за товарною структурою зовнішньої торгівлі у 2021 році», Укрстат, станом на 1 травня 2023 року, https://ukrstat.gov.ua/operativ/operativ2021/zd/kr_tstr/arh_kr_2021.htm.

597 «Ukraine's Naftogaz Shuts Shebelinsky Oil Refinery Due to Risk from Hostilities», *Reuters*, February 26, 2022, sec. Energy, https://www.reuters.com/business/energy/ukraines-naftogaz-shuts-shebelinsky-oil-refinery-due-risk-hostilities-2022–02–26/.

598 «За пів року Україна в 12 разів наростила імпорт пального, ажіотажу на ринку вже немає», Міністерство економіки України, дата звернення: 1 травня 2023 року, https://www.me.gov.ua/News/Detail?lang=uk-UA&id=52ba65ad-4852–4727–985d-1532bfd9d69c&title=Minekonomiki-ZaPivrokuUkrainaV12-RazivNarostilaImportPalnogo-AzhiotazhuNaRinkuVzheNema.

599 «Україна побудувала новий ринок пального — експерт», *Укрінформ*, 2 січня 2023 року, https://www.ukrinform.ua/rubric-economy/3645209-ukraina-pobuduvala-novij-rinok-palnogo-ekspert.html.

600 «Рада повернула акциз на пальне», *Укрінформ*, 21 вересня 2022 року, https://www.ukrinform.ua/rubric-economy/3576402-rada-povernula-akciz-na-palne.html.

601 Докладніше див. «Про Укрзалізницю», дата звернення: 1 травня 2023 року, https://www.uz.gov.ua/en/about/.

602 Дмитро Ульяницький, «Ельдорадо закінчується. "Укрзалізниця" виходить на ринок дизельного палива. Що буде з цінами», *Forbes.ua*, 29 липня 2022 року, https://forbes.ua/inside/eldorado-zakinchuetsya-ukrzaliznitsya-vikhodit-na-rinok-dizelnogo-paliva-shcho-bude-z-tsinami-29072022–7397.

603 «Україна імпортувала нафтопродуктопроводом "Самара — Західний напрямок" 114 тисяч тонн дизельного палива з Угорщини», *Економічна правда*, 31 грудня 2022 року, https://www.epravda.com.ua/news/2022/12/31/695624/.

604 Микола Топалов та Юрій Ніколов, «Чому на залитому ринку державна "Укртранснафта" переплачує за угорський "дизель"», *Економічна правда*, 15 лютого 2023 року, https://www.epravda.com.ua/publications/2023/02/15/697055/.

605 «"Укртранснафта" прокоментувала закупівлі угорського дизелю з «премією» у 225 доларів», *Економічна правда*, 20 лютого 2023 року, https://www.epravda.com.ua/news/2023/02/20/697223/.

606 «Turkey Is Guzzling Russian Diesel That Europe Can't Buy», *Bloomberg*, April 4, 2023, https://www.bloomberg.com/news/articles/2023-04-04/turkey-is-guzzling-russian-diesel-that-europe-can-t-buy.

607 «Трейдери йдуть на південь: імпорт дизпалива з Польщі у березні впав у півтора рази», *Enkorr*, 5 квітня 2023 року, https://enkorr.ua/uk/news/treyderi_ydut_na_pvden_mport_dizpalnogo_z_polshch_u_berezn_vpav_u_pvtora_raza/254248.

608 Ольга Чайка, «"Росія продає за безцінь". Україну наповнюють російським дизелем попри ембарго. Що планує робити уряд, аби припинити це», *Forbes.ua*, 20 березня 2023 року, https://forbes.ua/money/rosiya-prodae-za-beztsin-ukrainu-napovnyuyut-rosiyskim-dizelem-popri-embargo-shcho-planue-robiti-uryad-abi-pripinite-tse-20032023-12477.

609 «"Укрнафта" може відновити близько 500 недіючих свердловин», *Укрнафта*, 5 квітня 2023 року, https://www.ukrnafta.com/ukrnafta-mozhe-vidnovyty-blyzko-500-nediyuchyh-sverdlovyn

610 Andrew E. Kramer, « U.S. Sanctions Key Ukrainian Oligarch», *The New York Times*, March 5, 2021, https://www.nytimes.com/2021/03/05/world/europe/ukraine-sanctions-oligarch-kolomoisky.html.

611 «Герман Галущенко обговорив з профспілками гірників проблеми галузі та роботу в умовах військової агресії рф», Міністерство енергетики України, 14 вересня 2022 року, https://www.mev.gov.ua/novyna/herman-halushchenko-obhovoryv-z-profspilkamy-hirnykiv-problemy-haluzi-ta-robotu-v-umovakh.

612 «Україна має достатньо газу та вугілля на зиму і продовжує поповнювати запаси — Шмигаль», *Укрінформ*, 8 листопада 2022 року, https://www.ukrinform.ua/rubric-economy/3610229-ukraina-mae-dostatno-gazu-j-vugilla-na-zimu-i-prodovzue-popovnuvati-zapasi-smigal.html.

613 Надія Собенко, «Кабмін заборонив експорт вугілля, мазуту і газу українського видобутку», *Суспільне*, 13 червня 2022 року, https://suspilne.media/249716-kabmin-zaboroniv-eksport-vugilla-mazutu-i-gazu-ukrainskogo-vidobutku.

614 Зуєва, «Чому Україна купує вугілля в окупантів і чи винен у цьому Порошенко», *Texty.org.ua*, 23 грудня 2021 року, https://texty.org.ua/articles/105210/chomu-ukrayina-kupuvala-vuhillja-v-okupantiv-i-chy-vynen-u-tsomu-poroshenko/.

615 Анастасія Жарикова, «Імпорт вугілля в Україну знизився в 2,7 рази — Держмитслужба», *Економічна правда*, 25 серпня 2022 року, https://www.epravda.com.ua/news/2022/08/25/690837/.

616 «Ukraine Accuses Former President Poroshenko of Treason», *Reuters*, December 20, 2021, https://www.reuters.com/world/europe/ukraine-accuses-former-president-poroshenko-treason-2021–12–20/.

617 Pavel Polityuk and Natalia Zinets, «Ukraine Widens Probe against Kremlin Ally Medvedchuk», *Reuters*, October 8, 2021, https://www.reuters.com/world/europe/ukraine-widens-probe-against-kremlin-ally-medvedchuk-2021–10–08/.

618 Світлана Дорош, «Вугілля, за яке судять Порошенка. Що відбувалося з паливом в Україні у 2014 році», *BBC News Україна*, 18 січня 2022 року, https://www.bbc.com/ukrainian/features-59970360.

619 «Збитки на 19 мільярдів: НАБУ передало до суду першу частину справи "Роттердам+". Відео», *БізнесЦензор*, 15 березня 2023 року, https://biz.censor.net/news/3405925/zbytky_na_19_milyardiv_nabu_peredalo_do_sudu_pershu_chastynu_spravy_rotterdam_video.

Основні рушійні сили депатроналізації в Україні: роль українського бізнесу (Володимир Дубровський)

620 Автор щиро вдячний Д. А. Попову за допомогу в редагуванні українського перекладу.

621 Bálint Magyar and Bálint Madlovics. *The Anatomy of Post-Communist Regimes: A Conceptual Framework* (Budapest-New York: Central European University Press, 2020), 15.

622 Бодай тому, що демократичні вибори й інші процедури потребують певних формальних правил (законів), які повинні належно та неупереджено виконувати.

623 Magyar and Madlovics, *The Anatomy of Post-Communist Regimes*, 335.

624 У цьому дослідженні «депатроналізація» — синонім «антипатрональної трансформації».

625 Bálint Magyar and Bálint Madlovics, *A Concise Field Guide to Post-Communist Regimes: Actors, Institutions, and Dynamics* (Budapest-Vienna-New York: Central European University Press, 2022), 20.

626 Christian Welzel, «Democratization as an Emancipative Process: The Neglected Role of Mass Motivations», *European Journal of Political Research* 45, no. 6 (2006): 871–896.

627 https://www.worldvaluessurvey.org/wvs.jsp.

628 Sviatoslav Sviatnenko and Oleksandr Vynogradov, «Euromaidan Values from a Comparative Perspective», Social, Health, and Communication Studies, № 1 (2014): 41–61.

629 Див. https://www.britannica.com/topic/rule-of-law.

630 Henry E. Hale, Patronal Politics: Eurasian Regime Dynamics in Comparative Perspective, Problems of International Politics (Cambridge: Cambridge University Press, 2014).

631 Hale, *Patronal Politics*, 35

632 Francis Fukuyama, The Origins of Political Order: From Prehuman Times to the French Revolution (London: Profile Books, 2011), 16.

633 Douglass C. North, John Joseph Wallis, and Barry R. Weingast, *Violence and Social Orders: A Conceptual Framework for Interpreting Recorded Human History* (Cambridge: Cambridge University Press, 2009), 154.

634 Щоб отримати докладнішу інформацію, див. розділ «Патроналізм та соціальний порядок обмеженого доступу: Випадок України».

635 Lage Bergström, *Development of Institutions is Created from the Inside. Lessons Learned from Consultants' Experiences of Supporting Formal and Informal Rules* (Sida Studies in Evaluation, 2005).

636 Daron Acemoglu and James A. Robinson, *Why Nations Fail: The Origins of Power, Prosperity and Poverty* (New York: Crown Publishers, 2012), 88.

637 orth et al., *Violence and social orders*, 217–219.

638 Теоретичну дискусію див. у розділі «Патроналізм та соціальний порядок обмеженого доступу: Випадок України». Також див. Vladimir Dubrovskiy, Janusz Szyrmer, William Graves III, Evgeny Golovakha, Olexiy Haran', and Rostislav Pavlenko, *The Driving Forces*

for Unwanted Reforms: Lessons from the Ukrainian Transition, ed. Vladimir Dubrovskiy, Janusz Szyrmer, and William Graves III. Національне дослідження, підготовлене в рамках Глобального дослідницького проєкту «Розуміння реформ», було проведене Глобальною дослідницькою мережею (GDN),2010, 6–8. https://case-ukraine.com.ua/content/uploads/2020/09/The-Driving-Forces-for-Unwanted-Reforms.pdf.

639   Markus, Stanislav, *Property, Predation, and Protection: Piranha Capitalism in Russia and Ukraine* (Cambridge: Cambridge University Press, 2015), 168–175.

640   Hoff, Karla and Joseph E. Stiglitz, «After the Big Bang? Obstacles to the Emergence of the Rule of Law in Post-Soviet Societies», *The American Economic Review* 94, no. 3 (June 2004); Konstantin Sonin, «Why the Rich May Favor Poor Protection of Property Rights», William Davidson Working Paper 544 (December 2002); Leonid Polishchuk and Alexei Savvateev, «Spontaneous (Non)Emergence of Property Rights», IRIS Working Paper 241 (2000).

641   Володимир Дубровський, «Система взаємозаліків як приклад феномену "несприйняття прозорості"», у *Бартерна економіка: Негрошові операції в бюджетній сфері України*, за редакцією Януша Ширмера (Київ: Альтерпрес, 2000).

642   Antonio Cabrales Irma Clots-Figueras, Roberto Hernán-González, and Praveen Kujal, «Institutions, Opportunism and Prosocial Behavior: Some Experimental Evidence», IZA Discussion Paper 13270, https://ssrn.com/abstract=3608519; Pelle Ahlerup, Ola Olsson, and David Yanagizawa-Drott, «Social Capital vs Institutions in the Growth Process», *European Journal of Political Economy* 25, no. 1 (2019): 1–14.

643   Saijun Zhang, Steven G. Anderson, and Min Zhan, «The Differentiated Impact of Bridging and Bonding Social Capital on Economic Well-Being: An Individual Level Perspective», *Journal of Sociology and Social Welfare* 38 (2011): 119–142.

644   Специфічний тип таких мереж був типовий для СРСР і зберігся після його розпаду в державах-правонаступницях. Див: Alena V. Ledeneva: Russia's Economy of Favours. Blat, Networking and Informal Exchange. Cambridge University Press, Cambridge, 1998.

645   Hale, *Patronal Politics*, 16.

646   Mikhail Minakov, «Reconstructing the Power Vertical: The Authoritarian Threat in Ukraine», *Open Democracy Russia*, June 2017, https://www.opendemocracy.net/en/odr/reconstructing-power-vertical-authoritarian-threat-in-ukraine/.

647   John Lough, and Vladimir Dubrovskiy, «Are Ukraine's Anti-corruption Reforms Working?» Chatham House research paper (November 2018).

648 Vladimir Dubrovskiy, Kálmán Mizsei, Kateryna Ivashchenko-Stadnik, and Mychailo Wynnyckij, «Six years of the Revolution of Dignity: What Has Changed?» CASE Ukraine report (June 2020), 31–35, 57 https://case-ukraine.com.ua/content/uploads/2020/06/6-years-of-the-Revolution-of-Dignity_ENG.pdf.

649 Теоретичну дискусію див. у розділі «Патроналізм та соціальний порядок обмеженого доступу: Випадок України».

650 Журналісти *Bihus.info* викрили народних депутатів, які постійно діють в інтересах Ахметова та Коломойського. Див. статтю від 18 січня 2021 року: https://bihus.info/zhurnalisty-bihus-info-vyrahuvaly-deputativ-yaki-stabilno-diyut-v-interesah-ahmetova-ta-kolomojskogospysok/. Див. також: Роман Романюк та Роман Кравець, «"Солдати Зе" та "слуги Коломойського". Хто контролює фракцію Зеленського», *Українська правда*, 5 грудня 2019 року, https://www.pravda.com.ua/articles/2019/12/5/7233890/.

651 «Як змінились уподобання та інтереси українців до засобів масової інформації після виборів 2019 р. та початку пандемії COVID-19», *аналітичний звіт «Детектор медіа»*, вересень 2020 року. https://detector.media/infospace/article/181066/2020-09-29-yak-zminylys-upodobannya-ta-interesy-ukraintsiv-do-zasobiv-masovoi-informatsii-pislya-vyboriv-2019-r-ta-pochatku-pandemii-covid-19/.

652 Валерій Пекар, «Цінності та переконання президента Зеленського (результати дослідження)», *Site.ua*, 1 червня 2020 року https://site.ua/valerii.pekar/cinnosti-i-perekonannya-prezidenta-zelenskogo-rezultati-doslidzennya-i0gz8q4.

653 Про владну вертикаль Зеленського див. розділ Михайла Мінакова в цьому виданні.

654 *Українське суспільство: Моніторинг соціальних змін*, Випуск 7, № 21 (Київ: Інститут соціології НАН України, 2020), 466.

655 *Українське суспільство*.

656 «Агресія Путіна коштувала найбагатшим українцям $17 млрд. Хто з олігархів втрачає вплив», ЛІГА, 2 січня 2023 року, https://biz.liga.net/ua/ekonomika/tek/article/agressiya-putina-stoila-samym-bogatym-ukraintsam-17-mlrd-kto-iz-oligarhov-teryaet-vliyanie.

657 Борис Давиденко та Володимир Ланда, «Підставили плече. Скільки найбагатші українці витратили на допомогу армії та українцям під час війни», Forbes Україна, 3 травня 2022 року. https://forbes.ua/inside/pidstavili-pleche-skilki-naybagatshi-ukraintsi-vitratili-na-dopomogu-armii-ta-ukraintsyam-za-chas-viyni-03052022-5763.

658 Максим Лиманський, «З початку повномасштабного вторгнення "Повернись живим" зібрав понад 100 мільйонів доларів для української армії», «Повернись живим», 26 травня 2022 року. https://savelife.in.ua/materials/news/povernys-zhyvym-zibrav-ponad-100-mln-na/.

659 Dubrovskiy et al. *Six Years of the Revolution of Dignity*, 53–55.

660 Олександра Кужель та Юрій Єхануров — ще два політики, які заслуговують на подяку за запровадження спрощеної системи оподаткування для ММСП. Однак саме Ляпіна відіграла ключову роль в об'єднанні бізнес-коаліцій на підтримку цієї реформи, а також в організації всього процесу.

661 А саме Михайло Жернаков (Фундація «Де-юре») та Галина Чижик (ЦПК) щодо судової реформи, Тетяна Паламарчук (СУП), Олег Гетьман (УРБ) щодо бізнес-асоціацій/коаліцій.

662 Dubrovskiy et al. *The Driving Forces for Unwanted Reforms*, 16.

663 https://coalitionua.business/eng.

664 Ірина Крицька та Борис Давиденко, «Нічого доброго Україні це не принесе», інтерв'ю з Рінатом Ахметовим, Forbes Україна, 31 грудня 2021 року. https://forbes.ua/news/nichego-khoroshego-ukraine-eto-ne-prineset-chto-akhmetov-govorit-o-ssore-s-zelenskim-a-chto-Zelensky-emu-otvechaet-blits-intervyu-forbes-31122021–3106.

665 Соня Кошкіна, «Ігор Коломойський: «Я не готовий до того, щоб мені сказали правила і я почав за ними жити, а Кононенко — ні»», інтерв'ю з Ігорем Коломойським, LB.ua, 3 грудня 2015 року. https://lb.ua/news/2015/12/03/322600_igor_Kolomoyskyi_ya_gotov_tomu.html?utm_source=pocket_reader.

666 Віктор Пінчук, «GOД есть», Українська правда, 26 березня 2014 року. https://www.pravda.com.ua/articles/2014/03/26/7020391/.

667 Hale, *Patronal Politics*, 20.

668 Кошкіна, *Ігор Коломойський*.

669 Оригінал: «Нам всем будет лучше, когда у нас будет независимое гражданское общество, независимая журналистика, к которой, кстати, я вас тоже отношу, независимое телевидение. Будет система, которая не зависит от персоналий.

Вы сами готовы жить в такой системе?

Да, на 100%. Мне нужно объяснить правила и я буду по ним жить. Но я не готов жить в системе, когда мне скажут правила, я стану по ним жить, а Кононенко будет жить по другим правилам. К этому я не готов».

670 Див. https://data.worldbank.org/indicator/NV.AGR.TOTL.ZS?end=2021&start=2019 &view=chart.

671 «180 000 нових робочих місць: як змінилася українська ІТ-індустрія за 5 років?», *Звіт BRDO* (21 листопада 2022 року). https://brdo.com.ua/news/180-tysyach-novyh-robochyh-mists-yak-zminylasya-ukrayinska-it-industriya-za-5-rokiv/.

672 «Міграційна криза: чи повернуться українці додому?» *Публікація CASE Україна* (13 червня 2022 року). https://case-ukraine.com.ua/publications/migratsijna-kryza-chy-povernutsya-ukrayintsi-dodomu/.

Кримінальна екосистема України та війна: українська організована злочинність 2022 року (Глобальна ініціатива протидії транснаціональній організованій злочинності / GI-TOC)

673 «New Front Lines: Organized Criminal Economies in Ukraine in 2022», Research report (Geneva: Global Initiative Against Transnational Organized Crime, February 2023), https://globalinitiative.net/wp-content/uploads/2023/02/New-frontlines-organized-criminal-economies-in-Ukraine-in-2022-GI-TOC-February-2023.pdf. Ми вдячні GI-TOC за дозвіл на частковий передрук звіту.

674 Bálint Magyar and Bálint Madlovics, *The Anatomy of Post-Communist Regimes: A Conceptual Framework* (Budapest–New York: CEU Press, 2020), 406–9.

675 Svetlana Stephenson, «It Takes Two to Tango: The State and Organized Crime in Russia», *Current Sociology* 65, no. 3 (May 1, 2017): 411–26.

676 Інтерв'ю з джерелом у кримінальному світі, Одеса, травень 2022 року.

677 Інтерв'ю з джерелом у кримінальному світі в Німеччині, травень 2022 року, та джерелом у правоохоронних органах у Києві, грудень 2022 року.

678 Інтерв'ю з джерелами з андеграунду в Німеччині та Львові, травень 2022 року.

679 У листопаді заарештували члена транснаціонального організованого злочинного угруповання з Південного Кавказу, який, як стверджують, мав намір створити власне злочинне угруповання на заході України, що спеціалізувалося на насильницьких пограбуваннях. Див. «СБУ затримала у Тернополі розшукуваного Інтерполом

іноземного злочинця, який намагався створити в Україні злочинне угруповання», Телеграм-канал, 18 листопада 2022 р., https://t.me/ SBUkr/5810.

680 «New Front Lines: Organized Criminal Economies in Ukraine in 2022», 10–11.

681 Інтерв'ю з журналістом, Київ, грудень 2022 року.

682 Перевірити це твердження не вдалося, і малоймовірно, що така повна зачистка російських суб'єктів була досягнута. Інтерв'ю з джерелами в правоохоронних органах, Київ, травень і грудень 2022 року.

683 Jacques Follorou, «Ukraine's clandestine war to neutralize the pro-Russian mafia», *Le Monde*, 9 December 2022, https://www.lemonde.fr/en/international/article/2022/12/09/ukraine-s-clandestine-war-to- neutralize-the-pro-russian-mafia_6007085_4.html.

684 Керуючи так званими народними республіками злочинним шляхом (з дозволу Москви) з 2014 року, лідери «ДНР» та «ЛНР» побачили, що їхні відносини з Москвою різко змінилися у вересні 2022 року, коли Росія офіційно анексувала «ДНР» та «ЛНР». Це, ймовірно, зменшить простір для високопоставленої організованої злочинності в середньостроковій перспективі, адже чиновників «ДНР» та «ЛНР» витіснять чиновники з Росії — процес, який вже відбувався в червні. Економіку контрабанди в неокуповану Україну, яка підтримувала «ДНР» та «ЛНР», також зруйнувало російське вторгнення, що ще більше підривало економічну базу сепаратистського керівництва. «Russian officials take office in separatist eastern Ukraine», *Moscow Times*, 9 June 2022, https:// www.themoscowtimes.com/2022/06/09/russian-officials-take-office-in-separatist-eastern-ukraine-a77944.

685 Інтерв'ю з журналістом, Київ, грудень 2022 року, та джерелом у правоохоронних органах в Одесі, грудень 2022 року.

686 Follorou, «Ukraine's clandestine war to neutralize the pro-Russian mafia».

687 Документи, які GI-TOC надало джерело з кримінального світу в Одесі, травень 2022 року.

688 Один фінський злочинець назвав бажання дати відсіч російській агресії як мотив для поїздки в Україну воювати. Julie Ebbe, «Undre världens män har sökt sig från Finland till kriget i Ukraina», Svenska YLE, 25 березня 2022 року, https://svenska.yle.fi/a/7-10014654.

689 Легіон сформували майже за одну ніч, коли тисячі іноземних добровольців прибули в Україну після заклику президента Зеленського 27 лютого. Офіс Президента України,

Звернення до громадян іноземних держав, які прагнуть допомогти Україні в її боротьбі проти російської агресії, 27 лютого 2022 року, https://www.president.gov.ua/news/zvernen-nya-do-gromadyan-inozemnih-derzhav-yaki-prag- nut-dopom-73213.

690 Anna Myroniuk and Alexander Khrebet, «Investigation: International Legion soldiers allege light weapons mis- appropriation, abuse by commanders», *Kyiv Independent*, 30 November 2022, https://kyivindependent.com/investigations/investigation-international-legion-mis- appropriation.

691 Mark Galeotti, «Gangster's paradise: How organised crime took over Russia», *The Guardian*, 23 March 2018, https://www.theguardian.com/news/2018/mar/23/how-organised-crime-took-over-russia-vory-super-mafia.

692 У контексті України до російського вторгнення див. зусилля засновника компанії Blackwater Еріка Прінса в Україні: Саймон Шустер, «Exclusive: Documents reveal Erik Prince's $10 billion plan to make weapons and create a private army in Ukraine», *Time*, 7 July 2021, https://time.com/6076035/erik-prince-ukraine-private-army/.

693 Alla Hurska, «Making sense of the 'Semenchenko's PMC' affair», *Eurasia Daily Monitor*, 18, 71, https://jamestown.org/program/making-sense-of-the-semenchenkos-pmc-affair/.

694 Див. Julia Stanyard, «Thierry vircoulon and Julian Rademeyer, The grey zone: Russia's military, mercenary and criminal engagement in Africa», GI-TOC, February 2023, https://globalinitiative.net/analysis/russia-in-africa/.

695 Tomas Hirst, «Meet the 'pocket army' funded by sacked Ukrainian billionaire Igor Kolomoisky», *Business Insider*, 28 March 2015, https://www.businessinsider.com/meet-the-pocket-army-funded-by-sacked-ukrainian-billionaire-igor-kolomoisky-2015–3?r=US&IR=T.

696 Володимир Ланда, «Порошенко та Гереги втратили статус мільярдерів. А що зі статками Ахметова та Пінчука? Forbes оновив рейтинг з початку війни», *Forbes*, 14 березня 2022 року, https://forbes.ua/inside/poroshenko-vtrativ-status-milyardera-a-shcho-zi-stat-kami-akhmetova-pinchuka-ta-zasnovnikiv-gram-marly-forbes-onoviv-reyting-z-pochatku-viyni-14032- 022–4605.

697 Mykhailo Minakov, «Ukraine's wartime politics takes a new turn», Wilson Center, 19 July 2022, https://www.wilsoncenter.org/blog-post/ukraines-wartime-politics-takes-new-turn.

698 Valentyna Romanenko, «Members of National Guard of Ukraine, police officers, border guards, security serviceman exchanged for Medvedchuk», *Ukrainska Pravda*, 22 September 2022, https://www.pravda.com.ua/eng/news/2022/09/22/7368588/.

699 Див. Konstantin Skorkin, «Ukraine's oligarchs are a dying breed: The country will never be the same», Carnegie Endowment for International Peace, 14 вересня 2022, https://carnegieendowment.org/politika/87914; and Mykhailo Minakov, «The war and the future of Ukraine's oligarchy», Wilson Center, 3 серпня 2022, https://www.wilsoncenter.org/blog-post/war-and-future-ukraines-oligarchy.

700 *The Conflict in Ukraine and Its Impact on Organized Crime and Security*, UNICRI, листопад 2022 року, 40. https://unicri.it/sites/default/files/2022-11/The%20 conflict%20in%20Ukraine%20and%20its%20impact%20on%20organized%20crime% 20and%20 security_0.pdf.

701 Див. «Criminal geopolitics» у нашому звіті «New Front Lines: Organized Criminal Economies in Ukraine in 2022», 10–11.

702 Зустріч під час польових досліджень у Бахмуті, листопад 2022 року.

703 «У будь-який час і в будь-якому місці. Військових перевірятимуть на алкоголь і наркотики за новими правилами в Україні», *НВ*, 15 грудня 2022 року, https://nv-ua. translate.goog/ukr/ukraine/events/perevirka-vi-yskovih-na-alkogol-i-narkotiki-de-i-kogo-budut-per- eviryati-zakonoproekt-8271–50289775.html?_x_tr_sl=uk&_x_tr_tl=en&_x_tr_hl=en&_x_tr_pto=sc.

704 Хоча варто зазначити, що в Україні це відбуватиметься на індивідуальній, спеціальній основі; попри російські заяви, немає жодних доказів, що держава використовує наркотики, щоб систематично посилювати боєздатність. Cheryl Teh, «Russian lawmakers baselessly claim their army is up against biologically modified Ukrainian super soldiers», *Business Insider*, 20 July 2022, https://www.businessinsider.com/russian-law- makers-tout-baseless-claims-ukrainian-super-soldi- ers-2022–7?r=US&IR=T.

705 «Уряд затвердив 100 000 гривень зарплати військовим на передовій», *Укрінформ*, 28 лютого 2022 року, https://www.ukrinform.net/rubric-ato/3416086-government-approves-uah-100000-in-salaries-for-military-on-the-frontline. html; «Середньомісячна заробітна плата за видами економічної діяльності за період з початку року», https://ukrstat.gov.ua/operativ/operativ2005/gdn/Zarp_ek_p/Zp_ek_p_u/arh_zpp_u.htm.

706 «Ukraine Country Overview», European Monitoring Centre for Drugs and Drug Addiction, June 17, 2016, https://www.emcdda.europa.eu/countries/ukraine_en.

707 UNODC, *World Drug Report 2022, Booklet 4: Drug Market Trends: Cocaine, Amphetamine-Type Stimulants, New Psychoactive Substances*, June 2022, 101. https://www.unodc.org/res/wdr2022/MS/WDR22_Booklet_4.pdf.

708 UNODC, *Conflict in Ukraine: Key Evidence of Drug Demand and Supply*, April 2022, 6. https://www.unodc.org/documents/data-and-analysis/Ukraine/Ukraine_drug_demand_supply.pdf.

709 Інтерв'ю зі споживачем наркотиків і наркодилером у Києві, травень 2022 року, та джерелом у злочинному світі в Одесі, травень 2022 року.

710 Niko Vorobyov, «War deepens suffering for Ukraine's drug users», *Al Jazeera*, 16 March 2022, https://www.aljazeera.com/news/2022/3/16/war-deepens-suffering-for-ukraines-drug-users.

711 Офіс Генерального прокурора, «Правоохоронці викрили нарколабораторію та склад з "продукцією" на 10 млн грн і арсеналом зброї», Telegram, 25 серпня 2022 року, https://t.me/pgo_gov_ua/5376; Державне бюро розслідувань України, «Територія збуту — вся країна: ДБР викрило та припинило масштабне виробництво амфетаміну на Буковині», 29 вересня 2022 року, https://dbr.gov.ua/en/news/teritoriya-zbutu-usya-kraina-na-bukovini-dbr-vikrilo-ta-prip-inilo-diyalnist-masshtabnogo-virobnictva-amfetaminu.

712 Див. Генеральна прокуратура, Про зареєстровані кримінальні правопорушення та результати їх досудового розслідування, https://gp.gov.ua/ua/posts/pro-zareyestrovani-kriminalni-pravoporushenn-ya-ta-rezultati-yih-dosudovogo-rozsliduvannya-2.

713 European Monitoring Centre for Drugs and Drug Addiction, *Overview of Drug Markets in the European Neighbourhood Policy-East Countries*, 2022, 10. https://www.emcdda.europa.eu/publications/regional-reports/overview-drug-markets-european-neighbourhood-policy-east-countries_en.

714 Брифінг заступника виконавчого директора Інтерполу для G7, Берлін, вересень 2022 року.

715 «Офіс Генерального прокурора, Правоохоронці викрили нарколабораторію та склад з "продукцією" на 10 млн грн і арсеналом зброї», Telegram, 25 серпня 2022 року, https://t.me/pgo_gov_ua/5376.

716 «Правоохоронці столичного метрополітену ліквідували нарколабораторію з "товаром" на 25 мільйонів гривень», *UA Independent*, 22 листопада 2022 року, https://ua-independent.com/pravookhoront-si-stolychnoho-metropolitenu-likviduvaly-narkolaboratoriiu-z-tovarom-na-25-miloniv-hryven.

717 Державне бюро розслідувань України, «Територія збуту — вся країна: ДБР викрило та припинило масштабне виробництво амфетаміну на Буковині», 29 вересня

2022 року, https://dbr.gov.ua/en/news/teritoriya-zbutu-usya-kraina-na-buko-vini-dbr-vikrilo-ta-pripinilo-diyalnist-masshtabnogo-vi-robnictva-amfetaminu.

718 Державне бюро розслідувань України, «ДБР жорстко протидіє спробам розповсюдження наркотиків у прифронтових районах», 22 вересня 2022 року, https://dbr.gov.ua/en/news/dbr-zhorstko-proti-die-sprobam-rozpovsyudzhennya-narkotikiv-v-prifron-tovih-rajonah.

719 Інтерв'ю з джерелом у правоохоронних органах, грудень 2022 року.

720 Див. Europol, https://www.europol.europa.eu/media-press/newsroom/news/europol-statement-cooperation-ukraine#:~:text=Regarding%20the%20war%20in%20Ukraine,once%20the%20conflict%20has%20ended.

721 Jeff Abramson, «West rushes weapons to Ukraine», *Arms Control*, April 2022, https://www.armscontrol.org/act/2022–04/news/west-rushes-weapons-ukraine.

722 Lara Jakes ad John Ismay, «U.S. program aims to keep sensitive weapons in Ukraine», *New York Times*, 27 October 2022, https://www.nytimes.com/2022/10/27/us/politics/weapons-aid-ukraine-russia.html.

723 Див. «Parliament creates commission to monitor movement of Western weapons in Ukraine», *Kyiv Independent*, 19 July 2022, https://kyivindependent.com/news-feed/parliament-creates-commission-to-monitor-movement-of-western-weapons-in-ukraine.

724 Jakes and Ismay, «U.S. Program aims to keep sensitive weapons in Ukraine».

725 European Commission, Informal Home Affairs Council: EU launches the Support Hub for Internal Security and Border Management in Moldova, 11 July 2022, https://ec.europa.eu/commission/presscorner/detail/en/IP_22_4462.

726 Див, наприклад, Maria Korenyuk, Lucy Swinnen and Jack Goodman, «Undercover with Russia's fake arms dealers», *BBC*, September 24, 2022, https://www.bbc.co.uk/news/world-62983444; Russia says West's Ukraine weapons are going onto the black market, Reuters, October 20, 2022, https://www.reuters.com/world/europe/russia-says-eu-party-conflict-ukraine-2022–10–20/.

727 *Back from the front: A British volunteer in Ukraine*, Lindybeige channel, *YouTube*, December 2022, https://www.youtube.com/watch?v=TCbD4WBqP-g4&t=1666s; Anna Myroniuk and Alexander Khrebet, «Investigation: International Legion soldiers allege light weapons misappropriation, abuse by commanders, Kyiv Independent», 30 November 2022, https://kyivindependent.com/investigations/investigation-international-legion-misappropriation.

728 Інтерв'ю з джерелом у медіа, Київ, грудень 2022 року.

729 Alessandra Prentice and Anton Zverev, «Ukraine has become a trove for the black market arms trade», *Business Insider*, 25 July 2016, https://www.businessinsider.com/ukraine-trove-black-market-arms-trade-2016–7?r=US&IR=T.

730 Інтерв'ю з джерелом у правоохоронних органах, Дніпро, грудень 2022 року.

731 Marco Hernandez and Denise Lu, «Can Ukraine break through again?», *New York Times*, 21 September 2022, https://www.nytimes.com/interactive/2022/09/21/world/europe/ukraine-maps-momentum.html.

732 Thomas Gibbons-Neff and Natalia Yermak, «A frontline shadow economy: Ukrainian units swap tanks and artillery», *New York Times*, 30 August 2022, https://www.nytimes.com/2022/08/30/world/europe/ukrainian-soldiers-weapons-front-line.html?smid=nytcore-ios-share&referringSource=articleShare.

733 Kirsi Heikel, «KRP:n tiedustelutiedot: Ukrainalle toimitettuja aseita on päätynyt rikollisille Suomessa», *YLE News*, 30 October 2022, https://yle.fi/a/3–12668870.

734 «National Bureau of Investigation: 'No evidence' that donated weapons have been smuggled from Ukraine to Finland», *YLE News*, 2 November 2022, https://yle.fi/a/3–12672122.

735 Державна прикордонна служба України, «Прикордонники ліквідували канал збуту трофейної зброї», 18 листопада 2022 року, https://dpsu.gov.ua/ua/news/prikordonniki-likviduvali-kanal-zbutu-trofey-noi-zbroi/.

736 Elena Rudenko, «Became [sic] aware of the condition of the victims of the explosion in Odessa», 4 December 2022, https://myc.news/en/proishestvie/stalo_izvest- no_o_sostoyanii_postradavshih_ot_vzryva_v_odesse.

737 Див., наприклад, «The SBU detained an arms dealer and discovered a stash of weapons in Zaporizhzhia», *Odessa Journal*, 30 July 2022, https://odessa-journal.com/the-sbu-detained-an-arms-dealer-and-discovered-a-stash-of-weapons-in-zaporizhzhia/; «Поліція Київщини показала відео затримання підпільного торговця зброєю з Переяслава», *Pereiaslav City*, 28 жовтня 2022 року, https://pereiaslav.city/articles/246432/u-pereyaslavi-zatrimali-torgovcya-zbroeyu-ta-vibuhonebezpechnimi-predmetami-video.

738 James Rothwell et al., «"Glory to Ukraine": Civilians take up weapons in the battle for Kyiv», *The Telegraph*, 25 February 2022, https://www.telegraph.co.uk/world-news/2022/02/25/glory-ukraine-civilians-giv- en-weapons-battle-kyiv/.

739 Інтерв'ю з високопосадовцями правоохоронних органів, Київ, жовтень 2022 року.

740 Anton Martyniuk, «Measuring illicit arms flows: Ukraine, Small Arms Survey», Briefing Paper, April 2017, 4–5. https://www.smallarmssurvey.org/sites/default/files/ resources/ SAS-BP3-Ukraine.pdf.

741 Центр із дослідження нелегальних ринків і конфлікту в Україні докладно оцінить зміни в потоках озброєнь і потенціал контролю над озброєннями в наступному звіті.

742 Див. Генеральна прокуратура, Про зареєстровані кримінальні правопорушення та результати їх досудового розслідування, https://gp.gov.ua/ua/posts/pro-zareyestrovani-kriminalni-pravoporushenn-ya-ta-rezultati-yih-dosudovogo-rozsliduvannya-2.

743 «Ukraine president orders general mobilization», *DW*, 25 February 2022, https://www.dw.com/en/ukraine-president-orders-general-mobilization/a-60908996.

744 NAZK, «Departure from Ukraine abroad under martial law: How to eliminate corruption. The NAZK presented the research», 26 October 2022, https://nazk.gov.ua/en/news/74914/.

745 Інтерв'ю з призовником, Львів, жовтень 2022 року.

746 Одна злочинна група за допомогою корумпованого прикордонника ФСБ організовувала переправлення клієнтів в окупований Крим, а потім у Росію через Керченський міст до їхніх маршрутів на Південний Кавказ і в ЄС. «СБУ ліквідувала злочинне угруповання, яке пропонувало ухильникам мобілізації виїхати до Росії», СБУ, 19 листопада 2022 року, https://ssu.gov.ua/en/novyny/sbu-zneshkodyla-zlochynne-uhrupovannia-yake-pro-ponuvalo-ukhyliantam-vyikhaty-do-rosii.

747 Анастасия Ковалева, «Незаконно переправляли через границу призывников: в Киеве разоблачена преступная схема», *StopCor*, 8 December 2022, https://www.stopcor.org/section-suspilstvo/news-nezakonno-perepravlyali-cherez-kordon-prizovnikiv-v-kievi-vikrito-zlochinnu-shemu-08–12–2022.html.

748 Генеральна прокуратура України, «Незаконний перетин кордону призовниками за 12 000 доларів США — трьом особам повідомлено про підозру», 20 жовтня 2022 року, https://www.gp.gov.ua/ua/posts/nezakonnii-peretin-kordonu-viiskovozobovyazani-mi-za-12-tis-dolariv-ssa-tryom-osobam-povidomle-no-pro-pidozru; «Волинського лікаря затримали за виготовлення довідок для ухильників», *Zaxid.net*, 13 січня 2023 року, https://zaxid.net/volinskogo_likarya_zatrimali_za_vigotovlennya_dovidok_dlya_uhilyan-tiv_n1556055.

749 НАЗК, «Виїзд з України за кордон в умовах воєнного стану».

750 «Running away from Ukraine: How men flee from war», *Visit Ukraine*, 3 листопада 2022 року, https://visitukraine.today/blog/1109/running-away-from-ukraine-how-men-flee-from-war.

751 MvS, «Майже 3,8 тисячі підроблених документів з початку воєнного стану прикордонники виявили в пунктах пропуску», 13 січня 2023, https://mvs.gov.ua/uk/news/maize-38-tisiaci-pidroblenix-dokumentiv-z-pocatku-vojennogo-stanu-prikordonniki-viiavi-li-v-punktax-propusku.

752 Особисте спілкування з правником у Лондоні, 16 грудня 2022 року.

753 NAZK, «Departure from Ukraine abroad under martial law»; «The Security Service of Ukraine eliminated three more schemes for evaders to flee abroad», *Odessa Journal*, 10 листопада 2022, https://odessa-journal.com/the-security-service-of-ukraine-eliminated-three-more-schemes-for-evaders- to-flee-abroad/; «Running away from Ukraine».

754 Генеральна прокуратура України, «Організація незаконного перетину кордону через систему «Шлях» — керівнику благодійного фонду та посереднику повідомлено про підозру, 1 листопада 2022 року, https://www.gp.gov.ua/ua/posts/organizaci-ya-nezakonnogo-peretinu-kordonu-cerez-sistemu-slyax-kerivniku-blagodiinogo-fondu-ta-poseredniku-povidomleno-pro-pidozru.

755 Hardin Land and Nicholas Noe, «Op-ed: How can we improve humanitarian aid to Ukrainians? Let them control it», *Los Angeles Times*, 28 August 2022, https://www.latimes.com/opinion/story/2022–08–28/ukraine-humanitarian-aid-six-months-russia-invasion.

756 Заява Оснат Лубрані, Координаторки системи ООН в Україні, «Війна спричинила найшвидше і найбільше переміщення людей в Європі з часів Другої світової війни», ООН, 24 березня 2022 року, https://ukraine.un.org/en/175836-war-has-caused-fastest-and-largest-displacement-people-europe-world-war-ii.

757 OCHA, Ukraine Situation Report, 16 November 2022, https://reliefweb.int/report/ukraine/ukraine-situation-report-16-nov-2022-enruuk.

758 OCHA, Ukraine Flash Appeal (March to December 2022), 8 August 2022, https://reporting.unhcr.org/document/3027.

759 У Глобальному індексі організованої злочинності за 2021 рік торгівлю людьми визнали другим найбільш масштабним ринком в Україні (перше місце посідає торгівля зброєю). Див. https://ocindex.net/country/ukraine (профіль за 2021 рік).

760 Див., наприклад, Міжнародна Організація з Міграції, «МОМ попереджає про підвищений ризик торгівлі людьми для людей, які тікають з України», 16 березня 2012 року, https://www.iom.int/news/iom-warns-increased-risk-trafficking-persons-people-fleeing-ukraine; Крісті Зігфрід, «Ukraine crisis creates new trafficking risks», УВКБ ООН, April 13, 2022, https://www.unhcr.org/uk/news/stories/2022/4/62569be24/ukraine-crisis-creates-new-trafficking-risks.html.

761 Інформація отримана від українського активіста у Вашингтоні, округ Колумбія, 3 листопада 2022 року.

762 Lorenzo Tondo, «Ukraine prosecutors uncover sex trafficking ring preying on women fleeing country», *The Guardian*, 7 July 2022, https://www.theguardian.com/global-development/2022/jul/07/ukraine-prosecutors-uncover-sex-trafficking-ring-preying-on-women-fleeing-country.

763 Такі практики вже були в Україні до російського вторгнення. Наприклад, Інна Андаліцька, «На Миколаївщині мати знімала своїх малолітніх дітей у порно», *Unian.ua*, 4 лютого 2022 року, https://www.unian.ua/incidents/na-mikolajivshchini-mati-znimala-svojih-malenkih-ditey-v-porno-i-prodavala-v-interneti-novini-ukrajina-11693806.html.

764 Наприклад, у Польщі одна українська біженка повідомила, що їй пропонували житло в обмін на хатню роботу та секс, а інша розповіла, що їй платили лише частину її заробітної плати, коли вона працювала в польській компанії прибиральницею без документів. Розі Бірчард, "Rosie Birchard, «Human traffickers exploit desperation of Ukrainian refugees and their children», PBS, 16 листопада 2022 року, https://www.pbs.org/newshour/show/ human-traffickers-exploit-desperation-of-ukrainian-refugees-and-their-children. Національне агентство з боротьби зі злочинністю Великої Британії також повідомило, що 10 осіб, які вчинили сексуальні злочини, нелегально приїхали в Польщу невдовзі після вторгнення, стверджуючи, що надають «гуманітарну допомогу». Geneva Abdul, «Ten UK sex offenders travelled to Poland after Ukraine invasion, says NCA», The Guardian, 21 липня 2022 року, https://www.theguardian.com/world/2022/jul/21/ten-uk-sex-offenders-tried-to-travel-to-poland-after-ukraine-invasion-says-nca.

765 ANSA, «Italy: Ukrainian refugees exploited in counterfeit cigarette plant», *Infomigrants*, 18 April 2022, https://www.infomigrants.net/en/post/39921/italy-ukrainian-refugees-exploited-in-counterfeit-cigarette-plant.

766 Brian Hutton, «Ukrainian refugees targeted by border gangs for sex trade, senior PSNI officer says», *Irish Times*, 26 October 2022, https://www.irishtimes.com/crime-law/2022/10/26/fifteen-northern-ireland-organised-crime-gangs-have-cross-border-footprint-in-the-republic/.

767 Europol, «Human traffickers luring Ukrainian refugees on the web targeted in EU-wide hackathon», 23 June 2022, https://www.europol.europa.eu/media-press/newsroom/news/human-traffickers-luring-ukrainian-refugees-web-targeted-in-eu-wide-hackathon.

768 Europol, «20 countries spin a web to catch human traffickers during a hackathon», 21 September 2022, https://www.europol.europa.eu/media-press/newsroom/news/20-countries-spin-web-to-catch-human-traffickers-during-hackathon.

769 Генеральна прокуратура України, «Вербували жінок для сексуальної експлуатації за кордоном та в Україні — дев'ятьом особам повідомлено про підозру», Телеграм-канал, 8 листопада 2022 року, https://t-me.translate.goog/pgo_gov_ua/7230?_x_tr_sl=uk&_x_tr_tl=en&_x_tr_hl=en&_x_tr_pto=sc.

770 UNHCR, «New report analyzes Sweden's temporary protection for people fleeing Ukraine», 29 June 2022, https://www.unhcr.org/neu/82207-new-report-analyzes-swedens-temporary-protection-for-people-fleeing-ukraine.html.

771 «Explained: What problems are Ukrainian refugees facing in Sweden?», *The Local*, 1 November 2022, https://www.thelocal.se/20221101/explained-what-problems-are-ukrainian-refugees-facing-in-sweden/.

772 James Tapper, «Ukrainian refugees in UK face homelessness crisis as councils struggle to find hosts», *The Guardian*, 30 October 2022, https://www.theguardian.com/world/2022/oct/30/ukrainian-refugees-uk-home-lessness-councils-hosts.

773 Hugo Bachega and Merlyn Thomas, «Ukraine war refugees asked not to return this winter», *BBC*, 25 October 2022, https://www.bbc.co.uk/news/world-europe-63389270.

774 IOM, Ukraine Returns Report, September 2022, 2. https://displacement.iom.int/sites/g/files/tmzbdl1461/files/reports/IOM_UKR%20Returns%20Report_R9%20GPS_FINAL_0.pdf.

775 Press statement, Secretary of State Antony J Blinken, Russia's «Filtration» operations, forced disappearances, and mass deportations of Ukrainian citizens, US Department of State, 13 липня 2022, https://www.state.gov/russias-filtration-operations-forced-disappearances-and-mass-deportations-of-ukrainian-citizens/.

776 Ukraine Media Centre, «Підтверджено, що в Росії перебувають понад 12 000 українських дітей, близько 8600 з них примусово депортовані — омбудсмен», 14 грудня 2022 року, https://mediacenter.org.ua/strong-it-is-confirmed-that-more-than-12–000-ukrainian-children-are-in-russia-about-8–600-of-them-are-forcibly-deported-ombudsman-strong/.

777 Ministry of Foreign Affairs of Ukraine, Comment of the Ministry of Foreign Affairs of Ukraine on the illegal adoption of Ukrainian children in the Russian Federation, 27 October 2022, https://mfa.gov.ua/en/news/statement-ministry-foreign-affairs-ukraine-illegal-adoption-ukrainian-children-russian-federation.

778 Emma Bubola, «Using adoptions, Russia turns Ukrainian children into spoils of war», *New York Times*, 22 жовтня 2022, https://www.nytimes.com/2022/10/22/world/europe/ukraine-children-russia-adoptions.html.

779 Олексій Рєзніков, Twitter, 9.43, 8 січня 2023 року, https://twitter.com/oleksiireznikov/status/1612022104488124417?ref_src=twsrc%5Etfw%7Ctwcamp%5Etweetembed%7Ctwterm%5E16120 22104488124417%7Ctwgr%5Edca49d1e35187288d-c3ecacb 9860a053141e7b7b%7Ctwcon%5Es1_&ref_url=https%3A%2F%2Fd-36844078083 60463476.ampproject.net%2F2212151632002%2Fframe.html.

780 Правоохоронні органи та інсайдерські джерела в Києві та Одесі підтвердили, що до портового міста нічого не надходить: судна, які використовують зерновий коридор, приходять порожніми, а відходять із зерном. Кораблі з Латинської Америки та Китаю більше не заходять; єдиний маршрут — через Туреччину під міжнародним наглядом. Інтерв'ю з правоохоронцями та інсайдерами, Одеса та Київ, грудень 2022 року.

781 Інтерв'ю з джерелом у правоохоронних органах, Львів, березень 2022 року.

782 Кордон між Україною та Білоруссю залишається закритим упродовж більшої частини війни, що унеможливило широкомасштабну контрабанду.

783 «Most cases of humanitarian aid fraud registered in Kyiv City, Lviv, Kharkiv, Kirovohrad regions — Monastysky», *Interfax Ukraine*, 22 червня 2022, https://en.interfax.com.ua/news/general/840841.html.

784 Максим Опанасенко, «Заступник Єрмака їздить на позашляховику, який General Motors передав Україні для гуманітарних цілей», *Bihus.info*, 27 жовтня 2022 року, https://bihus.info/zastupnyk-yerma-ka-yizdyt-na-pozashlyahovyku-yakyj-general-motors-peredav-ukrayini-dlya-gumanitarnyh-czilej/.

785 «State Security Service of Ukraine, SSU and NABU investigate possible misappropriation of humanitarian aid by top officials in Zaporizhzhia region», 30 серпня 2022, https://ssu.gov.ua/en/novyny/sbu-ta-na- bu-rozsliduiut-mozhlyve-nezakonne-pryvlasnennia-humanitarnoi-dopomohy-topposadovtsiamy-u-zaporizkii-oblasti.

786 Інтерв'ю з джерелом із кібepcвіту в Німеччині, травень 2022 року.

787 Phil Muncaster, «Ukrainian cops bust multimillion-dollar phishing gang», *Infosecurity Magazine*, 30 червня 2022, https://www.infosecurity-magazine.com/news/ukrainian-cops-bust/.

788 Тютюн незаконно виробляють в Україні, а також контрабандою ввозять у країну й переправляють через її територію. За даними українських правоохоронців, сигарети контрабандою ввозять з Румунії, Білорусі та Об'єднаних Арабських Еміратів, а частину потім перенаправляють у Європу; див. Anna Myroniuk, «Huge quantities of Chinese cigarettes smug- gled into Ukraine», *Organized Crime and Corruption Reporting Project*, 22 червня 2021 року, https://www.occrp.org/en/loosetobacco/china-tobacco-goes-global/huge-quantities-of-chinese-cigarettes-smuggled-into-ukraine.

789 Vlad Lavrov, «Ukraine's 'lost' cigarettes flood Europe», *International Consortium of Investigative Journalists*, Juny 29, 2009, https://www.icij.org/investigations/tobacco-underground/ukraines-lost-cigarettes-flood-europe/.

790 «Частка контрабандних сигарет в Україні в серпні зросла до рекордних 21,9% за роки незалежності», *Інтерфакс-Україна*, 2 листопада 2022 року, https://en.interfax.com.ua/news/ economic/869720.html

791 «Частка контрабандних сигарет в Україні в серпні зросла до рекордних 21,9% за роки незалежності».

792 «Українські силовики виявили в Одеській області нелегальне виробництво цигарок відомих брендів: Загальна вартість тютюнових виробів та обладнання становить 150 мільйонів гривень», *Одеський журнал*, 4 серпня 2022 року, https://odessa-journal.com/bes-discovered-the-illegal-production-of-cigarettes-of-well-known-brands-in-the-odessa-region-the-total-cost-of-tobacco-products-and-equipment-is-uah-150-million/;

Міністерство внутрішніх справ України, «Нацполіція вилучила 5 тонн тютюнового фальсифікату», 21 листопада 2022 року, https://mvs.gov.ua/uk/news/nacpoliciia-vilucila-5-tonn-tiutiunovogo-falsifikatu.

793 Київська школа економіки, «Загальна сума збитків, завданих інфраструктурі України, становить понад 127 мільярдів доларів — звіт Інституту KSE станом на вересень 2022 року», 21 жовтня 2022 року, https://kse.ua/about-the-school/news/the-total-amount-of-damage-caused-to-ukraine- s-infrastructure-is-more-than-127-billion-kse-institutes-report-as-of-september-2022/.

794 World Bank, «Ukraine recovery and reconstruction needs estimated $349 billion», 9 вересня 2022, https://www.worldbank.org/en/news/press-release/2022/09/09/ukraine-recovery-and-reconstruction-needs-estimated-349-billion.

795 National Recovery Council, Ukraine's National Recovery Plan, July 2022, https://uploads-ssl.webflow.com/621f88db25fbf24758792dd8/62c166751f-cf4110 5380a733_NRC%20Ukraine%27s%20Recovery%20Plan%20blueprint_ENG.pdf.

796 Stephen Lewarne et al., «The reconstruction of Ukraine: Historical lessons for postwar reconstruction of Ukraine», Deloitte, October 10, 2022, https://www2.deloitte.com/uk/en/insights/industry/public-sector/ukraine-reconstruction-plan.html.

797 Див., наприклад, Mark Raczkiewycz, «Odesa mayor Trukhanov faces new criminal charges, accused of membership in organized crime and land theft», *Ukrainian Weekly*, October 17, 2021, https://subscription.ukrweekly.com/2021/10/odesa-mayor-trukhanov-faces-new-criminal-charges-accused-of-membership-in-organized-crime-and-land-theft/.

798 Див. Maryna Shashkova, «Urban planning reform Ukrainian-style: What's behind the controversy», *Kyiv Post*, 15 December 2022, https://www.kyivpost.com/post/5767.

799 Докладно див. Наталія Седлецька, Валерія Єгошина, Георгій Шабаєв і Кіра Толстякова, «Велика відбудова. Керівник Дніпропетровщини платить бюджетні мільярди своїй супутниці — розслідування», *Радіо Свобода*, 2 листопада 2022року, https://www.radiosvoboda. org/a/skhemy-velyke-budivnytstvo-dnipropet-rovshchyna/32111136.html; Михайло Ткач, «Фітнес-тренерка на мільярд. Як компанія близької подруги керівника Дніпропетровської ОДА стала найбагатшою під час війни», *Українська правда*, 2 листопада 2022 року, https://www.pravda.com.ua/articles/2022/11/2/7374579/.

800 «Cabinet dismisses deputy minister who allegedly received $400,000 bribe», *Kyiv Independent*, 22 January, 2023, https://kyivindependent.com/news-feed/cabinet-dismisses-deputy-minister-who-allegedly-accepted-400–000-bribe.

801 «Deputy defense minister summoned his resignation in wake of corruption scandal», *Kyiv Independent*, 24 January, 2023, https://kyivindependent.com/newsfeed/deputy-defense-minister-summoned-his-resignation-in-wake-of-corruption-scandal.

802 Див. усі деталі розслідування: Юрій Ніколов, «Трапилося найгірше, хоч і передбачуване», *ZN.UA*, 21 січня 2023 року, https://zn.ua/ukr/economic-security/tilovi-patsjuki-minoboroni-pid-chas-vijni-pilja-jut-na-kharchakh-dlja-zsu-bilshe-nizh-za-mirnoho-zhittja.html.

803 Інтерв'ю з антикорупційними громадськими організаціями, грудень 2022 року.

804 Інна Ведернікова, «Керівник головного підрозділу детективів НАБУ Андрій Калужинський: "У нас люди, яких підозрюють чи обвинувачують у корупції, — рукопожатні. Їх підвищують по службі, у них беруть інтерв'ю та запрошують на заходи"», *ZN.UA*, 23 грудня 2022 року, https://zn.ua/ukr/internal/kerivnik-holovnoho-pidrozdilu-detektiviv-nabu-andrij-kaluzhinskij-u-nas-ljudi-jakikh-pidozrjujut-chi-obvinuvachujut-u-koruptsiji-rukopozhatni-jikh-pidvish-chujut-po-sluzhbi-u-nikh-berut-intervju-ta-zaproshu- jut-na-zakhodi.html.

805 Згідно з Глобальним індексом організованої злочинності GI-TOC за 2021 рік, Росія та Україна посіли перше та третє місця відповідно, за рівнем злочинності в Європі (і 32-ге та 34-те місце у світі).

806 За даними польових досліджень GI-TOC, на деяких ділянках лінія фронту була ненадовго проникна (зокрема, на лінії фронту під Харковом), адже солдати з обох сторін стали знайомі один з одним і дозволяли людям перетинати лінію фронту, що, мабуть, уможливило невелику контрабанду. Але загалом бойові дії були надто інтенсивними, а поле бою — надто динамічним для контрабанди.

807 Див. Mark Galeotti and Anna Arutunyan, «Rebellion as racket: Crime and the Donbas conflict», GI-TOC, липень 2022, https://globalinitiative.net/analysis/donbas-conflict-crime/.

808 Anna Babinets and Elena Loginova, «The Odesa mafia's secret flats in London», OCCRP, 23 April 2018, https://www.occrp.org/en/paradisepapers/the-odessa-mafiassecret-flats-in-london.

III. Українське суспільство: антипатрональні зміни в ідентичності й активізм

Від патрональності до громадянської належності: динаміка змін національно-громадянської ідентичності в Україні (Євген Головаха, Катерина Іващенко-Стадник, Оксана Міхеєва, Вікторія Середа)

809   Сергій Плохій, «Ми маємо працювати з тими, хто прийде після Путіна»: Сергій Плохій — про війну міфів, народження нації та заборону мов», інтерв'ю Володимира Коношевича, *Bird in Flight*, 2 лютого 2023 року, https://birdinflight.com/portret-uk/20230202-sergij-plohij.html.

810   Vladimir Dubrovskyi, Kálmán Mizsei, and Kateryna Ivashchenko-Stadnik. *Eight Years After the Revolution of Dignity: What Has Changed in Ukraine During 2013–2021?* Soviet and Post-Soviet Politics and Society. (Stuttgart: Ibidem, 2023).

811   Про те, як становлення української громадянської національної ідентичності можна проілюструвати на прикладі Зеленського, див. Henry E. Hale, Olga Onuch, *The Zelensky Effect : New Perspectives on Eastern Europe and Eurasia* (Oxford University Press, 2023).

812   Володимир Єрмоленко. «У повоєнній Україні будуть люди, які захочуть узурпувати перемогу і привласнити собі країну». Інтерв'ю Михайла Кригеля, *Українська правда*, 27 лютого 2023 року, https://www.pravda.com.ua/articles/2023/02/27/7387878/.

813   Oleg Zhuravlev and Volodymyr Ishchenko. «Exclusiveness of Civic Nationalism: Euromaidan Eventful Nationalism in Ukraine», *Post-Soviet Affairs*, 36, no. 3 (2020), 226–245.

814   Євген Головаха, Андрій Горбачик. Соціальні зміни в Україні та Європі: Результати Європейського соціального дослідження 2005–2007–2009. (Інститут соціології України, Київ, 2011), с. 106–110.

815   Група «Рейтинг». Сімнадцяте загальнонаціональне опитування: Ідентичність. Патріотизм. Цінності, 17–18 серпня 2022 року, https://ratinggroup.ua/files/ratinggroup/reg_files/rg_ua_1000_independence_082022_xvii_press.pdf.

816   Serhii Dembitskyi and Mikhail Alexseev. «Striking Back at the Empire: Ukrainians Converge of Values and National Belonging», *PONARS Eurasia* Policy Memo No. 793, September 12, 2022, https://www.ponarseurasia.org/striking-back-at-the-empire-ukrainians-converge-on-values-and-national-belonging/.

817   Акт проголошення незалежності України, 24 серпня 1991 року, https://zakon.rada.gov.ua/laws/show/1427-12#Text.

818 О. В. Андрощук. *Референдум 1 грудня 1991 року*. *Енциклопедія історії України*, ред. кол. В. А. Смолій, т. 9 (Київ: Наукова думка, 2012), с. 181–182.

819 Peter Dickinson. «How Ukraine's Orange Revolution Shaped Twenty-First Century Geopolitics», *Atlantic Council*, November 22, 2020, https://www.atlanticcouncil.org/blogs/ukrainealert/how-ukraines-orange-revolution-shaped-twenty-first-century-geopolitics/.

820 IOM Monthly Report, November 2015, https://www.iom.int/sites/g/files/tmzbdl486/files/situation_reports/file/IOM-Ukraine-IDP-Assistance-Report-November-2015.pdf. Докладну інформацію див. у наш розділ про внутрішню та зовнішню міграцію у другому томі цієї роботи.

821 UNHCR Global Focus Report: Ukraine, 2023, https://reporting.unhcr.org/Ukraine#:~:text=At%20the%20end%20of%20October,of%20them%20women%20and%20children. Слід зазначити, що цифри з різних джерел різняться, і український демограф стверджує, що дані міжнародних організацій можуть не відображати динамічну картину зовнішніх і внутрішніх переміщень.

822 Pierre Breteau. «Map: The main stages of the war in Ukraine», *Le Monde*, February 23, 2023, https://www.lemonde.fr/en/les-decodeurs/article/2023/02/23/map-the-main-stages-of-the-war-in-ukraine_6017039_8.html.

823 Bálint Magyar and Bálint Madlovics. *A Concise Field Guide to Post-Communist Regimes: Actors, Institutions, and Dynamics.* (Budapest—Vienna—New York: CEU Press, 2022), 227–230.

824 Київський міжнародний інститут соціології (КМІС). Довіра українців до політиків і ставлення до олігархів. Прес-реліз, березень 2021 року, https://www.kiis.com.ua/?lang=ukr&cat=reports&id=1020&page=1.

825 В опитуваннях, проведених різними організаціями, цей показник коливається від 79 до 85%. Наприклад, звіт КМІС за серпень 2022 року, процитований у статті: Ірина Балачук. Кількість жителів України, які вважають себе громадянами своєї країни, зросла майже у два рази — КМІС. *Українська правда,* 16 серпня 2022 року, https://www.pravda.com.ua/news/2022/08/16/7363449/.

826 Про вивчення людей, які «опинилися під перехресним вогнем конфлікту», див. також: Onuch, O., Hale, H., Sasse, G. (2018). «Studying identity in Ukraine», *Post-Soviet Affairs*, 34, № 2–3 (2018), 79–83.

827 Соціологічний аналіз групових ідентичностей та ієрархій соціальних лояльностей. Дослідницький проект. Інститут соціальних досліджень Мічиганського університету,

Інститут історичних досліджень Львівського національного університету імені Івана Франка та Дослідницька програма новітньої історії імені Петра Яцика (Львів — Донецьк), 1994–2015.

828 Nataliia Pohorila. «Political and National Identity in Ukraine's Regions: Where Does the Center Fit?» *Political Science Review* 4 no. 1 (2016.): 18–32.

829 Oksana Mikheieva and Oksana Shevel. «The Development of National Identities in Ukraine», in *From «The Ukraine» to Ukraine: A Contemporary History, 1991–2021*, ed. Mykhailo Minakov, Georgiy Kasianov, and Matthew Rojansky (Stuttgart: Ibidem-Verlag, 2021), 283–320.

830 «"Homo militans": глибинні якісні напівструктуровані інтерв'ю з проросійськими бойовиками, українськими військовими та експертами». Субпроєкт був частиною проєкту «Стратегії вирішення та запобігання конфліктам на прикордонних територіях України» [2015 data set]; IDP [Internally Displaced Peoples] Ukraine. Ukraine's hidden tragedy: Understanding the outcomes of population displacement from the country's war torn regions. *IDP Ukraine*, n.d., https://idpukraine.com/ [Data set, 2016–2018].

831 Oksana Mikheieva. «S'engager pour défendre le Donbass. La motivation des combattants du conflit armé sur le territoire de l'Ukraine, vue des deux côtés de la ligne de front», *Revue d'études comparatives Est-Ouest* 49, no 2 (2018): 21–64.

832 Laura Eras. «War, Identity Politics, and Attitudes toward a Linguistic Minority: Prejudice against Russian-Speaking Ukrainians in Ukraine between 1995 and 2018», *Nationalities Papers* 51, no. 1(2023), 114–135.

833 Вікторія Середа. Регіональні історичні ідентичності в Україні: На прикладі Львова та Донецька. *Наукові записки (НаУКМА). Соціологічні науки* 20 (2002): 26–34; Львів — Донецьк: соціальна ідентичність в сучасній Україні, за ред. Ярослава Грицака, Андрія Портнова та Віктора Сусака (Київ—Львів: Критика, 2007); Марія Левицька. Регіональна диференціація ідентичності: Порівняння Польщі та України. *Studia Regionalne i Lokalne* 8 (2007): 21–51; Сергій Макеєв та Анастасія Патракова. Регіональна специфіка соціокультурних відмінностей в Україні. *Соціологія: теорія, методи, маркетинг* 3 (2004): 109–125; Володимир Ворона та Микола Шульга, ред. Українське суспільство 1992–2013. Стан і динаміка змін. Соціологічний моніторинг (Київ: Інститут соціології НАН України, 2013); Oksana Mikheieva and Oksana Shevel. «The Development of National Identities in Ukraine», in *From «The Ukraine» to Ukraine:*

A Contemporary History, 1991–2021, ed. Mykhailo Minakov, Georgiy Kasianov, and Matthew Rojansky (Stuttgart: Ibidem-Verlag, 2021): 283–320; Київський міжнародний інститут соціології Прес-реліз. Індикатори національно-громадянської ідентичності українців, 16 серпня 2022 року, https://www.kiis.com.ua/?lang=eng&cat=reports&id= 1131&page=1; *Regionalism without Regions: Reconceptualizing Ukraine's Heterogeneity.* ed. Ulrich Schmid and Oksana Myshlovska (Budapest: Central European University Press, 2019); Viktoriya Sereda, *Displacement in War-Torn Ukraine: State, Displacement and Belonging* (Cambridge: Cambridge University Press, 2023).

834 Донбас — це умовне поняття, яке спочатку описувало лише територію Донецького вугільного басейну (що не збігається з нинішнім адміністративним поділом). У радянський період поняття «Донбас» перетворилося на адміністративно-політичну конструкцію, важливу як в економічному, так і в політичному сенсі. Після 1991 року Донбас як культурна й економічна структура почав розпадатися на Приазов'я, яке має власну економічну логіку й менше економічних зв'язків з індустріальною частиною Донецького вугільного басейну, а також на сільськогосподарські північні райони Луганської області, жителі яких ідентифікують себе як частину Слобідської України.

835 Volodymyr Kulyk. «National Identity in Ukraine: Impact of Euromaidan and the War», *Europe-Asia Studies* 68, no. 4 (2016): 588–608.

836 Докладніше див. розділ про внутрішню та зовнішню міграцію у другому томі цієї роботи.

837 Gwendolyn Sasse and Alice Lackner. «War and Identity: The Case of the Donbas in Ukraine», *Post-Soviet Affairs* 34 no. 2–3 (2018): 139–157.

838 Докладний опис вибірки та методології опитування доступний за посиланням: https://www.uaregio.org/en/surveys/methodology/.

839 Докладнішу інформацію див. у розділ Цилли Фединець у цьому томі.

840 Докладний опис вибірки та методології дослідження доступний за посиланням: *Благодійність очима українців* (Київ: Zagoriy Foundation, 2019): 40–46.

841 Info Sapiens Omnibus за січень 2020 — червень 2021. Докладний опис вибірки та методології дослідження доступний за посиланням: https://www.sapiens.com.ua/en/service.

842 *Благодійність в Україні: погляд зсередини українців* (Київ: Zagoriy Foundation, 2020), с. 16.

843 Info Sapiens. 61% українців позитивно і з розумінням ставляться до вимушених мігрантів, а 5% — негативно. 6 червня 2022 року, https://sapiens.com.ua/ua/publication-single-page?id=232.

844 Info Sapiens. Практики взаємовідносин, конфлікти та тригерні теми між українськими ВПО та приймаючими громадами, а також між репатріантами та рідними громадами (Київ: Info Sapiens, 2023).

845 Практики взаємовідносин, конфлікти й тригерні теми між українськими ВПО та приймаючими громадами, с. 71–72.

846 Практики взаємовідносин, конфлікти та тригерні теми між українськими ВПО та приймаючими громадами, с. 72.

847 Дискусія відбулася 28 жовтня 2022 року в Університеті Торонто.

848 Інститут соціології Національної академії наук (ІС НАН України) та Київський міжнародний інститут соціології (КМІС). Опитування «Омнібус», липень 2022 р., https://kiis.com.ua/?lang=ukr&cat=reports&id=1131&page=1&fbclid=IwAR01SMTWctVSD9OjGDF1JFBKrATPvOOy-bpAU779w3wFla6ZMOI7N4SCTC4.

849 Група «Рейтинг» Покоління незалежності. Цінності та мотивації. 20 липня – 9 серпня 2021 року, https://ratinggroup.ua/files/ratinggroup/reg_files/rg_generation_of_independence_082021.pdf;

Група «Рейтинг». Сімнадцяте національне опитування: Ідентичність. Патріотизм. Цінності. 17–18 серпня 2022 року, https://ratinggroup.ua/files/ratinggroup/reg_files/rg_ua_1000_independence_082022_xvii_press.pdf.

850 National Democratic Institute (NDI). «Opportunities and Challenges Facing Ukraine's Democratic Transition», January 4–16, 2023, https://www.ndi.org/sites/default/files/January_2023_Ukraine_wartime_survey_ENG.pdf.

851 Група «Рейтинг». Сімнадцяте національне опитування: Ідентичність. Патріотизм. Цінності.

852 Група «Рейтинг». Дванадцяте загальнонаціональне опитування: Динаміка оцінки іміджу держави. 18–19 травня 2022 року, https://ratinggroup.ua/files/ratinggroup/reg_files/rg_dynamics_of_ukraine_s_government_assessment_cati_2000_052022.pdf.

853 НДІ. Можливості та виклики, що стоять перед Україною на шляху до демократії.

854 Рейтингова група, Річний звіт, лютий 2023 року [українською мовою, з резюме англійською]. https://ratinggroup.ua/en/research/ukraine/kompleksne_dosl_dzhennya_yak_v_yna_zm_nila_mene_ta_kra_nu_p_dsumki_roku.html.

855 Група «Рейтинг». Дванадцяте загальнонаціональне дослідження динаміки оцінки іміджу держави.

856 НДІ. Можливості та виклики, що стоять перед Україною на шляху до демократії.

857 Група «Рейтинг». Річний звіт, лютий 2023 року.

858 Група «Рейтинг». Дев'ятнадцяте загальнонаціональне опитування. Аномія в українському суспільстві. 20–21 листопада 2022 року, https://ratinggroup.ua/files/ratinggroup/reg_files/rg_anomie_cati_1000_122022_press.pdf.

859 Наші висновки узгоджені з іншими нещодавніми дослідженнями, як-от Olga Onuch. «European Ukrainians and Their Fight against Russian Invasion», *Nations and Nationalism* 29 (2023): 53–62.

860 Manuel Castells. «Globalization, Identification, and the State: A Powerless State or a Network State?» in *The Power of Identity: The Information Age: Economy, Society, and Culture* Volume II (Wiley-Blackwell, 2010), 303–366.

861 Human Development Report, 2020, https://hdr.undp.org/content/human-development-report-2020.

862 Democracy Index 2020, https://www.eiu.com/n/campaigns/democracy-index-2020/.

863 Oleksandra Keudel and Oksana Huss. «National Security in Local Hands? How Local Authorities Contribute to Ukraine's Resilience», *PONARS Eurasia* Policy Memo, 825, January 25, 2023, https://www.ponarseurasia.org/wp-content/uploads/2023/02/Pepm825_Keudel-Huss_Jan2023.pdf.

864 Media Sapiens. 3% шкіл в Україні не мають інтернету — очільниця МОН. 27 квітня 2020 року, https://ms.detector.media/media-i-vlada/post/24572/2020-04-27-3-shkil-v-ukraini-ne-mayut-internetu-ochilntsya-mon/.

865 Gavin Hayman and Viktor Nestulia. «A Bold Vision for Ukraine's Digital and Accountable Reconstruction.» *Open Contracting Partnership*, November 21, 2022, https://www.open-contracting.org/2022/11/21/a-bold-vision-for-ukraines-digital-and-accountable-reconstruction/.

866 Дослідження, натхненне SCORE, «Цілісна оцінка життєстійкості населення» (SHARP) — трихвилинне національне опитування, яке проводить Київський міжнародний інститут соціології у співпраці з Центром сталого миру та демократичного розвитку (SeeD) за підтримки Фонду «Відродження», ПРООН, Агентства США з міжнародного розвитку (USAID). Дані SHARP будуть оприлюднені у травні 2023 року. Дивіться оновлення тут: https://app.scoreforpeace.org/en/publications.

867 Згідно з даними SHARP, хоча цифровий розрив у доступі до інтернету між групами за рівнем доходу досі є, з 2021 року він скоротився.

868 Громадянський обов'язок — це комплексний показник, сформований із почуття активності та громадянської відповідальності. Він вимірює ступінь, наскільки людина почувається відповідальною за майбутнє й добробут свого суспільства та країни, а також ступінь, наскільки людина відчуває, що звичайні люди можуть змінити ситуацію у своїй громаді. Глосарій SCORE, Центр сталого миру та демократичного розвитку, https://www.seedsofpeace.eu/.

869 Докладніше про довіру до влади у воєнний час див.: Ruslan Minich, Pavlo Sereda. «Assessing Social Cohesion, Resistance, and People's Needs in Ukraine Amid Russian Full-Scale Invasion, Wave 1 (2022)», *Centre for Sustainable Peace and Democratic Development*, May, 2023.

Український цивільний волонтерський рух в умовах російсько-української війни (Чілла Фединець)

870 «Lithuanian National Security Conference 2022' Will Take Place at VMU», Vytautus Magnus University, 27.09.2022 року. Режим доступу: https://www.vdu.lt/en/lithuanian-national-security-conference-2022-will-take-place-at-vmu/.

871 Олег Кудрін, «Альбертас Дапкус, голова Спілки стрільців Литви: За агресії оборонятися повинні всі, а не тільки збройні сили», *Укрінформ*, 19.11.2022 року. Режим доступу: https://www.ukrinform.ua/rubric-ato/3617697-albertas-dapkus-golova-spilki-strilciv-litvi.html.

872 Ieva Bērziņa, «From "Total" to "Comprehensive" National Defence: The Development of the Concept in Europe», *Journal on Baltic Security* 6, no. 2 (2020): 1.

873 Kristian Andre Kastet, *The New Total Defence Concept: Defending the Civilian Sector Across the Conflict Spectrum* (master's thesis, NTNU, June 2022), 1. Режим доступу:

https://ntnuopen.ntnu.no/ntnu-xmlui/bitstream/handle/11250/3007606/no.ntnu%3ai nspera%3a106262910%3a37844754.pdf?sequence=1&isAllowed=y.

874   Bērziņa, «From "Total" to "Comprehensive"National Defence», 3.

875   Bērziņa, «From "Total" to "Comprehensive" National Defence», 4.

876   Bērziņa, «From "Total" to "Comprehensive" National Defence», 4.

877   Marcin Lasoń, Maciej Klisz, Leszek Elak, «The Total Defence 21st century.COM — Building a Resilient Society: Introduction», *Security Theories and Practice* XLVIII, no. 3 (2022): 10.

878   Lasoń, Klisz, Elak, «The Total Defence», 10.

879   Warsaw Summit Communiqué Issued by the Heads of State and Government participating in the meeting of the North Atlantic Council in Warsaw, July 8–9, 2016, https://www.nato.int/cps/en/natohq/official_texts_133169.htm?selectedLocale=uk.

880   Hanna Shelest, «Defend. Resist. Repeat: Ukraine's Lessons for European Defence», *European Council on Foreign Relations. Policy Brief*, November 2022. Режим доступу: https://ecfr.eu/wp-content/uploads/2022/11/Defend.-Resist.-Repeat-Ukraines-lessons-for-European-defence.pdf.

881   Bálint Magyar, Bálint Madlovics, *The Anatomy of Post-Communist Regimes* (Budapest—New York: CEU Press, 2020), 256–262, 568–573.

882   Законодавство України. Режим доступу: https://zakon.rada.gov.ua/laws?lang=uk.

883   Закон України № 3236-VI від 2011 року «Про волонтерську діяльність». Режим доступу: https://zakon.rada.gov.ua/laws/show/3236-17#Text.

884   Закон України № 4572-VI від 2012 року «Про громадські об'єднання». Режим доступу: https://zakon.rada.gov.ua/laws/show/4572-17#Text.

885   Закон України № 5073-VI від 2012 року «Про благодійну діяльність та благодійні організації». Режим доступу: https://zakon.rada.gov.ua/laws/show/5073-17#Text.

886   Національна стратегія сприяння розвитку громадянського суспільства в Україні на 2016–2020 роки. Режим доступу: https://www.kmu.gov.ua/gromadskosti/gromadyanske-suspilstvo-i-vlada/spriyannya-rozvitku-gromadyanskogo-suspilstva/nacionalna-strategiya-spriyannya-rozvitku-gromadyanskogo-suspilstva-v-ukrayini-na-2016–2020-rokiю.

887 Тетяна Андрійчук, «Державна підтримка розвитку громадянського суспільства в україні у 2007–2020 роках: стратегічні завдання та механізми реалізації», *Вісник НТУУ «КПІ». Політологія. Соціологія. Право* 48, no. 4 (2020): 38–39.

888 Михайло Матяш, «Українське волонтерство — явище унікальне. Йому завдячуємо суверенітетом», *Укрінформ*, 14.10.2017 року. Режим доступу: https://www.ukrinform.ua/rubric-society/2324579-ukrainske-volonterstvo-avise-unikalne-jomu-zavdacuemo-suverenitetom.html.

889 CAF World Giving Index 2013. A Global View of Giving Trends, December 2013, 18. Режим доступу: https://www.cafonline.org/docs/default-source/about-us-publications/worldgivingindex2013_1374aweb.pdf?sfvrsn=e215f440_427.

890 CAF World Giving Index 2021. A Global Pandemic Special Report, June 2021, 13. Режим доступу: https://www.cafonline.org/docs/default-source/about-us-research/cafworldgivingindex2021_report_web2_100621.pdf.

891 CAF World Giving Index 2021, 9.

892 Денис Горєлов, Олександр Корнієвський, *Волонтерський рух: світовий досвід та українські громадянські практики*: аналітична доповідь (Київ: Національний Інститут Стратегічних Досліджень, 2015), 15.

893 Микола Михальченко та ін., *Трансформація політичних інститутів України: проблеми теорії і практики* (Київ: ІПіЕНД ім. І. Ф. Кураса НАН України, 2016), 244–245.

894 Михальченко та ін., *Трансформація*, 245.

895 Magyar, Madlovics, *A Concise Field Guide*, 168–170.

896 Joshua P. Mulford, «Non-State Actors in the Russo-Ukrainian War», *Connections: The Quarterly Journal* 15, no. 2 (2016): 103–104.

897 John Lough, Orysia Lutsevych, Peter Pomerantsev, Stanislav Secrieru, Anton Shekhovtsov, «Russian Influence Abroad: Non-state Actors and Propaganda», *Chatham House*, 24.10.2014. Режим доступу: https://www.chathamhouse.org/sites/default/files/field/field_document/20141024RussianInfluenceAbroad.pdf.

898 Tatiana Zhurzhenko, «From Borderlands to Bloodlands», *Eurozine*, 19.09.2014. Режим доступу: https://www.eurozine.com/from-borderlands-to-bloodlands/.

899 «Майдан і громадянське суспільство — опитування експертів», *Фонд Демократичні ініціативи імені Ілька Кучеріва*, 19.02.2014 року. Режим доступу: https://dif.org.ua/en/article/maydan-i-gromadyanske-suspilstvo-opituvannya-ekspertiv.

900 Михальченко та ін., *Трансформація*, 248–250.

901 Горєлов, Корнієвський, *Волонтерський рух*, 17.

902 Михальченко та ін., *Трансформація*, 257–258.

903 «В Україні 14,5 тисяч волонтерів постійно допомагають армії — Арахамія», *Радіо Свобода*, 27.05.2015 року. Режим доступу: https://www.radiosvoboda.org/a/news/27039296.html.

904 «32,5% українців особисто переказали свої кошти на рахунки української армії. Селяни відзначились вищою доброчинністю, аніж міські жителі». Режим доступу: https://archive.ph/20160528111604/http://dif.org.ua/ua/commentaries/sociologist_view/32anizh-miski-zhiteli.htm#selection-525.0-525.136.

905 Leonid Ilchuk, «Volunteer Movement in Ukraine during the Anti-Terrorist Operation: History, Condition, Problems», *Research Institute for Labour and Employment of Population of the Ministry of Social Policy of Ukraine and NAS of Ukraine*, 09.12.2017. Режим доступу: http://ipzn.org.ua/volunteer-movement-in-ukraine-during-the-anti-terrorist-operation-history-condition-problems/.

906 Горєлов, Корнієвський, *Волонтерський рух*, 4, 18.

907 Михальченко та ін., *Трансформація*, 254, 257.

908 Горєлов, Корнієвський, *Волонтерський рух*, 16.

909 Світлана Поляруш, «Волонтерський рух: світовий досвід, Україна і Кіровоградщина», *Наукові Записки. Серія: Історичні Науки* 22, (2015): 153.

910 Олександр Корнієвський, Денис Горєлов, «Український волонтерський рух у контексті світового досвіду», *Стратегічні пріоритети* 34, no. 1 (2015): 98.

911 Olga Boichak, Priya Kumar, «Mapping the National Web: Spaces, Cultures, and Borders of Diasporic Mobilization in the Digital Age», *Global Networks* 22, no. 2 (2022): 242–258.

912 Горєлов, Корнієвський, *Волонтерський рух*, 21–24.

913 Ilchuk, «Volunteer Movement».

914 Михальченко та ін., *Трансформація*, 274–275.

915 Валентина Одарченко, «Волонтери: "Звільнення полонених — справа держави"», Радіо Свобода, 15.10.2014 року. Режим доступу: https://www.radiosvoboda.org/a/26639179.html.

916 Поляруш, *«Волонтерський рух»*, 154.

917 Михальченко та ін., *Трансформація*, 276.

918 Корнієвський, Горєлов, *«Український волонтерський рух»*, 99.

919 Михальченко та ін., *Трансформація*, 256–257.

920 Закон України № 141-VIII від 2015 «Про військово-цивільні адміністрації». Режим доступу: https://zakon.rada.gov.ua/cgi-bin/laws/main.cgi?nreg=141-19#Text.

921 Михальченко та ін., *Трансформація*, 250–251, 253; «Тетяна Ричкова: "Ми постійно запрошуємо волонтерів співпрацювати з міністерством"», *Урядовий кур'єр*, 13.10.2015 року. Режим доступу: https://ukurier.gov.ua/uk/articles/tetyana-richkova-mi-postijno-zaproshuyemo-volonter/.

922 Анастасия Рингис, «"Волонтерский десант" демобилизован. Идеолог проекта Давид Арахамия об эксперименте в МО», *Українська правда*, 05.11.2015 року. Режим доступу: http://life.pravda.com.ua/society/2015/11/5/202712/.

923 Reforms Project Office of the Ministry of Defense of Ukraine. Режим доступу: https://defense-reforms.in.ua/en/volunteers.

924 «Володимир Зеленський призначив Наталію Пушкарьову уповноваженим Президента з питань волонтерської діяльності», *Офіс Президента України*, 05.12.2019 року. Режим доступу: https://www.president.gov.ua/news/volodimir-zelenskij-priznachiv-nataliyu-pushkarovu-upovnovaz-58729.

925 «Зеленський призначив уповноваженого із взаємодії з добровольцями та громадськими об'єднаннями», *Рубрика*, 02.03.2022. Режим доступу: https://rubryka.com/2022/03/02/zelenskyj-pryznachyv-upovnovazhenogo-iz-vzayemodiyi-z-dobrovoltsyamy-ta-gromadskymy-ob-yednannyamy/.

926 «Як потрапити у Реєстр волонтерів?», Міністерство з питань реінтеграції тимчасово окупованих територій України, 18.12.2022 року. Режим доступу: https://minre.gov.ua/news/yak-potrapyty-u-reyestr-volonteriv.

927 Закон України № 2519-IX від 2022 року «Про внесення змін до Закону України "Про волонтерську діяльність" щодо підтримки волонтерської діяльності». Режим доступу: https://zakon.rada.gov.ua/laws/show/2519-IX#Text.

928 «Україна розширила напрямки волонтерської діяльності в Україні», Верховна Рада України, 15.08.2022 року. Режим доступу: https://www.rada.gov.ua/news/razom/226819.html.

929 «Верховна Рада ухвалила законопроєкти на підтримку волонтерства. Які зміни чекають волонтерів?», *Центр демократії та верховенства права*, 15.08.2022 року. Режим доступу: https://cedem.org.ua/news/zakonoproyekty-volonterstvo/.

930 Корнієвський, Горєлов, *Український волонтерський рух*, 99.

931 Горєлов, Корнієвський, *Волонтерський рух*, 24–25.

932 Михальченко та ін., *Трансформація*, 247.

933 Михальченко та ін., *Трансформація*, 248.

934 Ben Hall, Roman Olearchyk, «Ukraine's "Lost" Oligarchs: From Political Power to Wartime Crowdfunders», *Financial Times*, 05.06.2022. Режим доступу: https://www.ft.com/content/1fd54343-ec7d-405e-a24f-78e4ba6446f6.

935 «The Internal Enemy», A Helsinki Commission Staff Report on Corruption in Ukraine, October 2017. Режим доступу: https://www.govinfo.gov/content/pkg/CHRG-115jhrg27348/html/CHRG-115jhrg27348.htm.

936 Andrew Lohsen, «How the War Could Transform Ukrainian Politics», *Center for Strategic and International Studies*, 17.05.2022. Режим доступу: https://www.csis.org/analysis/how-war-could-transform-ukrainian-politics.

937 Hall, Olearchyk, *«Ukraine's "Lost" Oligarchs»*.

938 Михальченко та ін., *Трансформація*, 272.

939 Daniel N. Posner, «Civil Society and the Reconstruction of Failed States», in *When States Fail. Causes and Consequences*, ed. Robert I. Rotberg (Princeton University Press, 2004), 238–239.

940 Kateryna Zarembo, «Substituting for the State: The Role of Volunteers in Defense Reform in Post-Euromaidan Ukraine», *Kyiv-Mohyla Law and Politics Journal* no. 3 (2017): 65.

941 «Оцінка громадянами ситуації в країні, довіра до соціальних інститутів, політико-ідеологічні орієнтації громадян України в умовах російської

агресії (вересень–жовтень 2022 р.)», Український центр економічних та політичних досліджень ім. О. Разумкова, 28.10.2022 року. Режим доступу: https://razumkov.org.ua/napriamky/sotsiologichni-doslidzhennia/otsinka-gromadianamy-sytuatsii-v-kraini-dovira-do-sotsialnykh-instytutiv-politykoideologichni-oriientatsii-gromadian-ukrainy-v-umovakh-rosiiskoi-agresii-veresen-zhovten-2022r.

942 «Можливості та перешкоди на шляху демократичного переходу України», Загальнонаціональне телефонне опитування 4–16 січня 2023 року. Режим доступу: https://www.ndi.org/sites/default/files/January_2023_Ukraine_wartime_survey_UKR.pdf.

943 «Volunteer Hub Helps 400,000 Ukrainians Make a Difference», UNICEF, 11.07.2022. Режим доступу: https://www.unicef.org/ukraine/en/press-releases/volunteer-hub-helps-400000-ukrainians-make-difference.

944 «Захист та податкові новації у країні волонтерів: Україна впроваджує важливі зміни», *Європейський Простір*, 08.08.2022 року. Режим доступу: https://euprostir.org.ua/stories/202333.

945 «Щоб пройти зиму, ми маємо бути ще більш стійкими і ще більш єдиними — звернення Президента України», *Офіс Президента України*, 04.12.2022 року. Режим доступу: https://www.president.gov.ua/news/shob-projti-zimu-mi-mayemo-buti-she-bilsh-stijkimi-i-she-bil-79633.

946 Президент України Володимир Зеленський вручив волонтерам відзнаки «Золоте серце», *Офіс Президента України*, 30.12.2022 року. Режим доступу: https://www.president.gov.ua/news/prezident-ukrayini-volodimir-zelenskij-vruchiv-volonteram-vi-80181.

947 «How volunteers support Russian troops in Ukraine», *Aljazeera*, 29.12.2022. Режим доступу: https://www.aljazeera.com/news/2022/12/29/from-drugs-to-funds-volunteers-key-for-russian-army-in-ukraine.

948 Taras Kuzio, «Ukraine: The Immobile State», *OpenDemocracy*, 02.06.2010. Режим доступу: https://www.opendemocracy.net/en/ukraine-immobile-state/.

949 Susann Worschech, «New Civic Activism in Ukraine: Building Society from Scratch?», *Kyiv-Mohyla Law and Politics* Journal no. 3 (2017): 29.

950 Olga Boichak, Brian McKernan, «Narratives of Volunteering and Social Change in Wartime Ukraine», *Cultural Sociology* (2022), https://doi.org/10.1177/17499755221127.

951 Worschech, «*New Civic Activism in Ukraine*», 42.

952 Anne Applebaum, «The Other Ukrainian Army», *The Atlantic*, 10.08.2022. Режим доступу: https://www.theatlantic.com/ideas/archive/2022/08/ukraine-volunteer-army-russia-odesa/671088/.

953 Márton Gergely, «Civilek ukrán módra: pénzt gyűjtenek, fegyvert vesznek, a kiképzést is vállalják» [Цивільні по-українськи: збирають гроші, купують зброю, проходять навчання], *HVG.hu*, 19.11.2022. Режим доступу: https://hvg.hu/360/202246_gyilkos_eszkozok_tomegfinanszirozasban.

954 «Бомбардування інфраструктури збільшили донати на ЗСУ майже удвічі за місяць», *Opendatabot*, 28.11.2022 року. Режим доступу: https://opendatabot.ua/analytics/hope-and-donate.

955 Natalia Shapovalova, «Ukraine: Civic Volunteerism and the Legacy of Euromaidan», in *Global Civic Activism in Flux*, ed. Richard Youngs (Carnegie Endowment for International Peace, 2017), 50.

956 «Маніфест громадянського суспільства 2022» (Луганська декларація). Режим доступу: https://manifesto.org.ua/.

957 «Event Report — Ukraine War-Time Volunteer Movement and Its Role in Ukraine's Democratic Future», *European Endowment for Democracy*, 16.12.2022. Режим доступу: https://www.democracyendowment.eu/en/news/2029-event-report-ukraine-war-time-volunteer-movement-and-its-role-in-ukraine-s-democratic-future.html.

958 «The Brave People of Ukraine Awarded the 2022 Sakharov Prize for Freedom of Thought», *The President European Parliament*, 14.12.2022. Режим доступу: https://the-president.europarl.europa.eu/home/ep-newsroom/pageContent-area/actualites/the-brave-people-of-ukraine-awarded-the-2022-sakharov-prize-for-freedom-of-thought.html.

959 Ádám Bihari, «"Oroszországnak vége, csak idő kérdése az egész" — interjú Emine Ziyatdinova krími tatár fotográfussal» [«Росії кінець, це лише питання часу» — інтерв'ю з кримськотатарською фотографкою Еміне Зіятдіновою], *HVG.hu*, 07.12.2022. Режим доступу: https://hvg.hu/360/20221207_Emine_Ziyatdinova_krimi_tatarok_interju.

Релігійний ландшафт України: між репресіями та плюралізмом (Денис Брильов, Тетяна Калениченко)

960   Bálint Magyar and Bálint Madlovics, *The Anatomy of Post-Communist Regimes: A Conceptual Framework* (Budapest—New York: CEU Press, 2020).

961   Див. звіт про мережу релігійних організацій: «Ключові статистичні дані: етнічні спільноти України», ДЕСС, дата звернення: 7 травня 2023 року, https://dess.gov.ua/wp-content/uploads/2021/10/Етнополітика_Статистичні-дані.pdf.

962   «Особливості релігійного та церковно-релігійного самовизначення громадян України», *Центр Разумкова*, 28 січня 2022 року, https://razumkov.org.ua/uploads/article/2021_Religiya.pdf.

963   «Аналитический отчет состояния межконфессиональных отношений на территории Западных областей Украинской ССР (По материалам социологических исследований)», *Религия в СССР*, № 12 (1990): 1–25.

964   Офіційну статистику на сайті Державної служби з питань етнополітики та свободи совісті можна знайти за посиланням: https://dess.gov.ua/statistics-rel/.

965   Олег Карп'як, «Погляд збоку: релігійна система України нагадує американську», 26 червня 2013 року, https://www.bbc.com/ukrainian/science/2013/06/130626_jose_casanova_int_ko.

966   «Кравчук считает, что украинская власть должна дать сигнал УПЦ МП», *Главком*, 12 липня 2014 року, https://glavcom.ua/news/185403-kravchuk-schitaet-chto-ukrainskaja-vlast-dolzhna-dat-signal-upts-mp.html.

967   Viktor Yelensky, «Ukrainian Orthodoxy and the Ukrainian Project», *Pro et Contra* 59, no. 32 (2013): 32; Viktor Yelensky, «Ukrainian Orthodoxy and the Ukrainian Project», *Russian Politics and Law* 52, no. 4 (2014): 24.

968   Denis Brylov, Tetiana Kalenychenko, and Andrii Kryshtal, «The Religious Factor in Conflict Research on the Peacebuilding Potential of Religious Communities in Ukraine», Analytical Report (PAX, 2021), 11, https://paxforpeace.nl/media/download/PAX-Religious-Factor-in-Conflict_EN.pdf.

969   Yelensky, «Ukrainian Orthodoxy and the Ukrainian Project», 24–25.

970   «Варфоломій мав намір надати томос Україні ще 10 років тому — Ющенко», *Правда*, 16 листопада 2018 року, https://www.pravda.com.ua/rus/news/2018/11/16/7198452/.

971 «Брат Ющенка взявся за об'єднання українських православних», *УНІАН*, 5 березня 2007 року, https://www.unian.net/politics/36130-brat-yuschenko-vzyalsya-za-obyedinenie-ukrainskih-pravoslavnyih.html.

972 Yelensky, «Ukrainian Orthodoxy and the Ukrainian Project», 11.

973 Віктор Войналович та Наталія Кочан, *Релігійний чинник етнополітичних процесів на Донбасі: історія і сучасність*. Київ: Інститут політичних і етнонаціональних досліджень ім. І. Ф. Кураса, 2014, 152, https://ipiend.gov.ua/wp-content/uploads/2018/07/religious_factor_187.pdf.

974 Олександр Богомолов, «Российское телевидение отдадут донецкому православию», *Gazeta.Ru*, 18 ноября 2004 года, https://www.gazeta.ru/comments/2004/11/18_a_199726.shtml.

975 Сергей Высоцький, «Период полураспада. Москва пытается сохранить единство УПЦ», *Фокус*, 28 июля 2011 года, https://focus.ua/politics/194952.

976 Войналович та Кочан, *Релігійний чинник етнополітичних процесів на Донбасі: історія та сучасність*, 153

977 Катерина Щоткіна, «Харківський синод. УПЦ МП (о)», *Дзеркало тижня*, 29 травня 2022 року, https://zn.ua/church/kharkovskij-sinod-upts-mp-o.html.

978 Віктор Котигоренко та ін., *Донбас в етнополітичному вимірі*. Київ: Інститут політичних і етнонаціональних досліджень ім. І. Ф. Кураса, 2014, 315, http://history.org.ua/LiberUA/978-966-02-7350-4/978-966-02-7350-4.pdf.

979 «Порошенко: на шляху від Московського патріархату», *ВВС Україна*, 29 липня 2016 року, https://www.bbc.com/ukrainian/politics/2016/07/160729_poroshenko_church_vc.

980 Denys Brylov, «Challenges of Religious Situation in Ukraine», Analytical Report (PAX, March 2019), 5, https://paxforpeace.nl/media/download/religious-situation-in-ukraine-2019-english.pdf.

981 «Церква в підпіллі (1946–1989)», Офіційний сайт Української Греко-Католицької Церкви, https://ugcc.ua/church/history/the-church-in-the-underground/.

982 Виктор Еленский, «Православно-греко-католический конфликт в Украине: последняя фаза», *Релігійно-інформаційна служба України*, 21 января 2003 года, https://risu.org.ua/ua/index/studios/materials_conferences/33986/.

983 Tetiana Kalenychenko, «Public Religion During the Maidan Protests in Ukraine», in «Religion and Politics in Ukraine after the Maidan Protests», ed. Catherine Wanner, special issue, *Euxeinos* 24 (2017): 23–38.

984 «Декрет про створення УГКЦ», Офіційний сайт Української Православної Греко-Католицької Церкви, 11 серпня 2009 року, http://uogcc.org.ua/en/church/article/?article=783.

985 «Декларація про відлучення від Церкви Папи Бенедикта XVI та Івана Павла II», Офіційний сайт Української Православної Греко-Католицької Церкви, 1 травня 2011 р., http://uogcc.org.ua/en/actual/article/?article=4554.

986 Andrew Higgins, «Ukrainian Church Faces Obscure Pro-Russia Revolt in Its Own Ranks», *The New York Times*, June 22, 2014, https://www.nytimes.com/2014/06/22/world/europe/ukrainian-church-faces-obscure-pro-russia-revolt-in-its-own-ranks.html.

987 Патріарх Філарет відомий як патріарх через самопроголошення під час першого Священного синоду УПЦ КП 1992 року.

988 Про один із прикладів допомоги, яку надав Андрій Мацола, див. «Андрій Мацола разом з Митрополичим фондом ПЦУ будують тимчасові будинки для людей, які постраждали від окупації агресором», Сайт Андрія Мацоли, 31 серпня 2022 року, https://andriymatsola.org/news/andrij-macola/andriy-matsola-razom-z-mytropolychym-fondom-pcu-buduyt-dim-dlya-tyh-hto-postrazhdav-vid-agresyy-okupantyv.

989 Анатолій Якобчук, «Створена депутатська група За духовність, моральність та здоров'я України», *Слово за слово*, 4 березня 2015 року, https://slovoproslovo.info/deputatska-grupa-za-dukhovnist/.

990 Архимандрит Кирилл Говорун, «Православная гражданская религия», Религия в Украине, 18 мая 2015 года, https://www.religion.in.ua/main/bogoslovya/29171-pravoslavnaya-grazhdanskaya-religiya.html.

991 Brylov, Kalenychenko, and Kryshtal, «The Religious Factor in Conflict Research on the Peacebuilding Potential of Religious Communities in Ukraine», 25–26.

992 «Про рішення Ради національної безпеки і оборони України від 1 грудня 2022 року», Верховна Рада України, https://zakon.rada.gov.ua/laws/show/820/2022#Text.

993 Українська Православна Церква, «Звернення Блаженнішого Митрополита Онуфрія до української пастви», відео на YouTube, 4:25, 24 лютого 2022 року, https://www.youtube.com/watch?v=34dSEGrQHxY.

994 «Патриаршая проповедь в Неделю сыропустную после Литургии в Храме Христа Спасителя», Официальный сайт Московской Патриархии, 6 марта 2022 года, http://www.patriarchia.ru/db/text/5906442.html.

995 «Patriarch of Moscow: Gifted Icon of the Theotokos to the Army to Win the War against Ukraine», *Orthodox Times*, 14 березня 2022 р., https://orthodoxtimes.com/patriarch-of-moscow-gifted-icon-of-the-theotokos-to-the-army-to-win-the-war-against-ukraine/.

996 Тарас Антошевський, «Я перейшов до ПЦУ, бо далі не бачив себе в Церкві, яка пов'язана з церквою-вбивцею, — о. Анатолій Слинько», *Релігійно-інформаційна служба України*, 26 вересня 2022 року, https://risu.ua/ya-perejshov-do-pcu-oskilki-dali-ne-bachiv-sebe-v-cerkvi-yaka-povyazana-z-cerkvoyu-vbivceyu--o-anatolij-slinko_n132522.

997 «Ігумен монастиря УПЦ (МП) у Львові перейшов з громадою до ПЦУ», *Духовна велич Львова*, 20 березня 2022 року, https://velychlviv.com/igumen-monastyrya-upts-mp-u-lvovi-perejshov-z-gromadoyu-do-ptsu/.

998 Голос духовенства Української Православної Церкви, «Звернення духовенства УПЦ щодо проявів колабораціонізму серед священнослужителів на тимчасово окупованих територіях», *Facebook*, 26 вересня 2022 року, https://www.facebook.com/golos.duhovenstva.upc/posts/pfbid02koFXvRi9JtKGR6hjgSDZ2WMWzU1BAjhC1STdEPyGqxKE1XXmwFmaEoaGxmj7Etebl.

999 Архимандрит Серафим Панкратов, «Архиерейские "яйца"», *Facebook*, 14 квітня 2022 року, https://www.facebook.com/archimandrite.seraphim.pankratov/posts/pfbid0TzgvX15KLckvDREsWhx6DBHTNzkMtKCYZvkAsH3XVCQMVzZn9eHKpQe96WqqW9iRl.

1000 Маріанна Попович, На Львівщині заборонили діяльність церкви Московського патріархату, *Вголос*, 2 березня 2022 року, https://vgolos.ua/news/na-lvivshchini-zaboronili-diyalnist-cerkvi-moskovskogo-patriarhatu_1416226.html.

1001 Михайло Глуховський, «"У нас біда — ніколи не караємо зло до кінця". Інтерв'ю з мером, який заборонив УПЦ МП», *Главком*, 9 травня 2022 року, https://glavcom.ua/interviews/u-nas-bida-mi-nikoli-ne-karajemo-zlo-do-kincya-intervyu-z-merom-yakiy-zaboroniv-moskovskiy-patriarhat-844310.html.

1002 «Указ Президента України № 820/2022», *Офіційне інтернет-представництво Президента України*, дата звернення: 7 травня 2023 року, https://www.president.gov.ua/documents/8202022-45097.

1003 «Висновок релігієзнавчої експертизи Статуту про управління Української Православної Церкви на наявність церковно-канонічного зв'язку з Московським патріархатом», *ДЕСС (блог)*, 31 січня 2023 року, https://dess.gov.ua/vysnovok-relihiieznavchoi-ekspertyzy-statutu-pro-upravlinnia-upc/.

1004 Max Hunder, «Ukraine Says It Seized Assets of Billionaire Accused of Aiding Russia», *Reuters*, April 14, 2023, sec. Europe, https://www.reuters.com/world/europe/ukraine-seizes-assets-billionaire-accused-aiding-russia-2023-04-13/.

1005 Соня Кошкіна, «Президент України призупинив громадянство 13 священників УПЦ МП, — джерела», *LB.ua*, 7 січня 2023 року, https://lb.ua/society/2023/01/07/541773_prezident_ukraini_prizupiniv.html.

1006 «В Украине 15 епархий УПЦ Московского патриархата перестали поминать патриарха РПЦ Кирилла — Данилевич», *Крым.Реалии*, 15 марта 2022 года, https://ru.krymr.com/a/news-ukraina-15-eparhiy-upc-mp/31754601.html.

1007 Поминання Предстоятеля — важлива деталь, яка має продемонструвати єдність Церкви. Зазвичай під час богослужінь в українських церквах священник словесно поминає патріарха, митрополита Київського та місцевого єпископа.

1008 Андрей Ферт, «Наша паства не желает больше слышать имя патриарха Кирилла», *OpenDemocracy*, 11 марта 2022 года, https://www.opendemocracy.net/ru/ukraina-tserkov-voina-protest-protiv-patriarcha-fert-/.

1009 Група «Рейтинг», «Оцінка ситуації в Україні (8–9 березня 2022 року)», *Сайт групи «Рейтинг»*, 10 березня 2022 року, https://ratinggroup.ua/research/ukraine/ocenka_situacii_v_ukraine_8-9_marta_2022.html.

1010 Сергій Скакун, «Сумська єпархія УПЦ (МП) припиняє молитовне поминання московського патріарха», *Православна Сумщина*, 2022, http://dancor.sumy.ua/news/newsline/410359.

1011 Tetiana Kalenychenko and Denis Brylov, «"Whoever Saves One Life Saves the World Entire": Ukrainian Religious Denominations during the War», *Bulletin de l'Observatoire International Du Religieux*, no. 37 (May 2022), https://obsreligion.cnrs.fr/bulletin/whoever-saves-one-life-saves-the-world-entire-ukrainian-religious-denominations-during-the-war-english-version/.

1012 «Как проходил Собор УПЦ и какие приняты решения», *Dialog.Tut*, 27 мая 2022 года, https://www.dialogtut.org/kak-prohodil-sobor-upcz-i-kakie-prinyaty-resheniya/.

1013 «Постанови Собору Української Православної Церкви від 27 травня 2022 року», *Українська Православна Церква*, 28 травня 2022 року, https://news.church.ua/ 2022/05/28/resolutions-council-ukrainian-orthodox-church-may-27-2022/?lang=en.

1014 Святослав Хоменко, Віталій Червоненко, Анастасія Лотарєва, «Биття визначає свідомість». Чи позбулася УПЦ Московського патріархату», *ВВС Україна*, 30 травня 2022 року, https://www.bbc.com/ukrainian/features-61625756.

1015 Інтерв'ю, Київ, серпень 2022 року.

1016 Ярослав Коцюба, «Міністр релігій. Хто такий Віктор Єленський і чому його так бояться в Московській церкві» , *Главком*, 19 грудня 2022 року, https://glavcom.ua/ country/politics/ministr-relihij-khto-takij-viktor-jelenskij-i-chomu-joho-tak-bojatsja-u-moskovskij-tserkvi-896476.html.

Трансформація патрональної демократії «знизу-вгору»: дві логіки врядування на місцевому рівні в Україні (Олександра Койдель, Київська Школа Економіки)

1017 Авторка вдячна програмі українознавчих студій ім. Петраха Інституту європейських, російських та євразійських студій Школи міжнародних відносин ім. Елліотта (Університет Джорджа Вашингтона, США) за інтелектуальне середовище для завершення роботи. Особлива подяка Генрі Гейлу, Оксані Гус, Олександрові Фісуну та Джанін Ведель за корисні коментарі на різних етапах написання цього тексту й Вікторії Кравчук за літературну редакцію українського перекладу.

1018 Bálint Magyar and Bálint Madlovics, *A Concise Field Guide to Post-Communist Regimes. Actors, Institutions, and Dynamics* (Budapest: CEU Press, 2022), 167.

1019 Анатолій Круглашов, Українська місцева демократія: від радянської спадщини до європейської моделі, *Eastern Review* 5 (2016) dx.doi.org/10.18778/1427-9657.05.03; Анатолій Круглашов та Олексій Колесников, Буковинська політична еліта: амбіції та владні позиції, *Електоральні процеси України в регіональному вимірі: Буковина і Закарпаття*, за ред. Анатолія Круглашова і Мар'яни Токар (Ужгород: Інститут політичної регіоналістики Ужгородського національного університету, 2014), 145–190; Андрій Кучуран, Дослідження локальної політичної влади крізь призму теорії міських режимів. Дисертація на здобуття наукового ступеня кандидата політичних наук. (Чернівецький національний університет, 2017); В'ячеслав Яремчук, Специфіка формування та прояву регіонального політичного режиму у Львівській області, *Наукові записки Інституту політичних і етнонаціональних досліджень ім. І. Ф. Кураса НАН України*, випуск 2 (88) (2017): 112–77.

1020 Про місцеві моделі координації еліт див.: Sean Roberts and Oleksandr Fisun, *Local Governance and Decentralization Assessment: Implications of Proposed Reforms in Ukraine* (The Ukraine Mission of the United States Agency for International Development (USAID), 2014) doi.org/10.13140/RG.2.1.5093.0721; про відносну автономію міст обласного значення, зокрема обласних центрів, див. William Dudley, *Ukraine's Decentralization Reform, Research Division Eastern Europe and Eurasia*, Research Division Eastern Europe and Eurasia (Berlin: SWP, 2019), 10 swp-berlin.org/publications/products/arbeitspapiere/Ukraine_Decentralization_Dudley.pdf; місцева політика стає дедалі незалежнішою від національної та регіональних політичних машин, про що свідчить більша невідповідність між парламентськими, обласними й місцевими виборами в обласних центрах протягом 2010–2020 років, див.: Valentyna Romanova, *Decentralization and Multi-Level Elections in Ukraine. Reform Dynamics and Party Politics in 2010–2021*, Soviet and Post-Soviet Politics and Society (Stuttgart: ibidem-Verlag, 2022), 91–112.

1021 Про концепції відкритого чи обмеженого доступу, що відбивають різні соціальні логіки координації еліт, див.: Douglass C. North, John Joseph Wallis, and Barry R. Weingast, *Violence and Social Orders. A Conceptual Framework for Interpreting Recorded Human History* (Cambridge: Cambridge University Press, 2009), 13–25.

1022 Jakub Eberle, *Discourse and Affect in Foreign Policy* (London, New York: Routledge, 2019), 22.

1023 Henry E. Hale, *Patronal Politics: Eurasian Regime Dynamics in Comparative Perspective* (New York: Cambridge University Press, 2015), 20–21.

1024 Див. розділ Михайла Мінакова в цьому виданні.

1025 Див. розділ Оксани Гус у цьому виданні.

1026 Max Bader, «Decentralization and a Risk of Local Elite Capture in Ukraine», in *Decentralization, Regional Diversity, and Conflict*, ed. Hanna Shelest and Maryna Rabinovych (Cham: Springer International Publishing, 2020), 269, doi.org/10.1007/978-3-030-41765-9.

1027 Congress of Local and Regional Authorities, *Roles and Responsibilities of Mayors and Local Councillors in Armenia, Azerbaijan, Georgia, Moldova, Ukraine and Belarus* (Council of Europe, 2016), 28–29, rm.coe.int/168071b235.

1028 Oksana Huss, Max Bader, Andriy Meleshevych and Oksana Nesterenko, «Explaining Variation in the Effectiveness of Anti-Corruption Activism in Ukraine's Regions: The Role of Local Context, Political Will, Institutional Factors, and Structural Factors», *Demokratizatsiya;* 28 (2) (2020): 201–27.

1029 Oleksandra Keudel, *How Patronal Networks Shape Opportunities for Local Citizen Participation in a Hybrid Regime,* Soviet and Post-Soviet Politics and Society (Stuttgart: ibidem Press, 2022), 71–82, 375–78.

1030 Keudel, 462.

1031 Oleksandra Keudel, Marcia Grimes and Oksana Huss «Political Will for Anti-Corruption Reform. Communicative pathways to collective action in Ukraine» (2023). icld.se/wp-content/uploads/2023/03/ICLD_ResearchReport_22_2023-web.pdf.

1032 Eberle, *Discourse and Affect in Foreign Policy,* 22.

1033 Hale, *Patronal Politics: Eurasian Regime Dynamics in Comparative Perspective,* 20–21.

1034 Адаптовано з Magyar and Madlovics, *A Concise Field Guide to Post-Communist Regimes,* 9–10, 19–20, 30–33, 35–36.

1035 Magyar and Madlovics, 6–10; щодо критики цього різкого розмежування, щоб зрозуміти вплив еліт у ліберальних демократіях, див.: Janine R. Wedel, «From Power Elites to Influence Elites: Resetting Elite Studies for the 21st Century», *Theory, Culture & Society* 34, no. 5–6 (September 1, 2017): 153–78.

1036 Magyar and Madlovics, *A Concise Field Guide to Post-Communist Regimes,* 9–16.

1037 Alina Mungiu-Pippidi, «Corruption: Political and Public Aspects», in *International Encyclopedia of the Social & Behavioral Sciences: Second Edition,* ed. James D. Wright (Amsterdam: Elsevier, 2015), 49, doi.org/10.1016/B978-0-08-097086-8.75005-7.

1038 Chris Ansell, «Network Institutionalism», in *The Oxford Handbook of Political Institutions,* ed. Sarah A. Binder, R. A. W. Rhodes, and Bert A. Rockman (Oxford: Oxford University Press, 2008), 2, doi.org/10.1093/oxfordhb/9780199548460.003.0005.

1039 Eva Sørensen and Jacob Torfing, «The Democratizing Impact of Governance Networks: From Pluralization, via Democratic Anchorage, to Interactive Political Leadership», *Public Administration* 96, no. 2 (2018): 302–17; Huanming Wang and Bing Ran, «Network Governance and Collaborative Governance: A Thematic Analysis on Their Similarities, Differences, and Entanglements», *Public Management Review* 0, no. 0 (December 4, 2021): 1–25.

1040 Hale, *Patronal Politics: Eurasian Regime Dynamics in Comparative Perspective*, 10.

1041 Magyar and Madlovics, *A Concise Field Guide to Post-Communist Regimes*, 19.

1042 Signy Irene Vabo and Asbjørn Røiseland, «Conceptualizing the Tools of Government in Urban Network Governance», *International Journal of Public Administration* 35, no. 14 (2012): 934–946.

1043 Magyar and Madlovics, *A Concise Field Guide to Post-Communist Regimes*, 19–20, 33.

1044 Espen Leirset, «Do Open Meetings Affect Deliberation? A Comparative Study of Political Meetings In Two Institutional Settings», *Journal of Deliberative Democracy*, 17, no. 1 (2021): 1–8.

1045 Magyar and Madlovics, *A Concise Field Guide to Post-Communist Regimes*, 19.

1046 Gretchen Helmke and Steven Levitsky, «Informal Institutions and Comparative Politics: A Research Agenda», *International Handbook on Informal Governance* 2, no. 4 (2004): 728.

1047 Magyar and Madlovics, *A Concise Field Guide to Post-Communist Regimes*, 6–9.

1048 Magyar and Madlovics, 36.

1049 Magyar and Madlovics, 35, виділення наше.

1050 Це те, що ми назвали «суспільною цінністю» в публікації Oksana Huss and Oleksandra Keudel, *Open Government in Education: Clarifying Concepts and Mapping Initiatives* (Paris: IIEP-UNESCO, 2020), 60, iiep.unesco.org/en/publication/open-government-education-clarifying-concepts-and-mapping-initiatives.

1051 Keudel, *How Patronal Networks Shape Opportunities for Local Citizen Participation in a Hybrid Regime*, 233–50, 233–50; В'ячеслав Яремчук, Специфіка формування та прояву регіонального політичного режиму у Львівській області; В'ячеслав Яремчук, Міський політичний режим у Львові: внутрішні та зовнішні чинники формування та еволюції, *Наукові записки Інституту політичних і етнонаціональних досліджень ім. І. Ф. Кураса НАН України* 1, № 81 (2016): 88–109.

1052 Дарина Пирогова, Взаємодія між органами місцевого самоврядування та громадянським суспільством у Львові (CEDOS, 2019). cedos.org.ua/researches/vzaiemodiia-mizh-orhanamy-mistsevoho-samovriaduvannia-ta-hromadianskym-suspilstvom-u-lvovi/.

1053 Magyar and Madlovics, *A Concise Field Guide to Post-Communist Regimes*, 228.

1054 Львів у трійці лідерів за рівнем прозорості з 2017 року й постійно поліпшує показники, див.: transparentcities.in.ua/en/city/lviv (дата звернення: 19 лютого 2023 року).

1055 Іванна Фединчук та ін., Індекс демократичності міст — 2018 (Київ: Український незалежний центр політичних досліджень, 2018), 1, drive.google.com/file/d/1XjK6eC7NHBdVpPn2z2M-IH2o5l7OiJjy/view.

1056 В опитуванні 172 антикорупційних НУО з усієї України Львів отримав 1,86 бала з 3 (5 місце серед 23 обласних центрів) у відповідь на запитання «Наскільки місцева влада має політичну волю до боротьби з корупцією?». Респондентами стали вісім громадських організацій зі Львова. Опитування проводили в межах проєкту ICLD «Відкриваємо чорну скриньку політичної волі: Місцеві органи влади й антикорупційні зусилля в Україні», icld.se/en/researchproject/opening-the-black-box-of-political-will-local-public-authorities-and-anti-corruption-efforts-in-ukraine/.

1057 Keudel, *How Patronal Networks Shape Opportunities for Local Citizen Participation in a Hybrid Regime*, 233–250.

1058 Садовий заснував громадську організацію «Самопоміч» 2005 року в межах передвиборчої кампанії на посаду міського голови. У 2012-му він заснував однойменну партію. На парламентських виборах 2014 року вона отримала 34 мандати, хоч сам Садовий не мав наміру йти в парламент (він був № 50 у списку кандидатів). На парламентських виборах 2019 року «Самопоміч» не досягла успіху, імовірно, через перевагу партії «Слуга народу», яка мала схожі передвиборчі обіцянки, але привабливіше «нове обличчя» в особі Володимира Зеленського. Див: Олександра Бодняк, Знову Садовий. Кар'єра, статки та передвиборчі обіцянки мера. *Твоє місто*, 22 листопада 2020 року tvoemisto.tv/exclusive/andriy_sadovyy_kariera_simya_skandaly_statky_115270.html; Олександр Саліженко, «Самопоміч» і вибори: чи зможе партія повернутися на політичну орбіту?, *ЧЕСНО*, 25 травня 2020 року, chesno.org/post/4011/.

1059 Bohdan Ben, Where Are All of Ukraine's New Alternative Political Forces?, *Euromaidan Press* (February 16, 2019), euromaidanpress.com/2019/02/16/do-alternative-new-political-forces-have-a-chance-in-ukraine/.

1060 В'ячеслав Яремчук, Міський політичний режим у Львові: внутрішні та зовнішні чинники формування та еволюції, 94–95; Сергій Смирнов, Поява !Fest — наслідок того, що зробило середовище «Дзиґи», *Твоє місто*, доступ 24 лютого 2019 року, tvoemisto.tv/exclusive/poyava_fest__tse_naslidok_togo_shcho_robylo_seredovyshche_dzygy_94500.html.

1061 Розрахунки авторки на основі даних ЦВК, Обрані на відповідних виборах депутати міської ради. Львівська міська рада, *Центральна виборча комісія України*, 15 жовтня 2015 року, cvk.gov.ua/pls/vm2015/pvm057pid112=30pid102=3670pf7691=3670pt00 1f01=100rej=0pt00_t001f01=100.html; Львівська міська рада, Депутати міської ради, доступ 28 лютого 2023 року, lvivrada.gov.ua/deputaty/deputaty-miskoi-rady?issearch=1 &isc=1&ordering=order&category_id=352&xf_7[0]=3.

1062 Olesya Grabova and Marius Dragomir, «Media Influence Matrix: Ukraine» (Budapest: Center for Media, Data and Society (CMDS)), 2021, cmds.ceu.edu/sites/cmcs.ceu.hu/files/attachment/basicpage/1988/mimukrainefunding.pdf.

1063 Михайло Мозоль і Юрій Мацієвський, Політична ситуація у Львівській області, *Слово і Діло. Факт-чекінг*, 17 вересня 2018 року, slovoidilo.ua/2018/09/17/stattja/polityka/politychna-sytuacziya-lviwskij-oblasti-naperedodni-prezydentskyx-vyboriv.

1064 Фірма «Промбудприлад» надала «Самопомочі» офіс у Львові та службові автомобілі, згідно з фінансовим звітом за 2017 рік: Катерина Давиденко, Високі зарплати, пропаганда та реставрація. На що витрачає гроші «Самопоміч», *Главком*, 13 вересня 2017 року, glavcom.ua/publications/visoki-zarplati-propaganda-ta-restoranna-shcho-vitrachaje-derzhavni-koshti-samopomich-436771.html. Одним із бенефіціарів «Промбудприладу» був директор «Радехівського цукру» Віталій Сікорський, а найбільшим акціонером-фізичною особою «Промбудприладу» є Олег Лаврик, народний депутат від «Самопомочі» (2014–2019) (opendatabot.ua/c/31588943, дата звернення: 28 лютого 2023 року).

1065 Див. youcontrol.com.ua/catalog/executives/m/matkivskyy-volodymyr-bohdanovych/beneficiary/. Крім того, він бенефіціар кількох інших сільськогосподарських підприємств і торгівлі цукром.

1066 «Радехівський цукор. Історія компанії», дата звернення: 28 лютого 2023 року, diamantsugar.com.ua/ua/page-history.

1067 Відповідно до брифінгу директора компанії, див.: Брифінг генерального директора Сікорського Віталія Петровича у Верховній Раді України, 24 вересня 2018 року, diamantsugar.com.ua/ua/news/brifng-gendirektora-skorskogo-vtalya-petrovicha-y-verhovnj-rad-ykrani. Фірма серед найбільших платників податків України за даними Державної податкової служби України, див.: opendatabot.ua/open/large-tax-payers?page=4.

1068 Інна Семенова, Локальний кардинал. Як вдається зберігати свій вплив найменш публічному бізнесменові Львова Ігорю Кривецькому, *НВ*, 19 грудня 2019, nv.ua/ukr/ukraine/politics/lokalniy-kardinal-yak-vdayetsya-zberigati-vpliv-naymensh-publichnomu-biznesmenovi-lvova-igoryu-kriveckomu-50060129.html; Катерина Чурилова, Ігор Кривецький став співвласником компанії з видобутку літію, *Zaxid.net*, 13 липня 2021, zaxid.net/igor_krivetskiy_stav_spivvlasnikom_kompaniyi_z_vidobuvannya_litiyu_n1522384.

1069 Сергій Лещенко, Сірий кардинал «Свободи» Ігор Кривецький: Я міг постояти за себе. Але це не значить, що я — кримінальний авторитет, *Українська правда*, 21 березня 2014 року, pravda.com.ua/articles/2014/03/21/7019774/.

1070 Керівництво, *сайт партії «Свобода»*, дата звернення: 28 лютого 2023 року, svoboda.org.ua/party/kerivnytstvo/; Віктор Гурняк, «Бізнес-спонсори «Свободи», *INSIDER*, 31 березня 2014 року, theinsider.ua/rus/business/533570ce5ef9e/.

1071 Олександра Губицька, Чужі тут не будують: «Авалон» отримав дозвіл від Львівської міськради забудувати Топольну багатоповерхівками всупереч генплану, *Наші гроші Львів*, 19 квітня 2019 року, lviv.nashigroshi.org/2019/04/19/chuzhi-tut-ne-buduiut/?fbclid=IwAR2nFFVt_CWOqCPunJUlvQw8TwkRmzPw9VOZX2DVPElflY-z1Qfn9qQPQPw; Наталія Онисько, Нова армія Кривецького. Під брендом «Розвиток громади» зібрались колишні силовики, спортсмени та юристи, *Zaxid.Net*, 27 серпня 2015 року, zaxid.net/nova_armiya_krivetskogo_n1363418.

1072 Про місцеве значення цього підприємства: 2018 року Львівська тютюнова фабрика була найбільшим платником податків у Львівській області та одним із найбільших платників податків у країні. На ній працювало 2400 осіб (Тарас Радь, Політична карта Львівської області, *ОПОРА Вибори*, 29 листопада 2019 року, oporaua.org/article/vybory/parlamentski-vybory/political_map19/19540-politichna-karta-lvivskoyi-oblasti).

1073 Серед них — найбільша в місті будівельна група «Авалон», кінцевим бенефіціарним власником якої Козловський публічно визнав себе 2019 року (Наталія Онисько, Хто буде у Львові, *Наші Гроші Львів*, 10 грудня 2019, lviv.nashigroshi.org/2019/12/10/khto-buduie-u-l-vovi/).

1074 Оксана Романишин та Ігор Фещенко, Декларації львівських депутатів: грошові мішки та жебраки, *ЧЕСНО*, 11 травня 2016 року, chesno.org/post/297/; Козловський приватизує кінотеатр «Київ», *Наші гроші Львів*, 13 лютого 2014 року, lviv.nashigroshi.org/2014/02/13/kozlovskyj-pryvatyzuje-kinoteatr-kyjiv/; Наталія Онисько, Хто буде у Львові, *Наші Гроші Львів*, 10 грудня 2019 року, lviv.nashigroshi.org/2019/12/10/khto-buduie-u-l-vovi/.

1075 Козловський Григорій Петрович — Біографія, балотування, фракції, політична агітація, ЧЕСНО, *Polithub.org*, дата звернення: 28 лютого 2023, chesno.org/politician/47179/; Козловський склав повноваження у травні 2022 року, див.: Наталія Штука, Львівська обласна рада позбавила Григорія Козловського повноважень депутата, *Zaxid.net*, 14 червня 2022 року, zaxid.net/lvivska_oblrada_pozbavila_povnovazhen_deputata_grigoriya_kozlovskogo_n1544455.

1076 Львівська міська рада, Європейська Солідарність, доступ 28 лютого 2023 року, lvivrada.gov.ua/deputaty/frakcii-partij/itemlist/category/421-yevropeysyka-solidarnisty.

1077 Олексій Роговик, Садовий втрачає контроль: розподіл комісій, регуляторна криза та незатверджений бюджет, ЧЕСНО, 28 грудня 2020 року, chesno.org/post/4439/; Адвокат Козловського хоче змінити повноваження виконкому щодо будівництва, *Твоє місто*, 30 жовтня 2021 року, tvoemisto.tv/news/yuryst_kozlovskogo_hoche_zminyty_povnovazhennya_vykonkomu_shchodo_budivnytstva_124573.html.

1078 Оксана Романишин та Ігор Фещенко, Рік роботи Садового: Між #зрадами та #перемогами, ЧЕСНО, 1 лютого 2017 року, chesno.org/post/408/.

1079 Ірина Ревунова, Львівська міськрада призначила двох заступників мера і членів виконкому, *Zaxid.Net*, 6 квітня 2017 року, zaxid.net/lvivska_miskrada_priznachila_dvoh_zastupnikiv_mera_i_chleniv_vikonkomu_n1422585.

1080 Цей представник опублікував персоналізовані привітання Козловському з днем народження, використовуючи місцеві онлайн-медіа, що свідчить про асиметричні відносини, адже ця особа формально представляє громаду Винників у Львові, див.: Богдан Шустер, Вітання для Григорія Козловського!, *Винниківський вісник*, 1 лютого 2022 року, vynnyky-visnyk.com.ua/2022/02/01/vitannia-dlia-hryhoriia-kozlovskoho/.

1081 Веремчук очолював фракцію «Народний контроль» у 2015–2020 роках, але перейшов до «Варти» у 2020–2025 роках, хоча ці дві групи фактично утворюють одну команду.

1082 Пресслужба Львівської міської ради, Сесія затвердила склад виконавчого комітету, *інформаційний портал Львівської міської ради*, 4 лютого 2021 року, city-adm.lviv.ua/news/government/283895-sesiya-zatverdila-sklad-vikonavchogo-komitetu-2; Тарас Радь, Звіт за підсумками аналізу стабільності партійних структур у Львівській міській раді, *ОПОРА Вибори*, 2020, oporaua.org/report/vybory/partii/20003-zvit-za-pidsumkami-analizu-roboti-stabilnosti-partiinikh-struktur-u-lvivskii-miskii-radi; Вікторія Савіцька, Закон, повага та (не)чинний Садовий. Що відбувається у Львівській міській раді, *Твоє місто*, 20 листопада 2020 року, tvoemisto.tv/exclusive/pro_sesiyu_115323.html.

1083 Наприклад, комітет видає дозволи на розроблення будівельної документації. На практиці це спосіб уникнути вимоги отримання дозволу ради на виділення конкретної земельної ділянки під будівництво, що часто призводить до конфліктів. Коли громадяни помічають, що будівництво ведуть на дитячому майданчику або перед їхніми вікнами, протидіяти йому вже пізно (Джерело: Респондент 22, депутат міської ради, Львів, 23 травня 2019 року).

1084 Респондент 19, представник громадської організації, Львів, 23 травня 2019 року; Респондент 23, представник громадської організації, Львів, 22 травня 2019 року.

1085 Олександра Губицька, Чужі тут не будують: «Авалон» отримав дозвіл від Львівської міськради забудувати Топольну багатоповерхівками всупереч генплану.

1086 Наталія Дуляба, Депутати ЛМР просять Садового обрати альтернативну ділянку для будівництва сміттєпереробного заводу, *Львівський портал*, 19 квітня 2018 року, portal.lviv.ua/news/2018/04/19/deputati-prosyat-sadovogo-vibrati-alternativnu-dilyanku-dlya-budivnitstva-smittyepererobnogo-zavodu; Ірина Саєвич, «Львів'яни пікетували сесію міськради через сусідство зі сміттєпереробним заводом», *Громадське радіо*, 19 квітня 2018 року, hromadske.radio/news/2018/04/19/lviv-yany-piketuvaly-sesiyu-miskrady-cherez-susidstvo-iz-smittyepererobnym-zavodom.

1087 Садовий відклав будівництво Козловського на Цитаделі до кращих часів, *Форпост* (блог), 15 червня 2018 року, forpost.lviv.ua/novyny/12928-sadovyi-vidklav-budivnytstvo-kozlovskoho-na-tsytadeli-do-krashchykh-chasiv; Ірина Сало, Квартир за колючим дротом не буде, *Українська Галицька Партія* (блог), 22 червня 2018 року, uhp.org.ua/kvartyr-za-kolyuchym-drotom-ne-bude/.

1088 Вікторія Ейсмунт, У Львові з'явилася візуалізація нового готелю на вулиці Дорошенка, *Твоє місто*, 12 червня 2020 року, tvoemisto.tv/news/u_lvovi_vyznachyly_yakym_bude_novyy_gotel_na_vulytsi_doroshenka_vizualizatsiya_110383.html; Наталія Онисько, Марія Ревер та Олександра Губицька, ГРАНДІозний план Козловського, *Наші Гроші Львів*, 26 вересня 2019 року, lviv.nashigroshi.org/2019/09/26/hrandioznyy-plan-kozlovs-koho/.

1089 Кривецький офіційно переписав на себе землі ветеранів АТО в селі Стрілки, *Наші Гроші Львів* (блог), 5 листопада 2019 року, ngl.media/2019/11/05/kryvets-kyy-ofitsiyno-perepysav-na-sebe-zemli-atovtsiv-v-seli-strilky/.

1090 Суд знову не побачив озера. Прокуратура програла апеляцію щодо ділянки «Едем Резорту», *Твоє місто*, 7 лютого 2022 року, tvoemisto.tv/news/sud_znovu_ne_pobachyv_ozera_prokuratura_prograla_apelyatsiyu_shchodo_dilyanky_edem_ rezortu_127546.html. Основна проблема полягала в тому, що курорт приватизував і озеро, що було незаконним; однак суд дійшов висновку, що водойма на території курорту штучна, а отже, може залишатися в приватній власності.

1091 Мозоль і Мацієвський, Політична ситуація у Львівській області.

1092 Козловський приватизує кінотеатр «Київ», *Наші Гроші*.

1093 Олексндара Губицька, Чужі тут не будують: «Авалон» отримав дозвіл від Львівської міськради забудувати Топольну багатоповерхівками всупереч генплану.

1094 Онисько, Ревер і Губицька, ГРАНДіозний план Козловського.

1095 Юлія Костюк, Таємне поселення депутатів Львівської міської ради, *Наші гроші Львів*, 13 жовтня 2016 року, lviv.nashigroshi.org/2016/10/13/tajemne-poselennya-lvivskyh-deputativ/.

1096 Богдан Логвиненко та ін., Експортувати Львів, *Ukraїner*, 4 січня 2019 року, ukrainer.net/eksportuvaty-lviv/.

1097 Люди твого міста: Марк Зархін, *Твоє місто*, 14 травня 2014, tvoemisto.tv/exclusive/lyudy_tvogo_mista_mark_zarhin_63786.html.

1098 Тарас Кицмей: біографія, досьє, фото, *Forbes Україна*, 27 грудня 2022 року, forbes.ua/profile/taras-kitsmey-70.

1099 Ярослав Рущишин: «Я — інвестор майбутнього. Інвестую в інститути, які генерують добро», *Комітет підприємців Львівщини (Переопубліковано з Changers)*, 6 березня 2015 року, kpl.org.ua/news/2015/03/06/2263.

1100 Всеволод Поліщук, Хто і що радить Садовому, *Львівський портал*, 5 жовтня 2006 року, portal.lviv.ua/uncategorized/2006/10/05/180055.

1101 Хто фінансує львівські осередки політичних партій, *Bihus.Info*, 15 грудня 2019 року, bihus.info/hto-finansuye-lvivski-oseredky-politpartij/.

1102 Ярослава Рущишина знято з посади голови Львівської територіальної організації політичної партії «Голос», дата звернення: 28 лютого 2023 року, facebook.com/GolosZmin/posts/pfbid0esDRT8pC18c9GdeicRdukTD4FK87hnci2yDBy5xSPgfJ73Q9ikRc2qHm4ay9xZBcl; повідомляють, що він надто зблизився з президентською партією «Слуга народу», і це вартувало йому посади голови Львівського обласного осередку «Голосу» 2022 року.

1103 Тетяна Слюсарчук, ЛКП «Лев» очолив відомий громадський діяч та бізнесмен Олег Мацех, *Zaxid.Net*, 25 лютого 2015 року, zaxid.net/lkp_lev_ocholiv_vidomiy_gromadskiy_diyach_ta_biznesmen_oleg_matseh_n1342051.

1104 Там само.

1105 Ліза Пальчинська, Львівському IT Кластеру — 10 років. Розповідаємо його історію, *AIN.Business*, 2021, ain.business/special/story-of-lviv-it-cluster/. Кластер заснований 2011 року.

1106 Олександр Кобзарев та ін., Львів'яни починають і перемагають (Львів: Інститут міста, 2014), city-institute.org/content/uploads/2014/02/broshura-lviv-iany-pochynaiut-i-peremahaiut-.pdf; див. також: Наталія Середюк, Львів майбутнього: як розвивати креативний клас у місті, *Твоє місто*, 6 грудня 2016 року, tvoemisto.tv/debates/lviv_maybutnogo_yak_rozvyvaty_kreatyvnyy_klas_u_misti_82479.html.

1107 Як артикулював Андрій Садовий, див. *Андрій Садовий* про результати засідання Ради з питань конкурентоспроможності (Львів, 2011), youtube.com/watch?v=LO92nKgV18c. Офіційно Рада існувала до 2016 року паралельно зі Стратегією, але час від часу збиралася до 2020 року.

1108 Як заявив перший голова Ради Любомир Зубрицький, див. *Любомир Зубрицький* про результати засідання Ради з питань конкурентоспроможності (Львів, 2011), youtube.com/watch?v=aBrjBScqfzI.

1109 Любомир Зубрицький, директор сервісного центру Австрійських авіаліній у Східній Європі, і Тарас Юринц, власник компанії-виробника лікарняних меблів, очолювали Раду у 2009–2014 та 2014–2020 роках відповідно.

1110 Респондент 433_7, високопоставлений місцевий чиновник у Львові, онлайн, 4 червня 2021 року.

1111 Респондент 422_7, високопоставлений місцевий чиновник у Львові, онлайн, 2 червня 2021 року.

1112 Наприклад, з 36 членів Ради з питань конкурентоспроможності 2020 року троє були або бізнес-партнерами, або радниками міського голови; двоє побудували успішну виконавчу кар'єру під орудою мера; двоє були бізнес-партнерами в креативному хабі «LEM Station»; восьмеро знали одне одного щонайменше з 2008 року і фактично разом розробляли стратегію; а двоє знали один одного через артґалерею «Дзиґа» ще з 2005 року. Інститут міста надав на запит авторки список членів Ради.

1113 За словами керівника ІТ Кластера Степана Веселовського, див.: Олександр Тартачний, ІТ-івенти під час війни, бронювання та закордонні відрядження для айтівців. Інтерв'ю з CEO Lviv IT Cluster Степаном Веселовським», *Speka* (блог), 20 жовтня 2022 року, speka.media/it-iventi-pid-cas-viini-bronyuvannya-ta-zakordonni-vidryadzennya-dlya-aitivciv-intervyu-iz-ceo-lviv-it-cluster-stepanom-veselovskim-vr48np.

1114 Наприклад, 2011 року Любомир Зубрицький заявив, що одним із результатів дискусій на Раді стане створення інвестиційного офісу при міській адміністрації та участь у світових туристичних виставках: див.: Любомир Зубрицький про результати засідання Ради конкурентоспроможності.

1115 Інститут міста, Комплексна стратегія розвитку Львова на 2012–2025 роки, 2011, 43, 8.city-adm.lviv.ua/inteam/uhvaly.nsf/0/23349f49bc91ba52c225793400489747/$FILE/%D0%A1%D0%B5%D1%81%D1%96%D1%8F2.pdf.

1116 Галина Тарадайка та Юлія Сабадишина, LEM Station. У Львові створюють соціальний хаб для комунікації бізнесу. Візуалізація, *Твоє місто*, 12 грудня 2016, tvoemisto.tv/news/lem_station_u_lvovi_stvoryuyut_sotsialnyy_hab_dlya_komunikatsii_biznesu_vizualizatsiya_82612.html.

1117 Євгенія Пласкон, У Львові презентують проект з регуляторної політики, *Справжня Варта*, 13 грудня 2016 року, varta.com.ua/news/lviv/1124905.

1118 Анатолій Бабак, 511 компаній, 30 тисяч фахівців і $1,4 млрд доходів: як змінилася ІТ-індустрія Львова, *DOU*, 29 грудня 2021, dou.ua/forums/topic/35936/.

1119 Лілія Курпіта, Як змінився туристичний Львів у 2021 році в цифрах?, Центр розвитку туризму м. Львів, дата звернення: 28 лютого 2023 року, lviv.travel/ua/news/infohrafika-turystiv-2021.

1120 Звіт про дослідницький проєкт доступний тут: Oleksandra Keudel, Marcia Grimes and Oksana Huss «Political Will for Anti-Corruption Reform. Communicative pathways to collective action in Ukraine» (2023). icld.se/wp-content/uploads/2023/03/ICLD_ResearchReport_22_2023-web.pdf.

1121 Теоретичні висновки дослідження також доступні тут: Oleksandra Keudel, Marcia Grimes and Oksana Huss. 'Political Will for Anti-Corruption Reform. Communicative pathways to collective action in Ukraine', *QOG Working Papers* (2023:3. Available at: gupea.ub.gu.se/bitstream/handle/2077/75380/2023_3_Keudel_Grimes_Huss.pdf?sequence=3.

1122 Респондент 453, депутат Львівської міської ради у 2015–2020 роках, онлайн, 9 червня 2021 року.

1123 Helmke and Levitsky, «Informal Institutions and Comparative Politics: A Research Agenda», 733.

1124 Charles Tilly, «Processes and Mechanisms of Democratization», *Sociological Theory 18*, no. 1 (2000): 8.

1125 Mark Bovens, «Analysing and Assessing Accountability: A Conceptual Framework», *European Law Journal 13*, no. 4 (2007): 451.

1126 Flor Avelino et al., «Transformative Social Innovation and (Dis)Empowerment», *Technological Forecasting and Social Change* 145 (August 1, 2019): 195–206, doi.org/10.1016/j.techfore.2017.05.002; Jürgen Howaldt, Christoph Kaletka, and Antonius Schröder, «Social Entrepreneurs: Important Actors within an Ecosystem of Social Innovation», *European Public & Social Innovation Review* 1, no. 2 (2016), pub.sinnergiak.org/esir/article/view/43.

1127 Oleksandra Keudel, Marcia Grimes and Oksana Huss «Political Will for Anti-Corruption Reform. Communicative pathways to collective action in Ukraine» (2023). icld.se/wp-content/uploads/2023/03/ICLD_ResearchReport_22_2023-web.pdf.

1128 Oleksandra Keudel and Oksana Huss, «National Security in Local Hands? How Local Authorities Contribute to Ukraine's Resilience», *PONARS Eurasia Policy Memo*, no. 825 (January 2023), ponarseurasia.org/wp-content/uploads/2023/02/Pepm825_Keudel-Huss_Jan2023.pdf.

1129 Проєкти Львівського ІТ Кластера: speka.media/viina/n804-vrxyrv.

1130 Реабілітаційний центр UNBROKEN: unbroken.org.ua/ua#about.

1131 Олександр Кульбачний, Львівський ІТ-кластер інвестує в Центр ментального здоров'я, *Спека*, 21 червня 2022. speka.media/it-osvita/lvivskii-it-klaster-investuje-v-centr-mentalnogo-zdorovya-vz886v.

www.ingramcontent.com/pod-product-compliance
Lightning Source LLC
Chambersburg PA
CBHW031843220426
43663CB00006B/478